MAR DE TORMENTAS

STUART B. SCHWARTZ

Mar de tormentas

*Uma história dos furacões no Caribe,
de Colombo ao Katrina*

Tradução
Paulo Geiger

Companhia Das Letras

Copyright © 2015 by Princeton University Press
Todos os direitos reservados. Nenhuma parte deste livro pode ser reproduzida ou transmitida em nenhuma forma e por nenhum meio, eletrônico ou mecânico, incluindo fotocópia, gravação ou qualquer sistema de armazenamento de informação, sem permissão por escrito da editora.

Grafia atualizada segundo o Acordo Ortográfico da Língua Portuguesa de 1990, que entrou em vigor no Brasil em 2009.

Título original
Sea of Storms: A History of Hurricanes in the Greater Caribbean from Columbus to Katrina

Capa
Mariana Newlands

Imagem de capa
Navio no mar com ondas altas, gravura de Schelte Adamsz Bolswert sobre Andries van Eertvelt, 1596-1659, 331 mm × 446 mm.

Preparação
Cacilda Guerra

Índice remissivo
Luciano Marchiori

Revisão
Ana Maria Barbosa
Adriana Bairrada

Dados Internacionais de Catalogação na Publicação (CIP)
(Câmara Brasileira do Livro, SP, Brasil)

Schwartz, Stuart B.
   Mar de tormentas : Uma história dos furacões no Caribe, de Colombo ao Katrina / Stuart B. Schwartz; tradução : Paulo Geiger — 1ª ed. — São Paulo : Companhia das Letras, 2021.

   Título original: Sea of Storms: A History of Hurricanes in the Greater Caribbean from Columbus to Katrina.
   Bibliografia.
   ISBN 978-65-5921-094-7

   1. Caribe – Condições climáticas 2. Desastres naturais 3. Tempestades I. Título.

21-65667   CDD-904

Índice para catálogo sistemático:
1. Desastres : História   904

Aline Graziele Benitez — Bibliotecária — CRB-1/3129

[2021]
Todos os direitos desta edição reservados à
EDITORA SCHWARCZ S.A.
Rua Bandeira Paulista, 702, cj. 32
04532-002 — São Paulo — SP
Telefone: (11) 3707-3500
www.companhiadasletras.com.br
www.blogdacompanhia.com.br
facebook.com/companhiadasletras
instagram.com/companhiadasletras
twitter.com/cialetras

a Don Victor e Doña Seti
pelo passado
a Ali e Lee
pelo presente
a Leo e Mae
por seu futuro
a María
para sempre

Sumário

Prefácio 9
Agradecimentos 23

1. Tempestades e deuses num mar espanhol 29
2. Ocasiões melancólicas: furacões num mundo colonial 62
3. Guerra, reforma e catástrofe 100
4. Calamidades, escravidão, comunidade e revolução 141
5. Liberdade, soberania e catástrofes 176
6. Natureza e política na virada do século 223
7. Memórias de catástrofes numa década de tempestades 258
8. Tempestades públicas, ação comunitária e luto privado 305
9. Velhas tempestades num novo século 354

Notas 375
Bibliografia das obras consultadas 433
Abreviações 469
Índice remissivo 471

Prefácio

No verão de 1986, tirei da estante meu surrado exemplar de *O Mediterrâneo e o mundo mediterrâneo na época de Filipe II*, de Fernand Braudel, e comecei a relê-lo. Durante grande parte do intervalo entre meados da década de 1960 e meados de 1980, fiz pesquisas e escrevi um livro sobre a história da cultura açucareira e da escravidão no Brasil. Naqueles anos, li exaustivamente alguns dos maravilhosos e inovadores trabalhos publicados no período sobre escravidão, relações inter-raciais, sistemas de plantio e sociedades coloniais, não só no Brasil e na América Espanhola como também na América do Norte e no Caribe. Quando terminei meu livro sobre o cultivo do açúcar no Brasil, comecei a considerar a ideia de me lançar em um novo projeto sobre o Caribe, mas quis me estender mais e explorar outra dimensão, diferente do escravismo, que pudesse prover um tema unificador para meus estudos. O Caribe parecia ser bastante análogo ao Mediterrâneo, de modo que me voltei para o livro de Braudel, um velho amigo, em busca de inspiração. Essa grande obra está recheada de ideias provocativas — algumas das quais resistiram ao teste do tempo mais do que outras —, mas seu enfoque no próprio mar, nas ilhas e terras continentais em seu entorno, em penínsulas, cadeias montanhosas e no litoral que moldou o Mediterrâneo tem sido uma maneira oportuna e excitante de recontar a história de determinada região. Ao minimizar as mudanças políticas e ao desconsiderar a divisão daquele mar nas esferas cristã e muçulmana, ou em histórias confinadas por fronteiras nacionais ou culturais, Braudel foi buscar os elementos que definiram a região como um todo, o que muitas vezes resultou num compartilhamento de comportamentos, crenças e ações que transcendiam o âmbito do nacional, da religião e de outras divisões culturais.

No decorrer de minhas leituras durante aquele verão, ficava claro que a geografia e o meio ambiente, aquilo que o historiador francês chamava de "clima", determinavam os parâmetros da cultura, da política e da história daquele mar antigo onde pão, azeite e vinho tinham criado uma civilização compartilhada. Enquanto os escritos de Braudel do final da década de 1940 expressam uma ideia mais estática do clima como um contexto físico imutável no que tange à ação humana — ponto de vista que os atuais historiadores ambientais questionariam —, sua mudança para aceitar a relação entre a atividade humana e o mundo físico, interesse que ele compartilhou com muitos de seus colegas franceses do pós-guerra, foi um importante avanço historiográfico.[1] Braudel, Leroy Ladurie e outros eruditos franceses não estavam sozinhos nessa abordagem. Com minha formação como americanista latino, eu já tinha conhecimento de uma anterior e notável história ambiental avant la lettre do estudioso chileno Benjamín Vicuña Mackenna sobre o Chile, escrita em 1877, e a reli também.[2] À medida que pensava em meu projeto e lia mais amplamente sobre o Caribe, mais me parecia haver poucos lugares tão adequados à abordagem de Braudel quanto a região circuncaribenha, e talvez menos ainda lugares que pudessem se aproveitar de uma história na qual a linguística, a política e as fronteiras culturais que tinham criado povos e historiografias separadas pudessem ser superadas. Ali havia centenas de ilhas espalhadas por antigos movimentos tectônicos numa cadeia que se estende por cerca de 4 mil quilômetros entre as regiões costeiras de dois grandes continentes, ligadas pelo istmo da América Central e do México, que Pablo Neruda chamou de "cintura delgada" da América. Esses territórios, divididos pelas línguas e culturas dos colonizadores coloniais, tendo cada um deles desenvolvido sua própria linguística local ou variações crioulas, também se dividiam geograficamente em nações continentais e insulares, cada uma com sua história e identidade particulares; houve muitas razões para tratamentos separados. Como observou uma vez o historiador jamaicano Neville Hall sobre o colar de "pérolas" em que se constituem as Antilhas, ou ilhas caribenhas:

As pérolas, desalinhadas pela natureza, desafiaram cada uma das sucessivas manobras de artifícios políticos, seja de caribenhos, espanhóis e outros colonizadores europeus, seja de políticas pós-coloniais, para serem recolocadas numa única e duradoura corrente e se manterem juntas por algum princípio esclarecedor e unificador.[3]

Porém, ao mesmo tempo, as semelhanças eram claras. De Charleston a Cartagena ou de Veracruz a Bridgetown, vegetação similar, paisagens similares, ritmos de vida similares e produtos similares faziam das sociedades caribenhas irmãs na experiência e irmãs rivais para a sobrevivência. Todas tinham de algum modo ou em alguma medida vivenciado a colonização europeia, a destruição de populações indígenas, a escravidão africana, os regimes de plantation, a criação de sociedades multirraciais, as ondas de imigrantes africanos, asiáticos e europeus, os legados raciais e as lutas pela independência, a experimentação de formatos políticos às vezes com regras autoritárias, na busca por resultados políticos e econômicos viáveis — o que, no mundo pós-moderno, trouxe as soluções surreais dos bancos offshore, do tráfico de drogas ou do turismo sexual. Talvez fosse pretensão demais ver uma unidade cultural análoga à civilização mediterrânea de Braudel, de pão, vinho e azeite, nas bananas, no bacalhau salgado e no rum caribenhos, tão comuns nas mesas desse mar americano, mas há muitas semelhanças causadas pelo tempo, pela experiência e pelo lugar. Nesse aspecto, a geografia da região exerceu uma influência tremenda, e as condições ambientais e os perigos compartilhados — terremotos, vulcões, tsunamis, secas, doenças epidêmicas — criaram certa unidade "transnacional" de experiências. Desses desafios comuns, nenhum tem sido maior, mais frequente ou mais característico do que as tempestades ciclônicas, os furacões do Atlântico Norte.

Assim, comecei a pensar em usar os furacões e a maneira como as sociedades do Grande Caribe os entendem e reagem a eles como uma espécie de metanarrativa, um tema de organização geral que me permitisse examinar o passado da região durante o longo decurso de sua história. Outros temas gerais foram usados no passado. Escravidão, guerra, plantation, migrações e colonialismo proveram, todos, metanarrativas "transnacionais" ou maneiras de contar a história da região, e minha intenção não é substituí-los, e sim usar um elemento de história natural como leitmotiv, fornecendo mais uma ferramenta útil para visualizar essa história e um elemento que de várias maneiras tenha influenciado todos esses outros temas também. Mas por trás dessa minha intenção um tanto ingênua residem dois problemas epistemológicos. Primeiro, furacões parecem ser exemplos clássicos da ação de Deus, fenômenos externos à história, fora do controle humano, talvez merecedores mais de explicações teológicas ou científicas do que de análise histórica. Ao mesmo tempo, existe o perigo de cair na armadilha do determinismo geográfico ou ambiental que seduziu muitos eruditos, no qual tudo é descrito em termos de limites ambientais, usando-se a geografia ou o clima como variável independente, da qual depende todo o resto. Tentei me manter ciente dessa armadilha e ter cuidado para não fazer demasiadas atribuições ao meio ambiente, ou diminuir a ênfase da influência humana em sua configuração ou em seus efeitos. Clima e geografia estabeleceram limites e criaram possibilidades; as sociedades testaram continuamente esses limites e os reformataram, e foi a ação humana que explorou ou perdeu oportunidades nesse processo. Este livro busca explorar por que e como isso aconteceu numa ampla região na qual, apesar de consideráveis diferenças culturais e históricas, a mesma ameaça ambiental produziu respostas que eram semelhantes, mas que foram sempre condicionadas a realidades políticas e sociais locais.

Neste estudo aceitei a posição largamente sustentada de que os desastres naturais nunca são apenas naturais, mas também consequência de ações, políticas e atitudes humanas exercidas ou assumidas antes, durante e após o evento. No estudo de furacões, as tempestades em si não são aqui as protagonistas, como ocorre no campo dos meteorologistas, que fizeram tão maravilhosa pesquisa para reconstruir as dimensões, a intensidade e o percurso de tempestades do passado.[4] Aprendi muito desse campo, mas meus objetivos são diferentes. Meu foco está nas sociedades afetadas pelas tempestades, em como pessoas e governos reagiram a elas e como, com o tempo, as culturas perceberam ou entenderam sua natureza e seu significado. Assim, embora os fenômenos atmosféricos estejam no centro deste estudo e existam nele elementos extraídos das principais abordagens da história ambiental — por exemplo, a preocupação com as propriedades físicas e a compreensão científica dos furacões, ou a forma como mudanças no entendimento da natureza, da ciência e de Deus que modelaram respostas humanas às tempestades —, seu principal foco é descrever como os furacões deram forma à vida social e política e como, por sua vez, os padrões sociais e políticos no Grande Caribe influenciaram o impacto das tempestades.[5] Considerando a geografia e a história da região, este livro é necessariamente transnacional e comparativo. Furacões não respeitam fronteiras políticas e culturais, e grande parte dessa história versa sobre diferentes povos e Estados que enfrentaram os mesmos perigos naturais, e com frequência a mesma tempestade, com diferentes políticas e diferentes resultados, mas às vezes também buscaram soluções similares a seus desafios comuns e mesmo colaboraram em suas respostas, a despeito de diferenças religiosas ou políticas.

Furacões são um tipo de catástrofe potencial numa região sujeita a muitos riscos de natureza física, e de certa forma não faz muito sentido separar os furacões de uma consideração mais genérica de desastres naturais. Eventos vulcânicos individuais como a erupção do monte Pelée, na Martinica, em 1902, que matou 30 mil pessoas, causaram, historicamente, mais mortes do que a maioria dos furacões, e no decorrer dos séculos a maior assassina tem sido a doença, que dizimou populações indígenas, cobrou mórbido tributo de imigrantes africanos compulsórios e matou europeus que chegavam à região a uma taxa de mortalidade cerca de quatro vezes maior que a dos africanos.[6] Ainda assim, de todos os perigos que os humanos enfrentam ali, nenhum é mais característico que os furacões, forças de destruição em si mesmos, mas também desencadeadores de outras calamidades. Mesmo no século XVIII já se reconhecia que a destruição de abrigos e de colheitas causada por eles debilitava populações e as tornava mais vulneráveis à fome, a epidemias e a outras ameaças.

Alguns observadores modernos iniciantes também perceberam certa unidade nessas desgraças. Acreditavam que furacões, escassez, secas e doenças eram percalços inter-relacionados e que, ao lado da pirataria, da guerra, de rivalidades imperiais e de formas iniciais de limpeza étnica, eram típicos da região. A combinação de tais riscos levou às vezes a um fatalismo e à visão dessa área como uma distopia, mas essa perspectiva negativa foi compensada em certa medida pelas possibilidades de riqueza e de poder que ela poderia proporcionar. John Fowler, escrevendo em 1781 em meio aos destroços do pior furacão na história da região, declarou que, assim como homens da maior benevolência e do melhor talento são movidos por paixões violentas, as ilhas caribenhas, que têm os solos mais férteis e os produtos mais abundantes, estão mais sujeitas a furacões do que o resto do mundo. Para Fowler, as catástrofes da região eram, portanto, uma evidência de seu potencial e suas vantagens singulares.[7]

Embora de fato se faça muitas vezes uma distinção entre eventos naturais sobre os quais a humanidade não exerce controle e outros como a guerra ou o colapso econômico, que são resultado de ações ou decisões humanas, sempre há quem afirme que para as vítimas faz pouca diferença estabelecer em que domínio — natural ou cultural — está a origem de seu infortúnio. Com efeito, o argumento quanto à validade dessa distinção está no cerne das reações governamentais a desastres naturais e nas próprias origens de Estado de bem-estar social, ou o que os franceses chamam de *État-providence*. Além disso, desde meados do século xx, com o advento das preocupações ambientais, passou-se a considerar com seriedade as influências extensivas do homem nas condições climáticas, desfazendo mais adiante qualquer distinção entre catástrofes antropogênicas e naturais.

Furacões são tempestades ciclônicas violentas em geral — mas não sempre — acompanhadas por chuvas muito fortes. No Atlântico Norte eles com frequência se formam na área na qual os prevalentes ventos alísios do nordeste se encontram com ventos do sudeste provenientes do sul do equador, e seu encontro cria instabilidade atmosférica. Nos meses de verão, uma umidade quente penetra o ar instável nessas células de baixa pressão que se formam sobre águas tropicais ou subtropicais, os ventos começam a rodopiar numa rotação contrária à dos ponteiros do relógio e a convecção faz a umidade aumentar com rapidez. Em condições atmosféricas e de temperatura favoráveis, a tempestade fica mais intensa, em torno de um "olho" relativamente calmo. Muitas vezes acompanhados por trovoadas e chuvas torrenciais, os ventos podem atingir velocidades superiores a 280 quilômetros por hora e o diâmetro da tempestade pode cobrir áreas de quinhentos a oitocentos quilômetros, e até mais. O potencial de destruição de um furacão intenso é assustador.

Tempestades ciclônicas ocorrem por todo o mundo, no norte e no sul do Pacífico, no oceano Índico e no Atlântico Norte; este último é foco de apenas 11% do número global anual de furacões, mas essa região, a maior parte da qual chamei aqui de Grande Caribe, é de particular interesse para mim devido a seu passado interconectado de estabelecimentos coloniais, economias de plantation e escravidão e, depois, sua subsequente história de independência, descolonização e a hegemonia dos Estados Unidos. Essa região circuncaribenha (ou o Grande Caribe) fica física e conceitualmente no coração do mundo atlântico, definido no início da Era Moderna por aquela história de conquista, escravidão na colonização e plantations, e o peso desse passado ainda castiga grande parte desses territórios.

Diferentes estudiosos fizeram várias tentativas de definir as fronteiras desse Grande Caribe, que neste estudo inclui também o golfo do México e o sudeste dos Estados Unidos. Se pegarmos um compasso e fixarmos sua ponta em Bridgetown, capital e maior cidade de Barbados, poderemos traçar um grande círculo que abarca, grosso modo, os principais lugares que formaram esse mundo atlântico. Dacar, no Senegal, fica 4500 quilômetros a leste, e a Cidade do México, 4300 quilômetros a oeste (figura 0.1). Ao sul, o grande porto do Rio de Janeiro também está mais ou menos 4300 quilômetros distante, e Salvador, a capital colonial do Brasil e importante porto de chegada no comércio escravagista, cerca de setecentos quilômetros mais próxima de Barbados. No norte, a baía de Chesapeake marca a fronteira setentrional da economia escravista e de tabaco. Washington, DC, fica a cerca de 3200 quilômetros de

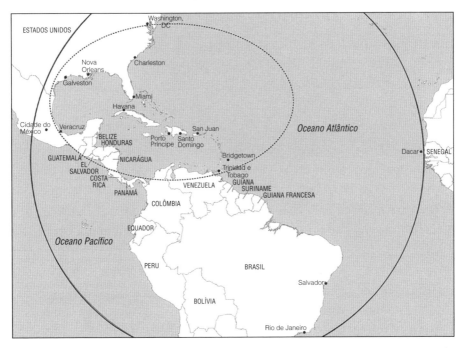

Figura 0.1. *O Grande Caribe e a principal zona e incidência de furacões.* (Mapa de Santiago Muñoz Arbalaez.)

15

Bridgetown. É claro que escravos trabalharam e plantations e *haciendas* floresceram em terras além dos limites desse grande círculo, e as autoridades coloniais em Madri, Londres, Amsterdam, Copenhague e Paris estavam todas além do perímetro dele, mas de certo modo Barbados foi um centro geográfico de um mundo atlântico definido por uma história brutalmente consistente.[8]

Este livro difere de outros que usaram a abordagem da história atlântica e enfatizaram uma história comparativa e interconectada porque estende a cobertura cronológica para dentro e além do século xx, demonstrando não apenas as continuidades e interconexões do início da Era Moderna, mas também as que foram criadas no mundo atlântico pela tecnologia, pela ciência, pela ideologia, pelas finanças e por outras formas de modernidade.[9] Nesse sentido, acompanho também Braudel ao considerar a *longue durée*, embora esteja ciente de que esse âmbito cria seus próprios desafios de foco e de cobertura.

Dentro do círculo que define o Grande Caribe situa-se a zona muito mais restrita dos furacões, e Barbados fica perto de sua margem sul. Apesar de as depressões tropicais que se tornam furacões se formarem na vastidão do Atlântico e terem sido sempre um perigo para o comércio marítimo e a vida dos marinheiros, meu interesse aqui se concentra sobretudo nos efeitos dessas tempestades em terra firme e nas sociedades. Decerto, furacões, que se originam e nascem sempre sobre águas oceânicas aquecidas, sublinham a predominância do mar na vida do Grande Caribe, mas seu impacto não é sentido de maneira uniforme por toda a região. Furacões não são fenômenos aleatórios. Condições atmosféricas e físicas limitam seu movimento. Por exemplo, é raro eles se movimentarem direto para o oeste atravessando o Atlântico acima da latitude de vinte graus norte para atingir a costa sudeste dos Estados Unidos, porque a zona de alta pressão relativamente estacionária sobre as Bermudas os desvia para o sul ou para o norte, de volta para o Atlântico.[10] Barbados fica cerca de treze graus ao norte do equador, de modo que com pouca frequência é visitada por furacões, que são incomuns nessa latitude e nunca se formam a menos de cinco graus do equador, já que por razões geofísicas o movimento rotacional de tempestades ciclônicas é impedido pelo assim chamado efeito Coriolis, no qual a rotação da Terra e a latitude do equador impedem que se forme o característico padrão de ventos em círculo dos furacões. Assim, ilhas ao sul de Barbados, como Trinidad, Tobago e Curaçao, raras vezes foram afetadas pelas tempestades, assim como as terras marginais da Venezuela, das Guianas e da Colômbia, apesar de terem desempenhado importante papel na região do Grande Caribe e compartilhado muitos de seus atributos. Mais além em direção ao sul, o litoral do Brasil, outro grande complexo americano de plantation-escravidão que no decurso de muito de sua história foi rival do Caribe, e às vezes lhe serviu de modelo, também ficou livre da visita de furacões e dos desafios que eles representam. Isso não tem maior importância para este estudo, embora de muitas maneiras sua história tenha sido paralela à das ilhas caribenhas e à do sul dos Estados Unidos.

O foco deste livro não são os furacões em si, mas como o povo, governos e sociedades reagiram a eles. Comecei essa história a partir do tempo em que os europeus chegaram pela primeira vez ao Caribe, em 1492, porém estudos meteorológicos e oceanográficos modernos indicam que furacões já visitavam o Atlântico Norte muitos milênios antes do Pleistoceno, quando o *Homo sapiens* surgiu como espécie, e muito antes de povos habitarem a América. Enquanto, é claro, esses fenômenos naturais não foram "catástrofes" e vidas humanas não estavam em risco, o subcampo da paleotempestologia (estudo de tempestades e clima antigos) e centenas de estudos pós-furacões modernos mostraram que grandes tempestades têm efeitos tremendos sobre a flora e a fauna, recursos hídricos e paisagens, recifes de coral, locais de nidificação e sobrevivência de espécies.[11] Estudos demonstram que tempestades ciclônicas têm impacto diferente em continentes e em ilhas, ou em ilhas grandes e ilhas pequenas. Demonstram também que a distribuição do calor e da umidade dos trópicos para o norte é elemento essencial na função de um furacão e como esse processo tem produzido efeitos de longo prazo na formação de continentes e ilhas, bem como em seus habitantes. Grande parte da pesquisa contemporânea de furacões diz respeito a esses processos ambientais e ecológicos.[12] Do estudo moderno dos furacões, aproveitei um de seus avanços e o usei de modo um tanto anacrônico. A escala de furacões Saffir-Simpson, desenvolvida no início da década de 1970 por Herbert Saffir, um engenheiro, e Bob Simpson, um meteorologista, criou categorias de furacões classificados de 1 a 5, com base na velocidade sustentada de seus ventos e em sua pressão barométrica (figura 0.2).[13] Essa escala facilitou então a estimativa da intensidade de surtos de tempestades que acompanham os furacões e os danos a propriedades e ao meio ambiente. Tempestades da categoria 3 e acima dela — ventos de 178 a 208 quilômetros por hora e pressão barométrica de 708,66 a 722,88 milímetros de mercúrio (945 a 964 milibars) — são consideradas importantes. Antes de se usar essa escala, era difícil falar em termos comparativos sobre furacões e seus efeitos, conquanto as pessoas sempre fizessem isso (embora com inexatidão). Relatórios de governadores e observadores nos séculos XVII e XVIII costumavam fazer referência à memória de residentes idosos que diziam que determinada tempestade fora "pior que o furacão de 99", ou "mais assustadora que o de 28". Esse tipo de relato anedótico, junto com registros de perdas e mortes, era tudo com que os governos e as sociedades podiam contar para medir os efeitos das tempestades. Agora, a escala Saffir-Simpson permite fazer comparações ao longo do tempo com mais facilidade, e a usei para dar estimativas da intensidade de furacões e de seus impactos.[14]

Muito da história da interação de tempestades ciclônicas com a ação humana em quaisquer dos mares do mundo onde elas ocorrem pode enfatizar as mesmas temáticas de destruição e reação: as teorias sobre as origens das tem-

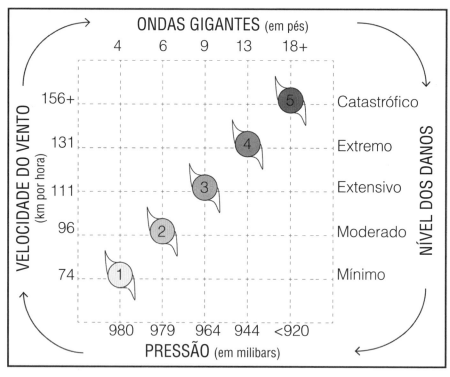

Figura 0.2. *A escala de furacões Saffir-Simpson.* (Desenho de R. L. Shepard.)

pestades, as responsabilidades governamentais, o importante impacto do conhecimento científico, da tecnologia e dos sistemas de comunicação na mineração do impacto das tempestades. Porém, como já sugeri acima, a história dos furacões no Grande Caribe não pode ser contada de maneira adequada sem que haja referência a duas condições históricas peculiares que fornecem continuidade e interconexões: a realidade do escravismo e seu legado de preconceito racial e, no século XX, a hegemonia política, tecnológica e econômica dos Estados Unidos. Esses dois fenômenos lançam longas, e às vezes distintas, sombras sobre toda a região e a história de como ela lida com calamidades naturais. Como este livro irá demonstrar, distinções sociais e raciais modelaram respostas sociais até muito tempo após a eliminação do escravismo como instituição, e a questão da raça, mesmo que no século XIX e em tempos contemporâneos se reflita nos vocabulários de classe, nunca esteve muito afastada do modo como governos e povos do Grande Caribe se defrontaram com as tempestades. Este estudo revelará a existência de uma notável continuidade nos argumentos a favor e contra a ajuda governamental às vítimas de catástrofes durante os últimos cinco séculos. Por fim, os Estados Unidos, com sua expansão militar e política no Caribe após 1898, seus objetivos na política exterior durante a Guerra Fria e mediante sua defesa de certas formas de capitalismo, ao que se acrescenta sua capacidade de impor suas preferências nas instituições internacionais, também influenciaram a maneira como toda a região enfrentou furacões e outras calamidades.

Escrever a história de uma interação entre fenômenos ambientais e várias sociedades no decurso de mais de cinco séculos impõe certos métodos e certas limitações. Como, em tempos modernos, o número médio de furacões por ano na região é de cerca de oito, podemos, grosso modo, estimar que desde a chegada de Colombo a região experimentou cerca de 4 mil a 5 mil tempestades em nível de furacão. Uma abordagem que dê conta deles não é possível, obviamente. Além disso, mesmo que fosse, a repetição nas descrições das características e dos roteiros das tempestades e o triste relato da elevação das águas, de ventos violentos, telhados voando, casas destruídas e corações despedaçados seria monótona. Por isso, fui buscar ao longo deste estudo as tempestades, em cada período, que pudessem servir para ilustrar as ideias predominantes sobre os fenômenos naturais naquela época, ou as que, devido à disponibilidade de fontes sobre elas, possibilitassem recapturar as estratégias sociais e políticas empregadas para enfrentar sua ameaça. Furacões associados a mudanças sociais ou políticas, que suscitaram políticas governamentais responsáveis por salientar realidades existentes ou transformar sociedades, muitas vezes foram os escolhidos como meus exemplos. Essa estratégia tendia a acentuar meu foco em tempestades particularmente fatais ou que provocaram muitos prejuízos, e em geral eram as que geraram mais recursos e preocupação do governo, mas essas "grandes" tempestades são de certo modo atípicas, de forma que tive de tentar equilibrar meu relato, em vários pontos, com discussões mais genéricas sobre reações sociais em circunstâncias menos calamitosas.

Num âmbito cronológico de mais de cinco séculos e se estendendo a uma região de muitas culturas e nações, percebi que havia passado com demasiada brevidade por subtemas importantes, como a história da meteorologia, de tecnologias de comunicação ou da indústria de seguros, e tinha apenas arranhado a superfície de outros campos bem desenvolvidos relacionados com meu estudo. Desde que o estudo de Pitirim Sorokin sobre calamidades foi publicado, em 1942, cientistas sociais têm desenvolvido uma extensa literatura sobre esses eventos e seu risco, que varia de trabalhos em nível micro sobre inundações e terremotos específicos até amplos estudos sobre catástrofes como um aspecto do mundo pós-moderno.[15] Desenvolveu-se também um campo separado de gerenciamento político e econômico de desastres, com suas publicações e conferências próprias, e com autores e leitores de instituições públicas não governamentais e de ajuda internacional. Estudei esses dois campos, mas nem sempre os considerei úteis para compreender outras épocas e outras culturas. Meu objetivo foi escrever uma história que reflita como conceitos cambiantes sobre a Providência divina e a natureza modelaram a percepção das grandes tempestades e, com isso, o conceito de como lidar com elas. Quero explorar como atitudes cambiantes sobre o papel da caridade, da comunidade e a função do governo alteraram o modo como Estados e pessoas reagiam a calamidades naturais; e de que maneira transformações políticas e intelectuais produziam mais tarde uma percepção dos fenômenos naturais como parte de um meio ambiente em relação ao qual os humanos têm certa responsabilidade.

Existe há muito tempo uma historiografia de furacões. Os primeiros trabalhos foram produzidos no século xix por estudiosos que, de maneira intuitiva, compreenderam que fazer um registro das tempestades e de suas características poderia ajudar a definir padrões que seriam úteis na previsão de futuros furacões. Mais tarde, meteorologistas começaram a usar fontes históricas para avançar em seu entendimento das características dessas tempestades como parte do mundo físico. No século xx surgiram muitos relatos, alguns dos quais eram estudos detalhados de tempestades individuais e outros eram registros de furacões em ilhas, países ou Estados individuais, às vezes com um foco mais regional e passadista do que analítico, mas de modo geral ricos em informações locais. Muitos deles aparecem em forma de notas, nas páginas seguintes. Nos últimos vinte anos foram publicados muitos livros e artigos, numa nova história social e política dos furacões e outras calamidades naturais, que forneceram excelentes modelos para este livro e cobriram de maneira detalhada eventos e questões que só apresentei aqui de modo sucinto. O estudo aprofundado de Matthew Mulcahy sobre os furacões nas Índias Ocidentais Britânicas, a pesquisa de Charles Walker sobre o terremoto de 1746 em Lima, o livro *Mosquito Empires*, de John McNeill, *Global Crisis*, de Geoffrey Parker, o detalhado volume de Louis Pérez e Sherry Johnson sobre furacões em Cuba, o livro de Erik Larson sobre a grande catástrofe de Galveston e o abrangente artigo de Raymond Arsenault sobre a política dos Estados Unidos em relação a furacões são todos parte de uma inovadora historiografia que reuniu de maneira inédita as histórias ambiental, social, cultural e política.[16] Espero que *Mar de tormentas* leve avante esse trabalho e que por meio do estudo de calamidades passadas possamos adquirir um melhor entendimento de como lidar no futuro com as dimensões sociais e políticas desse desafio ambiental.

Agradecimentos

Embora meu interesse por furacões tenha surgido na década de 1980 e eu tenha publicado em 1992 um artigo sobre o furacão San Ciriaco, em Porto Rico, e continuado a coletar fontes de arquivo e bibliografia, outros projetos me impediram de escrever este livro. Um convite do Centro Shelby Cullom Davis, na Universidade Princeton, para apresentar as Conferências Lawrence Stone em 2012 me deu uma oportunidade de voltar a esse tema e concentrar minha atenção em um material que eu já havia reunido ao longo dos anos. Essas três conferências, intituladas "Providence Politics and the Wind: Hurricanes in the Shaping of Caribbean Societies" [Políticas de providência e o vento: furacões na configuração das sociedades caribenhas], analisavam apenas o início do período moderno. *Mar de tormentas* inclui esse material, mas estende sua cobertura cronológica do século xix ao xxi. Sou grato ao Centro Davis e a seus diretores Daniel Rodgers e Philip Nord por seu honroso convite e tenho muito apreço pelos que compareceram às palestras, pelo excelente debate e pelas críticas e sugestões que dele resultaram. Gostaria de assinalar aqui um agradecimento especial pelas perguntas e sugestões que recebi de Jeremy Adelman, Arcadio Díaz Quiñoes, Anthony Grafton, Caley Horan, Michael Barany e William Jordan. Tenho especial dívida de gratidão com o falecido David Ludlum (1910-96), ex-professor de história em Princeton, meteorologista do

Exército e residente de longa data na comunidade de Princeton. Importante historiador do clima americano, ele quis se encontrar comigo em várias ocasiões, quando eu estava ainda no início deste projeto como membro do Instituto para Estudos Avançados, em 1984. David deu-me algumas orientações, bons conselhos e um exemplar de seu *Early American Hurricanes*, interessando-se por este projeto e suas origens. Creio que ficaria contente de ver publicado e segurar nas mãos este livro, que ele tanto ajudou a tomar forma. Quero agradecer ainda a Stanley J. Stein, meu ex-professor, que também levantou pontos importantes em minhas palestras e, como sempre fazia, obrigou-me a questionar minhas fontes e minhas suposições.

Eu às vezes lembrava a estudantes de pós-graduação a advertência de Marcel Proust de que "livros são obra da solidão e filhos do silêncio". Historiadores passam grande parte de seu tempo debruçados em documentos de arquivo ou engajados num solitário estudo de textos. Mas, na verdade, escrever uma obra como esta se torna muitas vezes um empreendimento colaborativo. Primeiro de tudo, como todos os historiadores, tenho uma especial dívida de gratidão com os diretores e as equipes dos vários arquivos e bibliotecas na Europa, nos Estados Unidos e no Caribe, onde realizei as pesquisas para este livro. Sua ajuda, sua orientação e seu profissionalismo foram indispensáveis para meu trabalho. E durante os anos de viagens, consultas a arquivos, conferências, almoços e troca de correspondência, aproveitei e aprendi muita coisa de muitos amigos e colegas. Eles compartilharam seu trabalho comigo, deram dicas de arquivos e bibliografias, às vezes compartilharam generosamente suas próprias descobertas em pesquisas, ajudaram-me a resolver questões difíceis, responderam ao que em algumas ocasiões deve lhes ter parecido irritantes e insistentes perguntas. Sua amizade, sua paciência, seu estímulo, suas sugestões, suas críticas e ressalvas tornam o ofício de historiador uma prazerosa experiência cooperativa e fazem com que seu solitário trabalho seja mais suportável. Nos Estados Unidos, Greg Grandin, Francisco Scarano, Matthew Mulcahy, Matthew Restall, Robin Derby, Jorge Cañizares-Esguerra, Philip Morgan, Rebecca Scott, Lillian Guerra, J. R. McNeil, Louis Perez, Sherry Johnson, Raymond Arsenault, Wim Klooster, Charles Walker, Carla Rahn Philips, Alan Isaacman, David Ryden, Russell Menard e a falecida Teresita Martínez me deram ajuda e estímulo e pegaram alguns dos meus erros mais flagrantes. Alejandro de la Fuente e Laurent Dubois foram de uma generosidade excepcional, provendo-

-me de suas anotações de pesquisa e permitindo-me usá-las e citá-las. O juiz José Cabranes, do Tribunal de Recursos dos Estados Unidos, compartilhou gentilmente comigo a história de sua família no que tange ao furacão San Ciriaco, de 1899, e demonstrou continuado interesse por este projeto à medida que avançava.

Estudiosos e amigos que vivem e trabalham no Caribe deram grande contribuição para meu trabalho, e muito me beneficiei da ajuda e dos conselhos de Roberto Cassá, Aldair Rodrigues, Genaro Rodríguez Morel, Manolo Rodríguez, Pedro San Miguel, Fernando Picó, Gervasio Luis García, Francisco Moscoso, Reinaldo Funes Monzote, Richard e Sally Price, James Robertson e Terencia Joseph. Tenho particular apreço pelo apoio de Humberto García Muñiz e seus colegas do Instituto de Estudos do Caribe, da Universidade de Porto Rico, por me conceder filiação institucional e me convidar a compartilhar meu trabalho em sua série de conferências. Também me vali muito, durante meu trabalho no Centro de Investigações Históricas na Universidade de Porto Rico, do apoio e da ajuda de sua diretora e minha amiga María Dolores "Lolita" Luque, da ajuda editorial de Miriam Lugo e da generosidade de outros membros da equipe. O historiador oficial de Porto Rico e meu velho colega de turma, Luis E. González Vales, deu apoio constante a este projeto e supriu-me de valiosas reedições de textos históricos patrocinados por seu gabinete. Vários colegas e amigos na Europa me forneceram também dicas de arquivos, mostraram-me a direção correta e me salvaram de pelo menos alguns erros graves. Entre eles se incluem José Piqueras, Fernando Bouza Álvarez, Jean-Fédéric Schaub, Bethany Arram, Diana Paton e Gad Heuman.

Como professor e estudioso, também fui beneficiado por meus contatos com estudantes.

Na Universidade de Porto Rico e na Cátedra Jaime Cortesão da Universidade de São Paulo, onde dei cursos relacionados com o tema deste livro, estudantes desafiaram minhas conceitualizações e me indicaram novos dados. Também tive a sorte de lecionar durante muitos anos em universidades com excelentes programas de pós-graduação, e muitos estudantes e ex-estudantes me ajudaram, de diversas maneiras. Luis González, Arlene Díaz, Casey King, Elena Pelus, Tatiana Seijas, Ingrid Castañeda, Jannifer Lambe e Michael Bustamante leram capítulos ou fizeram sugestões ou indicações de documentos. Santiago Muñoz Arbalaez ajudou na elaboração dos mapas. Sou grato em especial a Taylor Jardno, que tentou, sem sucesso, me manter digitalmente atualizado e ajudou na preparação editorial deste livro. Contei com a assistência, em pesquisas, de Catherine Arnold em Yale, Ramonita Vega Lugo em San Juan, Jonas Padersen em Copenhague e Roseanne Baars nos Países Baixos. Palestras e seminários em várias instituições e diversos simpósios e conferências acadêmicas me permitiram apresentar versões preliminares de muitos dos capítulos aqui impressos e me valer dos comentários e debates de colegas e estudantes. Isso inclui apresentações na Universidade de Nova York, na Universidade de Califórnia em Los Angeles, na Universidade Columbia, na Universidade de Indiana, na Universidade Harvard, na Universidade de Porto Rico, na Universidade Madre y Maestra, em Santo Domingo, na Universidade Federal do Rio de Janeiro, na Universidade Federal de Minas Gerais e na Universidade Jaume I, assim como trabalhos no encontro da Associação Americana de História e na Terceira Conferência Allen Morris, na Flórida, e no Atlantic World da Universidade do Estado da Flórida (2004).

Sou grato a muitos colegas em Yale. Roberto González-Echevarría compartilhou comigo seu amplo conhecimento do Caribe e suas memórias de infância em Cuba. Rolena Adorno me indicou algumas fontes coloniais, enquanto Aníbal González e Priscilla Meléndez chamaram minha atenção para referências a furacões na literatura caribenha contemporânea e me deram seu estímulo e apoio. Meus colegas historiadores Edward Rugemer, Paul Freedman, Gilbert Joseph, Jennifer Klein, Carlos Eire, Francesca Trivellato, Alan Mikhail, Steve Pincus, Andy Horowitz e Jay Gitlin me concederam o benefício de seu conhecimento e o domínio de historiografias sobre as quais eu tinha muito que aprender. Meu colega Jay Winter compartilhou comigo as provas de seu novo livro sobre direitos humanos, o que foi particularmente útil. O processo de preparação do livro para publicação foi menos pesado que o usual graças a Brigittta van Rheinberg, minha editora na Princeton University Press, cujo estímulo e paciência foram de grande ajuda em cada estágio da publicação.

No âmbito pessoal, meus filhos Alison Bird e Lee Schwartz foram sempre pacientes e encorajadores, oferecendo sugestões e conselhos no que tange a desafios e fontes digitais e se interessando pelo projeto enquanto constituíam suas próprias famílias. Por fim, e o mais importante, confesso que minha paixão pelo Caribe se deve em grande parte a meu casamento com María Jordán, nativa de Porto Rico, uma erudita por seus próprios méritos e excelente fonte de informação sobre furacões, política, cultura popular e muito mais no que se refere ao Caribe. Dela, de seus irmãos e em especial de seus pais, Doña Divina Arroyo de Jordán e o falecido Don Victór Jordán Hernández, aprendi muito sobre a história das tempestades e sobre a vida e a política a sua sombra. Espero que eles encontrem nestas páginas, de algum modo, o reflexo de suas percepções e sua sabedoria. María também foi uma excelente leitora e vez ou outra tradutora e intérprete de textos. Quando, em 2012, longe do Grande Caribe, o furacão Sandy nos obrigou a sair de casa em Connecticut, sua experiência e seu conhecimento de furacões nos orientaram nessa época difícil. De muitas maneiras María fez com que este livro fosse possível, e as longas horas despendidas em pesquisar e em escrevê-lo passaram rapidamente com ela a meu lado.

Stuart B. Schwartz
Guilford, Connecticut, 2014

1. Tempestades e deuses num mar espanhol

As piores tempestades de todos os mares do mundo são as dessas ilhas e desses litorais.
                                            Bartolomé de Las Casas (1561)

San Miguel, arcangel,
Príncipe general,
libranos de los rayos
del tremendo temporal.
                    Prece tradicional na zona rural de Porto Rico

A ventania começou na quinta-feira, último dia de agosto de 1552, e na sexta-feira se tornara uma tempestade com ventos poderosos e chuva pesada. Os residentes do porto de Veracruz, na Nova Espanha, já estavam acostumados com os *nortes*, fortes ventos do norte trazidos pelas frentes frias de novembro e dezembro, que podiam atingir 130 quilômetros por hora no litoral e na baía. Mas esse era diferente. Na noite de sexta-feira ele se transformou em uma tempestade violenta que soprava do norte e depois virava, para vir, como mais tarde testemunhou um observador, "de todos os outros pontos da bússola" ("*de todos vientos de la aguja*") — expressão do início da era moderna usada para descrever um furacão. A chuva se tornara um dilúvio, e naquela noite de sexta-feira os rios Huitzilapan e San Juan, que limitam a cidade, ameaçavam transbordar. Situada nas planícies às margens dos rios, Veracruz estava em perigo. O estabelecimento original de Hernán Cortés ali tinha sido criado em 1519, nas areias infestadas de mosquitos perto da costa. Era carente de boa água e ficava longe demais de quaisquer cidades indígenas que lhe pudessem fornecer alimentos. Ele a transferiu para mais perto de uma dessas povoações, mas o local também se mostrou insatisfatório, e em 1524-5 houve nova mudança, para o lugar da confluência dos dois rios.[1] Os povos totonacs locais viviam nas montanhas que se elevavam além do litoral, onde estavam protegidos dos *nortes* e das inundações nas terras baixas. A escolha dos espanhóis fora equivocada. Os totonacs poderiam tê-los advertido dos perigos daquela região. Não muito longe, no planalto ao norte, ficava seu grande centro cerimonial dedicado a Tajín, deus das tempestades, a mesma divindade que os maias chamavam de Hurakan.

Às dez horas da manhã de sábado, o mar invadiu a ilha de San Juan de Ulúa, junto à costa, onde uma grande fortaleza fora construída para guardar o porto. Na cidade e nos campos adjacentes, árvores foram arrancadas e casas começaram a desmoronar. O padre Bartolomé Romero, vigário da igreja principal, declarou depois que o vento e a água eram tão violentos que nem ele nem outros sacerdotes conseguiram chegar lá para rezar a missa. O rio transbordante começou a varrer ruas e praças com força considerável, isolando as pessoas em suas casas e obrigando muitas delas a subir nos telhados quando as águas se elevaram.

No porto houve uma devastação. Veracruz era o principal porto da Nova Espanha e se tornara o terminal de um sistema de comboios estabelecido pela Coroa espanhola para transferir prata do México para a Espanha e trazer na volta vinho, têxteis e imigrantes para a Nova Espanha.[2] O forte em San Juan de Ulúa nada podia fazer pelos navios na enseada. Cinco das grandes *naos* mercantes afundaram, outras quatro ficaram sem os mastros e muitos barcos de serviço e embarcações pequenas de comércio de cabotagem de Yucatán, Tabasco e Campeche, ou que vinham de Cuba ou Hispaniola, também submergiram. Casas e depósitos de mercadores foram inundados e os cais, arrastados ou danificados. Muitos marinheiros dos navios se refugiaram na própria ilha de

San Juan, numa grande casa em frente ao ancoradouro, e, embora quatro ou cinco tenham se afogado, a maioria conseguiu sobreviver ao avanço do mar, que varreu as docas com tal força que desmantelou o quebra-mar e carregou algumas de suas pedras para outra ilha próxima dali. Em outro local, quando os ventos mudaram de direção, uma casa que servia de hospedaria e onde dez ou doze pessoas, brancas e negras, tinham ido buscar refúgio foi arrastada para o mar; um homem ficou pendurado numa árvore durante duas ou três horas, até conseguir nadar para um lugar seguro, e os demais pereceram. Cinquenta ou sessenta espanhóis chegaram ao andar de cima de outra grande casa e se mantiveram em segurança. Alguns escravos sobreviveram agarrando-se aos destroços das edificações. O sino de uma igreja se soltou, sendo levado pelo vento até a costa. Foi uma catástrofe "que as pessoas não se lembraram de jamais ter visto naquelas partes".[3]

Em meio a tal calamidade, quem poderia oferecer ajuda? Às nove ou dez horas da manhã de sábado, o prefeito e os edis locais montaram em seus cavalos e circularam pelas ruas dizendo aos moradores que pegassem suas famílias e seus pertences e buscassem terreno mais alto, devido à elevação das águas, que, avisaram, atingiriam um nível superior ao da grave inundação que a cidade sofrera no ano anterior. Muita gente fugiu a cavalo para as montanhas circundantes. Na noite de sábado, em alguns lugares, a água superava a estatura de um homem e casas de adobe estavam se desintegrando. Agora, barris e tonéis de vinho, garrafas de vinagre e de azeite e caixotes com mercadorias flutuavam pelas ruas e eram varridos para o mar. O padre Romero declarou depois que nessa noite vira o *alcalde* Martín Díaz e alguns auxiliares num bote, percorrendo a cidade e resgatando residentes que tinham ficado em suas casas, levando mulheres e crianças que haviam se refugiado nos telhados e, aos prantos, pediam que Deus fosse misericordioso e as salvasse de uma morte assim. Um jovem chamado Juan Romero circulava com dois de seus escravos numa canoa, recolhendo doentes e incapacitados — homens, mulheres e crianças — de uma casa junto à igreja para terreno mais elevado. A canoa às vezes adernava, e o dinheiro e as joias dos passageiros se perdiam ao se corrigir a posição da embarcação.

A cidade estava inundada: escombros e detritos flutuando por toda parte, casas em ruínas e vidas destroçadas, comércio desmantelado, cadáveres inflados de animais e de pessoas se decompondo ou vindo dar na praia dias depois, um cheiro de putrefação e morte e, logo, doenças e falta de água e de alimentos. Essas eram as imagens do Katrina do século XVI — mas se inseriam num contexto social, político e conceitual que fez da compreensão da catástrofe um momento de reflexão sobre o pecado dos homens e o fracasso moral como sendo a causa da ira de Deus. Essa interpretação mudaria com o tempo, de uma visão ligada à Providência a um ponto de vista que, no século XVIII, destacava os riscos normais existentes no mundo natural e, assim, não via mais os seres humanos como causa de seu próprio sofrimento. As explicações mudariam de novo no final do século XX para dar ênfase às mudanças climáticas, o que mais uma vez atribuía o ônus das calamidades naturais a erro humano, mas dessa vez em políticas e decisões humanas, não no pecado ou em falhas morais.[4]

De sua casa, o padre Romero tinha visto as árvores caindo e as construções sendo arrasadas; hora após hora ele viu o rio subir e depois transbordar em suas margens, inundando ruas e praças e avançando por elas em grandes ondas. Aguardou uma oportunidade para nadar até a igreja a fim de resgatar o ostensório, mas foi impossível. Depois que a tempestade passou ele conseguiu entrar no santuário, agora cheio de lama e destroços, mas pôde constatar que a água não subira até o nível do sacrário dourado onde se guardava a hóstia consagrada, de modo que não teria sido necessário levá-la para as montanhas. Acreditou que a presença dela na igreja detivera a subida das águas e explicava por que a cidade não fora toda perdida. "Deus", disse ele, "tratou de nos punir a todos com a perda de nossos pertences e casas, e de nos deixar com vida para que possamos nos penitenciar por nossos pecados." A relação da sociedade com a natureza não era direta, e sim mediada pela vontade de Deus. A turbulência e a desordem da natureza refletiam a desordem da sociedade, causada pelo pecado, e o abandono da virtude constituíra a origem moral da tempestade.[5] Outras interpretações católicas da catástrofe também eram possíveis. As forças do mal e o diabo também poderiam ter sido os responsáveis por tal destruição, daí a necessidade da proteção dos santos, orações públicas e procissões para tranquilizar e proteger os fiéis.[6]

Autoridades e colonos espanhóis àquela altura não eram neófitos nas calamidades naturais do Novo Mundo. Já tinham sessenta anos de experiência com terremotos, secas, epidemias, inundações e furacões. De algum modo, suas explicações para esses fenômenos costumavam ser atribuídas à Providência, e mesmo anormalidades dos fenômenos naturais, como terremotos, ainda eram consideradas normais no âmbito dos propósitos divinos. Mas apesar da aceitação da vontade de Deus como causa primordial, sempre havia um aspecto prático e um aspecto político em suas percepções, e com isso também em suas reações. Nesse caso, o do furacão de Veracruz de 1552, conhecemos os detalhes da calamidade porque o vice-rei da Nova Espanha, Don Luis de Velasco, e os membros da *audiencia* da Alta Corte, que servia como seu conselho, pediram para ser informados dos danos sofridos, de modo que o rei, Carlos I, pudesse decidir que medidas tomar. O prefeito (*alcalde mayor*) de Veracruz, García de Escalante Alvarado, respondeu ao pedido apresentando um relato corroborado por depoimentos de várias testemunhas. Elas deixavam claro que o governo municipal e corajosos moradores da cidade tinham sido os primeiros a reagir, alertando os moradores para o perigo e levando alguns deles para lugar seguro. Agora cabia ao governo real providenciar ajuda. Nos meses que se seguiram à tempestade, o vice-rei tomou medidas para assegurar que o povo da região de Veracruz recebesse provisões, encarregando várias comunidades indígenas da área de Puebla, que também tinham sofrido com a tempestade, de lhe fornecer alimentos.[7] Escalante Alvarado solicitou que a cidade fosse realocada, removida de sua perigosa localização entre o rio e o mar, mas a quarta e definitiva mudança de Veracruz só aconteceu em 1599, e mesmo então ela e seu porto continuaram, como tudo o mais naquela região, sob a ameaça das grandes tempestades, o risco característico do Caribe.

DEUSES DO VENTO

Se no início os espanhóis, e depois os outros europeus, viam basicamente nessas grandes tempestades americanas a presença de uma força sobrenatural, nesse aspecto eles diferiam muito pouco dos povos nativos da região. Para estes, as grandes tempestades eram parte do ciclo anual da vida. Eles respeitavam seu poder e com frequência o divinizavam, mas também buscavam maneiras práticas de se adaptar às intempéries. Havia muitos exemplos disso. Os calusas, do sudoeste da Flórida, plantavam fileiras de árvores para servir como quebra--vento e proteger suas aldeias de furacões. Nas ilhas das Grandes Antilhas — Cuba, Jamaica, Hispaniola e Porto Rico —, o povo taíno preferia cultivar raízes, como iúca, *malanga* e taioba, devido a sua resistência a danos causados por ventanias. Os maias de Yucatán em geral evitavam construir suas cidades no litoral, porque entendiam que esses lugares eram vulneráveis aos ventos e às ondas violentas do oceano que acompanhavam as tempestades. Arqueólogos que trabalharam na Mesoamérica sugeriram que esses aspectos da vida, como gerenciamento de campos e seleção de culturas, projetos urbanos e sistemas de drenagem, construção de casas, uso e manutenção de florestas, questões militares, migração, comércio e mudanças ou interrupções culturais, como o abandono, pelos maias, das cidades clássicas (*c.* 200-1000 E.C.), foram todos influenciados por furacões e outras calamidades naturais.[8] Foi dos habitantes das ilhas, os taínos das Grandes Antilhas e os caraíbas, que viviam nas ilhas menores das Pequenas Antilhas, que os europeus ouviram falar das tempestades pela primeira vez, beneficiando-se depois também do conhecimento e da compreensão que deles tinham os povos que ocupavam o litoral do golfo do México e interlocutores maias da península de Yucatán e do norte da América Central. Todos os povos mesoamericanos acreditavam que o vento, a água e o fogo eram elementos essenciais nos ciclos de destruição pelos quais eles marcavam a passagem do tempo. Assim, os deuses da chuva e do vento — Tlaloc e Ehcatl (ou Quetzalcoatl) para os interlocutores nauatles dos planaltos mexicanos, Tajín para os totonacs de Veracruz e Chaak e Hurakán para os maias — desempenhavam um papel predominante na cosmogonia e na cosmologia desses povos. No *Popol vuh*, o mito de origem dos maias-quichés, Hurakán, "coração dos céus", deus do vento, da tempestade e do fogo, era uma das divindades criadoras no ciclo de destruição e criação do universo. Esculturas nas ruínas dos totonacs em El Tajín e nas cidades maias de Uxmal e Copan, assim como códices pictográficos do pré-contato e da pós-conquista, deixam claros a importância e o poder destrutivo desses deuses. As religiões mesoamericanas reconheciam uma dualidade de forças, de modo que os deuses do vento poderiam, em sua forma benevolente, trazer chuvas para as culturas, mas em seu aspecto malévolo eram destruidores de casas e *milpas*, portadores de infortúnio e de morte.[9] Mesmo entre os maias do contemporâneo estado mexicano de Quintana Roo ainda existe a crença de que os furacões representam uma luta entre os aspectos benigno e maligno de Chaak, como parte de uma batalha cósmica que pode trazer a destruição com inundações, elevação das marés e ventos potentes, mas também pode renovar a terra e trazer águas revivificadoras.[10]

Uma grande confusão envolve a etimologia da palavra *huracán*, pela qual os espanhóis vieram a conhecer aquelas tempestades e da qual se originaram o inglês *hurricane*, o francês *ouragan*, o holandês *orkaan*, o dinamarquês *orkanen* e o português "furacão". Será apenas coincidência que a palavra do taíno *hurakan* e a maia *huracán* sejam tão semelhantes, ou isso resulta de laços linguísticos, ou afinidade, ou contato cultural? Talvez o espanhol *huracán* simplesmente seja posterior ao contato com a Mesoamérica e tenha sido aplicado pós-fato por cronistas que escreviam sobre contatos anteriores nas ilhas. Sabemos que o termo não aparece numa descrição da cultura taíno feita na década de 1490 pelo frei Ramón Pané, e é usado pela primeira vez em *Historia natural*, de Fernández de Oviedo, em 1526. O diário de Colombo menciona essa palavra, mas o original desse documento desapareceu há muito tempo, e a versão que afinal apareceu impressa só foi publicada em meados do século XVI, muito depois de ocorrer a conquista do México. Assim, existe a possibilidade de um contato pós-mesoamericano ulterior na interpolação do termo.[11] Também é possível que a etimologia de *huracán* não seja de todo ameríndia. A palavra não aparece na edição original, de 1611, do grande dicionário de Sebastián de Coavarrubias, o primeiro dicionário vernacular do espanhol, mas uma edição posterior de 1674 afirma que a etimologia podia se referir ao verbo espanhol *horadar* ("penetrar"), porque a água parecia quase penetrar nos navios que afundavam, causando um *horacán*. Um dicionário de espanhol do século XVIII atribui as origens da palavra ao termo latino *ventos furens* ("ventos violentos"), que foi depois espanholado como *furacan* ou *furacano* — forma na qual Colombo a usou pela primeira vez.[12]

No entanto, qualquer que seja a origem do termo, os povos nativos americanos que tinham migrado para as ilhas a partir do continente sul-americano aprenderam a estruturar suas vidas de acordo com a sazonalidade, a frequência e a potência das tempestades. Os taínos das grandes ilhas marcavam o tempo em suas danças cerimoniais comunitárias, ou *arreitos*, cantando os feitos extraordinários de seus ancestrais e chefes e rememorando as ocorrências dos grandes furacões. Ramón Pané, o frade agostiniano que acompanhou Colombo em sua segunda viagem, em 1493, e se tornou o primeiro europeu a escrever sobre os povos indígenas das Grandes Antilhas, relatou que os taínos consideravam os ventos uma força do *zemi* ou deidade Guabancex, a amante dos ventos, acompanhada por seus dois assistentes, Guataubá, o arauto que produzia os ventos com força de furacão, e Coatrisquie, responsável pela inundação que os acompanhava.[13] O poder desses *zemis* era temido por todos. Os povos insulares tinham medo deles devido ao seu efeito na agricultura e por causa da devastação que causavam, mas os taínos também aprenderam a conhecer as tempestades e a identificar sua sazonalidade e os sinais pelos quais sua chegada podia ser prevista.

Os taínos consideravam as grandes tempestades uma força cósmica perigosa, mas criativa, na formação de seu mundo. Na cosmologia deles, esses ventos tinham, no passado, separado as Ilhas Virgens e as Bahamas de Cuba, e sua força continuava a modelar os contornos do mundo insular. Como foi ressaltado pelo erudito cubano Fernando Ortiz na década de 1940, talvez o mais notável e impressionante indício da familiaridade dos taínos com os furacões seja a evidência arqueológica, no leste de Cuba, de imagens de cerâmica de um rosto redondo com braços em espiral que apontam para direções opostas, sugerindo que esse povo tinha percebido a natureza giratória dos ventos de um furacão em torno de um olho (o rosto da imagem, figura 1.1), fato que só seria estabelecido pela ciência ocidental em meados do século XIX.[14]

O poder e o perigo representados pelas tempestades não eram menos relevantes para outro importante grupo das ilhas do Caribe, os caraíbas das Pequenas Antilhas. Eles também reconheceram a natureza destrutiva das tempes-

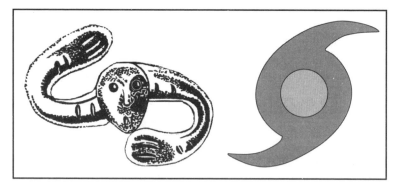

Figura 1.1. *Os braços em curva do zemi taíno numa cerâmica cubana parecem indicar um reconhecimento da rotação dos ventos de um furacão, assim como o faz o símbolo meteorológico moderno para um furacão.* (Um desenho original do *zemi* aparece em Fernando Ortiz, *El huracán, su mitología y sus símbolos*. Cidade do México: Fondo de Cultura Económica, 1947.)

tades e acreditavam que espíritos do mal, ou *maboyas*, eram responsáveis por elas. Também as temiam, mas aceitavam sua natureza sazonal e as incluíam no ritmo de seu ano, em especial em seu ciclo de vingança e guerra contra seus arqui-inimigos, os taínos. Todo ano, quando a constelação da Ursa Menor aparecia no céu caribenho depois do solstício de verão, ela anunciava para os caraíbas a aproximação da época de suas incursões contra os rivais. Eles chamavam a constelação de "a canoa da garça", e sua reaparição anual em meados de junho assinalava o início da temporada em que, em seguida aos tempestuosos meses de julho, agosto e início de setembro, lançavam ao mar suas próprias canoas. Os ataques dos caraíbas aos taínos em busca de mulheres, alimento e prisioneiros, e depois contra os europeus, eram realizados sobretudo a partir do fim de setembro até dezembro.[15] Esse padrão perdurou durante quase um século após a chegada dos europeus às ilhas. Os ataques dos caraíbas a Porto Rico ocorreram até o início do século XVII, apesar dos contra-ataques espanhóis contra suas ilhas, Dominica e Guadalupe.[16] Os espanhóis consideravam os caraíbas a quintessência dos "selvagens", e o termo "caraíba" se tornou mais uma denominação jurídica do que étnica, uma vez que seus supostos canibalismo e selvageria justificavam sua escravização, segundo a lei espanhola. Ao mesmo tempo, os espanhóis, e depois os franceses e os ingleses, ficaram impressionados com seus talentos e conhecimentos náuticos. A aptidão dos caraíbas para navegar por quinhentos ou seiscentos quilômetros utilizando o formato das nuvens, a direção dos ventos, a cor do céu e seu conhecimento das estrelas era admirável. Um observador francês, conhecido apenas como o Anônimo de Carpentras, afirmou que a navegação deles demonstrava um quase incrível conhecimento do Sol e das estrelas. Seu compatriota Jacques Bouton classificou como um portento essa familiaridade com o céu e achava que a capacidade dos caraíbas de prever o mau tempo e tempestades era um mistério.[17]

Essas epistemologias e entendimentos por parte dos indígenas, uma espécie de sabedoria local, tornaram-se parte de uma transferência cultural, a transmissão de objetos, linguagem e conhecimentos que constituíam um lado do desenvolvimento da "cultura de conquista" distintamente americana, que se criou no primeiro século de ocupação europeia do Caribe. Em certa medida, esse intercâmbio foi possível, ou talvez aceitável, porque os europeus também tinham uma longa tradição de práticas e crenças populares que combinavam aspectos de religião e astrologia com o conhecimento do mundo físico e dos signos que o revelavam. Embora com frequência as autoridades as chamassem de "superstições", essas crenças populares permaneceram como uma força poderosa na configuração de uma visão de mundo, e os europeus no Caribe rapidamente incorporaram nessa cosmologia aquilo que tinham aprendido com os povos nativos da região.

PRIMEIRAS OBSERVAÇÕES DE EUROPEUS

Colombo foi sem dúvida um navegador talentoso, mas também muito sortudo. Cerca de 90% de todas as tempestades tropicais no Atlântico se formam entre as latitudes de dez graus norte e 35 graus norte. Mas em setembro de 1492, no auge da temporada de furacões, ele navegou, sem intercorrências, das ilhas Canárias até seu desembarque nas Bahamas com tempo bom, percorrendo a rota predominante dos grandes furacões do Atlântico. Enquanto os historiadores não têm certeza se Colombo efetivamente se deparou, em sua primeira década no Caribe, com uma tempestade que hoje poderíamos definir como formada por ventos com força de furacão, está claro que em 1498 ele experimentara pesadas intempéries ou depressões tropicais e tinha aprendido bastante sobre os mares daquelas ilhas e sobre seus ventos para poder perceber a aproximação de uma tempestade tropical.[18]

Em julho de 1502, durante sua quarta e última viagem a partir da Espanha, Colombo fez uma parada em Santo Domingo, então o principal porto espanhol no Caribe, para equipar um navio adicional antes de continuar a exploração do continente, a oeste. O que ele encontrou em Santo Domingo naquele momento foi uma frota espanhola de trinta navios preparando-se para levantar âncora para uma viagem até Sevilha, sob o comando de Francisco de Bobadilla, o investigador real que o tinha enviado à Espanha acorrentado, em 1500, quando reclamações quanto a seus regulamentos haviam causado uma rebelião. A frota estava carregada de ouro, extraído mediante trabalho forçado dos índios taínos. O governador, Nicolás de Ovando, designado para impor o controle real e cancelar as concessões feitas originalmente a Colombo, estava em maus termos com ele e se recusou a dar abrigo a seus navios no porto, apesar de o genovês tê-lo advertido sobre o avolumar das águas a sudeste, cirros e uma atmosfera enevoada que sinalizava uma tempestade iminente.

Ovando ignorou a recomendação de Colombo de manter a frota espanhola no porto por alguns dias, e alguns dos marinheiros e pilotos até o ridicularizaram por suas pretensões proféticas.[19] A frota zarpou. A flotilha do próprio Colombo enfrentou a tempestade numa baía protegida, mas a frota do governador foi pega desprevenida dois dias após ter deixado o porto. Cerca de vinte navios se perderam com toda a tripulação; outros seis afundaram, com alguns sobreviventes conseguindo chegar ao litoral; e só três ou quatro navios continuaram a flutuar. Destes, apenas o navio que carregava o ouro que era o quinhão pessoal de Colombo como almirante do mar-oceano seguiu viagem até a Espanha. Esse golpe de sorte e a aparente aptidão do navegador para ler os sinais de um furacão suscitaram rumores de que ele era um mago em conluio com o diabo e que fora ele quem tinha conjurado a tempestade contra seu inimigo.[20] Seus cronistas mais tardios, o filho Fernando e o sacerdote dominicano Bartolomé de Las Casas, relataram que Colombo acreditava que a mão da Providência salvara seu próprio tesouro, enquanto a frota de Bobadilla, quinhentos marinheiros e o resto do ouro afundavam.

Nesse primeiro relato de um furacão caribenho, encontramos entrelaçados três elementos que aparecem com frequência nas primeiras observações sobre furacões: a descrição de uma violenta intempérie natural, explicações baseadas em uma intervenção providencial ou diabólica e o uso de conhecimento teórico e experiência prática para compreender as tempestades e sobreviver a elas. A tensão existente entre teologia, teoria e experiência ante a natureza tanto fascinou quanto intrigou observadores europeus durante os três séculos seguintes. Os primeiros europeus no Caribe buscavam, naturalmente, orientação em suas experiências prévias. Embora trombas-d'água e tornados não fossem desconhecidos no Mediterrâneo e no Atlântico Norte, e tivessem sido comentados por antigos filósofos e cosmógrafos, os furacões eram praticamente desconhecidos, constituindo, portanto, um fenômeno novo para os quais as teorias da filosofia, da astrologia e da meteorologia, assim como experiências práticas anteriores, tinham deixado os europeus essencialmente despreparados. Primeiro para os espanhóis e depois para os outros europeus que estavam no Caribe no decurso dos dois séculos seguintes, as grandes tempestades desafiavam a noção de que o mundo e suas interações físicas eram totalmente conhecidos e explicados pelas autoridades clássicas. Assim como muitos aspectos da natureza no Novo Mundo, os furacões pareciam ser uma anomalia, e seu poder devastador, fosse ele natural, diabólico ou divino, exigia a atenção dos filósofos e teólogos naturais, assim como dos marinheiros, colonizadores e reis.

No século XVI, humanistas e teólogos espanhóis tentaram conciliar a existência dos furacões dentro de um sistema aristotélico e agostiniano. Na *Meteorologica*, de Aristóteles, e nas obras de geógrafos clássicos como Plínio não havia referência a explicações não naturais, de modo que, quando autores cristãos como Tomás de Aquino comentavam esses textos, quase nunca iam além de uma declaração genérica sobre o poder de Deus acima de todas as coisas.[21] Porém, ao contrário de muitas coisas que eram observadas nas Américas, mas desconhecidas na Europa, os furacões, apesar de diligentes tentativas, não eram facilmente conciliáveis com as interpretações clássicas e bíblicas do cosmos então existentes.[22] Além do mais, a luta que se desenvolveu entre filósofos e teólogos naturais quanto às tempestades e os caprichos dos fenômenos naturais em geral nunca foi apenas um conflito entre crença religiosa e teorias sobre o mundo natural, ou só mais um episódio na transição do medieval para uma explicação da natureza mais moderna e mais "científica". Envolveu também uma convivência com crenças populares alternativas e práticas que, embora com frequência definidas por autoridades da Igreja como "superstições", assim mesmo permitiram que experiências e sistemas alternativos de conhecimento entrassem no debate. Essas crenças e tradições alternativas sobre vento e clima, muitas vezes combinadas com preces, ritos, relíquias e liturgias da Igreja, propiciaram certa noção de que homens e mulheres não estavam de todo impotentes ante os fenômenos naturais.[23] Por fim, no Caribe, a existência de cosmologias indígenas e de conhecimento sobre as grandes tempestades também exigiram que os europeus considerassem e incorporassem tais experiências, apesar de em geral descartarem os povos indígenas e sua cultura como inferiores.

Na Espanha, o interesse por fenômenos naturais no Novo Mundo teve um desenvolvimento lento. Apesar da onda de excitação após a primeira viagem de Colombo e a circulação rápida de cartas impressas e de notícias pela Europa, os monarcas espanhóis Isabel de Castela (m. 1504) e Fernando de Aragão (m. 1516) não demonstraram oficialmente muito interesse nas peculiaridades das novas terras durante seu reinado. Embora os primeiros exploradores, marinheiros, missionários e funcionários locais tenham manifestado curiosidade quanto à geografia, ao povo e à natureza do Novo Mundo, o mesmo não seu deu com os governantes. Segundo estudo de Antonello Gerbi, o caráter e as peculiaridades das novas terras parecem ter gerado pouca preocupação real ou interesse erudito nas primeiras décadas após a viagem de 1492. Por exemplo, não se determinou que outras expedições espanholas iniciais apresentassem relatórios (*relaciones*) sobre as terras e mares visitados. O único relato impresso das explorações de Colombo disponível aos espanhóis foi *Decades*, de Pietro Martire d'Anghiera, parte do qual veio a lume em latim em 1516, com uma versão mais completa em 1530; não foi republicado. (Foi afinal traduzido para o espanhol em 1892.) Em outros lugares na Europa, de Antuérpia a Veneza, apareceram muitas versões em latim e em línguas vernáculas.[24]

O desinteresse real chegou ao fim com a nomeação, por Carlos I (r. 1516-56), do humanista Gonzalo Fernández de Oviedo como cronista das Índias Ocidentais em 1532, e com a ordem do rei de que todos os funcionários ali residentes apresentassem relatórios a ele. Talvez essa mudança na política oficial tenha sido causada pela conquista da Guatemala e do Peru, mas o interesse da Coroa na natureza das Índias Ocidentais e de seus habitantes se renovou, claramente, na década de 1540.[25] Essa curiosidade, bem como grande parte da ciência espanhola no período, foi mais prática do que filosófica, pois o império de Carlos I queria "ver como um Estado", isto é, inventariar, categorizar e controlar os novos territórios e seus povos.[26]

Após as primeiras duas décadas do século XVI, cosmógrafos, historiadores e filósofos naturais começaram a escrever sobre o Novo Mundo. Em seu desejo de descrever suas condições, atrações e perigos, esses autores coletaram, comentaram e codificaram as observações de capitães como Colombo e outros navegadores que primeiro tinham viajado pelo Caribe durante a temporada dos furacões.[27] A menção a grandes tempestades se tornou uma característica em muitas das descrições espanholas iniciais das Índias Ocidentais em geral e do Caribe em particular.[28] O primeiro livro sobre as Índias Ocidentais, *Suma de geographia* (Sevilha, 1519), de Martín Fernández de Enciso, incluía uma discussão sobre a violência das tempestades e uma advertência de que o fracasso na compreensão dos furacões já resultara na perda de muitos navios.[29] Enciso, um advogado, havia se estabelecido por um tempo em Santo Domingo, estivera no Panamá e tinha presenciado os perigos das tempestades, ou ao menos ouvido falar deles.[30] O padre Bartolomé de Las Casas, que como colono e, mais tarde, sacerdote também conhecia bem as ilhas, disse em sua *Historia de las Indias* (1561) que "as piores tempestades de todos os mares do mundo são as destas ilhas e costas"; e apontou em sua narrativa várias ocasiões nas quais elas tinham determinado ocorrências históricas.[31]

Esses primeiros observadores tentaram conciliar sua experiência com as interpretações teológicas e naturais das tempestades. Oviedo chegou pela primeira vez em Santo Domingo em 1514; participou também da conquista do Panamá e mais tarde cruzaria o Atlântico seis vezes. Por volta de 1524, começou a escrever uma história natural como parte de uma história mais geral.[32] Tinha visto pessoalmente a destruição causada por grandes tempestades e compreendia a importância de seu impacto, relatando, por exemplo, que a localização da cidade de Santo Domingo havia sido mudada após um furacão devastador em 1504, e que o novo local fora de novo atingido em 1508 e 1509.[33] Oviedo escreveu, com a experiência de uma testemunha ocular:

> Vi florestas densas com árvores muito grandes serem derrubadas e se reduzirem a um comprimento de uma légua e meia e uma largura de um quarto de légua. Foi algo terrível de se ver e tão assustador que para os indígenas não havia dúvida de que aquilo era obra do diabo.

O próprio Oviedo parecia concordar. Afirmava que o diabo "era um velho astrólogo" que sabia como ficaria o clima e como a natureza governa as coisas; com o controle que tinha do sol e da chuva, ele poderia trazer fartura ou fome. Mas Oviedo ofereceu a seus leitores cristãos um raio de esperança sobrenatural. Ele os informou de que, onde houvesse uma hóstia sagrada, "os furacões e as grandes tempestades não seriam mais tão frequentes ou perigosos como tinham sido antes".[34] Com isso, estava repetindo uma observação anterior de Pietro Martire, e essa história sobre o poder da Eucaristia se tornou lugar-comum nos relatos espanhóis do século XVI.[35] As histórias eram uma tentativa de demonstrar que aquela novidade selvagem que era o Novo Mundo podia ser dominada e posta sob o controle da religião. A maior parte dos colonos espanhóis tinha essa opinião, e isso era às vezes apoiado pelo clero, como mostra o esboço literário de abertura deste capítulo, quando padre Romero afirmou que a hóstia havia salvado Veracruz da destruição total.[36] Na verdade, a ideia de que a Eucaristia poderia ter o poder de transformar as grandes tempestades não era novidade na Europa. Numa fusão da crença católica com o que, segundo a queixa de alguns teólogos, eram "superstições de camponeses", sacerdotes em comunidades rurais tinham levado relíquias sacras e o ostensório das igrejas para os campos a fim de desviar tempestades. Vários sínodos tentaram proibir essas práticas, mas o poder miraculoso da hóstia, que nas mãos dos sacerdotes podia transformar pão em carne, era muitas vezes conjurado para transformar tempestades violentas ou granizo em chuva suave revivificante.[37] Os colonizadores espanhóis levaram essas práticas consigo para o Novo Mundo.

Oviedo e outros entre os primeiros comentadores demonstraram uma forte tendência empírica originária de sua própria experiência, ou baseada em relatos em primeira mão que tinham coletado. Eles depois tentaram explicar essas observações referindo-se à história natural e à teologia clássicas.[38] Mas enquanto havia muitas referências clássicas e bíblicas a secas, inundações, terremotos e outras catástrofes e calamidades, os grandes furacões, com sua velocidade extrema, ventos giratórios, enorme tamanho e regularidade sazonal, eram fenômenos novos para os quais as autoridades tradicionais ou os precedentes no Mediterrâneo tinham pouca orientação a dar. Assim, esses primeiros observadores, sem abandonar as explicações teológicas ou clássicas, voltaram-se para sua própria experiência ou para a rica tradição europeia de histórias e crenças sobre o clima, e até dependiam do conhecimento local das populações nativas da região. Nesse sentido, os furacões ofereceram uma ocasião e um caminho para um conhecimento que cruzou fronteiras culturais e étnicas.

Imagens europeias antigas de furacões (figura 1.2) e quase todas as descrições feitas por testemunhas espanholas revelaram a reverência e o terror que a violência dessas tempestades inspirava. Por volta de 1566, por exemplo, frei Diego de Landa, bispo de Yucatán, relatou:

> Numa noite de inverno, por volta das seis horas da tarde, chegou uma tempestade que se tornou um furacão dos quatro ventos. Essa tempestade derrubou árvores totalmente desenvolvidas, provocando grande mortandade de todo tipo; e derrubou as casas altas, as quais, com telhados de sapê e com fogo aceso no interior por causa do frio, pegaram fogo e incineraram muita gente, enquanto algumas pessoas que escaparam de se queimar ficaram aleijadas ao serem atingidas por [desmoronamento de] toras de madeira. O furacão durou até o meio-dia do dia seguinte, quando se viu que os que habitavam casas pequenas haviam esca-

pado, entre eles casais recém-casados, que tinham o costume de construir cabanas diante das casas dos pais ou sogros, onde viviam nos primeiros anos [do matrimônio]. Desse modo, a terra perdeu o nome com que nascera, "terra dos perus e veados", e ficou tão sem árvores que as árvores atuais, todas de igual tamanho, parecem ter sido plantadas ao mesmo tempo. Assim, ao se observar o solo de certos pontos mais elevados, ele parece ter sido aparado com tesoura.[39]

Os marinheiros conheciam as tempestades e seus perigos. Juan Escalante de Mendoza, que comandou muitos navios no comércio transatlântico espanhol, ou "a corrida das Índias", e por fim foi guindado ao posto de capitão-

Figura 1.2. A horrível e desconhecia tempestade *é uma das primeiras imagens europeias de um furacão. Os navios naufragando e os espanhóis e nativos americanos em fuga enfatizam a impotência humana ante essas tempestades.* (De Americae pars quarta, de Johann Feyerabend e Theodor de Bry, Frankurt, 1594. Cortesia da Biblioteca John Carter Brown, da Universidade Brown.)

-geral da frota da Nova Espanha, dedicou uma longa seção de seu guia para marinheiros de 1575 às origens das tempestades e seus perigos. Ele as chamou de "uma fúria de ventos soltos contrários, como um redemoinho, originados e reunidos entre ilhas e na proximidade de terra firme e criados por grandes extremos de calor e umidade", observação que sugeria corretamente a natureza giratória das tempestades e a importância de temperaturas aquecidas e de umidade em sua geração. Esse relato descrevia as medidas que deveriam ser tomadas a bordo dos navios antes e durante a tempestade; como o capitão deveria demonstrar destemor e encorajar sua tripulação; e como deveria supervisionar tudo sem descanso, durante o furacão. Incluía também os sinais a serem observados — a fase da lua, o comportamento dos peixes ou o voo dos pássaros. Tinha o cuidado de mencionar que "o que está por vir, o senhor sabe, sir, só Deus nosso Senhor sabe o que é, e ninguém é capaz de saber até ser revelado por Sua divina bondade".[40] A previsão do tempo sempre caminhou perigosamente próximo da desaprovação, pela Igreja, de sua suposta divinização.

Mas enquanto os navegantes demonstravam uma natural preocupação de cunho prático com as tempestades e suas características, os teólogos e homens de letras espanhóis se interessavam também por esse novo e perigoso fenômeno.[41] Nenhum desses primeiros escritores sobre o tema foi mais informativo do que Tomás López Medel. Juiz num tribunal superior, López Medel tinha servido nas *audiencias* (tribunal de recursos) de Santo Domingo, Guatemala e Nova Granada (atual Colômbia) nas décadas de 1540 e 1550, e conhecia bem as Índias Ocidentais. Influenciado pelos escritos de Las Casas em defesa dos povos nativos e por suas próprias leituras humanísticas, tornou-se fervoroso crente na missão civilizatória da Espanha e crítico da exploração espanhola das Índias Ocidentais. Ao voltar para a Espanha de seu serviço na América, entrou para o clero e foi depois nomeado (mas não serviu como tal) bispo da Guatemala. Por volta de 1570, talvez em reação a uma iniciativa da Junta de Comércio em Sevilha para coletar informações geográficas sobre as Índias Ocidentais, ele elaborou seu *Dos três elementos*.[42] Era um estudo do efeito do clima nos seres humanos e das características ambientais daquelas novas terras. O capítulo 5 do livro 1, sobre "brisas e ventos", dava especial, embora breve, atenção ao que ele chamou de *buracanes*, que definiu como "um encontro e uma disputa entre vários e contrários ventos".[43] Isso é um reconhecimento da distintiva "indistinguibilidade" da direção dos ventos e seu padrão em turbilhão (que mais tarde se soube ser um movimento circular), o que o diferenciava da direção constante de outros ventos. Foi, de fato, uma percepção precoce que antecedeu em três séculos a teoria da rotação dos furacões. López Medel, como Las Casas e Oviedo, havia presenciado a força de um furacão, tendo passado pelo impacto de 1551 que atingiu Yucatán e Veracruz.[44] Ele juntou sua observação pessoal às que tinha obtido de outros para relatar as "monstruosas" e "incríveis" consequências dos furacões; mencionou navios totalmente carregados sendo arrastados por longas distâncias terra adentro, barris cheios de ferro suspensos pelo ar e um sino de Veracruz que pesava mais de três arrobas (35 quilos) sendo levado por mais de três quilômetros pela força do vento. "Sem dúvida", disse ele, "é grande a nossa labuta quando ocorrem esses ventos e essas fúrias na natureza."[45]

Na breve menção de López Medel aos furacões aparecem dois aspectos deles que eram comuns a muitas daquelas primeiras descrições: seu grande potencial de devastação e o modo como os habitantes indígenas da América sabiam ler os sinais de sua aproximação. Assim como Oviedo, López Medel sugeriu que os furacões haviam sido mais intensos e frequentes quando os indígenas viviam na obscuridade de sua idolatria do que depois de os espanhóis terem trazido a Eucaristia para Hispaniola; mas ele observou também que, enquanto os residentes nativos das ilhas viviam o terror das grandes tempestades, "a prática e a experiência" os havia ensinado a detectar sua aproximação. Do mesmo modo, Pietro Martire notou que os telhados baixos de sapé das cabanas dos indígenas, ou *bohios*, pareciam sobreviver melhor à força dos ventos do que as casas construídas pelos espanhóis; e provavelmente não foi preciso muito tempo para que os espanhóis percebessem que o cultivo de raízes, preferido pelos taínos, se adaptava bem a um ambiente inclinado a furacões, lição que mais tarde foi aprendida por escravos e proprietários de escravos por toda a região.

Os espanhóis primeiro, e depois outros europeus que chegaram ao Caribe, notavam regularmente que os povos nativos tinham divinizado as tempestades e as temiam, mas também compreendiam seu potencial e sua sazonalidade; e, o que para os europeus era mais interessante, pareciam aptos a ler os sinais de sua chegada. O problema da previsão numa época anterior à invenção do barômetro e do termômetro preocupava os observadores europeus, a maioria dos quais, como López Medel, chegou a acreditar que os povos nativos tinham desenvolvido algum sistema que possibilitava a previsão.

A adivinhação e a profecia eram atividades perigosas na Europa do século XVI, onde a chamada astrologia judicial, a previsão de eventos humanos com base no movimento de estrelas e planetas, era condenada por sua suposta predeterminação da vontade de Deus. Santo Agostinho afirmara que o conhecimento do futuro era atributo exclusivo de Deus e que sem inspiração divina era um poder que estava além do alcance humano. A verdadeira profecia só era possível pela revelação. O diabo, com sua astúcia, poderia ser capaz de prever algumas coisas e delas derivar alguns fragmentos do futuro, mas não tinha real poder de profecia. A partir do século XIII, bispos e inquisidores haviam feito campanha contra os astrólogos que iam além dos limites de sugerir que corpos celestes poderiam influenciar a natureza das questões humanas, ao propor, em vez disso, que esses movimentos tinham determinadas consequências. Do mesmo modo, houve tentativas de suprimir e desacreditar videntes e adivinhos, quiromantes, conjuradores e magos, cujos prognósticos eram considerados superstições ou fraudes e, quando ocasionalmente corretos, apenas acidentais.[46] Uma bula papal de 1586 condenara todo tipo de adivinhação, embora sempre houvesse algum espaço de manobra concedido a observações com aplicações práticas à navegação, à medicina ou à agricultura. Autoridades da Igreja tendiam a ser tolerantes e neutras em relação a essas práticas, a menos que parecesse haver um pacto demoníaco em tais atividades.[47]

Mas apesar das suspeitas e da natureza contenciosa de várias formas de adivinhação, a leitura dos sinais do tempo era uma aptidão ubíqua e às vezes necessária em sociedades agrárias, como confirma a publicação e o consumo de uma miríade de almanaques europeus. Na Espanha, como em toda parte na Europa, as pessoas observavam o formato de uma nuvem, uma mudança na brisa, o gosto da água, a movimentação dos animais e o voo dos pássaros. Às vezes essas observações eram integradas em *refraneros*, livros com adágios curtos e cativantes que eram considerados um repositório de sabedoria popular. Com frequência eram coletados e organizados por humanistas cultos. O livro *Refranes que dicen las viejas atras del fuego*, do Marqués de Santillana (1398-1458), publicado pela primeira vez em 1508, era um dos mais importantes, mas havia muitos outros, bastante populares.[48] Havia também as cronografias, livros que combinavam astrologia, astronomia, meteorologia e história, usadas como guias que indicavam os melhores dias para tomar certos remédios, ou ensinavam a ler os sinais que poderiam informar se o inverno seria rigoroso ou se no dia seguinte ia chover. A *Chronographia o repertorio de tiempos*, de Jerónimo de Chávez (1523-74), teve 39 edições antes da de 1588, com quinhentas páginas. Bastante lido, o livro de Chávez não era uma ameaça à ortodoxia. Estava cheio de referências a Ptolemeu, Aristóteles e outras autoridades clássicas e continha uma carta de apresentação e aprovação de Filipe II.

Ao mesmo tempo, contudo, continuava a haver uma grande quantidade de práticas populares mais suspeitas. Na Espanha, por exemplo, observações do clima em certos dias do ano eram usadas para fazer previsões chamadas *cabañuelas*. As que eram feitas em cada um dos doze primeiros dias do ano se destinavam a prever o clima em cada um dos doze meses subsequentes. Determinados dias santos permitiam prever o tempo e eram evocados também em ditos como "Um dia de São Vicente claro, fartura de pão; um dia de São Vicente escuro, nenhum pão" (*"San Vicente claro, pan harto; San Vicente oscuro, pan ninguno"*). Em acréscimo a esses costumes bastante praticados, uma espécie de astrologia popular observava as fases da lua e outras atividades astrais. Nos sínodos, tentava-se proibir essa "sabedoria", e tratados concebidos por teólogos a condenavam como superstição, mas tais tradições estavam muitíssimo arraigadas na Espanha, assim como em outros lugares da Europa, e cruzaram facilmente o Atlântico. A população rural de Cuba ainda mantinha várias formas de *cabañuelas* em pleno século XX.[49]

Essas tradições também atravessavam com facilidade uma suposta linha divisória entre a cultura erudita e a popular. Uma corrente profética e milenarista do pensamento cristão aceitava que essas epistemologias populares talvez fossem divinamente inspiradas.[50] Colombo, no final de sua vida, se apresentava como um simples marinheiro cujo projeto, escarnecido por homens cultos, tinha se originado de suas observações e sua experiência, inspiradas pelo Espírito Santo. Ele insistia:

> Eu mesmo, por minha própria experiência, conheci um simples aldeão que era capaz de explicar o céu e as estrelas e seus movimentos melhor do que esses que gastaram seu dinheiro para aprender essas coisas. Acredito também que o Espírito Santo mostra eventos futuros não apenas em seres racionais, mas também os revela para nós em sinais no céu, na atmosfera e em animais, sempre que Lhe apraz.

Deus revelava seu plano através tanto das Escrituras como da experiência, mesmo para o humilde, na verdade para toda a humanidade. "Acredito que o Espírito Santo atua entre cristãos, judeus e muçulmanos, e entre todos os homens de todas as crenças."[51]

Conquanto os europeus buscassem evitar os danos e a devastação causados pelo mau tempo, também aceitavam que a calamidade poderia ser um castigo por não terem vivido como bons cristãos, possibilidade levantada claramente por Tomás de Aquino e confirmada no Concílio de Trento, em 1551. Essas demonstrações da vontade de Deus poderiam ter sido saudadas como uma purgação do pecado, mas quase nunca eram, e, na verdade, havia sólidos argumentos escolásticos baseados em diferenciações aristotélicas entre causas primárias e secundárias que poderiam justificar as tentativas de evitar seus efeitos. Além disso, havia o simples bom senso das estratégias para a sobrevivência.[52] Os furacões tinham ainda uma finalidade útil na cultura do medo, ao favorecer uma preocupação moderna inicial com a salvação.[53] Distintas interpretações das tempestades eram possíveis. Oviedo havia sugerido que a quantidade de furacões diminuíra depois de os espanhóis trazerem a Eucaristia para o Novo Mundo, mas o padre Bartolomé de Las Casas, defensor dos indígenas e crítico dos excessos espanhóis, relatou que os indígenas afirmavam que outrora os furacões não eram comuns e que tinham aumentado após a chegada dos espanhóis nas Índias Ocidentais. Las Casas sugeriu que a causa poderia ser encontrada nos novos e muitos pecados dos espanhóis.[54] Em geral aceitava-se a ideia de que havia intenção divina nas calamidades naturais, e era raro que um governador, um funcionário da Coroa ou um clérigo relatassem os efeitos de um furacão ou outro desastre natural sem mencionar o propósito de Deus.[55] Um panfleto anônimo descrevendo um furacão que atingiu Santo Domingo em 1680 chamou os ventos de "ministros executores da justiça divina" e mencionou "a justa aversão que nossas falhas sempre motivam" em Deus.[56] Apesar da humildade e da resignação que essas declarações implicavam, porém, a população do Caribe espanhol ainda se voltava esperançosa para remédios e proteções tradicionais.

O notável nessas primeiras conjeturas sobre a causa e o significado das tempestades é que os primeiros observadores e comentadores espanhóis raramente dependiam das abordagens informadas da história natural ou da adivinhação, isto é, de textos do mundo clássico, ou dos sistemas complexos da astrologia ou da cabala, para explicar as origens das tempestades ou sugerir métodos para combatê-las. Eles se voltavam, em vez disso, para as amplamente compartilhadas ideias populares e práticas solidárias da sociedade agrária de onde elas vinham. Por exemplo, na Espanha, uma das maneiras tradicionais de reagir à ameaça de tempestades perigosas era tocar os sinos da igreja ou disparar salvas de artilharia, práticas baseadas na teoria de que o som criaria um calor que poderia dissipar as nuvens.[57] Santa Bárbara, padroeira dos soldados de artilharia, era na verdade tida como protetora contra tempestades.[58] Essa teoria talvez esteja por trás da preocupação expressa no Caribe por muitos dos primeiros comentadores com a presença ou ausência de trovoadas durante furacões, e pode explicar as origens da crença *guajiro* (camponesa) cubana de que trovoada durante um furacão significava que ele terminaria logo.[59] Oviedo tinha advertido que a ausência de trovoada numa tempestade era o pior sinal possível, e na antiga Hispaniola, ao contrário do que ocorria na Espanha, trovões e relâmpagos eram bem-vindos, por serem considerados um presságio do fim da tempestade.[60]

Entre as reações tradicionais aos perigos do clima, uma resposta-chave era o uso de orações, súplicas, relíquias e a Eucaristia.[61] A oração contra tempestades "Ad repelendas tempestates" era parte da liturgia em Cuba nos meses de setembro e outubro, e em Porto Rico em agosto e setembro, refletindo as percepções locais de quando a ocorrência das tempestades seria mais provável. No sínodo de San Juan, Porto Rico, em 1645, observou-se que sob a pressão do laicato alguns sacerdotes tinham de fato retirado o ostensório do sacrário e até o exposto fora da igreja para afastar as grandes tempestades. Isso era proibido, e o sínodo exortou o uso de preces e exorcismos aprovados em vez disso. Mas as práticas tradicionais estavam profundamente arraigadas, e assim, como concessão, o sínodo as permitia em casos de emergência ou extrema urgência, "para que se pudesse trazer o povo à igreja para pedir a Deus, nosso Senhor, sua misericórdia e que o livrasse do perigo e das dificuldades de sua situação".[62]

Mesmo essas concessões não impediram o laicato de se voltar para outras, menos aprovadas, tecnologias tradicionais na defesa contra tempestades perigosas. Folhas de palmeiras eram levadas para serem abençoadas na igreja no Domingo de Ramos, trazidas para as casas e colocadas em pórticos e janelas para afastar as catástrofes. Às vezes eram queimadas, na esperança de que a fumaça se elevasse e dissolvesse as nuvens ameaçadoras, uma tradição que ainda sobrevivia na Cuba rural e em Porto Rico no início do século xx.[63] A velha prática dos marujos de desatar todo nó desnecessário nas cordas do navio como forma de chamar os ventos para as velas foi adaptada à situação, e o ato de atar e desatar era tido como uma forma de amarrar ou soltar os ventos. Os marinheiros rezavam: "São Lourenço, são Lourenço, amarra o cachorro e solta o vento".[64] A corda amarrada que cingia a batina dos franciscanos, essa ordem missionária tão importante nas fases iniciais da colonização espanhola, foi considerada muito poderosa como uma força contra os furacões, e a festa de são Francisco, em outubro, era tida com um dia de devoção especialmente importante, já que ocorria durante a temporada dos furacões.[65] Nas ilhas do Caribe, muitas dessas crenças e práticas foram mais tarde combinadas com ideias ou conceitos africanos, ou superpostas a eles, quanto ao controle de forças naturais.[66]

A previsão, então, era uma simples extensão das crenças e práticas de proteção, derivadas da mesma união entre uma religião autorizada e diversas práticas populares de diferentes origens. Para proteção, as pessoas buscavam a intervenção de vários santos, como nestes dois exemplos:

Santa Bárbara, donzela,
livra-nos de relâmpagos e faíscas,
como salvaste Jonas do ventre da baleia.

Santo Isidoro, lavrador,
leva embora a chuva
e dá-nos o sol.[67]

Os primeiros colonos e seus descendentes se voltaram também para amuletos, como ferraduras ou cascos de tartaruga, e outras práticas "supersticiosas" que às vezes causavam desconforto no clero. Havia neste uma ambivalência quanto às formas populares de previsão do tempo e proteção no antigo Caribe, onde o prognóstico da aproximação de um furacão era de fato uma questão de vida ou morte. Objeções semelhantes eram feitas a que europeus tomassem emprestados ou usassem conhecimentos ou crenças indígenas sobre as tempestades. Enquanto para a maioria dos primeiros observadores europeus os povos nativos do Caribe representavam a selvageria e a idolatria, havia o reconhecimento de uma epistemologia indígena que poderia ser benéfica, conquanto potencialmente perigosa. Vários autores pareciam admirar a capacidade dos indígenas de ler os sinais das tempestades e buscaram aprender com eles, mas em 1550 uma investigação (*residencia*) sobre o governador de Porto Rico revelou que ele tinha ordenado que um indígena fosse punido como feiticeiro por ter previsto a chegada de um furacão.[68] Também é curioso que o humanista Oviedo, em sua descrição da percepção indígena das tempestades, associasse o conhecimento delas à influência de xamãs em conluio com o diabo e, ao fazê-lo, ligasse a compreensão das novas tempestades às causas tradicionais do mal.

Observadores ingleses e franceses em suas colônias caribenhas no século seguinte também acreditavam que havia um método indígena de prever as tempestades. "Os indígenas são tão habilidosos que sabem de sua chegada dois, ou três, ou quatro dias antes", escreveu John Taylor em seu *New and Strange News from St. Cristophers, of a Tempestuous Spirit Which Is Called by the Indians a Hurricano* [Novas e estranhas notícias de São Cristóvão, de um espírito tempestuoso que os indígenas chamam de hurricano] (1638).[69] Assim como nas ilhas espanholas, a aptidão dos povos indígenas para ler sinais meteorológicos podia também se voltar contra eles. Os ingleses e os franceses viam às vezes nos poderes de observação e previsão dos caraíbas uma clara evidência de seu pacto com o diabo. Antigos missionários franceses tinham primeiro descartado essas previsões como sendo falsas, mas, quando se mostraram precisas, eles afirmaram que apenas mediante contato com o diabo elas seriam possíveis.[70] Tais acusações eram usadas vez ou outra para justificar a expulsão dos indígenas de determinadas ilhas, mas esse modo de pensar seria uma demonstração de estreiteza de visão. A eliminação de populações nativas durante a conquista europeia aumentou a vulnerabilidade dos europeus. Depois que os caraíbas foram removidos de São Cristóvão, os colonos ingleses tiveram de ir à vizinha Dominica, onde ainda residiam alguns indígenas, para trazê-los de volta, para que pudessem fazer previsões de tempestade. Um capitão de navio chamado Langford relatou que colonos tanto nas ilhas francesas quanto nas inglesas estavam acostumados a ir buscar informações sobre a iminência de tempestades com os caraíbas em Dominica e São Vicente, e que era raro eles se enganarem em suas previsões.[71]

Alguns observadores europeus tentaram registrar os indícios que os indígenas utilizavam. O padre agostiniano espanhol Iñigo Abbad y Lasierra, em seu relato sobre Porto Rico, em 1788, observou que os nativos tinham interpretado certos sinais como prenúncio da aproximação de um furacão: um sol vermelho, um cheiro estranho vindo do mar, a mudança rápida da brisa, do leste para o oeste.[72] Nem todo observador europeu estava convencido das aptidões dos indígenas para a previsão. O padre Jean Baptiste du Tertre, jesuíta que escreveu sobre sua experiência nas ilhas francesas em meados do século XVII, notou que muitos colonos acreditavam que os indígenas eram capazes de prever a chegada das tempestades, mas que, na verdade, como elas vinham todo ano na mesma época, seria natural que às vezes suas predições estivessem corretas, ainda que eles não detivessem nenhum conhecimento especial dessa matéria.

Em meados do século XVII, a interpretação dos sinais naturais não era mais uma aptidão exclusiva dos povos indígenas das ilhas ou dos marujos. Tinha se tornado um conhecimento local, ou crioulo, uma habilidade necessária praticada por todos. Com o tempo, as observações dos colonos e a experiência de marinheiros se juntaram às pistas aprendidas com os povos indígenas e se desenvolveram numa espécie de sabedoria local dos sinais, a ser obtida em cada ilha. Os indígenas tinham observado o comportamento de certas aves e certos peixes, e os colonizadores aprenderam com eles. O padre Jean-Baptiste Labat, um dominicano francês, em sua descrição das ilhas francesas no século XVII, notou que com a aproximação de um furacão os pássaros manifestavam certa inquietude e voavam para longe da costa e em direção às casas. Mesmo hoje em dia, nos estados americanos do Golfo e nas Bahamas, o voo das fragatas em direção ao interior é tido como indício de tempestade iminente.[73] Em outros lugares, outros sinais eram interpretados. "Quando grilos, cigarras, sapos e rãs desaparecem, é furacão com certeza" é um dito comum em Porto Rico.[74] Colonos observaram também os hábitos de espécies não nativas, os animais que eles tinham trazido para as ilhas. López Medel falava com espanto sobre como o gado era capaz de sentir a chegada das tempestades; os animais

> muitas horas antes de a tempestade chegar a sentem e a preveem. É uma coisa maravilhosa como eles a preveem, descendo de terras altas para as planícies e

indo para lugares onde, de sua experiência passada, sabem que estarão mais seguros. E o instinto desses animais é tão preciso que os homens e os residentes nessas ilhas ficam advertidos por essa previsão e compreendem o que está por vir.[75]

Nessa observação, López Medel estava seguindo a técnica de observação praticada de longa data, que tinha se tornado parte da sabedoria comum compartilhada e trocada entre os autores eruditos das cronografias e os residentes das cidades e vilas da Espanha. Essas técnicas eram agora transportadas e adaptadas para um novo meio ambiente e um novo perigo.

A sabedoria popular em cada ilha do Caribe e cada comunidade litorânea incluía o reconhecimento dos "sinais" que, dizia-se, indicavam a aproximação de furacões, como uma colheita especialmente boa de abacates em Porto Rico, amêijoas cavando fundo no leito marinho na costa texana do Golfo ou galinhas se empoleirando na ilha de Névis. A esses sinais atribui-se uma credibilidade, junto com as modernas previsões da leitura de barômetros, fotografia aéreas e simulações por computador.[76] Fernando Ortiz, o grande polímata cubano, escreveu: "Um estrondo de trovão e o empoleirar de galinhas são os infalíveis barômetros dos camponeses cubanos".[77]

Enquanto o conhecimento local se voltava para o desafio imediato de como antecipar a chegada de tempestades e como sobreviver a elas, o interesse científico na própria Espanha se concentrava nos problemas práticos que os furacões representavam para o comércio e a comunicação. A Junta de Comércio (*Casa de Contratacción*), que estabelecera uma central de informações e mapas e uma escola para marujos e pilotos no comércio das Índias Ocidentais, prestou atenção aos ventos no Atlântico e no Caribe e tentou codificar esse conhecimento. Em 1573, Filipe II ordenou que cada cidade, vilarejo e aldeia fornecesse dados sobre sua população, topografia e atividades econômicas, propiciando assim um inventário de informações sobre as Índias Ocidentais. As instruções incluíam uma seção sobre hidrografia e uma pergunta específica sobre a ocorrência de furacões. Na mesma época, Juan López de Velasco, o cronista oficial e cosmógrafo da Junta de Comércio, publicou sua *Geografia e descrição universal das Índias* (1570). Esse tratado, baseado em relatos coletados por todas as Índias Ocidentais, constituía uma espécie de compêndio do conhecimento da Espanha sobre a geografia e as características de seu império. Ele observava que "as tempestades chamadas furacões [são] as maiores conhecidas no mar".[78] O objetivo de seu autor era prático, advertindo marinheiros dos perigos sazonais.[79] Porém, apesar da linha concreta e científica de seu trabalho, López de Velasco também não conseguiu resistir a anotar o poder aparentemente "maravilhoso" das tempestades.

DESCREVENDO AS TEMPESTADES

A novidade que os furacões representavam e sua ocorrência irregular em qualquer uma das ilhas dificultavam uma observação consistente e criavam insegurança quanto à natureza exata dessas tempestades. Essa confusão concernente a suas características era intensificada pelo uso genérico do termo em espanhol *huracán*, e depois pelo uso de seus equivalentes em outras línguas europeias para qualquer tempestade grande e destrutiva. Muitas variações da palavra foram utilizadas, 38 só no inglês, antes que se estabelecessem formas comuns.[80] No século XVII não era incomum encontrar o uso do termo para descrever tempestades que causavam destruição em qualquer parte do mundo atlântico. Uma referência em espanhol a uma tempestade em Madri (provavelmente um tornado), em 1622, que não durou mais do que alguns minutos, a menciona como um *huracán*.[81] O termo "furacão" se tornou um adjetivo para descrever qualquer vento que causava destruição ou chuva torrencial.

No próprio Caribe, onde era mais comum sentir todo o impacto de verdadeiros furacões, estes eram associados a outra ameaça tão frequente quanto eles, os terremotos. Para a maioria dos europeus, o nível de destruição dos ventos estava além da experiência ordinária, de modo que se formou a suposição de que os ventos deveriam ser acompanhados de tremores de terra para explicar a devastação deles resultante; mas subjacente a essa crença havia também uma base teórica, existente havia muito, na *Meteorologica*, de Aristóteles, segundo a qual os ventos eram a maior força na natureza, e os ventos de vapor que se movimentavam sob a superfície da terra eram a causa de terremotos e tremores.[82] Esse conceito sobreviveu até o século XVIII, e, embora a visão de Aristóteles não mais prevaleça, ainda existem sismólogos que procuram estabelecer uma associação direta entre furacões e terremotos.[83]

Parte do problema era simplesmente de terminologia. De fato, na Espanha o uso dos termos "furacão" (*huracán*) e "terremoto" (*terremoto*) é às vezes intercambiável. Uma descrição de um furacão assustador em 1624 anotou "o tumulto de severos trovões e relâmpagos com terremotos muito fortes de furacões de ar".[84] O dramaturgo Calderón de la Barca, em sua peça *El príncipe constante* (1629), descreveu uma tempestade no Mediterrâneo ora como "*tempestad*", ora como "*terremoto*". No começo do mundo hispânico moderno, "um furacão era um terremoto no ar, e um terremoto era um furacão debaixo da terra".[85]

Porém, a confusão de terminologias não fornece uma explicação satisfatória para a percepção errônea da ocorrência às vezes simultânea de terremotos e furacões. Muitos antigos relatos de tempestades, sobretudo de pessoas que tinham passado por elas, sugerem que os ventos e os tremores de terra eram simultâneos, e tais declarações também foram feitas nos séculos XVIII e XIX. A descrença original em que os ventos, sozinhos, pudessem causar tal destruição pode ter sido em parte responsável, mas havia também um fundamento para isso na meteorologia de Aristóteles, segundo a qual, como já mencionado, ventos que se movimentavam debaixo da superfície da terra eram a causa da atividade sísmica. Uma crença que se tornou popular no século XVIII, de que a eletricidade tinha algo a ver com os terremotos, fez com que sua associação com furacões, com frequência acompanhados de trovões e relâmpagos, também parecesse natural.[86] Observadores ingleses posteriores não tendiam menos que os comentadores espanhóis a relatar essa coincidência. John Dalling, governador da Jamaica, ao relatar a devastação causada pela grande tempestade de 1780, observou que os ventos haviam sido acompanhados por abalos de terremotos.[87] O historiador Bryan Edwards fez o relato de um tremendo furacão que atingiu Santa Lúcia em 1788, durante o qual um terremoto matou várias centenas de habitantes.[88] Em 1848, Robert Hermann Schomburgk, o talentoso historiador e naturalista prussiano a serviço do Reino Unido, listou oito dessas coincidências entre 1722 e 1821, em várias partes do Caribe, mas reconheceu que o meteorologista inglês William Reid tinha desafiado a ideia da associação dos dois fenômenos. Em relação a muitas coisas referentes aos furacões, diria Schomburgk, "eles estão cobertos por um véu que o homem em vão tentou remover".[89]

Ainda mais importante, para os observadores, do que a possível associação de furacões com terremotos era a frequência dos furacões e a questão de se certas ilhas ou regiões do Caribe estariam imunes a seu impacto ou tinham menos probabilidade de recebê-lo. Oviedo havia relatado que os indígenas sustentavam que antes da chegada dos espanhóis os furacões não eram frequentes; e tinha também contado a história de como a hóstia parecia proteger Santo Domingo, após ter sido levada para as igrejas de lá. Embora possamos ter dúvidas quanto a essas explicações, suas observações sobre a mudança na frequência dos furacões podem ter sido precisas. Agora sabemos que a frequência de furacões no Atlântico está ligada ao padrão climático denominado Oscilações no El Niño Meridional (El Niño Southern Oscillation, Enso), o ciclo de aquecimento (El Niño) e de esfriamento (La Niña) das águas do Pacífico. Durante a fase do El Niño, águas equatoriais aquecidas do Pacífico se estendem mais para o leste e ventos sopram para o leste em direção à América do Sul, causando fortes chuvas na costa do Pacífico, o que tende a diminuir a atividade de furacões e de precipitações na bacia do Atlântico, causando secas. Durante a fase de La Niña, acontece o contrário: as águas aquecidas não se estendem para o leste, os ventos sopram para a Ásia e as tempestades tropicais aumentam no Atlântico.[90] Furacões podem ocorrer em qualquer das fases, ou em períodos neutros, mas as condições de La Niña aumentam sua frequência. Estudos importantes estabeleceram registros do clima que chegam ao século XVI, e outras informações anedóticas podem fornecer algumas pistas para padrões genéricos. Talvez os informantes de Oviedo estivessem certos. É possível que as décadas anteriores à chegada de Colombo tenham sido um período de El Niño, com pouca frequência de furacões, enquanto o período entre 1498 e 1510, ou algo assim, viu o aumento na atividade de furacões característico do episódio de La Niña. A isso se seguiu então outro El Niño, que coincidiu com a estabilização da Igreja posterior a 1510 e com o aumento da atividade dos missionários, o que parecia apoiar a percepção de Oviedo quanto aos poderes protetores do Santíssimo Sacramento. No todo, o principal estudo dos ciclos sugere que períodos de aumento da atividade de furacões caracterizaram os anos por volta de 1530, 1550 e 1570, durante o controle praticamente exclusivo da Espanha sobre a região do Caribe. O período seguinte, da década de 1590 ao início da de 1640, quando ingleses, franceses e holandeses começaram a estabelecer suas próprias colônias, foi de menor atividade de furacões, fator que provavelmente facilitou o êxito no desenvolvimento da agricultura de plantation.[91]

Esses ciclos climáticos eram, é claro, desconhecidos na época. A irregularidade dos furacões era motivo de insegurança, e os colonos, inquietos, esperavam ser poupados dos perigos das tempestades, buscando ilhas e litorais que estivessem imunes a suas visitas. Essas esperanças eram com frequência frustradas. Comentadores observaram que às vezes havia longos períodos nos quais não ocorriam tempestades. Os ingleses, após ocupar a Jamaica em 1655, tiveram sorte, chegando a acreditar que, à diferença de Névis, São Cristóvão ou Montserrat, por algum motivo sua ilha estava livre delas — até ser atingida por uma em 1712, e depois de novo por um grande impacto em 1722. Barbados também gozara por um tempo da reputação de ser um porto seguro, até que um catastrófico furacão em 1675 provou que tal suposição estava errada. No século XVII os europeus haviam começado a reconhecer que as ilhas mais próximas do litoral norte da América do Sul e esse próprio litoral estavam relativamente livres da "terrível visita" dos furacões. A pequena ilha vulcânica de Granada, próxima ao extremo sul do arquipélago das Pequenas Antilhas, tinha essa reputação, assim como Tobago, próxima à costa da Venezuela; o promotor dessa reputação, John Poyntz, escreveu que, por ser ela a ilha mais meridional, "nenhum furacão até agora a invadiu, pelo que sempre se ouviu de qualquer um de seus habitantes".[92] Sabemos agora que, de fato, essas ilhas e litorais, situados ao sul da latitude de doze graus norte, se valem da proteção proporcionada pelo "efeito Coriolis", no qual a rotação da Terra cria uma força que impede o movimento rotatório dos ventos de um furacão quando ele se aproxima do equador, o que diminui muito, mas não elimina por completo, a ameaça do impacto de um furacão nessas baixas latitudes.

PERIGOS, PROVIDÊNCIA E RAZÃO

Os habitantes europeus do Caribe com frequência acabaram aceitando os furacões como um dos inescapáveis perigos de viver ou fazer negócios na região. Eles logo os incorporaram no âmbito mundial de riscos que incluíam a seca, a fome, epidemias, piratas, adversários estrangeiros, preços desfavoráveis no mercado e revoltas de escravos, assim como terremotos, tsunamis e vulcões. O providencialismo cristão e a aceitação teológica da ira de Deus devido aos pecados do homem eram amplamente tidos, ao menos pelos que estavam em posição de autoridade, como o contexto no qual se compreenderiam melhor as grandes tempestades. O cabido catedralício de Santo Domingo, preocupado com o fato de que os dízimos que sustentavam o clero tinham se reduzido muito devido a várias calamidades, escreveu em 1600 que Deus havia demonstrado sua insatisfação ao "premiar esta terra com muitas provações e atribulações". A começar do tempo em que Francis Drake roubara e queimara a cidade, ele listou frotas perdidas no mar, uma peste que tinha dizimado metade dos escravos, três furacões que destruíram colheitas, engenhos de produção de açúcar e casas, e "várias outras pragas" como a de matilhas de cães que haviam reduzido tanto o gado que o pasto estava se tornando de novo um deserto.[93] Uma carta anual de um jesuíta da mesma ilha relatava que a destruição de cacaueiros e do comércio do cacau causada por um furacão em 1663 se devia à ganância de comerciantes e plantadores, que não tinham pago o dízimo devido à Igreja. A justiça divina, disse o autor da carta, se revelou no desequilíbrio do clima. Assim como a fome era um sinal da infertilidade da terra, a confluência de ventos numa grande tempestade demonstrava uma instabilidade do ar que também expressava a ira de Deus.[94]

Entretanto, o que claramente estava ausente no Caribe hispânico em seu início era o desenvolvimento de uma extensa literatura de desespero e autocrítica tão típica das colônias continentais do Peru e do México, onde as catástrofes, em especial os terremotos e a atividade vulcânica, geraram uma cultura de medo e de angústia escatológica ricamente expressa numa variedade de meios literários e artísticos.[95] Os sermões apocalípticos e memoriais que se seguiram ao terremoto de Santiago do Chile de 1647, ao de Lima de 1746 e ao grande terremoto de Lisboa de 1755 quase não têm paralelo no Caribe, onde há pouca evidência de que furacões tivessem se tornado elemento central num discurso sobre culpabilidade.[96] O jurista e autoridade jurídica Juan de Solórzano Pereira, em seu *De indiarum iure* (1628), reconheceu o grande potencial do Novo Mundo e acreditava no papel providencial da Espanha ao revelar suas terras e seus povos, mas advertia quanto a seus muitos perigos potenciais, sobretudo seus terremotos e vulcões. Seu neoestoicismo, no entanto, levou-o a crer que a humanidade deveria encarar todos os fenômenos naturais como parte de um projeto da Providência e se preocupar mais com o que acontecia após a morte do que com o que causava as calamidades naturais. Talvez devido a sua experiência pessoal como juiz no Peru, ele estava muito mais apreensivo com a atividade sísmica e com erupções; nunca menciona furacões.[97]

Mesmo no próprio Caribe, a atenção eclesiástica aos furacões era relativamente pouca. Com exceção da condenação, pelo sínodo de San Juan em 1645, da exposição da hóstia sagrada à fúria das tempestades, nem esse sínodo nem o de Santiago de Cuba, em 1681, dedicaram atenção particular aos desafios das tempestades ou a suas implicações teológicas. É verdade que, em certa medida, a falta de textos impressos no Caribe hispânico antes do século XIX pode obscurecer essa percepção do pesquisador moderno. Não houve ali uma publicação continuada de sermões e de folhetos populares sobre tempestades. Mas a ausência dessa literatura provavelmente teve razões mais profundas do que a falta de uma indústria gráfica desenvolvida e de um hábito de leitura, ou restrições à publicação e à leitura impostas pela Igreja. A própria periodicidade e sazonalidade dos furacões frustram explicações de que sua causa poderia se encontrar sobretudo na falibilidade humana e na justiça divina. Se as anomalias da natureza refletiam, supostamente, uma desordem na sociedade que clamava por correção, os furacões que chegavam à região a cada ano na mesma época pareciam desafiar esse raciocínio. Sua regularidade, sua sazonalidade e sua ocorrência aparentemente aleatória em vários lugares da região dificultavam uma interpretação moral para as tempestades. Ao mesmo tempo, sua previsibilidade sazonal diferenciava os furacões de outros tipos de "calamidades naturais", mesmo sendo seus efeitos tremendos e assustadores. Eles eram simplesmente demasiado frequentes e aleatórios para se encaixar no "cosmos moral" de tempestades destruidoras, bezerros de duas cabeças, bebês deformados, epidemias e catástrofes recorrentes como punições divinas por meio das quais as sociedades modernas em seu início buscavam explicar seu mundo.[98] Como, para crentes católicos, as calamidades naturais podiam ser o resultado de uma ação diabólica ou do mal, as populações do Caribe hispânico e francês se voltaram para as proteções religiosas tradicionais das bênçãos, da oração, das procissões e da intervenção da Virgem e dos santos para defendê-los dos caprichos da natureza. Existiam, decerto, interpretações providencialistas, usadas às vezes para interpretar determinadas tempestades, mas comumente era o impacto de tempestades sucessivas num mesmo ano ou múltiplos impactos num âmbito de poucos anos que levavam as pessoas a considerar seus pecados, ou os da sociedade, a causa principal das catástrofes.

    A compreensão dos furacões por parte dos espanhóis continuou sendo uma mistura das explicações naturais de Aristóteles, de observação sistemática e de crenças religiosas. Essas abordagens existiam simultaneamente, tanto em discursos eruditos quanto na vida cotidiana de quem quer que entrasse no mundo do Grande Caribe. Quando, em 1699, Diego Martínez de Arce, um comerciante da Cidade do México, contou aos inquisidores seu sonho sobre um *juracán* destruidor, ele usou a imagem de uma tempestade como uma representação das inseguranças da vida.[99] Marinheiros, plantadores, escravos, governadores e donas de casa, todos buscavam entender os sinais das tempestades e ir para terreno mais elevado ou encontrar abrigo, antecipando-se à chegada de um furacão. Ao mesmo tempo, voltavam-se para remédios e proteções religiosas tradicionais, como a força sobrenatural da hóstia de desviar os ventos ou o poder de uma cruz lançada ao mar para acalmar as ondas furiosas. Depois de uma tempestade, expressavam sua gratidão e sua contrição, como fez a tripulação de um galeão espanhol que sobreviveu a um furacão em sua rota de Havana para Sevilha, em 1622, celebrando uma missa em homenagem a Nossa Senhora de Carmen, uma padroeira dos marujos e protetora contra tempestades.[100] Com a chegada de outros colonos europeus no século XVII, ficou claro que essa fusão de reações seculares e religiosas cruzava linhas divisórias religiosas e denominacionais. Deus poderia enviar ventos para punir ou admoestar, ou poderia erguer a mão para proteger de seu impacto. As perguntas, para todos os habitantes do Grande Caribe, não eram somente quanto a qual ação Deus iria tomar e por quê, ou se outras forças, naturais ou malévolas, poderiam estar envolvidas, mas o que povos e governos poderiam fazer a cada ano, em termos morais e materiais, quando o mar se aquecia e os ventos de agosto começavam de novo a girar em remoinho.

2. Ocasiões melancólicas: furacões num mundo colonial

> *Uma tempestade ou vento e grave enfermidade modificaram muito nossa situação para pior [...] e para que os negros não se aproveitassem dessa desordem para se sublevar, ordenei que em todas as casas se apagassem as luzes e mantive todos os guardas em alerta na cidade. [...] Não foi o fim de nossos infortúnios. O lugar já era insalubre antes, mas eu acreditava que os ventos do sul e do oeste, soprando a partir de áreas pantanosas do continente, tinham aumentado a insalubridade que agora grassava entre nós.*
>
> Governador Francis Russell, de Barbados,
> para os Lordes de Comércio (1694)

> *O temor generalizado, nos meses de agosto, setembro e outubro, a essa esperada calamidade [...] faz a imaginação enxergar um dilúvio em cada nuvem, e esperar uma tempestade a cada início da brisa diária.*
>
> William Beckford (1780)

Entre 1492 e 1550, a Espanha estendeu o controle sobre as grandes ilhas do Caribe, completando a conquista de Hispaniola, Cuba, Jamaica e Porto Rico, explorando, atacando e escravizando, mas não ocupando as Bahamas (as chamadas "ilhas inúteis") e as Pequenas Antilhas (figura 2.1). A Nova Espanha (México) veio a ficar, na maior parte, sob controle espanhol nas décadas de 1520 e 1530. Yucatán demorou mais para ser controlada, mas na década de 1540, apesar de haver bolsões de resistência maia, também foi conquistada, assim como grandes áreas do México setentrional. Mais ao norte, a Flórida foi explorada a partir de Porto Rico, em 1513, e tentativas concorrentes de france-

Figura 2.1. *As Pequenas Antilhas*. (Mapa de Santiago Muñoz Arbalaez.)

ses para fundar lá uma colônia foram frustradas em 1565, quando a Espanha estabeleceu um porto fortificado em San Agustín, para proteger o flanco norte de sua rota marítima de retorno à Europa.

Em 1570, estavam criados os fundamentos do Império Espanhol na América. Nas Grandes Antilhas, uma fase inicial de caça ao ouro em Hispaniola e Porto Rico tinha passado rapidamente, quando a fonte se exauriu e a guerra, a ruptura social causada pelas exigências do trabalho forçado e doenças epidêmicas dizimaram a população indígena. Foram criadas cidades espanholas em Santo Domingo, San Juan de Porto Rico, Santiago de Cuba e, após 1519, Havana, no litoral norte de Cuba. Povoações menores se espalhavam pelas grandes ilhas. Na década de 1540, engenhos de açúcar, os *ingenios*, funcionavam em Hispaniola e Porto Rico, e na de 1590, também em Cuba. Começaram a chegar nessas ilhas escravos africanos para trabalhar em estabelecimentos espanhóis, e um comércio de escravos africanos se desenvolveu na década de 1550. No continente, as conquistas do México e do Peru se tornaram o centro das ambições imperiais da Espanha e de seu império americano entre 1520 e 1540, e os antigos estabelecimentos no Caribe se tornavam então uma região de interesse imperial secundário. A economia espanhola no Caribe passou a se basear sobretudo na pecuária e em culturas de subsistência em pequena escala, exceto no que tange a um reduzido setor de agricultura de exportação assentada em trabalho escravo na cultura do açúcar e outras poucas mercadorias, como tabaco e gengibre. As ilhas e os portos continentais no Caribe, no entanto, mantiveram sua importância como pontos de conexão e pressão por meio dos quais a Espanha mantinha seus laços com a América e por meio dos quais fluía seu comércio através do Atlântico.

O Caribe espanhol serviu como terreno experimental para as técnicas e a violência do império, assim como um cadinho onde se forjaram os padrões de fusão cultural, miscigenação e controle imperial. Continuou a ser importante como o portal para as Índias, mas as ilhas se tornaram como que a parte dos fundos do Império; mais pobres, menos populosas, mais vulneráveis do que os ricos e bem defendidos centros vice-reais do México e do Peru. A natureza dispersa dos estabelecimentos locais, o desaparecimento de grande parte da população indígena nas principais ilhas e, ao mesmo tempo, a continuada hostilidade e sublevação dos caraíbas das Pequenas Antilhas criaram uma sensação de insegurança e vulnerabilidade entre os colonos espanhóis. O isolamento e a violência passaram a ser temas recorrentes: isolamento devido à grande distância da pátria, à precariedade das comunicações e, com exceção de alguns portos, à pouco frequente chegada de notícias e de mercadorias; violência, originária da conquista e eliminação dos taínos, da guerra contínua contra os caraíbas, do número crescente de africanos escravizados e dos focos de resistência que resultavam quando estes fugiam e se tornavam quilombolas. A violência também estava aumentando após a década de 1540, com as incursões e a competição entre piratas europeus e, mais tarde, a partir de rivais estrangeiros que começaram, em meados do século XVII, a criar suas próprias colônias e a ameaçar os principais estabelecimentos espanhóis. Em certo sentido, o comércio, as plantations, a escravidão e as rivalidades imperiais constituíram os grandes temas pelos quais a história da região é mais bem contada, mas subjazendo a todos eles com destaque havia o contexto ambiental e ecológico do perigo e da vulnerabilidade no qual os furacões eram o elemento central.

CONVIVENDO COM OS VENTOS

Durante esse período de conquista e colonização, os furacões foram um constante e perigoso fator de limitação, uma presença que modelou as ações e as estratégias dos espanhóis e, mais tarde, de outros europeus. Muito da história do início da conquista espanhola e alguns de seus relatos e personagens quintessenciais foram influenciados pelas grandes tempestades. Tome-se, por exemplo, o caso de dois náufragos, Gerónimo de Aguilar e Gonzalo Guerrero, que tinham participado com Balboa de uma expedição ao Panamá em 1510. Zarpando do Panamá em 1511, seu navio foi fustigado por um furacão, e Aguilar e Guerrero estavam entre os sobreviventes feitos prisioneiros pelos maias iucateques. Oito anos depois de ter sido escravizado, Aguilar desempenharia papel crucial como tradutor, quando se juntou à expedição de Cortés que chegou em Yucatán em 1519. Já Guerrero se casou com uma mulher maia e alcançou uma posição de autoridade entre seus captores. Rejeitou a chance de voltar e logo morreu liderando a resistência maia contra os conquistadores, seus compatriotas. Mais para o norte, outro náufrago, Álvar Nuñez Cabeza de Vaca, percorreu a pé o litoral do Golfo e o sudoeste americano, deixando um relato detalhado sobre os povos e os lugares que visitou, bem como da tempestade que dera início a suas tribulações.[1] Sua jornada começara em 1528, quando era membro da expedição de Pánfilo de Narváez à Flórida: um furacão o tinha surpreendido no litoral do Texas.

As tempestades não só modelavam destinos individuais como também davam forma ao meio ambiente em geral. Em Porto Rico, uma série de furacões em 1530 havia deixado a ilha faminta, indefesa e sujeita a ataques dos caraíbas das Pequenas Antilhas, cuja própria economia também fora destroçada pelas intempéries. Um ataque caraíba aniquilou o pouco gado que restava após as tempestades e matou ou capturou cerca de trinta espanhóis, assim como indígenas e escravos negros, que foram levados para o estabelecimento caraíba na Dominica.[2] Uma das reações dos colonos remanescentes foi trazer cães domésticos para a ilha, para que atuassem como sentinelas, protegessem contra ataques e ajudassem a tomar conta do gado. Com o tempo, esses cães, ou *jívaros*, ficaram ferozes, uma ameaça para o gado e para a população rural, e assim permaneceram até o século XVIII. Foram um efeito indireto das mudanças ecológicas produzidas pelos furacões.

No decorrer das lutas pelo domínio político e militar da região, os furacões influenciaram continuamente táticas e resultados. A correspondência militar e administrativa, primeiro dos espanhóis e a seguir de todas as nações europeias envolvidas na região, está cheia de referências à temporada dos furacões. Um governador inglês de São Cristóvão observou a "apreensão anual com os furacões" e reconhecia o perigo que eles representavam para a navegação e as operações militares ou navais.[3] Os efeitos das tempestades nas questões militares e decisões políticas podiam se multiplicar com rapidez. Por exemplo, a decisão espanhola de não colonizar as Bermudas suscitou uma oportunidade para a Inglaterra. O conde de Northampton, ansioso por apoiar o estabelecimento nas Bermudas, disse a seu rei, em 1612, que essa decisão dos espanhóis fora tomada porque os furacões os tinham feito temer se aventurar naquelas "ilhas do demônio" (*damoniorum insulam*), mas, quanto ao âmbar e às pequenas pérolas que os comerciantes ingleses haviam extraído, "os demônios das Bermudas não gostam mais de reter do que os anjos de Castela gostam de resgatar".[4] Na costa leste da Flórida, um ataque francês a partir de seu posto avançado em Fort Caroline (perto da atual Jacksonville) contra a espanhola San Agustín foi desbaratado em 1565 por um furacão, e as perdas resultantes fizeram a luta pela região se inclinar tanto em favor da Espanha que as reivindicações francesas na região foram na maioria abandonadas.[5]

As tempestades não tinham favoritismos nacionais. Em 1666, Lord Willoughby, governador da inglesa Barbados, operando uma frota de dezessete naus a vela e 2 mil soldados, foi pego por um violento furacão ao largo da francesa Guadalupe, com a perda quase total da frota e de toda a tropa, perecendo ele mesmo na catástrofe. Essa tempestade ainda era conhecida muito tempo depois como o furacão de Lord Willoughby. Os franceses também se lembravam dela. A Coroa francesa criou a seguir um fundo para que fosse cantado um te-déum todo ano no dia 15 de agosto, data da festa da Assunção de Maria, para comemorar essa vitória que o vento ofertara às armas francesas.[6]

Os furacões eram eventos anuais e, assim, um fato regular no processo histórico: constante o suficiente para suscitar preocupação e requerer um planejamento, mas tão imprevisível quanto a suas localizações específicas ou em sua ocorrência em qualquer lugar que sua ameaça e seu impacto sempre desafiavam a viabilidade de fazer esse cálculo. A Espanha, como o primeiro poder imperial na região, e os espanhóis, como primeiros colonizadores e administradores, aprenderam a viver com as tempestades e a adaptar os ritmos da agricultura, da navegação e do comércio a seus padrões.[7] Poderes imperiais e povos posteriores seguiram seu exemplo, buscando orientação na experiência e no conhecimento espanhóis, mas acrescentando a eles suas próprias observações, experiências e interpretações culturais.

Do ponto de vista imperial espanhol, a influência crucial dos furacões era seu impacto nas rotas e nos padrões do comércio transatlântico. A descoberta de minas de prata no México e no Peru na década de 1540 e o crescente comércio entre Sevilha e as Índias Ocidentais levaram a Espanha a criar um sistema de comboio, ou *flotas*; esse sistema, estabelecido na década de 1550, garantia uma segurança maior para o transporte ao limitar o contrabando e ao oferecer proteção contra corsários e rivais estrangeiros. As frotas partiam de Sevilha, dividindo-se depois em dois grupos no Caribe: um se dirigia a Veracruz e seu porto de San Juan de Ulúa, o outro navegava para Nombre de Dios (destino mais tarde mudado para o porto mais salutar de Portobelo), em Tierra Firme (como era então chamado o Panamá), para fazer o comércio da prata que, subindo pela costa do Pacífico, vinha do Peru. A partir de 1555, tornou-se costume despachar duas frotas separadas, a primeira navegando em abril para a Nova Espanha, a segunda dirigindo-se em agosto para o Panamá e depois se reequipando no bem fortificado porto de Cartagena, na costa sul-americana. Esse modelo tinha o risco da navegação durante a temporada de furacões, mas evitava as condições pestilentas do verão em portos caribenhos como os de Veracruz e Portobelo.[8] A frota de Tierra Firme era capaz de chegar ao Caribe durante a temporada de furacões porque operava ao sul das latitudes nas quais eles eram mais comuns. O plano era sempre que os navios que navegavam para o Panamá e os que iam para o México se encontrassem em Havana na primavera seguinte, quando eram carregados de provisões, água e mercadorias do Caribe, como peles, açúcar e gengibre, antes de retornar sob a proteção de galeões fortemente armados, que também transportavam o quinhão real daquele tesouro. O sistema era regulado pelo clima da estação em ambos os lados do Atlântico: os navios tinham de navegar para a Europa antes de julho e da investida dos furacões, e evitar as tempestades de inverno na costa andaluz.[9] Em sua rota, deveriam passar pelo canal entre a Flórida e as Bahamas, e depois, pegando a Corrente do Golfo, navegar para o norte até a latitude das ilhas Carolinas antes de ir para leste, favorecidos pelos ventos e pela corrente. Era comum haver atrasos nas duas extremidades da viagem.

Falhar no cronograma e não partir de Havana a tempo era, como afirmou um comandante em 1630, "tentar a Deus", pela exposição da frota ao risco de severas perdas nas tempestades. Mas a própria regularidade e previsibilidade do sistema já deixava as frotas vulneráveis a corsários e rivais estrangeiros, que poderiam ficar à espera ao largo das Florida Keys ou das Bahamas, sabendo com exatidão quando e onde os navios carregados de prata iam aparecer.[10] Perdas para corsários ou rivais estrangeiros eram comumente de embarcações isoladas, enquanto a destruição causada por furacões no mar era mais generalizada, porém, reunidos, esses riscos marítimos produziam às vezes resultados desastrosos não só para navios e homens, mas também para a política espanhola. A segunda década do século XVII foi especialmente ruim. Em 1622, grande parte da frota da Nova Espanha, inclusive três galeões com 1,5 milhão de pesos em prata, foi aniquilada numa tempestade. Em 1624, mais três galeões se perderam, junto com mais de 1 milhão de pesos pertencentes a pessoas privadas e outro meio milhão pertencente ao Tesouro Real. A frota da Nova Espanha deixou Veracruz tarde demais em 1631 e foi atingida por um furacão, perdendo sua nau capitânia e sua prata ao largo de Campeche. E tudo isso sem mencionar a singular ocorrência na qual os holandeses capturaram toda uma frota ao largo de Matanzas, Cuba, em 1628.[11] Com essas rupturas no comércio e no fluxo da prata para o Tesouro Real, ficou difícil para a Espanha financiar seus compromissos domésticos, sua política exterior e suas responsabilidades imperiais.

Enquanto isso, no Caribe, a corrida das Índias (*carrera de Indies*) dava forma às colônias. A estrutura desse sistema de frotas fez de Havana a chave para o Novo Mundo. A cidade, com suas docas e sua indústria de construção e reparo de navios, se tornou não apenas uma área de estadia e centro de serviços para as frotas, mas também um movimentado centro de comércio intercolonial. Ela atraía comércio e contrabando de áreas do Caribe que o estritamente controlado sistema mercantil espanhol excluía do comércio direto com a Espanha. No século XVI, quase dois terços dos navios que entravam no porto de Havana eram de outros portos das Índias Ocidentais, e apenas um terço de Sevilha, das ilhas Canárias ou da África. Na década de 1590, cerca de cem navios por ano partiam de Havana para Sevilha, a maioria em julho e agosto, antes do auge da temporada de furacões.[12] Os pilotos e capitães conheciam bem as tempestades. Juan Escalante de Mendoza, em seu guia para marujos das rotas de navegação das Índias Ocidentais, advertia que "os sinais de furacões eram diferentes dos de outras tempestades que ocorrem nos mares e terras da Espanha, de Flandres e do Leste". Seu tratado fornece os detalhes de como interpretar os sinais e como preparar os navios e os homens para a pior de todas as tempestades no mar.

Se, do ponto de vista do conselho real em Madri ou da guilda de comerciantes em Sevilha, a principal ameaça dos furacões sempre foi a interrupção do comércio no Atlântico e do fluxo de prata e ouro para os cofres do rei, nas Índias Ocidentais sua ameaça era uma marca constante da vida cotidiana. Nas ilhas, as tempestades produziam um padrão geral de danos, que variava de acordo com sua violência e sua duração, mas com suficientes características comuns para as populações e as instituições saberem o que esperar. Elas costumavam ocorrer no fim do verão, exatamente quando tinha terminado a colheita da cana-de-açúcar e de vários outros produtos. Assim, em geral havia o perigo de pesadas perdas após um ano de investimento e trabalho. A derrubada de campos de milho era sempre um risco. O cultivo de raízes, como a iúca, oferecia maior resistência ao vento e à água, mas a umidade em excesso as fazia apodrecer no interior do solo. Não só a colheita atual se perdia como também eram vulneráveis as sementes para o ano seguinte. Em 1546, o juiz Alonso López de Cerrato escreveu de Santo Domingo que a ilha nunca tinha sido tão próspera, quando foi atingida por três furacões que não deixaram de pé árvores, cana-de-açúcar, iúca, milho ou choupanas (*bohíos*).[13] Um furacão violento em 1692, que atingiu o oeste de Cuba, destruiu todas as sementes e plantações de "bananas, iúca e milho, dos quais esta república se alimenta regularmente". Havana ficou sem alimentos, e o governador ordenou que os proprietários rurais recuperassem as estradas a suas próprias expensas, para que pudessem trazer provisões de outros lugares da ilha; e tanto escravos quanto seus senhores estavam sujeitos a punições ou multas se não se alistassem nos grupos de trabalho do governo.[14] A fome que de imediato se seguia aos ventos e às chuvas era um problema menor nas grandes ilhas de Cuba, Jamaica e Hispaniola, onde um furacão poderia não tê-las afetado por completo. Em ilhas pequenas, no entanto, a fome era geral, em especial quando uma superconcentração de colheitas para exportação já reduzia a oferta de alimentos mesmo em circunstâncias normais.

A destruição de colheitas era com frequência seguida de uma infestação de insetos e outras pragas. Em 1580, o conselho municipal de San Juan reclamou que,

> devido a nossos pecados, Deus dedicou mais anos para nos dar tempestades e vermes que destroem nossas provisões, e nossa miséria e nossas atribulações não param aí, por todo ano somos atacados pelos índios caraíbas de Dominica e de outras ilhas vizinhas.[15]

Na sequência de um furacão, os efeitos físicos eram visíveis. A água salgada carregada pela tempestade costumava desfolhar as árvores ou escurecer as folhas que restavam. Observadores comentavam às vezes que as áreas desnudadas pelos furacões pareciam ter sido queimadas, e observadores ingleses falavam de áreas que tinham "explodido". Nas Bermudas, "a Explosão" virou sinônimo de "furacão".

Durante um furacão, a elevação do mar no litoral e a das águas de rios eram as principais causas de mortes, inundando cidades e afogando o gado. Os fortes ventos destruíam casas e derrubavam árvores. Em seguida às tempestades, as estradas ficavam intransitáveis e as pontes, em ruínas ou danificadas, fazendo com que a recuperação fosse lenta e difícil. Fontes de água potável ficavam com frequência contaminadas por água salobra vinda da tempestade, e o alimento se tornava um grande problema. Nos primeiros dias após um furacão, havia bananas, graviola e outras frutas comestíveis caídas no solo, mas eram logo consumidas ou apodreciam e instalava-se a fome. As pessoas recorriam a uma alimentação emergencial, como raízes de plantas normalmente não comestíveis, que, raladas, eram usadas para fazer pão ou sopa. O que vinha em seguida eram vários tipos de enfermidades. Após um furacão em Porto Rico, em 1685, por exemplo, cerca de novecentas pessoas morreram de doenças, no que o bispo chamou de "uma peste mortal", que incluíam sarampo, varíola e tifo.[16] Mosquitos, moscas e outros insetos se reproduziam em grande quantidade. Espécies de mosquitos, tanto nas águas das inundações quanto nas águas paradas, proliferavam nos campos encharcados e em poças d'água. A carência de alimento enfraquecia populações inteiras. O frade beneditino Iñigo Abbad y Laserra escreveu que o que se seguiu ao furacão de Porto Rico de 1772 foi "fome, miséria, doenças, e morte". Essa foi uma descrição apropriada e aplicável às sequelas de todos os grandes furacões no Caribe, ao menos até o fim do século XIX.

No final do século XVIII, alguns observadores se deram conta de que, num contexto ecológico mais amplo, os furacões podiam ter um efeito positivo. Frei Abbad y Lasierra observou que em seguida a eles costumava haver grandes colheitas, e acreditava que as "agitações violentas reviraram o solo e aumentaram sua fertilidade". O historiador jamaicano Edward Long concordava em que os furacões "fertilizam a terra, limpam a atmosfera de vapores maléficos e trazem com eles uma temporada saudável".[17] "*Better hurricane than no cane*" [Melhor um furacão do que nenhuma cana] era lugar-comum entre os plantadores de algumas ilhas. O problema, no entanto, era que em geral só os grandes plantadores dispunham de recursos para se beneficiar dos efeitos restauradores das tempestades. Para a grande maioria da população, os efeitos imediatos na alimentação, na moradia e na saúde superavam quaisquer benefícios futuros. Escrevendo no final do século XVIII, o jurista nativo da Martinica francesa Moreau de Saint-Méry afirmou que qualquer pessoa exposta aos terrores de um furacão dificilmente seria convencida de sua utilidade dentro "da ordem admirável na qual o universo é governado". Homem de seu tempo, ele acreditava que apenas um filósofo esclarecido poderia compreender que sem os furacões as Antilhas seriam inabitáveis, por causa dos insetos que cobriam o solo e enchiam o ar.[18] Mas a grande maioria das pessoas só via os efeitos destrutivos das tempestades e as temia.

OS RIVAIS IMPERIAIS DA ESPANHA

No início do século XVII, o controle territorial exclusivo da Espanha sobre o Caribe tinha sido rompido por rivais e competidores europeus. Não mais se satisfazendo com atacar a navegação ou os portos espanhóis, ou se envolver num comércio lucrativo apesar de proibido, ingleses, franceses e holandeses começaram a fazer incursões no que se tornara um mar espanhol. As hostilidades entre ingleses e espanhóis nas últimas décadas do século XVI tinham levado às vezes a grandes ataques por parte dos primeiros, como o feito a Porto Rico em 1598, bem como a um fluxo constante de renda para estes a partir dos ataques e à elevação dos custos de defesa para os espanhóis.

Ataques e pirataria também têm seus custos, e termos de tratados acabaram dando aos ingleses acesso a produtos americanos e espicaçaram seu apetite por mais. Patentes reais para se estabelecerem foram buscadas a princípio por companhias de comércio e depois pelos quase sempre ausentes aristocratas patrocinadores, atraídos por lucro e poder. Os estabelecimentos ingleses na Virgínia e nas Bermudas no início do século XVII foram seguidos pela colonização de São Cristóvão em 1623 (compartilhada com os franceses), Barbados em 1627 e, pouco depois, Névis, Antígua e Montserrat. Uma grande expedição para tomar Santo Domingo, como parte de um "Projeto Ocidental" de Cromwell, fracassou em 1655 devido a uma vigorosa defesa pelas tropas locais, mas a Jamaica, esparsamente habitada e precariamente defendida, foi capturada da Espanha naquele ano. Ao contrário da maioria dos outros estabelecimentos ingleses no Caribe, a Jamaica foi, portanto, um empreendimento real desde a sua origem. Em sua maioria, os estabelecimentos ingleses tinham sido patrocinados pelos senhores proprietários das companhias, e só a partir de meados do século XVII, em especial após a Restauração do governo real, o Estado começou a impor sua autoridade e seu controle sobre a economia e a sociedade.[19]

Nas colônias inglesas, tinham sido criadas assembleias representativas que expandiram o governo local durante a Revolução Inglesa, depois de 1642. Com um poder que variava bastante de colônia para colônia, as assembleias, que representavam os interesses dos plantadores, viviam em litígio com os governadores designados. Com a restauração da monarquia inglesa sob Carlos II em 1660, elas aceitaram a autoridade do rei para aplicar impostos e a imposição de políticas comerciais exclusivas em troca da garantia de um mercado para seus produtos.[20]

Um processo semelhante de aumentar devagar o controle real ocorreu também em áreas ocupadas pela França. Piratas e comerciantes franceses estavam atacando e contrabandeando com regularidade na região desde a década de 1540, com frequência se abastecendo de água e provisões e descansando em pequenas ilhas, como São Cristóvão, Montserrat ou, mais para o sul, Santa Lúcia ou Tobago. Com pouco apoio do Estado, a colonização francesa começou em pequena escala com a ilha de São Cristóvão em 1627, ao que se seguiram, da década de 1630 à de 1650, estabelecimentos em ilhas montanhosas, como Martinica, Guadalupe e Marie-Galante, e algumas ilhas menores, planas, de calcário, como Saint-Barthélemy, Saint-Martin e Granada. Os franceses muitas vezes encontravam mais resistência nos caraíbas, ocupantes dessas ilhas, do que nos espanhóis, que praticamente as tinham abandonado por preferirem as Grandes Antilhas e, sobretudo, o Peru e o México. Piratas franceses ocuparam Tortuga, ao largo da costa noroeste de Hispaniola, em 1625, e em meados do século operavam com relativa liberdade na extremidade oeste dessa ilha maior. Em 1697, como parte das negociações de um tratado, a parte oeste de Hispaniola foi cedida formalmente à França, tornando-se sua colônia de Saint-Domingue (o moderno Haiti). Alguns desses projetos de colonização francesa eram em parte negócios patrocinados pelo Estado, outros eram projetos de capitães e agentes autônomos, mas a política geral no início do século XVII era usar companhias arrendadas ou fazer concessões senhoriais para desenvolver essas colônias, com pouco envolvimento ou risco estatais. Empreendimentos como a Compagnie de Saint-Christophe e a Compagnie des Isles de l'Amérique, cujas iniciativas eram motivadas pelos lucros esperados das plantações de tabaco, algodão ou índigo, tinham assegurados amplos poderes de justiça, administração e comércio. Eles dependiam de capital mercantil e do apoio de fidalgos empreendedores e cortesãos que percebiam oportunidades de lucro e de poder. Os governadores desses primeiros estabelecimentos eram em geral poderosos agentes das companhias ou dos proprietários. Os ministros franceses Richelieu (1624-42) e Mazarin (1642-61) tiveram pouco interesse nessas colônias, mas às vezes usaram as companhias como seus agentes.[21]

Foi só no reinado de Luís XIV, com seu ministro Colbert, na década de 1660, que um processo de centralização e a presença do controle real se tornaram patentes nas Índias Ocidentais Francesas, mas mesmo então a centralização era como que um mito.[22] A Coroa mantinha o controle colaborando com os interesses de comerciantes e plantadores locais das ilhas, como parte de um "império negociado", insistindo em que comerciassem exclusivamente com a França e, quando possível, utilizando navios franceses. Mas na realidade faltava-lhe ou a vontade ou os meios para impor uma política de exclusividade. Contudo, quando as ilhas começaram a fornecer açúcar e outros produtos rentáveis, os governos locais, assim como a Coroa francesa, se beneficiaram dos impostos que recebiam. Na década de 1670, o rei estabelecera um governador-geral na Martinica, para tratar de questões militares, e após 1714 um segundo posto similar foi criado em Saint-Domingue, os dois dividindo geograficamente seu governo. Questões civis e assuntos financeiros eram controlados por intendentes que governavam junto com um conselho dotado de alguma representatividade local. Em sua maior parte, pelo menos em tese esse era um sistema centralizado, controlado por autoridades da Coroa. O desejo, primeiro das companhias e depois da Coroa, de controlar o comércio, fixar os preços das mercadorias, regular os valores da moeda, acabar com o contrabando e tributar os colonos provocou uma série de revoltas dos brancos nas ilhas francesas, começando na década de 1660 e eclodindo esporadicamente a partir de então (Martinica em 1717; Saint-Domingue em 1722 e em 1768). Essas revoltas representavam um conjunto de interesses coloniais e o desejo de alguma medida de autonomia ante um poder central com frequência entravado pela divisão de autoridade entre governadores e intendentes.

Uma transição da iniciativa individual para o controle empresarial também caracterizou a atividade holandesa no Caribe. Em 1621, foi fundada a influente Companhia Holandesa das Índias Ocidentais. Seus objetivos comerciais e militares eram parte da luta das Províncias Unidas dos Países Baixos contra o governo dos Habsburgo espanhóis. As principais iniciativas da companhia se concentraram primeiro na conquista do Nordeste do Brasil (1624-54), mas ela também tinha interesse no Caribe. Na década de 1630, os holandeses se estabeleceram no grupo de ilhas meridional que incluía Curaçao, Bonaire e Aruba, no litoral da Venezuela. Essas ilhas demonstraram ter pouco potencial agrícola, mas eram bem posicionadas para comércio de contrabando com o continente espanhol. Além disso, na década de 1630 os holandeses também criaram estabelecimentos em Sint Maarten, na vulcânica Saba e em Santo Eustáquio, pequenas ilhas no arquipélago de Sotavento (figura 2.1).[23] A Companhia Holandesa das Índias Ocidentais desempenhou um papel central no desenvolvimento dessas colônias, nomeando governadores, fornecendo homens e material e, quando o capital era escasso, delegando às vezes poder político a comerciantes individuais.[24] Devido mais a indústrias extrativas — como a produção de sal — do que à agricultura de plantation, e empregando sua grande capacidade em termos de navegação para suprir de provisões e escravos as colônias em outros países, os postos avançados holandeses no Caribe se tornaram portos livres, e os estabelecimentos holandeses nas ilhas continuaram pequenos, porém com um impacto comercial na região muito maior que seu tamanho, sobretudo em tempos de guerra.[25] As observações de Edmund Burke na Câmara dos Comuns, em 1781, sobre Santo Eustáquio poderiam ser aplicadas às Índias Ocidentais Holandesas como um todo: não estava defendida, carecia de organização militar, tinha uma população mista, de todas as nações, e o fato de ser útil a todos era sua melhor defesa. "Surgiu das ondas como outra Tiro, para comunicar a todos os países e climas as conveniências e necessidades da vida."[26]

Com exceção dos estabelecimentos holandeses no continente, no Suriname, que buscaram criar uma economia de plantation no modelo brasileiro de cultivo de cana-de-açúcar, os interesses coloniais locais, como expressos pela classe dos plantadores, eram menos prevalentes do que nas ilhas francesas e espanholas. Com a diminuição do papel da Companhia das Índias Ocidentais (ela faliu em 1674 e foi reorganizada no mesmo ano) e as políticas comerciais não exclusivas da Holanda, havia menos demanda por autonomia local nas ilhas holandesas do que nas colônias francesas e britânicas.

Por fim, a Coroa dinamarquesa, utilizando também como fomentadoras as Índias Ocidentais Dinamarquesas e a Companhia da Guiné, ocupou Saint Thomas (1671), Saint John (1717) e Saint Croix (1733), nas Ilhas Virgens. Os dinamarqueses desenvolveram então nessas ilhas pequenas colônias de plantation, sobretudo em Saint Croix, que tinha cerca de cem quilômetros quadrados propícios ao cultivo de cana-de-açúcar. Em sua maior parte, as ilhas dinamarquesas continuaram muito dependentes da capacidade das companhias de prover escravos e suprimentos, até a Coroa assumir o controle direto delas em 1754.[27]

Deve-se observar que uma divisão rigorosa do Grande Caribe segundo fronteiras nacionais seria enganosa. Algumas ilhas tinham sido colonizadas e eram compartilhadas por mais de um poder; Saint-Martin e São Cristóvão, por exemplo, foram colonizadas por franceses e holandeses, e Saint-Barthélemy pertenceu por um período à Suécia. Tobago, Trinidad e áreas continentais da Louisiana, da Flórida e de Belize mudaram de mãos como resultado de operações militares e pelo tratado negociado que se seguiu a elas. Outras áreas nas quais predominava uma nacionalidade europeia tinham consideráveis populações de outras nacionalidades, como Saba, ilha predominantemente holandesa, ou as ilhas dinamarquesas de Saint Thomas e Saint John. Soberania, língua e cultura nem sempre coincidiam na região.

O padrão geral na maioria das ilhas que tinham as condições de solo e de clima necessárias foi o da transformação de uma cultura de subsistência para o estabelecimento de uma agricultura de plantation de cana-de-açúcar, tabaco, café, índigo, cacau e outros produtos de exportação. Esse processo era comumente acompanhado da concentração de terras nas mãos de poucos e poderosos proprietários, à medida que lotes de subsistência e pequenas propriedades de lavradores pobres e ex-trabalhadores contratados eram substituídos por grandes propriedades, que empregavam números consideráveis de escravos africanos. Barbados e as ilhas de Barlavento britânicas, como Santa Lúcia e São Vicente, importaram 277 mil africanos antes de 1700, e nessa data 90% do valor da produção dessas ilhas vinha do açúcar.[28] Havia 27 mil escravos negros nas Índias Ocidentais Francesas em 1700; no século seguinte, foi importado cerca de 1 milhão de africanos. Nesse mesmo século, a escravidão e o sistema de plantation floresceram na região. Por volta de 1815, as Índias Ocidentais Britânicas tinham uma população total de 877 mil habitantes, dos quais 7% eram brancos, 8% eram pessoas não brancas livres e 85% eram escravos. Os brancos eram, de fato, uma pequena minoria na maior parte das ilhas; as exceções eram lugares nos quais as plantações se desenvolviam devagar ou não se mantinham, como nas pequenas ilhas das Bahamas, que careciam de solo apropriado, ou a grande ilha de Cuba, onde muito da atividade econômica envolvia suprimento para as conexões marítimas com a Europa.

Para nossos propósitos aqui, há quatro pontos a salientar. Primeiro, a agricultura de plantation em grande escala nas ilhas, orientada para exportação, tendia a concentrar populações perto da costa ou em planícies, com frequência junto a rios e correntes que pudessem fornecer energia hídrica ou facilitar o transporte. Grandes centros populacionais se desenvolveram nos principais portos, centros essenciais da atividade comercial. Tudo isso deixava as populações insulares num crescente risco de perdas ante a inclemência do vento, da maré e das inundações, comumente causada por furacões. Às vezes se construíam diques de proteção, muros de contenção ou barragens para melhorar as instalações dos portos, porém, dada a natureza da atividade econômica, pouco se podia fazer para diminuir a vulnerabilidade.

Segundo, conquanto os furacões intensificassem ou facilitassem a transição de uma cultura de subsistência ou em pequena escala para a de plantations com base em trabalho escravo que caracterizou muitas ilhas e algumas colônias no continente, como a Carolina, eles também aumentaram a vulnerabilidade nessas sociedades. Na esteira da destruição que deixavam, grandes plantadores que tinham capital ou acesso a crédito foram mais capazes de se recuperar e de reconstruir suas instalações, e com frequência compravam propriedades de vizinhos menos bem posicionados.[29] Com o tempo, a lucratividade da agricultura de plantation levou, em lugares como Barbados e algumas das Pequenas Antilhas, a tal concentração em culturas básicas que as ilhas ficaram especialmente vulneráveis à escassez de alimentos e à fome, quando furacões interrompiam as linhas normais de suprimento. Isso acontecia sobretudo nas pequenas ilhas nas quais predominava a monocultura. Os sistemas imperiais espanhol, britânico, francês e dinamarquês buscavam instituir formas de *"l'exclusif"*: comércio colonial exclusivamente com a metrópole, proibição de comércio com outras nações europeias ou suas colônias, limites no comércio com estrangeiros e, com frequência, até restrições ao comércio com outras colônias dentro de seu próprio sistema. Embora exceções, isenções e licenças costumassem anular tais exclusões, essas medidas mercantis estavam no cerne dos sistemas imperiais. Criavam o contexto para uma contínua reação das colônias: contrabando, sonegação de impostos, desobediência e resistência geral.

Nesse contexto, os furacões deixavam às claras as limitações das políticas de comércio exclusivo e a vontade dos povos da região de contorná-las. Administradores de todos os impérios tentavam compactuar com as políticas restritivas, mas se davam conta do quanto eram limitadas. A fome e a necessidade exigiam que se desafiassem as restrições imperiais ao comércio com estrangeiros e alimentavam a contínua tendência para o comércio de contrabando na região, em especial quando o preço dos alimentos disparava, após uma tempestade.[30] Cada um dos impérios tentava, na medida do possível, suprir suas colônias no Caribe a partir da metrópole e das partes continentais do império. A Nova Espanha enviava alimentos, material e um subsídio em prata para Cuba e Porto Rico, e às vezes também era possível obter alimentos em Nova Granada ou na Venezuela. A Nova Inglaterra e portos como Filadélfia e Charleston mantinham um comércio regular e essencial com as ilhas britânicas, fornecendo madeira, farinha e peixe salgado, e o Canadá e a Louisiana desempenhavam papel similar para as colônias francesas, mas guerra, problemas políticos e condições climáticas faziam com que esses laços nem sempre fossem seguros ou confiáveis. Em 1700, o intendente francês na Martinica, François Roger Robert, se viu diante da destruição, por um ciclone tropical, de todo alimento disponível, e, incapaz de alimentar as tropas e os escravos na ilha, se queixou de que o atraso na chegada de farinha e dos fundos relativos ao ano anterior "era extremamente aflitivo, dadas as atuais circunstâncias".[31] Da mesma forma, um funcionário real na Martinica, após o furacão de 1713 ter destruído a cana-de-açúcar, gêneros alimentícios e cacau, reclamou que a ilha estava ameaçada pela fome, e que os soldados e escravos na ilha só dispunham do suficiente para sobreviver por duas semanas. Ele pleiteava uma "entrega imediata", mas sabia que a França estava muito longe.[32] Assim como acontece hoje em dia nas calamidades naturais, os setores mais pobres da população sofriam o pior impacto, e, à medida que as sociedades insulares se tornavam cada vez mais dependentes do trabalho escravo, eram os escravizados que arcavam com o maior ônus e que tinham menos recursos para enfrentar as sequelas.

Terceiro, havia o impacto contínuo da escravidão nas disposições sociais, que se somava ao impacto potencial dos furacões. Eram sociedades precárias, nas quais nem brancos nem negros poderiam manter um crescimento demográfico sem importação, ante o alto nível de mortalidade devido a doenças, condições de trabalho e os perigos da vida cotidiana. A composição social das ilhas, com uma grande e inquieta população escrava e muito menos brancos e pessoas não brancas livres, suscitava ansiedade e instabilidade, o que por sua vez originava repressão e resistência. Essa apreensão e essa inquietude, inerentes em sociedades escravistas, se intensificavam em momentos de estresse, como em operações militares ou em seguida a calamidades naturais. Os furacões com frequência desencadeavam esses momentos de tensões aumentadas, e o temor de pilhagens, de colapso de autoridade ou de revoltas de escravos não era incomum depois de sua passagem; mas, ao mesmo tempo, as populações de escravos eram as mais enfraquecidas pela escassez de alimentos e pelas doenças que se seguiam às tempestades.

Por fim, nas colônias inglesas, francesas, holandesas e dinamarquesas, a natureza mercantil ou proprietária dos primeiros estabelecimentos e seu governo tendeu a debilitar esse senso de comunidade, reciprocidade ou *noblesse oblige* que poderia ser ativado por desastres naturais ou outros perigos. Isso não significa que não se percebia a existência de riscos compartilhados, nem que era impossível haver reações cooperativas, como ataques contra caraíbas hostis, pois elas decerto existiam, e às vezes eram organizadas com a colaboração de colonos de diferentes nacionalidades. Mesmo assim, um reduzido senso de preocupação nacional e de responsabilidade de Estado em relação aos colonos diante de desastres naturais foi uma atitude que se desenvolveu devagar e só começou a surgir no século XVIII.

ENFRENTANDO AS TEMPESTADES

Na segunda metade do século XVII, quando os rivais da Espanha deram início a seus próprios estabelecimentos no Caribe, já havia mais de um século de experiência hispânica com os perigos e riscos da região, experiência que outros europeus aproveitaram. Além disso, os marinheiros, capitães e comerciantes desses países também se familiarizaram com as tempestades. Uma mescla de observação, teoria e religiosidade formou as percepções e interpretações de observadores e comentadores britânicos, franceses e holandeses, assim como acontecera com os espanhóis. Todos os estabelecimentos europeus eram obrigados a enfrentar os mesmos fenômenos, e a natureza do meio ambiente e da geografia com frequência demandava respostas semelhantes de todos os governos e populações em face desses perigos, respostas que determinavam as opções que ambos poderiam adotar ante essas ameaças.[33] O contexto compartilhado de objetivos imperiais e militares e uma economia fundamentada numa agricultura de exportação com base em trabalho escravo também criou uma similaridade de métodos e metas, embora as diferenças políticas e culturais resultassem em variações. O perigo compartilhado de furacões sempre foi neutro no que se referia a diferenças políticas ou culturais, uma realidade que, como veremos, criou mais tarde uma comunidade de experiências, e muitas vezes de interesses, entre um lugar e outro que se sobrepunha a rivalidades imperiais ou divisões políticas (figura 2.2).

Os holandeses estavam comerciando e fazendo incursões no Caribe desde a metade do século XVI, e, assim como os espanhóis e outros navegadores europeus, buscavam compreender os furacões e desenvolver estratégias para sobreviver a eles. Ferrenhos observadores dos fenômenos naturais do Novo Mundo, compreenderam que seu sucesso contra a Espanha dependia de sua capacidade para sobreviver aos riscos que envolviam o comércio e o confronto bélico no Atlântico. Eles se voltaram para a experiência espanhola como um guia, e dela leram e aprenderam o que puderam, mas também estavam sujeitos ao que observavam, ao que ouviam dizer e a rumores. No século XVII, comentadores, navegantes e viajantes estavam tornando as tempestades bem conhe-

Figura 2.2. *A ilustração* Furacão atinge o solo *demonstra que o poder e o terror dos furacões continuavam a caracterizar as representações das grandes tempestades feitas por europeus no século XVIII.* (Do livro *Naaukeurige versameling der gedenk-waardigeste zee en land-reysen na Ost en West-Indien*, de Peter van der Aa, Leiden, 1707. Cortesia da Biblioteca John Carter Brown, da Universidade Brown.)

cidas para leitores holandeses. Joannes de Laet, em *Descrição das Índias Ocidentais*, escreveu que as fases da lua tinham influência direta na formação de furacões.[34] O livro *A tocha da marinhagem*, de Dierick Ruyters, de 1623, observava com precisão a mudança de direção dos ventos, mas misturava essa observação com fantasias sobre a frequência dos furacões.

> Em tempos antigos, quando os espanhóis chegaram pela primeira vez às Índias Ocidentais, havia um furacão, o qual, segundo dizem alguns, por terem ouvido isso dos selvagens, tende a ocorrer em anos bissextos, enquanto outros dizem ser uma vez a cada sete anos, embora seja certo que ocorria uma vez a cada sete anos, mas estava se tornando cada vez menos frequente: de modo que atualmente ele não ocorre antes que se passem dezesseis anos. As pessoas percebem sua chegada antes de ele as alcançar, e ele desaparece na mesma hora em que chega, durando assim 24 horas; começa com chuva, trovoadas, relâmpagos e ventos de todas as partes do mundo, de modo que os ventos circum-navegaram a bússola inteira em 24 horas, com uma tempestade tão incrível que árvores que se estendem por seis e sete braças são erradicadas por completo, e em tempos passados ele chegava a ter tamanha força que navios espanhóis inteiros eram atirados pelo vento em terra firme, além das florestas e das árvores.[35]

Mais tarde, naquele século, as descrições se tornaram menos centradas no assombro, mas continuaram a se mostrar impressionadas com a força destruidora das tempestades. Na década de 1660, os perigos das tempestades já eram conhecidos o bastante para que os anúncios que visavam atrair colonos para o Suriname enfatizassem que aquela colônia era "mais fértil do que outras terras na região e, além disso, livre das perigosas tempestades chamadas 'furacões' (*Orcanen*), muito comuns na região".[36] A princípio, os holandeses tinham acreditado que Curaçao também estava livre da ameaça dos furacões, mas uma destruidora tempestade em outubro de 1681 acabou com essas esperanças. Gerhard Brandt escreveu em 1687 sobre o poder das tempestades, observando que o furacão

> destrói florestas inteiras, arranca rochas das montanhas e as atira nos vales, faz construções desmoronarem e arrasa os campos; e agita o mar em tal medida que ele parece se fundir com céus e firmamentos: joga os navios nas costas como se

fossem pedaços de madeira flutuantes, ou os lança no meio do mar até se despedaçarem e afundarem. Esses furacões, que ocorrem em geral nos meses de julho, agosto ou setembro, e costumavam vir a cada sete anos, agora têm acontecido, há algum tempo, duas ou três vezes por ano.[37]

O intervalo de sete anos era um mito, também pinçado pelos primeiros observadores franceses. O padre Du Tertre, em sua *Histoire général des Antilles* (1667-71), sustentava que só após o estabelecimento de europeus as tempestades tinham se tornado mais frequentes. Provavelmente havia tirado essa ideia de escritores espanhóis mais antigos, mas os franceses logo adquiriram seu próprio conhecimento sobre o assunto. Guadalupe, Martinica e, próxima a elas, Antígua se situavam numa latitude (entre dezesseis e dezessete graus norte) que as tornava particularmente suscetíveis às tempestades do tipo Cabo Verde, que se formam no Atlântico oriental perto das ilhas de Cabo Verde (15,1 graus de latitude norte e 23,6 graus de longitude oeste) e depois ganham força e poder destrutivo quando se movem para oeste, atravessando o mar aberto. As ilhas francesas foram atingidas em 1635, primeiro ano de sua colonização. Guadalupe foi atingida, em média, uma vez a cada dez anos, no século XVII. Junto com Martinica e São Cristóvão, foi gravemente impactada em agosto de 1666, ao mesmo tempo que uma esquadra inglesa que atacava a ilha, sob o comando de Lord Willoughby, foi atingida e se perdeu. Entre 1699 e 1720, quatro violentas tempestades fustigaram a ilha, que depois sofreu outros períodos intensos entre 1738 e 1742 (quatro ocorrências) e 1765 e 1767 (três ocorrências). Martinica também era atingida com frequência, enfrentando furacões em 1680 e 1695, com grande perda de vidas e danos causados a navios em seus portos, e depois foi periodicamente visitada pelas tempestades no século XVIII.

Os primeiros comentários franceses sobre as tempestades observavam muitas vezes que a informação sobre elas tinha sido obtida dos caraíbas que habitavam as ilhas. Nas obras do século XVII dos padres católicos Du Tertre e Labat, e do provável huguenote Rochefort, os furacões pareciam ser uma característica da vida nas ilhas e um sinal do poder e da justiça divinos, mas esses autores também expressaram curiosidade quanto à natureza específica e as causas naturais dessas intempéries. Labat, por exemplo, observou a calma reinante antes da tempestade, a formação de nuvens, a movimentação das aves e a elevação do nível do mar como sinais da sua aproximação, e a partir de sua experiência pessoal de Guadalupe mencionou os danos que um furacão podia causar.[38] O abade Raynal, em sua popular e muito traduzida história da colonização europeia, descreveu o terror causado pelos furacões, que pareciam prenunciar "os últimos esforços violentos de uma natureza em extinção", e reconheceu que os indígenas tinham um conhecimento específico sobre eles. Advertiu que ignorar "as ideias e até os preconceitos das nações selvagens sobre tempos e estações" seria um ato de imprudência.[39] A correspondência privada dos colonos nas ilhas francesas e em outros lugares refletia o perigo e a destruição das tempestades, porém as tratava como um risco normal e cotidiano. Madame Rouadières, de sua propriedade em Saint-Domingue, em 1775, escreveu sobre o "furacão cruel" que causara tanto prejuízo e no ano seguinte se queixava de que as árvores não tinham frutos nem flores.[40] Em 1785, ela escreveu que o furacão daquele ano não fora especialmente forte e, ao contrário das tempestades de 1772 e 1775, só havia danificado casas e plantações. Em 1788, suspirava de alívio e agradecia a Deus porque o "terrível furacão" de 16-17 de outubro, que fizera os rios transbordarem numa inundação, não havia causado maiores danos a sua propriedade. No mundo colonial agrícola em que ela habitava, tais intempéries podiam ser terríveis, mas eram o preço a pagar para fazer negócios.[41]

Talvez estejamos mais bem informados sobre as percepções e métodos dos ingleses no enfrentamento dos furacões devido à recente e excelente pesquisa de Matthew Mulcahy, bem como ao fato de o registro documental inglês estar especialmente bem preservado e organizado. Os relatos ingleses do século XVII estão cheios da mesma reverência e temor ante os furacões que são encontrados nos primeiros relatos e crônicas dos espanhóis. Enquanto os colonos ingleses achavam o calor, os insetos e o meio ambiente dos trópicos desagradáveis, o furacão parecia ser um símbolo singular da barbárie primitiva da região e de seu povo, como a peça *A tempestade*, de Shakespeare, deixava claro para as plateias londrinas. William Smith disse aos leitores de *A Natural History of Nevis* [Uma história natural de Névis] (1745) que não procurassem um "paraíso nas Índias Orientais ou Ocidentais, por causa de seus terremotos, seu calor excessivo, mosquitos e furacões".[42] Os perigos para a navegação e a colonização diferenciavam as colônias da Nova Inglaterra das do Caribe e da Carolina (e, em certa medida, da Virgínia), que eram as que apresentavam maior risco. As tempestades da Inglaterra eram brisas em comparação às que ocorriam nos trópicos, dizia William Beckford em sua *History of Jamaica* [História da Jamaica]. Ele considerava os furacões e os terremotos as piores "turbulências da natureza que intimidavam os habitantes da zona tórrida".[43] Uma tempestade "caribenha" se tornou a medida da natureza violenta de uma tempestade em qualquer das colônias, e seu poder destruidor era sempre mencionado por todos que lhe sobreviviam. Ralph Payne, governador de Antígua, tendo testemunhado os efeitos desastrosos de um furacão que atingiu a ilha em 1772, lamentou "as desditosas circunstâncias que cercaram uma sempre memorável e infeliz tempestade durante sua ocorrência e os efeitos melancólicos que ela deixou em toda parte, capazes de estimular a mais intensa sensibilidade no mais empedernido coração".[44] Lamentos como esse, embora em geral num tom menos literário, eram repetidos o tempo inteiro por todos que passavam por essas intempéries.

Como os espanhóis antes deles (cujas descrições liam sempre que podiam), os primeiros colonos ingleses também procuraram os habitantes indígenas para obter informações sobre a chegada das tempestades, e na década de 1680 eles já estavam bem prevenidos quanto a sua sazonalidade e aos sinais que sugeriam sua aproximação. À medida que as colônias nas ilhas do Caribe e a Carolina se inclinavam cada vez mais para o cultivo de cana-de-açúcar, tabaco e outros produtos básicos com base em trabalho escravo, plantadores e comerciantes aceitavam os riscos dos furacões como preço a pagar para fazer negócios, mantendo porém um olhar vigilante nas tempestades, e sua correspondência era repleta de referências ansiosas à temporada dos furacões e seus possíveis efeitos.[45] Aprenderam a diminuir o risco evitando a navegação durante a temporada, fazendo seguro de seus carregamentos ou distribuindo-os entre muitas embarcações, incentivando seus escravos a plantar raízes e evitando a aquisição de novos escravos até que a temporada passasse. Plantadores de cana-de-açúcar aprenderam a se beneficiar da flutuação de preços quando furacões atingiam outras ilhas e, como veremos, a usar os danos em suas propriedades como justificativa para petições de isenção de impostos.[46]

Os colonizadores e seus governos aprenderam na prática quais eram os desafios que as tempestades apresentavam. As bem documentadas experiências de Barbados, em meados da década de 1670, são ilustrativas. A ilha sofreu duas tempestades, uma em 1674, outra, mais arrasadora, em 1675, as quais, pelas estimativas do governo, causaram danos de mais de 200 mil libras esterlinas a igrejas, casas e engenhos de açúcar. A reação do governo ao desastre foi especialmente difícil, porque eram necessários de seis a oito meses, pelo menos, para que os apelos por ajuda obtivessem uma resposta de Londres, e nos cinco meses da temporada de furacões era pouco possível que houvesse um navio que os levasse.[47] Naquela época, a ilha ainda estava fazendo a transição de uma economia pequena, de livre propriedade, para o sistema de plantation, e tinha uma população de cerca de 23 mil brancos e mais de 40 mil escravos negros quando chegou o furacão de 1675. A tempestade alterou o aspecto da região. A grande extensão dos danos não poderia ser enfrentada da maneira usual, com suprimentos trazidos da Nova Inglaterra, uma vez que essas colônias haviam sido assoladas pela destruição selvagem dos povos nativos, chamada de Guerra do Rei Filipe, e estavam incapacitadas para enviar alimentos e madeira. A colheita de cana-de-açúcar fora toda perdida, e os credores cobravam o pagamento. Incapazes de reconstruir e de obter crédito até a próxima colheita, muitos pequenos fazendeiros e plantadores em pequena escala abandonaram Barbados e foram para ilhas menores, como Névis ou Antígua, ou para Tobago e outras ilhas que se pensava não serem atingidas por furacões.[48] Essa debandada de brancos alterou o equilíbrio racial na ilha; em 1780 restavam ali apenas 22 mil brancos, a maioria deles artesãos, administradores e pequenos fazendeiros, e em 1815 esse número diminuíra para menos de 16 mil.[49]

Padrões semelhantes se verificaram nas ilhas de Sotavento de Antígua, Montserrat, Névis e São Cristóvão. Em 1670, colonos em Antígua expressaram o desejo de mudar para a Carolina, como maneira de se livrar dos "terríveis furacões que todo ano destroem suas casas e suas colheitas". Montserrat, onde muitos imigrantes irlandeses tinham se estabelecido, foi atingida por um pesado golpe em 1733, quando restaram de pé apenas seis de seus 36 engenhos de açúcar, e três quartas partes de todas as construções foram destruídas; a ilha tornou a sofrer quatro anos depois, quando outro furacão deixou seu principal porto, Plymouth, debaixo d'água. Sua produtividade nunca mais foi recuperada de todo.[50] A pequena ilha de Névis, dominada pelo cone de um vulcão inativo, era coberta de florestas verdejantes, com um solo fértil. Embora suas propriedades tendessem a ser, em média, menores que as das outras ilhas, em 1680 ela se tornara importante produtora de açúcar. No entanto, plantadores achavam que sua vulnerabilidade a furacões, e sobretudo a secas, fazia dela um lugar arriscado para o cultivo de cana-de-açúcar; com o tempo, esses problemas, assim como a erosão, a degradação do solo e ataques por estrangeiros, restringiram seu sucesso como ilha açucareira.[51]

Mesmo enquanto residentes nas colônias aprendiam a recear as "terríveis visitas", tanto nas colônias quanto na Inglaterra a atenção se voltava para interpretações quanto às origens e ao caráter dos furacões. Nunca faltavam explicações relacionadas com a Providência, assim como nunca faltavam aqueles que viam o julgamento divino como causa das tempestades e outras calamidades. De quem exatamente — de colonos, de indígenas, de dissidentes ou do governo — eram os pecados responsáveis pela ira divina era uma questão sujeita a certa disputa. A maioria das ilhas britânicas estabelecia dias de oração no início da temporada dos furacões e de ação de graças no fim, e até libertinos e livres-pensadores compareciam aos serviços. Robert Carter, um plantador de tabaco em Chesapeake, reconheceu a misericórdia de Deus, que tinha poupado seus campos, sua família e seus escravos.[52] Poucos discordariam do autor de um relato do furacão de 1772 em São Cristóvão, ao dizer que "vãos serão todos os nossos esquemas se a mão da Providência interferir para detonar nossas esperanças".[53] O mesmo evento levou o jovem Alexander Hamilton, da dinamarquesa Saint Croix, a escrever na gazeta da ilha uma carta apaixonada na linguagem do Grande Despertar, apelando por compaixão e caridade na esteira da destruição causada pela tempestade.

Conquanto fossem comuns os sentimentos religiosos e a linguagem piedosa, e tempestades particularmente severas suscitassem às vezes sermões apocalípticos, essa piedade não pode ser considerada sem certa reserva. O autor anônimo de *The New History of Jamaica* [A nova história da Jamaica] relatou que ali se observavam com devoção os dias de preces contra terremotos (7 de junho) e furacões (28 de agosto), mas estes eram os únicos assim honrados durante o ano, e que o domingo era como qualquer outro dia.[54] Esse era um mundo no qual a Igreja anglicana era fraca, o clero, em geral alheio ou negligente quanto a seus deveres, e a frequência na igreja, muito baixa. O jamaicano Peter Marsden, escrevendo na década de 1780 sobre os bancos de igreja vazios, lamentou que "os plantadores parecem não ter de todo religião".[55] Os furacões pareciam fazer os sentimentos religiosos se renovarem — ao menos momentaneamente. "Trememos diante do perigo, e então, talvez então, apelamos a Ele por socorro, o único que nos pode proteger", escreveu o autor anônimo de um extenso relato do furacão de 1772 em São Cristóvão e Névis; ele acrescentou: "Quando estamos em próspera segurança, esquecemos quem é o Autor de nossa felicidade, e nos deleitamos com Suas dádivas como se surgissem espontaneamente de nós mesmos".[56]

Mais explicações da natureza física dos furacões já estavam surgindo em meados do século XVII em obras como o curioso *Discourse on the Origins and Properties of the Wind* [Discurso sobre as origens e propriedades do vento] (1671), que apresentava juntos os conhecimentos aristotélico, astrológico e prático, numa mistura de observações precisas, mitos e erros.[57] Filósofos da natureza observavam as fases da lua, a influência do sol na umidade da atmosfera ou o choque entre ventos do leste e do oeste para suas explicações físicas dos furacões. Em especial no século XVIII, à medida que essas investigações continuavam e que novas ferramentas científicas, como o barômetro, ficavam disponíveis, as explicações naturais se tornaram mais comuns. Como ressaltou o historiador Matthew Mulcahy, os furacões continuaram a ser, na mente britânica, atos de Deus, mas eram considerados parte de uma Providência mais genérica, e não punições por pecados específicos. Em qualquer determinado ano poderia haver não mais que um ou dois furacões no Atlântico Norte ocorrendo numa ilha habitada ou na costa, ou seu número chegar a dez ou doze. A menos que fossem especialmente destrutivos ou de algum modo anômalos, eram frequentes demais para serem considerados algo fora da ordem natural das coisas.[58] No Caribe britânico, assim como em outras partes da região, eles vieram a ser vistos como terríveis, potencialmente ruinosos ou mortalmente perigosos, mas parte de um meio ambiente que também era capaz de gerar grande riqueza para alguns. Quaisquer que fossem as percepções dos europeus e seu entendimento dos furacões e de outros fenômenos da natureza, seus efeitos criavam uma série de riscos que os governos e os povos da América colonial tinham de enfrentar.

A POLÍTICA DA CATÁSTROFE

Em cada um dos regimes coloniais, contextos sociais e econômicos configuravam a natureza das expectativas locais e das ações governamentais. Na maioria das vezes, em todas as colônias, o governo da metrópole dava pouca atenção a ações preventivas antes da ocorrência de um furacão, e depois deste os residentes dependiam sobretudo da ajuda de vizinhos ou de autoridades locais. Esse padrão persistiu durante o século XVII e grande parte do XVIII nas colônias inglesas, francesas e dinamarquesas. Já nos estabelecimentos espanhóis a situação era diferente. Lá, as colônias e os administradores coloniais tinham sido os primeiros a enfrentar aqueles perigos e buscar maneiras de mitigar seus efeitos. Para eles, a vida no Caribe era de "contínuas atribulações, perdas e calamidades", como expressaram os membros do conselho municipal de Santo Domingo em 1630, quando se queixaram de um furacão que destruíra grande parte de sua cidade e depois viram o pouco que restara de sua colheita ser roubado por inimigos no mar.[59] Sua reação foi a mais comum nas colônias espanholas: uma petição para uma intervenção ativa do rei.

A Espanha tinha uma longa tradição de organização municipal e autonomia administrativa, que se desenvolvera durante a Reconquista de seu território das mãos dos muçulmanos na Idade Média tardia e que depois, no século XVI, foi cada vez mais controlada e subvertida pelo governo real. A tradição do governo municipal e certa autonomia haviam sido estendidas ao Novo Mundo. Os conselhos municipais, ou *cabildos*, tinham jurisdição sobre a maioria dos aspectos do governo local e eram, pela lógica, os primeiros responsáveis pelas crises da comunidade. O *cabildo* de Havana, por exemplo, após o furacão de 1557, ordenou a reconstrução do matadouro local e a recuperação das estradas para Matanzas, Batabanó e Guanajay, principais rotas pelas quais o gado e os mantimentos ali chegavam. Em 1588, ordem semelhante foi dada para assegurar o suprimento de gado à cidade a partir de Bayamo, enquanto o governo real contatava Veracruz para o fornecimento de farinha, e Hispaniola para o de *casabe*, o pão de mandioca.[60] Tanto o governo real como o municipal podiam intervir diretamente. Um terrível furacão em 1692 destruiu mais da metade dos engenhos de açúcar e grande parte da cana-de-açúcar no oeste de Cuba. Em Havana, os pobres ficaram sem abrigo ou alimento. O governador Manzaneda ordenou que os proprietários de engenhos de açúcar, fazendeiros e comerciantes pagassem pela reabertura de estradas, e que todos os escravos que trabalhavam nas ruas da cidade e nos portos relatassem os detalhes concernentes a seu trabalho.[61] Essas medidas tomadas para o bem comum eram às vezes recebidas com ressentimento, mas tidas como as primordiais responsabilidades do governador e do governo local. Conselhos municipais foram especialmente astutos, apelando para considerações geopolíticas ao solicitar fundos reais para reparar fortificações ou prédios governamentais danificados por tempestades, como forma de garantir a resposta favorável da Coroa a suas demandas.[62]

Os conselhos municipais e os governadores reais constituíam a primeira linha de defesa diante de catástrofes e costumavam ser as primeiras instituições a reagir, mas com frequência o faziam para proteger interesses da elite. Os conselhos não eram instituições igualitárias, sendo dominados por homens que possuíam propriedades e poder, e assim eram pouco representativos da sociedade como um todo. Os conselheiros municipais encaravam as calamidades não só como desafios difíceis, mas também como ocasiões das quais se podia tirar vantagem. Tinham sempre uma tendência natural para considerar seus próprios interesses como se fossem os mesmos que os da sociedade mais ampla. Já em 1515, o conselho municipal de San Juan contemplava a destruição causada por um furacão e as subsequentes mortes de muitos indígenas devido à fome e a doenças dele decorrentes. A elite da cidade precisava de trabalhadores, de modo que o conselho pediu à Coroa que libertasse da prisão os indígenas que tinham deixado de pagar o tributo de sua cota de ouro, argumentando que não seriam de utilidade para a Coroa nem um ativo valioso para os colonizadores naquele momento de escassez de força de trabalho.[63] Em 1531, a Coroa respondeu positivamente a um pedido do conselho municipal de San Juan para que suspendesse por dois anos todas as dívidas da ilha devido aos danos causados por tempestades e furacões.[64] Aparentemente insatisfeito, o conselho reiterou o pedido em 1534, solicitando os mesmos privilégios que haviam sido estendidos a sua contraparte, Santo Domingo, e se queixando de que a ilha estava perdendo população, porque o ouro tinha acabado e os colonos estavam sendo atraídos para novas e mais ricas conquistas, como o Peru. Essa migração e o abandono de áreas colonizadas eram, argumentaram, contrários aos interesses do rei. Tal retrocesso econômico era merecedor de *mercedes*, isto é, concessões reais, tais como suporte do governo para suprimento de escravos negros, moratória nas dívidas e isenções fiscais. Os peticionários recorriam com frequência a essas justificativas, alegando os prejuízos que tinham sofrido com as calamidades e o serviço que estavam prestando à Coroa. Em 1546, um magistrado real, Licenciado Cerrato, escreveu de Santo Domingo que furacões, escravos rebelados e novos impostos vinham de fato prejudicando a economia da ilha e restringindo seu crescimento. Defendeu que se fizessem concessões aos colonizadores, porém advertiu que, se pudessem escapar impunes, eles não pagariam um tostão.[65]

Assim como outros europeus, os espanhóis consideravam os furacões e demais fenômenos naturais demonstrações da Providência e uma punição ou advertência divinas; mas mesmo aceitando sua origem ou seu desígnio como providenciais, os residentes nas Índias Ocidentais não hesitavam em buscar ajuda nem em usar esses desafios em seu benefício. Acreditavam que a lista de problemas que os faziam merecedores de reparação e da benevolência do monarca poderia ser expandida com facilidade para incluir ataques dos caraíbas, ataques dos franceses, dinamarqueses ou ingleses, secas, revoltas de escravos, inundações e mesmo a queda de preços dos produtos das ilhas. O mau tempo, e em especial os furacões, ou o que era com frequência chamado de "tempestades de água e de todos os ventos" (*tormentas de agua y todos los vientos*), passou a ser visto como simplesmente mais um dos muitos riscos que se corria por morar nas ilhas, em relação ao qual a Coroa podia e devia agir.[66] Um bom exemplo dessa atitude foi dado em Porto Rico, em 1546, quando os primeiros relatos de despovoamento devido ao esgotamento do ouro e à atração de outras áreas se repetiram, mas agora expandindo as causas e incluindo os contínuos ataques dos caraíbas à ilha e a devastação provocada pelos furacões.[67] Nesse mesmo espírito, os conselheiros municipais de Santo Domingo escreveram à Coroa em junho de 1555 reclamando de ataques dos franceses, da escassez de mantimentos causada por carência de escravos e dos "muitos" furacões e tempestades. Eles pediram que certas "liberalidades" fossem concedidas às ilhas: permissão para fazer comércio, isto é, atacar (*rescate*) o litoral sul-americano para escravizar indígenas e, particularmente, a isenção do pagamento de impostos.[68] Mais tarde naquele ano, no final de agosto, Santo Domingo foi atingida por um furacão que durou vinte horas, causando tremendos danos a engenhos de açúcar, a fazendas e ao gado. A tempestade também afundou muitos navios que levavam peles e açúcar para a Espanha, bem como outros envolvidos no transporte entre as ilhas. A cidade precisava ser reconstruída, e a solução sugerida pelo conselho municipal foi que o rei levasse em consideração "os grandes padecimentos e perdas que os residentes tinham sofrido". O conselho sustentou que a ação real adequada seria dar assistência aos colonos e ajudá-los estendendo-lhes a isenção de impostos e privilégios.[69] Esses pleitos se tornaram constantes nos estabelecimentos espanhóis nas ilhas. O frade franciscano Hernando de Contreras escreveu de Yaguana, em Hispaniola, em 1592, que se os impostos sobre vendas e certas limitações ao comércio não fossem reduzidos, a cidade, que tinha sido saqueada por corsários e devastada por furacões, nunca se recuperaria. Os residentes ali eram vassalos leais, alegou, e por isso merecedores dos benefícios reais.[70]

Esse modo de usar a destruição causada por um furacão para obter vantagem pode ser visto numa proposta semelhante e mais específica feita em 1615 em nome do governador e do *cabildo* pelo capitão Francisco Negrete, o representante de Porto Rico em Madri. Ele sugeriu medidas que ajudassem a ilha a se recuperar de uma série de desastres, entre eles um ataque inglês em 1598, a queda dos preços do açúcar e do gengibre, perdas no mar e, mais do que tudo, um furacão em 17 de setembro de 1615. Essa tempestade fora relatada pelo governador da ilha, Felipe de Veumont, como tendo sido precedida por um terremoto em 8 de setembro, o qual "Deus permitiu devido a nossos pecados", seguido de uma grande tempestade que devastou a ilha, arruinando a agricultura e destruindo os campos de cana-de-açúcar e engenhos de açúcar, o que havia resultado em fome generalizada.[71] Os conselheiros de San Juan pleiteavam agora a consideração do rei, observando que a ilha estava "exaurida e arrasada" e que a clemência real e o interesse pessoal em incentivar a agricultura para aumentar as receitas, assim como as responsabilidades relativas à evangelização, exigiam que o rei agisse com benevolência em relação às colônias. Entre as concessões aos colonizadores que o conselho solicitava estavam, primeiro, uma redução, pelo período de vinte anos, do imposto de exportação para não mais que 2% sobre todas as mercadorias enviadas a Sevilha, exatamente como fora concedido à ilha de Hispaniola em 1598, e, segundo, um subsídio de 20 mil ducados aos plantadores de cana-de-açúcar, em forma de ferramentas e em dinheiro tirado do Tesouro do México, como os 40 mil que tinham sido concedidos aos colonos residentes em Havana em 1600. A isso se seguiu uma série de solicitações destinadas basicamente a ajudar a classe dos plantadores locais: isenção de quatro anos para execução de dívidas; extensão por dez anos de todas as concessões já feitas; direito de trazer duzentos escravos negros sem passar primeiro por Sevilha; direito de taxar a importação de vinho e de escravos, como recursos para pagar a reconstrução da cidade; e até a construção de um convento para mais de 150 filhas e netas dos conquistadores da ilha.[72] A Coroa deu uma resposta favorável à maioria das demandas relativas ao fisco. As súplicas dos ilhéus eram formuladas numa linguagem que visava apelar para o senso de responsabilidade do rei como "pai cristão" que não deveria deixar essa "primeira videira do Santo Evangelho murchar", e com isso lembrando-o do dano que os inimigos da Espanha poderiam infligir se ocupassem a ilha. Um ataque holandês à cidade em 1625 e outra tempestade em 1626 levaram a solicitações de mais reduções de impostos.[73] Em 1644, o bispo de Porto Rico, Damian López de Haro, escreveu que, apesar da fertilidade da ilha, havia muita escassez, em especial após outro furacão em 1642. O resultado dessas continuadas concessões em resposta a furacões foi uma falta de fundos para outros encargos. O bispo em pessoa sentiu isso, pois elas afetaram sua renda. Ele escreveu que o furacão tinha "esterilizado" o país e que "a culpa de tudo que está faltando foi atribuída à tempestade, e que isso se tornou uma tempestade de preocupações para mim, porque inclui também o pagamento do dízimo".[74] Ele observou em uma carta ao rei que os perigos para as dioceses das ilhas eram "corsários, caraíbas e jacarés, assim como as águas e os ventos", isto é, os furacões.[75]

Em que medida os governantes da Espanha acreditavam que arcavam com alguma responsabilidade em relação aos habitantes das colônias em decorrência de catástrofes? Como todos os primeiros governos modernos da Europa Ocidental, os governantes espanhóis davam valor primordial à manutenção da ordem e aos recursos que permitiriam ao país conduzir uma guerra. Como nação católica, cuja própria reivindicação das Índias Ocidentais derivava de seu pacto com Roma para levar a Igreja universal aos pagãos, eles levavam a sério suas obrigações de proselitismo e de caridade cristã. No entanto, a Coroa pusera essas funções nas mãos da Igreja e de várias instituições eclesiásticas, como as ordens missionárias e as confrarias laicas. É de notar que muitas das requisições de ajuda vindas das Índias Ocidentais baseavam seus pleitos em sua própria desdita e suas perdas, com apelos à caridade cristã, mas redigiam esses pedidos numa linguagem prática. Ressaltavam a necessidade de fortalecimento e reconstrução após uma tempestade para assim salvar a colônia e seu comércio de ameaça estrangeira ou sublevações sociais, como levantes de escravos ou de indígenas.

A caridade, com efeito, era uma questão sujeita a considerável debate teológico e teórico na Espanha e no resto da Europa. Humanistas e teólogos como Juan Luis Vives (1492-1540) acreditavam que ignorar os necessitados punha em risco toda a sociedade, mas que, em benefício da estabilidade social e da ordem moral, era necessário distinguir entre os pobres que de fato dela precisavam e os que eram simplesmente preguiçosos. Essas alegações chamaram a atenção tanto da Igreja quanto do Estado.[76] Nesses debates, com frequência se fazia uma dotação especial aos "pobres acidentais", os que precisavam de caridade devido a pestes, incêndios ou calamidades naturais, dos quais eles mesmos não tivessem culpa. Reivindicar essa condição costumava ser a principal estratégia das vítimas de furacões.

Por meio de seus governos, os reis Habsburgo da Espanha pareciam assumir o controle direto das Índias Ocidentais, respondendo aos apelos feitos a seus encargos patriarcais e às advertências quanto à fragilidade do controle espanhol após uma catástrofe. A Coroa queria tomar medidas que dessem algum conforto às colônias. As instituições da Igreja se mobilizavam às vezes para levar ajuda às áreas atingidas, mas a ideia de oferecer isenções de impostos, alívio no pagamento de dívidas e um fornecimento de escravos e material de construção relativamente baratos se tornou uma resposta comum da realeza às tempestades no mar espanhol. A Coroa precisava das elites nas ilhas para desenvolver as colônias e para servir de baluarte contra as incursões estrangeiras, daí sua boa vontade em empenhar esforços para essas compensações. Isso foi feito como uma questão de política de Estado e como demonstração de paternalismo cristão.

De início, os países que competiam com a Espanha na região não responderam de modo semelhante ao impacto das catástrofes nos estabelecimentos coloniais, demonstrando sentir menos obrigação de reagir a elas, principalmente nos primeiros estágios de desenvolvimento colonial. Os reis franceses, sob a influência de seus principais ministros, os cardeais Richelieu e Mazarin, davam pouquíssima atenção às colônias e relutavam em assumir encargos fiscais ou outros, mesmo depois da ocorrência de um desastre. Após a mudança em direção a uma maior centralização governamental na França, na década de 1660, essa atitude em relação às colônias também começou a mudar, talvez influenciada pela norma de negociação do Estado com a colaboração de comerciantes poderosos e de interesses locais.[77] Na década de 1720, já havia crescente evidência da disposição de dar ajuda aos colonizadores em dificuldades na forma de isenções. Em 1728, concedeu-se a plantadores de cacau na Martinica isenção da capitação, isto é, impostos "por cabeça", pelo período de quatro anos entre 1727 e 1730, porque uma doença das plantações arruinara suas operações. Em 1741, concessão similar foi estendida a outras vítimas coloniais de furacões. Uma regulamentação real assegurou uma isenção fiscal de 90 mil *livres* para os residentes de Guadalupe, e de 7 mil para os da ilha próxima de Marie-Galante, devido aos danos provocados por um furacão em setembro de 1740.[78]

Essas mudanças e concessões acompanharam a crescente produção das colônias e tenderam a equilibrar a repressão do contrabando e a violação das políticas de exclusão. Serviram como incentivo real à capacidade produtiva e à estabilidade dos estabelecimentos coloniais. Tais políticas, iniciadas no final do século xvii, já eram normais nas colônias francesas em meados do século xviii. Uma disposição real em 1766 permitiu que colonos na Martinica buscassem alimentos em fontes estrangeiras até a chegada dos suprimentos vindos da França, e em 1768 o próprio Luís xv enviou carne bovina e farinha aos sobreviventes de um furacão na ilha.[79]

Um processo semelhante ocorreu nas colônias britânicas. O início da colonização, sob os auspícios de proprietários de terras ou de companhias, reduzia a expectativa dos colonizadores de receber assistência real e diminuía todo sentimento de responsabilidade direta por parte da Coroa. Nas décadas de 1650 e 1660, a economia das Índias Ocidentais se tornou uma preocupação crescente na Inglaterra, quando leis de navegação restritivas foram acionadas para controlar o comércio e aumentar as receitas. O relacionamento entre as colônias americanas e a Coroa mudou após a Restauração, quando se estabeleceu o controle real na maioria delas. Apesar de alguma resistência, os plantadores e seus associados em geral se dispuseram a aceitar restrições comerciais e impostos em troca de um mercado garantido e protegido na metrópole. O rei e o Parlamento demonstravam sua preocupação cada vez maior com as colônias, mas mesmo assim relutavam em fazer concessões que pudessem reduzir a receita ou o controle real, ou que pudessem comprometer o equilíbrio de interesses que nelas vigorava.

Um caso exemplar foi o da ilha de Névis, que sofreu um ataque francês e um furacão em 1707-8 que a deixaram em ruínas. Londres se dispôs a enviar 103 mil libras esterlinas para as vítimas das incursões francesas, bem como material de construção para as da tempestade, com instruções específicas de uma distribuição equitativa para ajudar a recuperação. A rainha Anne mencionou o "propósito caritativo" desse auxílio e sua "compaixão pela situação angustiosa de nossos súditos em Névis e São Cristóvão, que as depredações do inimigo e do recente furacão quase reduziram ao extremo".[80] Os plantadores, que esperavam ser isentados de suas obrigações hipotecárias e da quitação de dívidas, no entanto, queriam mais, mas o governador se opôs à sua solicitação de que o Tribunal de Justiça fosse suspenso por três anos. Essa solicitação teve a ferrenha oposição dos credores, que viram nela uma tentativa dos plantadores, usando sua influência na Inglaterra e na ilha, de se livrarem de suas obrigações. O governador Daniel Parke concordou com eles e se recusou a fechar o tribunal, política que lhe valeu cumprimentos dos Lordes do Comércio, o conselho colonial em Londres. Solicitações como essa feita pelos plantadores não eram nenhuma novidade. Em 1684, após a ilha ter sofrido dois furacões e uma seca, os plantadores também tinham pedido que suas dívidas fossem perdoadas, mas enfrentaram oposição similar por parte do governador.[81] O que fora prática comum no Império Espanhol desde o início do século XVI estava demorando a ser adotado pelo Império Britânico, e não se tornou norma até meados do século XVIII.

Essa situação complicada de confronto entre interesses locais e reais assumia muitas formas na esteira de uma catástrofe. O tipo de estresse político que os furacões podiam criar fica bem claro nos relatos que se seguem à tempestade que assolou Charleston em 1752. A região de planícies costeiras da Carolina do Sul não era estranha aos furacões, tendo sido atingida em 1686, 1700 e 1728. A florescente economia baseada em plantações de arroz foi especial e duramente atingida por eles. Os plantadores constataram que uma tempestade no final do verão, antes de se completar a colheita, poderia ser desastrosa. O furacão de 1752 trouxe fortes ventos e marés destruidoras à cidade e às áreas circundantes, onde houve tremenda perda da colheita e a morte de gado e de escravos. A esperança em Charleston era que a ajuda da Inglaterra viesse logo. O Parlamento, com efeito, tinha generosamente enviado 20 mil libras esterlinas após um grande incêndio que devastara a cidade em 1740, mas essa ajuda fora de certa forma uma anomalia. Tanto o governador real, James Glen, quanto a Câmara dos Comuns da Assembleia, o corpo representativo da Carolina do Sul, se dispuseram a reagir em seguida ao furacão, mas logo ficou claro que seus interesses e seus pontos de vista estavam em desacordo, e as divergências rapidamente levaram a um confronto quanto à questão específica dessa reação. O governador, por exemplo, esperava conseguir que, mediante ação governamental, se trouxesse um suprimento de alimentos de outras colônias, enquanto a Câmara dos Comuns da Assembleia sustentou que comerciantes privados é que deveriam providenciar tal suprimento. A perda de receita causada pela ruína da colheita de arroz, a destruição de madeira e a perda de confiança no status fiscal da colônia causaram uma crise de crédito que dificultou todas as iniciativas de reconstrução e reparação. Isso levou a um confronto direto entre a Câmara dos Comuns da Assembleia e o governador no tocante à dispendiosa reconstrução das fortificações da cidade, que tinham sido gravemente danificadas. Para a assembleia, essa era uma responsabilidade do rei, enquanto o governador pedia que ela arcasse com o ônus. Esses embates evoluíram para um confronto entre a prerrogativa real e o poder local.[82]

Enquanto George II e o Parlamento demonstravam sua disposição de, em circunstâncias extraordinárias, se envolver diretamente nos esforços para reparar a situação, os ingleses dependiam havia muito tempo de instruções para a caridade, isto é, iniciativas autorizadas pela Coroa e organizadas por igrejas paroquiais para prover alívio a quem necessitasse. Eram usadas para reagir a todo tipo de calamidade resultante de secas, incêndios, terremotos e epidemias. Embora fossem em geral uma prática popular, as instruções para a caridade no Caribe tinham às vezes uma efetividade limitada, porque em ilhas menores, como Névis, Antígua ou São Vicente, pouca gente ficava incólume após a passagem de um furacão, e assim poucas pessoas podiam contribuir no esforço geral para aliviar a situação. Contudo, os governadores das ilhas do Caribe emitiam as instruções. Além disso, às vezes indivíduos privados ou grupos religiosos, como os quacres, organizavam essas iniciativas, e no final do século XVIII subscrições privadas organizadas por indivíduos e organizações também tinham se tornado populares. Mas, até então, geralmente as ações para ajuda ao Caribe organizadas na Inglaterra ou na América do Norte tinham pouco efeito, devido às distâncias envolvidas e às dificuldades para o envio a tempo de dinheiro ou suprimentos. Além disso, os apuros das colônias caribenhas e seus habitantes não era, até meados do século, motivo de grande preocupação na Inglaterra ou outro lugar do império. Essa situação mudaria quando a economia do açúcar começou a crescer rápido.

O caso holandês é ainda mais marcante. Os Países Baixos tinham desenvolvido um dos mais inovadores sistemas de instituições de caridade e uma rede de bem-estar civil bem mais avançada do que a da maioria dos países europeus contemporâneos. Para o auxílio a idosos, enfermos e pobres havia uma impressionante rede de entidades, e, embora tolhidas por rivalidades confessionais entre as Igrejas reformada, luterana, menonita e outras congregações toleradas, em geral elas eram motivo de orgulho cívico.[83] Porém, no caso de desastres naturais nas Índias Ocidentais, não havia a mesma preocupação com as vítimas por parte das autoridades do Estado. A Companhia das Índias Ocidentais parecia ser incapaz de dar muita ajuda aos colonizadores, ou não estar disposta a isso, a menos que essas ações a beneficiassem diretamente. Em outras ocasiões, a companhia tinha oferecido dinheiro fácil a plantadores no Brasil holandês para a compra de escravos e equipamentos necessários para dar início à produção de açúcar, mas na década de 1640 começara a espremer seus devedores, e ao fazê-lo provocou a revolta que mais tarde levou à perda dessa colônia. É difícil encontrar qualquer indício de uma política que visasse a promover ajuda na esteira de calamidades nas colônias caribenhas, tanto por parte da Companhia das Índias Ocidentais como, após sua falência em 1674, por parte de sua sucessora. Seja por uma questão atinente à política da companhia, seja devido à força de interesses comerciais no sentido de resistir a toda tentativa de propiciar alívio às dívidas, não há sinais de tentativas por parte do Estado para dar esse alívio após as catástrofes. Para esse caso, temos um notável documento dos plantadores em Saba, a minúscula (treze quilômetros quadrados) e montanhosa ilha holandesa nas ilhas de Sotavento. Assim como suas vizinhas, ela fora atingida por um terrível furacão em 31 de agosto de 1772.[84] Cento e vinte e quatro de seus habitantes, assim como o governador, o conselho, a Igreja, o Estado e burgueses, escreveram um apelo à Companhia Holandesa das Índias Ocidentais, a comerciantes e a "outros cavalheiros cristãos e cidadãos da cidade de Amsterdam". A petição expressava sua angústia por terem perdido 140 das 180 casas da ilha, assim como toda a sua colheita, seus móveis, suas roupas e sua riqueza, além do arrasamento de sua igreja. Como todas as ilhas vizinhas também tinham sofrido com a tempestade e não poderiam prestar ajuda, os peticionários se voltaram para

> vós, nossos amigos europeus, que, devido à vossa situação, fostes felizmente poupados desses devastadores julgamentos, imploramo-vos humildemente que leveis nossas angustiosas circunstâncias e ruína em madura consideração, e que façais com a presteza que vos seja conveniente o que a humanidade e a cristan-

dade vos ditarão para nosso alívio em tão melancólica ocasião, não só nos ajudando a construir uma casa para culto público de Deus, mas também para o alívio de numerosas famílias entre nós que foram reduzidas à mendicância e à mais comovente miséria.

Significativamente, o apelo não visava à ajuda da companhia ou do governo, e sim contribuições de caridade a serem depositadas para Nicholas Doekscheer, um comerciante de Amsterdam que, como agente para a ilha, repassaria os fundos para o governador e o conselho.[85] O governo holandês lhes faltava, os residentes estavam sozinhos.

Um furacão em Sint Maarten em 1792 foi mais revelador a respeito da política do governo. A tempestade tinha deixado muitos destroços nas ruas, e o governador e o conselho advertiram os residentes de que, se não os removessem nos dez dias seguintes, o governo o faria às custas deles.[86] O encargo era dos cidadãos, não do governo. Durante os séculos XVIII e XIX, contribuições de caridade voluntárias e eventuais doações generosas da Coroa continuaram a ser as principais reações holandesas às agruras de suas ilhas das Índias Ocidentais. Só em 1913 foi estabelecido nos Países Baixos um fundo permanente para ajuda às Antilhas Holandesas.[87]

Qualquer que fosse a atitude dos governantes e dos governos em relação aos que sofriam o impacto das calamidades nas colônias, os furacões eram um momento de terror que desencadeava um estresse tremendo nas comunidades em risco. Eram comunidades fendidas por distinções sociais e raciais, divisões entre proprietários e servidores contratados, pequenos fazendeiros, comerciantes e donos de plantações, brancos e não brancos e, acima de tudo, escravos e pessoas livres. A preocupação com danos e perdas materiais, mortes, doenças, fome, distúrbios civis e o rompimento da ordem pública era com frequência a mais presente na mente dos administradores e em sua correspondência, mas alguns observadores que tinham vivido nas colônias caribenhas acreditavam que os desastres naturais também tiveram a capacidade de unir suas comunidades, suscitar heroísmo e sacrifício e dar oportunidades de uma reconstrução para o bem comum. O historiador jamaicano Bryan Edwards escreveu que "um furacão contém a vingança dos homens e, ao provocar afeições mais suaves, ele os inclina a atos fraternais".[88] O jurista, intelectual e viajante crioulo nascido na Martinica Médéric Louis Élie de Moreau de Saint-Méry, que conhecia bem os furacões, escreveu, quanto à recuperação após uma tempestade:

Todos participam na reparação, no restabelecimento; todos ficam ocupados; [...] a beneficência, por toda parte, põe em ação seu império de cura e afetividade. Por fim chega o momento em que o furacão e seus efeitos não existem mais, exceto na memória, até que outro venha para recriar a desastrosa cena; mas a esperança, o primeiro, o último, o supremo bem do homem, preenche esse feliz intervalo.[89]

No entanto, tais esperanças de uma solidariedade comunitária eram ou ingênuas ou insinceras. Moreau de Saint-Méry não pôs em questão se os escravos se juntariam a esses esforços. Esse homem do Iluminismo, membro da Sociedade Filosófica da Filadélfia, apoiador da Revolução Francesa, estudioso do clima e das características de sua região e de todas as ciências naturais, era também proprietário de escravos e defensor das desigualdades raciais que eram um legado de toda a região. Não se tratava de uma contradição sutil. As divisões sociais sempre haviam configurado as reações aos furacões. Em meados do século XVIII estavam em curso mudanças sociais, políticas e científicas, e elas modificaram o modo como se percebiam, compreendiam e combatiam as tempestades, e como elas configuravam e eram configuradas pelas realidades sociais e políticas nos lugares por onde passavam.

3. Guerra, reforma e catástrofe

> *Pode-se observar que homens dotados dos melhores sentimentos e dos maiores talentos são agitados pelas mais violentas paixões, assim como as ilhas das Índias Ocidentais, que se vangloriam de ter o solo mais fértil e os mais valiosos produtos, estão mais sujeitas a furacões e terremotos do que qualquer outra parte do mundo.*
>
> John Fowler (1781)

> *São cenas que despertam a sensibilidade e fazem o moralista exclamar com indignação: "Malditas sejam suas ilhas e malditas sejam suas instituições!".*
>
> Hector Macneill (1788)

Os temas que caracterizam o Grande Caribe no século XVIII são bem conhecidos. Os vários impérios e Estados europeus tinham demarcado suas reivindicações na região no século anterior, cada um buscando criar colônias lucrativas. Antes da década de 1720, apenas as colônias espanholas e sua prata eram valiosas o bastante para merecer investimento de vulto em gastos com sua defesa ou envolvimento do Estado em seu desenvolvimento.[1] Essa situação mudou bastante como resultado da expansão da economia açucareira no Caribe e a explosão do comércio de escravos com ela relacionada para essas colônias. O açúcar (e em menor medida o tabaco, o índigo, o cacau, o café e o algodão), a escravidão e o comércio que eles engendravam transformaram a região e deram início a uma atitude imperial diferente em relação a ela. O que se seguiu foi um século de rivalidade imperial e conflitos quase contínuos, que fizeram seguir adiante as lutas na Guerra dos Nove Anos (1688-97) e a Guerra da Sucessão Espanhola (1700-15). Esses conflitos tinham sido motivados por considerações dinásticas e territoriais europeias, mas muitas vezes com grandes efeitos nas colônias, em termos de territórios e comércio. O poder crescente da França após 1715, em estreita aliança com a dinastia Bourbon na Espanha, teve uma oposição cada vez maior de alianças promovidas pela Inglaterra que redundariam numa luta de cem anos pela hegemonia mundial e que durou até o fim das Guerras Napoleônicas, por volta de 1815. Essas lutas por império e por comércio, decretadas por uma crescente eficácia e profissionalização dos militares, e também facilitadas e justificadas pela riqueza e pela importância cada vez maiores das colônias, resultaram na consolidação dos Estados imperiais que organizaram uma política fiscal e comercial para apoiar sua capacidade bélica. De Boston a Caracas, e de Pointe-à-Pitre a Buenos Aires, as demandas do Estado e as realidades econômicas e sociais que lhes subjaziam tiveram como consequência uma inquietação revolucionária nas colônias. As motivações e as causas variavam, mas as questões do comércio, dos direitos locais, da escravidão e os vários sentidos atribuídos à liberdade estavam, todos, envolvidos. Esses processos e eventos eram moldados pelas condições do meio ambiente, como doenças, clima e atividade sísmica, bem como por seus contextos sociais e culturais.

É claro que os furacões continuaram a ocorrer durante esse período, cada mês de julho trazendo a elevação das temperaturas no Atlântico, que funcionava como o acionador da evaporação, pondo em ação a rotação dos ventos. Para a região caribenha no período de 1700 a 1740, o catálogo do meteorologista José Carlos Millás lista 41 furacões, que não pouparam nenhum dos sistemas imperiais. A Jamaica sofreu seus impactos em 1711, 1712 e 1722.[2] Tempestades fustigaram as Índias Ocidentais Dinamarquesas em 1718 e 1738. Guadalupe foi atingida em 1713, 1714, 1738 e 1740, e a Martinica, em 1713, 1725 e 1740. Névis e as ilhas de Barlavento inglesas, em especial, foram severamente danificadas por um furacão em 1733, Porto Rico, em 1730, 1738 e 1739, e São Cristóvão e Antígua, em 1740. O posto avançado francês em Nova Orleans, construído na planície de inundação do Mississippi, entre o rio e o lago Pontchartrain, era um convite aberto a danos causados por furacão. Sempre suscetível a enchentes, a cidade ficou gravemente devastada em 1722, e de novo em 1732.[3] Essa litania é apenas uma amostra das tempestades que ocorreram antes de meados do século, e os períodos subsequentes de meados da década de 1760 até a de 1780 foram ainda piores.

Os governos locais e imperiais reagiam aos furacões do modo tradicional, voltando-se primeiro para as instituições religiosas para que dessem alívio aos que sofriam, às vezes buscando restringir as responsabilidades, proibindo que se construísse perto do litoral, exigindo que plantadores cultivassem o bastante para prover seus escravos ou impedindo o aumento de preços após as tempestades, e insistindo em que plantadores e comerciantes pagassem pela limpeza de estradas e pontes.

Porém, embora a experiência tivesse ensinado a governos e residentes o que esperar e que medidas poderiam ser úteis para uma recuperação, as ilhas e territórios da região tinham se transformado, com a expansão do açúcar, de um modo que os tornava ainda mais vulneráveis aos efeitos das grandes tempestades. Em ilhas como Barbados e Névis, por exemplo, as florestas tropicais haviam sido derrubadas para dar lugar a campos de cana-de-açúcar, e as bocas vorazes das fornalhas que aqueciam os caldeirões em que ela era clarificada engoliam tremendas quantidades de lenha. Levou apenas umas poucas décadas para que Barbados fosse desnudada de sua madeira e sua lenha, obrigando os residentes a mandar vir suprimentos de Santa Lúcia e de outras ilhas, e, o que é mais importante, a depender da Nova Inglaterra. Nas ilhas menores, nada poderia resistir ao avanço das plantations e das culturas em geral. São Cristóvão, com apenas 176 quilômetros quadrados, tinha, em 1775, 44 mil acres de plantations, ou, praticamente, a ilha inteira. Esse processo econômico teve também o apoio da convicção dos ingleses de que a derrubada das florestas em benefício da agricultura e da pecuária eram as marcas da civilização, ao domar a natureza selvagem.[4] Em Cuba, onde cerca de dois terços da ilha tinham sido cobertos por florestas tropicais, o processo de desmatamento se iniciara no final do século anterior e se intensificou após 1720, apesar de a Marinha espanhola ter procurado salvá-las para suas necessidades na construção de navios. De um modesto começo nos arredores de Havana, os engenhos de açúcar começaram a florescer em Matanzas e Santa Clara, transformando a agricultura e a paisagem nessas regiões, mas na verdade o grande período de desflorestamento em Cuba está no século seguinte.[5] Na Martinica, em 1742, havia 456 engenhos de açúcar em operação, e Santo Domingo prosperava enquanto seus quase 500 mil escravos forneciam 40% do açúcar da Europa e 20% de seu café.[6] Em 1760, a região do Caribe como um todo estava exportando mais de 165 mil toneladas de açúcar, com a liderança das ilhas francesas e britânicas.

À medida que o cultivo de cana-de-açúcar avançava, as paisagens das ilhas se transformavam. Observadores como o historiador crioulo da Jamaica Bryan Edwards, o residente de muitos anos Edward Long e o plantador William Beckford às vezes peroravam com eloquência sobre as cenas tropicais bucólicas dos bem alinhados campos de cana e os bandos de escravos industriosos, expressando sua aprovação. "É difícil imaginar qualquer vegetação que seja mais bonita e mais agradável aos olhos de um pintor do que esta que domina universalmente cada parte desta ilha romântica", escreveu Beckford em sua celebração ao progresso do cultivo do açúcar, depois de residir treze anos na Jamaica.[7] Porém a expansão do açúcar, a colonização e a escravidão tinham criado novas vulnerabilidades. A erosão se intensificava, o equilíbrio ecológico se alterava, fazendo com que os efeitos de furacões e outras tempestades tropicais, e das secas periódicas, fossem mais dramáticos.[8]

Claro que havia efeitos diferentes em culturas diferentes. A cana-de-açúcar, uma vegetação rija e perene, sobrevivia mais às tempestades do que a maioria das culturas, pois quando achatada de encontro ao solo suas raízes não eram arrancadas. Na verdade, muitos plantadores acreditaram depois que as colheitas subsequentes tinham melhorado graças aos furacões. Plantas arbóreas não resistiam tanto. Fileiras de bananeiras ou bananais sofriam muito, mesmo com ventos relativamente brandos. Em Porto Rico, o termo *huracán platanero* (furacão de banana) era usado para descrever tempestades menos fortes. Os cacauais também ficavam em risco, e a dificuldade e o quase abandono do cultivo de cacau nas ilhas francesas parecem ter resultado da vulnerabilidade das árvores às tempestades. Mais tarde, nos séculos XIX e XX, o café em Cuba e em Porto Rico também se mostraria especialmente vulnerável, e nesse último caso não devido a danos nos cafeeiros, mas nas árvores que lhes proviam sombra. Devido à resiliência da cana-de-açúcar, os furacões ajudaram a aumentar sua prevalência na região.

O processo de desenvolvimento alterou o equilíbrio ecológico em muitas ilhas. Algumas vozes se fizeram ouvir contra o desflorestamento, na esperança de manter o equilíbrio climático, mas tiveram pouco impacto no processo.[9] Os campos que surgiram com as derrubadas, os pastos abertos para o gado e os cavalos, as valas e os canais de irrigação, tudo isso criou um meio ambiente em que proliferaram variedades de mosquitos transmissores de malária, febre amarela e dengue, em especial depois de uma estação chuvosa. As inundações provocadas por furacões com frequência resultavam em grande mortandade do gado, o que em essência o eliminava, alvo preferido que era de certos tipos de mosquitos, que depois se voltavam para as populações humanas.

As populações haviam aumentado à medida que a economia crescia. Em 1780, as Índias Ocidentais Britânicas, que exportavam anualmente açúcar e rum num valor de quase 4 milhões de libras esterlinas, tinham uma população de mais de meio milhão de pessoas, das quais menos de 50 mil eram brancas; mais de 80% dos negros e mulatos eram escravizados.[10] Padrão semelhante existia nas Antilhas Francesas. O crescimento da população e da riqueza criou novas vulnerabilidades a furacões, terremotos, incêndios e doenças. A concentração de populações nas cidades portuárias as punha em risco ante a ocorrência de tempestades e tsunamis, e criava ambientes propícios a doenças como varíola, febre amarela e malária.[11] Abrigar os sem-teto após as tempestades muitas vezes implicava superlotações e aumento de várias doenças. A construção de engenhos de açúcar perto de rios, que proviam transporte barato e força hídrica para movimentá-los, tornava as pessoas e as propriedades dessa área mais suscetíveis a danos. A expansão da navegação mercante que acompanhou o crescimento econômico na região punha navios e cargas em risco, e a expansão das operações militares ao longo do século deixava homens e navios à mercê das tempestades, às vezes com resultados desastrosos. Construções, pontes e a infraestrutura em geral eram vulneráveis. Não dispomos de dados objetivos quanto ao nível das perdas, mas o impacto das calamidades com certeza estava aumentando com o correr do tempo. Sobretudo nas ilhas menores, o açúcar e outros produtos de exportação tinham marginalizado a agricultura de subsistência, tornando esses lugares dependentes do suprimento de víveres de fontes externas, embora em algumas ilhas os escravos fossem incentivados a cultivar alimentos em seus próprios lotes de subsistência. A vulnerabilidade à escassez de alimentos e à fome era uma realidade. Os furacões eram um fenômeno natural; o que fez com que se tornassem catastróficos foram o modelo de colonização, a atividade econômica e outras ações humanas.

Guerras e reformas governamentais dominaram o mundo atlântico ao longo do século. Após a Guerra da Sucessão Espanhola, a nova dinastia dos Bourbon na Espanha, equipada com modelos franceses, conselheiros franceses e uma aliança com a França, começou a reconstruir sua Marinha e a reordenar suas estruturas burocráticas, tanto em casa quanto nas colônias. Em 1717, sua Junta de Comércio e guilda mercantil (*consulado*) foi transferida para Cádiz, e o antigo sistema de frotas anuais, que estava em clara desordem, foi, após 1720, substituído pela navegação de navios individuais, primeiro como medida em tempo de guerra, e depois, apesar das reclamações das guildas mercantis e de outros interesses monopolistas, como prática-padrão. Em parte essa mudança foi possível graças à diminuição da ameaça de piratas, à medida que franceses, holandeses e ingleses adquiriam suas colônias americanas, tendo agora suas próprias e boas razões para suprimir a pirataria, em vez de incentivá-la, como haviam feito no século anterior. Além disso, as alianças em tempo de guerra e as concessões do pós-guerra tinham permitido a franceses e ingleses penetrar comercialmente no Império Espanhol. A Inglaterra, como resultado das disposições do tratado que pôs fim à Guerra da Sucessão Espanhola, também conquistara o *asiento*, o contrato para fornecer escravos ao Império Espanhol junto com o direito de praticar legalmente algum comércio com ele. Esse arranjo terminou em 1740, e a ruptura resultou na Guerra da Orelha de Jenkins (1739-48), durante a qual a Inglaterra tomou Porto Rico, mas fracassou em seus ataques a Cartagena, Saint Augustine e Santiago de Cuba. A seguir, o fornecimento de escravos e o controle comercial das exportações e importações de e para as colônias espanholas foram postos nas mãos do monopólio, patrocinado pelo Estado, da Real Compañia Gaditana, para desgosto dos residentes nas colônias. A Espanha, nesse período, tivera uma melhora em suas finanças e em seu relativo poder internacional mediante uma variedade de pragmáticas medidas militares, fiscais e comerciais. Criou um monopólio para o tabaco, que se tornara importante item de exportação de Cuba, e o fortalecimento da indústria de mineração no México foi talvez sua maior realização. As grandes receitas obtidas com a prata, a crescente renda dos impostos cobrados de suas populações europeia e colonial e a expansão de seu comércio demonstravam a capacidade espanhola de realizar reformas e de pensar com criatividade sobre a natureza e o caráter de um governo. Isso foi especialmente verdadeiro durante o reinado de Carlos III (1759-88), quando foram introduzidas algumas das reformas mais importantes. Os expoentes do Iluminismo na Espanha eram com frequência burocratas pragmáticos e utilitaristas, que adotavam uma abordagem mais racional dos problemas do Estado e da sociedade, e se dispunham a assumir uma postura regalista, limitando o poder de qualquer grupo ou instituição, como a Igreja, que parecesse estorvar a autoridade real.

As reformas foram todas instituídas sob a sombra da guerra. A Guerra dos Sete Anos (1756-63), durante a qual os britânicos ocuparam Havana por um ano e após a qual a França cedeu a Nova França aos britânicos e a Louisiana aos espanhóis, preparou o cenário para mais embates na luta global por hegemonia entre a Inglaterra e a França. A Revolução Americana (1775-82) bem como as Guerras Revolucionárias Francesas e as Guerras Napoleônicas (1792-1815) foram o ponto culminante dessa luta. Os Estados inglês e francês se tornaram grandes máquinas de guerra cujas vitórias, derrotas e negociações por um tratado com frequência alteravam a vida política no Atlântico Norte, quando ilhas e portos eram tomados, perdidos e mudavam de mãos, e soberanias e populações eram negociadas ou trocadas. A força de enérgicas políticas mercantilistas e um poderoso Estado centralizador eram combinados, ao menos em termos ideológicos, mesmo quando havia uma considerável negociação entre governos imperiais e magnatas locais ou instituições governamentais que buscavam reduzir o controle da metrópole.

Como é vista a calamidade natural nesse mundo de construção de Estados, regalismo e reformas? Sugeriu-se que esses primeiros Estados modernos foram criados essencialmente por e para a guerra. No século XVIII, eram gastos em questões militares três quartos do orçamento da monarquia francesa, quase 90% do da Dinamarca e mais de 80% do da República holandesa; mas uma pesquisa recente no Reino Unido indica que a guerra dedicou uma porção surpreendente de seu orçamento a melhorias e atividades públicas que poderiam, num sentido amplo, ser caracterizadas como melhorias sociais e do bem-estar.[12] Até na Espanha havia uma preocupação com a "felicidade pública" e com desenvolvimento social, às vezes usada para justificar a crescente autoridade do rei, mas refletindo também as correntes intelectuais do pensamento iluminista.[13] Proveniente de conceitos tradicionais de paternalismo, de um crescente senso de nacionalismo ou de uma ideia progressiva de melhoria e inovação, essa preocupação com um avanço nas condições sociais pôde ser dirigida às aflições causadas pelas calamidades tanto nas metrópoles quanto nas colônias. Mas as iniciativas governamentais e as expectativas locais dependiam sempre dos objetivos políticos que os Estados pudessem atingir com a benevolência, bem como dos contextos sociais nos quais essas medidas estavam imersas.

ESTUDANDO AS TEMPESTADES E CONTABILIZANDO PERDAS

Se a era do Iluminismo trouxe às esferas política e econômica mudanças que afetaram diretamente os contextos nos quais ocorriam os furacões e a capacidade das sociedades para lidar com seu impacto, no campo da percepção e compreensão deles houve também importantes mudanças. No final do século XVII, a ideia de observar e avaliar com regularidade os fenômenos naturais ganhara muitos adeptos. A Royal Society, após sua fundação em Londres em 1660, se tornou grande defensora dessas atividades e procurava reunir informações sobre a América, bem como sobre a própria Inglaterra. Nesse sentido, por exemplo, o governador enviado para a Jamaica em 1670 recebeu uma lista de perguntas sobre furacões. Foi também um período no qual o termômetro e o barômetro entraram em uso. Este último, inventado por Evangelista Torricelli por volta de 1644, tinha sido a princípio um instrumento apenas para os curiosos da ciência, mas na década de 1720 já era encontrado em muitos lares por toda a Inglaterra. Abundavam teorias sobre o que de fato a queda ou a elevação do mercúrio estava medindo, mas cada vez mais se constatou que uma queda na pressão barométrica indicava clima tempestuoso, de modo que as leituras do barômetro eram consideradas úteis como medida das condições climáticas. Esse era um tema de grande interesse, dada a crença generalizada de que o clima exercia influência direta na saúde pessoal e na capacidade civilizatória de uma sociedade e, é claro, de que o tempo bom era essencial à agricultura. A crescente popularidade do barômetro entre os ingleses teve como paralelo a prática de se manterem registros ou diários das condições do clima. Com frequência essas anotações eram obsessivamente detalhadas, às vezes incluindo as leituras de barômetro e termômetro tomadas em vários momentos no decorrer do dia.[14] Seu objetivo era uma observação científica.

À medida que as colônias caribenhas se tornavam economicamente mais importantes para a Inglaterra e vários furacões que atingiam Barbados e as outras ilhas das Pequenas Antilhas na década de 1670 chamavam a atenção do público leitor inglês, o interesse neles e em como se preparar para seu impacto aumentou. Os primeiros barômetros chegaram a Barbados em 1677, em 1680 eles estavam nas mãos do coronel William Sharpe, importante plantador de cana-de-açúcar e ex-presidente da Casa da Assembleia de Barbados, que mais tarde se tornou o governador interino da ilha (1714-5). Sharpe começou a manter um diário de suas observações em abril de 1680, e quando a ilha foi atingida, em agosto, por uma tempestade que a seguir devastou a Martinica e causou danos em Santo Domingo, ele fez um relato delas para a Royal Society. Essas foram as primeiras leituras de barômetro de uma depressão tropical.[15]

A observação e a medição do tempo e do clima continuaram a fascinar médicos interessados em sua relação com as doenças e a saúde individual. Preocupavam também pensadores como Montesquieu, que buscava ligar características nacionais com aspectos do clima, ou como o historiador escocês William Robertson, que acreditava que a natureza podia ser domesticada e transformada, como os colonizadores tinham feito no Novo Mundo. Em meados do século XVIII, homens curiosos e estudiosos como Benjamin Franklin e o futuro reitor de Yale Ezra Stiles mantinham detalhados registros históricos do clima diário.

A noção de que a observação e a medição do tempo poderiam ser um exercício útil não se limitou ao mundo anglófono. Algo semelhante tinha ocorrido na França e nas ilhas francesas. Jean-Baptiste Mathieu Thibault de Chanvalon (1732-88), nascido na Martinica, mas educado na França, se interessava por biologia, botânica e ciências naturais. Ao voltar para a terra natal em 1751, numa função administrativa, começou a manter um diário detalhado sobre as condições e medições climáticas. Um desastroso furacão em 1756, que pôs abaixo sua casa e destruiu boa parte de suas coleções de história natural e anotações, o fez retornar à França. Lá ele publicou suas observações em *Voyage à la Martinique* (1756), que incluía aspectos do clima e de história natural, mas ele estava obviamente penalizado pela perda de suas notas e observações: "Não consigo falar de furacões sem reviver uma amarga lembrança cheia de desgostos".[16] Embora tenha sido depois vilipendiado e preso por sua participação num esquema de colonização em Caiena, sua reputação foi mais tarde restaurada, assim como o reconhecimento de seu papel nas origens da meteorologia científica nas Antilhas. Seguindo os passos de Chanvalon, Alexandre de Moreau de Jonnès (1778-1870), um funcionário militar, administrador, estatístico e polímata, escreveu sua *Histoire physique de Antilles françaises* (1822), com uma longa seção dedicada a furacões e surtos de tempestades (*raz de mare*) e suas causas. Nem todo mundo estava convencido da utilidade de medições das condições do tempo. A mais importante associação científica no Caribe francês, o Cercle des Philadelphes, fundado em Cap François, em Santo Domingo, na década de 1780, evitava de maneira deliberada a medição meteorológica, explicando que, ao que tudo indicava, essa atividade não tinha aplicabilidade, "nem poder de controlar, nem capacidade de prevenir ou remediar". Num país em que furacões eram uma ameaça, seu poder parecia suplantar essas iniciativas humanas, mas, mesmo assim, defensores da observação meteorológica, como a Academia de Ciências, em Paris, e homens como o editor de *Affiches Américaines*, em Porto Príncipe, continuaram a acreditar que os resultados seriam benéficos.[17] Nas ilhas dinamarquesas, um missionário manteve durante quatro meses uma lista das temperaturas diárias em Saint Croix, e em 1768 o morávio Christian Oldendorp, em sua descrição das atividades de sua ordem, incluiu uma discussão sobre clima e tempo.[18] Enquanto isso, houve desenvolvimentos semelhantes no Império Espanhol. Em Cuba, a partir de 1782, defensores da ciência estavam sugerindo essas observações, e em 1791 o *Papel Periódico de La Habana* publicava regularmente os ventos da semana, bem como as leituras de barômetro e de termômetro. Em 1794, publicou também leituras feitas durante um furacão em Havana naquele ano. Esse relato das condições do tempo foi uma tradição que continuou e se expandiu no início do século XIX.[19]

Não se pode separar a evolução do interesse científico por furacões do contexto social e econômico da região. Não é de surpreender que a maioria dessas pessoas movidas pelo desejo de uma observação mais científica e que se consideravam parte do progresso do movimento científico era formada ou por europeus com longa experiência nas Índias Ocidentais ou por brancos originários das camadas superiores das sociedades coloniais. Quase todas essas figuras do Iluminismo que deram início à observação científica dos furacões estavam estreitamente ligadas à manutenção da escravidão. Sharpe era plantador e defensor dos interesses dos plantadores; Thibault de Chanvelon, como membro da Academia de Bordeaux e membro correspondente da Academia de Ciências, em Paris, apresentou trabalhos sobre o barômetro, assim como sobre o comércio de escravos. Defensor da escravidão, ele acreditava que "os brancos nasceram para dominar os escravos" e que as Antilhas só poderiam prosperar com a escravidão. Sua crença chegava a ponto de apoiar o uso de castração como punição para fugitivos.[20]

Não há exemplo mais claro dessa ligação entre a paixão por uma investigação científica esclarecida e a defesa da escravidão do que o diário de Thomas Thistlewood (1721-86), superintendente de uma plantação de cana-de-açúcar e depois pequeno proprietário de terras na Jamaica ocidental, perto de Savanna--la-Mar, de 1750 até sua morte.[21] Nascido na Inglaterra, Thistlewood chegou à Jamaica jovem com um bom background como topógrafo e tinha vasto interesse por horticultura, botânica e ciências naturais. Lia muito, curioso quanto ao mundo a sua volta. Seus talentos e interesses o tornaram bem-sucedido e requisitado; mas o que lhe conferiu grande significância histórica foi sua compulsiva manutenção de registros. Seus escritos, que chegaram a totalizar 14 mil páginas, tinham observações diárias do clima, com leituras de termômetro e de barômetro. Suas anotações das condições climáticas eram meticulosas e naturalmente incluíam informações importantes sobre vários furacões que atingiram a paróquia de Westmoreland e a Jamaica ocidental ou que passaram perto dali. Thistlewood revelou o mesmo cuidado com detalhes ao registrar sua constante brutalidade e crueldade para com os escravos que tinha sob seu controle; os açoitamentos, espancamentos e humilhações a eles impostos eram relatados com esmero, junto com descrições pormenorizadas de lugares, posições e circunstâncias em que ele explorava sexualmente as mulheres escravas. Thistlewood representava a dominação racial e a violência na economia escravista que caracterizava a região, a qual, em sua época, muitos dos "filósofos da natureza" nas colônias caribenhas em alguma medida compartilhavam.[22] A meteorologia, assim como a cartografia, a botânica, a astronomia e outras ciências naturais, tinha se desenvolvido em estreita associação com o colonialismo, que, no início do moderno contexto circuncaribenho, sempre implicava escravidão. Havia também, é claro, vozes antiescravistas entre os curiosos da ciência da época, entre elas as de Franklin e Stiles, mas a aplicação prática da ciência no sentido de evitar ou diminuir ameaças naturais apelava diretamente aos interesses dos plantadores e comerciantes da região, que se beneficiavam mais da ordem social existente.

A aplicação da observação e da medição científicas era cada vez mais adotada por governos em defesa de objetivos mercantilistas e regalistas. Em meados do século, sobretudo após a Guerra dos Sete Anos, todos os impérios compreenderam que a luta por hegemonia ia continuar e buscaram fortalecer sua posição. Reformas e "medição científica" se tornaram ferramentas para atingir esse objetivo. A realização de censos passou a ser usual como modo de conhecer o potencial para mobilização de recrutas militares e de recursos tributáveis. A estatística se tornou uma ferramenta imperial. Agentes do governo elaboravam censos, listas, róis de alistamento militar, mapas e levantamentos cadastrais, além de relatórios anuais de exportação, importação e produção para Estados que viam o mundo em termos de necessidades e de potencial. De modo semelhante, as mesmas técnicas e ferramentas eram cada vez mais aplicadas a situações de pós-catástrofe. Antes, tais listas e relatórios de perdas tinham sido feitos de maneira errática, mas a partir de 1750 se tornaram cada vez mais a regra a seguir depois do desastre. Os governos reuniam informações de cidade em cidade, ou de paróquia em paróquia, e funcionários locais eram solicitados a fornecer dados sobre igrejas e casas destruídas, mortos, feridos e perdas de gado e de plantações. Os resultados, resumidos ou tabulados, eram usados para orientar a resposta do governo aos pedidos de assistência e ajuda. As perdas e a miséria resultantes eram calculadas e as estatísticas se tornaram "lágrimas congeladas".[23] Há muitos exemplos nos arquivos coloniais, seus resultados compilados na forma de tabelas ou anexados a relatórios do governador. Pode-se vê-los na esteira da tempestade de 1768 em Cuba, no levantamento, propriedade por propriedade, das perdas em São Cristóvão em 1777 e nas detalhadas tabelas de prejuízos sofridos no furacão de 1825 em Porto Rico.

A calamidade dificultava esse levantamento. Em seguida à destruição causada por um furacão, populações inteiras, os indigentes, os sem-teto e em especial os escravos, ficavam mais errantes e menos "legíveis" para o Estado e, com isso, mais perigosas. Não é de admirar, pois, que o medo e rumores de pilhagem ou revolta, ou relatos de desobediência por parte de escravos, surgissem logo após os furacões. Guardas foram postados após a tempestade em Barbados de 1694,[24] e a Jamaica solicitou e recebeu armas depois da terrível tempestade de 1722. Havia, de fato, motivos para ter medo. Furacões em 1766 provocaram uma pequena agitação de escravos em Savanna-la-Mar, na Jamaica, e um levante maior em Granada.[25] Na dinamarquesa Saint John, nas Ilhas

Virgens, um furacão em julho de 1733, seguido de uma praga de insetos e outra tempestade, contribuiu para a eclosão de uma revolta de escravos em novembro do mesmo ano.[26] Para impedir saques após um furacão, na década de 1770, as autoridades dinamarquesas proibiram que escravos vendessem qualquer coisa a não ser frutas e impuseram toque de recolher.[27] Por trás dessas medidas estavam os receios de uma sociedade escravista. Ao romper a ordem e abalar a segurança, os furacões revelavam a visão de um futuro possível que devia ser evitado a todo custo.

Embora a contabilidade do desastre servisse aos interesses do Estado, também poderia ser apropriada ou manipulada por residentes locais. Por toda parte, comunidades e indivíduos que tinham sofrido com as calamidades criavam narrativas que visavam a obtenção de ajuda por suas perdas e padecimentos. Isso pode ser constatado no anônimo *Account of the Late Dreadful Hurricane* [Relato do último terrível furacão], que descreveu os danos sofridos por São Cristóvão e Névis em 31 de agosto de 1772.[28] Provavelmente elaborado pelo editor do periódico *St. Christopher and Caribbean General Gazette* e dedicado ao governador das ilhas de Sotavento, Ralph Payne, "a cujo zelo a serviço do rei, e sua consideração com o povo sob seus cuidados, devemos nosso livramento da fome que se aproximava com rapidez",[29] o levantamento menciona paróquia por paróquia, relatando mortes e perdas materiais e, numa evidente esperança de compensações, estimando valores destas últimas. Eis um registro típico, da paróquia de Saint George:

Sr. Gilbert Fane Fleming — Shadwell.

O hospital desabou, e algumas outras construções levemente atingidas; mas a plantação sofreu muitíssimo. Alguns pés de cana foram varridos, deixando camadas de areia em seu lugar; a perda parece montar a pelo menos sessenta barris. Todas as casas dos negros foram arrasadas.[30]

Alguns registros dão detalhes de atos de heroísmo ou de infortúnios sofridos, enquanto outros são reveladores da diferença no impacto das tempestades sobre escravos e pessoas livres. Na paróquia de Saint Thomas, por exemplo, a plantação de Lord Romney perdeu várias construções e celeiros, gado, cavalos e mulas, bem como a maioria das casas dos escravos. No relato, não é a tragédia dos escravos que clama por atenção, e sim as implicações da situação deles para a propriedade. Diz o registro:

> Todos os terrenos dos negros estão revirados, e as provisões, destruídas, o que nesta propriedade é fato da maior importância, já que os negros, em um montante entre quatrocentos e quinhentos, em sua maioria tiram seu sustento de seus próprios terrenos, o que significa que a propriedade tem agora negros para alimentar, o que deve exigir uma prodigiosa despesa; a safra atingida é de duzentos barris.[31]

Claramente, precisavam de ajuda. O autor do texto advertia: "Os melancólicos males advindos desse evento serão sentidos quando não mais nos lembrarmos deles, e a posteridade ficará ciente, por experiência, de nossos contratempos, a menos que frugalidade e industriosidade ajam juntas para impedir o perigo iminente". Ele celebrava a caridosa contribuição de um nativo de São Cristóvão agora residente na Carolina do Sul, que de imediato tinha enviado 75 libras esterlinas para ajudar os desafortunados de sua pátria, e também felicitava os veementes apelos do governador às colônias continentais, pedindo suprimentos. Essas iniciativas resultaram numa proclamação em 9 de outubro de 1772, na qual o vice-governador da Pensilvânia dava a conhecer a situação em Antígua, Névis e outras ilhas de Sotavento conhecidas pelo povo em sua colônia, e incentivava mercadores e comerciantes a enviarem navios e bens à região atingida, para combater um "furacão mais violento e terrível do que talvez jamais conste na memória do homem, e [...] sem paralelo, em seus efeitos, em qualquer registro nos anais da história".[32] É notável o fato de que a assembleia de Antígua tenha trabalhado com o governador Payne no sentido de buscar a ajuda de outras colônias para evitar a fome, mas a expectativa por assistência era de contribuições privadas e de uma mobilização do setor comercial das colônias continentais, e não de uma intervenção direta, real ou parlamentar.

Os colonizadores tendiam a avaliar a efetividade e a competência do governo pelas ações e pelos esforços de seus representantes mais próximos. A celebração das medidas do governador Payne em São Cristóvão e Névis, assim como as do governador crioulo De Ceul, da Martinica, ou a incansável faina de Antonio Garro y Bolívar, o *alcade* de Havana, que em pleno furacão de 1752, "apesar de seu berço distinto e seu grau de nobreza, deu atenção aos humildes e dedicou suas horas de repouso (a *siesta*) a dar justo atendimento ao povo do campo", revelaram como a resposta do governo podia ser personalizada e como era encarada.[33]

As catástrofes criavam ao mesmo tempo crise e oportunidade. Indivíduos e grupos sempre buscavam assistência e ajuda em tempos de aflição, mas nesses momentos também viam oportunidades para tirar vantagem disso. Desastres naturais punham a nu as fissuras e a competição de interesses dentro das sociedades. A tempestade de 1766 na Martinica levou comerciantes franceses a simplesmente suspender suas atividades, em vez de oferecer créditos ou condições melhores para os colonos com quem costumavam fazer negócios.[34] Comerciantes ingleses aprenderam a se aproveitar da flutuação de preços entre as ilhas quando a tempestade atingia algumas e outras não. Era comum haver manipulação de mercados. Comerciantes e plantadores procuravam negociar seu relacionamento com os governos. O relato detalhado de 1722 e o apelo feito em São Cristóvão mencionado acima refletiam a estratégia das vítimas, mas nas atitudes reformistas e ativistas dos funcionários coloniais do período havia o reconhecimento de que as justificáveis petições por ajuda ou isenções precisavam sempre ter como contrapartida as exigências do Estado. Como relatou Alejandro Ramírez, o brilhante intendente de Porto Rico, após a ilha ter sido atingida por uma série de tempestades entre 1813 e 1816, era necessário lidar com os "lavradores angustiados e os comerciantes arruinados de acordo com a benevolência desejada pelo soberano", mas também cumpria contrabalançar a compensação das perdas concedida com as exigências do orçamento, em especial no que se referia ao pagamento das tropas. Ramírez conhecia Porto Rico, sabia qual era o efeito dos furacões e, como outros observadores, acreditava que tais eventos faziam a agricultura rejuvenescer. Essa mesma ideia era encontradiça em autores não hispânicos da época, os quais, como o abade Raynal, sustentavam que na natureza a dissolução era necessária para que houvesse regeneração, de modo que um furacão era "a fonte de um mal parcial e de um bem geral".[35] Ramírez observou que em toda estimativa de uma reparação a ser oferecida como compensação por perdas imediatas deveria se levar em conta que também haveria um benéfico revigoramento.

> É comum a observação de que essas agitações violentas [furacões] contribuem para a fertilidade destas terras, e que o acidente da perda de frutos é depois se-

guido de colheitas mais copiosas. A simples destruição das plantas serve para promover sua reprodução mais abundante. Mas ao mesmo tempo as cidades que sofreram vão solicitar uma reparação e a postergação do pagamento de seus impostos, apontando suas perdas como motivo para reduzi-los no ano seguinte. Terei de equilibrar o que deverá ser concedido devido a essa justa e conhecida razão com o que continuará a ser solicitado.[36]

Necessidades fiscais, considerações políticas e o desejo de projetar uma imagem de benevolência temperavam as respostas do governo.

MERCANTILISMO E CALAMIDADES

Em meados do século, todas as colônias do Grande Caribe que viviam sob a ameaça das poderosas tempestades, talvez com exceção das ilhas holandesas, onde florescia uma política de livre-comércio, se confrontaram com as contradições entre as políticas mercantis que procuravam preservar o comércio primordialmente dentro do contexto de cada império e as tremendas pressões exercidas por setores dessas colônias para se engajarem em contrabando e buscar melhores condições comerciais fora das limitações impostas por monopólios ou mercados controlados pelo Estado. Essas contradições tinham o potencial de solapar a estabilidade política e a lealdade à metrópole e de criar laços regionais de apoio mútuo além das limitações de lugar ou nação. Cada um dos impérios e cada uma das colônias reagiram a esses desafios dentro do contexto de suas instituições e de suas capacidades.

Um bom exemplo do problema de manter uma política comercial exclusivista numa área de riscos ambientais foram as ações do conselho municipal de San Juan de Porto Rico no enfrentamento de uma série de furacões entre 1738 e 1740. Naquela época, a ilha ainda era esparsamente povoada e a maioria de seus habitantes se ocupava numa agricultura em pequena escala, criação de gado e contrabando.[37] Em 30 de agosto de 1738, a ilha foi severamente danificada por um poderoso furacão. O conselho municipal de San Juan reagiu com uma tentativa de aliviar as "necessidades públicas que esta república sofreu após a perda total de seus produtos agrícolas".[38] Adotou as medidas usuais de consertar uma ponte destroçada, limpar os escombros e proibir que aproveitadores comprassem alimentos no campo e lucrassem com sua escassez. Como costumava acontecer nas tempestades, árvores frutíferas, em especial bananeiras, das quais os pobres e os escravos dependiam, tinham sido derrubadas ou desnudadas de seus frutos. Por alguns dias, até elas apodrecerem e se estragarem, houve o suficiente para comer, mas depois sobreveio a fome, mesmo tendo o governador e o conselho municipal ordenado que fossem recolhidos e equitativamente distribuídos os frutos caídos, o milho e o arroz danificados e outros alimentos disponíveis. Depois que estes acabaram, não havia mais alívio possível, para ricos ou para pobres. Abandonando a linguagem usualmente formal e burocrática de suas sessões, as minutas do conselho declaravam:

> Tudo se reduz a um pedaço de carne, quando se pode obtê-lo, sem vegetais ou verduras ou outros alimentos para comer junto com ele, e então pais abandonam suas famílias, mães não têm como acalmar os filhos, nem como se sustentar, nem ninguém a quem voltar os olhos para um mínimo alívio, já que dinheiro (que elas não têm) não falta, mas não há o que fazer com ele; e por fim morreremos de fome se não buscarmos em ilhas estrangeiras [não espanholas] alguma farinha com que sustentar em parte as ações da república.[39]

O conselho solicitou que o governador agisse apesar das leis que proibiam o comércio com estrangeiros, pedindo que enviasse de imediato navios para ilhas estrangeiras, explicando que "em tais casos devemos observar a lei natural, que é conservar a vida humana e evitar, por esses meios, a introdução de doenças causadas por se fazer pão de raízes de árvores nocivas e de outras ervas selvagens sabidamente perigosas para a saúde".[40] Cinco meses depois, o conselho municipal ainda enfrentava a escassez causada pela violenta tempestade "nunca antes vista" e pedia permissão para procurar suprimentos em ilhas estrangeiras, e que um navio inglês que tinha víveres para vender fosse autorizado a fazê-lo.[41]

A situação piorou quando a ilha foi atingida por outra tempestade no final de agosto de 1739, mais uma vez destruindo plantações e frutos arbóreos, mas também afogando grande número de cabeças de gado. Em caráter emergencial, a população faminta recorreu a raízes. A isso se seguiram doenças, e para piorar as coisas uma infestação de vermes, talvez resultante de todas as poças e acúmulos de água deixados pelas chuvas, contaminou os canteiros semeados para a colheita do ano seguinte. O governador, carente de dinheiro porque o subsídio anual vindo do México não tinha chegado, pegou fundos do Tesouro real para enfrentar aquela emergência. Em setembro do ano seguinte, outro furacão danificou plantações e afogou grande número de cabeças de gado.[42] O efeito cumulativo dessa sequência de tempestades foi deixar o governo em situação precária, tentando equilibrar suas responsabilidades e seus custos com defesa e segurança com os encargos de assegurar o bem-estar econômico e físico da população da ilha.

DESAFIOS CLIMÁTICOS NO FIM DO SÉCULO

Os perigos naturais eram e sempre tinham sido um risco endêmico na região, mas o potencial para resultados catastróficos aumentou com a interseção do processo histórico e com uma mudança das condições climáticas. Essa mudança parece ter ocorrido em meados da década de 1760, quando os eventos de um ciclo intensivo de El Niño/La Niña, começando com a temporada de furacões de 1766, aumentou a frequência e a intensidade das tempestades e de fortes chuvas no Atlântico Norte, que se alternaram depois com longos períodos de seca. Estes produziram colheitas ruins e pioraram a erosão, o que, por sua vez, tornou a região vulnerável a inundações quando as chuvas voltaram. Essas condições foram sentidas não apenas nas próprias ilhas, mas também nas colônias continentais da região. O México, por exemplo, passou por várias crises agrícolas na década de 1770 e uma especialmente grave em 1785.[43] Como as colônias no continente tinham sempre servido como fonte confiável de gêneros alimentícios quando as colônias insulares precisavam, estas sofreram duplamente. Esse ciclo de tempestades e secas, marcando talvez o encerramento da Pequena Idade do Gelo e uma elevação global de temperaturas, durou quatro décadas e criou uma situação ecológica que exigia novos tipos de reação por parte da sociedade e dos governos de todos os poderes imperiais na região.[44]

Os quinze furacões ocorridos em 1766 atingiram as colônias de cada um dos impérios. Só a Martinica teve mil vítimas e perdeu oitenta navios, e todas as ilhas francesas sofreram algum impacto. Tendo a França perdido a Nova França para a Inglaterra e cedido a Louisiana para a Espanha no fim da Guerra dos Sete Anos, acabaram as fontes tradicionais de suprimento de víveres para suas ilhas. A Coroa francesa e os funcionários locais passaram a permitir que se comerciasse com estrangeiros farinha, sal, carne e outros alimentos, apesar de veementes reclamações dos comerciantes que controlavam esse comércio. A Espanha já começara a perder seu sistema de comércio exclusivo em 1765 e, depois de Cuba ser atingida duas vezes, Santo Domingo uma e Porto Rico três vezes em 1766, suspendeu, como medida temporária, as restrições ao comércio com estrangeiros em épocas de necessidade. Outro furacão passou pelo oeste de Cuba em 1768, causando consideráveis danos na região de Havana.[45] A escassez nessas ilhas e sua incapacidade para obter suprimentos das tradicionais colônias que tinham mudado de mãos na guerra, ou, no caso da Espanha, devido a secas e colheitas ruins na Nova Espanha, obrigaram os impérios a afrouxar as restrições. Comerciantes em Charleston, Filadélfia e Nova York comemoraram sua boa sorte quando esses novos mercados se abriram, abrangendo as colônias britânicas no continente e as colônias não britânicas no Caribe. Após 1768, os impérios tenderam a voltar a suas políticas restritivas anteriores, mas 1772 foi mais um ano de intensa atividade de furacões, com nove grandes tempestades que investiram sobre toda a região, fazendo com que fosse difícil manter as disposições exclusivistas.[46] Durante o restante do século e, depois, nas primeiras turbulentas décadas revolucionárias do século seguinte, a Espanha continuou a enfrentar o dilema entre seu desejo de aumentar o controle comercial em suas colônias e a necessidade de responder de maneira positiva e eficiente às crises causadas pela continuada série de eventos climáticos desastrosos. Em parte como resposta a essa situação, a Coroa, agora interessada em gerar um aumento de suas rendas provenientes do império, reduziu suas restrições comerciais em 1778, estendendo essas reduções à Nova Espanha em 1789.

No ciclo da atividade de tempestades, seca e guerra nas últimas décadas do século, todos os Estados imperiais, em vez de depender de instituições de caridade, começaram a assumir mais encargos diretos e um papel maior na resposta às calamidades. No Grande Caribe britânico, o processo de prestar assistência pública e proporcionar alívio, como descreveu o historiador Matthew Mulcahy, ia da solidariedade à política.[47] Donativos feitos por indivíduos e ações para dar conforto organizadas por autoridades eclesiásticas, o que poderíamos anacronicamente chamar de "iniciativas com base na fé", eram os métodos usuais de resposta a catástrofes. A partir de meados do século, comitês criavam e organizavam campanhas destinadas a socorrer quem sofrera perdas no Caribe. Não sem acusações de corrupção e altos custos administrativos, as subscrições se tornaram um método comum e eficaz de fazer caridade em prol das vítimas de desastres nas colônias. O número crescente de jornais e gazetas tornou sua labuta conhecida na comunidade anglófona, agora de todo consciente da importância comercial e econômica das Índias Ocidentais e das colônias no sul da América do Norte. Em 1785, os irmãos pietistas morávios em Saint Croix, nas Índias Ocidentais Holandesas, decidiram publicar um relatório das perdas sofridas por aquela ilha, como forma de levantar fundos para seu trabalho missionário junto aos escravos. Tomaram essa medida seguindo o exemplo de missionários na Jamaica e em Barbados, que haviam feito o mesmo após um furacão em 1782 e conseguido angariar donativos públicos para mitigar as perdas sofridas por essas ilhas.[48]

Nas ilhas britânicas, apelos por assistência que enfatizavam sentimentos de caridade e solidariedade para com seus compatriotas no outro lado do mar foram dirigidos visando sobretudo contribuições privadas, mas em raras ocasiões o rei e o Parlamento tiveram uma ação direta. Um dos primeiros exemplos dessa ação se deu em resposta ao grande incêndio de Charleston em 1740. Principal porto das Carolinas, Charleston contou no início com as formas usuais de beneficência, mas depois recebeu uma doação de 20 mil libras esterlinas do Parlamento como resultado de apelos feitos diretamente da colônia.[49] As Carolinas, no passado recente, tinham enfrentado um surto de varíola e uma rebelião de escravos de Stono (1739), e estavam sob ameaça de invasão espanhola como parte da Guerra da Orelha de Jenkins, que começara em 1739. O rei e o Parlamento tinham um bem definido interesse político e estratégico em responder aos apelos por benevolência. Os colonizadores britânicos, ao enfatizar esse interesse em suas solicitações, estavam seguindo uma estratégia consagrada pelo tempo, que as vítimas nas colônias espanholas vinham usando havia dois séculos e que os britânicos tinham tentado em vão em seus pedidos anteriores. Porém em 1740 o contexto era favorável a uma doação, e o Parlamento a pôs em votação. Seus debates sobre como distinguir indivíduos desocupados ou preguiçosos daqueles de fato atingidos pelo incêndio ecoavam de muitas maneiras as antigas controvérsias na Renascença sobre pobreza e caridade, prenunciando as futuras discussões sobre a responsabilidade do Estado nas catástrofes individuais ou comunitárias. A contínua ameaça de furacões no Atlântico Norte era quase uma garantia de que a questão seria de novo levantada; a reação do rei e do Parlamento dependeria do contexto político e ideológico. Na década de 1770, o fato de as colônias continentais estarem rebeladas pesou muito nos cálculos de George III e do Parlamento sobre como as colônias insulares deveriam ser tratadas, e que concessões ou ajuda deveriam receber em épocas de necessidade para que pudessem manter sua lealdade.

Uma tendência semelhante de ação governamental na reação a situações de crise pôde ser observada nos postos avançados imperiais de outras nações no Caribe. Em seguida ao furacão no final de agosto de 1772, o governador-geral das Índias Ocidentais Dinamarquesas fixou um limite para os preços de alimentos locais, retirou todos os impostos sobre material de construção, distribuiu alimentos entre os brancos e impôs toque de recolher aos negros, a fim de sustar saques e furtos. Em 1785, após outro furacão, o governador-geral e o conselho retiraram todos os impostos sobre víveres.[50] Foi uma política à qual a Dinamarca deu continuidade no século XX.

Embora na França as abordagens desses problemas tenham se desenvolvido na mesma direção, a situação institucional no Atlântico francês era um tanto diferente. As ilhas francesas não tinham as assembleias coloniais autônomas das colônias britânicas, nem a organização municipal e o governo local da América espanhola. Assim, eram os governadores e os intendentes que, dependendo de sua personalidade e de suas lealdades, se tornaram os vetores dos interesses coloniais e os porta-vozes das preocupações locais.[51] A monarquia francesa, que historiadores com frequência tomam como o modelo inicial de um Estado absolutista moderno, se voltou para precedentes estabelecidos. Desde o final da Idade Média ela havia enfrentado as tradicionais calamidades da fome, da peste e da guerra, restringindo a mobilidade da população, distribuindo alimentos, controlando preços e usando poderes de polícia, mas os desastres naturais tendiam a ser mais locais ou regionais e não eram uma grande preocupação. Havia exceções: já em 1481 o rei concedera isenção de impostos a Claremont (Auvergne) depois de um terremoto, mas tal concessão era rara.[52] Reações a ameaças e desastres naturais localizados eram em geral deixadas por conta das autoridades imediatas e dos recursos locais. Achava-se que o Estado tinha pouca responsabilidade e que sua intervenção era limitada, intermitente e irregular. Quando havia assistência da Coroa, isso costumava resultar da eficácia de funcionários das colônias para influenciar a autoridade central ou da pressão e influência exercidas por membros da nobreza local.[53] Esse modo de reagir a catástrofes se estendeu por boa parte do século XVII.

A partir da década de 1660, sob Luís XIV, as intervenções do Estado em crises de saúde pública, fome e peste demonstraram uma crescente disposição para a ação, embora com frequência ainda dependendo da autoridade local e às vezes limitada a ela. Diferentes meios eram usados para dar assistência. Entre 1691 e 1716, a Coroa procurou conceder indenizações a quem tinha sofrido perdas devido ao mau tempo em Languedoc, e durante a fome de 1693-4 o Estado interveio para alimentar Paris, importando farinha e fixando preços, apesar da oposição de poderes locais.[54] Os franceses não dependiam mais apenas de procissões, orações e exorcismos, ou da beneficência do rei, com muita frequência escassa e atrasada, para enfrentar as catástrofes. O Estado estava se tornando mais eficiente e mais preparado para encetar uma ação direta.[55] Essa mudança também foi observada nas colônias onde os principais estabelecimentos eram continuamente fustigados pelas forças da natureza. Um tremendo furacão atingiu a Martinica em 1680 e outro causou danos consideráveis à navegação e a Fort Saint-Pierre em 1694. Guadalupe foi assolada por seis furacões entre 1713 e 1742.[56] Relatórios administrativos dos danos enfatizavam a destruição de plantações e de engenhos de açúcar, perda de navios e escassez de comida para os escravos e as tropas nas ilhas. Nas ilhas francesas, a questão alimentar sempre tinha sido problemática, e quando a economia do açúcar floresceu e a população de escravos se expandiu o problema piorou. As solicitações de que se plantasse proporcionalmente a cada escravo eram com frequência ignoradas, os suprimentos de víveres vindos da França eram irregulares e caros, de modo que era comum haver contrabando. Os furacões destruíam plantações, arruinavam sementes e muitas vezes eram seguidos de surtos de peste que agravavam a situação. Em seguida à tempestade de 1723, escravos em Guadalupe estavam morrendo a uma razão de vinte por dia, e os *habitants* temiam um levante de seus servos famintos.[57] A recuperação era difícil. Os furacões tinham destruído a capacidade dos navios de trazer material e comida, e os comerciantes relutavam em enviar mercadorias, já que os devedores eram sérios candidatos à inadimplência. Novas medidas eram necessárias. Em 1738, o governador de Guadalupe encaminhou uma petição ao governador-geral na Martinica para que eliminasse por cinco anos as restrições ao comércio, que só podia ser feito com a França, permitindo a negociação direta com estrangeiros. O comércio com a Nova Inglaterra ou com o porto livre holandês de Santo Eustáquio poderia trazer farinha, peixe salgado, gado e madeira, que poderiam ser trocados por melaço ou rum. Mais tempestades em 1752 e 1753 trouxeram uma nova onda de permissões semelhantes, de modo que o incremento do comércio aberto em resposta à calamidade se tornou rotina.[58] Importante também foi o fato de que, em 1740, o governador de Guadalupe, Gabriel de Clieu, tenha solicitado isenção do imposto de capitação por dois anos para os residentes da ilha.[59] Esse recurso de isenção tributária, prática empregada pela Coroa espanhola desde o século XVI, e medida que havia sido usada vez ou outra na própria França e moderadamente nas colônias como resposta a desastres naturais, foi, embora ainda de caráter passivo, um reconhecimento de que o Estado tinha alguma responsabilidade de reagir a um *accident du ciel*. Um *État protecteur* estava surgindo lentamente em meados do século XVIII.

O "GRANDE FURACÃO" E OUTROS FURACÕES DE 1780

Na década de 1780, o impacto das condições climáticas na guerra, nas reformas, na escravidão e na política se tornou uma questão de considerável interesse público. Outro ciclo intenso de eventos do Enso fez dessa década, em termos meteorológicos, uma das mais ativas e destrutivas já registradas, e o contexto social e político do Atlântico Norte intensificou os relacionados efeitos de tempestade e seca que ele produziu (figura 3.1). A temporada de furacões de 1780 foi particularmente mortal, e jamais seria esquecida. Naquele ano, pelo menos oito grandes tempestades atingiram o Caribe e a costa do Golfo, afetando colônias de todos os impérios europeus. A Revolução Americana estava em pleno andamento. França e Espanha tinham entrado no conflito (respectivamente em 1778 e 1779) do lado das colônias rebeldes, e a região circuncaribenha estava em pé de guerra, cheia de tropas e de navios. A temporada começou em junho com um raro furacão que assolou Porto Rico e Santo Domingo, seguido de tempestades menores que atingiram a Louisiana e São Cristóvão no final de agosto, mas eles foram apenas o arauto da destruição que viria a seguir. Três dos furacões subsequentes daquele ano (mostrados na figura 3.2) resultaram em mais de mil mortes diretas, porém o "grande furacão" de 10-16 de outubro foi o mais terrível que já flagelou aquela região, causando um mínimo de 22 mil mortes, provavelmente mais de 30 mil. Ele seria sempre

Figura 3.1. Ouragan aux Antilles, *de Nicholas de Launay, apareceu pela primeira vez na edição de 1780 da popular história do abade Raynal sobre a colonização e o comércio nas Índias Orientais e Ocidentais. Imagens como esta naturalizavam essas tempestades como um aspecto terrível mas regular da vida no Caribe.* (Do livro Histoire philosophique et politique des établissements et du commerces des européens dans les deux Indies, de Guillaume Thomas François Raynal, Genebra, 1783. Cortesia da Biblioteca John Carter Brown, da Universidade Brown.)

lembrado, disse o historiador jamaicano William Beckford, como "um visitante que baixa apenas uma vez num século, um flagelo que serviu para corrigir a vaidade, humilhar o orgulho e castigar a imprudência e a arrogância do homem".[60] Todas as indicações de sua trajetória e da violência de seus impactos sugerem que foi um dos grandes furacões "Cabo Verde", que começam com ventos provenientes da savana africana e a seguir se formam como depressões tropicais no Atlântico na latitude aproximada das ilhas de Cabo Verde. Essas tempestades atravessam depois o Atlântico, ganhando tamanho e potência em seu trajeto, e tendem a formar alguns dos maiores e mais poderosos furacões do Atlântico Norte.[61]

As grandes tempestades anunciaram sua presença quando atingiram Barbados, em 10 de outubro, quase não deixando de pé sequer uma casa em Bridgetown ou uma árvore em toda a ilha. Precedidos de chuvas torrenciais, os ventos, que talvez tenham chegado a mais de 320 quilômetros por hora, destruíram a Casa do Governo, e o governador e sua família foram obrigados a, durante a noite, buscar abrigo debaixo de um canhão. Cerca de 25 navios no porto levantaram âncora, tentando ir para mar aberto, mas muitos se perderam. Fortificações viraram ruínas, a maior parte das igrejas e dos engenhos de açúcar sofreu danos e 4500 pessoas morreram. Famílias inteiras foram dizimadas na "destruição universal". O major-general Vaughan, comandante em chefe das ilhas de Sotavento, escreveu a Londres para relatar a situação, antecipando-se a uma carta do governador Cunningham, de Barbados:

> Nem as mais fortes cores podem pintar para Vossa Senhoria os infortúnios dos habitantes; de um lado, o solo coberto com os corpos mutilados de seus amigos e conhecidos; de outro, famílias conceituadas perambulando entre as ruínas, em busca de alimento e abrigo: resumindo, a imaginação só é capaz de formar uma vaga ideia dos horrores dessa cena terrível.[62]

Essa imagem da tragédia de famílias respeitáveis chocou os leitores das publicações de Londres que divulgaram notícias da tempestade, porém mais extenso conquanto menos noticiável foi o fardo com que arcaram os escravos da ilha, que ficaram sem abrigo ou alimento. Como expressou o governador Cunningham, "a perda nas populações de negros e de gado, sobretudo gado com chifre, é muito grande, o que deverá, mais especialmente neste momento, ser

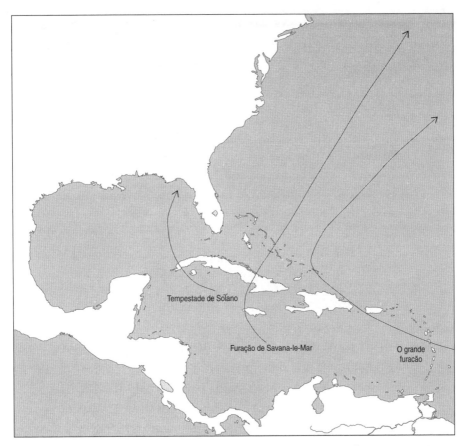

Figura 3.2. *A rota dos três furacões de 1780 no Caribe.* (Mapa de Santiago Muñoz Arbalaez.)

causa de grande aflição para os plantadores". O total de brancos e negros que pereceram, pensou o governador, devia atingir alguns milhares, mas ele achou consolo no fato de que "felizmente poucas pessoas de importância constavam nesse número".[63] Na verdade, pelo menos 2 mil escravos morreram de causas diretas, e o tamanho da população escrava entre 1780 e 1781 diminuiu em 5 mil indivíduos, o que indica mortes subsequentes por doenças, carência de alimentos e como resultado de ferimentos sofridos na intempérie.[64]

A tempestade deu uma guinada para o norte, seguindo a cadeia das Pequenas Antilhas. O olho do furacão provavelmente tinha passado a nordeste de Barbados, e sua trajetória o levou para o norte de Santa Lúcia, São Vicente e Martinica, trazendo devastação em seus ventos. Todas as indicações sugerem que, em termos das medições modernas, foi uma tempestade de categoria 5. Em todos os lugares naquela área, navios e sua carga foram destruídos. Em Granada, dezenove navios holandeses afundaram; em Guadalupe, uma fragata francesa foi arremessada à praia e outra, a *Junon*, foi feita em pedaços na costa de São Vicente. Apenas dezesseis das seiscentas casas de Kingston, São Vicente, continuaram de pé, e em Santa Lúcia 6 mil pessoas perderam a vida.[65]

As colônias e as embarcações francesas não se saíram melhor. Uma frota de 52 veleiros, que estava no Caribe em apoio aos rebeldes no continente, foi atingida nas águas de Fort Royal, na Martinica. Vários navios afundaram, os restantes saíram para mar aberto, onde foram fustigados pelos ventos; apenas sete se salvaram, e cerca de 4 mil homens se afogaram. A cidade de Saint-Pierre, mais ao norte ao longo da costa, foi destruída, sobretudo por um vagalhão de oito metros de altura que se ergueu no oceano e arrastou 150 casas nas proximidades do porto. O hospital, onde estavam sendo tratados cerca de 1600 enfermos e feridos da frota, desabou. O convento de Saint-Esprit também foi destruído, e todas as quase cem irmãs e noviças morreram. As aldeias pesqueiras de Le Prêcheur e Le Carbet, no litoral ocidental, foram inundadas quando o mar se avolumou, e os pescadores perderam todas as suas redes e barcos, ficando inabilitados para alimentar a faminta população da ilha. No todo, talvez tenham morrido 9 mil pessoas na Martinica, e os danos foram estimados em 1,7 milhão de *louis d'or*. A firma comercial de Beaujon and Son, em Santo Eustáquio, escreveu a um correspondente em Amsterdam sobre o horror da invasão do mar na Martinica:

> Tudo tem de abrir caminho para essa perigosa força, não resta oportunidade ou tempo para guardar o mínimo que seja, pessoas fogem, pessoas gritam, pessoas tentam salvar suas vidas correndo e atravessando milhares de perigos, mesmo o mais avaro tem de abandonar seus tesouros e nada temer a não ser a morte; a terna mãe arrosta sem temor todos os perigos para tomar nos braços seus preciosos filhos, e tenta, amorosamente, fugir e assegurar sua salvação. Os vizinhos que moravam perto vieram resgatar essas pobres pessoas, tentaram chegar a elas, jogaram cordas, arranjaram escadas e salvaram a vida desses desafortunados.[66]

À medida que o furacão se deslocava para o norte, causava extensos danos em Guadalupe. Basse-Terre foi arrasada e mais de 6 mil pessoas, escravizadas e livres, foram mortas. As plantações ficaram arruinadas, a cana-de-açúcar nos campos, derrubada, e na estimativa do governador cerca de 8 mil escravos, no valor de 320 mil *louis d'or*, se perderam. Levaria, disse ele, "um tempo tão longo quanto o do cerco de Troia" para devolver a ilha a suas condições antes da tempestade. A pequena ilha holandesa de Santo Eustáquio, que prosperava como um empório de livre-comércio durante a Revolução Americana, recebeu um impacto de ventos particularmente violentos; vários navios afundaram, e houve entre 4 mil e 5 mil mortes. Sobreviventes encontraram abrigo em fortes e igrejas. Os brancos eram enterrados, mas os escravos mortos, devido a seu grande número, eram jogados no mar.[67] A ilha então foi vítima de mais uma indignidade em 1781, quando se viu capturada por uma esquadra inglesa e todos os bens, privados e públicos, lhe foram tomados. O comandante da frota, almirante Rodney, que considerava Santo Eustáquio uma cloaca poliglota, ordenou até a destruição da cidade de Fort Orange e que se usassem seus telhados e material de construção para reparar os danos do furacão em Barbados.[68] A atitude particularmente hostil do almirante para com o posto avançado holandês pode também ter sido influenciada por suas próprias perdas, já que sua frota tinha sido atingida pela tempestade em Santa Lúcia, perdendo oito de seus doze navios e centenas de homens.

Vendavais e elevação das águas aconteceram também em outros lugares no arquipélago, e a tempestade depois se desviou de leve para oeste, passando por cima do canal de Mona e atingindo Cabo Rojo, a oeste de Porto Rico, e o leste de Santo Domingo, onde anos depois seria lembrado como furacão San Antonio ou "a trágica tempestade do ano de 80". Ela então fez uma curva para o norte, não chegando às Bermudas, mas danificando navios na área, e por fim se afastando para o Atlântico Norte.[69]

Antecedendo e sucedendo o grande furacão (10-16 de outubro), duas grandes tempestades tinham se desencadeado mais para o oeste. Um grande furacão de tremenda violência (1-6 de outubro) que chegou a matar mais de 3 mil pessoas atingira o pequeno porto de Savanna-la-Mar, passando sobre Montego Bay e depois irrompendo em Santiago de Cuba, no leste de Cuba. Depois arrasou duas frotas britânicas, uma ao largo da Flórida e a outra ao largo da Virgínia, engajadas em operações militares em apoio às campanhas contra os rebeldes da colônia.

Enquanto isso, outra depressão tropical (15-22 de outubro) no golfo do México tinha atingido velocidades de furacão e passou perto de Pinar del Rio, na porção ocidental de Cuba, em 16 de outubro, indo depois para o nordeste. A Espanha, que também combatia os britânicos em apoio às colônias continentais, havia atacado com êxito e tomado Mobile, em 1779, e planejava mais operações no Golfo. Quando seguiu para o norte, a tempestade surpreendeu uma esquadra espanhola com mais de sessenta veleiros e 4 mil tropas, sob o comando do almirante Solano, a caminho de atacar Pensacola, na Flórida ocidental, dominada pelos britânicos. Os navios foram danificados e dispersos, 2 mil homens morreram, e Solano desistiu do projeto. A tempestade de Solano, como foi chamado esse furacão, foi desastrosa para os planos espanhóis. O mau tempo continuou até novembro, arrebentando as operações navais dos britânicos no litoral do Médio Atlântico.

A tempestade em Savanna-la-Mar, na Jamaica, destruiu casas e engenhos de açúcar, derrubou campos de cana-de-açúcar e arrasou quase por completo os bananais.[70] O governador Dalling chamou-a de "o mais terrível furacão que jamais atingiu o país". Ele convocou uma reunião de comerciantes de Kingston, arrecadou deles 10 mil libras esterlinas para ajudar as áreas afetadas e enviou navios para outras ilhas em busca de gêneros alimentícios. Seu relatório a Londres ressaltava a destruição material de todas as edificações e a "deplorável situação" da população, que ficou sem roupas, abrigo e comida. Só as perdas na paróquia de Westmoreland (onde ficava Savanna-la-Mar) chegaram a 950 mil libras esterlinas. Dalling enfatizou a Londres que a "destruição era imensa", ressaltando a "angústia dos pobres habitantes, que agora se voltam para seu generoso soberano em sua atual e calamitosa situação para algum alívio de seu grande sofrimento".[71] Uma década depois, o historiador Bryan Edwards avaliou a destruição de Savanna-la-Mar pela invasão do mar como sendo uma catástrofe "ainda mais terrível" que o terremoto de 1692, que arrasara Port Royal.[72] A produção de açúcar da Jamaica, que crescera de maneira contínua desde 1750, foi interrompida pela tempestade de 1780 e pelas que se lhe seguiram nos cinco anos posteriores.[73]

Juntas, Jamaica e Barbados, as duas principais joias da Coroa tropical britânica, sofreram perdas tremendas em propriedades e vidas humanas. Apelos individuais e de funcionários da metrópole, como Dalling, enfatizaram o sofrimento da população e a ameaça de fome e até de inanição. Como era comum, foram criados fundos por subscrição, e milhares de libras esterlinas foram angariadas de doadores privados em várias cidades da Grã-Bretanha. O mais importante foi a reação também do Parlamento, com um projeto de lei que autorizava uma subvenção de "benevolência" de 80 mil libras esterlinas para Barbados e de 40 mil para a Jamaica. Tratava-se de uma medida extraordinária, e com uma quantia muito maior do que qualquer outra jamais permitida em algumas emergências coloniais anteriores, como o incêndio de 1740 em Charleston. Foi um ato provavelmente motivado pelo desejo de manter as colônias insulares leais, já que medidas como um embargo comercial das colônias rebeldes do continente em tempo de guerra tinham causado considerável descontentamento, e a essa altura as assembleias das ilhas também estavam preocupadas com sua própria segurança, devido à ameaça representada por seus vizinhos franceses. Patriotismo, paternalismo e política haviam levado o rei e o Parlamento a autorizar essa ajuda. Dado que tinham assegurado um mercado para seu açúcar na metrópole e conviviam com a sempre presente ameaça de uma rebelião de escravos, as probabilidades de as colônias insulares aderirem à revolta sempre foram poucas, mas os furacões de 1780 criaram uma oportunidade e uma necessidade de demonstrar a benevolência do rei e as vantagens da lealdade.[74]

As outras potências imperiais reagiram à crise de maneira similar, embora menos generosa. Na França, foram organizadas listas de subscrição nos bancos de Paris e de Nantes, de modo que as pessoas pudessem fazer doações, enquanto o rei e o conselho aprovavam uma dotação de 1 milhão de coroas para os habitantes das ilhas, como um "presente da nação".[75] O marquês de Bouillé, governador da Martinica, escreveu uma carta circular a comandantes e sacerdotes nas paróquias para reunir informações que orientassem na distribuição de ajuda, e estimou que só para a Martinica seriam necessários 1200 barris de farinha e de seiscentos a setecentos de carne salgada, isso sem mencionar necessidades semelhantes em Dominica e São Vicente.[76] Como Bouillé e o intendente, o marquês de Peynier, relataram em conjunto a Paris, "nessas circunstâncias terríveis, era absolutamente necessário distribuir um auxílio às vítimas". Os precedentes de 1766 e 1768 foram usados como orientação, quando se pedia isenção de impostos nas ilhas. Os plantadores estavam particularmente ansiosos por receber ajuda. Após o furacão de 1756, tinham passado a depender de que agentes nos principais portos cuidassem de suas vendas e aquisições, e depois do furacão de 1766 esses agentes começaram a adiantar a eles crédito a taxas acima dos usuais 5%. Em seguida à tempestade de 1780, os agentes começaram também a cobrar 5% sobre as vendas brutas. Essas disposições deixaram os plantadores de cana-de-açúcar e um número crescente de plantadores de café em situação precária, e a partir daí qualquer perda de colheita devido ao clima ou a outra causa rapidamente os deixaria endividados ou em execução de dívida.[77] Um alívio nos impostos era uma resposta possível e tradicional. Na Martinica, dois funcionários designados para avaliar quais bairros na ilha deveriam ser dispensados da taxa de capitação de 1781 concluíram que seria difícil estimar e verificar perdas individuais. Eles recomendaram uma isenção para toda a ilha, devido à "aflição generalizada, agravada pela guerra, a qual é de tal ordem que, apesar da ajuda geral provida desde o furacão, somos forçados a dar assistência diária às famílias que não têm meios para dá-la a si mesmas". Outros administradores relutavam em encarar a perda de renda que essa isenção implicava.[78]

O governo espanhol, após as tempestades de 1780, seguiu sua política usual de permitir que se adquirissem produtos alimentícios de estrangeiros, agora em especial de seus aliados na América do Norte, mas continuou a restringir a extensão em que essas isenções eram concedidas.[79] Grande parte da atividade da Espanha após uma tempestade era direcionada à recuperação de perdas militares e ao prosseguimento das campanhas no Golfo.[80] O furacão de agosto que atingiu Nova Orleans causou extensos danos, afundando todas as embarcações na foz do Mississippi e destruindo plantações. A região tinha sido assolada por um furacão quase exatamente um ano antes, e os residentes na província estavam exasperados com "a guerra, dois furacões, a inundação, o contágio, um verão mais chuvoso e um inverno mais rigoroso do que os que haviam conhecido antes". O *cabildo* e o intendente apelaram por eles a Madri, e a Coroa prometeu ajuda, embora por meio de uma carta circular que, conquanto expressasse a simpatia de Carlos IV pelos súditos aflitos, lembrava aos residentes que "todos os países têm suas inconveniências" e que eles ainda deviam lealdade ao rei.[81] Em resposta a essa tempestade e a outras no restante da década, a Espanha expressou consideração similar e adotou as respostas tradicionais. Secas contínuas em Porto Rico, em partes de Cuba e na Nova Espanha fizeram piorar as condições que se seguiram aos furacões que continuaram nessa década. Secas, falta de farinha e colheitas ruins foram temas frequentes na correspondência espanhola durante a década de 1780.[82] Malgrado uma ordem do rei em novembro de 1787 proibindo mais aquisições junto a estrangeiros, o governador de Porto Rico, com o apoio do conselho municipal de San Juan, autorizou que navios buscassem comida na dinamarquesa Saint Thomas e na francesa Guadalupe.[83] Navios estrangeiros, sob a cobertura de paradas de emergência causadas por furacões ou pela guerra, continuaram a aportar em ilhas espanholas, onde com frequência eram bem-vindos. Ao contrário da Inglaterra, nem a Espanha nem a França enviavam grandes somas de dinheiro para proporcionar assistência. Em suas colônias ainda não estava em questão a possibilidade de que a lealdade ao rei e ao país pudesse ser abalada por calamidades ou acontecimentos políticos. Essa possibilidade surgiria na década seguinte.

A concessão de compensações ou de ajuda da metrópole às colônias revelava decisões políticas temperadas por sentimentos humanitários e por um entendimento religioso, mas os furacões tinham o potencial não só de destruir as bases materiais nas quais repousavam as divisões sociais, mas também de salientar e intensificar essas divisões, e às vezes também possibilitar seu estabelecimento. Por exemplo, o Parlamento havia autorizado a liberação de fundos de ajuda para Jamaica e Barbados, mas o processo pelo qual essas quantias seriam repassadas foi deixado a cargo de um comitê em Londres, e depois a funcionários locais nas colônias. Na Jamaica, houve muitos protestos nas paróquias atingidas de Hanover, Saint James e Westmoreland porque o dinheiro enviado para reabilitar a ilha fora dado primordialmente aos grandes proprietários, tendo sido ignorado o pleito de pequenos proprietários, comerciantes e artesãos. No total, plantadores receberam cerca de metade de todos os fundos de auxílio. Os comerciantes de Savanna-la-Mar declararam que "pessoas de boa posição, figura e fortuna" haviam recebido um quinhão desproporcional a suas perdas, afirmando que tinham perdido tudo — casa, escravos, equipamentos, móveis e dinheiro — e que os plantadores contavam com recursos para se recuperar por si mesmos. Mais tarde desenvolveu-se um mercado de desconto de títulos dos fundos de auxílio do Parlamento, o que permitiu mais lucro e especulação.[84] A população dos não plantadores percebeu que a generosidade do governo simplesmente aumentara sua própria desvantagem.[85] Pessoas não brancas que eram livres se sentiram particularmente negligenciadas e ressaltaram o fato de terem servido na milícia e a sua lealdade como suficientes para torná-las dignas de consideração, perguntando por que sua cor deveria impedir que fossem alvo da generosidade britânica. Elas, no entanto, foram excluídas como uma classe. Da mesma forma, houve pleiteantes que, por motivo de idade, gênero ou religião, não foram considerados merecedores por parte dos encarregados de proceder às dotações.[86]

Em Barbados, chegou uma ajuda angariada privadamente na Irlanda, e ela logo suscitou discórdia entre o governador, seu conselho e assembleia da ilha quanto a como os fundos deveriam ser usados e quem deveriam ser os principais beneficiados. A discórdia se tornou ainda mais intensa quando começaram a chegar os fundos do Parlamento, em 1781. Desenvolveram-se facções: algumas defendiam que se usasse o dinheiro para saldar as dívidas da ilha; o governador queria usar os fundos nas fortificações que tinham sido danificadas na tempestade, já que a cobrança de impostos parecia estar fora de questão; e outras facções na assembleia queriam ou uma distribuição geral ou dotações feitas com base na necessidade ou na perda sofrida. As discussões, dificuldades e atrasos nessa primeira grande mobilização de um fundo assistencial para reparar as consequências da catástrofe foram um prenúncio de como seria a história subsequente dessas iniciativas.

As distinções sociais nas sociedades insulares e as hierarquias de raça foram ressaltadas de muitas maneiras no período de recuperação pós-furacões, além de na distribuição de fundos de auxílio. Em Barbados, quase todas as igrejas anglicanas tinham sido destruídas ou danificadas pelo furacão de 1780, e para financiar sua reconstrução os conselhos paroquiais criaram um sistema de venda ou arrendamento dos bancos de igreja. Na década de 1820, muitos desses bancos estavam arrendados para brancos ricos e algumas pessoas não brancas livres, o que levou a discórdias quanto ao direito destas de sentar em áreas da igreja destinadas a brancos. Essa controvérsia no "arrendamento de bancos" se centrava na questão de os bancos terem ou não se tornado propriedade de indivíduos brancos que poderiam então arrendá-los para quem quisessem, ou se pertenciam à "comunidade branca". Na era da abolição e da emancipação, as costumeiras práticas de exclusão e segregação eram cada vez mais questionadas, e acredita-se que antes de 1780 essas práticas não tinham sido, de fato, formalizadas. Com efeito, o furacão havia criado um momento de instabilidade que fez surgir novas técnicas para separar brancos e negros, e elas se tornaram motivo de controvérsia quando se questionava a escravidão e a segregação racial.[87]

Porém, acima de tudo, as tempestades tinham ocorrido em sociedades nas quais a grande maioria da população era escravizada, e os antigos e duradouros medos da população minoritária branca eram postos nitidamente em foco. Em todas as ilhas o temor imediato era o da fome. Nas ilhas francesas, a falta de gêneros alimentícios punha em risco a população de escravos, e isso constituía uma ameaça à recuperação dos plantadores e à produção agrícola em geral. Mas a falta de comida também ameaçava tornar os escravos incontroláveis e desafiadores. A segurança e o controle dos escravos nessas ilhas dependiam em grande medida da *maréchaussée*, a força policial. Ela era composta em grande parte por pessoas não brancas e pela milícia, e esta, conquanto sob o comando de brancos, dependia também da participação de pessoas não brancas livres. Não obstante, a correspondência oficial francesa era relativamente omissa quanto à possibilidade de uma agitação por parte de escravos na esteira de uma catástrofe.

Nas ilhas espanholas, onde, à diferença das ilhas francesas e britânicas, a proporção de escravizados na população na década de 1780 era ainda relativamente pequena, temores de uma rebelião escrava estavam ausentes na correspondência que se seguia a uma grande desgraça. Esse cenário de despreocupação mudou na década seguinte com a abertura do comércio de escravos para estrangeiros em 1789, e a resultante triplicação das importações de escravos para Cuba em relação aos níveis dos anos 1780 começou a alterar tanto a demografia da escravidão nas ilhas espanholas quanto a apreensão com as possibilidades de uma revolta.

Nas ilhas britânicas, o medo de uma insurreição era palpável.[88] A escassez de alimentos no verão, a "época da fome", era normal, mas os furacões tinham criado uma crise real de subsistência.[89] A situação já era difícil antes das tempestades de 1780, porque, devido a medidas de guerra, o comércio com as colônias continentais, fonte tradicional de víveres e material de construção, fora suspenso.[90] O comércio de escravos declinou depois de 1776, elevando preços e causando preocupação aos plantadores; com a redução do suprimento de alimentos a seus escravos, estavam temerosos quanto a suas próprias perspectivas. Em algumas ilhas, os escravos passavam fome. Em Antígua, cerca de 20% deles morreram entre 1779 e 1781.[91] Governadores e plantadores, nas assembleias das ilhas, discordavam quanto à política e sua implementação; não é de admirar que Londres encarasse a reparação a catástrofes como um importante instrumento para ajudar a si mesma e as colônias, bem como para manter a lealdade das ilhas enquanto o continente ardia na insurreição. Considerando a demografia das ilhas e a predominância de escravos, provavelmente eram pequenas as probabilidades de que os plantadores crioulos pensassem em se juntar às colônias do norte.

O que assombrava os sonhos dos ilhéus era sobretudo o espectro da revolta dos escravos no rescaldo das tempestades. A Jamaica experimentara uma revolta séria, a Rebelião de Tacky, em 1760, quando cerca de cem escravos se sublevaram e mataram vários brancos. Thomas Thistlewood fez um relato da insegurança dos brancos ante sua situação precária e devido ao fato de que quase todas as armas e a munição tinham sido destruídas ou jaziam sob os escombros. Ele afirmou que após a tempestade os escravos de imediato foram considerados "turbulentos", "atrevidos" e "muito despudorados".[92] William Beckford, por sua vez, relatou que, quando os ventos destruíram os frágeis alojamentos dos escravos, os "infelizes negros" buscaram refúgio nas casas dos plantadores, aumentando a confusão, "lamentando por antecipação a perda de suas mulheres e filhos". Logo após o furacão, começaram a beber e a saquear, mas Beckford atribuiu esse comportamento ao mau exemplo dado pelos brancos e ao rompimento da ordem civil.[93] Um rompimento similar foi relatado em Barbados, onde ocorreram saques em Bridgetown, severamente danificada — embora relatos da época não fizessem distinção entre saqueadores e vítimas da tempestade que apenas tentavam sobreviver à falta de comida, abrigo e água. Tanto na Jamaica ocidental quanto em Barbados foram tomadas medidas imediatas para restaurar a ordem. Na Jamaica, o governador, em Kingston, enviou reforços a Savanna-la-Mar e até despachou um navio de guerra como demonstração de força.[94] Em Bridgetown, Barbados, o temor de uma inquietação entre escravos se juntou à preocupação de que cerca de mil prisioneiros de guerra tirassem partido da situação. Patrulhas percorriam as ruas, e a presença de tropas britânicas ajudou a restaurar a ordem. Pode ter havido um aumento das fugas, ou evasão de escravos na montanhosa Jamaica, onde era mais fácil escapar, mas em nenhuma das ilhas qualquer tipo de rebelião importante e organizada se seguiu às tempestades de 1780. Apesar da vulnerabilidade da sociedade escravista, os próprios escravos é que corriam os maiores riscos, e sua preocupação imediata era simplesmente sobreviver. Além disso, é provável que em nenhum momento desde o fim da Guerra dos Sete Anos, em 1763, as sociedades caribenhas tenham estado mais fortemente armadas, e suas milícias, mais bem organizadas e mais em guarda do que em 1780, após a

França e a Espanha terem entrado no conflito do lado dos rebeldes norte-americanos, agora ameaçando as colônias britânicas no Caribe.

A década de 1780 foi de contínua destruição por ação de furacões. A Jamaica, que tinha usufruído de um longo período sem essas intempéries antes de 1780, foi de novo assolada em 1781, e depois em 1784, 1785 e 1786. Saint Croix sofreu danos de mais de 2,5 milhões de *rigsdalers* dinamarqueses em 1785, ano em que Guadalupe, Barbados, Santo Domingo e Porto Rico também foram atingidas. O ano de 1786 também teve grande incidência, com tempestades que fustigaram desde as ilhas de Sotavento até o litoral de Honduras e a península de Yucatán. A pequena Dominica foi abalada por três tempestades distintas naquele ano. O padrão continuou até 1789.

Os furacões de 1780 e os que se seguiram no restante da década trouxeram uma lição às sociedades escravistas. O que essa lição ensinava exatamente, e a quem, continua a ser uma conjetura. As consequências nefastas das tempestades tinham posto a nu a desgraça da escravidão, e, conquanto alguns plantadores e o lobby das Índias Ocidentais em Londres alegassem que as más condições de vida dos escravos eram resultado direto dos danos e da escassez criados pelas intempéries, a crítica à situação deles em geral aumentou. Em 1784, a Assembleia da Jamaica começou a discutir a revisão de todas as leis escravistas, aprovando depois o Ato de Consolidação, que punia o tratamento sádico e provia os escravos de tratamento médico e subsistência melhores. Na década de 1790, estavam em curso um movimento na Inglaterra pela abolição do comércio de escravos e outro, mais conservador, na Inglaterra e nas Índias Ocidentais, por uma reforma e melhorias nas condições dos escravos.[95]

Seriam essas horríveis condições uma situação estrutural inerente à própria escravidão ou o produto de calamidades e de políticas em tempo de guerra? Uma literatura de ataque e defesa se desenvolveu de ambos os lados da questão, na qual a referência à exacerbação das condições dos escravos como resultado das tempestades começou a desempenhar um papel importante. Nesse contexto, algumas das observações sobre o impacto dos furacões na vida do escravo entraram em foco. Hector Macneill era um defensor da escravidão que tinha vivido na Jamaica e para lá voltara em 1788. Ele achava que as condições dos escravos haviam melhorado muito desde a época em que ali vivera.

Embora se posicionasse contra os maus-tratos e até fosse favorável ao fim do comércio de escravos, considerava os negros ignorantes, preguiçosos e incapazes de controlar seus apetites básicos. Macneill reconhecia que os africanos e seus descendentes talvez tivessem algumas qualidades positivas. Ele era eloquente ao se referir ao canto das moças escravas nos engenhos de açúcar à noite que "tornavam macio meu travesseiro e acalentavam meu sono", pois, "afinal, um bom ouvido e um africano são inseparáveis", mas permaneceu firme na sua posição de que, "quanto a quaisquer planos de emancipar os negros e convertê-los em servidores contratados, pode-se responder a isso dizendo que nada na terra pode ser mais totalmente quimérico, e nenhum sistema produzira dano maior".[96] Macneill culpava diretamente as condições resultantes das tempestades pela desdita dos escravos jamaicanos. O furacão das Índias Ocidentais era destruidor. Não eram apenas as perdas de vidas e propriedades que o tornavam tão terrível, mas a incapacidade dos plantadores de prover alimentos ou alívio aos escravos famintos, doentes e enfermos que imploravam ajuda. Eram os furacões, e não a própria escravidão, que arcavam com a responsabilidade pela diminuição na população escrava.

> São cenas que despertam a sensibilidade e fazem o moralista exclamar com indignação: "Malditas sejam suas ilhas e malditas sejam suas instituições" — eu poderia falar assim no calor do momento; mas que não se tomem calamidades como crueldade, nem se confunda destruição inevitável com negligência. Joguem fora suas possessões nas Índias Ocidentais e acabem com seu comércio africano, em nome de Deus! Mas não atribuam a decaída dos desamparados escravos das Índias Ocidentais apenas à desumanidade de seu senhor.[97]

Um ano depois, William Dickson, ex-secretário do governador de Barbados e defensor de uma abolição gradual da escravidão, publicou seu livro *Letters on Slavery* [Cartas sobre a escravidão], que adotava uma posição muito mais favorável à ideia da emancipação e da conveniência de conceder liberdade aos escravos. Dickson usou a tempestade de 1780 como uma demonstração de que os brancos nada tinham a temer. Essa intempérie deixara os brancos numa situação medonha, tentando recuperar suas propriedades, enterrar seus mortos e reconstruir suas famílias. As poucas tropas na ilha não tinham condições de agir, e a maior parte das armas de fogo estava soterrada nos escombros.

Ainda assim, os escravos haviam "permanecido pacificamente com seus proprietários e não demonstravam sinais de uma propensão ao motim". Milhares de escravos tinham perecido na catástrofe, porém, sustentava Dickson, substituí-los por mais escravos não seria a resposta. Ele sugeriu uma comparação em apoio a essa ideia. Em 1783, um terremoto na Sicília e em Nápoles matara muitas pessoas, mas o rei de Nápoles não as tinha substituído trazendo pessoas, contra sua vontade, exilando-as de uma terra distante. A recuperação de população teria de ser feita com justiça e humanidade, e a escravidão, infelizmente, não oferecia nem uma nem outra.[98] O "grande" furacão assassino de 1780, seus irmãos daquele mesmo ano e seus primos no restante da década expuseram as linhas de fratura e as divisões sociais das sociedades caribenhas, e se tornaram eles mesmos um elemento, junto com a guerra, o comércio, a política e a raça, na configuração de valores sociais e políticas governamentais.

Na década de 1780, após trezentos anos enfrentando ciclones tropicais, os governos se voltaram cada vez mais, conquanto de modo irregular, à adoção de uma ação direta em resposta às recorrentes calamidades que elas causavam; mas qual fora o efeito coletivo dessas calamidades nas atitudes sociais e no mundo mental dos homens e mulheres que viviam à sua sombra? As catástrofes tinham potencial para destruir sociedades ao dilacerar seu tecido social e com isso danificar as instituições e a autoridade que mantinha a ordem, de modo que o caos na luta pela sobrevivência era o resultado imediato. Mas elas também tinham a capacidade de dissipar as distinções normais de classe, posição e raça, revelando numa vulnerabilidade comum, compartilhada, uma igualdade pelo menos temporária e a necessidade de cooperar em benefício da sobrevivência. A distinção entre esses dois resultados nem sempre era clara. O tempo também desempenhava seu papel. A cooperação pelo bem comum podia caracterizar a reação imediata das pessoas após um furacão destruidor, mas, se alimentos e material continuassem escassos e se uma ajuda não estivesse disponível por um período muito longo, ou não fosse distribuída de maneira equânime, o resultado provável era competição e hostilidade. A década de 1780 deixou isso claro. Deixou claro também que a cooperação social em sociedades estruturadas em grandes disparidades de riqueza e de direitos, e dividida por critérios de raça, classe e status civil, era particularmente difícil.

Na última década do século, as tempestades de 1780 poderiam ser interpretadas de vários modos. Os primeiros opositores ao comércio de escravos, que se organizaram em Londres em 1787, as viam como um sinal da insatisfação de Deus, não com as pecaminosas extravagâncias e excessos da vida colonial, mas com o pecado de transportar e vender escravos, que era a própria essência daquela sociedade. Mas talvez a história mais pungente de uma tempestade tenha sido contada na própria Jamaica não pelos proprietários de escravos, mas pelos escravos. Dizia-se que, nas montanhas da paróquia de Westmoreland, um jovem vigoroso com muitas habilidades chamado Plato tinha escapado da escravidão e formado um bando de escravos fugidos intrépidos que controlava as estradas e atacava plantações. Era muito temido por causa do talento militar e da capacidade de liderança, e por ser um poderoso praticante da *obeah*, o sistema de crenças africano mantido pelos escravos. Ninguém conseguia capturá-lo, e devido a seus dons sobrenaturais ninguém se arriscava a traí-lo; mas afinal o capturaram e o sentenciaram a ser executado na cidade de Montego Bay. Plato encarou a sentença com serenidade, porém advertiu seu carcereiro de que ia lhe lançar uma maldição. Também ameaçou o tribunal, anunciando uma tempestade e a elevação do mar como represália por sua morte. Ele foi executado em 1780. O carcereiro, embora tenha deixado a Jamaica, foi flagelado por sonhos e visões, e acabou definhando. Mais tarde, no mesmo ano, o furacão de outubro devastou a ilha e o mar inundou Savanna-la-Mar. Trinta anos depois, dizia-se que o *duppy*, ou fantasma, de Plato ainda rondava as montanhas de Moreland e a região de Montego Bay.[99] Essa história pode ser apócrifa, mas ao menos permite vislumbrar as narrativas dos próprios escravos a respeito de sobrevivência, resistência e intervenção divina ante as intempéries. O furacão de 1780 na Jamaica se tornou a tempestade de Plato.

Por fim, podemos perguntar: qual foi, a longo prazo, o efeito dos furacões e de outros riscos no caráter e na maneira de pensar dos homens e mulheres que viviam à sua sombra? Havia, é claro, todo tipo de gente envolvida: exilados cumprindo pena, servidores contratados, gerentes e guarda-livros, pequenos fazendeiros e marinheiros; mas as figuras quintessenciais eram os plantadores e suas famílias, que controlavam a terra, os trabalhadores e as instituições locais. Os defensores da classe dos plantadores os consideravam homens de ação, aventureiros, dispostos a enfrentar os riscos dos trópicos para construir fortuna. Em ascensão social, eram tidos como corajosos e empreendedores, construtores do império e de sua própria riqueza. Os piores perigos que os confrontaram podem ser até um símbolo do potencial dos colonizadores e da região. John Fowler, em sua compilação de documentos sobre o "grande furacão", discorreu sobre as qualidades dos homens e das ilhas:

> Pode-se observar que homens dotados dos melhores sentimentos e dos maiores talentos são agitados pelas mais violentas paixões, assim como as ilhas das Índias Ocidentais, que se vangloriam de ter o solo mais fértil e os mais valiosos produtos, estão mais sujeitas a furacões e terremotos do que qualquer outra parte do mundo.[100]

A Inglaterra, com seu clima temperado, podia ter a ventura de estar livre da "guerra dos elementos", mas ainda assim estava sujeita aos males da perfídia e da ambição — as Índias Ocidentais não tinham uma predominância singular no tocante a isso. Competindo com essa imagem positiva e empreendedorista, havia quem visse os plantadores como homens moralmente deficientes, rígidos, insensíveis, que levavam uma vida dura e morriam jovens; que com frequência retornavam à Europa, ausentando-se lá para viver do suor de seus escravos e sob a má gestão e os abusos de seus advogados e gerentes. Essas críticas não visavam apenas aos plantadores das colônias britânicas, mas também a brancos de outras áreas.[101] O livro *Considerations* (1776), de Hilliard d'Auberteuil, apresentava uma crítica aos residentes das ilhas francesas de muitas maneiras semelhantes às que eram feitas aos habitantes das ilhas britânicas.[102] Essa linha de criticismo, é claro, se intensificava à medida que crescia, no final do século XVIII, a agitação humanitária pela abolição do comércio de escravos e as exigências de um tratamento melhor e emancipação.

Porém, na formação da mentalidade crioula, que papel foi exercido pelo risco dos furacões e pela vulnerabilidade a eles? Fatalismo e depressão nunca se mantêm distantes quando anos de trabalho e de acumulação de capital podem se perder em um instante. Charles Leslie escreveu que os jamaicanos eram "*careless of futurity*", "não ligavam para futuro".[103] Thomas Thistlewood descreveu sua depressão depois que os furacões de 1780-1 na Jamaica lhe custaram mil libras esterlinas e o fizeram pôr à venda sua propriedade e seus escravos. Estava em estado de choque: "O aspecto exterior da terra se alterou tanto que quase não sei onde estou". Ele comparou os áridos troncos de árvores desnudados de folhas e de galhos às montanhas do País de Gales no inverno.[104] Escreveu em seu diário sobre seu desconsolo e seu nervosismo e contou de um vizinho cujos sonhos com tempestades não o deixavam dormir.[105] Sem achar compradores, em pouco tempo recobrou o entusiasmo e se tornou um respeitado membro da sociedade jamaicana. Mas os efeitos a longo prazo na visão das coisas são difíceis de avaliar. Alguns observadores tentaram fazê-lo. Jean-Baptiste Leblond, médico e naturalista francês que vivia nas Antilhas desde os dezenove anos, observou a natureza precária da vida sob a ameaça de furacões que poderiam num instante levar à ruína todas as realizações de alguém. Essa possibilidade alimentava o fatalismo e um desprezo colonial pela labuta constante:

> Não compartilhamos os prazeres sempre renovados das cidades europeias, e a vida ociosa, monótona, traz com ela a negligência. Enquanto isso, queremos nos divertir; rendemo-nos a um vergonhoso deboche; a paixão pelo jogo nos arrasta às cidades [...] onde nos arruinamos, onde nos entregamos a despesas exorbitantes e onde descuidamos de dar atenção a nossas moradias e nossa agricultura.

Sob tais riscos, acreditava Leblond, os crioulos se tornavam imprevidentes e os colonizadores nascidos na França se ausentavam. E caso as propriedades dos colonos sobrevivessem às tempestades, poderia irromper uma guerra, e a incapacidade de enviar produtos reduziria os preços a nada, encarecendo muito as provisões e os bens importados.[106] O resultado, sugeriu Leblond, era uma mentalidade colonial de risco, indulgência, dissolução e fatalismo.

Essas avaliações do fatalismo e do sentimento de vulnerabilidade crioulos tendiam a se concentrar apenas nos plantadores e nos colonos brancos. Muito mais difícil é saber como a ameaça do clima e das tempestades era percebida pelo grande número de escravos e pela população de pessoas não brancas livres e *petits blancs* que sem dúvida sofriam com o calor, tempestades, secas, doença e escassez de alimento e abrigo. Tinham de criar seus próprios significados para esses riscos. Mas no final do século XVIII e com as agitações da independência americana, da Revolução Francesa e da rebelião de escravos no Haiti, sua principal preocupação passou a ser a conquista de direitos ou de liberdade. Os furacões passavam agora por sociedades que estavam marcadas não tanto pelo fatalismo quanto por sentimentos de mudança revolucionária.

4. Calamidades, escravidão, comunidade e revolução

Deus recompensa e pune em Seu reino, e nós, no nosso.
Defensor crioulo da independência da Venezuela

Deus não está no vento.
Dito jamaicano

Ele não consideraria inimigos homens que mal escaparam de uma contenda com a força dos elementos; porém, tendo eles, junto com seu povo, participado do mesmo perigo, estavam de certa maneira qualificados a receber todo o conforto e alívio que pudesse ser oferecido numa temporada de tal calamidade e aflição universal.
Marquês de Bouillé (1780)

Os anos a partir da década de 1780, com seus muitos furacões e a independência dos Estados Unidos (1783), até a independência da maioria dos países da América Latina em 1825 e a emancipação dos escravos no Império Britânico em 1834, testemunharam tremendas convulsões sociais e políticas no Grande Caribe. A Revolução Francesa (1789-96), a Revolução Haitiana (1791-1804), as

Guerras Napoleônicas (1799-1815) e uma série de revoltas de escravos, conspirações e guerras de escravos fugidos, em toda a região, perturbaram o comércio, alteraram soberanias e às vezes mudaram as relações sociais. O crescente movimento na Europa pelo fim do comércio escravista e a própria abolição da escravatura, que começou por volta de 1787 e conquistou certo sucesso nos terminais dinamarqueses (1803), britânicos (1808) e holandeses (1818) do comércio legal, contribuíram para a transformação de muitas dessas sociedades. Claro que as ondulações causadas pelos efeitos dessa era revolucionária foram sentidas muito além do Caribe, porém a natureza multirracial e escravista de suas sociedades as fazia particularmente suscetíveis à influência dos argumentos por uma mudança revolucionária, à implícita mensagem por igualdade e pelo fim da servidão e ao exemplo haitiano de uma ação direta contra a escravidão. Ao mesmo tempo, em reação a essas mudanças políticas potenciais, os governos e as elites locais buscaram meios de assegurar estabilidade, lealdade e continuidade política. Fatores ambientais não foram determinantes nos movimentos por mudança ou nas reações a eles, mas em várias conjunturas produziram efeitos; e, ainda mais importante, mudanças políticas e sociais, ou a ameaça delas, alteraram o modo como as sociedades caribenhas e seus governos metropolitanos reagiram aos desastres naturais.[1] Guerras e catástrofes tinham o potencial de ser ou crises desestabilizadoras ou momentos nos quais os governos poderiam demonstrar sua eficácia e sua preocupação.

REAÇÃO AO CLIMA NUMA ÉPOCA DE MUDANÇA

Essa era de mudança revolucionária também foi marcada por secas, inundações, terremotos e fenômenos climáticos e meteorológicos que provocaram e facilitaram inquietação e desestabilização social. Após as frequentes e violentas tempestades das temporadas de furacões dos anos 1780, a década seguinte trouxe algum alívio. A pesquisa moderna demonstrou que desde 1750 (e talvez antes disso) tinha havido períodos alternados de dez ou vinte anos com mais ou menos atividade dos ciclones tropicais.[2] É provável que isso tenha ligação com o fenômeno Enso, já que, mesmo que as condições criadas por El Niño diminuam a frequência e a dimensão dos furacões no Atlântico Norte, elas não excluem a possibilidade de sua formação, nem reduzem seu possível tamanho e impacto destrutivo.[3] Assim, houve furacões na última década do século XVIII e nos primeiros anos do XIX, conquanto em geral não tivessem o impacto cumulativo da terrível década de 1780.

Existem consideráveis indícios de que uma série de eventos ligados a El Niño que constituíam um "mega-Niño" ocorreram entre 1788 e 1796, com efeitos ambientais de âmbito mundial. As temperadas América do Norte e Europa tiveram temperaturas elevadas atípicas no inverno e outras anomalias meteorológicas. Secas e colheitas ruins na França em 1787-9 criaram tensão na agricultura e um transtorno que contribuiu para a insatisfação popular quando subiu o preço do pão e de outros alimentos. No sul da Ásia houve secas das mais severas e quedas nas colheitas. Seca e fome também ocorreram nas zonas propensas a furacões do Atlântico Norte. O México sofreu primeiro com geada e a seguir com fome amplamente disseminada em 1785-6, e depois teve de enfrentar uma redução na colheita de milho na década de 1790. Nas ilhas caribenhas, situações semelhantes perduraram em Antígua, Barbuda, São Vicente e Montserrat, que foram gravemente afetadas, levando os plantadores a pedirem algum alívio no pagamento de seus impostos.[4] Enquanto isso, a América do Norte passava por uma série de verões muitos quentes e invernos amenos, com chuvas torrenciais e altas temperaturas frequentes, condições que provocavam outros problemas, como uma grave irrupção de febre amarela na Filadélfia, em 1793.

Os primeiros anos do século XIX trouxeram novos desafios climáticos, com alguns dos invernos mais frios na história da Europa, entre os quais o de 1816, "o ano em que não houve verão", situação devida em parte a algumas erupções vulcânicas que encheram a atmosfera de tanta cinza que as temperaturas caíram para bem abaixo da média. Como resultado, as colheitas foram ruins e os preços subiram na maior parte da Europa Ocidental e da América do Norte.[5] A região do Grande Caribe também sofreu efeitos climáticos nesse período, além de ocorrências como uma erupção vulcânica em Guadalupe em 1799, o devastador terremoto de Caracas em 1812 e a erupção do monte Soufrière, em São Vicente, no mesmo ano.

Nesse período de turbulência política e social, mudança revolucionária e crises constitucionais, as respostas a recorrentes desastres naturais se tornaram uma arte no ofício de governar. A generosa resposta de parlamentos aos furacões da década de 1780 tinha ressaltado uma nova atitude governamental, mais intervencionista, e os efeitos políticos dessa orientação não se perderam nos governos imperiais nem em seus administradores. O Parlamento deixara seu legado como se fosse uma medida de tempo de guerra, esperando com isso ganhar o apoio das ilhas produtoras de açúcar e silenciar o resmungo dos comerciantes das Índias Ocidentais e dos plantadores ausentes — por estarem na metrópole — que estavam apreensivos com a falta de proteção às ilhas. Esperava também satisfazer as assembleias nas ilhas, preocupadas com desastrosas e fracassadas campanhas militares e angustiadas com a perda de seu comércio com as colônias continentais rebeladas. Em Barbados, logo começou uma discussão entre facções quanto a como deveriam ser usados os fundos de auxílio, se deveriam ser distribuídos entre todos ou apenas aos que mais tinham sofrido perdas. Isso acabou se tornando uma amarga contenda entre o governador e seu conselho e a assembleia, o que segurou os fundos por quase dois anos; e quando afinal eles foram distribuídos, custos e despesas foram deduzidos do total, metade da quantia sendo usada para reduzir o déficit da ilha, de modo que apenas metade das 20 mil libras esterlinas foi de fato entregue às vítimas do furacão. Na Jamaica, um comitê conjunto do conselho e da assembleia distribuiu os fundos entre as paróquias do oeste mais afetadas, com base em petições, mas logo surgiram reclamações amargas quanto à justiça na divisão, que favorecera os grandes plantadores e excluíra pobres, trabalhadores e pessoas não brancas que tinham sido libertadas. Como afirmou Matthew Mulcahy, nessas sociedades escravistas o status de ser livre e a condição de branco não eram suficientes para criar um sentido de igualdade forte o bastante para eliminar as divisões de interesses de classe.[6] Os plantadores não falavam por todos os homens e mulheres livres nessas sociedades. Os furacões haviam revelado as linhas de fratura, e, conquanto o Parlamento e o rei tivessem calculado corretamente que uma demonstração de preocupação paternalista seria um instrumento político útil num momento de crise, eles perceberam que distribuir um abono na esteira de uma catástrofe, não importava a sinceridade da intenção humanitária, não era uma questão simples. Foi uma lição que todos os outros governos da região aprenderiam também.

    Desde a década de 1760 os franceses vinham assumindo um papel mais direto na reação aos problemas criados pelos desastres naturais nas colônias, reconstruindo igrejas e hospitais, restaurando fortificações e quartéis, oferecendo um alívio nos impostos aos mais afetados e fornecendo gêneros alimentícios ou afrouxando restrições ao comércio como forma de assegurar que a escassez seria evitada. Os administradores haviam parado de importar farinha do estrangeiro assim que uma crise imediata foi evitada, voltando a uma política de comércio exclusivo com a França. O presidente do Conselho da Martinica, M. de Penier, relatou em 1768 que os arrecadadores de impostos seriam sensíveis aos que tinham sofrido perdas no grande furacão de 1766. Além disso, afirmou, a abertura de alguns portos (um em Santa Lúcia e outro em Santo Domingo), onde as demais ilhas francesas poderiam adquirir bens estrangeiros que a metrópole nunca fornecera, havia funcionado tão bem que "esse primeiro passo no caminho do livre-comércio" podia ter aberto os olhos do governador "e fazer com que considerasse seriamente se a prosperidade das colônias não exigia que tentássemos outro sistema, que não fosse proibitivo". Esse desejo de um comércio mais livre era o sonho colonial, e os furacões e outras catástrofes tinham dado margem a novas oportunidades para sua realização, mas De Penier entendia que essa tentativa devia ser contextualizada na linguagem da lealdade. Como disse, dirigindo-se ao Conselho:

> As calamidades públicas que temos continuamente ante nossos olhos e que evocamos agora com a mais intensa tristeza só nos foram suportáveis por causa da confiança que sempre tivemos nos sentimentos paternais do melhor dos reis e nos testemunhos que ele deu de sua sensibilidade às notícias sobre as catástrofes da Martinica, evidências que ele quis tornar públicas e que não nos permitem duvidar de que logo nos dará o alívio do qual necessitamos; esperamos ansiosamente por ele [...].[7]

A capacidade de providenciar esse alívio era, presumia-se, um atributo real, mas os franceses, assim como os britânicos, descobriram, em seguida às tremendas perdas de 1780, que distribuir ajuda de modo eficaz e ao mesmo tempo justo não era tarefa fácil, dados os interesses que competiam entre si nos vários setores da sociedade e as limitações fiscais do governo. Isso levou a uma resposta mista, na qual parte da ajuda do Estado era dada como presente e parte, como adiantamento a ser restituído no futuro. Outro furacão, em agosto de 1788, que matou cerca de quatrocentas pessoas na Martinica e causou considerável destruição de colheitas, suscitou uma resposta semelhante que visava a um equilíbrio entre os interesses do Estado, dos fornecedores comerciais e da população da ilha. O governador enviou suprimentos emergenciais de víveres para as paróquias ameaçadas pela fome e deu uma instrução que permitia a importação de mercadorias, mas com um limite à quantidade de farinha. Embora só dispusesse de 6 mil barris de farinha, ele esperava, com o que estava a caminho e com a colheita de mandioca, não ter de abrir por completo os portos ao comércio estrangeiro para importá-la. Quanto ao bacalhau salgado, alimento básico dos escravos, a história foi outra. O governador suspendeu os impostos aduaneiros sobre sua importação porque a ocorrência de fome entre os escravos levaria à perda da colônia, mas assegurou a Paris que assim que a crise terminasse os impostos seriam restabelecidos. "Faremos todo o possível para evitar a abertura dos portos para o comércio exterior, para não prejudicar o da França", enfatizou.[8]

Guadalupe foi em grande parte poupada de furacões entre 1785 e 1809, embora sofresse três nesse último ano. A Martinica testemunhou quatro furacões em 1809, e outro em 1816, a Louisiana um em 1812, e Guadalupe foi atingida em 1821, 1824 e por uma tempestade violenta em julho de 1825, que causou extensos danos a propriedades e à frota mercante.[9] As reações seguiam em geral os padrões estabelecidos. Mas nos anos 1790 e nas primeiras décadas do século xix, os sangrentos distúrbios políticos de Santo Domingo e outras colônias francesas, bem como a intervenção ou ocupação britânica das ilhas francesas, preocupavam os residentes e os administradores franceses mais do que os riscos de desastres naturais.

A Espanha continuava a controlar as ilhas maiores das Grandes Antilhas. Enquanto Santo Domingo se envolvia na luta por independência que se travava na parte ocidental, francesa, das ilhas, e era mais tarde invadida e controlada por forças não espanholas, Cuba e Porto Rico se tornaram nesse período ponto de escala da oposição real aos movimentos pela independência nas colônias continentais. Tornaram-se também grandes fontes de renda para a Espanha, já que ambas as ilhas experimentaram uma nova expansão agrícola que marcou sua transição para uma agricultura intensiva de plantation. Em Cuba, administradores relativamente eficientes na América, orientados por ministros reformistas em Madri, fizeram concessões a residentes para facilitar a posse de terras e a exploração de recursos florestais e para simplificar o acesso à importação de escravos. Em 1792, Cuba tinha uma população de 272 mil habitantes, dos quais

84 mil (31%) eram escravizados. Em 1827, a população total chegava a mais de 700 mil habitantes, dos quais cerca de 287 mil (41%) eram escravos.[10] As exportações de açúcar da ilha aumentaram de 15 mil toneladas em 1790 para 55 mil em 1820 e 105 mil em 1830.[11] Em Porto Rico ocorreu processo semelhante, em escala reduzida. Em ambos os casos, a eliminação de Santo Domingo como produtor de mercadorias tropicais abriu o mercado para expansão.

As ilhas espanholas continuaram a receber a visita de grandes tempestades, mas durante esse período de expansão agrícola e crescimento econômico, funcionários do governo procuraram assegurar a contínua rentabilidade delas e o fluxo de receita que seus impostos proviam ao Estado, e consolidar sua lealdade, tendo em vista os movimentos revolucionários no Império Espanhol. Assim, os furacões passaram a ter uma importância política maior. Embora uma tentativa inglesa de tomar San Juan em 1797 tenha causado perturbação na economia, Porto Rico não foi atingido por um grande furacão entre 1788 e 1804, e durante esse período se beneficiou de várias reformas e concessões que estimularam a produção agrícola e o comércio.[12] A turbulência revolucionária na região trouxe à ilha imigrantes de Santo Domingo, da Louisiana e do norte da América do Sul, atraídos por sua aparente estabilidade e pela eficácia do governo de Alejandro Ramírez (1813-5). Furacões em 1804 e em 1806, dois em 1809 e dois em 1812 causaram os costumeiros danos e inundações, mas a ilha continuou a florescer devido à expansão da cultura de açúcar, café e tabaco, após a destruição de Santo Domingo como colônia francesa. Sua população cresceu rápido, e em 1807 era de 183 mil habitantes. Em 1815, em reconhecimento da importância econômica da ilha e da necessidade de preservar sua lealdade, a Coroa espanhola emitiu a *cédula de gracias*, que codificava as novas e mais lenientes políticas de imigração, um comércio mais livre, importação de escravos de fontes estrangeiras e reformas na cobrança de impostos.[13] O resultado foi mais crescimento, em especial nas regiões de Ponce, na costa meridional, e Mayagüez, a oeste, onde foram criadas novas plantações de cana. A produção de açúcar de Porto Rico dobrou entre 1820 e 1830 e de novo em 1835. Durante os movimentos por independência na América do Sul e no México, Cuba e Porto Rico assumiram importância renovada nos cálculos imperiais espanhóis, e seus governadores foram incentivados a desenvolver as ilhas e a demonstrar sua lealdade suprimindo toda tendência ou conspiração revolucionária.

A melhora na economia não se deu sem resistências e reclamações. O governo espanhol sob Carlos IV (1788-1808) foi muito menos solícito em relação às necessidades das populações coloniais ligadas aos danos causados por furacões do que tinha sido nas décadas anteriores, sob Carlos III. No caso da região oeste de Cuba, atingida por furacões em 1791, 1792 e 1794, o governador Luis de Las Casas não se mostrou sensível aos apuros da população em geral. Vítimas carentes de comida e de abrigo se opuseram à sua determinação de trabalho compulsório de escravos e de pessoas livres nas estradas e nas pontes, e ele foi lento em resolver o problema da escassez de alimentos. Pouco prestativo e exigente quanto a uma resposta à catástrofe, o governador se mostrou muito mais simpático aos interesses do setor de açúcar e seu representante, o *cabildo* de Havana, ao lhes conceder isenções de impostos e outros privilégios. A dissensão popular se intensificou sobretudo em Santiago de Cuba, e em 1796, pouco depois de outro furacão, as reclamações contra o governador afinal fizeram com que a Coroa o substituísse.[14]

A demissão do governador de Cuba deve ser vista no contexto da reação a uma catástrofe como estratégia política. Em meio à turbulência revolucionária do período, tinha havido uma perceptível mudança na eficiência e na linguagem administrativa quanto ao modo de lidar com a calamidade. As ilhas espanholas, apesar de alguma agitação pela independência, haviam continuado leais à Espanha, e suas elites estavam temerosas de uma insurreição de escravos no estilo haitiano e ansiosas por aproveitar as vantagens no mercado criadas pela eliminação de Santo Domingo. Além disso, o uso das ilhas espanholas das Grandes Antilhas como escala na movimentação de tropas reais no esforço de extinguir as revoluções na América do Sul tornara qualquer tentativa local pela independência muito difícil. Não é de admirar que Simón Bolívar tenha escrito, exasperado, em 1822: "Diante de nós temos as ricas e belas ilhas espanholas [Cuba e Porto Rico] que nunca serão algo mais do que inimigas".[15] Cuba e Porto Rico tinham se tornado agora cruciais para a economia espanhola, e experimentaram um período de crescimento econômico incrementado por políticas e concessões imperiais sob a direção dos governadores, cujos objetivos principais eram desenvolver as colônias e manter sua lealdade. Durante as insurreições revolucionárias na América espanhola entre 1807 e 1825, a abertura do comércio com potências neutras, em especial os Estados Unidos, tinha isso como meta. Tal política, junto com um aumento no comércio de escravos durante o período 1790-1810, gerou uma explosão de prosperidade agrícola, sobretudo em Cuba. Reformadores e plantadores nessa ilha estavam ansiosos para fazer com que essa situação se tornasse permanente, e seus líderes buscaram esse objetivo por meio de uma oposição a qualquer limitação no tráfico de escravos e apoiando a oposição real à Constituição espanhola de 1812 como um modo de obter concessões da Coroa. Os capitães-generais em Cuba buscavam meios de enfatizar as vantagens da lealdade e, acima de tudo, da crescente importância da escravidão para a economia. Uma efetiva assistência às consequências da catástrofe era também um componente desse programa.

Porto Rico fornece outro exemplo de reformas destinadas a consolidar o domínio espanhol. Seu governo estava nas mãos de Miguel de la Torre (1822-37), um soldado obstinado que tinha comandado tropas reais nas lutas contra a revolução de Bolívar na Venezuela. Ele assumiu o cargo em plena rejeição restauracionista da Constituição liberal espanhola de 1812, e sua principal preocupação era suprimir todas as tendências separatistas ou liberais que ameaçavam o domínio espanhol na ilha. Ideias liberais tinham sido expressas pelas elites porto-riquenhas durante as primeiras duas décadas do século, mas na restauração pós-napoleônica do absolutismo espanhol De la Torre foi incumbido da tarefa de reprimi-las. Como governador, valendo-se de poderes quase ditatoriais, ele fortificou as guarnições, instituiu várias mudanças administrativas, introduziu reformas urbanas, como iluminação a gás nas ruas de San Juan, e promoveu a expansão agrícola da ilha. Também foi relembrado por muito tempo pela sua política de "pão e circo", que chamou de "*baile, boteja y baraja*" (dança, garrafa e baralho), que visava a desviar a atenção dos porto-riquenhos da política. Porém De la Torre também era um administrador perspicaz e astuto, que compreendia a utilidade de demonstrar eficiência ante a catástrofe como estratégia política. Uma "furiosa" tempestade em Porto Rico em setembro de 1824 o levou a relatar a situação aflitiva de algumas cidades e vilas. O conselho percebeu que sua resposta deveria deixar claro para o governador que "Sua Majestade é muito sensível quanto aos danos, e espera que seu zelo faça secar as lágrimas dos infelizes vassalos que sofreram e os quais tanto preza o Rei, nosso Senhor".[16] A tempestade Santa Ana, em julho do ano seguinte, levou De la Torre e o intendente de Porto Rico a se encontrarem para avaliar as perdas e expressar os "paternais desejos de Sua Majestade de promover o bem-estar e a felicidade dos habitantes da ilha". Em cada uma das trinta cidades foi formado um comitê composto pelo comandante militar, o *alcalde*, e quatro cidadãos preeminentes, para determinar se deveria haver suspensão do pagamento de impostos por um ano. Enquanto isso, foi dada autorização para o comércio de produtos alimentícios com ilhas não espanholas, e uma instrução passou a impedir o aumento dos preços como forma de tirar proveito da situação. De la Torre distribuiu uma circular entre todas as municipalidades ordenando a construção de abrigos para proteger os sem-teto de doenças e do clima, o reparo de prédios governamentais e quartéis e a limpeza das igrejas para que os fiéis pudessem se encontrar e se reunir em atos de devoção. O mais importante, ele ordenou que cada residente fosse solicitado a plantar pelo menos uma *cuerda* (cerca de um acre) de frutas ou raízes para alimentar suas famílias, e mais se houvesse mão de obra disponível.[17] Os comitês municipais apresentavam relatórios que eram depois tabulados com a contabilização das perdas, detalhando, cidade por cidade, o número de mortos, feridos, casas destruídas, área de cada plantação afetada e perdas de animais até o nível de galinhas individuais. Inventários como esses tinham sido realizados vez ou outra no fim do século xviii, mas nunca com a precisão dos que foram feitos na gestão de De la Torre em seguida à tempestade de 1825.[18] O governador demonstrava com clareza, em suas ações e sua atenção aos detalhes, como uma reação eficaz poderia transformar uma catástrofe num exemplo positivo de competência governamental.

O furacão Santa Ana, em 1825, cuja violência foi considerada inédita na história de Porto Rico, apresentou aos representantes da metrópole a oportunidade de demonstrar a benevolência e a eficiência da Coroa, e com isso as vantagens da lealdade a ela. Miguel de la Torre apelou por ajuda à vizinha Cuba, ressaltando a extensão dos danos, a incapacidade da desamparada população de Porto Rico de pagar pela recuperação e o fato de que os insurgentes revolucionários nas partes recém-libertadas na América espanhola deviam estar extraindo algum prazer daquela situação.[19] Em resposta, Francisco Dionisio Vives, governador de Cuba, conclamou seus habitantes a irem além de uma "compaixão estéril" para demonstrar sua "generosa caridade", promovendo entre eles uma coleta de fundos. Em novembro de 1825, ele escreveu ao governador De la Torre expressando o desejo dos cubanos de ajudar "nossos irmãos". Apesar dessa generosa inclinação, Vives foi obrigado a ressaltar que Trinidad, Santa Clara e outras cidades cubanas tinham sido tão danificadas por outro furacão no final de setembro que lhes faltavam recursos para enviar como ajuda.[20] Digno de nota nos documentos pós-tempestade era o emprego de palavras como "honra", "lealdade" e "patriotismo", para incentivar a população a ser ativa. Mas assim como os britânicos e os franceses, os administradores espanhóis também estavam relutantes em dar assistência às vítimas das tempestades que consideravam não merecedoras. Eles advertiam contra "vadios e pedintes [*limosneros*] cujo verdadeiro motivo para solicitar a caridade de vizinhos é a preguiça".[21] Essa questão de como e a quem prestar ajuda acompanhava a crescente preocupação de Estados que lidavam com as questões políticas, morais e práticas inerentes a essas políticas.

Por fim, é de notar que agora havia outro ator político na região: os Estados Unidos da América. Já em 1790 o Congresso às vezes procurava prover assistência ou compensações através da distribuição de fundos, em geral na forma de auxílio direto a indivíduos, em caráter privado. Vítimas de incêndios, pirataria ou outro tipo de perda recebiam ajuda, assim como, vez por outra, vítimas de guerra, rebeliões ou desastres naturais. Refugiados da Revolução Haitiana receberam auxílio, e em 1812 o Congresso, na época buscando consolidar relações com a América do Sul e encarando com simpatia o republicanismo emergente nas Américas, enviou socorro às vítimas do terrível terremoto em Caracas, na "sagrada causa da distante e oprimida humanidade".[22] Mas desde o princípio essas ações acirraram o debate entre republicanos jeffersonianos, que buscavam limitar o poder do Congresso para conceder essas doações, e hamiltonianos, que apoiavam uma interpretação mais amena do poder constitucional de propiciar bem-estar geral. Os debates estavam centrados na aplicabilidade desta última, e na medida em que os apelos satisfizessem a exigência implícita de que a causa da catástrofe tivesse sido súbita e imprevisível e que o apelante fosse moralmente inimputável.[23] Na década de 1830, um consenso parece ter sido alcançado quanto a haver precedentes que justificavam limitados programas de ajuda, mas até a Guerra Civil foram poucas as verbas para esse fim. Após 1865, tal situação mudaria de maneira considerável. O foco desses primeiros debates sobre a questão de serem sábios e justificados o auxílio governamental e seu fundamento político e moral foi acentuado com seu enquadramento dentro de discussões mais amplas sobre constitucionalidade e o papel do governo em geral. Tais discussões relativas à atuação das autoridades na resposta a catástrofes levantou questões que todas as potências imperiais caribenhas já enfrentavam havia muito tempo.

UMA COMUNIDADE NA CATÁSTROFE

Apesar da fragmentação geográfica e política da área do Grande Caribe e das rivalidades e hostilidades imperiais que caracterizaram sua história até então, as fronteiras políticas tinham se tornado porosas à medida que as ilhas eram conquistadas e se rendiam, e as populações se mudavam ou eram expulsas. Migrações, tanto as compulsórias quanto as voluntárias, passaram a ser uma característica da região, e soberanias eram com frequência frágeis e indefinidas. Algumas ilhas, como Saint Thomas, Dominica, Santo Eustáquio e Trinidad, se tornaram poliglotas. Atravessando a fragmentação política e geográfica, havia a relativa facilidade com que as pessoas podiam cruzar fronteiras e os muitos motivos pelos quais tinham de fazê-lo. No cerne disso estava o comércio de contrabando, mas a situação também envolvia os que buscavam liberdade pessoal, política ou religiosa, uma terra ou uma oportunidade.[24] A marronagem marítima se tornou endêmica à medida que escravos buscavam a liberdade fugindo para colônias onde a diferença de soberania e religião os protegeria da prisão ou de serem enviados de volta. Informações circulavam amplamente pela região e pelas divisões políticas, levadas por capitães de navios, pela comunidade internacional e multirracial de marinheiros, mercadores e militares. A condição das plantações e do clima em ilhas rivais, a presença ou ausência de frotas, mudanças na política ou regulamentos de comércio e a situação nas insurreições de escravos, tudo era motivo de interesse, e às vezes de lucro, prejuízo ou sobrevivência em toda a região. Gazetas e boletins de notícias de outras colônias eram lidos sempre que possível, e boatos e rumores sobre políticas imperiais ou condições locais enchiam as tabernas de cada porto. Malgrado a divisão política e a competição entre colônias, similaridades oriundas da escravidão, das estruturas sociais e raciais e do potencial econômico geraram um senso de destino comum, se não exatamente de comunidade.

Furacões e outras catástrofes tinham criado com o tempo um senso de ameaça comum e de dependência compartilhada entre os impérios, mas também entre suas colônias. A tradição de buscar víveres e suprimentos em geral de outras colônias depois de tempestades, terremotos e demais calamidades, apesar das restrições imperiais ao comércio com estrangeiros, se tornou norma em toda a região. Mesmo durante períodos de guerra, informações eram colhidas de ilhas vizinhas, e as mesmas ligações e interesses em comum que se tinham desenvolvido no contrabando e no comércio ilegal foram fortalecidas pela ameaça comum dos furacões. Reuniam-se e compartilhavam-se notícias recebidas de inimigos mesmo durante as hostilidades. A extensa compilação que John Fowler fez dos relatórios sobre os furacões de 1780 na Jamaica e em Barbados, por exemplo, estava acompanhada de informações sobre os danos sofridos nas ilhas francesas e holandesas. Um relatório francês sobre as perdas daquele ano expressava preocupação com a destruição causada às ilhas "de nossos inimigos" (*nos ennemis*).[25] Em 1815, o intendente de Porto Rico divulgou notícias sobre a sueca Saint Barthélemy, onde um furacão afundara mais de setenta navios.[26] Um pequeno navio de Saint Thomas chegou em Fajardo, Porto Rico, em setembro de 1819, com informações sobre um furacão que havia afundado ou lançado à praia quase cem navios na principal baía daquela ilha. O prefeito de Fajardo entregou ao governador em San Juan uma descrição detalhada do caráter da tempestade, da direção dos ventos e das perdas sofridas.[27] Essas informações eram vitais para uma preparação para a chegada de um furacão, mas o conhecimento dos seus impactos e de seus efeitos também podia ser essencial na etapa pós-catástrofe, quando era importante saber onde obter víveres e outros suprimentos, ou como os desastres em ilhas rivais poderiam influenciar o preço das mercadorias.

Assim como o contrabando, os riscos ambientais compartilhados criavam certa solidariedade e uma ligação que varavam diferenças culturais, religiosas e políticas. Um incidente famoso ocorreu durante o grande furacão de 1780, quando dois navios de guerra britânicos foram dar na costa da Martinica. Todos os oficiais tinham perecido, e apenas 31 marujos das duas tripulações sobreviveram, mas foram gentilmente tratados pelo governador francês da Martinica, o marquês de Bouillé (figura 4.1), que os enviou de volta a Barbados sob uma bandeira de trégua e com uma mensagem dizendo que

> ele não ia considerar inimigos homens que haviam escapado por um triz de uma contenda com a força dos elementos; mas tendo eles, assim como seu próprio povo, participado do mesmo perigo, de certa forma tinham direito a todo o conforto e alívio que pudesse ser dado numa época de tamanha calamidade e angústia universal, e só lamentava que seu número fosse tão pequeno e que nenhum dos oficiais tivesse se salvado.

Figura 4.1. *"Numa catástrofe comum, todos os homens são irmãos." Retrato do marquês de Bouillé, governador da Martinica, que tratou seus inimigos britânicos com magnanimidade após terem sido atingidos por um inimigo comum: a força da natureza.* (Litografia de François Delpech segundo Henri Grévedon. Coleção de Gravuras, Divisão de Arte Miriam e Ira D. Wallach, Gravuras e Litografias, Biblioteca Pública de Nova York.)

Bouillé justificou sua generosidade dizendo a seus superiores que "numa catástrofe comum, todos os homens são irmãos".[28] Esse gesto magnânimo foi devidamente observado e mais tarde celebrado, após a guerra, quando Bouillé foi festejado na Inglaterra em razão dos interesses das Índias Ocidentais e homenageado pela Câmara de Comércio de Glasgow, que o presenteou com um jogo de pistolas, em reconhecimento de sua "humanidade e generosidade".[29]

Os espanhóis tinham adotado muito dessa mesma atitude. Em Bridgetown, Barbados, a tempestade de 1780 destruíra o prédio da cadeia em que havia oitocentos prisioneiros de guerra espanhóis. O temor imediato foi que esses homens se juntassem aos escravos da ilha, que já haviam começado a saquear propriedades avariadas. Organizou-se uma tropa britânica para enfrentar a ameaça, mas seu receio de um perigo interno foi amainado quando ela recebeu a ajuda do prisioneiro de guerra Don Pedro de Santiago, um capitão do regimento de Aragão, que organizou seus colegas prisioneiros para que ajudassem nas medidas de socorro e no controle dos escravos rebeldes. Um comentador escreveu mais tarde: "Que seja lembrado com gratidão que, deixando de lado toda animosidade nacional nessa temporada de calamidades, eles não se omitiram quanto a serviço ou mão de obra para dar alívio aos aflitos habitantes e para a preservação da ordem pública".[30]

Talvez não se encontre exemplo melhor da ideia de comunidade de interesses do que na carta do capitão Sir Thomas Cochrane, enviada de Saint John da Terra Nova, juntamente com cem pesos, para seu amigo Miguel de la Torre y Pando, conde de Torrepando, governador de Porto Rico. A carta foi escrita em resposta às notícias sobre o furacão Santa Ana na ilha, que tinha matado 379 pessoas, destruído 6883 casas e arruinado quase 6 mil *cuerdas* de café. Cochrane era então governador da Terra Nova, tendo chegado das Antilhas apenas seis semanas antes. De maneira cortês, ele perguntou sobre a mulher e a família de Torrepando, e observou que, como as notícias políticas da Espanha eram ruins, se sentia feliz por seu amigo não estar lá. Os relatos de um furacão recente tinham chegado até ele, e por isso estava enviando cem pesos para serem distribuídos entre os pobres de várias comunidades que haviam sofrido com o furacão. Torrepando estabeleceu comitês na parte leste da ilha, que fora atingida. Em Caguas, os destinatários do dinheiro, a maioria viúvas, assinaram recibos pelos quatro pesos recebidos; em Yabucoa, seis homens e seis mulheres, e em Patillas um número semelhante, incluindo duas pessoas que tinham sido libertadas, foram ajudados.[31] Essas demonstrações de solidariedade e afinidade expressas em nível individual pelos administradores reais reforçaram o sentimento de risco compartilhado e de uma causa comum ante a calamidade. Tal sentimento iria florescer durante o século seguinte à medida que a ciência da meteorologia assumiu o desafio de compreender e prever as tempestades.

GOVERNOS E PROVIDÊNCIA

No início do século XIX, os governos tinham, no geral, chegado à conclusão de que, por razões políticas, morais e humanitárias, o Estado arcava com alguma responsabilidade para com as vítimas de catástrofes, pelo menos quando não tinham feito nada de errado e não eram as responsáveis por suas agruras. Em certa medida, essa atitude havia surgido e se desenvolvido no século XVIII, quando cresceu a percepção de que a própria natureza poderia estar separada da intenção divina. Ainda assim, a ideia de que os desastres naturais podiam ter origem na Providência continuou a ser amplamente aceita numa visão de mundo cristã em que a história transcorreria entre o dilúvio da arca de Noé e o apocalipse ainda por vir.[32] Todo mundo buscava se proteger, diminuir sua vulnerabilidade material e seus riscos, mas, apesar dessas considerações pragmáticas, governos e povo ainda tentavam compreender e explicar esses perigos em termos teológicos ou morais. Os católicos aceitavam a possibilidade de que o diabo ou outras forças malignas estivessem envolvidos na perturbação da ordem natural, de modo que a busca da proteção dos santos ou da intervenção divina era reação comum a essas ameaças. A teologia protestante, que via os fenômenos naturais como expressões do "poder infinito" de Deus, não deixava muito espaço para uma intervenção diabólica ou a ação maléfica de bruxas, mas a ideia de que um mar violento ou outros aspectos assustadores da natureza pudessem ser obra de forças no mal nunca estava de todo ausente do pensamento popular sobre o mundo natural.[33] Conquanto indivíduos considerassem as catástrofes castigos divinos por suas falhas pessoais, no século XVIII a ideia dos fenômenos naturais como parte de um universo ordenado segundo uma Providência geral passou a dominar a teologia protestante. Apesar do crescimento de interpretações mais materialistas ou "científicas" no decurso desse século, no mundo católico e no protestante, explicações providencialistas das calamidades como advertências ou como punições continuaram a existir, assim como continuam hoje, paralelamente a interpretações menos teológicas.[34]

As crenças de que fenômenos naturais eram parte de uma Providência geral e de um universo divinamente ordenado e de que as catástrofes eram um castigo de Deus não eram contraditórias. No final do século XVIII, à medida que as interpretações dos fenômenos naturais destrutivos se inclinavam cada vez mais para a ideia de que eram um aspecto do funcionamento natural do universo, observadores como o plantador, naturalista e historiador jamaicano Bryan Edwards, em sua *History... of the British Colonies in the West Indies* [História... das colônias britânicas nas Índias Ocidentais] (1793), ainda se dispunham a aceitar que mesmo os simples taínos, "aterrorizados com os julgamentos do Todo-Poderoso, tinham sido capazes de reconhecer o poder de Deus nas tempestades".[35] "Julgamentos públicos", advertências divinas ou punições eram capazes de inspirar espanto e admiração e mereciam a atenção de um país, já que pecados privados seriam pesados nos portões do céu, mas os pecados de um reino ou de uma sociedade seriam punidos por Deus apenas neste mundo. O ministro latitudinário John Tillotson escreveu que Deus poderia deter Sua mão "até as iniquidades de uma nação chegarem a seu pleno, mas cedo ou tarde haveria motivos para esperar Sua vingança".[36]

O papel de Deus em desastres naturais se tornou uma questão central nos debates filosóficos e teológicos num amplo espectro de pensadores iluministas, desde os que acreditavam que todos os aspectos da natureza resultavam da intenção divina até os que acreditavam que as leis da natureza funcionavam sem a condução de Deus.[37] A maioria das pessoas adotava uma posição intermediária; assim, no mundo caribenho, enquanto o caráter e a sazonalidade dos furacões suscitavam dúvidas quanto a qualquer propósito divino particular, poucas pessoas, católicas, protestantes ou judias, estavam dispostas a ignorar totalmente a Providência, e as que passavam por tempestades e sobreviviam a elas viam suas dúvidas diminuírem e sua fé, renovada pela experiência.

Muitas ilhas reservavam certos dias para preces, jejuns ou ações de graças durante a temporada de furacões. Em Cuba e Porto Rico, uma oração pedindo proteção contra tempestades se tornou parte da liturgia. Os ingleses de São Cristóvão, a partir de 1683, jejuavam em sextas-feiras alternadas de agosto a outubro; em Névis, o jejum era feito na última sexta-feira do mês, de julho a setembro, e no dia 3 de outubro celebrava-se uma ação de graças se a temporada tivesse passado sem incidentes.[38] Em Santa Lúcia, residentes cantavam o Miserere durante os meses de perigo e um te-déum no encerramento da temporada.[39] O comandante da parte holandesa de Sint Maarten ordenou, em 1749, um dia de preces em agradecimento por ela ter sido poupada de ataque militar e para pedir a Deus "que com Sua misericórdia continue a nos salvar de tempestades e tormentas nesses meses de furacões".[40] Esse dia de orações se tornou regular. Uma ordem do governador de julho de 1793 dizia: "Aproxima-se a época mais perigosa do ano, e temos de temer a mão punitiva do Senhor por bons motivos, devido a nossos grandes pecados e iniquidades".[41] A *Gazette Officiale de la Guadeloupe*, após descrever os danos causados por um severo furacão em 1825, assim terminava seu relato:

Encerramos esta angustiante narrativa da catástrofe em nossa ilha expressando sentimentos compartilhados de respeito pelo Árbitro-Soberano de todas as coisas que esse desastre inspira. Assim, dizemos, o mesmo golpe atingiu território e cidade, as casas, palácios, o Tabernáculo, jovens e velhos, ricos e pobres; uma prova dolorosa por meio da qual a Providência quis reconhecer nossa submissão a seus desígnios.[42]

Nas dinamarquesas Saint Croix e Saint Thomas, orações especiais eram feitas em 25 de junho, no início da temporada, e de novo em 25 de outubro, em seu término.[43] Após uma grande tempestade em 1772, o *Royal Danish American Gazette* em Saint Croix publicou um editorial sobre a ameaça universal das tempestades e a reação a elas:

> Alguns eventos como esses vão nos arruinar na temporalidade, mas nos ajudar da espiritualidade, e nos tornar dignos do reino dos Céus; pois turcos, judeus, ateus, protestantes e papistas se unirão numa prece unânime para amainar o Senhor dos Furacões.[44]

Com o tempo, alterou-se o relativo equilíbrio que havia entre as interpretações "natural" e teológica das tempestades, mas, mesmo quando os furacões foram percebidos mais como aspectos da natureza do que como punição divina ou ação diabólica, a intervenção de Deus era invocada como uma força protetora.[45] Nas Índias Ocidentais Dinamarquesas, depois que um furacão em 1837 destruiu a sinagoga e cemitérios judaicos em Saint Thomas, a congregação acrescentou à liturgia o hino "Oh, Furacão", escrito por seu líder de origem holandesa Benjamin Cohen Carillon. Ele era cantado como parte do serviço religioso na década de 1960.[46]

> *Olharemos então para Ele lá em cima*
> *Cujo braço é o único que pode salvar*
> *A vida, que Ele em seu amor infinito*
> *Às criaturas humanas concedeu.*
> *Não, Furacão, não vamos tremer*
> *Nem temer por nosso destino;*
> *Alguém maior que você está aqui,*
> *O único Deus, o Deus de Israel.*

A mão de Deus envia os ventos ou os detém. Os católicos espanhóis tinham sido os primeiros no Caribe a considerar a relação desses ventos com os desígnios divinos, ou se Deus usaria seu poder para enviar os ventos ou proteger contra eles. As pessoas de outras nações e crenças que se seguiram a eles não estavam menos preocupadas com isso.

Durante esse período de turbulência revolucionária e campanhas militares no Caribe, não é de surpreender que as condições naturais se tornassem com frequência parte de uma história na qual se entrelaçavam e juntavam a Providência, a natureza e a política. O terremoto em Caracas em 26 de março de 1812 é um exemplo. O sismo destruiu quase todas as edificações e fortificações e matou cerca de 2 mil pessoas só em Caracas (embora relatos contemporâneos mencionem 10 mil mortes em Caracas e mais 15 mil no porto de La Guaira). Não passou despercebido ao público o fato de que o terremoto ocorrera numa Quinta-Feira Santa, dois anos após Bolívar ter rompido com a Espanha, em 19 de abril de 1810, também Quinta-Feira Santa. Isso foi interpretado por muita gente como um claro sinal de insatisfação divina. Um relato que chegou a Porto Rico declarava que os líderes da revolução em Caracas temiam se tornar vítimas de uma multidão em busca de vingança contra os que haviam provocado a ira de Deus.[47] Circulou a história de que, em meio às ruínas, Bolívar teria dito: "Se a natureza se opõe a nós, lutaremos contra ela e a faremos nos obedecer". Em seguida ao terremoto, o clero pró-Espanha, liderado pelo arcebispo de Caracas, Narciso Coll y Prat, organizou uma campanha para demonstrar que pecados múltiplos, entre eles deslealdade e descrença, tinham feito a colônia ser submetida àquele julgamento. O religioso reconhecia que havia leis da natureza, mas enfatizou que Deus não perdera o controle sobre elas, a despeito do que "falsos filósofos" e naturalistas pudessem alegar. A resposta dos defensores do governo revolucionário foi ressaltar que muitos desastres naturais já aconteciam na América bem antes da revolução pela independência, de modo que ela não podia ser responsabilizada por eles. Além disso, afirmaram que Deus não ficaria irado com pessoas que estavam restaurando seus direitos, dados por Ele, a uma liberdade que lhes fora tirada. Como disse um desses defensores, anônimo, "isso não tem nada a ver com novos ou velhos governos, com reis ou repúblicas. [...] Deus recompensa e pune em Seu reino, e nós no nosso".[48] Essas atitudes de racionalismo secular haviam se tornado mais comuns, mas com frequência eram encaixadas num discurso abrangente sobre a justiça divina que parecia oferecer uma explicação ainda melhor do incrível poder dos fenômenos naturais.

Enquanto as sociedades recebiam dos púlpitos de diferentes credos uma mensagem que muitas vezes enfatizava o perigo compartilhado e a responsabilidade comum, grande parte de sua população, os escravizados, se sentia excluída e tinha pouco estímulo para se juntar a uma ação comunitária ante as catástrofes. Eles também se voltavam para fontes divinas de proteção contra as forças da natureza. Alguns haviam buscado consolo e alívio na Igreja. James Ramsay, um missionário reformista nas Índias Ocidentais, escreveu que escravos se sentiam mais atraídos para o batismo após desastres naturais, e que notara um aprimoramento em sua moralidade e seu comportamento depois dessas tragédias. Mas pouco tinha a dizer sobre as alternativas religiosas que estavam disponíveis também para os escravos. Na prática de várias formas de religiões de matriz africana eles encontravam diferentes fontes de conforto e amparo. Os escravos lucumis de Cuba, que falavam iorubá, por exemplo, rezavam para Changó, o guardião do espírito (orixá) das tempestades e dos relâmpagos, e em deferência a ele não fumavam durante tempestades. Oyá, o espírito guerreiro dos ventos, se tornou uma poderosa força na *santería*, a religião afro-hispânica mantida em Cuba. Deidades semelhantes eram invocadas no vodu nas Antilhas Francesas e no *obeah* na Jamaica e outras ilhas das Índias Ocidentais, para prover proteção contra as tempestades ou, como vimos no caso de Plato na Jamaica, em 1780, trazer destruição aos opressores.[49]

O GRANDE FURACÃO DE 1831

Se as décadas turbulentas de 1790 a 1840 na região circuncaribenha pudessem ser caracterizadas por uma única mudança, ela sem dúvida seria a transformação de seu sistema de trabalho. O fim violento da escravatura em Santo Domingo, que resultou na criação de um Haiti independente em 1804, o crescimento e a intensificação da escravidão na agricultura de exportação nas colônias espanholas de Cuba e Porto Rico e a abolição do comércio de escravos, seguidos da emancipação dos escravos nas Índias Ocidentais Britânicas, se sobrepuseram a todos os outros acontecimentos. Os conceitos de direito de propriedade e de direitos humanos estavam no cerne da questão referente à escravidão. A "grande questão da escravatura" tinha sido um tema na Revolução Americana e atormentara os signatários da Constituição, e foi, de uma perspectiva diferente, a principal preocupação na Revolução Haitiana e item presente no fervor revolucionário em outras colônias caribenhas francesas. Durante esse período, mudanças políticas e ideologias revolucionárias provocaram inquietação entre os escravos e expectativas em toda a grande região circuncaribenha. Com início nos anos 1780 e se intensificando nas décadas seguintes, da Bahia, no Brasil, e Coro, na Venezuela, a Barbados (1816), Demerara (1823), Jamaica (1831) e Virgínia (1831), levantes de escravos testaram os limites e a força da instituição. Ao mesmo tempo, o movimento abolicionista, a atividade missionária e a rebeldia dos escravos estavam criando uma comunidade transnacional de interesses escravagistas que procurava manter a instituição ou controlar toda mudança dentro dela.[50]

O furacão de 1831 chegou num momento particularmente significativo no leste do Caribe, onde as ilhas britânicas estavam em meio à transição acionada pelo Ato de Melhoramento das ilhas de Sotavento, de 1798, que limitava a brutalidade no tratamento dos escravos, seguida pela abolição do comércio escravista em 1807.[51] Ambas as medidas tiveram origem nas atividades dos abolicionistas no Parlamento, mas eram também uma resposta ao aumento da rebeldia dos escravos na década de 1790 e a um crescente sentimento antiescravidão de comerciantes livres, que podiam perceber que, à medida que a exportação britânica duplicava, as Índias Ocidentais, que se baseava nos escravos, estava absorvendo uma percentagem declinante deles. Quando o Reino Unido se tornou a nação marítima dominante e o centro das finanças e do comércio mundial, o poder dos interesses das Índias Ocidentais no Parlamento e sua capacidade de proteger a instituição do escravismo declinaram. A filantropia cada vez mais se juntava à economia em seu ataque à escravatura.[52]

Os plantadores e os comerciantes das Índias Ocidentais, agora sob ataque, travaram uma eficaz luta de retaguarda contra os crescentes sentimentos de emancipação, usando como alternativa a esta uma política de melhoramentos ou aprimoramento das condições dos escravos. Resistiram procurando limitar as atividades e os efeitos das várias campanhas missionárias entre os escravos, apresentando petições por mais direitos para as populações de pessoas não brancas livres e combatendo as cada vez maiores expectativas dos próprios escravos. O fato de ter a atenção desviada para as Guerras Napoleônicas impediu que o Parlamento agisse com rapidez; mas os melhoramentos se tornaram gradualmente a política oficial do governo britânico, e as pressões pela emancipação aumentaram durante a década de 1820. Assembleias das colônias buscaram caminhos para obstruir ou desacelerar o movimento pela emancipação, apontando para a revolta de escravos de Demerara, em 1823, e as revoltas na Jamaica em 1816 e 1831 como advertências contra mais liberalização do sistema escravista.[53] No entanto, quando os whigs, liderados por um presidente da Câmara dos Lordes abolicionista, ganhou o controle do Parlamento em 1830, ficou claro que o movimento pela emancipação tinha conquistado a supremacia. Plantadores em Barbados estavam entre os mais relutantes em renunciar à instituição da escravatura. Em março de 1831, delegados das colônias das Índias Ocidentais Britânicas se encontraram em Bridgetown, Barbados, para redigir um protesto, sustentando que tinham adquirido a propriedade de escravos de forma legal e que haviam sido incentivados a fazê-lo, e que o país se beneficiara durante muito tempo do emprego desses escravos por parte deles. Assim, qualquer movimento para limitar ou ferir sua propriedade sem uma compensação total seria o suprassumo da injustiça. Além disso, o que eles haviam feito pelos escravos fora prover-lhes relativo conforto e elevá-los do barbarismo para as "vantagens da vida civilizada".[54] O que afinal se resolveu em 1833 foi uma emancipação gradual, na qual os proprietários de escravos receberiam 20 milhões de libras esterlinas como compensação, e os escravos que se tornassem legalmente livres seriam requisitados para servir como aprendizes de 1834 a 1838.

Embora Barbados tivesse usufruído de longos períodos sem ciclones tropicais, chegando às vezes a se considerar livre de suas visitas, o furacão de 1780 tinha demonstrado que a ilha não estava de todo isenta do perigo. Em 10-11 de agosto de 1831, ela foi atingida por uma tremenda tempestade. Provavelmente de categoria 4, nos padrões atuais, o furacão matou cerca de 1500 pessoas, feriu milhares e causou mais de 7 milhões de dólares em danos a propriedades, deixando um cenário de desolação, parecendo a alguns que ali houvera um grande incêndio, enquanto para outros a ilha normalmente verdejante, agora despida de todas as suas folhagens, lembrava a Europa em pleno inverno.[55] Um cronista anônimo da destruição de Barbados estimou que "por mais calamitosas que fossem as muitas erupções da natureza que esta ilha sofreu, a soma das devastações produzidas por elas provavelmente não se igualaria à provocada pela tempestade de agosto de 1831".[56] O furacão depois prosseguiu para oeste, atingindo São Vicente no dia seguinte e danificando quase todas as propriedades produtoras de açúcar naquela ilha.[57] Dirigiu-se depois para o norte, causando estragos em Les Cayes, no Haiti, e atingiu Santiago de Cuba e Matanzas antes de ir para o golfo do México. Marés muito elevadas fustigaram a costa do golfo a oeste de Mobile, avariando cais e navios; em Nova Orleans, embarcações ficaram em ruínas, a casa da Aduana perdeu o telhado e algumas áreas foram inundadas pelas águas que transbordaram do lago Pontchartrain.[58]

O grande furacão de 1831 atingiu o leste do Caribe num momento em que a classe dos proprietários de escravos se sentia especialmente vulnerável e sob a crescente ameaça dos emancipacionistas. Como escreveu Charles Shepard, de São Vicente: "A pressão dos tempos é severa, as perspectivas do futuro são sombrias, os dias de prosperidade das Índias Ocidentais provavelmente terminaram".[59] A depressão entre os plantadores e a recalcitrância cada vez maior entre os escravos eram comuns. Alguns plantadores flertavam com fantasias secessionistas, mas as estratégias agora se centravam não em obstruir a emancipação, mas em como estabelecer seus termos, e sobretudo na questão da compensação. Esses planos se desenvolveram de maneira um tanto diferente nas duas ilhas mais afetadas pela tempestade: São Vicente e Barbados.

São Vicente, ilha vulcânica dominada pelo monte Soufrière, tinha se desenvolvido tarde como produtora de açúcar, e somente após os ingleses a terem adquirido da França em 1763 começou a assumir o caráter de uma clássica colônia de plantation. Os caraíbas locais foram mortos ou expulsos numa série de batalhas na década de 1770 e depois novamente em 1795-7. Escravos africanos foram importados em grande número, e a população escrava chegara a 80% da população total da ilha em 1831. Além disso, apesar do tamanho diminuto de seu território, de menos de quatrocentos quilômetros quadrados, São Vicente se tornou em 1831 o terceiro maior produtor de açúcar das Índias Ocidentais Britânicas, atrás apenas da Jamaica e de Trinidad.[60] O furacão de 1831 danificou 92 das suas 96 propriedades produtoras de açúcar, destruiu muitas casas e fez cerca de vinte navios afundarem ou serem lançados em terra. No curto prazo ocorreram os efeitos imediatos usuais na ilha. A produção de açúcar e as exportações caíram em um terço nos dois anos seguintes, houve escassez de alimentos e foram relatados surtos de doenças. A questão que mais preocupava os plantadores, no entanto, era a reação da população escrava. Em duas propriedades de São Vicente nas quais tinham sido instituídas reduções da jornada de trabalho pelos senhores lá residentes, os escravos haviam demonstrado disposição para cooperar na recuperação após a tempestade. Segundo o proprietário da plantation Colonaire Vale, "os escravos se comportaram como tantos heróis da Antiguidade".[61] Essa situação pode não ter sido a mais frequente, uma vez que entre 60% e 80% dos donos de propriedades de São Vicente estavam ausentes e os capatazes em geral relutavam em reduzir as demandas do trabalho. Mesmo assim, a colaboração dos escravos continuava sendo impressionante, dado o fato de que na ilha havia poucas tropas ou policiais capazes de controlar escravos não cooperativos ou rebeldes.

Em Barbados, as condições eram horríveis. Havia ameaça de inanição e, segundo relatos, os preços dos alimentos estavam duzentas vezes maiores do que em 1830.[62] O governador Lyon agiu de imediato, pondo a tropa e as milícias nas ruas para manter a ordem, congelando preços para impedir a especulação, autorizando a limpeza das ruas e estradas e nomeando comissários por toda a ilha para manter a população escrava sob controle. Ele enviou um navio para as Bermudas a fim de pedir um navio de guerra que levasse suas mensagens para a Inglaterra e também se comunicou com outros governadores em Trinidad, Demerara, Granada e São Vicente. Num gesto elegante, pediu aos membros da assembleia de Barbados que usassem seu salário para propósitos de caridade; eles recusaram a oferta, mas tomaram várias providências, estabelecendo salários para trabalhos de construção, criando comitês de auxílio e adotando medidas para reparar as sete igrejas locais destruídas pela tempestade. A ilha recebeu ajuda de outras colônias britânicas, como Antígua e Granada, mas também de fontes estrangeiras, como Saint Thomas, que levantou 1715 dólares numa subscrição. Enquanto isso, o agente da assembleia em Londres, James Mayers, utilizando o exemplo anterior de 1780, pleiteou ativamente ao governo um alívio nas taxas aduaneiras para o açúcar, o envio de suprimentos e de madeira e uma doação do Parlamento.[63] A ajuda recebida foi mais tarde comemorada numa medalha cunhada em agradecimento à generosidade demonstrada para a ilha (figura 4.2).

Como em São Vicente, a escravidão era uma grande preocupação, mas o problema em Barbados era mais grave: sua área terrestre era 20% maior que a de São Vicente, mas muito mais populosa; e embora a proporção da população escravizada fosse mais ou menos a mesma (80%) nas duas ilhas, Barbados tinha uma densidade populacional de escravos muito maior. Indícios sugerem

Figura 4.2. *Medalhão comemorativo, Furacão de Barbados de 1831. Cunhada pelo governador Lyon, a medalha celebra a generosa ajuda enviada por "nossas ilhas irmãs e outros litorais amigos".* (Cortesia do Victoria Museum, Melbourne, Austrália.)

que a tempestade foi mais intensa ali e que diferenças em topografia e distribuição da população foram as causas principais da diferença nos impactos sofridos. A tempestade de agosto matou mais de mil escravos e causou uma perda de propriedades de mais de 1,6 milhão de libras esterlinas em Barbados. O Parlamento foi incentivado a enviar uma doação de 50 mil libras esterlinas e a suspender o imposto de 4,5% sobre vendas. A classe de plantadores de Barbados já estava sob pressão e temerosa de que a emancipação arruinaria seu meio de vida. A tempestade de 1831 pareceu confirmar seus temores. A relutância da população escravizada em se juntar às ações de recuperação, a ocorrência de saques e a imagem de uma força de trabalho propensa a ficar de braços cruzados pareciam confirmar as alegações dos plantadores de que a emancipação era um objetivo perigoso e infrutífero, e que os povos africanos simplesmente estavam despreparados para o exercício da liberdade e de tudo o que ela representava. Para os plantadores, a intempérie tinha revelado o que a emancipação poderia trazer no futuro: uma rabugenta população negra relutante em trabalhar pelo bem comum. O desastre da liberdade e da emancipação estava se revelando na vida pós-tempestade, e nem mesmo as 50 mil libras esterlinas oferecidas pelo Parlamento seriam capazes de aliviar o sentimento de que uma era estava terminando. Era a "derrubada do regime de trabalho nos trópicos".[64]

Felizmente para os historiadores, foi publicado um anônimo *Account of the Fatal Hurricane, by Which Barbados Suffered in August 1831* [Relato do furacão fatal sofrido por Barbados em agosto de 1831], poucos meses após a tempestade. O autor era provavelmente Samuel Hyde, crioulo que mais tarde se tornou proprietário e editor do *The West Indian*, um jornal de Barbados. Como muitos relatos de catástrofes, Hyde faz uma tocante exposição dos terrores do furacão, embutidos nas esperadas referências à Providência e ao julgamento divino assim como no cômputo dos danos e prejuízos sofridos. Mas seu livro é extraordinário na descrição da chuva, do vento, dos relâmpagos e do barulho da tempestade, nos detalhes e casos pessoais que oferece em seu relato, paróquia por paróquia, das perdas e dos efeitos físicos nas pessoas, nas propriedades e na paisagem. Está cheio também de histórias e observações pessoais, pormenores das circunstâncias que cercavam as vítimas e seus próprios comentários editoriais sobre relações sociais.

A partir dos detalhes tristes de mortes e de casos milagrosos de sobrevivência, Hyde constrói uma narrativa de catástrofe compartilhada e de reação comunitária. O governador e funcionários da realeza são louvados por suas iniciativas, a perda de quartéis é lamentada e os esforços das tropas para ajudar os outros são celebrados, o clero de várias denominações é homenageado por sua beneficência e sua liderança, e as particularidades dos danos a cada uma das igrejas são penosamente apresentadas. Mesmo os cerca de cem judeus da ilha, que, "como corpo, são inexcedíveis em responsabilidade e honorabilidade de caráter em qualquer parte do mundo", foram incluídos de maneira criteriosa, as avarias em sua sinagoga e seu "belo jardim", devidamente anotados, e a morte de dois membros idosos, narrada em minúcias. Hyde usou a ocasião da morte de Miss Lealtad para realçar sua benevolência, já que ela deixara grandes somas de dinheiro para filantropia de sua "própria nação", mas também para a caridade cristã na ilha.[65] Essa mulher era tão estimada que, apesar da situação das estradas, foi trazida de sua casa em Fontebelle para Bridgetown e sepultada com todas as cerimônias "peculiares a sua religião". Essa ênfase no sofrimento e no desafio comuns a todos os segmentos da sociedade de Barbados é mais clara ainda na descrição que o autor faz dos esforços e da lealdade do 35º Regimento:

> O soldado britânico com o habitante de cor, ou negro, estavam se emulando reciprocamente para o bem geral: oficiais e soldados rasos, homens negros, de cor, e brancos, todos se misturavam, e conquanto pesarosos, sabendo de sua ruína, assim mesmo a firmeza e a resignação eram evidentes em cada fisionomia.

Numa desolação tão generalizada, ninguém limitou seu pensamento a aflições individuais, mas todos se uniram na promoção do bem-estar geral.[66]

Essa visão de uma utopia de boa vontade produzida pela catástrofe era parcial. O relato de Hyde observava que haviam ocorrido alguns saques e que o acesso a vinho e bebidas alcoólicas encontradas nos escombros tinha aumentado a desordem e a violência.

Enquanto é fácil resgatar os argumentos e as opiniões de plantadores, comerciantes e da população livre em geral diante do desastre natural e da crise no sistema escravista, é difícil encontrar evidências que demonstrem as atitudes e a percepção dos escravos, mas esse relato oferece alguma noção disso também. Embora em vários pontos Hyde tenha celebrado ações heroicas e exemplos de lealdade entre os escravos, fica claro que estes constituíam o segmento da sociedade barbadiana menos disposta a ver sua situação através do prisma do risco comum. O que aprendemos sobre eles no livro foi sem dúvida filtrado através dos olhos do autor, mas em seu relato podemos ao menos ter uma ideia de como os escravos em Barbados reagiram à tempestade e como as autoridades buscaram usá-la para manter a coesão da sociedade e a estabilidade do sistema escravista.

O governador Lyon havia reportado que, logo em seguida à tempestade, os escravos que eram "naturalmente inclinados ao ócio e, em certas ocasiões, insubmissos" tinham gerado um espírito rebelde em algumas propriedades e isso levara a episódios de pilhagem também. O relato de Hyde fornece detalhes de como foi suprimido o potencial para uma rebelião. Haviam chegado relatos de propriedades nas ilhas de Sotavento ou de paróquias do oeste sobre prédios saqueados, alguns campos atacados na busca por alimentos e casos de insubordinação geral. Uma pequena tropa de soldados regulares e de milicianos foi reunida em Speightstown, liderada por Sir Reynold Alleyne, cuja propriedade açucareira em Cabbage Tree Hall tinha sido severamente avariada. Os homens marcharam para Spring Hall e outras plantations onde a ordem fora perturbada. Em cada propriedade Alleyne mandou cercar o terreno e depois fez um discurso, "firme e conciliatório ao mesmo tempo", declarando que estava ali como amigo, não como inimigo, que era doloroso para ele ter deixado a família num domingo e logo após a tempestade, "que envolveu numa aflição comum tanto o senhor quanto o escravo", e que lhe servira de consolo o fato de seus próprios servos terem agido "num evento tão melancólico com a devida obediência e atenção". Sua mensagem principal era a da necessidade de uma união de escravo e senhor diante da catástrofe.

> Ele se empenhou para incutir na mente deles que o tumulto das forças da natureza não podia cortar a ligação que existia entre eles e seus donos, mas que deveria, se possível, uni-los mais fortemente, e que em toda ocasião seria do interesse de todos fazer um esforço geral pela preservação da propriedade.

Em algumas propriedades os escravos reagiram com ceticismo a esse apelo por uma atitude comum diante da calamidade. Hyde relatou que nas plantations de Spring Hall e Spring Garden o discurso foi recebido com uma "linguagem indecorosa e insolente" e ameaça de resistência. Resistentes explícitos foram apanhados e açoitados, e em propriedades de Broomfield, Pleasant Hall e Spring Garden, bens "saqueados" — quase todos, alimentos ou gado abatido, mas alguma pólvora também — foram recuperados em alojamentos de escravos. Na propriedade de Spring, escravos se recusaram a ser controlados, e uma pequena tropa foi enviada para subjugá-los. Alguns resistiram e um escravo foi abatido a tiro após ter esfaqueado um soldado.[67] No dia seguinte um escravo daquela propriedade tentou convencer os escravos de uma plantation vizinha a pararem de trabalhar, mas foi entregue ao capitão de mato e açoitado.

Não é possível saber se os apelos de uma causa comum ou a demonstração de força e os castigos produziram o "efeito salutar" que aparentemente fez os escravos voltarem a obedecer, ou o que levara à sua resistência, para começar. Como haviam eles interpretado a tempestade, num momento em que as expectativas de liberdade estavam no ar? Na plantation Three Houses, na paróquia de Saint Philip, nascera um bezerro com duas cabeças logo após a tempestade amainar; segundo Hyde, esse evento fez os escravos temerem que o curso normal da natureza tivesse sido rompido e que o mundo fosse acabar. Esse tipo de fervor apocalíptico, ou milenarista, surgiu em outro lugar, nas cabanas dos escravos. Em Pleasant Hall, um escravo contou a seus companheiros que durante a tempestade Jesus lhe tinha aparecido duas vezes e o consolado, dizendo que o fim ainda não chegara e que estava vindo para fazer algo por eles. O homem exortou os outros escravos da propriedade a se recusarem a trabalhar, mas foi apanhado e, devido a sua insubordinação e blasfêmia, recebeu cinquenta chibatadas.[68] A disciplina foi restabelecida e as expectativas diminuíram. Um escravo que foi preso na paróquia de Saint Peter lamentou que essa "devia ser a última vez que ele acreditaria em qualquer coisa que tivesse a ver com liberdade".

Na verdade, a liberdade não estava longe, embora na própria Barbados a assembleia estivesse fazendo o máximo possível para atrasar o processo. Em 1831, pressões locais e imperiais obrigaram a ilha a acatar um projeto de lei destinado a eliminar as distinções entre brancos e pessoas não brancas livres, e a aceitação de uma doação de 50 mil libras esterlinas do Parlamento depois do furacão tinha deixado a classe dos plantadores mais uma vez dependente de Londres e menos capacitada a organizar uma resistência.[69] Todavia, mesmo resignados com a emancipação, os plantadores esperavam controlar a população. Numa ilha como Barbados, onde haveria pouca terra disponível após a emancipação, essa esperança era razoável.

Em abril de 1832, Lyon abriu a assembleia louvando a paciência e a força que o povo da ilha tinha demonstrado diante da calamidade com que Deus a havia flagelado. O governador encontrara consolo nas iniciativas dos barbadianos, nas quais "toda consideração egoísta fora suplantada pela disposição geral de ajudar uns aos outros, e esse dever fora bem e zelosamente cumprido".[70] Elogiou o clero por seus esforços humanitários e reconheceu as providências do bispo e a ajuda de colônias estrangeiras e britânicas. Lyon previu:

> Nas páginas futuras da história esses atos de benevolência estarão registrados, constituindo orgulhoso testemunho para estas ilhas ocidentais, nas quais as oferendas dos homens ricos e as pequenas contribuições dos pobres foram igualmente destinadas à sagrada obra da caridade.

Assim como Hyde, o governador pintava aqui um quadro de *utopia da catástrofe*, um momento no qual, diante da tragédia, as divisões na sociedade eram eliminadas na tarefa comum de reconstrução e um espírito de boa vontade caracterizava todas as relações sociais.[71] Suas observações ressaltavam uma comunidade de interesses e de solidariedade nas "Ilhas Ocidentais", bem como uma comunidade em Barbados. Porém era notória a ausência, em seus comentários, de qualquer menção à população servil da ilha, grande parte da qual continuava não convencida de que a tempestade a convocara a um esforço comum. Na verdade, a não menção aos escravos nas observações do governador sobre o furacão foi mais do que compensada por sua referência à ordem, no conselho, para que se melhorasse a condição deles, que pedia a atenção da assembleia.

A assembleia respondeu formalmente, agradecendo ao governador por suas muitas e contínuas iniciativas durante a catástrofe e por sua liderança, mas denunciando a ordem de melhoramentos como "parcial, inconstitucional e injusta", porque impunha limitações opressivas e exigências aos senhores, sem prever medidas ante o "contumaz comportamento do escravo para com seu senhor".[72] Tais queixas, de fato, postergaram a aplicação dessa legislação, mas, apesar da obstinada recalcitrância, os plantadores das Índias Ocidentais não conseguiram, em 1834, deter a marcha em direção à emancipação. O que conseguiram, no entanto, foi assegurar sua compensação pela perda da propriedade de escravos e garantir um período do requerido aprendizado para ex-escravos até 1838. O furacão de 1831 em Barbados, São Vicente e Granada tinha sido um espelho a refletir para os plantadores a visão que mais temiam, uma população de escravos não sujeita a seu comando. Eles e o governador se apressaram a impor a ordem e usaram a tempestade para reafirmar a existência de uma comunidade imaginária, que eles controlariam. Os escravos olharam o vidro estilhaçado desse espelho e não enxergaram uma causa comum. Em vez disso, captaram um fugaz relance de um futuro no qual teriam o controle não só de seu trabalho, mas também de suas vidas.[73]

RASTREADORES DE TEMPESTADES E O FIM DA FASE INICIAL DOS FURACÕES MODERNOS

Não é simplesmente uma curiosa coincidência que 1831, o ano do "grande furacão", tenha sido também aquele em que se deu o maior avanço na compreensão e na análise dos furacões e que o início da era moderna dos furacões tenha chegado ao fim. Os observadores do clima e os meteorologistas do século anterior haviam reunido, de modo baconiano, grande quantidade de dados, com frequência mediante compulsivo e fastidioso registro de condições climáticas, leituras de barômetro, índices de pluviosidade e outros fenômenos meteorológicos. Alguns desses observadores de tempestades tropicais tinham, por experiência, estudo e intuição, começado a desvendar a estrutura desses eventos. O marujo William Dampier, no final do século XVII, e Benjamin Franklin, no século XVIII, haviam constatado, por caminhos diferentes, que os furacões eram *redemoinhos de vento*, ou *ciclones*, isto é, tempestades nas quais o movimento dos ventos é circular, de modo análogo aos sorvedouros. Os observadores continuaram a reunir informações, e uma comunidade de marinheiros, pesquisadores curiosos e cientistas começou a formular teorias sobre a formação e as características do furacão e de seu primo do Pacífico, o tufão. William C. Redfield (figura 4.3), um jovem correeiro de Middletown, Connecticut, notou que um furacão em setembro de 1821 tinha derrubado árvores numa direção, mas que a mais de sessenta quilômetros de distância árvores haviam caído na direção oposta. As anotações de Redfield sugeriam que os ventos tinham se movimentado num padrão circular. Ele concluiu também que os ventos do furacão giravam em torno de um eixo, e que a trajetória e a velocidade na rota da tempestade era independente da velocidade dos ventos em si mesmos.[74] Num encontro casual, Redfield foi incentivado por um cientista de Yale a publicar seus achados e suas ideias, e depois de reunir mais observações, a despeito de se autodepreciar por ser um amador, ele publicou, em 1831, um artigo no *American Journal of Science*. Naquele mesmo ano, em seguida ao horrendo golpe sofrido pelas ilhas de Barlavento, a Coroa britânica enviou o tenente-coronel William Reid, um competente oficial dos Engenheiros Reais, para dar assistência na reconstrução dos prédios governamentais danificados em Barbados. Reid tinha servido com distinção nas Guerras Napoleônicas e assumiu seu novo cargo com entusiasmo e curiosidade em relação às tempestades. Permaneceu em Barbados nos dois anos e meio seguintes, coletando informações sobre furacões passados, e começou a desenvolver uma teoria sobre sua formação e sua estrutura. Em 1838, após voltar à Inglaterra, publicou *An Attempt to Develop the Law of Storms* [Uma tentativa de desenvolver a lei das tempestades], livro que teria grande impacto no estudo subsequente das tempestades tropicais. Embora tivesse servido depois como governador das Bermudas e mais tarde de Malta, recebendo o grau de cavaleiro em 1851, seu livro desencadeou um processo de descobertas e debates que fez de sua estada em Barbados a pedra angular de sua carreira e um importante avanço na compreensão dos furacões.[75]

Na década de 1840, esses dois primeiros pioneiros na ciência dos furacões trocaram cartas. Redfield, àquela altura, tinha recebido um mestrado honorário da Universidade Yale, e em 1848 se tornou presidente da Associação Americana para o Avanço da Ciência. Juntos, Redfield e Reid começaram a identificar e também — mas nem sempre — a explicar certos aspectos das tempestades, inclusive sua sazonalidade e sua rotação: no sentido dos ponteiros do relógio no hemisfério Sul e no sentido contrário no hemisfério Norte. Enquanto isso, em 1848, Henry Piddington, ex-capitão de navio no oceano Índico e futuro juiz em tribunais da Marinha, publicou *The Sailor's Horn-Book for the Law of Storms* [Cartilha do marinheiro para a lei das tempestades], um guia prático dirigido a marujos sobre como sobreviver a tempestades, que também apresentava alguma compreensão da formação e das características dos furacões.

As ideias de Redfield não ficaram isentas de críticas. Uma longa e amarga controvérsia se desenvolveu entre ele e o professor e cientista baseado na Filadélfia James Pollard Espy, cuja pesquisa se concentrara nos efeitos da convecção e na importância do aumento do calor no desenvolvimento de nuvens e de

Figura 4.3. *William Redfield*. (Imagem em domínio público na Wikipedia Commons.)

chuva, e portanto das tempestades. A disputa, que era científica, mas às vezes também rancorosamente pessoal, se deu, em essência, entre a abordagem de um raciocínio dedutivo baseado em dados, representada por Redfield, e a abordagem mais teórica de Espy, que reunia dados basicamente para confirmar teorias. Robert Hare, da Universidade da Pensilvânia, para quem a eletricidade tinha importante influência na formação de tempestades, também participou dessa controvérsia meteorológica. O debate se estendeu por toda a década de 1840, divulgado em revistas científicas, em agremiações culturais americanas e em salões de conferências europeus, onde Espy encontrou ouvintes atentos e, em especial na França, admiradores. Na verdade, tanto Espy quanto Redfield tinham identificado características físicas básicas dos furacões, mas nenhum dos dois havia captado por completo a complexidade de sua formação. Por exemplo, só muito tempo depois Espy, por intermédio da obra de William Ferrel, um mestre-escola no Tennessee, tomou conhecimento das ideias do matemático francês Gustave-Gaspard Coriolis a respeito do efeito da rotação da Terra sobre os ventos. Era devido a essa rotação que ventos gerados pelo fluxo do ar de uma zona de alta pressão para uma de baixa pressão assumiam um percurso circular, e era por isso que os furacões existiam. Espy nunca aceitou de todo a ideia da importância da chamada força de Coriolis.[76]

Os interesses de Redfield se expandiram em outras direções, ele ficou fascinado por peixes antigos e fez um importante trabalho nesse campo também; mas sempre se manteve atraído pelas tempestades. Seu trabalho mais tardio estabeleceu a longa trajetória das tempestades tropicais e a semelhança física entre os furacões do Atlântico e os do Pacífico. Ele e depois seu filho continuaram a reunir informações meteorológicas.[77] Embora tenha morrido em 1857, seu mapa que rastreava trajetórias de furacões foi incorporado num popular guia costeiro para marinheiros americanos, como mostra a figura 4.4. Espy, seu antigo adversário, se aposentou no mesmo ano da morte de Redfield e se ocupou, em seus anos restantes, com ensaios sobre teologia, e não sobre ciência. É de notar, no entanto, que na disputa Redfield-Espy a Providência e o pecado não tenham desempenhado quase nenhum papel na explicação das tempestades. Essa geração de observadores e cientistas tinha chegado a um ponto de inflexão meteorológico.

Curiosamente, nesse mesmo período também houve um avanço que marcou o fim da fase inicial da era moderna dos furacões. Em 1832, Samuel Morse, o pintor federalista nascido em Massachusetts, se encontrou por acaso com

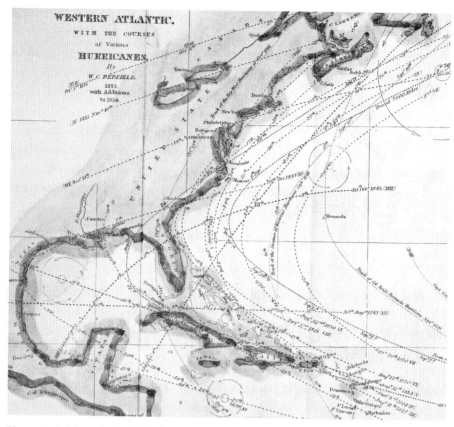

Figura 4.4. *Mapa de Redfield das trajetórias de furacões, 1835-54.* (Em *Blount's American Coastal Pilot*, 17. ed., Nova York, 1857. O mapa pertence ao autor.)

um professor em Yale interessado em eletromagnetismo. Morse começou a fazer experimentos com base na ideia de usar o eletromagnetismo para comunicações por fio, no que veio a ser chamado de telégrafo. Na Inglaterra, outros pesquisadores também trabalhavam com essa ideia, e durante as décadas de 1830 e 1840 foram desenvolvidos sistemas concorrentes, patentes foram pedidas e desenvolveu-se uma acirrada competição.[78] Com apoio no Congresso, Morse conseguiu enviar sua primeira mensagem por telégrafo em 1844. Por ironia, foi o virulentamente anticatólico e pró-escravatura Morse que, em 1858, introduziu em pessoa o telégrafo no Caribe quando visitava sua filha, que se casara com um plantador em Porto Rico. Morse instalou uma linha telegráfica da *hacienda* do genro à cidade de Arroyo, à curta distância de mais ou menos um quilômetro e meio. A velocidade do telégrafo na comunicação de informações era uma vantagem prática de utilidade claramente ilimitada, como deixou claro seu uso na Guerra da Crimeia (1853-6) e na Guerra Civil nos Estados Unidos (1861-5), e os governos no Atlântico Norte começaram a perceber as vantagens de uma advertência prévia no enfrentamento de furacões. O desafio era instalar cabos submarinos para possibilitar isso, e desenvolveu-se uma virtual guerra comercial entre companhias concorrentes, em grande medida vencida por algumas firmas britânicas e americanas que instalaram os cabos para conectar as ilhas caribenhas à Europa e à América do Norte.[79]

A fase inicial da era moderna dos furacões tinha terminado, e aqueles que agora viviam e navegavam sob os céus do Atlântico Norte dispunham de novos modos de ver esses eventos, compreender suas propriedades físicas, comunicar seu avanço e, com isso, preparar-se para sua chegada ou evitar suas piores consequências. Preces e contrição ainda eram usadas ante as grandes tempestades, propriedades e igrejas ainda mobilizavam impulsos caritativos para minimizar seus efeitos. Em Barbados, o governador Lyon proclamou a data de 7 de outubro como um dia de humilhação e de ação de graças a Deus, que "em meio ao julgamento se comprouvera em lembrar a Misericórdia e deter a fúria do furacão".[80] Em 1857, ano da morte de Redfield e da aposentadoria de Espy, os jesuítas de Havana estabeleceram um observatório do clima em sua escola, o Colegio de Belén, um ano após o próprio governo espanhol ter criado uma cadeira de meteorologia e um observatório na ilha. Os jesuítas, cuja teologia enfatizava uma busca por Deus em todas as coisas e que procuravam conciliar a ciência com Deus, tiveram uma participação proeminente na geração seguinte de observadores de furacões.[81] Como as grandes tempestades se encaixam num plano divino continuou a ser uma questão de consciência e de púlpito, mas indivíduos e nações dispunham agora de um modo diferente de encarar esses eventos, e cada vez mais buscavam na comunidade científica internacional que desabrochava uma ajuda para enfrentá-los.

5. Liberdade, soberania e catástrofes

Uma ajuda efetiva para alguns implica injustiças para outros.
Francisco Moreda y Prieto, governador de Porto Rico (1837)

Muitos que não perderam com o furacão e que se contentavam em passar a vida num casebre, em vez de trabalharem por um ganha-pão honesto, agora correm para apresentar uma enganosa história de sofrimento e conseguem impingi-la àqueles que não estão familiarizados com sua verdadeira condição e a verdadeira extensão de sua perda.
Sir Arthur Rumbold, presidente,
Ilhas Virgens Britânicas (1866)

As torrentes de água que desabaram, os furacões de 1870, não foram suficientes para lavar o sangue que inunda Cuba, nem para apagar os incêndios que a devoram.
Manuel Fernández de Castro (1871)

Com a emancipação nas Índias Ocidentais Britânicas em 1834 e a abolição da escravatura nas Antilhas Francesas em 1848, o sistema de plantation e a escravidão no Atlântico Norte ficaram concentrados nos estados sulistas dos Estados Unidos e nas ilhas espanholas do Caribe. Nas Índias Ocidentais Britânicas e Francesas a transição para o trabalho livre tinha seguido algumas trajetórias diferentes, influenciadas por condições políticas, disponibilidade de terras e preços no mercado mundial. No Haiti, a destruição revolucionária das economias do Antigo Regime, a associação que houvera de açúcar, café e outros produtos de plantation com a servidão e a ampla disponibilidade de terras propiciaram a criação de um campesinato pouco interessado no trabalho agrícola. Na Martinica e em Guadalupe, a emancipação, em 1848, levou a um período de declínio na produção de açúcar a curto prazo. Mas o acesso a terras era limitado para ex-escravos, de modo que essa força de trabalho, acrescida de trabalhadores contratados na África, fez, na década de 1860, a produção voltar aos níveis de antes da emancipação. Em algumas ilhas das Índias Ocidentais Britânicas, como Barbados, São Cristóvão e Antígua, a escassez de terras não ocupadas tornou proibitivo, para ex-escravos, deixar por completo o trabalho em plantation, e com isso a produção continuou a se expandir, empregando-os como trabalhadores assalariados. Mais tarde, quando a demanda mundial por açúcar diminuiu e a população cresceu, a emigração ofereceu uma alternativa. A Jamaica, Santa Lúcia e Granada, que tinham mais terras disponíveis, testemunharam uma diminuição na produção de açúcar e um aumento do campesinato. Nessas ilhas, plantadores de açúcar constataram que seus retornos, em declínio, os impediam de arcar com a importação de trabalhadores contratados asiáticos ou outros.[1]

CATÁSTROFES E O BOOM ESPANHOL NO CARIBE

A contração da produção agrícola em grande parte do Caribe não hispânico agora abria de maneira mais ampla as portas para um processo de expansão econômica que já começara em Cuba e em Porto Rico na década de 1820. Em Porto Rico, a abertura dos portos e o relaxamento de restrições para aquisição de terras contribuíram para o crescimento agrícola. O comércio exterior da ilha aumentou 2000% entre 1814 e 1854.[2] A cultura do café prosperava na região montanhosa do centro, empregando em sua maior parte trabalhadores assalariados. A produção de açúcar agora tinha se elevado de maneira considerável nas áreas de Ponce e Guayama, na costa meridional, e Mayagüez, no oeste, saltando de pouco mais de mil toneladas em 1814 para 14 mil em 1830, e 40 mil toneladas em 1840, e continuou a crescer com rapidez depois disso.[3] Essa expansão foi acompanhada e tornada possível pela duplicação da população escrava na ilha, grande parte dela concentrada nas áreas costeiras de cultivo de cana. Em 1850, Porto Rico tinha cerca de 50 mil escravos e ultrapassara a Jamaica como produtora de açúcar.[4] Seu produto logo encontrou mercados nos Estados Unidos e na Grã-Bretanha. Mesmo enquanto a economia açucareira se expandia e sua demanda de trabalhadores mudava a demografia local, os escravos nunca constituíram mais do que 12% da população. E quando as pressões contra o tráfico de escravos aumentaram, uma legislação obrigando trabalhadores rurais livres e camponeses a terem um contrato de trabalho resolveu em parte a questão da demanda por mão de obra na agricultura.[5] Quando a abolição da escravatura chegou afinal em Porto Rico em 1873, os escravos formavam 5% da população.

Em Cuba, ocorreu um processo similar de expansão agrícola e de aumento da escravidão, mas numa escala ainda maior. Ali e no Sul algodoeiro estava o coração da "segunda escravidão", a expansão do escravismo no desenvolvimento capitalista da agricultura de plantation, ao integrá-lo com tecnologia moderna, como o descaroçador de algodão e os engenhos de açúcar movidos a vapor, e ao produzir mercadorias como algodão e açúcar para o consumo de massa. As áreas ocidentais da ilha tinham se desenvolvido como florescentes produtoras de tabaco e café no final do século XVIII e no início do XIX. Em 1840, Cuba estava exportando mais de 27 mil toneladas de café por ano, três quartos desse total cultivados naquela região onde os *cafetales* lindamente cuidados, à sombra de árvores frutíferas e palmeiras e intercalados com fazendas de culturas alimentícias, tinham se espalhado pelo campo. No oeste de Cuba também havia *vegas*, terrenos semeados de tabaco, em especial em Pinar de Río, onde em 1840 representavam cerca de 5% das áreas de cultivo. As propriedades açucareiras haviam se expandido, ajudadas pela eliminação do Haiti como concorrente, pela introdução de novas tecnologias, como motores a vapor e ferrovias, e pelos problemas pós-emancipação na Jamaica e em outras ilhas britânicas. Até a década de 1840, essa expansão agrícola foi mais ou menos equilibrada entre as principais culturas, do café e do açúcar, com o tabaco e o cacau desempenhando um papel menor. A economia de Cuba, não prejudicada pelas guerras de independência das colônias espanholas no continente e beneficiando-se das perturbações sociais e políticas dos competidores caribenhos, se expandiu, instada por defensores dos proprietários crioulos dispostos, nas palavras do historiador Louis Pérez Jr., "a aceitar a segurança do colonialismo em vez da incerteza da independência".[6] Grande parte dessa expansão fora possibilitada pelo crescimento da escravidão. Em 1841, Cuba tinha uma população escrava de cerca de 437 mil habitantes, concentrada em grande medida nas zonas agrícolas ocidentais. A crescente pressão britânica sobre a Espanha para pôr um fim ao comércio escravista bem como o medo cada vez maior de uma rebelião criaram uma sensação de insegurança entre as classes de proprietários em pleno momento de prosperidade. Contudo, embora o tráfico de escravos africanos tenha terminado em 1867 e se desenvolvessem novas fontes de trabalho, como a importação de chineses, os defensores da escravidão continuaram com sua campanha. Muito de sua posição e de seu êxito dependia disso.

Instabilidade política e invasões estrangeiras assolaram a República Dominicana, que se tornou independente em 1844. Seu desenvolvimento econômico sofreu com essas condições, caindo a um nível muitíssimo inferior ao das outras ilhas espanholas de Cuba e Porto Rico, que tinham se tornado importantes possessões coloniais produtoras de riqueza com base na escravatura. Em 1868, Cuba, sozinha, atendia a 40% da demanda do mercado mundial de açúcar. Durante esse período, os plantadores proprietários de escravos haviam observado com interesse o progresso da escravidão nos Estados Unidos e tendiam a ver nisso um paralelo com sua própria situação. No início, concordavam com a Confederação, mas gradualmente começaram a mudar de ideia ao longo da Guerra Civil, quando a sorte se voltou contra o Sul. Em termos políticos, a classe dos plantadores não era idiota. Após 1864, eles foram capazes de ver que a escravidão no Sul estava condenada; e, em seu próprio contexto, perceberam estar perdendo terreno para os abolicionistas espanhóis e crioulos, para a pressão política britânica e para os ativistas políticos na ilha que haviam associado a emancipação à independência política.[7] A década de 1850 assistira ao crescimento dos sentimentos anexionistas que buscavam uma união com os Estados Unidos escravistas, entre a classe dos plantadores e seus aliados em Cuba, mas a ideia perdeu terreno durante a Guerra Civil Americana. Em 1865, Cuba, Porto Rico e o Brasil haviam restado como os únicos regimes escravocratas nas Américas.

Em meados dos anos 1860, tinham sido desencadeados dois processos que depois puseram fim à economia escravista, e mais tarde também ao regime colonial: a expansão de um movimento abolicionista na Espanha e em suas colônias; e uma insatisfação cada vez maior com governo colonial da Coroa — seus fracassos administrativos, suas restrições ao comércio e sua supressão da dissidência. O açúcar e a escravidão haviam criado grandes fortunas em Cuba e para a Espanha, mas as colônias se sentiram desfavorecidas no processo e se ressentiram do fato de não usufruírem dos mesmos direitos políticos de seus irmãos continentais. Além disso, os cubanos pagavam impostos muito mais elevados do que os espanhóis. Restrições nas importações do açúcar caribenho para proteger produtores na Andaluzia e leis de isenção que favoreciam as importações espanholas eram aplicadas em benefício da metrópole e em prejuízo de comerciantes e produtores nas colônias.[8] Assim mesmo a economia colonial teve um boom. Em 1866, Cuba, sozinha, obteve uma receita de quase 27 milhões de pesos.

Em Cuba, uma política de acomodação com interesses coloniais sob governadores reformistas (1859-66) foi alvo em certa medida de reclamações moderadas por parte dos crioulos, mas os governadores em Porto Rico tinham sido mais rigorosos, controlando a imprensa, proibindo debates políticos públicos e discussões sobre a abolição e exilando os principais porta-vozes liberais, como o médico Ramón Emeterio Betances, educado na França, e o advogado e funcionário municipal Segundo Ruiz Belvis. A situação das colônias estava chegando a um ponto crítico. Em 1867, o ano em que terminou o comércio escravista para Cuba, foi criado na Espanha um partido abolicionista. A emancipação se tornou cada vez mais um tópico que atraía intelectuais liberais nas ilhas, assim como na metrópole. Em Porto Rico, Betances, que ao lado de outros tinha participado de agitações em favor da abolição, foi expulso pela segunda vez. Residindo na ilha vizinha de Saint Thomas, ele redigiu um manifesto associando estreitamente a abolição a outros direitos políticos e pleiteando políticas mais favoráveis aos interesses antilhanos. Nesse contexto de inquietação e agitação política, enquanto a questão da escravatura era atacada e defendida e o papel do governo, amplamente discutido, a natureza interveio mais uma vez e revelou a fragilidade do governo e do regime colonial.

Durante esse período de expansão econômica, as tempestades na temporada dos furacões não tinham cessado e, conquanto seus efeitos fossem às vezes localmente desastrosos, não retardaram o crescimento econômico das colônias hispânicas. Em 1825, o leste e o centro de Porto Rico haviam sofrido um rude golpe, que matou ou feriu mais de 1500 pessoas e milhares de reses, provocando importante escassez de alimentos. Em agosto de 1837, um furacão causou grandes prejuízos no porto de San Juan e áreas adjacentes, enquanto outro em 1846 atravessou o centro da ilha, de Ponce até Aguadilla. Cuba também teve seu quinhão, com tempestades localizadas atingindo Cienfuegos em 1832, Trinidad, na costa sul, em 1837, e Havana, Matanzas e a costa norte em 1842. Uma longa seca durante a maior parte do ano de 1844 arruinou a agricultura e matou cabeças de gado, mas foi seguida, na noite de 2 de outubro, por um furacão devastador, o San Francisco de Asis, que varreu toda a ilha. Ele afundou dezenas de navios no porto de Havana e inundou as ruas da cidade. Os ventos, soprando a mais de 240 quilômetros por hora, causaram o desmoronamento de algumas estruturas urbanas e acabaram com milhares de casas na zona rural e *bohios* (barracos). O transbordamento de rios, a violência dos ventos e os respingos de água salgada destruíram todo tipo de planta, de culturas alimentícias a cafeeiros, cana-de-açúcar e pés de tabaco. Duramente castigada, a ilha apenas começava a se recuperar quando, em 10 de outubro de 1846, grande parte da mesma região foi de novo atingida. Dessa vez o impacto foi mais intenso e mortal; o barômetro caiu a um nível recorde de 449,58 milímetros de mercúrio em Havana e o vagalhão provocado pela tempestade atingiu, em alguns lugares, dez metros de altura. O furacão deixou seiscentos mortos, milhares de feridos, dezenas de milhares de sem-teto;[9] segundo o cônsul dos Estados Unidos, foi "o mais calamitoso e sem paralelo na história da ilha".[10]

Dessa vez o furacão se seguira a semanas de chuvas torrenciais que tinham encharcado os campos e elevado o nível dos rios, de modo que os efeitos da inundação e da deterioração das plantações após a tempestade foram extremos. *Ingenios*, fazendas, alojamentos de escravos, *bohios* e até cidades pequenas sucumbiram. Embora a produção de tabaco sofresse no curto prazo, essa indústria logo se recuperou e se expandiu, e na década de 1850 vários plantadores começaram a instalar fábricas para produzir seus próprios charutos. O açúcar também teve um declínio temporário após a primeira tempestade, e a colheita de 1845 foi apenas de metade da do ano anterior. Consideráveis perdas de capital em equipamentos e em escravos obrigaram alguns engenhos a sair do negócio. Mas, a longo prazo, tanto o setor do tabaco quanto o do açúcar tiveram forte recuperação.

As propriedades produtoras de café sofreram o impacto das duas tempestades, com cafeeiros arrancados com suas raízes, árvores que proviam sombra destruídas e plantações que proviam alimentos para os escravos dizimadas. O capital investido após o furacão de 1844 se perdeu de novo em 1846, e a queda dos preços do café no mundo tornou a recuperação mais difícil. A produção de café despencou de 32 milhões de toneladas por ano na década de 1820 para menos de 10 milhões na década de 1860. As propriedades cafeeiras foram vendidas ou convertidas em fazendas de criação de gado, culturas alimentícias ou açúcar. Muitos dos escravos que trabalhavam nos *cafetales* cubanos foram vendidos para engenhos de açúcar no exato momento em que a pressão britânica e sentimentos abolicionistas se avolumavam contra o tráfico de escravos. As importações de escravos para Cuba caíram de mais de 20 mil por ano no final da década de 1830 para 3 mil no final da de 1840. As perdas no café viraram lucros no açúcar. Exatamente quando novas tecnologias na produção do açúcar e nas ferrovias estavam facilitando a rápida expansão do açúcar na ilha e a demanda por trabalho crescia, a derrocada da economia cafeeira cubana veio prover uma mão de obra que o declinante comércio de escravos seria incapaz de fornecer. Entre 30 mil e 50 mil escravos foram transferidos das propriedades de café para as de açúcar. Os plantadores de café descobriram que o valor de seus escravos subira de maneira abrupta quando as pressões contra o tráfico de escravos e o boom do mercado do açúcar no Atlântico tinham se combinado em seu benefício, de modo que sua venda era a melhor estratégia.

Os furacões de 1844 e de 1846 aceleraram o processo do crescente domínio do açúcar na economia cubana, levando capital e gente para esse setor e desfazendo o equilíbrio anterior, sobre o qual a economia havia se fundamentado. Mas a transformação teve um custo social. A faina que o cultivo da cana-de-açúcar requeria e o impulso para a expansão tinham resultado numa piora das condições de trabalho e em alta taxa de mortalidade nas plantações. Tudo isso redundou numa crescente oposição dos escravos. Resistência, fugas e sublevações ocasionais em determinadas propriedades intensificaram as incertezas dos plantadores, e quando, em março de 1844, uma alegada conspiração de escravos, conhecida como revolta de "La Escalera", foi "descoberta", o combate a ela foi amplo e brutal. A alta mortalidade de escravos na indústria do açúcar, a repressão, as mortes causadas pelos furacões e a condição debilitada da população escrava de Cuba que eles suscitavam resultaram no declínio dessa população em 25% entre 1841 e 1846. Porém, apesar dessas perdas, os campos de cana foram ocupando cada vez mais território, em especial perto de Havana e em Matanzas. Na década de 1860, Cuba estava produzindo mais de 1 milhão de toneladas por ano. O açúcar se tornou o principal produto de exportação da ilha e representava mais de três quartas partes do valor de toda a sua exportação.

As respostas às tempestades das décadas de 1830 e 1840 tinham demonstrado os princípios nos quais o governo espanhol baseava suas ações, as técnicas e as instituições das quais dependia e tanto seu desejo quanto sua capacidade de enfrentar o desafio da calamidade natural. Como essas pessoas que controlavam o governo encaravam tal desafio?

De uma tempestade que ocorrera pouco tempo antes, conhecemos uma resposta notável, escrita pelo governador de Porto Rico em seguida aos pesados danos causados pelo furacão "de Los Angeles", de 2-3 de agosto de 1837; a intempérie havia afundado boa parte dos navios no porto de San Juan. Embora tenha matado pouca gente, destruiu o que prometera ser uma colheita especialmente boa: quase todos os bananais foram dizimados, e as colheitas de arroz e de milho também sofreram. O governador, Don Francisco Moreda y Prieto, um militar de alta patente que sucedera ao conde de Torrepando (o qual, como vimos no capítulo anterior, tinha dado passos importantes no sentido de manter a lealdade dos ilhéus), havia assumido o cargo só em janeiro daquele ano. Moreda se defrontou com uma situação difícil. Numa extensa carta aberta aos "habitantes de Porto Rico", ele revelou suas frustrações ante os desafios trazidos pela tempestade que tinha acabado com as esperanças de tanta gente. Petições por uma redução nos impostos constituíram a principal proposta dos ilhéus, mas o governador, ao mesmo tempo que expressava sua compreensão, sustentou que os governos precisavam estar preparados para essas eventualidades bem antes de elas ocorrerem, insistindo em prédios e especificações de construção mais adequados e alienando fundos para ajuda quando necessários. Medidas de emergência como as que estavam sendo solicitadas, argumentou, com frequência causavam mais problemas a longo prazo do que resolviam os mais imediatos; nas suas palavras, "uma ajuda efetiva para alguns implica injustiças para outros". Segundo Moreda, a receita do governo em anos normais quase não cobria as despesas, e reduzi-la faria com que importantes compromissos para com a sociedade, como a defesa da ilha, a manutenção do governo e até suas obrigações religiosas, não fossem atendidas. Os encargos tinham de ser cumpridos para o bem de todos, e "dedicarmo-nos com um novo espírito, retomarmos o arado para obrigar nossa mãe comum a dar com mão prodigiosa o que a furiosa tempestade roubou, é o que a prudência, a única política que nos resta adotar, nos conclama a fazer".[11]

O governador apelou para os usuais ímpetos generosos, humanitários e de beneficentes, enfatizando que evitar mortes, doenças e perda de população era interesse de todos. Ordenou que se estabelecesse uma junta de caridade (*junta de beneficiencia*) em cada municipalidade, para atender às necessidades locais e elaborar relatórios para o governo central. Em outras palavras, indivíduos bem-nascidos deviam fazer um sacrifício para socorrer os mais afetados, e dessa maneira agiriam "como pedem a caridade de nossa santa religião, os mais respeitáveis princípios sociais e o melhor entendimento do interesse individual".[12] A resposta do governador Moreda parece ter sido sincera e cuidadosamente pensada. Mas sua ênfase em tradicionais ímpetos caritativos e na responsabilidade social, e sua pouca disposição, justificada ou não, para reduzir as receitas governamentais oferecendo isenções fiscais, ou para pedir às autoridades da metrópole que assumissem responsabilidade direta, não foi esquecida nas críticas ao governo colonial. O fracasso da Espanha em prover ajuda, em reparar suficientemente estradas, pontes e a infraestrutura, ou em responder de maneira adequada aos apelos das classes de proprietários crioulos, contribuiu para um sentimento crescente de exasperação. Além disso, a insistência de Moreda em que o governo não poderia assumir esse ônus era uma ironia. A Lei de Caridade (*Ley de Beneficencia*), de 1822, e a subsequente legislação no decorrer do século na Espanha tinham em essência reconhecido e defendido um aumento no controle público da maior parte das formas de assistência social; e enquanto se apoiava legalmente um modelo de cooperação público-privada e se estimulava a participação do clero, o confisco de propriedades da Igreja e o crescente controle estatal sobre a instituição e entidades privadas, como hospitais, orfanatos, asilos e afins, sinalizavam que o Estado assumia a assistência social. Esse processo foi motivado sobretudo, na própria Espanha, pela preocupação quanto à "questão social" e à ascensão de uma classe trabalhadora, mas suas implicações na responsabilidade dos governos nas colônias ante a calamidade natural não se perderam nos administradores coloniais ou nos povos das ilhas.[13]

As fontes tradicionais de auxílio tinham tido um avanço após os furacões de 1844 e 1846 em Cuba. O governador se voltara para as fontes costumeiras de apoio: piedade, caridade e instituições em nível local. Havana sofrera muito em 1846, em especial os bairros mais pobres (*extramuros*), onde 2800 lares haviam sido arrasados ou avariados. Mesmo na área central, quase todo prédio governamental sofrera algum dano, algumas igrejas ruíram e 331 casas dentro dos limites da cidade foram atingidas. O governo e as autoridades eclesiásticas buscaram as respostas tradicionais. O arcebispo fez rezar um te-déum para agradecer por tantas pessoas terem sobrevivido. O governador organizou patrulhas para sustar os saques e depois ordenou que todos os fisicamente capacitados, homens brancos e não brancos, ajudassem na recuperação das instalações do porto. Comissários em cada bairro receberam pequenas quantias para serem distribuídas entre os necessitados, mas buscava-se ajuda sobretudo por meio de contribuições voluntárias a um comitê de auxílio, ou junta de socorro, criado para esse fim. O editor do jornal *El Faro Industrial*, numa edição especial, fez as costumeiras referências a "um teste da Divina Providência" e à necessidade de resignação cristã, enquanto tentava capturar o horror da tempestade cuja ferocidade estava, assim ele sentia, além da imaginação dos europeus: "Os que não viram essas tempestades americanas não são capazes de formar uma ideia sobre elas. Não são em absoluto como as tempestades da Europa".[14] Depois listou cuidadosamente todas as perdas e mortes na cidade e anotou a natureza dos danos em cada caso, avaliando que só os prejuízos com o açúcar já seriam de 2 milhões de pesos. Mas também usou esse panfleto para detalhar os muitos exemplos de heroísmo e generosidade diante da tempestade, atos que demonstraram, segundo ele, a qualidade do povo de Cuba. Estava ausente desse compêndio de perdas qualquer comentário ou crítica relativos às ações do governo, salvo uma observação de que este tomara "as medidas que a situação exigia".[15] Silenciosamente estava ocorrendo uma mudança, na qual o governo assumia um papel predominante na organização de todos os aspectos da assistência social, e o editor preferiu não questionar suas ações.

Mas a verdade era que Madri ficava longe demais para fornecer ajuda imediata, e a enormidade da tarefa parecia estar além da capacidade da Coroa de pagar por ela. Como de hábito, apelos por doações de caridade foram feitos aos nobres, aos conventos e a várias associações na Espanha e em outras colônias. Sob as instâncias do conselho municipal de Havana, fixaram-se preços, abriram-se portos e suspenderam-se temporariamente impostos aduaneiros sobre importações, mas uma tentativa de obter moratória em execuções de dívidas de propriedades rurais foi bloqueada por recursos do tribunal, temeroso de que isso comprometesse o mercado de créditos. Muitas das medidas de emergência que pareciam fazer sentido em Cuba foram subsequentemente recusadas por Madri. Administradores coloniais rejeitaram quaisquer medidas que limitassem a capacidade da metrópole de obter receita de impostos, tarifas ou taxas aduaneiras. Uma sensação de rejeição e de desconsideração estava crescendo nas colônias, e as calamidades a aprofundaram ainda mais.[16]

Na década de 1860, havia um novo contexto econômico e político no qual esses ressentimentos e frustrações floresceram. A Guerra Civil Americana estava sendo observada com atenção nos regimes escravistas de Cuba e Porto Rico. A própria Espanha se aproveitou da distração dos Estados Unidos para reocupar sua antiga colônia de Santo Domingo, agora República Dominicana. Quando o conflito começou a pender em favor da União, um número crescente de intelectuais e ativistas cubanos e porto-riquenhos deu expressão a fortes sentimentos abolicionistas, e seus desejos de emancipação ficaram cada vez mais associados ao desejo de maior autonomia, ou mesmo à independência.

POR SUA PRÓPRIA CONTA: AS ÍNDIAS OCIDENTAIS BRITÂNICAS E AS OUTRAS ANTILHAS

As décadas intermediárias do século XIX foram uma época de esperanças frustradas ou traídas para centenas de milhares de ex-escravos nas Índias Ocidentais Britânicas. Tendo se emancipado entre 1834 e 1838, eles esperavam agora receber os direitos de homens e mulheres livres. A indústria do açúcar entrara em declínio em muitas áreas e o abandono das plantações em algumas ilhas e colônias no continente por muitos dos ex-escravos levou à importação de trabalhadores contratados sul-asiáticos ou africanos, e a uma legislação restritiva que buscava forçar trabalhadores e camponeses a voltarem para o setor de exportação das economias locais. O direito de votar era restrito em todas essas colônias. Na Jamaica, onde a legislação tornara o acesso a terras não cultivadas muito difícil e onde impostos de capitação privavam de seus direitos sobretudo a população negra e pobre, a frustração causada pela rejeição real aos apelos e pela gestão insensível do governador levou mais tarde, em 1865, a um grande protesto, a chamada rebelião de Morant Bay, na qual centenas de pessoas foram mortas e outras centenas, sumariamente executadas na brutal repressão que se seguiu. Enquanto alguns críticos elevavam a voz pedindo justiça para os rebeldes, os governos liberais que controlavam o Parlamento no final da década de 1860 não se mostraram mais solidários às colônias das Índias Ocidentais do que os tóris, antes deles.[17] O etnocentrismo e as atitudes em relação a raça desempenhavam claramente um papel nas políticas imperiais nas Índias Ocidentais, assim como acontecia na Irlanda e na Índia.[18] Em certa medida, as Índias Ocidentais estavam por sua própria conta na metade do século no que se referia a receber muitos subsídios ou atenção do governo, e o interesse britânico estava se transferindo para o império na Índia, e depois, na década de 1870, para a corrida por colônias africanas, quando as potências europeias começaram a pintar o mapa da expansão colonial na África.[19]

Esse contexto político e social ajuda a compreender a reação do governo britânico ao contínuo desafio dos desastres naturais nas colônias do Atlântico Norte. Podemos dar dois exemplos, o de um furacão que, num evento raro, afetou Tobago em 1847 e outro que assolou as Bahamas em 1866. Em ambos os casos, foram feitos relatos detalhados do governo em seguida às tempestades, e sua composição é reveladora das estratégias e dos princípios da reação das autoridades.

Tobago, a 11,9 graus de latitude norte, situava-se muito perto do equador para estar no trajeto usual dos furacões. A pequena ilha, de cerca de trezentos quilômetros quadrados, com muitas florestas e montanhas, tinha sido repassada repetidas vezes de um rival europeu para outro — espanhóis, ingleses, holandeses, franceses e até curlandeses (letões) — até 1803, quando a Inglaterra assumiu o controle. Tobago esteve, durante quase toda a sua história, num "estado de intermediariedade", nas palavras do historiador Eric Williams.[20] Um pouco de açúcar, algodão e índigo eram lá produzidos, e no final do século XVIII a ilha tinha cerca de 12 mil habitantes, a maioria escravos. Revoltas e ameaças de revolta haviam sido comuns após 1770. Em seguida à emancipação, em 1834, um período de aprendizado transcorrera sem incidentes, até que em 1838 ele terminou em todas as colônias britânicas e foi assegurada a liberdade para os ex-escravos. Tobago havia se tornado, em termos administrativos, parte das ilhas de Barlavento em 1833 e não era mais uma colônia em separado, sendo governada por um vice-governador sob as ordens do governador-geral em Barbados.

Embora a ilha tivesse sido atingida por um furacão em 1790, a opinião geral era de que ela estava a salvo deles, e como resultado os métodos de construção não levavam em conta a possibilidade de um desastre. A tempestade chegou na noite de 10 de outubro de 1847, e as pessoas só conseguiram procurar abrigo graças à luz de um contínuo relampejar. O vento, soprando de sudoeste para nordeste, pôs abaixo 26 engenhos de açúcar e danificou outros 33; restaram apenas dez em condições de operar. Muitas casas de propriedades também foram destruídas, sem falar de centenas de casas de trabalhadores derrubadas pelos ventos. Na principal cidade de Scarborough, o vice-governador e sua família buscaram abrigo no porão quando os ventos derrubaram janelas e portas na Casa do Governo.[21] Os telhados dos quartéis ruíram; o regimento das Índias Ocidentais ficaria sob lonas após a tempestade, embora se tivesse o cuidado de enviar as tropas brancas para Trinidad, para evitar futuros problemas de doença.

Apenas cerca de trinta pessoas foram mortas pela tempestade ou em consequência dela, mas os danos foram estimados em 150 mil libras esterlinas. Foi um rude golpe, uma vez que os plantadores de cana-de-açúcar da ilha, enfrentando problemas de escassez de força de mão de obra e de controle no período pós-emancipação, já estavam lutando para competir com o açúcar cultivado por escravos em Cuba e no Brasil. Em 1846, talvez um terço da força de trabalho tinha desertado das jornadas em tempo integral nas plantações das ilhas de Barlavento de Granada, São Vicente, Santa Lúcia e Tobago. A tempestade de Tobago intensificou esse processo de retirada.[22]

O vice-governador Lawrence Graeme, o funcionário mais graduado da ilha, agiu com rapidez, informando a assembleia sobre sua vontade, "até onde permitissem seus modestos meios", de ajudar os sofredores e as classes mais pobres, e garantir a paz e a segurança na ilha. Foi emitida uma proclamação contra saques e vasculhamentos e feita uma cuidadosa contabilidade de todas as perdas de propriedades. A assembleia, observando que "comprouvera a Deus Todo-Poderoso dispensar Sua Providência aos aflitos desta ilha com a visita de um furacão", ressaltava as perdas e a desdita e todas as classes e pleiteava a "graciosa consideração" da rainha Vitória. O vice-governador salientava o tempo todo a boa vontade e a prestimosidade da população ao reagir à catástrofe, mas sua correspondência sugere que suas palavras podem ter sido mais exortatórias do que descritivas. Um decreto que determinava justiça sumária e açoitamento para saqueadores homens e trabalhos forçados para saqueadoras mulheres, aprovado pela assembleia e implementado pelo vice-governador em 20 de outubro, observava que "veem-se muitas pessoas ociosas e desordeiras perambulando pelo país, recusando-se a trabalhar, e cujo objetivo é evidentemente se valer da atual oportunidade para saquear".[23] Porém o que mais o preocupava Graeme era trazer as propriedades produtoras de açúcar de volta à operação. Sugeriu que a destruição da tempestade poderia demandar que várias dessas propriedades arruinadas se consolidassem e começassem a trabalhar juntas — em outras palavras, a reestruturação dos engenhos de açúcar em fábricas centralizadas, como estava acontecendo em Cuba; mas se deu conta de que essa decisão teria de ser tomada na Inglaterra.

A rainha reagiu à catástrofe com a imediata concessão de 5 mil libras esterlinas para os destituídos, mas o Parlamento relutou em oferecer ajuda adicional. Quando, em março de 1848, funcionários locais fizeram um cuidadoso balanço de todas as perdas, tanto o vice-governador quanto o Parlamento questionaram a validade desse cálculo. O Parlamento concluiu que "a aflição e a desdita entre as classes mais pobres da população de Tobago em decorrência do furacão não tinham uma natureza de urgência que clamasse por medidas imediatas e extremas para lhes servir de alívio, ou lhes permitir reconstruir suas moradias": os fundos que já haviam sido fornecidos eram suficientes. Quanto aos plantadores, o auxílio seria oferecido em forma de um empréstimo, como tinha sido feito recentemente com as vítimas de um terremoto em Antígua, Névis e Montserrat, em 1843. Nesse caso, o empréstimo de 50 mil libras esterlinas, a 4%, foi segurado contra a receita da ilha e distribuído a indivíduos de acordo com suas necessidades.[24]

Tobago se esforçou por pagar a dívida, e uma parte do fundo e dos juros ainda não estava quitada na década de 1860. O furacão simplesmente tinha exacerbado a situação de derrocada que começara com o fim da escravidão, e os efeitos da emancipação e o declínio dos preços do açúcar no mercado mundial deixaram marcas que nenhum grau de prestatividade ou qualquer atitude positiva poderiam sanar.[25] A produção de açúcar de Tobago havia caído 47,5%

entre os períodos 1824-33 e 1839-46, isto é, entre antes e depois da emancipação, e mesmo em 1880 ainda era de cerca de dois terços do que fora antes dela.[26]

A atitude do governo britânico foi, é claro, determinada por muito mais do que a raça de seus súditos das Índias Ocidentais. A tempestade de Tobago foi contemporânea da Grande Fome na Irlanda (1845-7), que resultou na morte ou na migração de 2,5 milhões de pessoas. Durante a fome, eclodiu um tremendo debate ante a reação inicial do governo de que os temores em relação à fome tinham sido exagerados. Alguns membros do Parlamento acreditavam que as instituições locais ou o mercado deveriam lidar com o problema, de modo que se opuseram a uma ajuda à população pobre e faminta. Outros críticos alegavam que o irlandês, devasso, beberrão e preguiçoso por natureza, se comportaria de maneira ainda pior se lhe dessem algo em troca de nada. Um professor em Oxford viu na fome a mão de Deus, uma dolorosa mas necessária solução malthusiana para o problema da Irlanda. A declaração do escritor irlandês John Mitchell de que "o Todo-Poderoso de fato enviou a ferrugem da batata, mas o inglês criou a Fome", que contribuiria mais tarde para seu julgamento e seu exílio, foi um primeiro reconhecimento da ação humana na criação de catástrofes a partir de crises ecológicas. A fome da batata causou a divisão de partidos políticos, a queda do governo conservador de Robert Peel, um debate amargo no Parlamento e a revolta de 1848 na Irlanda.[27] Os furacões e outras catástrofes, como terremotos e erupções vulcânicas nas Índias Ocidentais, nunca atingiram a mesma magnitude de perdas nem causaram impacto político tão abrangente em Londres, mas tanto naquelas colônias quanto na Irlanda as atitudes em relação ao campesinato ou aos indigentes, com base seja na pobreza, seja na cor, ou em ambas, contribuíram para políticas que deixaram as vítimas sem apoio.

Essa desconsideração para com populações de trabalhadores e camponeses se tornou particularmente importante nas Índias Ocidentais Britânicas nas décadas intermediárias do século XIX devido à conjuntura econômica difícil enfrentada por elas após a emancipação. A situação de Tobago após o furacão de 1847 não era singular, e a maioria das outras colônias britânicas enfrentou o desafio similar do declínio da produção e do comércio, dispondo de poucos recursos para emergências. Isso fez com que as colônias dependessem de assistência e ajuda do governo da metrópole, mas atitudes administrativas contrárias à provisão dessa ajuda interferiam com frequência na reação a desastres naturais.

Um bom exemplo dessa situação é dado por um furacão de considerável intensidade que varreu as Bahamas e as vizinhas ilhas Turks e Caicos em outubro de 1866. Nenhum desses grupos de ilhas tinha desenvolvido uma agricultura de plantation em qualquer extensão, e eles dependiam primariamente de operações de recuperação de navios e, com frequência, de comércio ilegal. As Bahamas haviam experimentado uma espécie de boom durante o bloqueio imposto pelo Norte às remessas do Sul, na Guerra Civil Americana. A neutralidade britânica durante o conflito e a proximidade das Bahamas do sul dos Estados Unidos tinham estimulado um ativo comércio de contrabando, e a economia dessas ilhas floresceu na década de 1860, evitando muitos dos problemas das antigas colônias britânicas de plantation.

No final de setembro de 1866, um grande furacão que tinha atravessado o Atlântico e alcançado a categoria 4 chegou às Pequenas Antilhas, atingindo Saint Thomas, nas Ilhas Virgens, no dia 28 e depois fustigando as ilhas Turks e Caicos e as Bahamas meridionais no dia seguinte. Em 1º de outubro, o olho do furacão chegou a Nassau, principal cidade bahamense, situada no litoral norte da ilha de New Providence, causando grandes danos, e os ventos permaneceram fortes até o dia seguinte. Em 3 de outubro a tempestade tinha deixado as Bahamas e seguira para o norte, rumo ao Atlântico.

As poucas instalações nas ilhas foram todas danificadas, mas Nassau sofreu o maior golpe. Seus sobrados com pinturas alegres, cercados de árvores frutíferas e de flores, foram arrasados, assim como quartéis, hotéis e armazéns perto das docas, e até o hotel Royal Victoria, com quatro andares, o maior prédio nas Índias Ocidentais Britânicas, com vista para a cidade e para o mar, em cima de uma colina. "Bonita" e "limpa", os adjetivos em geral usados para descrever Nassau, eram agora substituídos por descrições mais lúgubres daquilo que o governador Rawson chamou de "uma calamidade geral e amplamente disseminada". Havia a impressão, disse ele, de que "dificilmente um bombardeio teria infligido uma perversidade maior".[28] Em Nassau, quase cem embarcações afundaram, outras 140 ficaram avariadas e mais de mil pessoas perderam suas casas. As outras ilhas, Inagua, Exuma, Eleuthera e Long Island, tinham sofrido também, sobretudo seus habitantes mais pobres, que agora enfrentavam a inanição. Em Long Island, por exemplo, as plantações de algodão haviam sido severamente danificadas e quase todas as edificações desabaram; para piorar as coisas, todas as folhas de palmito, que eram usadas como telhados, tinham sido arrancadas das árvores, e havia o temor de que só em cinco ou seis meses estariam de novo disponíveis. O governador Rawson tomou as medidas usuais, tentando enfrentar a ameaça imediata da fome, pedindo a Cuba o envio de sementes e criando um comitê de ajuda em Nassau com unidades nas vizinhanças e em outras partes nas ilhas. Em 17 de novembro ele já pôde relatar que a autoajuda, a caridade, a bondade e uma atitude positiva tinham melhorado as condições reinantes. Mas nem tudo transcorrera tão suavemente: em Exuma, uma ilha que não fora atingida com gravidade pela tempestade, mas cujos campos sofreram com uma prolongada seca, quase houve uma revolta quando o juiz de paz local alegou que os suprimentos de socorro na realidade não eram necessários. Os ilhéus ameaçaram linchá-lo se ele não os distribuísse rápida e equitativamente, o que em seguida ele fez.

Mas o mais chocante na reação do governo à tempestade nas Bahamas foi a insistente relutância em assumir a responsabilidade primária de prover alívio individual. O governador Rawson enfatizou que as pessoas tinham de ser dissuadidas da ideia de que o furacão servia de pretexto para uma "prolongada condição de miséria, sem esforço algum de sua parte para suprir suas próprias necessidades e restaurar suas moradias". Em vez disso, ele as incentivou a desistir da ideia de um socorro recebido como caridade e a contar com a independência e a autoajuda. Todos foram estimulados a voltar ao trabalho, e aos que dispunham de meios, crédito e amigos foi dito que consertassem suas próprias moradias assim que possível. Foram exortados a seguir o exemplo da natureza,

> que se apressa, com redobrada energia, para o trabalho de restauração, acreditando nos desígnios benéficos da Providência, e com a firme convicção de que a resignação, a alegria e a industriosidade são os materiais com os quais as pessoas não só podem reparar perdas temporárias, mas construir um duradouro edifício de aliança privada e prosperidade pública.[29]

Esses eram, mais uma vez, chamamentos exortatórios de um governador que claramente não confiava no caráter ou nas inclinações de sua população e buscava assegurar que o papel do governo ao prestar assistência fosse limitado. A referência de Rawson à Providência isentava implicitamente o governo de despreparo antes da tempestade e de sua responsabilidade depois dela. Sua ênfase na autoajuda, na solidariedade entre vizinhos e na volta ao trabalho evitava, de maneira estudada, qualquer referência às divisões sociais e raciais pós-emancipação nas ilhas.

Essas mesmas atitudes de falta de confiança ficaram ainda mais explícitas no ano seguinte, quando um furacão que atingiu as Índias Ocidentais Dinamarquesas e Porto Rico assolou também as Ilhas Virgens Britânicas. De Tortola, Sir Arthur Rumbold, o presidente da assembleia que servia como funcionário-chefe nas ilhas, relatou que, das pouco mais de 120 casas no principal estabelecimento de Road Town, metade tinha sido destruída por completo, assim como todos os prédios públicos, praticamente todos os engenhos de açúcar (restaram dois) e quase todas as moradias da população rural. Depois de mencionar prejuízos semelhantes em outras ilhas do grupo e expressar sua compaixão pelas perdas, ele lembrou a seu superior:

> Todas as pessoas familiarizadas com as Índias Ocidentais devem conhecer as grosseiras invencionices que os negros criam quando alimentam a esperança de ganhar seu pão sem esforço: muitos que não perderam com o furacão e que se contentavam em passar a vida num casebre, em vez de trabalharem por um ganha-pão honesto, agora correm para apresentar uma enganosa história de sofrimento e conseguem impingi-la àqueles que não conhecem sua verdadeira condição e a verdadeira extensão de sua perda.[30]

A dimensão social da resposta do governo britânico a desastres naturais no período pós-emancipação não poderia ser mais clara e foi uma atitude que persistiu durante todo o restante do século. Um exemplo disso vem das ilhas de Barlavento. Santa Lúcia, São Vicente e Barbados foram atingidas por um severo furacão em 1898. Cada uma delas buscou a ajuda do governo colonial britânico.[31] Santa Lúcia, ao contrário de Barbados e São Vicente, onde plantadores brancos ainda dominavam a economia, tinha a maior parte de seus 25 mil acres cultivados por cerca de 6 mil camponeses proprietários, que possuíam poucos recursos para promover uma recuperação.[32] As pessoas na ilha já haviam sido assoladas por um furacão quatro anos antes; e embora a tempestade de 1898 não tenha sido tão destrutiva em Santa Lúcia quanto foi em São Vicente, ela destruiu por completo a colheita de cacau local, que tinha sido desenvolvida em resposta à piora do mercado do açúcar. Suprimentos emergenciais e a maior parte dos fundos levantados em donativos foram para São Vicente. O governador (que morava em Granada) disse aos santa-lucenses que, "assim como o céu, o governo ajuda aqueles que se ajudam", e os instou a voltarem "virilmente" ao trabalho.[33] Pior do que tudo foi a recusa de Londres de prover o empréstimo de 60 mil libras esterlinas pedido para Santa Lúcia, enquanto respondia de modo favorável a solicitações de empréstimo de Barbados e São Vicente. O governo britânico demonstrou não ter confiança no campesinato, nem desejo de ter sua posição fortalecida em Santa Lúcia ou nas colônias das Índias Ocidentais em geral, que agora tinham se tornado um fardo financeiro.

Em meados do século xix, sobretudo após a emancipação, condições e políticas semelhantes podiam ser encontradas nas Antilhas Holandesas e Francesas.[34] Os holandeses tentaram fazer várias reformas administrativas, e mais tarde determinaram que suas colônias nas Índias Ocidentais ficassem sob controle direto da Coroa e criaram um ministério colonial em 1834. Em 1835, as seis ilhas caribenhas mantidas pela Holanda foram designadas como a colônia das Antilhas Neerlandesas. A abolição da escravatura em 1863 em todas as colônias holandesas foi uma mudança de grande vulto, que afetou em especial a colônia do Suriname, no norte da América do Sul, baseada em plantation e trabalho escravo; mas na verdade a importância das colônias das Índias Ocidentais Holandesas já diminuíra quando as Índias Orientais Holandesas se tornaram mais lucrativas. De fato, as Antilhas Neerlandesas tinham se tornado um fardo financeiro. Os holandeses mantinham a rígida política de que cada colônia deveria ser autossustentável. Assim, as despesas com as medidas de auxílio para sua população eram vistas como uma despesa adicional numa empresa já deficitária. Essa atitude havia caracterizado a política holandesa desde o início da nova era moderna, e prosseguiu durante o século xix.

Um furacão que atingiu em 1819 as ilhas de Sotavento de Sint Maarten, Saba e Santo Eustáquio serve como exemplo informativo de uma política e de seus efeitos.[35] A tempestade causou a perda quase total das receitas do açúcar e, com elas, das originadas nos impostos de exportação. Isso obrigou o governo a reduzir de maneira tão drástica os custos da administração e os esforços de reconstrução, que levou décadas para que a recuperação se completasse; a construção da igreja foi lenta, as fortificações de Sint Maarten se deterioraram e ruíram, e os destroços abandonados e cheios de mato desfiguraram por anos o aspecto de Philipsburg, sua capital. As colônias pouco podiam fazer por si mesmas. O subsídio anual dos Países Baixos para Sint Maarten, de 31 mil florins, representava apenas 2% das perdas sofridas na ilha com o furacão, que matou oitenta pessoas e destruiu ou danificou quase todas as suas casas.[36] A metrópole não queria, e as ilhas não podiam, fazer muita coisa diante de tal calamidade.

As Antilhas Francesas seguiram um caminho administrativo diferente para suas colônias das Índias Ocidentais. Após a queda de Napoleão, as Antilhas foram feitas parte da França, e em 1833 seus cidadãos do sexo masculino ganharam o direito ao voto. Em 1848, esse direito foi estendido a todos os homens livres. Embora tivessem sido cedidos nominalmente poderes adicionais às assembleias coloniais, o governo francês manteve de fato o controle, e buscava, consistentemente, proteger os direitos da classe dos plantadores. Foi também em 1848 que Paris aboliu a escravatura, conquanto as rebeliões de escravos em Guadalupe e na Martinica, na expectativa da abolição, já tivessem, em essência, extinguido essa instituição. A fuga de ex-escravos da agricultura de plantation na Martinica e em Guadalupe levou os plantadores e o governo a introduzir medidas que favoreciam parceria no cultivo e a empregar sistemas repressivos de cooptação de trabalho, ou ir em busca de novos imigrantes que fizessem o trabalho de plantation. O abandono das plantações causou considerável perturbação econômica. Foram necessárias duas décadas para que se alcançassem os níveis de produção do período pré-emancipação. A França manteve um controle centralizado sobre as Antilhas; seus governadores protegiam os interesses dos *békés*, grandes plantadores e produtores de rum que ainda controlavam três quartos das terras cultivadas. Mas o governo colonial lutava financeiramente para manter as ilhas. Em momentos de crise diante das contínuas calamidades naturais, esse fardo ficou penosamente claro para os residentes nas ilhas.

Como todas as nações europeias, a França dependia de subscrições públicas de caridade para atender às necessidades das pessoas nas ilhas duramente atingidas, além da ajuda direta do governo, quando disponível. Os atos do Conselho Geral de Guadalupe na década de 1860, por exemplo, contêm muitas referências ao uso de fundos beneficentes para dar auxílio a orfanatos e casas de saúde em prol das vítimas do furacão de 1865, e da epidemia de cólera que se seguiu. Alguns desses fundos foram instituídos como uma anuidade destinada a apoiar essas instituições muito depois da tempestade. Numa sessão do conselho em 1868, o governo explicou que os déficits no orçamento se deviam, em grande medida, a "eventos de *force majeure*", às "iras do céu e da terra" ("*les colères du ciel et de la terre*") e às secas, inundações, furacões e à cólera; mas também reconhecia uma transformação na disposição básica do governo, que tornava as colônias as responsáveis primárias por suas próprias despesas.

As Antilhas Francesas sofreram com as tempestades ao longo do século, sendo as décadas de 1880 e 1890 bastante ruins.[37] Um impacto especialmente pesado foi sentido em 1891, quando a Martinica foi atingida por uma tremenda tempestade que matou entre setecentas e mil pessoas e feriu outras mil, arruinou a agricultura e afundou ou danificou todas as embarcações nos portos de Saint-Pierre e Fort-de-France. Essa tempestade fez a França concentrar sua atenção na vulnerabilidade das ilhas. Em 1892, Henri Monet publicou um livro descrevendo a intempérie, a fim de poder angariar dinheiro para as vítimas. Nele o autor fornece uma cronologia detalhada de 67 furacões registrados que tinham assolado a ilha entre 1657 e 1858: mais ou menos um a cada três anos. Como era possível, perguntava ele, uma população viver e prosperar sob um sol tão formidável e um clima tão terrível?[38] As exportações de açúcar da ilha caíram cerca de 40% após a tempestade. Uma comissão chegou para avaliar as perdas, e mais tarde foram oferecidos 3 milhões de francos como empréstimo sem juros a ser pago em dez anos. Mas um terço desse dinheiro foi destinado ao governo da ilha, para equilibrar seu orçamento, e o governador deixou claro que a ajuda enviada seria usada na agricultura e na indústria que promovessem o bem comum, e não para aliviar perdas individuais. Como escreveu a ele um inspetor agrícola, "a Martinica vive apenas de cana-de-açúcar, da indústria do açúcar e das indústrias que dela derivam".[39]

Para todas as potências coloniais, com o declínio no valor das colônias caribenhas e com a transformação de escravos em cidadãos, o custo de manutenção delas ante as recorrentes despesas relacionadas com catástrofes disparou, e o cálculo desse custo com frequência se baseava, em alguma medida, numa percepção preconceituosa das qualidades e capacidades das populações — crioulos brancos, pessoas de origens mistas (*métis*) e os ex-escravos e seus descendentes. Raça e classe eram fatores que pesavam nas atitudes e políticas do governo. Assim, cada calamidade provocava uma avaliação social, e cada uma delas se tornava uma potencial catástrofe social, tanto quanto natural. Para aqueles que, na Europa, consideravam os custos financeiros coloniais elevados demais no Atlântico Norte, a renúncia à soberania ou sua transferência passou a ser uma possível solução. Para os países nas Américas que nutriam esperanças políticas ou perspectivas econômicas mais promissoras, ou para aqueles que tinham ambições de expansão geopolítica, a conquista da independência ou de soberania sobre áreas do Grande Caribe parecia ser um objetivo válido. Mas esses cálculos e esperanças sempre precisavam levar em consideração os riscos físicos que a região apresentava.

Note-se que, naquela área, ante as calamidades naturais, a sensação de perigo comum e a expressão de sentimentos humanitários e caritativos que transcendiam as fronteiras nacionais ou culturais persistiam desde o século XVIII. Em resposta ao furacão nas Bahamas e Turks em 1866, foi criado um fundo especial no Porto Rico espanhol para reunir e administrar donativos para as ilhas vizinhas.[40] Em seguida ao furacão e ao terremoto de 1867, as ilhas dinamarquesas Saint John e Saint Thomas receberam donativos que totalizaram quase 14 mil dólares da Guiana Inglesa, Trinidad e Jamaica, assim como fundos do Suriname holandês, da Guadalupe francesa, dos Estados Unidos e da Venezuela, e mais 2 mil dólares de Saint Croix, sua ilha irmã.[41] Os impulsos caritativos e o reconhecimento de que havia uma ameaça comum, que com frequência cruzavam fronteiras religiosas, linguísticas e nacionais, amenizavam rivalidades políticas.

Porém, mesmo em termos de caridade, considerações de raça continuaram a determinar as ações. Em 1866, um tremendo incêndio, um verdadeiro "furacão de chamas", como foi chamado num jornal crioulo de Nova Orleans, ardeu em Porto Príncipe, capital do Haiti, causando a destruição de metade de suas construções e desabrigando 9 mil pessoas.[42] Embora a grande revolta de escravos tivesse trazido independência àquela nação em 1804, e os Estados Unidos e a Grã-Bretanha comerciassem com o Haiti, Washington procurou isolar politicamente a república de negros, e apenas em 1862 a reconheceu diplomaticamente. Conquanto o Haiti continuasse a ser um símbolo de liberdade para as populações afro-americanas da região do Grande Caribe, provocou medo e rejeição entre muitos brancos da região, potências coloniais e seus vizinhos nos quais a escravidão ainda perdurava. Nenhuma campanha internacional de ajuda parece ter sido feita em seguida ao incêndio. A cobertura do desastre, mesmo no *New York Times*, não só enfatizava o fracasso do governo num momento de emergência como também atribuía muito da culpa por isso ao comportamento "selvagem" dos próprios haitianos, sustentando que eles não estavam fazendo nada pelo bem comum, que se mantinham ociosamente passivos, ou pilhavam e saqueavam em meio à confusão, ou talvez até tivessem dado início ao fogo, de propósito.[43] Eram acusações semelhantes às feitas, como vimos, nos relatos governamentais após catástrofes em outros locais da região durante aquele período. O argumento era circular: presumia-se agora que os ex-escravos e seus descendentes, aos quais não se dera um lugar na comunidade, não tinham ligações com ela, e a suposta ausência de sentimentos comunitários podia ser usada como justificativa para não lhes dar agora um lugar nessa mesma comunidade.

SOBERANIAS SOB OS VENTOS

A temporada ativa de furacões de 1867 produziu nove tempestades, a última das quais, no final de outubro, atingiu as Ilhas Virgens e Porto Rico. O fim da Guerra Civil Americana em 1865 tinha definido uma mudança no contexto social e político do Atlântico Norte: a escravidão terminara na América do Norte, e com o final do conflito os Estados Unidos agora se sentiam menos constrangidos ao perseguir seus interesses estratégicos e econômicos.

Durante a guerra, o país tinha começado a cogitar a aquisição das Índias Ocidentais Dinamarquesas. No início, um dos motivos para isso era sua eliminação como porto amigável que servia aos ataques dos Confederados, mas em 1865 o secretário de Estado William Seward passou a considerar essa aquisição movido por outras vantagens estratégicas e comerciais.[44] A Dinamarca, que a princípio não demonstrara interesse no negócio, mudou de opinião durante sua guerra com a Prússia em 1864, e em 1866 houve uma troca de memorandos e propostas com os Estados Unidos. Foi combinado um preço e esboçado um tratado. As negociações perderam ímpeto quando os dinamarqueses insistiram em que os residentes nas ilhas votassem aprovando o acordo; no final de setembro de 1867, Seward, que tinha investido considerável capital político na aquisição do Alasca no início daquele ano, instou os dinamarqueses a agir, pois a tendência nos Estados Unidos agora era negativa e o Congresso parecia "dar mais valor a dólares e menos a domínio de território". No final de outubro, os dinamarqueses estavam no processo de realizar seu plebiscito nas ilhas, como preparação para a assinatura de um tratado. Autoridades americanas já consideravam as colônias dinamarquesas como ilhas úteis e estratégicas nas principais rotas de navegação e pontos-chave para o controle da entrada no Caribe. O vice-almirante David Porter tinha escrito ao secretário de Estado Seward, afirmando que Saint Thomas era uma "pequena Gibraltar" e que seu porto e o de Saint John eram os melhores da região. Para Porter, Saint Thomas era a pedra angular do arco das Índias Ocidentais, e, talvez no espírito da Reconstrução, ele lembrou a Seward que "os habitantes são na maioria de cor, mas bastante instruídos. Quase todos os funcionários nas lojas são de cor". Era um "lugar e um povo dos mais hospitaleiros".[45] O vice-almirante não mencionou que tinha havido uma sangrenta revolta de escravos na década de 1730, que a escravidão fora abolida naquelas ilhas em 1848 só depois que um plano de emancipação gradual provocara um grande levante de escravos ou que a língua predominante entre os ex-escravos e seus descendentes era um inglês crioulo.[46] Enquanto Saint Croix fora um posto avançado de plantation, Saint Thomas prosperava com o comércio. A vizinha Porto Rico havia muito se beneficiava do comércio com Saint Thomas, onde se podiam adquirir mercadorias da Europa a bom preço. Os porto-riquenhos consideravam Saint Thomas seu Gibraltar não só devido a sua posição estratégica, mas por seu papel como porto de livre-comércio e uma janela para o comércio mundial, função que aquela fortaleza britânica no Mediterrâneo tinha exercido para a Espanha. As negociações estavam progredindo quando os ventos as interromperam.

O "assustador" furacão que atingiu a pequena Saint Thomas em 29 de outubro foi o pior que assolou as Índias Ocidentais Dinamarquesas desde 1837 (figura 5.1). Provavelmente classificável na categoria 3 pelos padrões atuais, com ventos alcançando duzentos quilômetros por hora, essa tempestade, a nona da temporada ativa de 1867, quase não deixou uma única casa com telhado. Mais de seiscentas pessoas pereceram e, no porto, de sessenta a oitenta barcos afundaram ou foram lançados na praia, com perda considerável de vidas. O capitão e a tripulação da fragata espanhola *Nuñez de Balboa*, que estava no porto quando a tempestade chegou, agiram com heroísmo para salvar os feridos e os que se afogavam no porto. As ilhas foram devastadas. Tinha havido um surto de cólera nas ilhas dinamarquesas no início daquele ano, e um incêndio severo também ameaçara Saint Thomas em 1866, de modo que o furacão exacerbou uma situação que já era precária; mas as coisas ficaram piores quando, em 18 de novembro, tanto Saint Thomas quanto Saint John, bem como

Figura 5.1. *Saint Thomas no furacão de 1867.* (De *Frank Leslie's Illustrated Newspaper*, 7 de dezembro de 1867. Cortesia do Museu HistoryMiami.)

Saint Croix, a ilha irmã mais distante, foram sacudidas por uma série de tremores e dois grandes choques sísmicos num intervalo de dez minutos, que produziram tsunamis nos portos principais, causando tremendos danos à navegação e grande prejuízo às cidades e a seus residentes. O sismo, cujo centro era a falha de Anegada Passage, que fica entre as Ilhas Virgens e as Pequenas Antilhas e forma a única passagem em águas profundas entre o oceano Atlântico e o mar do Caribe, foi mortal sobretudo em Saint Thomas, onde, depois que o incêndio de 1832 destruíra grande parte de Charlotte Amalie, o porto e a principal cidade, uma ordem real exigiu que as construções fossem feitas com pedras e tijolos. Ironicamente, durante o terremoto muitas pessoas foram mortas por pedras e tijolos que despencavam. Apanhados entre fogo e terremoto, duas das grandes ameaças no Caribe, os ilhéus pagavam agora o preço.[47] Em Saint John, a população pobre em toda a ilha tinha penado muito com o furacão e com o terremoto, mas a principal cidade também sofrera bastante, e o tsunami veio como uma onda com seis a dez metros de altura que trouxe destruição e caos ao porto. Em Saint Croix, o navio da Marinha americana *Monongahela*, que havia acompanhado as negociações, foi lançado à praia e encalhou. Foram necessários seis meses para que fosse devolvido ao mar.

As negociações entre a Dinamarca e os Estados Unidos tinham progredido até a assinatura de um tratado no qual estes concordavam em adquirir Saint Thomas e Saint John, mas não incluía Saint Croix. Os dinamarqueses insistiram numa votação nas ilhas, e os representantes dos Estados Unidos haviam enfatizado que qualquer tratado precisava da confirmação do Senado. A comunidade de mercadores e plantadores enxergara uma grande vantagem na troca de governo e votou a favor da venda; a população negra, no entanto, não a apoiou, devido a seu medo, incrementado por rumores, de que os Estados Unidos poderiam permitir que a escravidão, abolida pelos dinamarqueses em 1848, retornasse às ilhas. Os jornais locais publicaram poemas com versos de pé-quebrado, supostas cartas e letras de canções no patoá crioulo sobre o "camarada Thammas" (Saint Thomas), o "camarada Johnny" (Saint John) e o "mariquinha Shanna" (Saint Croix) e sobre o problema que era deixar Saint Croix fora do tratado. O rei dinamarquês anunciou a proposta de cessão das ilhas em 25 de outubro de 1867, numa linguagem que demonstrava seu desejo de que fosse aprovada. Mas a perturbação causada pelo furacão que se desencadeou em 29 de outubro e pelos subsequentes terremoto, tsunami e 481 abalos secundários adiou muito o progresso diplomático, até 1869 e 1870. A administração do presidente Ulysses Grant, mais interessada em adquirir territórios na República Dominicana, não se mostrava disposta a agir, e quando o tratado não teve o apoio de um comitê do Senado, ele estava, de fato morto. Houve renúncias no governo dinamarquês e um considerável embaraço para o trono, que havia preparado seus súditos na ilha para a separação e agora era tido como um governo relutante. A disposição da Dinamarca para vender as ilhas, uma concessão que o tesoureiro real, Edward Carstensen, incentivara os ilhéus a aceitar, tinha, nas palavras de um observador, "quebrado o encanto místico que permite que um homem ou alguns homens em um hemisfério exerçam controle sobre comunidades inteiras em outro. Foi um desses atos que, em sua natureza, são irreversíveis".[48]

Embora muitos nos Estados Unidos criticassem a falta de interesse de Grant nas ilhas e a má-fé dos americanos, outros tinham perdido o interesse em mais possessões tropicais — e multirraciais — e havia muitos que consideravam o projeto uma dispendiosa aquisição de calamidades — furacões, terremotos e ondas gigantescas. A crítica congressional e a popular encontraram uma voz literária nos versos cáusticos de Bret Harte, o mais famoso escritor americano na época. Em seu poema um tanto hiperbólico "St. Thomas: A Geographical Survey", ele ridiculariza a ideia de que essas eram as "ilhas do Éden, onde não existe o mal".[49]

> *E assim montanhas tremeram e trovejaram*
> *O furacão veio varrendo do alto*
> *E as pessoas olharam e se espantaram*
> *Quando o mar as atacou num salto:*
> *Cada um, fiel à promessa que faz,*
> *Agitou as coisas em Saint Thomas.*
> *Até que o sr. Seward, certa manhã, atento*
> *Lançou seu olhar climático a sotavento*
> *Onde nem um centímetro de terra seca presente*
> *Estava para marcar sua ilha mais recente.*
> *Nenhum mastro, ou sentinela*
> *Ou cais ou porto ou uma pinguela.*
> *Apenas — para encurtar a história —*
> *Uma água suja, feito escória*
> *Do oceano aberto destoa*
> *Enquanto acima uma gaivota voa.*

Os Estados Unidos comprariam as Índias Ocidentais Dinamarquesas — todas as três ilhas — e as renomearia como Ilhas Virgens Americanas, em 1917.

Saint Thomas fica apenas 65 quilômetros a leste de Vieques, em Porto Rico (ver figura 5.2). Elas também sofreram o impacto do furacão em fins de outubro e do terremoto de novembro de 1867. Na verdade, esse tinha sido um ano de mau tempo na maior parte de Porto Rico. A agricultura da ilha sofrera em 1865 e 1866, e havia esperanças crescentes de uma boa colheita de cana-de-açúcar e café em 1867, porém a temporada de chuvas trouxe chuvas torrenciais em setembro e uma grande tempestade em 10 de outubro, que inundou a maior parte dos distritos do sul.[50] Os residentes idosos em Ponce, em Peñuelas

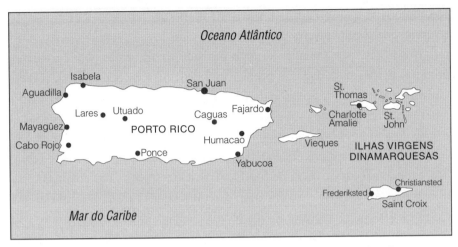

Figura 5.2. *Porto Rico e Ilhas Virgens.* (Mapa de Santiago Muñoz Arbalaez.)

e nos planaltos centrais não se lembravam de os rios terem subido tanto e tão rápido.[51] As comunicações em toda a ilha entraram em colapso.[52] Em Ponce, a região portuária ficou isolada da área central, e em Guayanilla e em San Germán as ruas foram inundadas e o contato com outras cidades se tornou impossível. Os governantes locais tinham poucos recursos para enfrentar a crise; as tesourarias estavam vazias, e a recente aventura espanhola de reocupar a República Dominicana (1861-5) fora um dispendioso fracasso que deixou os cofres reais exauridos. Localmente, impostos não eram pagos porque ninguém dispunha de fundos para fazê-lo. Não havia dinheiro em nível municipal, provincial ou real para assistência ou para a reconstrução das estradas e pontes destruídas e o restauro de casas e cidades. Na noite de 29 de outubro, festa de são Narciso, o grande e intenso furacão que atingiu Saint Thomas seguiu em direção ao leste, dessa vez fustigando a costa leste de Porto Rico, mas varrendo uma faixa larga o bastante para provocar pesadas chuvas na maior parte da ilha. Rios já avolumados, campos já inundados e árvores já debilitadas não conseguiram resistir à água e ao vento. Relatórios oficiais listaram 211 mortos e 762 feridos na tempestade. As perdas foram pesadas em especial na agricultura de subsistência e de exportação. Dos estimados 13 milhões de escudos de prejuízos, mais de 10 milhões se referiam a alimentos, café, rum, açúcar, algodão e tabaco.[53] O furacão San Narciso e os subsequentes terremotos que danificaram

168 prédios só na capital fizeram de 1867 o ano de "tempestades e tremores" (*"el temporal y los temblores"*).[54]

O ano 1867 seria lembrado tanto por suas ramificações políticas quanto por suas perdas materiais. Os problemas que o furacão San Narciso revelou vinham se desenvolvendo havia anos. Pouca gente percebeu com mais clareza o perigo inerente às falhas de governo do que os homens alocados no departamento de obras públicas, que tinham lutado na década de 1860 para melhorar e reparar a infraestrutura das estradas, pontes e docas, tendo em vista os desafios ambientais e a carência de fundos. Tradicionalmente, nas colônias espanholas o Estado se associava aos governos municipais para pagar por estradas e pontes, mas agora, em meados da década de 1860, a carência de fundos e de crédito causara uma paralisia nesse setor. Como escreveu Miguel de Campos, um funcionário espanhol, num relatório pouco antes da tempestade, "o prestígio da administração e a manutenção pacífica do regime estabelecido" dependiam de obras públicas melhores.[55] Porto Rico, incapaz de pagar por aquilo de que necessitava, chegara a uma situação insustentável. Durante a década anterior, apenas 3% dos 60 milhões de escudos gastos pelo governo tinham ido para obras públicas, e o povo da ilha podia enxergar com clareza o fracasso do governo. Campos enfatizou que não havia estradas, que a agricultura e o comércio estavam entravados e que "o trabalho era escasso para uma classe de trabalhadores que estava sendo impelida para a miséria, e depois disso talvez para o vício e o crime". Era uma situação perigosa. Carlos de Rojas, outro funcionário que fez um relatório sobre obras públicas a seu superior dez dias antes do furacão San Narciso, acreditava que a piora da situação poderia trazer "esta sociedade pacífica e tranquila a limites de princípios nunca antes vistos, e os quais Vossa Excelência jamais gostaria de encontrar". As pessoas comuns, que Rojas chamou de "classe do proletariado", movidas pela miséria, poderiam ser levadas a crimes e ao pecado, a menos que se pudessem estabelecer para elas princípios e modelos religiosos profundos. Na opinião dele, só a Igreja poderia prover uma base firme para a vida moral, mas havia pouco dinheiro disponível para manter sua dignidade ou consertar os templos que também tinham sofrido com as chuvas e os ventos.[56]

Outros observadores viram as implicações dessa situação não em termos religiosos, e sim políticos. A tempestade San Narciso realçara as falhas do passado. As poucas obras públicas que o Estado tinha empreendido à custa de muito tempo e grande sacrifício das municipalidades eram inadequadas. Como relatou o engenheiro José Lianhes ao governo colonial, "esta província chegou a uma situação horrível e insustentável que as recentes calamidades só fizeram piorar, mas cujos males, em geral, vêm de longa data".[57] Ele sugeriu vários projetos que poderiam melhorar a comunicação entre as cidades e empregar milhares de trabalhadores rurais que enfrentavam a miséria, e que sem trabalho poderiam "se render aos corruptores da ordem pública ou tentar transgredir as leis que garantem os direitos de propriedade".[58] Lianhes era realista e advertiu que apelos à caridade ou ao patriotismo daqueles que tinham meios para ajudar, recurso comum naquelas situações, seriam de pouca ajuda. Era necessário, isso sim, uma ação decidida do governo para fazer das obras públicas uma evidência permanente e memorável das iniciativas da Espanha em benefício do país. Seu pedido de mais de 4 milhões de pesos para docas, faróis, iluminação, estradas, telégrafo e construção civil estava além das possibilidades do governo naquele momento, mas sua percepção de qual seria o preço político do fracasso era um tema que foi adotado por outros também. Em abril de 1868, Miguel de Campos escreveu para o engenheiro-chefe do Departamento de Obras Públicas do Ministério de Ultramar em Madri, dizendo que os esforços para melhorar a vida material nas colônias, embora bem-vindos, tinham sido "completamente nulos" em Porto Rico. A reputação do governo havia sofrido com os adiamentos de meses e anos na melhora da infraestrutura, e agora a "maioria dos habitantes acredita na imoralidade de uma administração que eles veem como estrangeira e hostil".[59] Acrescentou que numa ilha abençoada pela natureza, mas que, apesar da densa população, produzia pouco e continuava pobre, os impostos eram considerados excessivos, e pelo visto não eram aplicados nem minimamente no que era de fato necessário.

Quem sentiu a ameaça potencial dos impactos políticos do San Narciso e dos subsequentes terremotos em novembro foi Vicente Fontán y Mera, um funcionário espanhol com ambições literárias que servia como inspetor educacional na ilha. Após a passagem do furacão ele publicou *La memorable noche de San Narciso*, uma longa descrição da tempestade e dos terremotos que se seguiram a ela, cheia de detalhes sobre as perdas, que incluía as costumeiras contagens, cidade a cidade, das vidas perdidas e das propriedades destruídas e o custo dos danos causados. O estilo de Fontán y Mera era rebuscado, e ele tinha uma irritante predileção pelo ponto de exclamação como dispositivo literário, mas o que mais distinguia seu relato era sua tentativa, como leal espanhol que era, de enfatizar a responsabilidade maternal da rainha e os sentimentos nobres do povo espanhol por seus "irmãos" no Caribe numa época de calamidade. Fontán y Mera chamou a atenção para as necessidades da ilha, enquanto enaltecia os atos heroicos das tropas da guarnição espanhola durante a crise. Mencionou com orgulho a calorosa recepção dada ao navio de guerra espanhol *Nuñez de Balboa*, cujo capitão e cuja tripulação tinham atuado tão heroicamente nas manobras de salvação e resgate durante a tempestade em Saint Thomas. Mas na qualidade de testemunha dos tremendos danos e perdas causados pelo furacão e pelos terremotos, ele quis também documentar com detalhes a angústia de Porto Rico e fazer um preito em seu favor.[60] Criticou a ordem das autoridades que obrigava os coletores a insistir no pagamento imediato dos impostos e os comentários do governo de que "as notícias de perdas tinham sido exageradas e que muitas cidades nada haviam sofrido". Com o tesouro vazio, o governo não tivera muitas alternativas a não ser insistir com os tributos, mas Fontán y Mera observou que as condições na ilha, mesmo antes da tempestade, tinham sido ruins, e que agora eram desastrosas:

> Nesses campos quase desertos onde circula uma multidão de proletários, protegidos do sol escaldante do dia e das chuvas da noite apenas por um modesto chapéu, é aqui que podemos investigar não apenas as perdas [imediatas], mas também a extensão dos efeitos da calamidade; se entendermos como calamidade pública a perda total do primário e único alimento da classe pobre.[61]

Sua solução para o futuro era a criação de um banco agrícola que oferecesse crédito, mas enquanto isso o governo deveria também se responsabilizar por fazer os ricos assumirem o compromisso de estender uma "mão protetora" aos que não tinham recursos para enfrentar a crise. Oculta em seu relato está a insinuação de que a incapacidade ou o fracasso do governo estavam levando ao questionamento político da estrutura colonial, porém, como um espanhol leal, ele não nutria simpatias por uma mudança radical. Como sugeria o autor, "o dia 29 de outubro representara também uma ocasião para satisfazer reclamações pueris e entoar ditirambos". O que poderiam oferecer o ódio e os boatos que circulavam entre o governo e o país? Que bem poderia advir de uma revolução política produzida por uma radical reforma das leis? "Delirante radicalismo", afirmava, destruiria a indústria, o comércio e o crédito. A maior das verdades para Fontán y Mera era que a ordem era a chave para o progresso e a prosperidade. Porto Rico tinha tudo de que precisava para chegar à perfeição material, e em tempo de crise o amor ao país e o sentimento da nacionalidade eram qualidades positivas que poderiam ajudar a atingir esse objetivo. Fontán y Mera e os funcionários que haviam feito o relatório sobre as obras públicas tinham percebido as implicações do fracasso político diante da catástrofe.

O ano seguinte foi de lenta recuperação, mas uma ação política radical já estava a caminho. Uma região que sofrera muito com o clima inclemente e destrutivo de 1867 foi a dos planaltos centrais das ilhas. A cidade de Lares estava aninhada na cordilheira. Banhada por rios caudalosos, produzia algodão e café, que eram exportados pelo pequeno porto de Aguadilla, no litoral norte. Em condições normais as estradas já eram difíceis: uma carroça puxada por oito bois levava de dez a doze dias para fazer o percurso circular entre Lares e o porto. As pesadas chuvas e o furacão daquele ano tinham piorado a situação, fazendo disparar para cima os preços das importações e baixando o valor dos produtos locais. Um quintal de bacalhau salgado custava cinco escudos em Aguadilla, mas sete escudos no momento em que chegava aos trabalhadores rurais, enquanto o café tinha um valor 20% menor em Lares do que no porto. As estradas ruins, emblemáticas da grande carência de infraestrutura, eram o motivo. Elas causavam "a ruína de muitos, o desânimo de outros e o terror e os temores de todos".[62] Um relatório feito em Lares em novembro de 1867, pedindo a atenção do governador, explicava que no passado as estradas tinham sido mantidas pelas contribuições dos proprietários de terras e comerciantes, sendo o trabalho feito por prisioneiros e desocupados; mas isso não era mais possível, e a população trabalhadora, agora enfrentando a fome e sem trabalho após a colheita do café, poderia ser levada pelo desespero de sua situação ao roubo, malgrado seus "corações justos e leais". O mínimo que o governo deveria fazer era reparar as estradas e pontes que estavam intransitáveis, o que, ao mesmo tempo, criaria empregos para os trabalhadores rurais.

Essas condições nos planaltos de Porto Rico constituíram o contexto para o primeiro movimento político pela sua independência. A rebelião em Lares na noite de 23 de setembro de 1868 teve origem em uma série de insatisfações. Os grandes plantadores de café que apoiaram o movimento eram brancos, a maioria nativos da ilha, bastante endividados com os comerciantes locais, que na maioria eram espanhóis ou corsos. Os trabalhadores em propriedades cafeeiras que se juntaram a eles haviam sido obrigados, pela legislação trabalhista do governo, a aceitar um status de dependência e condições contratuais desvantajosas.[63] Além disso, alguns dos participantes tinham fortes sentimentos abolicionistas e profundos ressentimentos contra a mão pesada da repressão política. Mas estava claro que a infraestrutura precária em Porto Rico e a incapacidade do governo — municipal, provincial e imperial — de lidar com seus desafios tinham criado uma situação que levara esses setores da população à exasperação.[64] Ninguém deve ter ficado surpreso. A efêmera rebelião em Lares, na qual mil homens tomaram a cidade, não foi causada apenas pela inundação e pelas chuvas, ou pela tempestade San Narciso, ou pelos terremotos. Mas cada uma dessas calamidades naturais acrescentara mais pressão sobre os recursos da Espanha e sua capacidade de reagir a cada um dos desafios, naturais ou políticos. Espanhóis leais, como Fontán y Mera e Lianhes, tinham feito advertências, mas mesmo quando irrompeu a revolta em Lares a interpretação imediata dos fatos foi que o populacho, angustiado com as inundações e terremotos, fora mal orientado por pessoas descontentes e desleais. Os proprietários de terras crioulos, intelectuais e pequenos comerciantes que lideravam a revolta fracassaram em sua tentativa de atrair outras comunidades para o levante, e ele terminou rápido, com seus líderes presos ou enviados para o exílio.[65] Apesar dos planos e das intenções, não ocorreu uma revolta geral na ilha. Houve muitos motivos para isso, mas o fato de Betances não ter conseguido navegar para Porto Rico a partir de seu exílio em Saint Thomas (onde escapou por pouco do terremoto) com as armas que tinha reunido sem dúvida contribuiu para a derrota.[66]

Duas semanas após a rebelião, em 8 de outubro de 1868, o governador Julián José Pavía endereçou uma carta aberta ao povo de Porto Rico na qual esclarecia sua percepção da importância dos desastres naturais e da reação do governo nas origens da rebelião.

> Desde o momento em que assumi o comando desta ilha tenho estado o tempo todo ocupado em cumprir as ordens de Sua Majestade a rainha no sentido de aliviar as consequências das calamidades dos eventos naturais que têm se acumulado nesta parte da monarquia. Vocês puderam ver que dia e noite tenho me dedicado a aliviar seu sofrimento e levar consolo a todas as áreas, e a reanimar

seus espíritos, que foram exauridos pelas muitas desgraças que vocês têm sofrido, inclusive a seca que têm enfrentado nos últimos meses.[67]

O governador acreditava que os homens desleais por trás da rebelião tinham se valido daquela "situação especial e transitória" para seus propósitos. Essa explicação ignorava os fracassos passados do governo, mas ainda assim é justo destacar que a própria situação de fome e abalo econômico causada pelas catástrofes ambientais de 1867, que contribuiu para a exasperação e os sentimentos revolucionários dos conspiradores, também tinha criado uma atmosfera de insegurança quanto à subsistência. Às inundações, ao furacão e aos terremotos daquele ano seguiu-se, como observou o governador, uma difícil seca em 1868. Uma campanha prolongada no campo seria especialmente difícil naquele momento. A revolução teria de esperar. Frustrado, Betances escreveu mais tarde do exílio que "o ano de 1869 passou como que num sonho, e contudo ainda somos escravos". Ele insistiu em que o mínimo que seus compatriotas poderiam fazer para restaurar sua honra e sua dignidade era libertar os africanos, "os escravos dos escravos".[68]

Do ponto de vista dos que eram pró-Espanha, os desastres naturais de 1867 poderiam ser interpretados como um sinal de Deus em defesa do regime colonial. Em colaboração com um oficial naval espanhol, José Pérez Moris, um jornalista e um dos líderes do Partido Conservador pró-espanhol, publicou em 1872 um ainda útil relato detalhado da rebelião de Lares. Seu texto, que condenava seus rivais políticos separatistas, também jogava com os temores de natureza racial que subjaziam aos debates sobre a abolição, sugerindo que Betances planejara desembarcar com 3 mil negros armados para liderar a rebelião.[69] Pérez Moris tinha certeza de que a mão de Deus interrompera os planos dos rebeldes. Afirmou que a princípio a rebelião havia sido marcada para 24 de junho de 1867, dia de são João, de especial importância simbólica em Porto Rico, cujo nome original tinha sido San Juan Bautista, mas depois fora remarcada para 10 de outubro, dia de santa Isabel. Alegou que o terremoto havia atrapalhado os planos dos conspiradores, mas sabemos que o terremoto não ocorreu antes de novembro. Se houve eventos naturais responsáveis pelo adiamento, foram as chuvas torrenciais do início de outubro e o furacão San Narciso, no mesmo mês. Pérez Moris pode simplesmente ter se confundido na cronologia, mas talvez estivesse tentando ressaltar outra coisa. Ele relatou que alguns dos líderes da rebelião tinham se encontrado com Betances em Saint Thomas no final de 1867 e que um deles lembrara o terremoto de 1812 que havia destruído Caracas no início da campanha de Bolívar pela independência. Teriam sido os terremotos de Saint Thomas e Porto Rico, como o de Caracas, "uma providencial advertência de que o céu puniria a rebelião contra a Espanha como uma blasfêmia, e talvez afundasse a ilha no Atlântico"?[70] Pérez Moris não tinha dúvida de que, se Deus não tivesse abalado toda a ilha de Porto Rico, o movimento separatista teria irrompido em 1867, muito provavelmente com um resultado diferente. Talvez ele, como muitos, achasse mais fácil ver a mão de Deus nos violentos, porém esporádicos, terremotos do que nas chuvas e nos ventos de outubro, mais comuns, mas suas observações sobre a coincidência cronológica entre a rebelião e o contexto das condições na ilha merecem consideração. Pérez Moris acreditava que as esperanças de sucesso dos rebeldes de Lares tinham sido estimuladas quando eles testemunharam, em 1865, a chegada das enfraquecidas e desanimadas forças espanholas que haviam sido derrotadas em Santo Domingo. "Se não por balas, pelo clima" ("*Si no por balas, por el clima*"). De certo modo, ele estava sugerindo uma explicação semelhante para o fracasso em Lares: o clima tinha intervindo.

Betances, ainda no exílio, tirou uma lição diferente da fúria da natureza. Ele e sua mulher tinham escapado por pouco de se ferir quando sua casa desmoronou, mas ele observou numa carta a um amigo, em abril de 1868, que não apenas Saint Thomas havia tremido, mas "Porto Rico também fizera tremer os tiranos". Comentou a destruição que tinha experimentado em Saint Thomas, a onda tsunami que se seguiu ao terremoto, erguendo-se como uma montanha branca ameaçando engolir a cidade, e as pessoas caindo de joelhos e implorando misericórdia e perdão por seus pecados. Ele escreveu: "Saint Thomas ainda treme, e Porto Rico se sacode ao ver seus filhos insensíveis à escravidão [deles]".[71] O *New York Times*, assim como o governador de Porto Rico, era de opinião de que foi a natureza que causou o transtorno. Em novembro de 1868, o jornal relatou de Porto Rico que "as plantações estão florescendo, a prosperidade está retornando à ilha. A agitação política passou e toda a população está tranquila".[72]

O século estava acabando. A Espanha tinha passado por uma revolução em 1868 e sob um ministério liberal realizou ajustes. Foi concedida mais representação a Porto Rico na legislatura espanhola entre 1868 e 1874. A Lei Moret, de 1870, deu início ao processo da abolição. Em 1873, a escravatura fora abolida em Porto Rico.

Em Cuba, a revolta que começou em outubro de 1868 se espalhou, arrastando-se por uma década, mas afinal foram feitas concessões em várias questões, o que trouxe uma trégua em 1878. Promessas feitas tanto por legalistas quanto por rebeldes aos escravos que se tinham juntado a um ou a outro lado estavam levando agora a crescentes expectativas e resistência da parte deles. Um sistema de aprendizado compulsório substituiu a escravidão em Cuba em 1880, até ser também eliminado em 1886. Houve mudanças administrativas, concessões políticas e um afrouxamento de algumas das leis civis mais repressivas, seguido de uma renovada repressão política na década de 1880. A guerra e a questão da soberania emergiriam mais uma vez antes de o século terminar, mas agora no contexto de novas ambições imperiais dos Estados Unidos.

GOVERNOS, TECNOLOGIA E CIÊNCIA

As três últimas décadas do século XIX testemunharam o fim da escravidão nas colônias espanholas e os últimos estágios na luta pela independência dessas colônias, que culminou no que se tornaria a Guerra Hispano-Americana. O período que se seguiu a 1870 apresentou também algumas temporadas com alta frequência de tempestades que parecem ter chegado pouco antes ou após uma ocorrência de El Niño no Pacífico, entre elas 1878-9, 1887 e 1894.[73] Esses anos tempestuosos, assim como outros sem anomalias climáticas, representavam desafios para todos os países do Grande Caribe, mas agora eram capazes de agir sobre instituições, costumes e políticas que tinham, em alguns casos, se desenvolvido durante um longo período. Além disso, de certa maneira, os avanços tecnológicos e científicos que em muitos lugares haviam transformado a agricultura durante o século estavam sendo aplicados agora à compreensão e à análise das tempestades tropicais e aos meios de mitigar seu impacto nas pessoas e nos governos.

No caso da Espanha, os furacões do século XIX e outras catástrofes revelaram as estratégias institucionais de reação e ajuda em níveis real, colonial e local. Esperava-se do governante que demonstrasse profunda solidariedade para com seus súditos. Após os furacões em Cuba na década de 1840, a rainha, sua mãe e vários ministros tinham feito doações.[74] Em 1867, a rainha Isabel II criou uma junta a ser presidida por seu marido, o duque de Cádiz, com o objetivo de começar uma subscrição de caridade a fim de dar algum alívio aos que haviam sofrido com as catástrofes em Porto Rico e nas Filipinas, que também foi devastada por um tufão naquele ano.[75] Essas medidas talvez tenham demonstrado uma compaixão sincera, mas, como o ministro de Ultramar na Espanha explicou em circunstâncias semelhantes em 1884, quando Cuba e as Filipinas foram vítimas de furacões e tinha sido criado um comitê para prover assistência geral, quaisquer que fossem os sentimentos da família real, do governo ou do povo espanhol, era simplesmente impossível para o Tesouro enfrentar "tantas calamidades públicas".[76] Portanto, a caridade voluntária ainda era a primeira linha de defesa. Foram criadas listas de subscrições em muitos setores da sociedade: por vários gabinetes de governo, banqueiros, jornalistas, o Banco Nacional, clubes de elite privados, como o Casino Español, e várias associações de voluntários. Em seguida a um furacão de 1882 em Pinar del Río, em Cuba, que devastou o distrito de Vuelta Abajo, onde se cultivava tabaco, a imprensa de Havana divulgou notícias detalhadas de contribuições coletivas em dinheiro, mercadorias ou serviços das guildas dos padeiros, dos trabalhadores em depósitos de tabaco, dos professores da universidade, do clube privado Centro Gallego e dos cocheiros brancos de Havana, além de doações individuais, como a promessa do dono da fábrica de charutos La Belleza de dedicar 2% de seu lucro no mês de setembro aos pobres daquele distrito. Esperava-se que membros da família real, ministros, funcionários públicos e cidadãos preeminentes da sociedade liderassem as listas de contribuintes e desempenhassem um papel exemplar no teatro da responsabilidade coletiva. Era um costume que explica as contribuições pessoais feitas por vários escritórios e departamentos de governo e pelo Regimento de Lanceiros reais depois da tempestade cubana de 1846, bem como por membros do escritório de Obras Públicas de Porto Rico, que fizeram donativos segundo sua hierarquia relativa depois do furacão de 1867.[77] A Igreja e instituições religiosas também desempenharam um papel de consolação e caridade, oferecendo serviços de te-déum, organizando subscrições, abrigando pessoas deslocadas pelas tempestades e exortando todos a contribuir para dar algum alívio às vítimas. Em seguida aos furacões cubanos de 1882, Don Ramón Fernández de Piérola, o bispo de Havana, criou um fundo beneficente e fez ele mesmo a primeira doação, de 2 mil pesos, lembrando aos fiéis de seu rebanho que deveriam usar essa calamidade (*desgracia*) para se tornarem pessoas melhores e "para encontrar em sua própria desgraça uma fonte para uma nova prosperidade".[78] A caridade era, é claro, um papel tradicional da Igreja, mas a sociedade civil secular em meados do século XIX desempenhava agora um papel muito maior nessas atividades do que no século anterior.

Para responder às calamidades, eram programados todos os tipos de eventos. Em Havana, os jornalistas organizaram um sarau literário em 1882 para ajudar as vítimas dos furacões. Os bombeiros coletaram esmolas para elas durante a procissão de Santa Teresa. Em San Juan, as Damas e Cavalheiros do Cassino e o Círculo Artístico Literário programaram um espetáculo "lírico-dramático" no teatro local, a ser presidido pelo governador, para levantar fundos para as vítimas do furacão de 1862.[79] Às vezes o governador procurava coordenar essas iniciativas, centralizar a administração das doações e relacionar as medidas municipais de ajuda a seu gabinete, mas o governo central tendia a se concentrar na imposição de uma regulação de preços, para deter a exploração que se fazia da carência de alimentos e de materiais de construção, proibir os saques e manter a ordem, e ainda oferecer isenções fiscais e distribuir fundos que eram disponibilizados como empréstimo ou como auxílio.

Na verdade, a responsabilidade principal por resposta estava no nível municipal local. Na cidade, os conselhos que constituíam o governo local organizavam uma reação, coletavam informações sobre perdas e faziam petições, bajulavam o governo colonial ou pediam sua ajuda e, por intermédio dele, a de Madri. Os arquivos municipais estão repletos de documentos reunidos de toda a comunidade após cada tempestade, registrando perdas e calculando o valor de tudo, desde *centrales* de açúcar e igrejas até galinhas e porcos. Também nesse nível municipal foram organizados comitês de caridade. Na década de 1830, essas juntas tinham se tornado a prática-padrão nas Antilhas Espanholas. Após os furacões em Cuba da década de 1840, o governador O'Donnell criou uma junta de socorro para coordenar as medidas de auxílio, e ela trabalhou com comitês criados em níveis locais. Em Porto Rico, em seguida ao furacão de 1867, um comitê de ajuda (*junta de beneficiencia*) foi criado em Ponce, "com o objetivo de incitar a indubitável caridade do povo de Ponce a remediar as urgentes necessidades dos desafortunados desta jurisdição". Nesse caso, os formulários que a junta tinha impresso em papel azul para coletar informações sobre perdas e necessidades não mencionavam a rainha ou a Espanha; o problema era visto como uma questão comunitária. As contribuições que a junta recebeu, que variavam de um a 250 pesos, pareciam apontar para um amplo espectro social de participantes, atravessando linhas divisórias de classes.[80] As iniciativas de auxílio também refletiam o reconhecimento das distinções de classe. Em seguida ao furacão em Porto Rico de 1876, por exemplo, a comunidade de Manatí catalogou 1200 pessoas ou famílias que precisavam de ajuda, listando não apenas as necessidades de cada uma, mas também suas categorias econômicas: mediana, pobre, falida (*insolvente*), aflita (*angustiosa*) e aliviada (*desahogada*). A *junta de beneficiencia* recebeu depois centenas de petições pessoais por socorro. Relatórios e petições semelhantes foram feitos também em outras comunidades.[81]

Conquanto as juntas fossem em geral constituídas pelo prefeito, outros funcionários municipais, cidadãos preeminentes e um clérigo sênior, foram feitos esforços no sentido de mobilizar outros setores da sociedade. Em questões de caridade e de reação a aflições pessoais e catástrofes públicas, mulheres desempenharam papel importante na solicitação e distribuição de fundos de auxílio, mas não detinham posições de autoridade. Após o furacão San Felipe em 1876 (em 13 de setembro), em Porto Rico, foi criado na cidade de Caguas um comitê feminino de beneficência, que se correspondia com a junta municipal sob o controle do prefeito.[82] Depois da mesma intempérie, o comitê de caridade em Ponce enviou formulários a mulheres, solicitando "a ajuda generosa e a valiosa influência que as senhoras, anjos caritativos, sempre souberam exercer no coração do pai, do marido, do irmão, do homem, isto é, aqueles que nunca ficam surdos aos pleitos de suas amadas mulheres". Essa requisição continuava pedindo que as próprias mulheres contribuíssem "de acordo com os ditames de sua generosidade para um objetivo tão filantrópico e humanitário".[83] Em Havana, em 1882, depois que dois furacões com um intervalo de um mês entre eles fustigaram a província de Pinar del Río, um comitê feminino que tinha se formado para comemorar o centenário de Santa Teresa d'Ávila decidiu manter sua organização para ajudar a flagelada província, decisão que foi aplaudida na imprensa local.[84] Uma *junta de damas* foi criada sob a presidência da marquesa de Victoria de las Tunas, esposa do governador da ilha naquela época. Ela pediu ajuda diretamente ao trono e recebeu em resposta, pelo telégrafo, um comunicado de "sua amiga" Isabel II.[85] Essa feminilização da caridade tinha profundas raízes na sociedade espanhola e foi efetiva e continuamente mobilizada durante o século XIX.

Apesar do discurso que enfatizava a autossuficiência, o sistema, dependente em grande medida de contribuições de caridade pessoais ou coletivas, ainda era bastante burocratizado. Em nível local, isso também dependia da disponibilidade, nos orçamentos municipais, de fundos para "emergências e catástrofes", que costumavam ser escassos ou inexistentes. Com frequência, depois dos furacões, as populações rurais migravam para a cidade mais próxima em busca de assistência, e isso representava um ônus adicional aos recursos municipais. As cidades, disse Vicente Fontán y Mera em sua descrição do furacão San Narciso, não eram capazes de realizar o "milagre dos pães e dos peixes", e nisso residia o problema.[86]

A reação à catástrofe era uma ocasião em que um regime colonial ou qualquer governo poderiam justificar sua existência, sua eficácia e sua capacidade de proteger seus súditos ou cidadãos. No século XIX, quando forças e sentimentos separatistas e autonomistas cresceram nas colônias caribenhas espanholas, o governo e os jornalistas que ele influenciava ou controlava usaram o tempo todo a imprensa e os pronunciamentos oficiais após os desastres naturais para enfatizar a solidariedade da metrópole para com as colônias, a generosidade da Coroa e as ações heroicas dos oficiais espanhóis e das guarnições estacionadas nas Antilhas. Panfletos que registravam as tempestades usavam essas imagens e relatos para obter vantagem política. Como as ações heroicas dos marinheiros do *Nuñez de Balboa* no porto de Saint Thomas em 1867, histórias de heroísmo ou generosidade transmitiam uma mensagem de unidade nacional. Jornalistas celebraram os incansáveis esforços para salvar vítimas da tempestade feitos por Policarpo García, da Brigada de Vigias de San Germán, em 1867, ou os riscos assumidos por três membros da Guarda Civil, que não só socorreram os que ficaram sem teto nas tempestades de Cuba, em 1882, como tiraram dinheiro do próprio bolso para alimentá-los, como exemplos a serem emulados e admirados.[87] Os jornalistas e cronistas das catástrofes que eram pró-Espanha voltavam aos temas da unidade e da reciprocidade da "Grande Nacionalidade Espanhola". Leopoldo Carvajal, membro da elite cubana e coronel dos auxiliares militares da Espanha em Cuba, ou Voluntários, escreveu em 1882: "A ilha [de Cuba] é Espanha, sangue de seu sangue, carne de sua carne, e seus irmãos no outro lado do oceano demonstraram isso muitas vezes, eles sentiram essas horríveis convulsões que a Providência em seus sublimes e inescrutáveis planos enviou".[88] Cubanos tinham ajudado a Espanha em tempos de crise; agora era a vez da Espanha. O marquês de La Habana, presidente da comissão espanhola para assistência em casos de calamidade colonial, insistiu em 1884 em que, como seus "irmãos atingidos nas colônias haviam sempre reagido com generosidade às catástrofes públicas nas províncias da península, não podemos ficar indiferentes às catástrofes deles".[89]

Porém a distante Espanha não tinha nem os fundos nem a capacidade de satisfazer às necessidades das colônias, e às vezes a relutância do governo em suspender o pagamento de impostos ou oferecer créditos a juros baixos, ou em usar excedentes nas colônias e não em casa, se associavam, na mente de muitas pessoas, a outras insatisfações com o império. Dois furacões assolaram o oeste de Cuba em outubro de 1870, varrendo a área de Matanzas e deixando em sua esteira cerca de oitocentos mortos. O espanhol Manuel Fernández de Castro, um engenheiro de minas e estudioso das tempestades que residia na ilha, escrevendo sobre elas e sobre a natureza dos furacões em geral, relembrou com nostalgia como em 1780, em meio à guerra, Bouillé, o governador francês da Martinica, tratara com magnanimidade e compaixão os ingleses sobreviventes do furacão que tinham sido capturados. Naquele caso, o furor da natureza amenizara as animosidades entre os homens. Porém em 1868, no abortado atentado em Lares, Porto Rico, e no levante em Cuba então em expansão que duraria uma década, as frustrações com o governo colonial haviam irrompido mais uma vez. A violência da natureza não esfriara a paixão humana: não na Europa entre prussianos e franceses em 1870, nem em Cuba. Fernández de Castro lamentou que "as torrentes de água que desabaram, os furacões de 1870, não foram suficientes para lavar o sangue que inunda Cuba, nem para apagar os incêndios que a devoram".[90]

Assim como a Espanha, os outros governos imperiais do Atlântico Norte continuaram com suas respostas tradicionais às catástrofes nas décadas intermediárias do século XIX. Mas, da mesma forma que as novas tecnologias como o vapor e as ferrovias haviam transformado as bases agrícolas de suas sociedades, os novos avanços tecnológicos começavam também a alterar o modo pelo qual governos e povos poderiam reagir às ameaças das tempestades. Os barômetros e termômetros introduzidos no século XVIII tinham se tornado mais ou menos comuns para quem estivesse interessado em prever o mau tempo.

Anemômetros cilíndricos com dispositivos em forma de concha para captar o vento e medir sua velocidade já existiam conceitualmente desde a Renascença, mas tinham sido reinventados no final da década de 1840 e estavam começando a ser usados nos estabelecimentos americanos nas décadas seguintes.

Em certa medida, a difusão de tecnologias meteorológicas e de informação continuou a ser um esforço colaborativo entre indivíduos aficionados do assunto e governos. Os trabalhos dos primeiros meteorologistas anglófonos, como Reid, Redfield, Espy e Piddington, encontravam agora novos paralelos hispânicos na obra de homens nascidos em Cuba, como Andrés Poëy (1825-1919) (figura 5.3). Filho de Felipe Poëy, o mais importante naturalista cubano de sua época, o jovem Andrés foi criado e educado na França, onde, na Biblioteca Nacional, em Paris, começou o empreendimento de sua vida: catalogar todos os estudos relacionados com as características, a frequência e a rota dos furacões caribenhos. Poëy voltou para Havana em 1845 e se tornou um importante meteorologista e primeiro diretor do observatório do governo, em Havana. Embora fosse uma figura de proa, ele era na verdade parte de uma forte tradição meteorológica cubana que se desenvolvera desde a década de 1830 e cujos resultados eram às vezes relatados nos jornais locais.[91] Sua *Bibliographie cycloni-*

Figura 5.3. *Andrés Poëy* (à esq.) *e padre Benito Vines* (à dir.), *pioneiros da meteorologia espanhola.* (Retratos de Carlos M. Trelles, *Biblioteca científica cubana.* Matanzas Juan de Oliver, 1918, v. 1, pp. 161 e 166.)

que, baseada em seu trabalho de catalogação, foi publicada em 1866 e incluía mais de mil itens.[92] A obra deu início à pesquisa da cronologia e frequência dos furacões, que progrediu quando acadêmicos buscaram revelar os padrões na ocorrência desses fenômenos examinando os registros históricos. Esse trabalho continua a ser feito hoje na Base de Dados dos Furacões do Atlântico Norte (North Atlantic Hurricane Database, HURDAT) e nas análises nela baseadas.

Os cronologistas dos furacões e os pesquisadores que reuniam medições de pressão barométrica, velocidade dos ventos, índice pluviométrico e temperatura eram parte de um empreendimento colaborativo de amadores e agentes do governo que transcendia as fronteiras nacionais. Um bom exemplo disso é Eugene Suquiet, um plantador francês residente em Juana Díaz, Porto Rico, que era membro da Sociedade Meteorológica Francesa. Em 1876, Suquiet doou um barômetro ao Escritório de Obras Públicas da ilha, "em nome da ciência". Além disso, apresentou um longo estudo sobre o San Felipe, que incluía o cuidadoso registro que fizera das leituras do vento, do termômetro e do barômetro, assim como sua própria discussão geral sobre as origens e as características dos furacões. Os funcionários do governo espanhol agradeceram por seu generoso presente e seu relato, mas naquela época, de maneira independente, já se havia estabelecido nas ilhas espanholas uma forte tradição de meteorologia.[93]

Proveniente das academias de interesse científico do século anterior, a criação, pelos jesuítas, de um observatório do clima em 1857, no Colegio de Belén, em Havana, marcou um momento importante no desenvolvimento da meteorologia na região. Os jesuítas tiveram mais tarde cerca de trinta desses observatórios em diferentes partes do mundo, em geral ligados à cátedra de matemática em suas escolas, que eles acreditavam ser úteis em seus objetivos missionários e educacionais. O Observatório Nacional de Havana, na época o edifício mais alto em sua área, no centro da cidade, floresceu sob o comando de uma série de diretores jesuítas, em especial após a chegada do catalão Benito Vines, em 1870 (figura 5.3). Desse momento até sua morte, em 1893, Vines foi o mais versado e proficiente estudioso de furacões do Atlântico Norte. Suas publicações eram lidas e traduzidas em larga escala. *Practical Hints in Regard to West Indian Hurricanes* [Dicas práticas concernentes a furacões nas Índias Ocidentais] foi o título da tradução de uma de suas obras, publicada e distribuída pelo Serviço de Sinais do Exército dos Estados Unidos, que em 1870 fora encarregado da tarefa de montar um serviço de análise e previsão do tempo. Em 1875, Vines publicou a primeira previsão de alerta de um furacão, e naquela década ele começou a estabelecer uma rede de observatórios na região do Caribe, para compartilhar informações de modo que populações e governos pudessem se preparar para as tempestades que se aproximavam. A rede de Vines e a do Serviço de Sinais americano já cooperavam uma com a outra em 1880, embora só de maneira intermitente, devido à falta de financiamento congressional. Como ressaltou o historiador Raymond Arsenault, a resistência em pagar por estações meteorológicas no estrangeiro limitou a previsão do tempo americana, até que o furacão de setembro de 1875, que destruiu Indianola, no Texas (ver capítulo 6), tornou evidente o quanto isso era necessário. Mesmo então, a relutância federal em assumir a responsabilidade de proteger os cidadãos foi um grande obstáculo — relutância, é preciso admitir, que era compartilhada com outras nações. O trabalho de Vines e seu sistema de observatórios e estações de análise do tempo eram na maior parte financiados por companhias de navegação e serviços de telégrafo, já que o apoio governamental a essas iniciativas era, em toda parte, muito tênue. Foi só em 1890, após uma série de arrasadoras tempestades de inverno, que os Estados Unidos afinal criaram um Escritório de Meteorologia, como parte do Departamento de Agricultura.[94]

Muito do progresso nas previsões e no funcionamento da rede de observatórios foi possível devido aos avanços técnicos nas comunicações e, com isso, na capacidade dos governos de amenizar os perigos dos furacões ao prover um sistema de alerta prévio. Após 1830, o uso de navios a vapor começou a diminuir de modo considerável o tempo de navegação através do oceano e entre os portos do Novo Mundo.[95] Porém os mais importantes entre as melhorias e os avanços na comunicação foram o telégrafo e os cabos suboceânicos, que possibilitaram a telegrafia intercontinental. Na década de 1850, as grandes cidades americanas estavam sendo conectadas por cabos. Em 1861, foi enviada a primeira mensagem transcontinental e, em 1866, instalada a primeira linha de cabo transatlântico. Houve uma considerável competição comercial entre companhias europeias para a instalação dos cabos transatlânticos, e só na década de 1870 foram colocados os cabos que conectavam as principais ilhas com Washington e com a Europa.[96] Mesmo então, eles eram usados mais na recuperação pós-catástrofe do que na transmissão de alertas sobre a aproximação de tempestades, ao menos até o final da década de 1880. O primeiro uso do telégrafo para comunicação em seguida a um furacão foi provavelmente uma mensagem de condolências enviada pela rainha Isabel II da Espanha ao povo de Porto Rico, depois do San Narciso, em 1867. Em meados dos anos 1870, essas comunicações já eram corriqueiras entre Madri e suas colônias. Em setembro de 1888, por exemplo, o governador de Porto Rico solicitou um empréstimo imediato "*por via telegrafica*", para ajudar na recuperação de Ponce após um furacão naquele mês, na esperança de que isso estimularia "o zelo e o patriotismo de todos".

O telégrafo tinha potencial para transformar a região do Grande Caribe, diminuir seu isolamento, melhorar suas comunicações e amenizar suas vulnerabilidades, em especial aos furacões. Era uma tecnologia revolucionária para a época, e as pessoas de então reconheciam isso. Não por acaso, em Saint Thomas, em 1867, o navio que Betances havia carregado com munição e no qual depositara suas esperanças revolucionárias para Porto Rico se chamava *El Telegrafo*.

MUDANDO A MANEIRA DE VER A NATUREZA E OS RISCOS

O navio a vapor, o telégrafo e logo o telefone estavam transformando vulnerabilidades, e ao longo do século XIX muita gente acreditava na ideia de um mundo natural sob o controle humano, embora as grandes forças destrutivas da natureza — furacões, vulcões e terremotos — mitigassem essas esperanças e convicções.[97] Quando o século chegava a seu final, outra mudança, uma alteração em perspectiva, também ficara aparente na descrição e no relato das tempestades tropicais no Atlântico. A linguagem da Providência ainda se fazia presente após tempestades devastadoras, e referências a "*le colère du ciel*" ou à "mão de Deus" ainda eram bastante comuns então, como continuam a ser hoje em dia. O bispo de Havana foi capaz de admoestar seu rebanho em 1882, ao dizer que a crença na divina Providência era o fundamento mais elevado para a moralidade e a sociedade, e que em meio à catástrofe era recomendável que seus fiéis assumissem o compromisso de ser cristãos melhores.[98] No entanto, o discurso da ciência tinha superado a propensão a explicar condições climáticas ou cataclismos naturais como resultado do pecado e do erro humanos. Essas interpretações providenciais das catástrofes haviam tido sempre certa inconsistência teológica, uma vez que uma recompensa celestial seria dada em caráter individual, mas a ira de Deus era desencadeada coletivamente, tanto sobre pecadores quanto sobre inocentes. Então, a inconsistência entre vários intérpretes e profetas quanto a quais pecados, e de quem, eram os responsáveis por determinado terremoto ou certa inundação também tinha diminuído a força das explicações que recorriam à Providência. Desde a época de Espinosa, no século XVII, a ideia da natureza como um universo físico governado por suas próprias regularidades ou leis ganhara terreno como explicação para esses eventos, mas os processos e leis da natureza não substituíram simplesmente as interpretações das catástrofes como atos providenciais. As duas interpretações podiam coexistir, como ainda acontece hoje, e os "cientistas" (termo usado pela primeira vez em 1833) podiam trabalhar sem muitas referências ou considerações quanto à questão de haver nos desastres uma causa natural ou uma intenção divina.[99]

A curiosidade analítica a respeito de furacões, terremotos, tsunamis e outros aspectos violentos do mundo físico tinha se separado cada vez mais das explicações teológicas e filosóficas de suas causas definitivas e das fragilidades humanas. Mesmo nas obras do padre jesuíta Vines e dos clérigos que o precederam no Observatório Nacional de Havana, por exemplo, questões relativas à intenção ou causa divinas não eram levantadas, e seus escritos se dedicavam a mensurar e analisar os fenômenos naturais, e depois à aplicação desse conhecimento em benefício de quem pudesse ter sido afetado. Na obra desses estudiosos, ou na reação de Édouard Fortier ao devastador furacão na Martinica de 1891, o foco da atenção tinha se transferido para a natureza e os perigos do mundo físico. A descrição que Fortier fez das perdas e seus relatos de mães e filhos inocentes mortos pela tempestade questionavam as tradicionais interpretações que atribuíam tudo à Providência. Ele observou que, muito depois de o barômetro que hoje usamos não mais existir, os pássaros continuaram a advertir os marinheiros da proximidade de intempéries, e isso refletia uma humildade em relação às ações e aos poderes do homem ante as forças da natureza. Essa mudança para uma ênfase na ideia de que as leis e os perigos da natureza estavam além do controle humano, e que talvez não fossem instrumentos de uma intenção divina, retirava dos ombros da sociedade pecadora a responsabilidade pelo desastre natural e eximia as vítimas de culpa. Com isso, ela também diminuía o papel dos santos ou das relíquias sagradas como barreira profilática contra o infortúnio ou a utilidade da religião em geral contra as ameaças comuns da natureza. Ao mesmo tempo, implicitamente, destacava a responsabilidade do Estado pelo bem-estar das "inculpáveis vítimas" da natureza.[100] É verdade que falhas morais inatas ou hábitos negativos como a preguiça associada a determinada raça podiam ser usados para negar assistência, como acontecera após as tempestades de meados do século nas Índias Ocidentais Britânicas, mas no final do século os perigos da natureza se tornaram a principal lente através da qual esses eventos eram observados.

A maioria dos governos ocidentais, movida por interesse próprio, pela promoção de grupos de interesse específicos e pela sobrevivência, havia muito se sentia um tanto responsável por prover a seus governados proteção contra calamidades.[101] Essa foi a origem do "Estado protetor" (*État protecteur*).[102] A questão, no final do século XIX, era em que medida o governo era responsável pelos "riscos" da vida; em que medida eram esses "riscos", isto é, os perigos que tinham uma probabilidade e uma previsibilidade, suportáveis individual ou coletivamente? Esse conceito de risco e sua transformação em mercadoria surgiu da experiência marítima com perda, e no final do século XIX, quando surgiu o capitalismo, o furacão, como qualquer tempestade imprevisível, se tornou uma metáfora que se encaixava com facilidade no caráter da vida em geral. Risco e incerteza se tornaram as únicas certezas da vida moderna.[103] O custeio dos riscos mediante vários tipos de políticas de proteção ou seguro está nas origens do Estado de bem-estar social, ou do que os franceses chamam de "Estado-Providência" (*État providence*), e, afirmam alguns, nas próprias origens do mundo moderno.[104] Não é coincidência que a Lei de Acidentes no Trabalho francesa, de 1898, que abandonou o conceito de culpabilidade por algum risco presumido em qualquer lugar de trabalho, tenha sido considerada o início do moderno Estado de bem-estar social. Porém, como vimos, as calamidades naturais já estavam levando vários Estados do Atlântico Norte — lenta e intermitentemente, é verdade — nessa direção já havia algum tempo. O que viria no futuro, um século depois, era a noção de que as ações humanas, sobretudo por meio de realizações tecnológicas e científicas, poderiam de fato influenciar a natureza, ou, como seria chamado, o meio ambiente, e mudar o equilíbrio ecológico e o clima do planeta. Sendo assim, então os humanos voltariam a arcar com a responsabilidade pelos desastres naturais: devido a suas políticas, ações ou inações, e não por causa de suas falhas espirituais ou morais.

6. Natureza e política na virada do século

É de duvidar que qualquer terra ou região habitada por quase 1 milhão de almas tenha sido, em tempos modernos, tão devastada ou abatida quanto Porto Rico em um só dia de agosto último.

General George Davis (1900)

Levamos centenas de negros a ponta de baioneta para ajudar no trabalho de queimar os mortos e carregá-los em barcaças para sepultamento no mar.

Major Lloyd R. D. Fayling, Galveston (1902)

[...] nações se unirão em verdadeira humanidade, que só conhecerá um inimigo mortal — a cega e insensível natureza.

Rosa Luxemburgo, sobre a Martinica (1902)

Os avanços em comunicação trazidos pelo telégrafo em meados do século XIX tornavam agora possível o sonho dos estudiosos do clima: observações simultâneas em lugares separados por grandes distâncias e a criação de mapas de clima sinópticos. Essas perspectivas pareciam prometer a previsibilidade. Os Estados perceberam a utilidade que essa promessa implicava para a agricultura, o comércio marítimo e a guerra.[1]

A ideia de compartilhar informações meteorológicas tinha se desenvolvido na década de 1840. Em 1853, realizou-se em Bruxelas uma conferência de dez nações sobre meteorologia marítima, da qual participaram sobretudo oficiais navais. Em 1854, em parte devido ao trabalho e às instâncias do coronel William Reid, após sua estada em Barbados e a publicação, em 1838, de seu *Law of Storms* [A lei das tempestades], a Inglaterra criou um Departamento de Meteorologia.[2] Nos Estados Unidos, já em 1849, o Smithsonian Institution, em Washington, DC, fornecia instrumentos de observação climática a companhias de telégrafo, coletava relatos de observações e os mapeava, com a intenção de prever tempestades. Em 1860, cerca de quinhentas estações de observação faziam relatórios para a entidade, mas a Guerra Civil interrompeu um desenvolvimento ulterior. Em 1870, o Congresso afinal criou um serviço de clima nacional como parte da Divisão de Sinais do Exército para Telegramas e Relatos em Benefício do Comércio. Esse arranjo ressaltava a estreita associação da telegrafia com a observação meteorológica e a percepção de que a aptidão para prever o clima tinha implicações comerciais e de segurança que eram de interesse nacional.[3] Nos vinte anos seguintes, o Serviço do Clima dos Estados Unidos ficaria sob controle militar; apenas em 1890 o recém-criado Escritório de Meteorologia, dentro de Departamento de Agricultura, assumiu a responsabilidade pela observação meteorológica e relatos a ela referentes. De meados do século até a década de 1890, o Serviço do Clima e o Escritório de Meteorologia tinham se concentrado sobretudo nas rotas comerciais nos Grandes Lagos, nas condições na Costa Leste e nas possibilidades de inundação na bacia do Mississippi. Houve tentativas iniciais de receber relatórios climáticos da Jamaica e de Havana, onde, como observado no capítulo anterior, o padre Vines havia assumido o observatório dos jesuítas no Colegio de Belén em 1870 e criado uma rede de observadores voluntários e de comunicações telegráficas que se estendia por Cuba e mais tarde incorporou relatos provindos de outras ilhas.[4] Os jesuítas também tinham estabelecido um observatório em Manila em 1865, que começou a criar várias subestações para colher dados climáticos úteis para a agricultura e o comércio. Em 1897, esse observatório e suas subestações passaram a ser dirigidos pelo padre José Algué, que desempenhou no Pacífico um papel muito semelhante ao do padre Vines no Atlântico Norte, como organizador de um extenso sistema de coleta de dados e como importante estudioso de tempestades tropicais. A obra do padre Algué *Baguios ó ciclones filipinos: Un estudio teórico-práctico* (1896), traduzida para o inglês como *Cyclones of the Far East*, se tornou uma obra de referência padrão.[5] A chave para o desenvolvimento da ciência da meteorologia nesse período era a observação e a coleta de dados em busca de padrões que, por inferência e analogia, permitissem a previsão do tempo. Essa teorização ainda envolvia pouca física.[6]

As vantagens de compartilhar dados climáticos levou, em 1873, à criação da Organização Meteorológica Internacional, um dos primeiros exemplos de compartilhamento global de informações científicas. Esse projeto internacional enfrentou problemas na padronização de medições e observações entre seus membros, além de conflitos causados pelas diferenças entre os objetivos e recursos nacionais, e também por ciúme e competição. A região do Grande Caribe é um exemplo disso. Apesar das tentativas do Escritório de Meteorologia dos Estados Unidos de incorporar, na década de 1870, o sistema meteorológico hispano-cubano, em desenvolvimento, a política e as finanças intervieram, e a falta de apoio do Congresso e de verbas limitou a integração de informações. Só após uma série de danosas tempestades de inverno em 1886-7 e a mortal inundação de Johnstown, na Pensilvânia, em 1889, que matou 2209 pessoas e causou prejuízos no valor de 17 milhões de dólares, as reclamações chegaram a um nível que exigia uma ação congressional. Foi então que o Escritório de Meteorologia se tornou uma agência civil. Durante a década de 1890, uma sequência de arrasadoras temporadas de furacões nos Estados Unidos, em especial a de 1893, deixou claro como era insuficiente o sistema nacional de alerta, e nem mesmo a expansão das estações de observação, entre elas cinquenta na Flórida, foi de grande consolo para as populações costeiras em perigo. O furacão que devastou a cidade de Cedar Key, na costa oeste da Flórida, em 1896 chamou a atenção de Washington; e a pressão crescente a favor de uma guerra contra a Espanha tornou a integração das observações no Caribe uma necessidade para as operações militares, como já era para a segurança de vida, as propriedades e o comércio nos Estados Unidos. Em 1898, o presidente William McKinley, que, segundo famosos rumores, temia mais os furacões do que a Marinha espanhola, ordenou que o Escritório de Meteorologia instalasse um sistema de alerta para furacões nas Índias Ocidentais.[7] O posto de previsão do tempo que ele estabelecera em Kingston, na Jamaica, foi transferido para

Havana em 1899, após a Guerra Hispano-Americana, e depois para Washington, DC, em 1900, a última mudança feita sob o impacto de uma horrorosa catástrofe na costa texana do Golfo. De fato, os anos em torno da virada do século foram marcados por vários eventos catastróficos que revelaram a tensão existente entre políticas e capacidades governamentais e deixaram claras as limitações que as divisões sociais impunham à implementação de programas de combate a desastres.

SAN CIRIACO E O "IMPÉRIO DA FOME"

Em 8 de agosto de 1899, um intenso furacão fustigou Porto Rico, que agora, junto com Cuba, estava sob ocupação militar americana. Esse foi um dos clássicos furacões do tipo Cabo Verde, formando-se no meio do Atlântico na latitude das ilhas de Cabo Verde por volta do dia 2 de agosto e seguindo para oeste para as ilhas de Sotavento, atingindo Guadalupe, São Cristóvão e Saint Thomas e chegando a Porto Rico em 8 de agosto como uma tempestade de categoria 4. Seu diâmetro era de apenas cem quilômetros, mas ele se movia devagar, causando com isso danos extensos. O olho levou seis horas para atravessar em diagonal os 145 quilômetros de comprimento da ilha, aterrissando perto de Humacao, no litoral sudeste, e se afastando perto de Aguadilla, na costa noroeste. San Juan, a capital, ficou de fora da principal zona de danos, mas a devastação em todas as outras regiões, sobretudo nas áreas do planalto central, produtoras de café, e no sudeste, foi horrível. A figura 6.1 mostra os efeitos do vento em Humacao, onde prédios sólidos viraram escombros. Ventos com quase 140 quilômetros por hora foram registrados em muitos lugares, e em Humacao, Ponce e Mayagüez (ver figura 5.2) eles atingiram 160 ou até 220 quilômetros por hora. Pior do que isso foram as chuvas, que continuaram por muito tempo depois que os ventos amainaram. Em Humacao, o volume foi de 584 milímetros em 24 horas, e outras comunidades relataram índices semelhantes. Os rios subiram e transbordaram, causando uma vasta e mortal inundação.[8] Em Ponce, segunda maior cidade da ilha, quinhentas pessoas morreram, a maioria afogadas, e muitas delas eram crianças ou pobres.[9] As ruas ficaram alagadas, os prédios municipais sofreram muitas avarias e a zona portuária, também atingida por um pesado vagalhão, teve suas lojas e escritórios destruídos. Quinze navios no cais encalharam em terra. Os alimentos estocados em armazéns perto do porto estragaram. A colheita de café das áreas adjacentes se perdeu quase toda. Cidades nas vizinhanças sofreram da mesma forma. Estradas ficaram submersas, as comunicações foram cortadas e toda a fiação veio abaixo. A fome ameaçava Ponce, e em poucos dias já havia preocupação quanto às condições sanitárias e de saúde pública. Após deixar Porto Rico, a tempestade subiu para a costa atlântica dos Estados Unidos, atingindo a Carolina do Norte e depois voltando para o Atlântico e chegando aos Açores. O sistema manteve características coerentes com as de uma tempestade tropical por 28 dias, tornando-se a mais longa tempestade-furação tropical registrada.[10]

Embora Porto Rico não tivesse sofrido um grande furacão desde 1876, houve uma série de tempestades mais localizadas nas décadas de 1880 e 1890, e os ilhéus decerto não agiam como novatos ao lidar com elas. Mas a violência dessa tempestade e a destruição que ela trouxe não foram usuais. Em Ponce, a reação à devastação não foi de fatalismo, mas de raiva. Apesar de o Escritório de Meteorologia dos Estados Unidos ter previsto a chegada do furacão e Porto Rico já haver estabelecido seu próprio serviço meteorológico em outubro de 1898, os residentes em Ponce acreditavam que o governo municipal não os advertira devidamente. Malgrado tentativas imediatas de obter ajuda do go-

Figura 6.1. *Ruínas de Humacao após o San Ciriaco.* (Cortesia das Coleções Fotográficas, Archivo General de Puerto Rico.)

verno militar em San Juan, dois dias após a tempestade uma multidão de mil pessoas se formou em frente à prefeitura para denunciar a negligência do *alcalde*, Luis Porrata Doria, e pedir sua demissão.[11] Embora tenha sido dispersada pelo Quinto Regimento de Cavalaria dos Estados Unidos, estacionado na área, a multidão conseguiu seu objetivo.[12] A autoridade militar forneceu alguns recursos, mas em todas as partes da ilha os governos municipais constituíam a primeira linha para recuperação e auxílio, e os comandantes militares em cada distrito logo aprenderam a se voltar para eles clamando por ajuda, mesmo sendo parcos seus fundos.

O destino político da ilha e a questão de sua soberania ainda não tinham sido decididos, e seu futuro dependia, de várias maneiras, de como os Estados Unidos e o povo de Porto Rico enfrentariam os usuais desafios que se seguiam a um furacão. Lealdades e soberania ainda estavam sendo definidas após a guerra, e agora ainda eram testadas pela tempestade. É possível ver as contracorrentes políticas e a angústia pessoal que essa situação criava na história de uma morte. José López Peláez e sua mulher tinham migrado para Porto Rico vindos de Astúrias, na Espanha, por volta de 1885, e ele obtivera um posto como agente aduaneiro na região de Humacao. López Peláez e sua família residiam no pequeno porto de Punta Santiago, perto de Humacao, quando a tempestade San Ciriaco atingiu a ilha. O edifício da alfândega em Punta Santiago era o único prédio sólido com paredes de pedra ou alvenaria na cidade, e o lugar lógico para nele se buscar proteção contra a tempestade, mas agora havia uma nova bandeira, a dos Estados Unidos, desfraldada acima dele. López Peláez, tendo perdido o emprego, e angustiado com a derrota na guerra e a mudança de soberania, se recusou a buscar abrigo sob a nova bandeira. Ele e a mulher morreram na tempestade.[13] Ao todo, 3 mil pessoas perderam a vida, fazendo desse o mais mortal dos furacões na história da ilha, e nos dez meses seguintes à tempestade, quando o alimento era escasso, a taxa de mortalidade foi bem mais elevada do que nos anos anteriores.[14] As primeiras estimativas dos danos foram de 20 milhões de dólares, mas depois esse valor aumentou. Mesmo hoje em dia, o furacão San Ciriaco é o parâmetro com que os porto-riquenhos avaliam o impacto ou o potencial de destruição de qualquer tempestade.[15]

Quando a tempestade chegou, no início de agosto, a ilha já estava sob controle americano havia quase um ano. Sob o general George W. Davis, o governador militar (9 de maio de 1899-1º de maio de 1900), Porto Rico já tinha sido dividido em distritos militares, e estava em curso um programa muito intenso de catalogar seus recursos humanos e econômicos.[16] Davis utilizou a estrutura militar existente para reunir informações e relatar os danos e perdas em toda a ilha. Além disso, buscou ajuda e informações na infraestrutura de governos municipais e em juntas de caridade locais que os espanhóis tinham desenvolvido na ilha. Administrador eficiente, o general introduziu o julgamento por júri e implementou o habeas corpus em Porto Rico. Era mais sensível a diferenças culturais do que seus predecessores temporários, que haviam banido a briga de galos, alterado as leis de divórcio e interferido nas relações entre a Igreja e o Estado. Sem dúvida, era um homem com vários preconceitos elitistas, mas desejoso de lidar com os líderes locais e sensível à política da ilha; e era, como a maior parte da população, católico romano.[17] Em San Juan, ele estabeleceu uma Junta de Caridade, chefiada pelo major John van Hoff e integrada por médicos e clérigos militares, mas depois nomeou comitês de ajuda locais em cada cidade.[18] Além disso, criou uma junta consultiva para políticas na ilha, com nove membros civis porto-riquenhos, para fazer recomendações concernentes a medidas que aliviassem as consequências do furacão.[19]

Após uma semana da passagem do furacão chegaram relatórios militares sobre os danos, que calculavam haver 250 mil pessoas sem comida ou sem moradia; e, em três meses, chegavam a San Juan relatórios de municípios de toda a ilha, com particular enfoque nas perdas.[20] Com considerável variação quanto a detalhes e cuidados, cada municipalidade tinha reunido estimativas e solicitações. As perdas totais em propriedades foram estimadas em pouco menos de 36 milhões de pesos, dos quais mais da metade era relativa ao cultivo do café. As perdas no setor do açúcar foram de cerca de 3,2 milhões de pesos apenas, e os danos em propriedades urbanas foram calculados em 7 345 000 dólares, ou mais de 21,6 milhões de pesos.[21] Utuado, no coração da região cafeeira, foi a municipalidade mais atingida, e Ponce a seguia num distante segundo lugar. O *Boletin Mercantil*, numa edição especial, relatava: "Só resta desta ilha antilhana, antes tão celebrada por sua beleza e fecundidade, montes de destroços espalhados por toda parte, que representam uma história cheia de lágrimas, morte e infortúnio para seus habitantes".[22]

Durante a década seguinte, escritores porto-riquenhos usaram as imagens dos escombros e da destruição, da fome, da migração e o abandono de casas tradicionais em narrativas sobre seu país. Em seus romances, usaram o furacão San Ciriaco para descrever a ruptura social no campo, onde, nas palavras de Ramón Juliá Marín, "a fome estabeleceu seu império", como um contexto para se referir às desigualdades e ao sofrimento da população.[23] De vários modos, o impacto e a ruptura causados pelo desastre foram maiores que o da guerra e o da ocupação americana da ilha, e o San Ciriaco deixou sua marca na consciência de todos os que passaram por ele.[24]

Os 69 governos municipais da ilha, existentes desde o século XVI, eram na verdade as únicas instituições civis que podiam ser mobilizadas para enfrentar a catástrofe. Tinham sido reformados pelo governo espanhol em 1870, mas funcionários dos Estados Unidos reclamaram de sua venalidade e incompetência, e, pior que tudo, a maioria estava praticamente falida. Além disso, as eleições municipais que se realizaram a partir de julho de 1899 eram com frequência acompanhadas de violência quando se divulgavam os resultados, com os que apoiavam o antigo regime e os membros dos partidos Liberal e Republicano lutando pelo controle. Apesar disso, os conselhos municipais representavam os interesses locais dominantes e fizeram o máximo que puderam para atender a esses interesses no início da crise. O conselho de Ponce mobilizou o apoio de outras cidades para fazer ao general Davis uma solicitação geral de emissão de bônus no valor de 25 milhões a 30 milhões de pesos para financiar a reconstrução, buscando também um afrouxamento das restrições ao comércio com os Estados Unidos, assim com uma moratória nos impostos estatais e municipais de pelo menos dois anos. O conselho de Mayagüez fez proposta semelhante, e em um mês muitas cidades tinham se juntado a essa campanha. Um mês após a tempestade, cerca de 58 petições por isenções fiscais haviam sido apresentadas por prefeitos, conselhos municipais e cidadãos privados.[25]

Logo surgiu a questão de qual seria a melhor maneira de proporcionar a isenção de impostos. Alguns advogados achavam que esse benefício deveria ser estendido a todos, uma vez que era muito difícil documentar o valor das perdas de propriedades individuais; além do mais, indivíduos ricos e os grandes plantadores de café tinham mais possibilidade de atender às exigências, enquanto os pleiteantes menos ricos, mesmo se merecedores do benefício, se sentiriam desencorajados a fazer a petição. Outros acreditavam que apenas quem fora pessoalmente atingido devia receber tal auxílio e que não se deveria permitir que uma política geral, estendida a todos, fosse um estímulo à ociosidade. Entre estes se incluía Caetano Coll y Toste, o secretário civil e principal assessor porto-riquenho de Davis. Os plantadores de café, em especial, se opuseram a essa intransigente linha dura no auxílio e nas compensações, e um editorial ressaltou de maneira satírica que o dia de são Caetano, seu santo padroeiro, era 7 de agosto, e que o furacão tinha chegado em 8 de agosto, dia de são Ciríaco, sugerindo que Porto Rico sofrera duas calamidades seguidas.[26]

Apesar da posição linha-dura de Coll y Toste, a junta consultiva de Davis percebeu que, com 25 mil fazendas e quase 35 mil casas e propriedades urbanas, seria difícil reunir provas das perdas sofridas. O governador seguiu seu conselho e concedeu remissão de impostos na Ordem Geral 138. Levou anos para que áreas como Mayagüez, onde plantadores de café tinham sido atingidos com especial severidade, pagassem os impostos devidos.[27] Além disso, a junta incentivou a reconstrução de estradas e pontes, atividade que era penosamente necessária e foi bem recebida pelos interesses locais; o governo militar encorajou essas iniciativas, já que a realização de um "trabalho honesto" útil era uma forma aceitável de distribuir assistência aos habitantes indigentes da ilha.

A CATÁSTROFE COMO TEATRO

Tanto o general Davis, em San Juan, quanto o presidente McKinley, em Washington, compreenderam que a catástrofe era uma oportunidade para demonstrar aos porto-riquenhos a eficiência e o espírito caritativo do novo governo. Diante de tal infortúnio, relatou o *New York Times*, "a menos que se conceda algum alívio imediato e efetivo, essas infelizes pessoas vão perecer de fome". Foi feito um apelo presidencial "à humanidade e ao patriotismo" do povo americano, observando que

> os habitantes de Porto Rico se submeteram livre e alegremente à guarda dos Estados Unidos e voluntariamente abdicaram da proteção da Espanha, contando, confiantes, com um tratamento mais generoso e beneficente de nossa parte. As mais elevadas considerações de respeito e boa-fé se somam a demonstrações de humanidade para solicitar que os Estados Unidos deem uma resposta generosa às demandas da angústia porto-riquenha.[28]

Davis tinha fornecido quase de imediato rações do Exército aos destituídos e sem-teto e continuou a fazê-lo. Não havia no Congresso uma verba para auxílio. Washington enviou suprimentos no valor total de apenas 200 mil dólares, mas também começou a coordenar um imenso programa de doações privadas, convocando os prefeitos de todas as cidades com mais de 150 mil habitantes a organizar essa campanha.[29] O comitê de ajuda de Nova York, criado pela Associação de Comerciantes do Estado, foi escolhido como agência central de coleta de toda a nação. Seu dirigente, o governador Theodore Roosevelt, compreendeu com muita clareza as vantagens políticas que a generosidade poderia suscitar naquele momento quando escreveu: "Apelo a todos os cidadãos patriotas que demonstrem ao povo sofredor de nossas novas possessões que a extensão de nossa bandeira a seu território representará para ele benefício imediato tanto material quanto moral".[30] Líderes políticos e militares americanos tinham usado esse tema, o das bênçãos de uma civilização esclarecida, desde o início da guerra com a Espanha e, na verdade, nas campanhas junto aos índios durante as três décadas precedentes. O tema enchia a correspondência do general Davis, do governador Roosevelt, do secretário de Estado Elihu Root e do Escritório de Assuntos Insulares, que administrava Cuba, Porto Rico e as Filipinas.[31] Essas ações de caridade eram sinceras; pessoas humildes de todos os Estados Unidos doavam dinheiro, comida e suprimentos, e o mesmo faziam companhias, instituições e organizações voluntárias. O próprio Davis doou parte de seu salário. Mas as ramificações políticas nunca eram esquecidas nesse período em que a soberania e o futuro político das possessões ainda não estavam decididos. Durante meses, o *New York Times* dedicou colunas inteiras à catástrofe porto-riquenha, com longas listas de contribuintes e suas doações em dinheiro e mercadorias. Essas colunas com frequência eram publicadas junto a artigos que descreviam sangrentas operações militares dos Estados Unidos contra insurgentes filipinos, dando com isso oportunidade aos leitores americanos de ver um lado humanitário e benigno do expansionismo americano, e não apenas um lado de opressão.[32]

Um complicador para a utilidade política e a encenação da ajuda humanitária foi a profunda desconfiança cultural e racial em relação aos povos recém-adquiridos.[33] Em 1898, a população de Porto Rico era de cerca de 960 mil habitantes, dos quais mais de 400 mil eram considerados indigentes. Davis e muitos de seus oficiais subalternos acreditavam que os porto-riquenhos pobres eram preguiçosos, ignorantes e desinteressados de seu futuro ou bem-estar político. As causas dessas características eram, variadamente, atribuídas ao mau governo espanhol, a superstições católicas, à alimentação ruim ou a defeitos originados no cruzamento racial, e haviam sido assim definidas nos escritos de viajantes e observadores desde o século XVIII. O *jíbaro*, ou camponês porto-riquenho, tinha adquirido, entre alguns intelectuais nativos e observadores estrangeiros, a reputação de vadio, preguiçoso e violento, propenso a beber e apreciador de briga de galos, porém no início do século XIX a imagem do *jíbaro* foi também adotada como expressão verdadeira e positiva da essência da ilha e de um caráter independente por liberais e pelos que ansiavam pela independência. Assim, as discussões nos escritos de autores espanhóis e porto-riquenhos sobre o caráter dos camponeses em Porto Rico na época da ocupação americana eram frequente e cuidadosamente ambivalentes, louvando a simplicidade rústica da "boa gente do campo", mas advertindo que ela era desviada com facilidade para a indolência e os maus hábitos.[34] Mais tarde, no século XX, as elites porto-riquenhas iriam elaborar ainda mais o mito do *jíbaro* e transformar o camponês no ilhéu quintessencial. Muitos militares e observadores privados dos Estados Unidos, no entanto, não nutriam muita simpatia pelo campesinato rural e concordariam com Davis em que "seria difícil conceber um aspecto mais desencorajador para uma gente que é classificada como civilizada".[35] O major John van Hoff, nomeado por Davis presidente da Junta de Caridade e diretor da campanha de auxílio, compartilhava dessa opinião e via a missão dos Estados Unidos como uma versão do "fardo do homem branco". Ele escreveu ao general: "Vamos mantê-los vivos; vamos guiá-los, devagar, suavemente, para a luz, e por fim, em meia centena de anos, eles vão captar o primeiro raio brilhante que lhes mostrará quais são nossos padrões e quais queremos que sejam os deles". Essas atitudes de "colonialismo tutelar" se encaixavam com perfeição na filosofia de assistência social predominante na época.[36] Havia um temor generalizado, expresso por autoridades tanto militares quanto civis e bastante disseminado na sociedade, de que a distribuição gratuita de alimentos ou roupas aos indigentes criaria uma dependência entre os pobres que acabaria tornando-os mendigos, e como os porto-riquenhos eram "um povo do qual todas as tendências são nessa direção", esse era um perigo a ser evitado a todo custo. A assistência pública, não importava qual fosse sua causa, criava um estigma, e a única maneira de reduzir sua marca nos beneficiários seria eles trabalharem. O lema da Junta de Caridade era: "Ninguém morrerá de fome, e nenhum homem capacitado deve comer o pão do ócio".

Essa fixação impregnava a correspondência da junta e as declarações do general Davis e de seu pessoal.

O problema que o general e a junta enfrentavam, no entanto, era que, exceto em construção de estradas, havia pouco trabalho que o governo pudesse oferecer, e capital privado para reconstrução e desenvolvimento era quase inexistente. O desafio para Davis e seus assessores era transformar o alívio às consequências do furacão num projeto de incentivo econômico, e com isso satisfazer os objetivos da recuperação econômica e do desenvolvimento, aproveitando a ocasião para demonstrar as vantagens do novo relacionamento de Porto Rico com os Estados Unidos. Mas esses objetivos se complicaram com as atitudes e os preconceitos dos funcionários americanos tanto em Porto Rico quanto em Washington. Ideologias de defeitos relacionados a raça, colonialismo e classe convergiram na criação de uma política de assistência pós-desastre. Para que não se pense que essas atitudes eram exclusivas dos novos senhores da ilha, deve-se observar que os plantadores e as elites urbanas porto-riquenhas também as compartilhavam.[37] Os plantadores, por interesse próprio, alegavam que uma ajuda direta seria contraproducente, não só porque era recebida por ociosos e por quem não estava tão necessitado, mas também porque pessoas que tivessem o bastante para comer não se apresentariam para trabalhar na colheita do café. Como mencionado no capítulo 5, sob o prévio regime colonial espanhol, de 1849 a 1873, esse tipo de pensamento tinha levado a uma legislação coercitiva, que obrigara camponeses autônomos e trabalhadores rurais a aceitarem certas condições de trabalho em plantations, o infame sistema de *libreta*, que exigia que todos os homens acima de dezesseis anos se apresentassem para se empregar. Essa profunda demonstração de desconfiança em relação às classes trabalhadoras, agora combinada com o desejo de elevação moral e de "americanização" dos porto-riquenhos, se fundamentava numa "filosofia de assistência" dominante em ambos os lados do Atlântico, que postulava que os pobres se tornariam indigentes ociosos a menos que fossem adequadamente motivados e controlados. Essa filosofia levou a políticas de auxílio que, após o San Ciriaco em Porto Rico, servia diretamente aos interesses agrícolas e comerciais dominantes na ilha.

Qualquer que fosse o benefício político de medidas de auxílio eficazes e generosas, aumentaram as pressões para fazer com que a guerra e a nova colônia fossem lucrativas, mas, devido ao impacto do furacão na agricultura, esse objetivo foi difícil de atingir. Em Porto Rico, antes do San Ciriaco, cerca de 120 mil acres eram cultivados com café. A economia cafeeira tinha tido um boom na década de 1880, e em 1890 a ilha se tornara o quarto maior exportador mundial, mas no final dos anos 1890 alguns observadores estavam preocupados com os efeitos de uma ênfase exagerada nesse cultivo e na dependência, por parte da economia porto-riquenha, dos mercados estrangeiros para esse único produto. O furacão tinha chegado bem no início da colheita de 1899, arrancando frutos dos galhos, derrubando cafeeiros e desenraizando as árvores que os protegiam com sua sombra. As exportações nesse ano caíram para apenas 10% da média dos cinco anos anteriores, e o general Davis estimou que o San Ciriaco causara a perda de 12 milhões de dólares nas receitas do café, sem falar na perda em bens de capital. Apesar de ter havido alguma recuperação em 1902, a situação dos plantadores era sombria; não havia produtos agrícolas para exportar nem dinheiro para reconstrução, e os mercados estavam quebrados.[38] Donos de propriedades cafeeiras pequenas e médias foram especialmente afetados. Agora os cafeeiros precisariam de quatro a cinco anos para se tornar produtivos de novo, e as grandes árvores de sombra derrubadas pelo furacão levariam ainda mais tempo para serem substituídas. Enquanto isso, os plantadores não teriam capital para reconstruir e replantar, e os que trabalhavam para eles estariam desempregados e famintos. O general Davis acreditava que a única esperança para a indústria seria concentrar as propriedades cafeeiras em menor número de mãos e mecanizar a produção. Os trabalhadores deslocados teriam de migrar. "A vida será horrível, é verdade, mas essas são as condições que se pode esperar em toda parte nos trópicos onde a densidade populacional é grande", disse ele.[39]

Porto Rico tinha cerca de 60 mil acres de cultivo de cana, ou seja, metade da área do café, quando foi castigada pelo furacão San Ciriaco. A concentração de terras em menos mãos, porém mais bem financiadas, já havia ocorrido na economia do açúcar. Dois terços da colheita de 1899 se perderam na tempestade, mas nesse caso a inundação tinha revigorado os campos, e a cana-de-açúcar se recuperou com rapidez. Os engenhos danificados eram na maioria antiquados, sendo agora substituídos por unidades centrais maiores, movidas a vapor. Em 1900, havia 22 *centrales* funcionando em Porto Rico, e o açúcar tinha se tornado a nova cultura na qual investir. Em geral, a economia do açúcar nos litorais se recuperou muito mais depressa que a do café, nas terras altas, e com isso as ações de auxílio do governo terminaram com mais rapidez e foram feitas menos concessões aos plantadores. O que eles precisavam era de capital, não de trabalho.[40] "Capital americano para a regeneração daqueles engenhos de açúcar", disse Eben Swift, um funcionário distrital em Humacao, "fariam um bem maior do que uma frota de navios de transporte carregados de comida." Esse capital veio mais tarde, de investidores e bancos nos Estados Unidos, que em 1930 investiram mais de 120 milhões de dólares na expansão da economia açucareira.

Na mente dos administradores americanos na ilha, não se podia separar a questão da saúde econômica de Porto Rico do problema imediato de prover ajuda, e essa preocupação, por sua vez, dependia de sua maneira de ver os porto-riquenhos como um povo. Na verdade, Swift tinha muito pouca simpatia pela população trabalhadora e achava que apenas viúvas, crianças, idosos e doentes deviam ser alimentados. Quanto aos restantes, "toda a população descalça é indigente — isto é, são desocupados, preguiçosos, sem ambição e não trabalharão a não ser que sob a perspectiva da inanição. Isso não quer dizer que devam ser alimentados".[41] Curiosamente, um dos únicos sinais de desordem pública havia sido um pequeno roubo, causado, segundo um intendente, pela "ideia errônea, que impregnou o país, de que os suprimentos da ajuda eram para todos e podiam ser levados por quem fosse capaz de obtê-los". Estava claro que as pessoas tinham interpretado mal o sentido de auxílio.[42]

Para o general Davis, o futuro da ilha e a esperança de recuperação estava no setor agrícola. Em geral, ele apoiava isenções nos impostos, empréstimos e outros benefícios, mas ao mesmo tempo enfrentava a necessidade de fornecer alimento, moradia e roupas aos indigentes, em sua maioria trabalhadores rurais e muitos dos quais seriam deslocados com a recuperação. Como resolver essas necessidades contraditórias? No início, a Junta de Caridade tentou introduzir o uso de cartões de trabalho que cada trabalhador precisaria ter, assinados por um plantador, mas isso se mostrou complicado. Foram substituídos por um sistema no qual a ração de 450 gramas de alimento por dia por membro da família era fornecida aos plantadores; os trabalhadores teriam de ter um contrato com eles para receber auxílio. A junta percebeu que o tratamento que os plantadores dariam ao trabalhador seria menos que suave, mas via a requisição de trabalhadores por parte deles como o melhor sistema possível, um sistema em que os plantadores estariam no controle, reafirmando o princípio de "sem trabalho, sem ajuda". Em um ano, os plantadores tinham feito 12 mil requisições de auxílio, e mais de 14 milhões de quilos de comida haviam sido distribuídos entre 117 mil pessoas nas áreas rurais. A Junta de Caridade atingira seus objetivos, que nunca foram puramente humanitários. Tinha propiciado melhorias em fazendas, empregado trabalhadores, alimentado milhares e, na opinião de Van Hoff, ensinara aos porto-riquenhos o valor do trabalho honesto. Além disso, havia incutido no plantador a noção de que os 35 a cinquenta centavos por dia pagos a trabalhadores nas plantações de café eram um valor alto demais e faziam com que Porto Rico não conseguisse competir com o Brasil e a América Central. Com as relações tradicionais entre patrões e dependentes bastante abaladas pelas condições pós-tempestade, os plantadores estavam temerosos de que a ajuda pós-furacão deixasse os trabalhadores menos dispostos a trabalhar pelos antigos salários, elevando o custo da mão de obra.[43] Davis os tranquilizou quando disse a sua junta consultiva, e por extensão aos plantadores, que "a ajuda dada pelo povo dos Estados Unidos será aplicada de modo a não fazer dos pacíficos e valorosos habitantes desta ilha indigentes, nem de modo a perturbar os negócios industriais e comerciais das comunidades".[44]

REAÇÃO E PERCEPÇÃO EM PORTO RICO

Os desafios administrativos e humanitários enfrentados pelos Estados Unidos eram difíceis, mas muito menos que os dos habitantes da ilha. O jornalista José Elías Levis, em seu romance *Estercolero*, escreveu que após o furacão de 8 de agosto "a miséria se tornou desespero" e que "agora as pessoas choravam por seu passado e por seu presente".[45] As últimas décadas do domínio espanhol tinham presenciado um aumento da população dos sem-terra e uma piora na saúde pública, o que resultara em altos índices de mortalidade. Trabalhadores sem-terra migravam para as cidades, ou iam para Cuba ou para a República Dominicana. A inquietação rural entre desempregados ou trabalhadores explorados no campo coincidia com greves do movimento operário nas cidades. Tudo isso foi exacerbado pela guerra e pela fase posterior a ela, durante a qual uma campanha de guerrilhas foi realizada contra aqueles que continuavam leais à Espanha, e às vezes por trabalhadores rurais contra plantadores, quando as relações de dependência foram rompidas. Depois que a Espanha vendeu Porto Rico em dezembro de 1898, como parte das negociações que puseram fim à guerra, os militares dos Estados Unidos agiram para suprimir a violência.

Tudo isso serviu como um complexo pano de fundo para a reação à intempérie, que agora criara um novo conjunto de circunstâncias. Apesar da miséria de um quarto da população da ilha e do colapso do controle municipal em várias áreas, praticamente não houve saques depois da tempestade, e mesmo as retaliações contra indivíduos pró-Espanha chegaram ao fim. Em certa medida, a ocupação militar e as iniciativas do governo para assumir o controle sobre a população a ele submetida tinham imposto a ordem. Quando começaram a chegar os suprimentos de ajuda e as ações de reconstrução, alguns trabalhadores tentaram pleitear salários melhores ou reclamaram por estarem sendo mobilizados voluntários para descarregar os navios, mas Davis se recusou a negociar salários e, na verdade, ordenou que se retivessem os víveres destinados a trabalhadores e suas famílias se eles recusassem aceitar seus termos. Com tantos trabalhadores rurais desempregados, os trabalhadores em geral tinham pouca margem de manobra nas negociações e estavam sendo espremidos pelo encarecimento da comida e dos custos com moradia, bem como pelo desejo do governo de manter baixos os salários. Os processos trabalhistas e as greves diminuíram em seguida à tempestade, que parecia ser mais uma indesejada tragédia que se somava às misérias que a precediam na ilha.

Para grande parte da população, a sobrevivência era a preocupação imediata. Porto Rico já era importador de alimentos antes da tempestade. Apenas cerca de 100 mil acres, ou um terço das terras cultivadas, eram dedicados a alimentos básicos, sendo o restante usado sobretudo no cultivo de cana-de-açúcar, tabaco e café. O furacão fez com que uma situação difícil se tornasse insustentável e teve o potencial de transformar uma calamidade em tragédia. Davis agiu com rapidez, distribuindo rações e ordenando o plantio de "produtos de colheita rápida", porém mesmo assim a fome constituía um problema real; um grande número de trabalhadores rurais, diante da fome e da perda de suas casas, tinha poucas esperanças. Milhares foram para as cidades e vilas, ocupando praças e esquinas, buscando abrigo e alimento. Desnutrição, desabrigo e condições higiênicas precárias pioraram a incidência de doenças crônicas, e as instalações hospitalares ficaram sobrecarregadas. Algumas pessoas decidiram simplesmente ir embora, emigrando para outro lugar no Caribe, ou foram contratadas para construir uma ferrovia no Equador, ou se inscreveram para trabalhar em novos campos de cana-de-açúcar no Havaí, sendo transportadas em condições miseráveis "para morrer de tristeza em países distantes, depois de banhar em lágrimas" as terras de seu exílio.[46]

Durante a tempestade, os que por ela eram afetados se voltaram para suas tradicionais formas de proteção e suas crenças, em busca de conforto e explicação. Depois de seu término, observadores buscaram explicar a catástrofe em termos mais políticos, encontrando conexões entre a intempérie e as transformações políticas e culturais da época. Em Havana, o nacionalista *Diario de la Marina* olhava para a ilha irmã e observava que sua prosperidade anterior tinha sido abalada por "modificações radicais e súbitas nos costumes locais", e que Porto Rico agora perdera até a autonomia de que usufruía sob o domínio da Espanha. O *Diario* extraía disso uma providencial lição: o ciclone "é só a ira de Deus diante da ocupação americana".[47] Não foi surpresa que Don Juan Perpiña y Pibernat, deão da diocese de Porto Rico e apoiador da Espanha, que exercia a autoridade episcopal na ausência de um bispo, tenha visto uma mensagem diferente no furacão. Em sua descrição, escreveu que qualquer pessoa que não estivesse cega pelo ateísmo, pelo materialismo ou pelo naturalismo poderia ver que essa tempestade era a punição de Deus para os pecados da ilha, que incluíam o secularismo e a adulação dos americanos por "filhos ingratos e desnaturados" da Espanha, os quais, depois de receber língua, religião, bons costumes e leis sábias, tinham abandonado a pátria. Don Juan admitia que houvera muitos pecados antes da guerra, mas o pior estava ocorrendo desde a chegada dos americanos e da mudança da nacionalidade. O castigo para alguns era oportunidade para outros: os protestantes recém-chegados na ilha viram na mudança da soberania uma confirmação de sua superioridade e se valeram das circunstâncias para dar assistência social e com isso ganhar adeptos e cumprir sua missão. Vistas de longe, houve outras interpretações para a tempestade. A imprensa jamaicana usou a prontidão nas medidas de ajuda americana a Porto Rico para criticar a natureza tardia da resposta britânica às calamidades nas Índias Ocidentais.

A observação jamaicana tinha lá seus méritos. Por vários motivos, o esforço de ajuda fora em geral impressionante, e Davis e o Congresso podiam se referir a ele como uma demonstração da eficiência e do humanitarismo americanos. A ocupação militar e a infraestrutura burocrática que ela propiciava eram sem dúvida responsáveis por isso, em certa medida, às vezes de maneira surpreendente. Houve uma importante inovação médica: o tratamento e o controle da ancilostomíase, facilitados pelo furacão. O major Bailey K. Ashford tinha chegado à ilha em 1898 como médico do Exército, com o 11º Regimento de Infantaria, e logo estava tratando de um surto de tifo entre as tropas num hospital em Ponce. Durante o San Ciriaco, Ashford assumiu um papel de liderança no provimento de assistência médica às vítimas, muitas das quais eram levadas às barracas mantidas pelo governo militar em Ponce. Foi durante esse período que ele observou que quase três quartos de seus 4500 pacientes sofriam de anemia e tinham uma contagem de menos de 50% de hemoglobina no sangue. Essa era uma doença em geral atribuída a deficiências nutricionais de um campesinato que vivia de bananas, arroz, feijão e raízes. Porém as mudanças na dieta não produziram melhoras. Após mais pesquisas, Ashford constatou uma presença quase universal de ancilóstomo (*Ancylostoma duodenale*) em seus pacientes, quase todos acostumados a estar descalços. Ele comunicou a descoberta a seus superiores e junto com médicos porto-riquenhos deu início a uma ampla campanha de tratamento.[48] Tempos depois, casou com uma porto-riquenha e se estabeleceu em Porto Rico. Em sua biografia, escreveu mais tarde que a lendária letargia dos *jíbaros* da ilha, a "preguiça" que observadores haviam comentado ao longo de um século, tinha, na verdade, uma causa médica tratável. O San Ciriaco e a estrutura política da ilha na época haviam criado as condições para o diagnóstico de Ashford. A erradicação da ancilostomíase, assim como o programa paralelo dos Estados Unidos contra a febre amarela em Cuba, sem dúvida foi útil aos objetivos comerciais e econômicos americanos e, em particular, ajudou a aumentar o contingente de trabalhadores saudáveis, além de reduzir a taxa de mortalidade. Tal êxito e a popularidade pessoal de Ashford na ilha, bem como as medidas de ajuda em geral, também serviram para demonstrar as vantagens da mudança na soberania.[49]

Quando o impacto da tempestade começou a diminuir e a realidade do novo sistema político se tornou cada vez mais aparente, as opiniões sobre as iniciativas de auxílio, sobre os objetivos do governo americano e sobre as relações de Porto Rico com os Estados Unidos se tornaram mais negativas. Durante a fase de recuperação, o Congresso tinha devolvido à ilha 2 milhões de dólares de receita de impostos, montante que os Estados Unidos coletaram das tarifas cobradas sobre bens importados de Porto Rico desde a ocupação. A junta consultiva e Coll y Toste eram de opinião que o dinheiro seria mais bem empregado na reparação de prédios, mas os plantadores e comerciantes sustentaram que, como esses fundos haviam sido gerados pelo comércio com produtos agrícolas, eles deveriam ser reinvestidos na agricultura, o que também levaria muita gente de volta ao trabalho. O que os plantadores queriam era a criação de bancos agrícolas ou fundos municipais onde pudessem buscar capital. Dois milhões de dólares, seja como for, eram uma quantia muito abaixo do necessário, e os plantadores consideravam a devolução dessa quantia não como um ato magnânimo de caridade, mas simplesmente uma questão de justiça, ao devolver a Porto Rico o que, para começar, nunca lhe deveria ter sido tirado.[50]

Em maio de 1900, a ilha não estava mais sob governo militar, e o general Davis tinha sido substituído por Charles Allen, o primeiro governador civil americano. A temporária tranquilidade no movimento operário terminara, e agora havia algumas pequenas ações e greves por melhores salários. Trabalhadores nas docas, padeiros, pedreiros, carpinteiros e gráficos tinham se organizado e eram cada vez mais ouvidos em suas demandas. Em 1906, uma grande greve eclodiu entre os cortadores de cana-de-açúcar. Os que se opunham a essas demandas atribuíram a nova beligerância dos trabalhadores à liderança de "socialistas" como Santiago Iglesias Pantín, ou ao fato de o investimento americano na ilha ter estimulado a cupidez do trabalhador. Os empregadores reagiram ameaçando importar habitantes das Índias Ocidentais ou trabalhadores de Saint Thomas, e reclamaram dizendo que, se havia mesmo tanta miséria e desemprego na ilha, os trabalhadores deveriam se satisfazer com os salários tradicionais. Mas em 1900 o momento da resignação do trabalhador já havia passado.

Alguns críticos do esforço de ajuda o associaram a esses problemas subsequentes. Eugenio Astol, escrevendo num jornal de San Juan sob o pseudônimo de Glouster, expressava as atitudes tradicionais do plantador em relação aos trabalhadores rurais, ao sustentar que o auxílio os tinha tornado vagabundos e baixado o moral de "nosso honrado povo rural".[51] Críticas quanto à política também apareciam na imprensa, com queixas de que os fundos haviam sido concedidos de acordo com a filiação partidária e que a Junta de Caridade fora um "desastre total". Da parte dos trabalhadores rurais surgiu um novo tipo de crítica. A provisão de alimentos como compensação pelo trabalho, na qual Davis e a Junta de Auxílio haviam insistido, tinha beneficiado sobretudo os plantadores.[52] As rações de arroz e feijão ou as porções de bacalhau que estes forneciam não eram equivalentes ao valor do trabalho que estava sendo realizado. O jornal *La Nueva Bandera*, de Mayagüez, perguntou ironicamente sobre o programa: "Que caridade, oh, Deus, que caridade?".[53] Os trabalhadores rurais cantavam seus próprios comentários sobre os americanos e a tempestade.[54]

> *O americano disse que veio nos salvar;*
> *mas parece que o que disse foi em vão.*
> *Embora envie feijão e biscoitos por causa do furacão,*
> *os que os doam guardam o melhor para eles mesmos,*
> *e é por isso que nós temos de ir embora.*[55]

A ocupação e a tempestade tinham se combinado para criar um conjunto de circunstâncias com implicações políticas e econômicas de longo prazo. Medidas tomadas pelos Estados Unidos após a guerra para dar apoio à classe dos plantadores, tais como a suspensão de execuções de hipoteca de propriedades rurais, haviam produzido a inesperada consequência de congelar o mercado de crédito rural. Depois do San Ciriaco, quando se precisava penosamente de capital para a reconstrução, ele estava escasso. Davis tentara ajudar os plantadores de café, porém, de várias maneiras, a destruição da agricultura cafeeira pelo furacão aumentou o interesse e a demanda dos americanos pelo açúcar porto-riquenho. O furacão dera aos Estados Unidos uma oportunidade para demonstrar eficiência e benevolência em tempos de crise. Eles o fizeram aumentando o controle do plantador sobre o trabalho rural, embora isso também tenha reestruturado a natureza do controle, ao fortalecer os poderes dos grandes plantadores e ao adotar políticas mais favoráveis aos produtores de açúcar. Esses plantadores em dificuldades ficaram agradecidos pela ajuda do governo, pelo menos no início, porém em um ano a crítica ao sistema de ajuda e a sua manipulação pelo governo com objetivos políticos surgiu quando os porto-riquenhos perceberam as estratégias políticas e as filosofias sociais que as tinham motivado.

Em janeiro de 1900, o Congresso realizou audiências sobre o futuro status de Porto Rico. A sombra do San Ciriaco pairou sobre as discussões. A primeira testemunha convocada foi o general Davis, que em seu depoimento declarou:

"É de duvidar que qualquer terra ou região habitada por quase 1 milhão de almas tenha sido, em tempos modernos, tão devastada ou abatida quanto foi Porto Rico em um só dia de agosto último".[56] Outras testemunhas continuaram a trazer as condições criadas pela tempestade à discussão sobre qual arranjo político seria o melhor para o relacionamento da ilha com os Estados Unidos. Alguns defenderam a ampliação do livre-comércio e outras medidas econômicas, dadas as condições na ilha causadas pelo furacão e pela guerra. O major Ames, argumentando em favor da criação de um banco agrícola, disse ao comitê que Porto Rico não precisava de nada dos Estados Unidos e que sua condição de indigência era devida apenas à guerra e ao furacão. Se lhe dessem uma oportunidade, cuidaria de si mesmo. Em oposição a isso, os que eram contra conceder o livre-comércio e outros benefícios aos produtos da ilha misturaram argumentos políticos, culturais e econômicos. Um oponente descartou as descrições dos "horrores" do San Ciriaco, ressaltando que a ilha tinha sofrido igualmente com tempestades quando era governada pela Espanha e que os agricultores americanos também corriam o perigo de passar por catástrofes semelhantes. Ele advertiu: "A raça latina, após anos de domínio do despotismo, caso subitamente lhe concedam demasiado poder, será um problema, se não um fator de perigo, com que se terá de lidar. A compreensão demasiada a ela estendida pode rapidamente se perder".[57] Herbert Myrick, representante dos interesses do açúcar de beterraba nos Estados Unidos, sustentou que o país deveria ajudar Porto Rico após os furacões, mas não subverter seus princípios de governo ao fazê-lo, permitindo a importação sem cobrar impostos.[58] Outro protecionista do comércio ressaltou que a guerra nas Filipinas ainda estava sendo travada e que o humanitarismo demonstrado em relação a Porto Rico poderia afinal produzir custos que seriam arcados pelos contribuintes americanos em outra colônia.

A Lei Orgânica de abril de 1900, conhecida como Lei Foraker, estabeleceu as relações políticas e econômicas entre os Estados Unidos e sua nova dependência de Porto Rico, e criou o formato de governo civil que funcionaria na ilha sob um governador nomeado pelo presidente. A lei refletia os preconceitos e as ambições de vários interesses nos Estados Unidos e em Porto Rico. A ilha se tornou um "território incorporado" e lhe foram reconhecidos certos direitos; porém não foi assegurada a cidadania a seus habitantes, e a ilha agora tinha menos autonomia política do que tivera nos dias finais de sua submissão à Espanha. Foram criadas condições para a expansão da economia açucareira com capital americano. A incorporação de Porto Rico à estrutura tarifária e financeira dos Estados Unidos havia protegido os interesses dos cultivadores de açúcar e tabaco, mas alterou de forma negativa as relações da ilha com seus outros mercados. O San Ciriaco não determinou a decisão de colocar Porto Rico num status de dependência, mas criou um contexto que facilitou essa decisão.

Os Estados Unidos estavam enfrentando agora, pela primeira vez, os problemas advindos de ser uma potência colonial, e em Washington se discutia como o governo federal deveria reagir aos efeitos do mau tempo numa nova, conquanto distante, possessão tropical. Quem seria o responsável pelos danos causados por desastres naturais? Que departamentos do governo ou das instituições deveriam assumir, se é que deveriam, a responsabilidade pela ajuda e quais seriam as implicações de uma ação ou inação? Apenas quatro meses após a aprovação da Lei Foraker, os Estados Unidos teriam de enfrentar uma catástrofe de escala comparável em seu próprio litoral, o evento natural único mais destrutivo na história da nação: o furacão e a inundação mortais de Galveston, em 8 de setembro de 1900.

NÃO FOI ESSA UMA TEMPESTADE PODEROSA? GALVESTON, 1900

O furacão que atingiu Galveston, no Texas, em 8 de setembro de 1900 tem sido considerado há muito tempo a calamidade natural única mais mortal na história dos Estados Unidos.[59] O número de mortos identificados foi de 4263, mas as estimativas gerais de vidas perdidas na tempestade e na inundação subsequente chegam em geral a 6 mil na cidade, e talvez de 10 mil a 12 mil no resto da ilha em que ela era situada, inclusive em áreas próximas do continente.

O litoral do golfo do México tem uma longa experiência com tempestades tropicais, e a própria Galveston fora fustigada por onze furacões durante o século XIX. Três tempestades em 1871 tinham causado danos consideráveis. Em 1875, outra tempestade atingiu a cidade, assim como Indianola, rival de Galveston no litoral do Golfo, 240 quilômetros ao sul. Os danos a Indianola foram suficientes para muita gente querer mudar o local da cidade, mas a oposição da Morgan Steamship Company impediu a medida. Depois, em agosto de 1886, o mais violento furacão a atingir os Estados Unidos, com ventos de mais de 240 quilômetros por hora e um vagalhão de cinco metros de altura no mar, destruiu Indianola, e o lugar foi abandonado.

Galveston, por outro lado, embora situada numa ilha plana e arenosa com uma elevação de não mais de 2,5 metros acima do nível do mar, tinha suportado bem a tempestade de 1886. Sua localização, na boca da baía de Galveston com seus 27 quilômetros de largura, a tornava o melhor porto natural entre Nova Orleans e Veracruz, no México. Esse fato fazia com que os riscos de sua localização parecessem valer a pena, e havia certa confiança de que ela tivesse uma proteção natural, embora desde 1850 houvesse advertências por parte de marinheiros e engenheiros quanto à vulnerabilidade que a cota baixa da cidade representava para riscos oriundos de uma tempestade.

Situada numa ilha com 43 quilômetros de comprimento e menos de cinco em sua parte mais larga, Galveston ficava a pouco mais de três quilômetros de uma costa pantanosa onde hoje se localizam quatro grandes reservas de vida selvagem. Bancos de areia e águas rasas a cercavam, o que levou alguns de seus habitantes e imaginá-la como um "abrigo de segurança" protegido dos potenciais perigos representados pelos ventos de um furacão e pelas águas do Golfo trazidas pela tempestade.[60] O conselho municipal havia debatido sugestões de se construir um quebra-mar para protegê-la do mar aberto, e a ideia foi rejeitada. Na verdade, Isaac Cline, chefe do Escritório de Meteorologia dos Estados Unidos em Galveston, um profissional talentoso, respeitado na cidade e altamente treinado, tinha a firme convicção de que a ilha estava relativamente protegida pelas águas rasas e que um quebra-mar era desnecessário, realçando essa ideia num artigo que publicou em 1891. Sua confiança e suas declarações de que os costumeiros furacões caribenhos seriam empurrados para o norte antes de atingir o litoral do Golfo criaram uma enganosa sensação de segurança na ilha. Sabemos agora que sua crença sobre a proteção que o mar oferecia com as águas rasas não levava em conta a diferença entre ondas trazidas pelo vento, que se diluiriam nas águas rasas, e um vagalhão causado por uma tempestade, caso em que isso não aconteceria. Um vagalhão é em essência um grande domo de água com cerca de oitenta quilômetros de extensão que é sugado para o litoral onde o olho de uma tempestade tropical cruza o continente. Sua altura é inversamente proporcional à profundidade do leito do mar, de modo que as águas rasas de Galveston na verdade aumentavam a vulnerabilidade da cidade.[61]

Galveston se tornou porto quando o México conquistou sua independência da Espanha e foi incorporada à efêmera República do Texas, em 1839. Devido a sua localização no golfo do México, passou a ser um grande porto para exportação de algodão e terminal de destaque no comércio escravista. Durante a Guerra Civil, foi cenário de uma grande batalha por causa de sua importância para a Confederação. Após a guerra, floresceu como centro comercial. Tinha uma população diversificada quanto a religião e raça, que incluía mexicanos, imigrantes europeus e afro-americanos. Em 1900, Galveston era uma cidade abastada, com uma população de 37 mil habitantes e uma posição privilegiada como o melhor porto americano no Golfo.

A história do furacão de Galveston foi contada de muitas maneiras — relatos populares, estudos acadêmicos, testemunhos orais, spirituals, romances, peças, autobiografias e documentários. Não é necessário mencionar aqui todos os detalhes, mas as questões relativas ao rastreio da tempestade e às políticas da previsão, ao papel dos vários níveis de governo na reação a ela e ao impacto das divisões sociais nas medidas de ajuda merecem ser comentadas.

A tempestade foi noticiada pela primeira vez em 27 de agosto, como sendo uma depressão tropical a leste das ilhas de Barlavento. Entrou no Caribe e passou sobre Antígua como depressão tropical e depois atravessou a República Dominicana e o sudoeste de Cuba em 5 de setembro, passando para o oeste de Key West. De maneira desastrosa, o Escritório de Meteorologia dos Estados Unidos, então com estações de observação no Caribe e ansioso por demonstrar sua capacidade, previu que a tempestade continuaria a se movimentar para o norte e emitiu advertências para o litoral atlântico meridional nos Estados Unidos. A essa altura, a tempestade provavelmente já tinha adquirido a força de furacão, com ventos de quase 120 quilômetros por hora. Sobre as águas aquecidas do Golfo, cresceu em tamanho e em intensidade, e um navio colhido por ela no Golfo relatou em 7 de setembro que os ventos haviam chegado a 160 quilômetros por hora. Bloqueada pela alta pressão no sudeste dos Estados Unidos, a tempestade não estava, na verdade, indo para o norte, mas para oeste, como tinham advertido alguns meteorologistas cubanos. Ela varreu o litoral do Texas. Em Galveston, rajadas de vento atingiram mais de 190 quilômetros por hora e alguns relatos sugeriam rajadas ainda mais fortes. Durante a passagem da tempestade os barômetros locais caíram para 27,64. Os vagalhões de quase cinco metros de altura foram os maiores que os que Galveston já experimentara em furacões anteriores, e a cidade estava completamente despreparada. A inundação foi total. Depois de fustigar Galveston e cruzar o território do Texas, a tempestade passou sobre Oklahoma e Kansas, prosseguiu para o norte e fez uma curva para leste sobre os Grandes Lagos, onde ainda mantinha ventos a oitenta quilômetros por hora. Por fim se dissipou no litoral da Terra Nova.

Os danos na ilha de Galveston foram horríveis: as quatro pontes que a ligavam ao continente foram varridas, cerca de um terço dos prédios foi destruído, e a inundação causada pelo vagalhão matou milhares de pessoas num período de 24 horas. As perdas na área de Galveston foram estimadas na época em 40 milhões de dólares, o que, corrigido para valores de 2014, representaria mais de 2 bilhões de dólares, fazendo dessa tempestade uma das mais onerosas na história dos Estados Unidos.[62]

As perdas de vidas foram terríveis e muito rápidas, a maior parte delas causada por afogamento. Barcaças sobre trilhos foram usadas para retirar os corpos. Quando os sepultamentos no mar resultavam em corpos lançados na costa, foram montadas sinistras piras funerárias para eliminar os despojos.[63] Eles continuaram a queimar por três meses. Sobreviventes e membros dos destacamentos de sepultamento (ver figura 6.2) se lembrariam, para o resto de suas vidas, dos destroços, da lama e do lodo após a tempestade e das pilhas de corpos queimando.[64]

Depois que a tempestade passou sobre Galveston, os sobreviventes e a imprensa nacional levantaram a questão da responsabilidade. A cidade tinha residentes meteorologistas. Isaac Cline chefiara lá o Escritório de Meteorologia desde 1889 e seu irmão mais moço, Joseph, também meteorologista, havia se juntado a ele alguns anos mais tarde. Isaac observara as pesadas chuvas que precederam a tempestade, a queda barométrica e a elevação do mar apesar dos ventos em direção contrária. Tragicamente, ele errou em sua avaliação profissional da vulnerabilidade da cidade e pagou um alto preço por isso quando sua mulher e o filho ainda não nascido morreram na catástrofe. Isaac alegou depois que, quando a tempestade desabou, ele percorrera a linha litorânea para advertir os residentes. Sua declaração sobre essa providência, contudo, nunca foi confirmada, de modo que a sombra da culpa sempre pairou sobre ele. Mas havia outros homens, de posição mais elevada na administração do Escritório de Meteorologia, que também se enganaram quanto a essa tempestade, e agora eles também estavam sob o escrutínio público.

Figura 6.2. *Um destacamento de sepultamento em Galveston*. (Cortesia da Coleção Fotográfica da Biblioteca do Congresso.)

Em 1900, em seguida à Guerra Hispano-Americana, Cuba estava sob ocupação militar dos Estados Unidos. O Escritório de Meteorologia americano desenvolvera uma cadeia de postos de observação durante a década de 1890, e em 1900 contava com postos em grande parte do Caribe. Embora o compartilhamento de informações sobre o clima fosse parte de um programa internacional e global, ainda havia ciúmes, ambições pessoais e mesquinhez competitiva envolvidos na disseminação dessas informações. A agência americana tinha atravessado havia pouco uma crise financeira e era sensível às críticas a seu treinamento e seus métodos. Por intermédio de seu diretor, Willis Moore, havia exigido um controle mais ou menos exclusivo das consultorias de clima no país. A estação meteorológica de Havana se encontrava em 1900 sob o controle de William Stockman, um oficial com estreitas ligações com os militares, que compartilhava algumas das atitudes tutelares colonialistas e opiniões negativas quanto aos habitantes das ilhas, assim como outros oficiais das forças de ocupação em Porto Rico, em Cuba e nas Filipinas.[65] Essas atitudes afetavam claramente sua disposição para ouvir as opiniões dos observadores de furacão cubanos.

Àquela altura, a meteorologia cubana estava bem desenvolvida, e os herdeiros científicos de Andrés Poëy e do padre Vines eram sem dúvida tão proficientes na previsão quanto o Escritório de Meteorologia dos Estados Unidos. O observatório do Colegio de Belén havia rastreado a tempestade e quis transmitir advertências para a costa do Golfo, porém Moore e Stockman tinham agido para evitar que "alarmistas" ou "superzelosos" afetassem de maneira indevida o comércio ou causassem pânico. Eles achavam os cubanos emotivos e interpretativos demais, e não muito chegados a leituras matemáticas: não se podia confiar em seus relatos. Temendo a competição de Belén, o Escritório de Meteorologia baniu mensagens telegráficas com previsões do tempo vindas de Havana. Os cubanos, como era previsível, ficaram indignados, e a agência americana não estava preparada para a virulência de seu protesto, mas o banimento foi mantido.

Em que medida essa tentativa de monopolizar a tecnologia das informações e de insistir na autoridade exclusiva do governo no que concerne à catástrofe contribuiu para causá-la é uma questão que permanece em debate. Mas mesmo depois que o furacão atingiu Galveston o representante do Escritório de Meteorologia em Havana ainda se recusava a acreditar que os cubanos tivessem feito advertências corretas quanto à sua rota. Depois da tempestade e de um considerável embaraço da agência, uma ação de acobertamento na sua sede em Washington tentou desacreditar os cubanos. Como observou Raymond Arsenault, essa falha do Escritório de Meteorologia, ao não trabalhar em cooperação com seu similar cubano, "teve profundas consequências, inibindo avanços científicos e ameaçando a segurança pública durante pelo menos uma geração".[66]

Na própria Galveston a sobrevivência, a segurança e a recuperação eram as preocupações imediatas. Havia entre 20 mil e 30 mil pessoas passando necessidade e mais de 10 mil sem casa e famintas. Água e comida eram escassas, e as doenças eram uma ameaça imediata. Além disso, havia temores em relação ao aumento da criminalidade. Sobreviventes se armavam contra possíveis saqueadores com armas de fogo, facões de cozinha e o que mais conseguissem encontrar. Lloyd Fayling, homem com alguma experiência na supressão da greve da Pullman Company, em Chicago, e tendo servido na Guerra Hispano-Americana, organizou uma milícia urbana, ou grupo de vigilância, até que a lei marcial foi declarada e a milícia do estado do Texas assumiu o comando e desarmou todos os cidadãos.[67]

Um comitê de ajuda composto de cidadãos importantes foi criado de imediato na cidade. Seus membros eram todos homens e todos brancos. Como era típico naquela época, as pessoas fizeram doações e foram criados fundos beneficentes em todo o país, porém o total de contribuições em dinheiro e suprimentos não chegou a 1,25 milhão de dólares, muito abaixo da estimativa de danos de 40 milhões, feita na ocasião. Voluntários começaram a trabalhar em subcomitês de ajuda em cada bairro, mas a tarefa era devastadora e complexa. Muitos relatos davam conta de terríveis danos e mortes, entre eles a morte de quase todas as crianças e freiras de um orfanato católico e a perda de um trem que caiu de uma ponte na baía. Houve também histórias de atos heroicos e préstimos sociais altruístas. Em destaque quanto a esse último aspecto foram as ações do padre James Kirwin, um sacerdote católico que atuou no comitê de ajuda, dirigiu o sepultamento e a queima dos corpos e elaborou a ordem para a lei marcial, e do rabino Henry Cohen, seu amigo, também do comitê, que deu atenção especial a hospitais e cujo templo B'nai Israel, que não sofrera danos, foi posto à disposição de quatro congregações protestantes para os serviços religiosos, após a tempestade.[68] Essas narrativas de coragem, sacrifício altruísta e cooperação eram as que residentes contavam uns aos outros como parte da necessária reação de reconstrução da comunidade.

A catástrofe foi um desafio aos governos nacional e estadual. Como todas as comunicações tinham sido cortadas, Washington agiu com lentidão, e enquanto o Congresso não destinava dinheiro para ajuda, o governo federal enviou um contingente militar que forneceu um grande número de tendas de campanha para abrigar milhares de pessoas sem teto. Porto Rico fora ocupada após o San Ciriaco por militares dos Estados Unidos, sob as ordens do Departamento de Guerra, e o grande esforço para prover auxílio atendia a objetivos políticos nacionais. Mas o Congresso não assumiu responsabilidade direta pela ajuda a Galveston. Em certa medida, a cláusula constitucional para impostos e gastos fora definida havia muito tempo num estreito formato "madisoniano", e a assistência como resposta a calamidades tinha sido deixada para os estados individualmente ou para a caridade privada.[69] Mas essa política não era uma regra, e o Congresso havia, historicamente, aprovado medidas de socorro ou estipulado ajuda financeira quando isso parecia ser para "o bem-estar geral". Assim, garantira assistência numa variedade de "catástrofes", primeiro a indivíduos e, após 1794, a coletivos ou classes de pessoas, por perdas sofridas em incêndios, inundações, depredações por piratas, a guerra de 1812 ou ataques de índios. Entre 1860 e 1930, houve noventa desses projetos de lei de auxílio, alguns, como o que estabeleceu a Agência de Libertos, após a Guerra Civil, envolvendo grandes dispêndios.[70] Tais medidas costumavam provocar debates amargos sobre o papel que a "negligência dessa contribuição" ou a "inocência moral" dos pleiteantes podia estar desempenhando na ação do Congresso. Este continuou cauteloso quanto a criar precedentes, e as negativas de ajuda eram em geral justificadas pelo desejo de evitá-la, e não por objeções constitucionais específicas.[71]

Um motivo para o Congresso não assumir um papel mais direto no caso da catástrofe de Galveston se devia ao fato de que em 1900 o governo federal tinha a possibilidade de se valer diretamente de uma instituição para coordenar as medidas de auxílio. A Cruz Vermelha Americana fora estabelecida em 1881 por Clara Barton, após seu contato com a Cruz Vermelha Internacional na Europa, inspirada na Suíça. A entidade tinha tido sua primeira experiência real de socorro após uma tempestade nas muito ativas temporadas de furacões nos Estados Unidos na década de 1890, em especial em 1893, nas Ilhas do Mar, na Carolina do Sul, onde milhares dos habitantes falantes do *gullah*, na maioria negros, haviam morrido e a precária infraestrutura da região fora varrida por completo. As ações humanitárias naquela catástrofe tinham sido temperadas pelos mesmos objetivos sociais e pela filosofia que mais tarde foram visíveis nas iniciativas que se seguiram ao furacão San Ciriaco, em Porto Rico. A própria Barton escreveu que, além da ajuda humanitária aos indigentes, o objetivo da Cruz Vermelha era

> preservá-los também dos hábitos da mendicância e do pauperismo; ensinar-lhes economia, parcimônia e a depender de si mesmos; a suprir a si mesmos e evitar carências futuras, e ajudá-los a se enquadrar na cidadania da qual, sabiamente ou não, nós os dotamos.[72]

Uma depressão econômica na época e o fato de que as vítimas eram na maioria afro-americanos tinham diminuído a disposição do Congresso para intervir diretamente. As medidas de auxílio haviam dependido, assim, de contribuições privadas em grande escala, grande parte delas angariada em estados do Norte, mas a ênfase em ajudar a população negra pobre e vulnerável causara ressentimento entre os brancos da Carolina do Sul, considerada por eles como injusta e punitiva.[73] Houve uma grande competição entre várias organizações de ajuda humanitária, mas em junho de 1900 o Congresso incorporou a Cruz Vermelha, e isso conferiu à entidade um singular status oficial, em parte como reconhecimento pelo trabalho feito por Barton em hospitais e orfanatos em Cuba, em 1898. Assim, quando o furacão atingiu Galveston apenas poucos meses depois, havia uma instituição patrocinada pelo governo pronta para agir. Com 78 anos, Barton chegou a visitar a área castigada.[74]

A Cruz Vermelha trabalhou com os comitês de assistência locais, trazendo mulheres às estruturas administrativas para ajudar na angariação de fundos e na distribuição de mercadorias. A usual desconfiança em relação aos pobres e a noção de que era necessário educá-los moralmente por meio do auxílio foi muito complicada em Galveston pela questão da raça, como tinha acontecido após a tempestade de 1893 nas Ilhas do Mar, na Carolina do Sul. Em Galveston, houve relatos sensacionalistas e exagerados na imprensa sobre pilhagens, saques e profanações de corpos (ver figura 6.3). Descrições macabras de negros cortando orelhas e dedos em busca de brincos, anéis e outros objetos de valor levaram milicianos dos grupos de vigilância a atirar neles. Um relato de 1902 sobre catástrofes em geral dedicou um capítulo a Galveston repleto de histórias sem fundamento de gangues de "brutamontes", "assombrações" e "vampiros" negros de Houston e Nova Orleans que corriam para lá a fim de se juntar à pilhagem (figura 6.3).[75] Esses relatos, junto com outros segundo os quais os negros se recusavam a trabalhar ou a colaborar nos esforços de resgate, demonstravam a profundeza da animosidade racial. Essas atitudes levaram à imposição da lei marcial e à convocação da milícia do Texas para impor a ordem. Homens negros foram obrigados, a ponta de baioneta, a integrar equipes de limpeza que recolhiam corpos em putrefação. Piores ainda foram talvez as medidas tomadas pelo Conselho de Ajuda municipal para encerrar num campo de internação todas as mulheres sem teto ou desempregadas (eram, em sua maioria, negras) e só libertá-las se aceitassem trabalhar como criadas ou cozinheiras. Afro-americanos foram acusados na imprensa local, e alguns na imprensa nacional, de trapaças contra o sistema de assistência e recusa a trabalhar, de comportamento infantil, covardia ou embriaguez, de passividade nos esforços de resgate e de falta de espírito comunitário em geral.

A questão da raça ou da disparidade social em situações de desastre natural foi destacada com clareza na recuperação de Galveston. Se contribuir para

Figura 6.3. *Imagens populares no rescaldo da tempestade de Galveston. Saqueadores e vampiros sendo baleados* (em cima). *Sobreviventes obtendo suprimentos* (embaixo). (De *The Complete History of the Galveston Horror*, org. de John Coulter. Chicago: J. H. More, 1900. Cortesia da Biblioteca Beinecke, da Universidade Yale.)

o "bem comum" cabia ao governo, mas dependia da situação das vítimas resultante de um ato de Deus e pela qual elas não tinham responsabilidade moral, então demonstrar que os afro-americanos eram moralmente corruptos e não se preocupavam com o "bem comum" era uma maneira de reduzir ou negar qualquer reivindicação que eles pudessem fazer de receber seu quinhão de ajuda. O livro *The Complete History of the Galveston Horror*, organizado por John Coulter, retratava o crime de negros e mexicanos que profanavam corpos, mas descrevia o saque de lojas por "sobreviventes famintos" como atos justificados pela necessidade. Ressaltava que, enquanto mulheres negras pudessem obter comida em troca de nada, elas não iriam trabalhar na casa de brancos engajados em limpeza e em reconstrução. A melhor solução seria limitar seu acesso à ajuda. Era a mesma mensagem que havia muito era ouvida no Grande Caribe.[76] Em geral, a Cruz Vermelha demonstrou ser muito mais solidária com a população afro-americana da cidade do que o governo local, provendo-lhe um adequado quinhão de assistência, formando uma unidade auxiliar da entidade para os negros e em certa medida servindo como agente entre eles e as organizações de ajuda municipais.[77]

A posterior recuperação de Galveston se deveu em grande parte a sua reação, após a catástrofe, aos perigos representados pelos furacões em virtude de sua posição geográfica. Muito dessa recuperação foi resultado de uma engenharia civil eficaz. A decisão de construir um quebra-mar com cinco quilômetros de comprimento para proteger a cidade de outro vagalhão causado por tempestade começou a ser posta em prática em 1902, a pedra fundamental do projeto foi abençoada pelo padre Kirwin, e a primeira seção do muro, completada em 1905. O financiamento do projeto se deu mediante a emissão de um título municipal. Toda a cota da cidade foi elevada com preenchimentos de areia dragada debaixo de prédios reparados e reconstruídos, e muitas áreas ficaram entre cinco e seis metros acima de seu nível anterior. Mais de 2 mil imóveis foram elevados desse modo. Além disso, no esforço de ajuda, mais de quatrocentas novas casas foram construídas, provendo acomodações para milhares de pessoas. As experiências em Galveston deixaram claro que a tecnologia da engenharia civil deveria ser usada em resposta aos riscos naturais, mas essa aplicação de tecnologia levantou as questões costumeiras: quem dirigiria a aplicação, quem se beneficiaria dela e quem pagaria por ela?

* * *

Com essas questões em mente, as nações e as colônias circuncaribenhas, sempre ameaçadas não só por furacões como por uma assustadora variedade de outros desastres naturais, entraram no século xx. Um grande terremoto sacudiu Kingston, na Jamaica, em 1907, e matou mais de 2 mil pessoas no desmoronamento de prédios e nos incêndios resultantes, e em maio de 1902 entraram em erupção o monte Soufrière, em São Vicente, nas ilhas de Barlavento britânicas, e o monte Pelée, na Martinica francesa. Em cada um desses casos, as catástrofes humanas e econômicas resultantes suscitaram questões sobre as responsabilidades do governo antes e depois do evento, bem como sobre a importância da organização social como contribuição ao papel humano na criação de desastres. Tanto as Antilhas Francesas quanto as ilhas de Barlavento britânicas tinham experimentado a ocorrência de furacões na década de 1890, mas a natureza espetacular dessas erupções vulcânicas e seu potencial de causar a morte instantânea de muitas pessoas foram o foco da atenção governamental e despertaram uma reação humanitária e política em âmbito mundial, numa escala que os furacões raramente provocavam. A erupção da Martinica foi terrível, produzindo uma nuvem piroclástica de gases ardentes que se movimentava rápido e envolveu o porto próximo de Saint-Pierre, matando cerca de 30 mil pessoas em questão de minutos.[78] A França imediatamente enviou assistência para seu território atingido, e dos vizinhos caribenhos, de outras colônias francesas e dos governantes coroados da Inglaterra, do Japão, da Noruega e da Alemanha chegaram manifestações de ajuda e de apoio. Muita gente expressou sentimentos de compaixão humanitária e de solidariedade. Lord Rosebery, duque de Argyll, escreveu para o correspondente em Londres de um jornal de Paris: "Calamidades como essa afetam toda a raça humana, e por isso elas unem nações. Espero sinceramente que assim seja".[79] Um impulso humanitário e a percepção de um perigo comum parecia, ao menos por um momento, tornar um evento cataclísmico numa experiência comum que poderia se sobrepor a vários tipos de divisões e conflitos sociais.

Porém em 1902 nem todo mundo se impressionou com essas expressões de horror e de simpatia. Uma semana após a erupção, o *Leipziger Volkszeitung* publicou um artigo furioso em reação à tragédia de Saint-Pierre, e até mais do que isso, às expressões de solidariedade por seus habitantes. Escrito pela social-

-democrata Rosa Luxemburgo, então com 31 anos, uma ativista judia polonesa que era uma destacada pensadora de esquerda na Alemanha do pré-guerra, o artigo retratava o monte Pelée como um gigante perigoso, porém magnânimo, que fizera advertências que a arrogância humana tinha ignorado.[80] Assim como antes das grandes erupções políticas de 1789 em Paris e em 1848 em Viena, governos haviam ignorado a voz ressoante de seus povos e buscado manter a ordem e a paz a qualquer preço. Calamidades naturais e políticas tinham origem comum no erro e na prepotência humanos.

Luxemburgo tocou em mais um ponto em seu ensaio. O apagamento de rivalidades e da inveja ressaltado por Lord Rosebery, os sentimentos expressados em relação a todos os sobreviventes na ilha como seres humanos, sem dar atenção a prévias distinções entre negros e brancos, ricos e pobres, trabalhadores no campo e proprietários de plantation, eram, ela acreditava, desonestos e enganosos. "A França chora os 40 mil cadáveres naquela pequena ilha e o mundo inteiro corre para enxugar as lágrimas da Mãe República", mas onde estava a preocupação com os milhares varridos pelos canhões franceses em Madagascar quando os povos nativos se recusaram a aceitar o jugo colonial? O alvo de Luxemburgo eram o colonialismo e a injustiça social, e ela se enfureceu com as lágrimas de crocodilo do tsar, do kaiser, dos americanos, que tinham as mãos ensanguentadas em guerras coloniais na Polônia, nas Filipinas, na China e na África. Nem a França deveria ser isentada de culpa, devido a ter sufocado o levante de 1871, em casa, onde "nenhum vulcão entrou em erupção, nenhuma onda de lava se derramou. Seus canhões, Mãe República, apontaram para a multidão compacta, gritos de dor cortaram o ar — mais de 20 mil corpos cobriram os calçamentos de Paris". Luxemburgo não teve paciência com as lágrimas e condolências expressas por "assassinos benevolentes" ou "chorosos carnívoros" que condenavam o monte Pelée. Ela previu que chegaria o dia em que outro tipo de vulcão varreria para longe o colonialismo — e o capitalismo. "E apenas sobre suas ruínas é que as nações se unirão em verdadeira humanidade, que só conhecerá um inimigo mortal — a cega e insensível natureza."

Esse ensaio, que parece ser tão moderno e atual, escrito, assim como *Coração das trevas*, de Joseph Conrad, em 1902, no auge da expansão colonial europeia, não intencionalmente traz à mente os sermões do século XVIII. Essas advertências e exortações tinham enxergado a mão de um Deus punitivo nas ocorrências dos desastres naturais. Embora a divina Providência esteja ausente na denúncia de Luxemburgo, ainda assim são o erro e o pecado humanos que fizeram com que o mundo natural ficasse tão perigoso; mas aqui o pecado não tem origem na fraqueza ética pessoal, e sim no fracasso comunitário que nasce na opressão dos fracos pelos poderosos e do colonizado pelo colonizador. O manifesto político de Luxemburgo, mediante o uso do vulcão como metáfora, compreendeu a dimensão antropogênica das calamidades e percebeu a comparabilidade dos eventos naturais e humanos em seu efeito sobre o sofrimento das pessoas. Também expressou uma visão da natureza como inimiga além do controle do homem, mas uma inimiga que a humanidade unida seria capaz de enfrentar. Essas ideias se tornaram centrais na maneira como o século xx lidaria com a natureza e no modo de definir o que é catástrofe.

7. Memórias de catástrofes numa década de tempestades

*Temporal, temporal, allá viene
el temporal,
¿Que será de mi Borinken cuando
llegue el temporal?**

> *Plena* porto-riquenha sobre o furacão
> San Felipe, em 1928.

*Eles estavam falando de uma tempestade nas ilhas,
Corra, venha ver Jerusalém.*

> Calipso das Bahamas sobre o furacão de 1929.

*Cada vez que me acuerdo del ciclón
se me enferma el corazón.***

> "El Trío y el ciclón", do cubano Trío Matamoros, sobre o furacão San Zenón, na República Dominicana, em 1930.

---

* "Temporal, temporal, lá vem o temporal,/ O que será de meu Porto Rico quando chegar o temporal?" (N. T.)
** "Toda vez que me lembro do furacão meu coração adoece." (N. T.)

Durante as primeiras duas décadas do século xx, quando grande parte do mundo atlântico entrava da Primeira Guerra Mundial e depois se recuperava dela, os caribenhos foram relativamente poupados das grandes tempestades. É claro que houve furacões durante esse período, mas após os terríveis anos da década de 1890, que culminara no especialmente difícil 1899, ano do San Ciriaco, a frequência deles diminuiu até meados da década de 1920, quando começou um ciclo de tempestades mais frequentes. Estudos modernos sugeriram que os anos que antecedem ou sucedem imediatamente a El Niño no Pacífico muitas vezes testemunham um aumento na atividade de furacões no Atlântico Norte e no Caribe. A década entre meados dos anos 1920 e meados dos 1930 foi um desses períodos de atividade intensa — na verdade, foi o período de máxima atividade de furacões dos cinco últimos séculos. Foram anos de eventos anômalos, como um furacão de categoria 5 que atingiu Cuba em novembro de 1932, e a temporada de furacões de 1933, na qual houve três furacões ao mesmo tempo no Caribe.[1] Essa situação meteorológica ocorreu durante uma fase de intensa e complexa atividade social e política nas sociedades da região. Nos Estados Unidos, ao florescimento do *laissez-faire* capitalista e à era da Lei Seca, que proibia a venda e o consumo de bebidas alcoólicas, seguiram-se a quebra da Bolsa de Valores em 1929, a Grande Depressão e o New Deal. No Caribe hispânico, houve uma "dança dos milhões", um verdadeiro boom para os produtores de açúcar, seguido de crise e depressão de sua indústria, situação que estimulou a realização de numerosas greves e a formação de sindicatos. Essa inquietude contribuiu, em Cuba e na República Dominicana, para a ascensão de *caudillos* personalistas, líderes cujo apelo dependia de seu carisma e da abrangência de suas relações pessoais, e não de uma ideologia política consistente, e levou Porto Rico a uma situação de emergência e à repressão do nacionalismo. Tensões econômicas semelhantes nas Índias Ocidentais Britânicas e nas Antilhas Francesas suscitaram o florescimento de movimentos culturais transnacionais, como o garveyismo e os movimentos intelectuais anticolonialistas liderados por figuras como o martinicano Aimé Cesaire.[2] Tudo isso era acompanhado por intensos debates ideológicos sobre a época, a crítica ao capitalismo, a ascensão do fascismo e a difusão do socialismo em vários formatos locais e internacionais. Por fim, essa era no Atlântico Norte foi bastante influenciada pelo crescimento da hegemonia dos Estados Unidos, suas intervenções militares e políticas na região e sua posição como principal mercado e como fonte de créditos. A resposta a desastres naturais do tipo que essas tempestades tropicais representavam era um desafio e uma oportunidade para todas as sociedades daquela área, revelando às vezes a fraqueza e as divisões sociais dos regimes existentes, e às vezes provendo modelos e estimulando transformações sociais mais amplas.

"CORRA, VENHA VER JERUSALÉM": AS BAHAMAS E O CARIBE BRITÂNICO

Em grande parte das Índias Ocidentais Britânicas o período que se seguiu ao fim da Primeira Guerra Mundial estava sendo uma época de inquietação social diante de contradições econômicas. A criação de sindicatos e de partidos políticos para defender melhores condições de trabalho refletia a situação difícil de muitas colônias. O preço do açúcar já vinha caindo mesmo antes de 1929, e na ausência de subsídios e de privilégios comerciais nos mercados dos Estados Unidos, usufruídos por Cuba e Porto Rico, as condições nas colônias britânicas e francesas, onde muitas pessoas trabalhavam pelo menos temporariamente na economia açucareira, pioraram. A migração de trabalhadores trouxe algum alívio, oferecendo emprego em outros lugares, mas quando o mercado do açúcar entrou em colapso, Cuba, Porto Rico e os Estados Unidos também começaram a deixar de ser lugares alternativos onde encontrar trabalho. As condições de vida pioraram e as receitas diminuíram.

Administradores coloniais e membros das elites crioulas continuaram a considerar a miséria na colônias das Índias Ocidentais como causada, ao menos em parte, pelos hábitos de trabalho e atitudes da população, e estabeleceram sua política de acordo com isso. Mesmo após as tempestades, os impulsos caritativos dos governadores das ilhas eram continuamente restringidos pelo medo de que a oferta de auxílio criaria um mau precedente.[3] Era um argumento que os funcionários nas colônias mencionavam repetidas vezes. Foi apenas com a maior das dificuldades que o governador da Jamaica convenceu seu conselho a prover ajuda aos trabalhadores jamaicanos que tinham migrado quando um furacão atingiu, em 1932, a Ilha de Pines, em Cuba, onde eles representavam a maior parte da força de trabalho para a colheita de cítricos. Outra tempestade que assolou a Ilha de Pines no ano seguinte (em 2 de julho de 1933) mais uma vez deixou trabalhadores da Jamaica e das Ilhas Cayman em dificuldades financeiras e destituídos de tudo; mais uma vez o conselho da Jamaica relutou em despender recursos escassos em ajuda.[4]

Uma das poucas colônias das Índias Ocidentais Britânicas que experimentaram algum crescimento nesse período foram as Bahamas. As setecentas ilhas planas e ilhotas do arquipélago, das quais cerca de trinta estavam colonizadas, sempre foram vulneráveis devido a sua localização, na principal rota das tempestades, fato que contribuíra para a decisão inicial da Espanha de deixá-las não colonizadas, depois que a escravidão tinha dizimado suas populações nativas. No século xx, como colônia britânica, as Bahamas haviam sobrevivido com algumas plantations de algodão e açúcar, mas a colônia era mais dependente da manufatura do sisal, da pesca, do reparo de navios e de coleta de esponjas. Estas tinham alto preço no mercado mundial, e uma área da ilha de Andros, com suas águas cristalinas e uma grande barreira de coral, abrigava uma das maiores concentrações de esponjas do mundo. A exportação anual, em sua maior parte nas mãos de intermediários gregos ali residentes, chegava a mais de 1,5 milhão de toneladas em 1910.[5]

Outra vantagem das Bahamas era sua proximidade dos Estados Unidos. Apenas oitenta quilômetros separavam Freeport, sua segunda maior cidade, da costa da Flórida, e esse fato, havia muito, tinha feito do comércio, em especial do contrabando, uma atividade rentável no arquipélago. A Lei Seca, que começou oficialmente com a Lei Volstead, de 1919, foi uma dádiva de Deus para a economia local, já que a indústria de engarrafagem, o contrabando e um turismo que envolvia um "cruzeiro marítimo para Nassau, onde todos se embebedam de gim e Bacardi", se tornaram importantes atividades econômicas.[6] A receita com a venda de bebidas no período entre 1920 e 1930 nunca foi menor do que 500 mil libras esterlinas anuais, e em 1923 chegou a mais de 1 milhão.[7] O desenvolvimento hoteleiro, o começo de conexões aéreas com os Estados Unidos e uma crescente integração com a economia americana eram características fortes da vida nas Bahamas, pelo menos em Nassau, mas o comércio de contrabando afetou muitos estabelecimentos em pequenas ilhas e ilhotas exteriores. As Bahamas foram um bom exemplo dos efeitos extensivos da crescente influência dos Estados Unidos na região depois de 1898.

Mas enquanto as conexões de comércio legal e ilegal com o país vizinho atenuavam o impacto da enfraquecida economia europeia sobre as Bahamas, estas não podiam evitar a realidade de que estavam situadas no principal caminho percorrido pelos furacões no Atlântico. Como mencionamos no capítulo 5, as Bahamas tinham sofrido um terrível golpe em 1866 quando o olho de um grande furacão passou direto sobre Nassau, destruindo quase todas as construções na cidade e afundando cada um dos navios no porto.

No século xx, as Bahamas foram atingidas por furacões numa média de um em cada 2,3 anos, e durante a década de 1926 a 1935 não houve área no Atlântico Norte que estivesse mais ameaçada pelas tempestades. Em 1926, três furacões atingiram o arquipélago em rápida sucessão. O "Grande Furacão de Nassau" veio para as ilhas de Sotavento e passou acima de Nassau (em 26 de julho) como uma tempestade de categoria 4 e depois atingiu a Flórida como categoria 2, antes de perder força sobre a Geórgia e o Alabama. Essa tempestade matou 268 pessoas nas Bahamas e causou consideráveis danos a propriedades e plantações. Os trabalhos de limpeza e reconstrução já tinham começado quando a segunda tempestade assolou as ilhas antes de atingir diretamente Miami (o Grande Furacão de Miami) em 17 de setembro, atravessar o lago Okeechobee, o Panhandle da Flórida e o sul dos Estados Unidos. A terceira tempestade se formou no Caribe ocidental em outubro, antes de chegar a Cuba (19 de outubro) e depois ao norte das Bahamas e às Bermudas. Essas tempestades revelaram a vulnerabilidade das Bahamas e a necessidade de medidas preparatórias, como um sistema de alarme e um código de construção. Na verdade, o governo reagira às tempestades de 1926 com um código de construção que estipulava requisitos mínimos nas edificações e na fixação de telhados, fazendo das Bahamas um dos primeiros países do Caribe a estabelecer essas políticas. Por outro lado, um sistema de radiodifusão cobrindo o arquipélago só foi estabelecido em 1935, de modo que, sem um sistema de alarme melhor, suas ilhas exteriores continuaram vulneráveis.

Em 1928, a colônia sofreu mais um golpe de uma tempestade, em setembro. Esse grande furacão tinha atingido primeiro Guadalupe, causando muitos danos em propriedades e mais de mil mortes. A seguir avançou pelas ilhas de Sotavento e varreu as Bahamas (16 de setembro), para afinal desferir um golpe devastador em Porto Rico e depois na Flórida. A tempestade teve ventos de um furacão de categoria 4 quando passou pelo arquipélago, mas o sistema de alarme havia funcionado bem e não houve mortes nas ilhas, embora embarcações e pessoas tenham se perdido no mar. No entanto, por ironia, como mencionaremos brevemente, muitos bahamenses pereceram nessa tempestade, quando ela atingiu o lago Okeechobee, na Flórida central, para onde eles haviam imigrado para trabalhar nos campos.

Em 1929, na verdade um ano com pouca atividade de furacões no Atlântico Norte, as Bahamas tiveram o infortúnio de ser de novo atingidas. O "Grande Furacão de Andros" causou considerável danos em casas, matou cinquenta pessoas e afundou ou jogou em terra muitos navios. Três deles, o *Ethel*, o *Myrtle* e o *Pretoria*, foram imortalizados pelo cantor "Blind Blake" Higgs na canção "Run, Come See Jerusalem" [Corra, venha ver Jerusalém]. A canção se tornaria um clássico da música folk (mais tarde cantada por Pete Seeger & The Weavers, na década de 1950), um monumento em forma de música, uma forma de rememorar uma catástrofe encontrada em várias culturas da região, o que permitiu que gerações passassem a história adiante. Pior do que tudo, a lenta passagem da tempestade de 1929 pelas ilhas resultou um impacto muito severo nas propriedades, no suprimento de comida e na pesca de esponjas, a qual já demonstrava sinais de uma sobre-exploração.

Mudanças nas condições econômicas nas Bahamas e as repetidas visitas de furacões aumentaram o descontentamento social e político. Mais tempestades se seguiram em 1932, 1933 e 1935.[8] Os furacões causaram prejuízos à economia bahamense, mas o fim da Lei Seca, em 1933, teve um efeito ainda mais devastador ao diminuir o atrativo da ilha para turistas americanos. A piora da economia trouxe descontentamento. O governo britânico tinha tratado as Bahamas como muito menos problemática e volátil do que as colônias agrícolas, onde a crise do açúcar e de outros produtos criara inquietação social e um ativo movimento operário, mas em meados da década de 1930 esses tipos de tensão surgiram também nas Bahamas.[9] As relações sociais e políticas na colônia eram definidas pela divisão da sociedade entre uma elite comercial branca, centralizada na Bay Street, em Nassau, que cuidava do desenvolvimento de indústria do turismo e de serviços, e uma classe trabalhadora e profissional de negros e pardos. Todos os preconceitos de classe e de raça que surgiram dessa divisão se tornavam cada vez mais óbvios. Os interesses da Bay Street foram favorecidos em 1928 por uma legislação que basicamente excluiu a chegada de imigrantes de outras ilhas caribenhas que pudessem causar problemas, e a assembleia também dificultou a chegada de chineses e judeus. Houve tentativas de criar uma organização de trabalhadores na década de 1930 e, mais tarde, pressões para obter uma lei de salário mínimo e para a adoção do voto secreto nas eleições, mas o descontentamento se agravou. O crescimento de Nassau como destino turístico a tornou mais atrativa para bahamenses das ilhas exteriores que enfrentavam o repetido estresse das tempestades e de calamidades singulares, como o surto de um estranho fungo em 1938, que essencialmente erradicou a pesca de esponjas, já muito prejudicada pelo furacão de 1935.[10]

As Bahamas nas décadas de 1920 e 1930 representavam um amplo exemplo da interseção e do impacto geral de fenômenos ambientais e condições socioeconômicas na região, embora a proximidade dos Estados Unidos na era da Lei Seca e depois na economia pós-Depressão tenha criado oportunidades únicas para o turismo, o contrabando e, mais tarde, para a sonegação fiscal e a lavagem de dinheiro. Mesmo nessas circunstâncias peculiares, a relação entre os fenômenos naturais que produziram dificuldades e penúria, por um lado, e os ciclos econômicos ou condições que tinham resultados semelhantes, por outro, ficou clara até para governadores e uma assembleia que em geral eram mais favoráveis aos interesses da Bay Street do que aos do trabalhador bahamense mediano ou dos habitantes das ilhas exteriores. Tanto o governo local quanto o governo imperial se sentiram instados a reagir.

Conquanto as Bahamas tivessem uma situação peculiar devido a sua localização e às numerosas ocorrências de furacões nesse período, de certa maneira isso foi típico, se não até menos violento, em termos da inquietação da classe operária que se espalhou naqueles anos pelo Caribe britânico. A depressão mundial e a queda dos preços do açúcar e de outras exportações das Índias Ocidentais para Estados Unidos e Europa criaram um considerável desemprego e dificuldades para as classes operárias na região. Essas condições se combinaram com a demanda por direitos políticos como o sufrágio universal e com um crescente sentimento de nacionalismo. A partir de 1934-5, trabalhadores do cultivo do açúcar em São Cristóvão, Demerara e Jamaica, do petróleo em Trinidad e do carvão em Santa Lúcia participaram de greves ou manifestações públicas. Em alguns lugares, as condições foram exacerbadas por choques ambientais. A Honduras Britânica tinha sido devastada por um furacão em 1931, que matou cerca de mil pessoas e destruiu grande parte das casas em Belize Town, onde a mulher do governador abrira generosamente a Casa do Governo para vítimas da tempestade, mas com o cuidado de acomodá-las de acordo com seu status e sua etnia: brancos na sala de estar, nativos na despensa. As exportações da Honduras Britânica já estavam em declínio, e o furacão fez uma situação ruim ficar ainda pior. Desnutrição e más condições de saúde se somaram a esse infortúnio, resultando em protestos populares, que foram mais efetivos na criação da Associação dos Trabalhadores e Desempregados.[11] Ali e em outros lugares das colônias do Caribe britânico, as mulheres, que arcavam com o impacto das condições econômicas, estavam com frequência na linha de frente da militância.

No final da década de 1930, essas condições e a falta de um sistema adequado de assistência social em toda a região resultaram numa série de greves e manifestações pelas colônias. Essas manifestações costumavam unir porções das classes média e de trabalhadores e, às vezes, como no caso de Trinidad e da Guiana, até serviram de ponte entre as costumeiras divisões entre negros e trabalhadores das Índias Orientais que tinham sido trazidos para as colônias depois da emancipação. O governo britânico respondeu com promessas de reforma. Uma comissão chefiada por Lord Moyne (1938-9) não recomendou nem a independência nem o sufrágio universal exigidos por muitos, mas respondeu com sugestões para uma reforma, que incluía uma federação das colônias. A Lei de Desenvolvimento Colonial e de Bem-Estar, de 1940, criou uma junta e fundos reservados para conduzir as mudanças necessárias, porém o início da Segunda Guerra Mundial postergou qualquer ação real até 1945. A guerra não diminuiu o ímpeto para a ação, e durante a década de 1940 surgiram sindicatos e novos partidos políticos para expressar as demandas populares.[12]

PORTO RICO E FLÓRIDA EM 1928: CATÁSTROFE E SOBERANIA ATRAVÉS DE FRONTEIRAS

Devido ao fato de as tempestades tropicais não respeitarem fronteiras internacionais ou divisões culturais, elas oferecem excelentes pontos de observação para examinar as influências da política e da cultura nos resultados em cada tempo e lugar. Uma tremenda tempestade em 1928 que varreu o Caribe, devastando Guadalupe e São Cristóvão em 12 de setembro, atravessou Porto Rico no dia seguinte e Nassau (como descrito acima) em 16 de setembro; depois atingiu a costa da Flórida perto de West Palm Beach em 17 de setembro antes de desfechar um golpe mortal nas áreas em torno do lago Okeechobee.

Portanto, essa tempestade representa uma excelente ocasião para ver como as condições nacionais e locais configuraram as reações a ela. Como já vimos, furacões não eram novidade em Porto Rico, mas a fúria desse foi memorável.[13] Ninguém que passou pelo furacão San Felipe o esqueceu. Os ventos chegaram a 240 quilômetros por hora, os mais fortes já registrados na ilha. Os danos em propriedades foram calculados em 80 milhões de dólares e oficialmente mais de trezentas pessoas (talvez 1500, na realidade) perderam a vida como resultado direto da tempestade — número que poderia ter sido muito mais elevado, não fossem as lições aprendidas com o furacão de 1899 e as precauções tomadas depois dele. Horace Towner, governador de Porto Rico, relatou mais tarde que as chuvas nas montanhas, mais de quinhentos milímetros em 48 horas, foram as mais pesadas já registradas na ilha. Ela se transformou, segundo seu relato, "de um luxuriante e florido paraíso" em algo como "áreas devastadas pela guerra na França ou na Bélgica".[14]

A devastação foi enorme. Um terço da colheita de cana-de-açúcar foi destruído, com um prejuízo de mais de 17 milhões de dólares. Quase toda a colheita de café, avaliada em 10 milhões de dólares, se perdeu, e, pior ainda, cerca de metade dos cafeeiros e 60% das árvores que lhes forneciam sombra foram destruídos. A recuperação dos cafezais levaria cinco anos, e durante esse período os plantadores teriam pouca renda. O bom café de Porto Rico, cultivado nas montanhas, fora um produto dos mais importantes no final do século XIX, representando quase 60% das exportações. Mas após a ocupação americana, a ilha perdeu seus principais mercados em Cuba e na Espanha e não tinha uma posição favorável no mercado dos Estados Unidos. O furacão de 1928 foi um *coup de grace*. Porto Rico nunca mais voltou a ser um grande exportador de café. O açúcar, por outro lado, havia prosperado desde a ocupação americana. Com um mercado protegido nos Estados Unidos e a injeção de grandes quantidades de capital e tecnologia americanos no país, a produção em 1930 foi dez vezes maior do que tinha sido em 1900. Naquele ano havia na produção de açúcar quatro vezes mais terra do que na produção de café. O açúcar também sofrera um golpe com a tempestade, sobretudo porque houve uma mudança no tipo de cana que estava sendo usada, com a substituição de variedades mais ricas em sacarose, porém, ao contrário da forte cana da variedade cristalina usada em Cuba, mais suscetíveis de ser danificadas pelo vento.[15] E, ainda, as grandes companhias americanas estavam bem seguradas e parecia que a indústria ia se recuperar.

No entanto, enquanto isso, mais de 500 mil pessoas tinham ficado sem casa e famintas. A taxa de mortalidade disparou de maneira abrupta, e houve também a ameaça de doenças epidêmicas e de fome. No geral, a ilha fora devastada. Não existe um ícone melhor da tempestade do que a imagem de uma palmeira em Utuado transfixada por uma prancha de cinco centímetros de largura por dez de profundidade e mais de três metros de comprimento, levada pela força do vento para formar uma cruz, símbolo do calvário da ilha (figura 7.1).

Antes de chegar a Porto Rico, a tempestade tinha atingido Dominica, ilha das Índias Ocidentais Britânicas, e Guadalupe, de língua francesa, e então seguiu na direção noroeste para assolar as Ilhas Virgens, deixando um rastro de devastação e morte. Mas ainda não terminara, e seu curso mortal não respeitava fronteiras culturais ou políticas. A essa altura, após atravessar Porto Rico e ir para o norte passando sobre as Bahamas, ela se abateu sobre West Palm Beach em 17 de setembro de 1928. Seguiu então para o oeste e para o norte, atingindo os Everglades e passando sobre o lago Okeechobee, onde milhares de trabalhadores bahamenses imigrantes, que tinham sido trazidos para trabalhar nos novos campos, pereceram nas águas que se avolumaram e romperam diques.

A tempestade San Felipe, ou de Okeechobee, trouxe, ou criou, desafios e oportunidades, mas eles variaram durante sua trajetória, e a partir desses impactos diferentes e das respostas a eles podemos ter uma ideia das diversas estruturas sociais e políticas, bem como das esperanças, ao longo do percurso. Em duas dessas sociedades, em Porto Rico e na área continental dos Estados Unidos, lideranças tinham desenvolvido visões de um futuro ideal, e nesses dois lugares esses líderes estavam dispostos a usar a catástrofe como ferramenta para fazer desse futuro uma realidade. Em 1928, a Cruz Vermelha Nacional Americana se encontrava em pleno funcionamento, tendo adquirido sua primeira experiência em calamidades em Beaufort County, na Carolina do Sul, após o furacão de 1893 nas Ilhas do Mar e no desastre de Galveston, em 1900, sem falar na inundação de Johnstown, na Pensilvânia, em 1889 ou no terremoto de San Francisco de 1906. Ela não só se tornou um dos mais importantes atores tanto na Flórida quanto em Porto Rico, em 1928, como a principal agência por intermédio da qual o governo reagiu aos desastres naturais, mas seus relatos e atos nas duas áreas também fornecem boa dose de informações sobre o impacto da tempestade e sobre a natureza da reconstrução enfrentada.

Figura 7.1. *Símbolo do calvário de Porto Rico após o furacão San Felipe.* (Fotografia fornecida pela Administração Nacional Oceânica e Atmosférica, de suas coleções fotográficas.)

A Cruz Vermelha tinha sido nacionalizada em 1900, com seu status mudando de organização de ajuda caritativa para, em essência, um ramo do governo, embora ainda com as equipes formadas por indivíduos privados e financiada por contribuições privadas. Esse curioso arranjo permitia que o Congresso mantivesse a ficção de que a tarefa de dar alívio às consequências da catástrofe ainda era um problema local, religioso ou privado, mas também permitiu à Cruz Vermelha insistir às vezes em que ela, e não o governo, determinaria o que era e o que não era um "desastre natural" e, assim, o que era da responsabilidade da entidade.[16]

Porto Rico passara por uma transformação política desde a tempestade San Ciriaco, de 1899, quando ainda estava sob ocupação militar dos Estados Unidos. O controle militar tinha terminado em 1900, quando a Lei Foraker se tornou a Constituição política. Em 1917, os porto-riquenhos adquiriram a cidadania americana (Lei Jones) pouco antes da entrada dos Estados Unidos na Primeira Guerra Mundial, mas esse arranjo se deu ao preço de certas restrições ao comércio da ilha e ao que lhe era permitido fabricar.[17] Porto Rico continuou a ser governado por pessoas designadas por Washington, cujos gabinetes eram aprovados pelo Senado americano. Durante a parte final dos anos 1920, tanto o açúcar quanto o café enfrentaram uma contração dos mercados, e nessa difícil década a vida política se intensificou quando sindicatos começaram a se formar e a se tornar ativos e vários partidos políticos buscavam alternativas na política. Um resultado disso foi o surgimento tanto de um Partido Socialista quanto de um Partido Nacionalista pró-independência, cuja presença obrigou os partidos mais conservadores, formalmente seus rivais, a fazer coalizões eleitorais. Esses objetivos políticos forneceram o contexto no qual seria dada a resposta do governo ao desastre natural.

Porto Rico se pôs a trabalhar para reagir ao furacão, e alguns na classe governante viram na crise uma oportunidade para mudanças. Embora a mortalidade causada diretamente pelo próprio San Felipe tivesse se mantido mais ou menos baixa, ele deixou sem teto cerca de um terço do 1,5 milhão de pessoas que ali viviam. A maior parte da perda de 85 milhões de dólares foi de propriedades particulares. Na classe política local houve quem visse a condição precária da ilha como uma oportunidade para reestruturar a sociedade, criando uma área no campo habitada por pequenos fazendeiros industriosos vivendo em casas simples, transformando o demasiadamente independente ou mesmo "preguiçoso" *jíbaro* numa rija e organizada força de trabalho. Natalio Bayonet Diaz, ex-membro da Câmara dos Representantes, exortou o governo a conclamar os porto-riquenhos a arcar com o ônus da recuperação e a não depender de ajuda do exterior. Ele advertiu que a migração da população, de rural para urbana, devia ser evitada a todo custo e que apenas crianças e mulheres que ou cuidavam da vida familiar ou não podiam trabalhar deveriam receber comida gratuitamente. Mais de 40 mil casas teriam de ser reconstruídas para abrigar cerca de 250 mil pessoas (na área rural) que ficaram sem teto devido à tempestade, mas também isso oferecia oportunidade para reforma. Bayonet Diaz sustentou que a construção ordenada de novas residências era uma melhora necessária, "resolvendo de uma vez por todas o problema de uma moradia higiênica para nossos trabalhadores e fazendo desaparecer do campo a visão deplorável do barraco dos camponeses (*bohio*), que é um estigma de nossa civilização".[18] Mas não se podia dar algo aos pobres e destituídos em troca de nada. A reconstrução teria de ser feita, sob a supervisão de agências de assistência e comitês municipais, pelo próprio povo do país, sendo seu trabalho pago 10% em espécie e 90% em alimentos.

Essa engenharia social também apareceu num plano de assistência desenvolvido pelos líderes da ilha que representavam os produtores de açúcar e apoiados por Guillermo Esteves, o comissário do Interior de Porto Rico. Esse plano dividia a população afetada em três categorias: pequenos proprietários, trabalhadores urbanos pobres e os *arrimados*, que trabalhavam nas grandes propriedades produtoras de café, que eram, por sua vez, divididos em dois grupos, os que viviam do cultivo de pequenos lotes e os que residiam em pequenas barracas como empregados sem terra. Esteves tentou convencer a Cruz Vermelha de que as divisões ou categorias sociais na população precisavam ser tratadas de modo diferente, e que as "boas qualidades do pequeno agricultor porto-riquenho, reconhecidas por todos", deviam ser estimuladas. Os pequenos proprietários tinham "bom caráter moral" e podia-se confiar em que reconstruiriam e melhorariam sua terra e não precisavam ser supervisionados.[19] Os outros grupos deviam de ser tratados com mais cautela. Acima de tudo, Esteves e o plano se opunham a que os *arrimados* mudassem das fazendas de café para cidades pequenas. Em vez disso, ele defendia a construção de casas e a distribuição de pequenos lotes aos trabalhadores, mas apenas após a recuperação das fazendas, pois do contrário estes não teriam trabalho, e a Cruz Vermelha seria obrigada a arcar com o ônus. "Esses *arrimados* amam a terra que cultivam e são a semente da qual brotarão futuros agricultores", declarou Esteves, porém sua admiração por eles tinha limitações. Como os recursos dos proprietários de terras teriam de ser usados para replantar suas terras, o dinheiro de reconstrução para os trabalhadores deveria ser dado também àqueles, para que provessem abrigo e trabalho aos seus empregados. Era um plano que correspondia às especificidades da sociedade das ilhas, mas que mais uma vez poria autoridade e recursos nas mãos da classe dos plantadores.[20]

Essas propostas, na própria ilha, reproduziam — e eram análogas a — argumentos semelhantes, se bem que menos informados, feitos em Washington. Lá, políticos expressaram preocupação quanto ao custo da ajuda pós-furacão e duvidaram do desejo ou da capacidade dos porto-riquenhos de resolver seus próprios problemas. Foi criado um comitê congressional para investigar as condições em Porto Rico. Chefiado pelo senador republicano falante do espanhol Hiram Bingham, de Connecticut,[21] o comitê relatou que essa tinha sido a pior catástrofe que a ilha jamais enfrentara. A reivindicação do relato e de Bingham de um auxílio na forma de empréstimo sem juros e o depoimento prestado pelo governador Towner, de Porto Rico, foram contestados por senadores e congressistas do Meio-Oeste que ou achavam que os porto-riquenhos deveriam pagar suas próprias despesas ou insistiam em que apenas os mais destituídos deveriam receber ajuda. Desinformados quanto à natureza ou o caráter do movimento nacionalista, mas preocupados com rumores de deslealdade, eles levantaram objeções ao auxílio a pessoas "indignas". O governador Towner insistiu em que os plantadores de café que mais precisavam do empréstimo eram brancos, confiáveis e leais. A ajuda, em forma de empréstimo com juros, foi concedida à ilha.[22] A reconstrução iria começar, mas a um preço.

Enquanto as autoridades em Washington e em San Juan buscaram usar a catástrofe para instituir programas baseados em diferenças sociais, o povo da ilha relembrou depois a tempestade em termos de solidariedade, escolas interrompendo as aulas mais cedo, vizinhos rezando o rosário juntos e praticando a *comelona* — uma partilha comunitária de alimentos. Sessenta anos mais tarde, um sobrevivente lembraria que no período de recuperação "cada um se sentia [parte de] Porto Rico. Não havia diferenças raciais, políticas ou econômicas. Éramos uma só alma e um só corpo".[23]

Na Flórida também havia vontade de reconstruir para o futuro. A tempestade de 1928 viera após um grande furacão que tinha matado duzentas pessoas em Miami em 20 de setembro de 1926. Nessa ocasião, a cidade, danificada pelos ventos e por um tremendo vagalhão de quatro metros de altura em Biscayne Bay, sofrera perdas no valor de 1 bilhão de dólares. E relatos, apesar de minimizados pela imprensa local, de que esperava projetar a imagem de um estado imune a esses perigos indicavam que dois terços dela tinham sofrido danos. Essa catástrofe ocorrera em meio a um fervilhante surto imobiliário, quando empreiteiros buscavam transformar Dade County e sobretudo Miami num importante centro urbano. A drenagem e o aterro dos manguezais haviam criado condições para esse boom, com os valores de terrenos disparando. A população mais do que dobrara entre 1920 e 1926, passando para 100 mil habitantes, quando um frenesi de construção se expandiu até Miami Beach e a barreira de ilhas na baía.[24] Os efeitos ecológicos dessa transformação quase não foram considerados, e os empreiteiros ignoraram as possíveis vulnerabilidades dos imóveis que tinham sido recuperados com a drenagem e o aterro.[25]

O furacão de 1926 atingiu diretamente Miami, e muitos dos novos residentes, que não tinham a experiência de ter passado antes por um evento desse tipo, foram pegos em terreno aberto pelo vento, depois de terem saído de áreas protegidas quando a calma do olho do furacão passava por eles. A tempestade causou também muitas inundações e mortes na Flórida central, nas pequenas comunidades agrícolas em torno do lago Okeechobee, o grande mas pouco profundo lago que alimentava os Everglades. Essas cidades agrícolas às margens do lago e os rios que o alimentam eram claramente vulneráveis, mas o governo do estado tinha se recusado a elevar os impostos para construir barreiras ou diques para protegê-las.

O furacão de 1928 foi classificado como de categoria 4 e atingiu a costa da Flórida cerca de 120 quilômetros ao norte de Miami. Depois de sua passagem, proprietários de bens imóveis e empreiteiros em West Palm Beach e Boca Raton clamaram por empréstimos em condições favoráveis e ajuda do governo, mas na verdade as consequências do poder da tempestade não tinham sido sofridas por todos de maneira igual. Os cerca de 4 mil bahamenses e outros trabalhadores das Índias Ocidentais trazidos para a colheita e que residiam em Belle Glade e outras pequenas comunidades nas proximidades do lago Okeechobee tinham sido advertidos apenas doze horas antes da chegada da tempestade e suportaram seu impacto quando os diques não conseguiram conter o aumento de volume do lago. O relato oficial menciona 2 mil mortes, mas na realidade o número foi muito maior.[26] Os corpos foram recolhidos e queimados na margem do lago, e a fumaça se espalhou por toda a região. Durante meses, corpos continuavam a aparecer no lago ou a desaparecer devagar nos Everglades.

No mundo racialmente diferenciado da Flórida na década de 1920, esperava-se que no esforço de ajuda e de reconstrução as diferenças de cor da pele desempenhariam um papel. Os sepultamentos eram separados por raça. Em West Palm Beach, 69 vítimas brancas foram enterradas numa vala comum no Cemitério Woodlawn, e 674 afro-americanos, numa vala comum sem identificação alguma no cemitério dos indigentes, lugar compartilhado, em vários momentos, com o "entulho de uma estação de esgoto e o prolongamento de uma rua".[27] Só mais tarde foram colocadas placas rememorativas nesses lugares; e em 1976 foi afinal erguido um monumento em Belle Glade com esculturas de bronze de uma família em fuga. A atenção imediata após a tempestade se concentrou nas perdas de propriedades em Delray e Palm Beach, e não nos corpos anônimos arrastados pelas águas ou incinerados em fogueiras comunitárias perto de Okeechobee.[28]

Houve reclamações. A Cruz Vermelha, sob considerável pressão, criou um Comitê Consultivo de Cor [Colored Advisory Committe], que tinha entre suas tarefas a refutação de "rumores" de que a ajuda não estava sendo proporcionada de modo igualitário a afro-americanos e brancos. E houve problemas. Os pobres haviam perdido casas que estavam sob pesadas hipotecas e enfrentavam execuções e arrestos. A Cruz Vermelha alegou que, se as reconstruísse, os credores, não os sem-teto, é que lucrariam. Assim, essas casas não deveriam ser reconstruídas. A entidade estava na defensiva em face da crítica dos afro-americanos a tal decisão. Em seu relatório final, afirmou: "O comitê, ciente de que seu povo está recebendo todo o seu quinhão pro rata de ajuda, não pode deixar de ficar constrangido quando reclamações sem fundamento são difundidas por 'queixosos crônicos'". Enquanto isso, o governo do estado dava de ombros coletivamente e considerava a catástrofe apenas um ardil da natureza pelo qual não arcava com responsabilidade direta.[29]

Não se podia permitir que esse dissabor impedisse o progresso. Os interesses de negócios locais, os empreiteiros, o governo do estado e a imprensa da Flórida minimizaram os efeitos da tempestade e negaram o transtorno que ela poderia ter causado. Eram tempos de prosperidade para o sul da Flórida, e os governos locais e do estado estavam comprometidos com um crescimento ordenado, com a expansão agrícola e com o desenvolvimento urbano. Em março de 1929, antes de o diretor da Cruz Vermelha deixar a Flórida, a Câmara de Comércio de West Palm Beach providenciou que ele sobrevoasse a área. Do ar, segundo o relato da Cruz Vermelha, ele pôde ver que

> municípios, cidades e vilas tinham sido reparados; ruas limpas e desobstruídas alinhavam-se com parques replantados; terras agrícolas haviam sido drenadas e cobertas com uma vegetação das mais luxuriantes que parecia ter brotado quase que da noite para o dia; os campos pareciam estar de novo separados por fitas,

que eram os canais de drenagem e irrigação; toda a paisagem rural estava pontilhada de casas reconstruídas, a madeira nova e não pintada reluzindo e brilhando ao sol da manhã.[30]

Não se dera à tempestade permissão para alterar o rumo da Flórida para o progresso. Tanto lá quanto em Porto Rico, a tempestade tinha sido um desastre, devido a ações e decisões que haviam precedido de muito a chegada dos ventos.

O historiador Raymond Arsenault afirma que os furacões em Galveston (1900), Miami (1926) e sul da Flórida (1928) e a extensa inundação com o transbordamento do Mississippi em 1927 (e poderíamos acrescentar Porto Rico, em 1928) tiveram um impacto tremendo em como as atitudes dos americanos mudaram em relação a desastres naturais e à responsabilidade dos governos de prevenir e proteger, e depois dar ajuda às vítimas. Leis como a de Controle da Inundação do Mississippi (1928) e a criação do Dique Hoover no lago Okeechobee, como parte da Lei dos Rios e dos Portos (1930), bem como reivindicações de um Serviço de Meteorologia mais bem organizado e mais eficiente, foram evidências dessas mudanças. Até mais do que isso poderia ter sido feito de imediato, mas a quebra da Bolsa de 1929 e a Depressão encaminharam as energias para outras direções. O desastre financeiro e a crise do capitalismo e da democracia liberal que ele parecia representar tiveram repercussões e efeitos internacionais de ampla abrangência. Entre eles, uma mudança nas atitudes dos governos em relação à ajuda a suas populações e a sua proteção, e uma mudança no estilo e na retórica governamentais em termos da representação dos interesses e desejos do público.

Aqui devemos voltar nossos olhos mais uma vez para a Europa. Qualquer tipo de catástrofe evocava imagens dos horrores da Primeira Guerra Mundial, e desde o fim do conflito a Liga da Nações, em Genebra, tinha embarcado numa campanha pela limitação do potencial para conflitos e violência. Entre as iniciativas com essa finalidade criou-se uma comissão, em 1923, para organizar uma federação internacional de assistência mútua a populações atingidas por calamidades. Giovanni Ciracolo, político italiano e presidente da Cruz Vermelha Italiana, presidia a comissão. Ciracolo contava com a ajuda do jurista e ativista humanitário francês René Cassin, que em 1968 receberia o Prêmio Nobel por sua atuação na Declaração Universal dos Direitos Humanos.[31] O cerne da ideia de Ciracolo era que a ajuda às vítimas de catástrofes deveria ser dada como um direito, não como caridade. Seria, de fato, uma obrigação da comunidade internacional. A oposição a esse conceito veio daqueles que consideravam que essa ideia seria muito dispendiosa, ou que ela dificultaria o trabalho da Cruz Vermelha, ou, como alegavam os americanos, que deveria permanecer como uma questão de caridade privada. Contudo, o comitê fez a ideia avançar, e em 1927 a Liga das Nações aprovou os estatutos da União Internacional de Ajuda, que começou a funcionar em 1932. Seus efeitos a longo prazo foram limitados, mas o conceito de que o auxílio era um direito, e não uma questão de caridade, e de que as pessoas tinham a prerrogativa de esperar receber assistência de sua comunidade estava mudando a atitude dos governos para com suas populações. O ritmo dessas mudanças, é claro, variou entre as nações, mas havia semelhanças na política e no discurso, que fizeram da década de 1930 um divisor de águas nas respostas dos governos aos desastres naturais.

SAN ZENÓN: CATÁSTROFE E DITADURA

Os furacões e outros desastres naturais têm oferecido sempre aos governos oportunidades de serem criativos, mas raramente os resultados foram mais óbvios e mais duradouros do que na República Dominicana, que viu o estabelecimento de um brutal regime autoritário em seguida ao furacão San Zenón, em 1930. Essa nação tinha experimentado alguma estabilidade na década de 1880 sob uma presidência autoritária e modernizadora sustentada pela economia açucareira em expansão, mas problemas financeiros e gastos excessivos levaram mais tarde a um período de turbulência política, déficit na dívida externa e a ocupação, pelos Estados Unidos, de 1916 a 1924. A ilha voltou a ter um governo civil eficaz e os americanos se retiraram, mas continuaram a controlar a renda alfandegária dominicana. A tentativa do presidente Horacio Vásquez de estender na eleição seguinte sua elegibilidade além do limite de um só mandato levou a uma rebelião política. O governo caiu, e em novas eleições, em maio de 1930, o comandante das Forças Armadas, Rafael Trujillo, que não relutou em usar o Exército para intimidar e suprimir a oposição a ele, foi eleito. Trujillo ganhou com mais de 90% dos votos, já que era candidato único.

Por trás dessa história de mudança política estava a história do açúcar. Essa indústria tinha prosperado durante a Primeira Guerra Mundial quando a competição com produtores de açúcar de beterraba na Europa terminou. Grandes companhias dos Estados Unidos haviam comprado muitos dos engenhos centrais e muitas das terras, mas o fim do conflito e um aumento na competição com produtores de açúcar de beterraba tinham feito o preço do açúcar despencar, e a quebra do mercado de ações em 1929 foi um desastre tanto para o açúcar quanto para o país em geral. De algumas maneiras, a ascensão de Trujillo foi produto dos problemas fiscais da nação tanto quanto de sua turbulência política.[32]

Trujillo entrara no Exército em 1919, depois que a ocupação americana tinha criado a Guarda Nacional para manter a ordem e a seguir lhe deu força militar exclusiva. Como membro da Guarda Nacional, Trujillo tirou proveito de suas ligações com oficiais do Corpo de Fuzileiros Navais dos Estados Unidos, assim como de seu acesso a oportunidades de negócios e relações pessoais, para subir com rapidez no que viria a ser o Exército Nacional. Agora, como presidente, era capaz de usar seu controle sobre os militares como uma ferramenta política, junto com um misto de laços pessoais, retórica populista, um traço profundo de megalomania e uma considerável capacidade de manobrar interesses internacionais concorrentes uns contra os outros. Ele mobilizou a imprensa, as universidades, a Igreja e as escolas em apoio a seu governo, permanecendo no poder de 1930 até ser assassinado, em 1961.

Durante a inquietação política na década de 1920, a República Dominicana não escapara aos efeitos dos furacões. Em 1921, a área oriental de Higuey tinha sofrido severas perdas em propriedades com a passagem do "furacão Magdalena", assim chamado em homenagem a uma idosa que fora arrastada pelo vento para dentro de um poço, mas que por milagre sobrevivera sem ferimentos.[33] Depois, em 1926 e em 1928, como aumentou a incidência de furacões, a mesma área foi de novo atingida.[34]

Em 3 de setembro de 1930, apenas poucas semanas após a posse de Trujillo, o país foi novamente atingido por um furacão devastador, mas dessa vez a capital, Santo Domingo, sofreu um impacto quase direto.[35] Tempestade do tipo Cabo Verde, o furacão entrou no Caribe ao norte de Barbados, seguiu para o oeste passando ao sul de Porto Rico e, ganhando força, atingiu Santo Domingo com ventos de até 240 quilômetros por hora e com a pressão barométrica caindo para 701,04 milímetros de mercúrio (933 milibars), o que, segundo padrões contemporâneos, faria dele uma tempestade de categoria 4, embora alguns relatórios sobre os ventos sugiram que tenha alcançado o status de categoria 5. Atravessando toda a República Dominicana e o Haiti, ele logo chegou ao sul de Cuba antes de fazer um giro de 180 graus, fustigando o oeste da ilha e indo em diagonal para o nordeste, cruzando a Flórida central da costa oeste para a leste, e mais tarde terminando como uma tempestade organizada no Atlântico, mais ou menos na latitude da Carolina do Norte. O impacto maior, entretanto, tinha se dado na República Dominicana, com estimativa de 8 mil mortos, fazendo dele um dos mais terríveis furacões no Atlântico. Santo Domingo, que suportou o impacto, tinha uma população de cerca de 50 mil habitantes quando a tempestade a atingiu, de modo que os 4 mil mortos e 19 mil feridos anunciados chegavam perto da metade da população. Os danos em propriedades foram avaliados em 40 milhões de dólares.

Trujillo, diante da devastação e da mortandade, com milhares de mortos e ainda milhares sem teto e famintos, aproveitou de imediato o momento. Agindo com eficácia militar e usando as forças do Exército Nacional treinadas pelo Corpo de Fuzileiros Navais dos Estados Unidos, decretou lei marcial, mobilizando as tropas para ajudar no trabalho de prestar ajuda e de suprimir os saques e a violência. Com isso, o furacão deu cobertura à sua campanha para desarmar o país, que começara com sua eleição.[36] Em 5 de setembro, ele emitiu um manifesto enfatizando que percorrera as ruas durante a tempestade e que seu coração estava "ferido, como cidadão e como líder", com o que tinha presenciado. Essa declaração sobre seu envolvimento pessoal e sua presença nas ruas durante e depois da intempérie foi com frequência repetida pela imprensa e por seus hagiográficos biógrafos,[37] tornando-se uma lenda urbana destinada a demonstrar o altruísmo do presidente e seu cuidado paternal para com o povo (figura 7.2). Como declarou ele em seu manifesto, "o povo não foi, e nunca será, abandonado pelo governo". Com a ajuda dos dominicanos e a assistência de nações estrangeiras, Trujillo não pouparia esforços; o Congresso do país lhe concedera todos os poderes para poder facilitar a recuperação da cidade e do país. O manifesto, com sua linguagem populista e enfatizando que ele também tinha "bebido suas próprias lágrimas" em meio à devastação, em

Figura 7.2. *O general Trujillo e vítimas do San Zenón*. (Fotografia de *La Nueva Patria Dominicana*, Santo Domingo, 1935. Serviços Fotográficos da Universidade Yale.)

essência anunciava um golpe governamental que estava se desenvolvendo desde a eleição. O furacão proporcionara uma emergência que servia a esse fim. "Estou, assim, identificado com as pessoas para sofrer com elas e para ajudá-las com determinação a reconstruir suas casas das ruínas."[38] Três dias depois, em 8 de setembro, um segundo manifesto proclamou que se restabelecera a normalidade na cidade e que agora se esperava que todos voltassem ao trabalho. Que não se acrescentasse o ócio aos infortúnios da nação. A reconstrução deveria ser uma causa comum. Fatalismo e desespero tinham de ser combatidos, não se permitiria que ninguém ficasse passivo. No início de novembro, uma lei antivadiagem permitiu que o governo prendesse aqueles que estivessem ociosos e os pusesse para trabalhar, sem julgamento.

Enquanto isso, Santo Domingo se encontrava no limite. Centenas de pessoas estavam acampadas nos parques, nas ruas: os feridos, os sem-teto, os famintos e os doentes. Havia um desarranjo nas fronteiras sociais, pois os pobres e sem-teto se juntavam às vezes em bairros das classes mais altas, e um difuso sentimento de insegurança. Exatamente um mês após a tempestade, pessoas não identificadas espalharam em San Carlos e Villa Francisca, os bairros mais pobres, o boato de que outro furacão se aproximava e atingiria a cidade às quatro horas da manhã seguinte, e que seria acompanhado de um terremoto. Espalhou-se o pânico, com gente buscando abrigo em igrejas e prédios do governo.[39] Ramón Lugo Lovatón, jornalista do *Listín Diario*, um grande jornal, escreveu na época sobre esses rumores: "A nova besta das lendas e das invenções chegou à cidade e plantou as sementes do pânico por toda parte".[40]

Uma liderança forte e decidida era o que parecia ser necessário, e Trujillo estava preparado para exercê-la. O comprometimento do governo em se responsabilizar pelo bem-estar do país num momento de crise se tornou um componente regular do discurso do presidente. Uma proclamação em 12 de setembro reenfatizou "a imediata compaixão do governo, que não abandonará nem por um minuto sua prontidão a dar apoio às pessoas, de modo que elas possam suportar o terrível teste ao qual o destino as submeteu". Lugo Lovatón, que fez uma crônica do pós-furacão favorável a Trujillo, aproveitou a ocasião dessa proclamação para ressaltar as oportunidades que a catástrofe tinha criado: "Toda tragédia é, ao mesmo tempo, sepultura e berço, meta e ponto de partida, destino e caminho".[41] Ele não disse na época que o San Zenón havia criado um caminho para a ditadura. Nunca, desde que o marquês de Pombal reconstruíra Lisboa após o grande terremoto de 1755, uma figura política tinha sido tão hábil em usar um desastre natural para consolidar seu poder.

Trujillo criou comitês para ajuda, saneamento e outras necessidades, fixou preços e proibiu que houvesse migração para a cidade. Os mortos foram enterrados em valas comuns ou cremados. Comitês locais para ajuda e reconstrução foram organizados em cada distrito municipal. Cozinhas que serviam sopa foram instaladas em igrejas e farmácias de bairro. O general organizou uma seção dominicana da Cruz Vermelha e também permitiu que a Cruz Vermelha Americana trouxesse rações e trabalhadores para participar na ajuda. Na verdade, ele pediu à embaixada dos Estados Unidos que permitisse a um de seus antigos contatos nos fuzileiros, o major Tom Watson, coordenar a operação de ajuda.[42] Uma campanha humanitária internacional começou a tomar forma, oferecendo auxílio. Marinheiros holandeses e britânicos de navios que traziam suprimentos foram desembarcados para ajudar diretamente nessas iniciativas. Aviões chegavam de Miami. O governador americano de Porto Rico, Theodore Roosevelt Jr., se apressou a enviar socorro, assim como os governos de Curaçao, da Venezuela e de outras nações latino-americanas. O presidente de Cuba, Gerardo Machado, que em 1927 tinha manipulado sua própria reeleição, despachou uma equipe de médicos e enfermeiras e um contingente de soldados para dar assistência nos problemas de saneamento, e o arcebispo do Haiti chegou com ajuda daquela nação vizinha.[43] A ameaça de doenças e a "lamentável situação sanitária" levou a uma campanha de vacinação no país, sob o comando de Aristides Fiallo Cabral, secretário de Saúde de Trujillo, que depois relatou que o projeto tinha exigido todas "as clarezas de meu pensamento e todas as energias de meu espírito". Cabral afirmou que a baixa pressão barométrica durante a tempestade produzira mudanças químicas que levaram a disenteria, febre tifoide e gripe.[44] Apesar dessas teorias médicas questionáveis, o projeto foi conduzido com eficiência, usando equipes médicas estrangeiras.

A ordem que proibia a migração para Santo Domingo facilitou a ajuda às vítimas urbanas, ajudou a evitar a pilhagem e controlou a disseminação de doenças, mas com o tempo, à medida que a reconstrução prosseguia e ocorriam realocações, ficava claro que estava em andamento uma política de transferir os pobres para bairros distantes da zona central da cidade. Os antigos prédios coloniais de pedra e as principais igrejas ali situados haviam sobrevivido à tempestade com poucos danos. As zonas residenciais não tinham se saído tão bem. Embora alguns bairros das classes mais altas fizessem ouvir sua voz exigindo atenção, as áreas mais duramente atingidas estavam nos bairros pobres da periferia, como La Mina e Villa Francisca.

A reconstrução permitiu a imposição de novos códigos de construção, a remoção das antigas estruturas de madeira e a edificação de prédios com cimento mais robusto ou com blocos de cimento; o resultado foi uma nova organização social que se refletiu no layout urbano "modernista" da cidade reconstruída.[45] Antigos preconceitos quanto aos "barracos" rurais e ao atraso da cultura camponesa estavam por trás das medidas para excluir as classes mais baixas do coração da área central, da zona colonial dos prédios históricos e do *malecón* (quebra-mar) ao longo do litoral marítimo. A moderna cidade que se erguia das ruínas do furacão San Zenón se tornou um símbolo da reconstrução de uma nação nova e progressista, a *"patria nueva"*. Agora havia avenidas largas e prédios modernos, entre os quais um hotel de luxo com salões de baile e auditórios que poderiam atender às necessidade cerimoniais do regime.[46] Trujillo tinha estimulado o progresso e se valia de sua realização.

Enquanto implementava essas medidas em resposta ao furacão, o presidente também estava impondo um regime policial repressivo. Cronologias do período baseadas em relatos no noticiário diário mostram que, em setembro e outubro de 1930, estavam ao mesmo tempo em curso o desarmamento da população, o exílio ou a prisão de oponentes políticos, a prisão domiciliar das irmãs do rival político, general Cipriano Bencosme, seguida da ulterior prisão e morte deste, e planos para um sistema político de partido único. Começavam a emergir as armadilhas do regime totalitário: a imagem do líder em todos os espaços públicos, estátuas e ruas com seu nome ou de seus parentes, uma série constante de honrarias e distinções autopromocionais, uma imprensa comprada ou ameaçada que agia como se fosse um coro grego. O Congresso, adulador, chegou a indicar Trujillo para o prêmio Nobel da Paz.

Conquanto muito desse regime tivesse a marca dos governos autocráticos da época, as práticas tradicionais da política dominicana também foram usadas para consolidar o poder. Durante o final de 1930 e nos anos seguintes, Rafael Vidal, secretário de Estado de Trujillo, recebeu milhares de cartas de pessoas que buscavam ajuda pessoal, favores ou cargos, a maioria prometendo lealdade ou fidelidade política, algumas delas até compondo criativos boleros em homenagem ao general. Muitas usavam o furacão para acentuar sua necessidade de ajuda ou favores.[47] Os tradicionais laços pessoais estavam sendo mobilizados na criação de uma nova cidade e na formação da "Nova Pátria". Durante todo esse processo, Trujillo continuou com o discurso de que o cuidado com o povo e a beneficência eram a motivação do governo. Ele declarou no outono de 1930: "Por temperamento e por educação, considero a caridade uma virtude edificante, e ela é essencial ao homem e uma prática salvadora no destino dos povos".[48]

Embora um dos lemas do regime fosse "Deus no céu, Trujillo na terra", as pessoas não se esqueceram de buscar proteção divina durante a tempestade; nem o presidente perdeu a oportunidade de consolidar seus laços com a Igreja após seu impacto. As pessoas tinham se voltado para suas tradicionais preces de proteção e de contrição. Orações e súplicas haviam sido feitas durante a tempestade. Cumprindo uma ordem, às seis horas da tarde do dia 2 de outubro, um mês após a catástrofe, os sinos de todas as igrejas de Santo Domingo tocaram. No dia seguinte, houve um serviço fúnebre e uma procissão, acompanhada de uma banda militar, seguida de uma bênção e o erguimento de uma

Figura 7.3. *Inauguração do monumento em homenagem às vítimas do San Zenón.* (Fotografia de *La Nueva Patria Dominicana*, Santo Domingo, 1935. Serviços Fotográficos da Universidade Yale.)

grande cruz de granito "em memória das vítimas que caíram no terrível furacão".[49] Mais tarde, ainda em outubro, Trujillo convenceu o arcebispo de Santo Domingo a trazer de Higuey para a cidade a mui venerada Virgem de Altagracia, numa visita de consolação às vítimas. A Igreja ficou centralmente envolvida no estabelecimento de cozinhas de emergência para os que tinham perdido suas casas. Em 3 de setembro de 1931, um ano após a tempestade, o arcebispo celebrou uma missa na basílica de Santa Bárbara, em intenção daqueles que haviam perecido na tragédia. Essa tradição continuou por alguns anos. Trujillo, que no final da década de 1940 emularia a ênfase de Franco no hispanismo e no catolicismo tradicional, reconheceu intuitivamente a utilidade desse tipo de homenagem, e foi erguida na cidade uma estátua em memória das vítimas (figura 7.3). Foi o primeiro de vários monumentos às vítimas da década de furacões que varreram o Grande Caribe, quando os governos começaram a expressar maior preocupação com seus cidadãos, como parte de seu discurso populista. No entanto, no caso da capital reconstruída por Trujillo, o monumento não durou muito. À medida que se erguia a nova cidade, a megalomania superou a estratégia religiosa.[50] A praça foi rebatizada como Parque Ramfis, em homenagem ao filho mais moço de Trujillo, e o memorial às vítimas do furacão foi substituído por um obelisco em honra ao filho do ditador.

Mas se fez da reconstrução da cidade um projeto para demonstrar sua eficácia e consolidar sua imagem e seu poder, Trujillo não foi frívolo a ponto de desconhecer outras forças que tinha de apaziguar. Desde o início da reconstrução, ele reconheceu que, para ter êxito, era essencial contar com a cooperação dos Estados Unidos. O presidente Herbert Hoover havia autorizado de imediato um empréstimo de 3 milhões de dólares à República Dominicana, mas o general se recusou a aceitá-lo e deixou claro num pronunciamento público que sob condição alguma seria suspenso o pagamento da dívida já existente da nação, o que aliviou pressões financeiras de Washington. Num jantar de Estado oferecido em 8 de outubro ao representante de Hoover, Eliott Wadsworth, Trujillo expressou sua apreciação pela ajuda estrangeira, mas enfatizou que a ética de trabalho do povo da República Dominicana seria a chave para a recuperação; e declarou que o fustigante furacão não era a única causa do "amplo e bem concebido Plano Econômico" que ele tinha lançado para estimular o ressurgimento nacional.[51]

O clímax do uso da catástrofe do San Zenón por parte de Trujillo veio em 1936, quando Santo Domingo, o mais antigo estabelecimento europeu nas Américas, recebeu outro nome. Em 14 de dezembro de 1935, o Senado dominicano fez uma petição para que a cidade fosse renomeada Ciudad Trujillo e que uma placa de bronze fosse colocada num monumento histórico, com a seguinte inscrição: "O presidente Trujillo não abandonará seu povo, o povo não abandonará Trujillo". Em 11 de janeiro de 1936, a proposta foi a votação e, após um desconexo debate, a mudança foi aprovada. A ressurreição da cidade ficava indelevelmente ligada a Trujillo e à versão que ele e seus admiradores e lacaios tinham arquitetado. O furacão San Zenón servira a seus objetivos políticos.

As homenagens de Trujillo às vítimas do San Zenón lhe permitiram reiterar continuamente a memória de como, no meio de um desastre natural, ele tinha seguido adiante para salvar a nação, resgatar uma cidade e consolar seu povo. Em 1934, o dia 3 de setembro passara a ser o Dia de Luto Nacional, uma comemoração com um significado ainda mais amplo, destinada a preservar viva a memória da grande realização do presidente. Em setembro de 1936, o Dia do Luto Nacional foi convertido em "Dia do Pobre", no qual milhares de pacotes com comida, roupas e dinheiro eram distribuídos aos necessitados, com a mulher de Trujillo, María de los Angeles, atuando como chefe do governo nos eventos. O relacionamento do governo com a catástrofe, nascido da resposta emergencial ao furacão e do conceito de que o governo arcava com a responsabilidade de dar assistência àqueles que haviam sofrido com a calamidade, tinha se transformado de uma resposta a uma crise particular num contrato permanente entre o governo e os desfavorecidos. A transformação do dia 3 de setembro no calendário da República Dominicana tornara essa conexão aparente, mas, na verdade, Trujillo tinha simplesmente deixado clara uma tendência ideológica e política que estava ocorrendo em grande parte da Europa e das Américas.

A DEPRESSÃO, O ESTADO E O AMOR NUM TEMPO DE FURACÕES

O desastre financeiro de 1929 e a crise da economia mundial tiveram efeitos profundos em todo o Grande Caribe. Trujillo foi apenas um exemplo da ascensão ao poder de vários regimes na região, alguns dos quais autoritários, mas quase todos dotados de uma retórica populista ou nacionalista muito parecida com a dos novos regimes autoritários que emergiram na década de 1930 no sul da Europa e na Alemanha. O grau de autoritarismo e de populismo variou entre eles e com o tempo, mas Fulgencio Batista em Cuba, Jorge Ubico na Guatemala e Anastasio Somoza na Nicarágua, sem falar em Getúlio Vargas no Brasil e Lázaro Cárdenas no México, refletiam a crise nas economias capitalistas e uma busca de alternativas, e suas políticas em geral se apoiavam numa linguagem que exaltava a unidade entre o governo e seu povo.[52] Os Estados Unidos com frequência não aprovavam todas essas políticas ou retóricas, mas estavam dispostos a aceitar tais regimes para proteger seus próprios interesses e manter a estabilidade regional. Além disso, eles próprios estavam no meio de uma transformação política que resultou na eleição de Franklin D. Roosevelt em 1932 e no início do "New Deal".

Enquanto isso, os desastres naturais continuaram a castigar a região. Os do início da década de 1930 em especial foram bastante violentos. Tanto em 1932 quanto em 1933 houve múltiplos furacões de categoria 5, situação que só aconteceu seis vezes entre 1920 e o presente.[53] Na verdade, o período entre 1930 e 1935 foi de atividade máxima de furacões no Caribe e no Atlântico Norte, talvez o mais ativo nos últimos quinhentos anos.[54] Essa intensificação das tempestades aconteceu junto com a ocorrência de El Niño no Pacífico, em 1932, que também foi a causa principal da grande seca do Dust Bowl no sudoeste dos Estados Unidos. O interessante nesse período de desafios e de mudança política foi uma tendência geral de os governos assumirem um papel mais ativo numa resposta direta às calamidades, e de expressarem interesse e preocupação quanto ao infortúnio e às dificuldades individuais, que podiam então se transformar numa resposta comunitária.

Às vezes as calamidades eram horríveis. Em 1932, uma tempestade no fim de outubro passou pelas Pequenas Antilhas e a seguir fez uma curva em direção ao nordeste. Ela se abateu sobre as Ilhas Cayman como um furacão de categoria 4 e depois, em 9 de novembro, no espaço de poucas horas, atravessou a província de Camagüey, na parte leste de Cuba, de Santa Cruz del Sur a Nuevitas. A província de Camagüey tinha sido uma das áreas que testemunharam a expansão do açúcar depois de 1900, e Santa Cruz del Sur fora por algum tempo um grande porto para madeira em toras e serrada, quando florestas eram derrubadas e colhidas. Entre 1912 e 1923, foi construída uma ferrovia ligando Santa Cruz del Sur a Puerto Príncipe e Camagüey, mediante concessões feitas a companhias americanas e britânicas. Uma mudança de direção da tempestade, para nordeste, deixou pouco tempo para um alarme, e quando a água do mar começou a inundar as ruas do litoral de Santa Cruz del Sur muita gente buscou refúgio nos trens, ao longo dos trilhos da ferrovia. Os ventos fortes e ondas no mar com mais de seis metros acabaram com a cidade; todos os prédios foram destruídos e 2870 pessoas foram identificadas como mortas, mas estima-se que houve mais de 4 mil mortos e feridos. Os danos foram avaliados em 40 milhões de dólares na época. Foi, isoladamente, o maior desastre natural na história de Cuba. Grande parte das perdas de vidas foi atribuída à recusa da companhia ferroviária, de propriedade americana, de enviar uma locomotiva para evacuar pessoas da cidade, a menos que recebesse um depósito de quinhentos dólares. O jornalista Santiago González Palacios, que cobriu a catástrofe para o jornal de Havana *El Mundo*, escreveu: "Nunca, em toda a minha vida, vi tanta aflição, tanta desolação, tantos mortos, tanta tristeza". O diretor do Observatório Nacional em Havana, José Carlos Millás, um dos membros da admirável linhagem de meteorologistas cubanos que exerceram esse cargo, escreveu um excelente relato sobre o furacão. Seu texto se eleva acima das descrições físicas e científicas que costumam caracterizar a maioria desses relatos:

> Na manhã de quarta-feira, 9 de novembro de 1932, uma cidade cubana desapareceu. Era uma cidade nobre, industriosa, que desempenhou importante papel nos primeiros e turbulentos anos da história de nossa pátria, e depois soube como manter suas virtudes de modo que batalhas de um tipo diferente nunca a desviaram por pouco que fosse de sua nobre tradição. Essa cidade era Santa Cruz del Sur.[55]

A cidade foi reconstruída num local diferente e no cemitério foi erguido um monumento para os que morreram em 9 de novembro. O evento ainda é relembrado a cada ano. A tragédia deixou sua marca na memória nacional, poemas e contos sobre ela foram escritos, e os que sobreviveram, os *cicloneros*, deram seu testemunho da catástrofe. A destruição e a morte de Santa Cruz del Sur se tornaram mais tarde parte de uma crítica nacionalista, depois socialista, do fracasso do capitalismo, e até uma história de seu papel na criação de uma catástrofe natural. O memorial em homenagem às vítimas assumiu um significado que estava além do das lembranças do sofrimento comunitário.[56] Porém, ainda mais do que esse tão óbvio uso político, o memorial de Santa Cruz del Sur, como o que fora criado por Trujillo para as vítimas do San Zenón três anos antes, e como o das vítimas da tempestade em Florida Keys erigido três anos depois, refletia uma preocupação crescente com as vítimas de desastres naturais, e um reconhecimento implícito de que, quaisquer que fossem as intenções de Deus ou os acidentes da natureza, os governos poderiam fazer algo diante desses perigos.

Enquanto Cuba enfrentava essa tragédia, Porto Rico também tentava lidar com repetidos golpes de furacão. A tempestade San Felipe, de 1928, foi seguida de um furacão menor (San Nicolás) em 1931 e depois por outra grande tempestade, San Ciprián, em 1932. O San Nicolás tinha fustigado a costa norte da ilha, matando apenas duas pessoas e provocando extensos danos na zona rural, mas o San Ciprián, em setembro de 1932, embora menos intenso que a tempestade San Felipe, matou mais de 250 pessoas, deixou meio milhão sem casa e causou prejuízos consideráveis, estimados na época em mais de 30 milhões de dólares. Essa rápida sucessão de três tempestades oferece uma oportunidade para examinar de que maneira o governo dos Estados Unidos e as autoridades locais lidavam com os desafios que elas representavam, tendo a San Felipe ocorrido antes da crise financeira de 1929 e as outras duas tempestades logo depois dela. Aqui as reações do governo, a intervenção de instituições não governamentais e as expectativas dos habitantes da ilha e dos que se interessavam por seu bem-estar criaram um diálogo entre intenção e expectativa que envolveu os residentes mais humildes, a elite política e representantes do governo federal, o qual estava no meio de um debate sobre o "Estado de bem-estar social", ou "Estado-Providência", e sobre as medidas que o presidente Roosevelt iria instituir após 1933.[57] Nesse diálogo, podem-se observar as contradições originadas da mudança na percepção e na perspectiva quanto às responsabilidades depois de uma calamidade. A ênfase anterior no papel da caridade, da comunidade e de instituições locais era agora suplantada por uma expectativa de que governos nacionais ou imperiais tivessem obrigações maiores. Na historiografia dos Estados Unidos, foi dada grande atenção ao efeito da ajuda pós-catástrofe na elaboração de justificativas intelectuais e morais para o Estado de bem-estar social. Contudo, o papel e as ações consideráveis do governo federal em Porto Rico não ocuparam um lugar central nessa discussão, embora a crescente atuação das agências governamentais ao lidar com a catástrofe na ilha tenha tido o efeito de aumentar as expectativas populares quanto à responsabilidade do governo em situações como aquela, às vezes mesmo em setores da vida bem distantes de seus papéis tradicionais.

Como já vimos, durante o século XIX tinha sido comum porto-riquenhos e cubanos dependerem de juntas de beneficência ad hoc ou de leilões e subscrições de caridade locais ou na própria Espanha para levantar fundos que aliviassem as consequências das catástrofes; a inadequação dessas respostas contribuíra mais tarde para uma atitude crítica em relação à ineficiência do governo. Após a Guerra Hispano-Americana, as expectativas porto-riquenhas de um envolvimento governamental direto dos Estados Unidos haviam sido condicionadas a um enorme esforço de ajuda em seguida ao furacão San Ciriaco, em agosto de 1899, que devastara a ilha logo após a ocupação americana. Conselheiros políticos em Washington tinham visto na tempestade uma oportunidade para demonstrar aos porto-riquenhos as vantagens de ser parte de uma nação moderna e "progressista", de modo que foi montado um enorme programa de assistência privado e público, que teve o efeito de reforçar o domínio político e econômico da classe de plantadores na ilha, mas cuja eficiência despertara expectativas de envolvimento do governo além das fronteiras de classe.[58] Ações governamentais semelhantes haviam reforçado essas expectativas após o furacão San Felipe, em 1928. O Congresso dos Estados Unidos tinha destinado 2 milhões de dólares para o socorro a Porto Rico, e o governador Towner usara de maneira efetiva o Exército, prisioneiros, a Guarda Nacional, a polícia e professores de escolas, em várias atribuições. E, o mais importante, a Cruz Vermelha Americana estava agora operando e desempenhou papel significativo nas medidas de reação ao furacão.[59] Como escreveu o governador:

> Desnecessário dizer, como é tão bem sabido no mundo inteiro, que assim como a Cruz Vermelha Americana é a melhor organização de ajuda nacional e internacional [...] ela é uma organização americana. O povo de Porto Rico é constituído de cidadãos americanos. Podemos estar certos de que ela dará a nosso povo todo tipo de auxílio em sua hora de maior necessidade.[60]

Towner fez da Cruz Vermelha a agência central na organização das iniciativas de socorro, mas também mobilizou a assistência direta de Washington. A delegação do Congresso chefiada pelo senador Bingham tinha feito recomendações favoráveis e mais tarde o Congresso aprovou uma dotação de mais de 6 milhões de dólares para ajudar na recuperação da ilha.[61] Essa resposta, encaminhada pelo Departamento da Guerra, o Escritório de Assuntos Insulares e uma recém-criada Comissão Porto-Riquenha de Ajuda, deixou clara a obrigação primária do governo federal para com o bem-estar da população da ilha, e os porto-riquenhos compartilharam cada vez mais esse senso de responsabilidade do Estado pelo alívio das consequências da catástrofe.

As tremendas e relativamente eficientes medidas tomadas após o San Felipe para fornecer moradia e distribuir comida, roupas e ajuda médica e a eficácia do governo local em obter apoio de Washington prepararam o cenário para a crise seguinte. O furacão San Ciprián atingiu a ilha na noite de 26 de setembro de 1932. O governador na época, o advogado texano James Beverley, tinha cumprido um mandato como governador interino em 1929, cargo que assumiu quando atuava como procurador-geral de Porto Rico. Ele conhecia a ilha e, ao contrário de outros governadores, falava espanhol.[62] Agiu com certa alacridade para reagir à crise, mobilizando seu pessoal, em especial seu secretário executivo, E. J. Saldaña, para cuidar da organização e mobilização da resposta do governo, e mais tarde usando transmissões de rádio para estimular a cooperação nas iniciativas de ajuda e reconstrução.

A situação em Porto Rico depois da tempestade era grave. A maioria das propriedades perdidas não estava segurada. No furacão de 1928, apenas 10% das propriedades danificadas estavam no seguro, e o seguro das colheitas, na maior parte feito com o Lloyd's of London, só montava a 2 milhões de dólares. Em 1932, as perdas foram estimadas em 3 milhões de dólares, mas entre as duas tempestades as companhias de seguro tinham visto toda a sua receita em prêmios dos vinte anos anteriores ser eliminada. Elas descobriram que o ajuste das reivindicações relativas a furacões nos trópicos não era nenhum "piquenique", como lamentava um parecer da indústria securitária elaborado por E. J. Werder para o governador, e ele insistiu em que esse era um trabalho só para homens com boa saúde e de constituição forte. O registro de constantes perdas tornaria os futuros preços de seguro impossíveis para muitos donos de propriedades e poderia até desencorajar a indústria como um todo. O gabinete do governador e um comitê interdepartamental prepararam informes sobre como melhor segurar as propriedades e as colheitas na ilha contra perdas futuras, mas, como observou Werder em seu parecer, eram os pobres, não as companhias, que corriam risco maior:

> O grande número de prédios ocupados pela classe de gente pobre é de construção tão frágil que eles representam um risco inaceitável para as companhias de seguro. Para essas pessoas, que são as mais necessitadas e as que perdem, se atingidas por um furacão, todas as suas posses, nenhum seguro está disponível, e elas recebem o golpe mais duro sem terem a possibilidade de se proteger com um seguro, mesmo se o quiserem e forem capazes de pagar o prêmio.[63]

Após a tempestade, mensagens e cartas de apoio choveram nos escritórios do governador, em San Juan. Vários governos estrangeiros expressaram solidariedade e condolências. Em Berlim, o governo alemão enviou um funcionário ao *chargé d'affaires* americano para manifestar simpatia; em Oslo, o governo da Noruega fez o mesmo. Pequenas contribuições de ajuda começaram a chegar de indivíduos particulares e de corporações: Associação dos Moedores de

Arroz, U. S. Steel, Kolynos Company, Colgate-Palmolive, a comunidade porto-riquenha do Havaí, os trabalhadores e a direção do Ingenio Barahona, na República Dominicana, e a tripulação e os passageiros do navio espanhol *Juan Sebastián de Elcano*.[64] De Porto Príncipe chegou um cheque de 290 dólares, enviado por contribuintes haitianos e estrangeiros. O conferencista e comediante Will Rogers se apresentou num espetáculo beneficente em Nova York e repassou 475 dólares às Irmãs de Notre-Dame para a campanha de ajuda. Mas na verdade essas ações estavam bem aquém das necessidades e das expectativas. Como admitiu para o governador Beverley o vice-presidente do Comitê de Ajuda do Furacão de Porto Rico em Nova York, "parece que o efeito da Depressão entre nossa gente aqui fez com que fosse incomumente difícil conseguir contribuições"; embora o comitê fosse formado por muitas pessoas, na verdade só uns poucos colaboraram ou lhe dedicaram parte de seu tempo e ele só conseguiu enviar menos de 2 mil dólares para a ilha.[65]

O governador Beverley expressou seu agradecimento e buscou destacar a autossuficiência dos ilhéus enfatizando os esforços deles próprios para arcar com o ônus da recuperação. Ao mesmo tempo, de maneira astuta, Beverley aproveitou a oportunidade para ressaltar que a prosperidade da ilha dependeria de que se adquirissem o açúcar, o tabaco e os produtos da indústria do bordado de Porto Rico, e disse esperar a "consideração e até a preferência" dos "cidadãos no continente".[66] Seu objetivo era demonstrar que os porto-riquenhos não eram moralmente culpados por sua situação e, assim, mereciam receber ajuda. Essa tinha sido havia muito tempo a chave para justificar o auxílio.

A Depressão tornou a dependência, até então normal, de agências e contribuições de caridade motivo de insegurança. Em 4 de outubro de 1932, o ex-governador Horace Towner, que estivera no cargo durante a tempestade San Felipe, em 1928, escreveu de Iowa ao governador Beverley, dizendo que "a ansiedade e a tristeza por que passamos em 1928 está ainda muito vívida em minha mente e o sentimento de que de algum modo, e a qualquer custo, o sofrimento devia ser aliviado estava conosco em todos os momentos". Towner esperava que a Cruz Vermelha tivesse aproveitado sua experiência anterior em 1928, mas estava preocupado que a situação econômica da Depressão pudesse solapar qualquer iniciativa de auxílio. Disse ele: "Espero que as agências no continente que tanto ajudaram antes não façam menos desta vez devido às atuais condições".[67]

É claro que as autoridades locais de mais de cinquenta municípios afetados se voltaram de imediato para o governo da ilha. O prefeito de Culebra, por exemplo, escreveu ao governador Beverley contando que apenas cinco casas da cidade tinham ficado de pé e nenhuma escola ou hospital estava em condições de uso, que não havia comunicações telegráficas e que todos os navios que se encontravam ali haviam afundado.[68] Com tais relatórios inundando seu gabinete na Fortaleza, o governador pediu e obteve o empréstimo de um avião da Pan American Airways para poder verificar pessoalmente os danos. Beverley passou duas horas e meia no ar. Ele relatou que metade das casas em Bayamón fora destruída e que na central Juanita os campos de cana-de-açúcar tinham sido arrasados. Isabela, Añasco e Arecibo também haviam sofrido, em especial as casas na zona rural, como era esperado.[69] Em San Juan, o governador trabalhou em estreita colaboração com as autoridades locais, como Jesús Benítez Castaño, administrador da capital, que tinha cooperado com ele após a tempestade menor de 1931 e apoiado o governo da ilha contra os que o criticavam.[70] Em Ponce, o prefeito, Guillermo Vivas Valdivieso, escreveu a Beverley e, num tom de exigência e talvez irônico, disse que "conhecendo as características humanitárias que adornam o povo e o governo dos Estados Unidos e sua situação econômica de solvência, não seria impossível obter o que estamos solicitando sem que nos peçam que paguemos juros". E encerrou insistindo na obrigação dos Estados Unidos para com seus cidadãos porto-riquenhos: "O que a natureza destruiu em um dia é o trabalho de trinta anos sob a bela bandeira americana, que nos governa com tanta competência que não pode permitir que seus cidadãos americanos sofram os horrores desta imensa desgraça".[71]

Havia outros que consideravam a resposta e a liderança do governador insuficientes. Essa linha de crítica foi manifestada numa carta franca e apaixonada de um advogado em San Juan, J. Valldejulí Rodríguez, enviada a Beverley três dias após a tempestade.[72] Valldejulí disse estar chocado com a "passividade do governo" diante da tragédia e desanimado por não ver um único agente seu prestando ajuda aos sem-teto e aos famintos. Afirmou que o governador anterior, Theodore Roosevelt Jr., teria feito um trabalho muito melhor. Comparada com a reação "dinâmica e paternal" ao recente furacão San Zenón em 1930 na vizinha República Dominicana, a do governador em Porto Rico tinha sido uma "desgraça": pessoas sem abrigo e esfomeadas estavam nas ruas, não se viam agentes do governo, a Cruz Vermelha nada fizera, e Washington continuava sem ter informações sobre a extensão dos danos. Valldejulí não se sentiu constrangido ao insistir numa reação mais efetiva: ele era "um membro dessa comunidade que tem o direito de exigir do senhor mais atenção e mais serviço, já que somos aqueles que, com nosso dinheiro, sustentamos nos ombros o governo que o senhor finge estar dirigindo".[73] Uma prestação de contas era iminente: "Chegará o dia em que o senhor vai explicar ao país o motivo para esse injustificável e sangrento abandono". As reclamações de Valldejulí, justificadas ou não, revelavam que para ele não havia dúvida de que a principal responsabilidade de enfrentar a emergência era do governo e que a ajuda para aliviar as consequências da catástrofe era uma questão de política pública.

Em Porto Rico, as tempestades eram e, é claro, sempre tinham sido um aspecto regular e intermitente da vida na ilha, com um impacto diferenciado entre as classes sociais e entre moradores urbanos e rurais. Victor Clark, em seu livro *Porto Rico and Its Problems* (1930), pesquisou o que acreditava ser a resignação do campesinato local com o infortúnio. Ele acreditava que suas origens podiam estar na escravidão, ou no feudalismo, ou na pobreza, mas suspeitava que o "terrível impacto das tempestades periódicas que levam tudo embora com elas e fazem com que o esforço e a engenhosidade humanas pareçam ser nada" explicava o "desamparo passivo da comunidade rural".[74] Essa percepção se repetiu na esteira do furacão San Ciprián. Um assistente social escreveu de Barceloneta, onde havia grande desemprego, que a central do açúcar tinha fechado, a malária grassava e havia escassez de material de construção:

> Observei uma grande perda de otimismo entre os habitantes. Eles se deram conta de que furacões frequentes são uma calamidade real e inevitável, e tomaram consciência da inutilidade de seus esforços para construir e consertar suas casas e plantar novamente.[75]

Essas atitudes de resignação ou frustração ante esse fenômeno recorrente já não eram mais explicadas sobretudo pela referência a castigo ou advertência divinos. Em certo sentido, tinham sido, com o tempo, secularizadas, à medida que o governo municipal, instituições e impulsos caridosos desempenhavam papel importante na ajuda, mas a presença de um forte governo central parecia agora oferecer uma alternativa às estruturas locais e comunitárias que tradicionalmente tinham enfrentado as tempestades.

Em meio à catástrofe, administradores locais, instituições e muitos cidadãos privados se voltaram para o governo insular, pedindo uma intervenção direta de auxílio. Uma viúva com cinco filhos escreveu que seu falecido marido fora veterano de guerra e que após a grande tempestade ela não tinha recebido nada dos benefícios dele como veterano, tampouco nenhum amparo da Cruz Vermelha. Ela pedia ajuda ao gabinete do governador. Asunción Cruz, uma idosa de Cidra, assinou sua carta ao governador com uma cruz e a impressão do polegar. Sua pequena fazenda com cinco acres fora destruída, o marido estava doente e ela cuidava de uma criança pequena. Pedia um empréstimo de trezentos a quatrocentos dólares para plantar alimentos e disso poder viver, bem como para pôr um teto sobre a família. Esse pedido tão simples demonstrava, no entanto, certa sofisticação em sua avaliação da dificuldade geral de depender da caridade de vizinhos que estavam em circunstâncias semelhantes, ou da dificuldade atual de depender do governo federal, "cuja situação financeira não era muito boa, podemos dizer, e que não tem recursos suficientes para enfrentar catástrofes públicas".[76] Às vezes as cartas vinham em forma de reclamações. O ministro metodista em Camuy reclamava que o governo tinha usado sua igreja para abrigar doentes e pobres por alguns dias, mas que eles haviam permanecido ali por muito mais tempo, enquanto a Igreja católica não fora requisitada a prestar o mesmo serviço e a Cruz Vermelha em nada contribuíra para aliviar a situação. O religioso suspeitava de que houvesse "favoritismo político" na ajuda.[77] Tal qual muitos outros, ele via agora o gabinete do governador como o lugar lógico onde resolver qualquer problema causado pela tempestade.

Cada vez mais as autoridades sentiam a necessidade, ou percebiam a utilidade, de prestar atenção aos pedidos de ajuda, às vezes num grau inesperado. É nesse contexto que a carta manuscrita de 30 de setembro de 1932, de Carmen Campos, uma mulher no México, enviada ao governador Beverley, é ao mesmo tempo informativa e tocante.[78] Tendo lido sobre a tempestade, ela lhe pedia que entregasse sua carta a Francisco Galán Miranda, que ela temia ter morrido ou estar ferido. "O senhor, sr. Governador, é o único que poderá me informar sobre o destino dessa família, e lhe peço isso um milhão de vezes."

Esse pedido direto e um tanto pessoal da Señorita Campos foi passado pelo governador a seu secretário executivo, E. J. Saldaña, o qual, além de suas outras responsabilidades na esteira da tempestade, foi encarregado de contatar a polícia para descobrir o destino e a condição de Francisco Galán. A essa solicitação Saldaña respondeu em 14 de outubro, dizendo que Galán estava vivo e não tinha se ferido no furacão. A carta foi recebida com gratidão por Carmen Campos. Na verdade, ela a recebeu com tal entusiasmo e esperança que datilografou então uma longa e lamuriosa carta ao secretário executivo, explicando que o verdadeiro motivo de seu interesse por Francisco Galán era um caso de amor que dera errado. Ela deu os detalhes de sua longa espera por cartas que nunca tinham chegado depois que Galán parou de lhe escrever, desabafando sua decepção e sua frustração para Saldaña.

Em meio às preocupações do governo com as medidas de ajuda, as demandas da logística, a ameaça à saúde pública e a reconstrução da cidade, Saldaña não deixou o assunto morrer. Convocou Galán a seu gabinete e solicitou que escrevesse uma carta a Carmen se explicando. Infelizmente, a carta não foi encontrada nos arquivos, mas Saldaña não resistiu à oportunidade, em meio a suas muitas obrigações, de dar seu próprio conselho a Carmen:

> Permita-me sugerir que esqueça este Señor Galán e o fato de a senhorita ter tido um relacionamento com ele, assim como temos de esquecer sonhos porque lhes falta qualquer substância de realidade. Galán [que significa "galante"] pode ter sido "galante" e como tal se saído muito bem em seus melhores dias, mas agora é um sol que se consumiu em sua própria luz porque o crepúsculo chegou [...] não vale a pena carregar em sua alma uma vã ilusão.

Por fim, Saldaña ofereceu seu conselho: "Não podemos desperdiçar nossa vida olhando as distâncias cinzentas de um horizonte ilimitado quando tantas e tão belas coisas valem nossa atenção imediata, todas em torno de nós". Esse conselho avuncular, expresso de maneira tão poética, não era o tipo de resposta usual do governo, mas se integrava na suposição de que havia uma responsabilidade de Estado ante catástrofes naturais e um crescente senso de diálogo entre a população em geral e as autoridades.

A reação federal ao desastre proporcionou um prelúdio e um paralelo às instituições do New Deal e a programas introduzidos em Porto Rico após 1933.[79] A continuada pobreza da ilha foi exacerbada pelas perdas nas grandes tempestades, e o governo dos Estados Unidos também viu na prestação de ajuda emergencial uma forma de solapar o preocupante movimento nacionalista que tinha surgido ali. A imagem de um Porto Rico desgraçado pela pobreza e pela ausência de "progresso", e necessitando de um programa de recuperação, se tornou ainda mais dramática com as condições causadas pelos furacões de 1928-32. Elas pareciam exigir a intervenção direta do governo, e essa intervenção parecia ser bem-vinda e até esperada por amplos segmentos da população porto-riquenha. As vozes que proclamavam haver conexão entre uma pobreza persistente e estruturalmente produzida e a miséria causada pelo desastre natural estavam ficando cada vez mais altas e convincentes, quer, como no caso de Trujillo, defendessem seu ponto de vista em espanhol, quer, como no caso do senador liberal do Wisconsin Robert La Follette Jr., que se tornou o principal defensor do New Deal no Congresso, o fizessem em inglês.

Em San Juan e em Washington, no Rio de Janeiro e em Santo Domingo, nos anos 1930 líderes estavam lendo sua correspondência, falando ao público e clamando cada vez com mais ênfase ao governo em prol dessa ideia. Foi notória a atenção que o presidente Franklin Delano Roosevelt deu à correspondência privada que chegava à Casa Branca naquela década e o cuidado com que era lida e respondida.[80] As respostas a atribuições pessoais nas catástrofes e em tempos difíceis desempenharam um papel importante na maneira como o governo lidava com aquela correspondência e no empenho, por meio das transmissões radiofônicas do presidente, em demonstrar sensibilidade às necessidades do povo da nação. Porém, quanto a isso, os Estados Unidos não estavam sós. O papel do Estado no bem-estar público já não comportava dúvida, como vimos na República Dominicana e em Porto Rico. As reações às catástrofes também deram a esses governos uma oportunidade de demonstrar sua preocupação e seu envolvimento.

DA CATÁSTROFE AO BEM-ESTAR

Como outros fenômenos naturais potencialmente destrutivos ou perigosos, os furacões, desde o século XVIII, levaram cada vez mais os governos a tomar decisões e a buscar maneiras de responder a crises. Eventos excepcionais pediam medidas excepcionais. Súditos, e depois cidadãos, esperavam que o governante ou o Estado, diante da calamidade, previnissem, protegessem, provessem ou aliviassem o máximo que podiam ante os caprichos da natureza ou os desígnios de Deus. Teóricos da política chamaram esse desenvolvimento de surgimento do "Estado catastrófico".[81] Com o tempo, as catástrofes passaram a ser vistas em primeiro lugar não como sentenças divinas sobre o pecado do homem, mas como fenômenos naturais com os quais o Estado poderia lidar. À medida que o século xx avançava e ameaças de guerra, doenças e desastres econômicos se intensificavam com os avanços da tecnologia, da comunicação e da ciência, tanto governos como povos começaram a clamar pela expansão do papel governamental e pela criação de um "Estado-Providência", isto é, de um governo que cuidasse de seus cidadãos e os provesse do necessário, não só nas emergências, mas também em tempos normais. Deveria ser um Estado secularizado que assumisse as responsabilidades e funções de um Estado "catastrófico".[82] Essa ajuda, embora uma obrigação moral do governo, deveria, no entanto, ser provida sem se basear sobretudo em distinções moralmente estabelecidas entre quem a merecia e quem não, e sim porque ela era necessária para a coesão social e política. Era, portanto, de interesse público. Essa ajuda implicava a autoridade do Estado para pautar seus habitantes segundo o que ele percebia ser o bem comum. Na década de 1920, esse conceito de governo estava ganhando influência, e a crise financeira mundial e a Depressão ofuscaram as distinções entre situações de emergência provocadas por incêndios, desastres naturais, guerras e epidemias e os estados "normais" de fome, desemprego e miséria criados pelas forças do mercado e por ciclos econômicos.

Há alguns anos a jurista acadêmica Michele Landis Dauber sustenta que as origens do New Deal e do Estado de bem-estar social nos Estados Unidos são encontradas na muito discutida, mas já encanecida, tradição de resposta governamental a calamidades e desastres naturais.[83] Repetidas vezes, mas de forma inconsistente, o Congresso reagiu a calamidades, tanto estrangeiras quanto domésticas, "com caridade às visitações da Providência"; porém, como já vimos, em geral o fazia apesar da objeção de congressistas para os quais essas ações deveriam ser limitadas ao governo do Estado, à beneficência institucional ou a iniciativas privadas.[84] Essa visão restritiva era às vezes posta em debate, porém precedentes de dispêndios do Congresso para "o bem comum", ou "bem-estar geral", ou que, como no caso da ajuda enviada a Caracas após o terremoto de 1812, poderiam ser considerados parte da política exterior do governo costumavam prevalecer.[85] Depois de 1929, as tradicionais tentativas republicanas de limitar esses gastos, ou de enfatizar a responsabilidade local ou privada por essa ajuda humanitária, cederam ante a Depressão, o desemprego e a seca. Isso resultou no nascimento do que Dauber chamou de "Estado solidário".

Durante esse período de mudança no conceito de responsabilidade governamental, continuaram os debates sobre como distinguir quem era vítima sem culpa alguma daqueles cujas decisões pessoais e o fato de não terem trabalhado ou poupado eram a causa central de seu infortúnio. A obra de Dauber, por intermédio de uma leitura cuidadosa dos debates no Congresso e dos discursos de Franklin Delano Roosevelt, Robert La Follette Jr. e outros políticos do New Deal, demonstra a contínua ênfase deles nos paralelos entre a ajuda após catástrofes e situações gerais de adversidade. Dauber afirma: "De fato, a ajuda após catástrofes foi a característica definidora de inúmeras histórias do Estado de bem-estar social contadas para mostrar como o New Deal era consistente com esse precedente de assistência federal, e portanto legítimo".[86] De modo semelhante, oponentes do New Deal na década de 1930 sustentavam (como críticos de vários tipos de assistência governamental têm alegado desde então) que com frequência os que recebiam esse auxílio não eram vítimas inocentes e que ele criava dependência. Além disso, a sociedade simplesmente não tinha recursos para oferecer tal ajuda. Havia muitas alegações como essa. Por fim, esses oponentes sustentavam que o poder do governo federal para despender fundos dessa maneira era limitado pela Constituição.

La Follette Jr. e outros alegaram que a distinção entre um "ato de Deus" e uma falha de liderança ou um colapso econômico não fazia diferença em termos do infortúnio e dos danos que produziam, e para quem sofria com uma calamidade pouco importava qual fosse sua causa. Nesses debates, alguns congressistas tinham observado os desenvolvimentos na Europa quanto ao direcionamento de ajuda a quem sofria por motivos econômicos; mas parte da discussão se deu também sobre a resposta recente ao furacão San Felipe em Porto Rico, em 1928, e sobre o fato de a Cruz Vermelha ter recebido diretamente do Congresso uma verba para essa crise. Em 1932, no entanto, diante da Depressão, a Cruz Vermelha relutava em se envolver da mesma maneira, e agora procurava diferençar "desastres naturais" de crises de longo prazo, como secas ou fome, nas quais parecia ter havido decisões políticas falhas, e que portanto não se qualificavam para uma intervenção da entidade. Mas essas distinções estavam se tornando cada vez mais difíceis de estabelecer e defender ante a crise econômica mundial.

Também é possível que os contextos político e cultural no final do século xix e início do xx tenham contribuído para uma percepção diferente de calamidade e da responsabilidade do governo de responder a ela. Para começar, o imperialismo e condições coloniais tinham, a seu próprio modo, preparado o terreno para essa mudança nas atitudes governamentais quanto à resposta a catástrofes. As justificativas do "fardo do homem branco", ou da *mission civilisatrice*, haviam sempre enfatizado a dependência natural dos povos subjugados e a necessidade deles de serem ajudados, devido a suas próprias incapacidades. Como não podiam ajudar a si mesmos, precisavam de ajuda humanitária e de orientação por parte do poder imperial, que tinha, em essência, se comprometido para dar, de maneira altruísta, essa ajuda. Agir de outra forma poria em questão a própria base moral da qual o império dependia. As Antilhas Britânicas e Francesas, dada a história da colonização europeia, eram tratadas de maneira um tanto diferente de outros postos avançados imperiais, mas a composição e o caráter de suas populações pós-emancipação eram tais que uma atitude semelhante existia, em alguma medida, entre seus administradores. Sempre houve relutância em ajudar os "nativos preguiçosos" ou em promover sua dependência, e os relatos da ajuda pós-catástrofe nas colônias britânicas e francesas estão carregados com essa linguagem de cuidado e responsabilidade paternais. A mesma linguagem aparece em comunicações de agentes americanos sobre suas novas possessões nas ilhas de Porto Rico e das Filipinas após 1898. O provimento de ajuda a essas populações colonizadas diante de desastres naturais periódicos criou um precedente para a questão de como populações dependentes em sua pátria deveriam ser tratadas também quando se encontravam necessitadas e incapazes de ajudar a si mesmas.

A eleição de Roosevelt em 1932 levou à criação de instituições e programas destinados a construir uma infraestrutura que tornasse as populações menos vulneráveis a desastres naturais enquanto, ao mesmo tempo, oferecia emprego aos desempregados. Além disso, foram criadas instituições para facilitar as respostas do governo a crises e catástrofes de vários tipos. Algumas, como a Autoridade do Vale do Tennessee, visavam especificamente a reduzir ameaças ecológicas; outras, como o Corpo de Conservação Civil e a Administração para o Progresso do Trabalho, foram usadas em programas do governo para melhorar condições ambientais, como inundações ou deterioração do solo. Nesse processo, desenvolveu-se uma rica literatura, parte da qual localiza a origem do ambientalismo governamental nos programas do New Deal.[87] Porém, apesar do propósito benigno desses programas, essas atividades, quaisquer que fossem suas intenções, às vezes produziam resultados negativos e novos riscos.

"QUEM ASSASSINOU OS VETERANOS?": O FURACÃO DO DIA DO TRABALHO DE 1935

A intervenção do governo na crise econômica da Depressão e a recorrência dos desastres naturais tiveram um custo significativo. O local foi de novo a Flórida — dessa vez Florida Keys, a cadeia de ilhas e ilhotas que se estende ao sul da extremidade meridional da península.[88] Atração para iatistas e pescadores havia muito tempo, a cadeia de ilhas esparsamente povoadas tinha passado por um frenético boom imobiliário, e quando Henry Flagler, empreiteiro, empresário e construtor de ferrovias, assumiu a criação de uma estrada de ferro ligando Miami a Key West, conseguiu fazê-lo com o apoio do governo do estado. A ferrovia, um tremendo feito de engenharia, foi construída entre 1905 e 1912 a um custo de quase 50 milhões de dólares, e também de talvez mil vidas, muitas delas perdidas em furacões que varreram as Keys na primeira década do século.

Em 1935, a Depressão reinava e o desemprego era uma questão central. Veteranos da Primeira Guerra Mundial desempregados, aos quais o Congresso prometera a concessão de um bônus — decisão que tinha anulado um veto do presidente Calvin Coolidge, em 1924, de conceder esse benefício —, buscavam agora seu pagamento imediato. Naqueles tempos difíceis eles não podiam esperar para recebê-lo, e assim, em várias cidades, sendo Washington a mais importante, fizeram protestos e manifestações. Esse autodenominado "Exército do Bônus", de 17 mil veteranos e milhares de membros de suas famílias, acampou nas planícies de Anacostia, nas cercanias do centro da capital, para pressionar o Congresso a cumprir a promessa que lhes tinha feito e encontrar empregos para eles. Em julho de 1932, o presidente Hoover acabou com a manifestação com violência, utilizando tropas comandadas pelo general Douglas MacArthur e armadas com gás e baionetas, com apoio da cavalaria e de tanques, para desmontar seus acampamentos. O confronto e a morte de dois veteranos atingidos por tiros da polícia em manifestações anteriores produziram um escândalo político que contribuiu para a eleição de Roosevelt, embora ele tivesse se oposto às táticas do Exército do Bônus.

Mas em 1934 o Exército do Bônus ainda estava pedindo emprego. Àquela altura a administração Roosevelt tinha criado o Corpo de Conservação Civil e a Administração Federal de Ajuda Emergencial, que conseguiram oferecer empregos na construção de infraestrutura. Cerca de 4200 veteranos foram designados para campos de trabalho na Carolina do Sul e na Flórida. Entre eles havia um grupo com cerca de seiscentos veteranos, muitos com problemas físicos e psicológicos, designados para ajudar a construir uma ferrovia que ligaria as Keys a Miami, abrindo a região para o turismo e o desenvolvimento. A administração Roosevelt desejara encontrar trabalho para esses homens que "tinham passado pela guerra, mas descoberto que a paz estava sendo demais para eles".[89] Tinha tratado melhor os veteranos do que a administração Hoover, mas também queria pôr os agressivos manifestantes para fora das ruas de Washington.[90] Os cerca de seiscentos que foram enviados para Florida Keys viviam em casas frágeis, em acampamentos nas ilhas centrais, em particular Lower Matacumbe Key, e com uma remuneração de cerca de um dólar por dia eles trabalharam nos meses de verão. Qualquer pessoa que conhecesse a Flórida e tivesse passado pelas tempestades de 1926 e 1928 saberia da situação de grande vulnerabilidade desses trabalhadores. Em 1935, no Dia do Trabalho, que nos Estados Unidos é celebrado na primeira segunda-feira de setembro, muitos deles estavam no lugar errado na hora errada.

O furacão que atingiu as Keys naquele 2 de setembro foi uma tempestade pequena, mas mortal. Foi a primeira tempestade registrada como de categoria 5 a atingir o continente dos Estados Unidos, e embora seu diâmetro, de dezesseis quilômetros, fosse pequeno, as leituras barométricas de menos de 685 milímetros de mercúrio foram as mais baixas jamais registradas no país até então, e ventos constantes atingiram mais de 320 quilômetros por hora. O Serviço de Meteorologia, que fora alvo de considerável crítica devido à catástrofe de Galveston e ao furacão de 1928 em Okeechobee, tinha sido reorganizado meses antes em 1935 e se mantinha em guarda para evitar mais desastres. Já estava preocupado com a vulnerabilidade dos trabalhadores e havia desenvolvido um plano de evacuá-los por trem se a situação o exigisse. Quando a tempestade atravessou as Bahamas no final de agosto, ela ganhou força nas águas rasas e chegou ao status de furacão. O Serviço de Meteorologia expediu advertências para o sul da Flórida em 1º de setembro, mas a tempestade parecia estar se desviando para o sul em direção ao Golfo, e os relatos seguintes se mostraram equivocados quanto a sua localização e velocidade. O especialista em furacões Kerry Emanuel acredita que o tamanho pequeno do furacão dificultou seu rastreamento com a tecnologia da época.

Os supervisores dos veteranos relutaram em agir enquanto as advertências ainda estavam indefinidas. Quando se deram conta do erro, era tarde demais. A evacuação de emergência por trem não poderia ser organizada rápido o bastante, e a tempestade se desencadeou com efeito devastador, com ventos fortes e um vagalhão de cinco a seis metros desabando em áreas que na sua maioria tinham menos de três metros acima do nível do mar. O trem afinal acionado foi varrido dos trilhos, e os próprios trilhos foram arrancados, junto com construções, árvores e tudo o mais. Nada foi deixado de pé em Lower Matacumbe e nas áreas adjacentes. A contagem oficial foi de 423 mortos, dos quais 259 eram veteranos, mas quase todos os pesquisadores subsequentes afirmaram que esse número estava muito abaixo do real. O único fator de sorte a beneficiar os veteranos foi o fato de aquele ser o Dia do Trabalho. Cerca de 350 deles tinham ido para Miami ou Key West assistir às comemorações que ocorriam no feriado e outros 91 daqueles homens rudes e bebedores contumazes tiveram a felicidade de, naquele momento, estar na prisão.

O escândalo que se seguiu foi enorme. Funcionários estaduais e federais, como era de esperar, mencionaram como desculpa um "ato de Deus" e a "divina Providência", mas muitos observadores apontaram falhas em decisões tomadas por indivíduos e agências dos governos local, estadual e federal. Dedos acusadores foram apontados em todas as direções: o Serviço de Meteorologia, a Administração Federal de Ajuda Emergencial, o governo do estado da Flórida e o próprio presidente Roosevelt. Inquéritos no Congresso não esclareceram a questão. Ernest Hemingway, havia muito tempo visitante de Florida Key, atraído pela pesca do marlim, tinha passado pela tempestade em sua casa em Key West. Foi então encarregado de escrever um artigo sobre a catástrofe para a revista de esquerda *The New Masses* e aproveitou a oportunidade para acusar o governo de deliberada negligência ou coisa pior. Seu artigo "Quem assassinou os veteranos?" foi uma denúncia contundente e sarcástica de todos os envolvidos e uma empática defesa dos veteranos do Exército do Bônus que tinham sido postos em condições de perigo porque sua presença em Washington estava sendo um constrangimento.[91] Embora a acusação de Hemingway pudesse ser verdadeira, muitos acreditavam que as falhas do Serviço de Meteorologia ou dos supervisores dos veteranos decerto não haviam sido intencionais nem devidas a negligência.

A crítica de Hemingway foi estridente, mas eficaz. Por que a advertência chegara tão tarde? Por que, cinco dias após a tempestade, a Cruz Vermelha fora tão ineficiente? Os civis estavam nas Keys por livre e espontânea vontade e sabiam do risco; mas os veteranos tinham sido enviados para lá e deixados expostos: "Nunca tiveram a chance de salvar suas vidas". Hemingway via os veteranos como eram:

> Alguns eram bons sujeitos e outros depositavam seus cheques no posto de captação de poupança dos Correios e depois vinham filar drinques quando os melhores estavam bêbados; alguns gostavam de brigar e outros gostavam de circular pela cidade; e todos eram tudo aquilo que você tem após uma guerra.

Hemingway se dirigiu às vítimas:

> Agora você está morto, irmão, mas quem deixou você lá nos meses de furacão nas Keys, onde mil homens morreram antes de você nos meses de furacão, quando estavam construindo a estrada que agora foi varrida? Quem deixou você lá? E agora qual é o castigo para esse homicídio culposo?

Os pobres e vulneráveis sempre tinham sido os que mais sofriam com desastres naturais, fossem eles escravos sobrecarregados de trabalho no século XIX ou veteranos subempregados no furacão de 1935 em Florida Keys. O artigo de Hemingway provocou um debate. O Congresso instalou inquéritos, porém ninguém jamais foi punido pela catástrofe. Claro que havia muita empatia pelas vítimas, e um sentimento de vergonha por sua aflição e pelo fracasso do governo em protegê-las. O artigo de Hemingway, por mais inflamado e tendencioso que fosse, refletia a ampla compaixão por elas e a crescente convicção de que o governo tinha responsabilidades para com seu povo em ocasiões tão terríveis.

Hemingway, na verdade, estava se baseando numa longa tradição que fizera de furacões e outros desastres naturais um tema evocativo na literatura do Grande Caribe. Joel Chandler Harris, autor de contos com o personagem Tio Remus, e um homem com olhos e ouvidos voltados para detalhes pessoais e regionais, tinha escrito uma série de artigos para a *Scribner's Magazine* sobre o furacão de 1893 nas Ilhas do Mar, na Carolina do Sul, com maravilhosas descrições de pessoas e lugares. O livro *Seus olhos viam Deus* (1937), da escritora Zora Neale Hurston, chamou a atenção de muita gente para a tragédia do furacão de 1928 em Okeechobee e seu impacto nas famílias negras pobres, e *The Yearling* (1938, que originou o filme *Virtude selvagem*), de Marjorie Kinnan Rawling, vencedor do prêmio Pulitzer, inclui um furacão na história de um garoto que cresce para a maturidade nas florestas no norte da Flórida. Essa literatura enfatizava a aflição e a firmeza de pessoas comuns ao enfrentar a catástrofe. No Caribe hispânico, assim como em grande parte da América Latina, essa era a época de romances sociais realistas, que faziam de camponeses, cortadores de cana, comunidades indígenas e desfavorecidos em geral os simpáticos temas e protagonistas da história, papel no qual as vítimas de desastres naturais se acomodavam com facilidade. Na poesia, na prosa e na canção, e agora em bronze e em mármore, as vítimas e os desastres eram relembrados e descritos.

Os veteranos mortos foram enterrados numa vala comum com honras militares. Um padre, um rabino e um pastor presidiram a cerimônia, que con-

Figura 7.4. *Inauguração do memorial de Islamorada, 1937.* (Cortesia da Coleção Fotográfica dos Arquivos do Estado da Flórida.)

tou com a presença de representantes dos veteranos de guerras passadas da nação e um sobrevoo pela Guarda Nacional. O presidente Roosevelt escreveu ao coronel George Ijams, da Administração dos Veteranos, para expressar suas desculpas por não lhe ter sido possível comparecer à cerimônia e seu pesar pela "morte trágica desses defensores da nação". Coroas de flores de muitas organizações de veteranos foram colocadas na sepultura. Num gesto ainda mais tocante, os Veteranos de Guerra alemães na área de Miami enviaram uma coroa junto com a antiga bandeira imperial da Alemanha; Ijams, ele mesmo veterano da "Grande Guerra", disse que esse fora um "gesto dos mais graciosos". Tocou-se o Hino Nacional e ouviu-se um toque de silêncio. Quando mais tarde lhe perguntaram se toda essa pompa não era excessiva para os veteranos mortos em comparação com os mortos civis, o coronel Ijams declarou: "Isso foi para todos eles" — todos que tinham perecido nas Keys.[92]

A tempestade de 1935 havia matado de maneira indiscriminada veteranos e civis, e tornara seu clamor comum ao governo uma realidade. Em Islamorada, Florida Keys, em novembro de 1937, foi inaugurado um monumento às vítimas do furacão do Dia do Trabalho (figura 7.4). O monumento fora concebido pelo Projeto de Arte Federal e construído pela Administração para o Progresso do Trabalho, dois programas do New Deal. Um público de 5 mil pessoas compareceu à cerimônia para ver Faye Marie Parker, de nove anos, uma sobrevivente da tempestade, descerrar o monumento com suas palmeiras encurvadas e ondas esculpidas e uma placa onde se lia: "Dedicado à memória dos civis e dos veteranos de guerra cujas vidas se perderam no furacão de 2 de setembro de 1935".[93]

Em Florida Keys, como nos memoriais erguidos para as vítimas de Okeechobee em 1928 e para as do furacão San Zenón em 1930, na República Dominicana, estavam sendo criados sítios de memória que de muitas maneiras tratavam as vítimas da mesma forma como tratavam quem caía em combate. Numa época em que a música popular vinha sendo amplamente disseminada pelo rádio e compositores buscavam cada vez mais usar temas folk para criar uma consciência nacional, *plenas*, calipsos e boleros também evocavam a catástrofe das tempestades. Os laços diretos entre desastre natural e nação agora eram representados em mármore e em música. Nos Estados Unidos, e em grande parte do Grande Caribe, a relação entre o Estado e os desastres naturais em geral, e os furacões em particular, nunca mais seria a mesma.

8. Tempestades públicas, ação comunitária e luto privado

> *Furacões e coisas semelhantes nada são comparados com o que uma revolução pode fazer.*
> Fidel Castro, depois do furacão Flora (1963)

> *Humanos causaram a catástrofe, assim como humanos se asseguraram de que os governos da Nicarágua e de Honduras fossem incapazes de responder a ela.*
> Alexander Cockburn e Jeffrey St. Clair, sobre o furacão Mitch (1998)

> *Que droga de trabalho, Brownie.*
> Presidente George W. Bush, depois do furacão Katrina (2005)

Em setembro de 1944, um tremendo furacão avistado primeiro a noroeste de Porto Rico subiu pelo litoral dos Estados Unidos, castigando navios e praias desde o cabo Hatteras até Rhode Island. Apenas 46 pessoas perderam a vida diretamente por causa da tempestade no litoral, mas entre as vítimas no mar havia dois barcos da Guarda Costeira e um destróier da Marinha, que afundou, matando 248 homens. Os danos na costa e para a navegação foram extensos, calculados na época em 100 milhões de dólares (ou mais de 1,2 bilhão em valor atual), porém o furacão tinha sido menos perigoso do que o que atingira a Nova Inglaterra em 1938.[1] A imagem de um dos grandes navios de guerra da nação afundando numa tempestade em tempos de guerra e de grandes cidades do país, como Filadélfia, Boston e Nova York, sitiadas pelo vento e pelas ondas, capturou a atenção dos Estados Unidos no exato momento em que a sorte no conflito parecia estar se voltando para os Aliados. Na época, as pessoas se perguntaram se a mesma energia e engenhosidade que tinham sido investidas no esforço de guerra poderiam ser direcionadas para a conquista da natureza. De fato, foi durante a intempérie de setembro de 1944 que aviões de guerra fizeram o primeiro voo planejado para penetrar num furacão e fazer observações. Havia agora uma tecnologia disponível para uma renovada tentativa de enfrentar esses eventos.

A Segunda Guerra Mundial transformou de muitas maneiras o estudo dos furacões, proporcionando a capacidade de observar e rastrear tempestades e, potencialmente, de prever seu deslocamento. Durante a guerra, a meteorologia tinha desempenhado um papel importante para todos os envolvidos, dos preparativos japoneses para o ataque a Pearl Harbor até a definição do momento adequado para a invasão do Dia D. No caso dos Estados Unidos, o planejamento e o êxito dos desembarques na Normandia em 1944 e o mau tempo que acabou cobrando um alto preço à campanha aliada durante a Batalha do Bolsão, nas Ardenas, propiciaram ao país a percepção da importância da observação meteorológica e da previsão do tempo. Os furacões demonstraram ser um desafio tanto logístico quanto operacional. Em certo momento, um furacão no Texas interrompeu a produção do muito necessário combustível para a aviação, e, em episódios talvez mais famosos, dois furacões no Pacífico (tufões) provocaram uma devastação em grandes frotas americanas em 1944 e 1945, embaraçando seu comandante, o almirante "Bull" Halsey, e causando tremendas perdas de vidas e a destruição de aviões e navios.[2]

Todo esse impacto do clima no esforço de guerra resultou num investimento de pessoal e de recursos por parte do governo e dos militares. Em 1943, um avião voou pela primeira vez para dentro do olho de um furacão ao largo da costa texana do Golfo, como resultado de uma "aposta de bar", e no subsequente voo organizado de 1944 e, mais tarde, na década de 1950, aviões "Hurricane Hunters" [Caçadores de Furacão] estavam fazendo voos regulares de observação. Enquanto isso, o desenvolvimento de ondas de rádio para rastrear aeronaves e navios inimigos (que vieram a ser conhecidas no decorrer do conflito como radar) permitia agora a observação do clima à distância, já que chuva, granizo e nuvens também podiam ser observados usando essa tecnologia. Os avanços técnicos e científicos da meteorologia feitos durante a guerra foram cada vez mais aplicados a usos civis quando viagens aéreas ficaram mais comuns e as observações do clima tiveram sua proficiência técnica aumentada no período do pós-guerra.

Os avanços continuaram. Foram introduzidos balões meteorológicos de alta altitude para captar informações sobre correntes de vento e, na década de 1950, o uso de satélites para observação do clima tropical em alta altitude foi uma grande inovação meteorológica.[3] O primeiro satélite meteorológico, Tiros I, foi lançado em 1960, e, embora a eficácia desses satélites fosse limitada, em meados dos anos 1960 suas capacitações tecnológicas tinham se tornado muito mais aprimoradas. Mais tarde, a tecnologia americana permitiu que outras nações fizessem seus próprios avanços na observação do clima. Em 1977, o primeiro satélite meteorológico europeu foi lançado dos Estados Unidos e colocado em órbita. Os satélites agora proporcionavam aos cientistas a capacidade de fazer observações numa ampla extensão dos oceanos.

O aumento das observações e do conhecimento levou à crescente convicção de que furacões e outros fenômenos climáticos podiam ser controlados ou manipulados. Essa crença levou ao Projeto Cirrus, um programa desenvolvido em 1947-52 para o bombardeio de nuvens com gelo-seco, chamado semeadura. Se obtivesse êxito, essa técnica diminuiria o efeito do ar quente que se eleva dentro de um furacão e, em tese, poderia diminuir as velocidades do vento e seu potencial de destruição ou, em alguns casos, mudar sua trajetória. Em 1947, a semeadura de uma tempestade que acabou atingindo Savannah suscitou muitas reclamações na imprensa quanto a esses procedimentos. Em 1954, o presidente Dwight D. Eisenhower nomeou uma comissão para investigar a modificação no projeto de controle de furacões, e suas conclusões foram só moderadamente positivas. Quando subsequentes semeaduras de furacão provaram ser ineficazes, o projeto veio a ser suplantado pelo Projeto Stormfury, conduzido pelo Centro Nacional de Furacões entre 1961 e 1983.

Qualquer que tenha sido o valor científico dessas tentativas de modificação do clima, esses projetos de controle de furacões e os que visavam a aumentar ou diminuir a pluviosidade sempre foram controversos do ponto de vista político, uma vez que mudar o percurso de um furacão ou de locais atingidos pelas chuvas poderia preservar uma área enquanto punha outra em perigo. Fidel Castro alegou que os Estados Unidos estavam realizando uma guerra ambiental ao tentar desviar a chuva de Cuba, para arruinar sua agricultura. Tinha havido tentativas por parte do Pentágono de aumentar a incidência de chuvas na trilha Ho Chi Minh durante a Guerra do Vietnã, e alguns países se queixaram de que a manipulação do clima estava sendo conduzida com objetivos políticos e econômicos, além dos ambientais.[4] Abundavam teorias de conspiração, e para muitos observadores parecia que a arrogância humana tinha ido longe demais. Mesmo pessoas cujo ponto de referência não era teológico ou conspiratório temiam que esses programas se encaixassem exatamente nas advertências sociológicas de que tínhamos entrado na era do que veio a ser chamado de "sociedade de risco". Parecia que os avanços tecnológicos, em vez de eliminar riscos, tinham se tornado agora seus maiores causadores. A fusão atômica, a criação de cepas de bactérias resistentes ou a caprichosa intromissão na natureza sem uma clara visão dos efeitos dessa intervenção humana, devido a seu potencial de criar catástrofes, passara a ser o problema, e não a solução.[5]

Em meio a essas preocupações, a segunda metade do século XX foi um período no qual a vulnerabilidade a tempestades catastróficas estava aumentando. Enquanto novas tecnologias tinham aprimorado a previsão e aparentemente diminuído as mortes, ao menos para países mais ricos e setores mais afluentes das populações, o crescimento demográfico, o desenvolvimento agrário e a redução das restrições para construir estavam elevando o custo dos danos. Entre 1950 e 1994, treze ocorrências de grandes furacões foram responsáveis por prejuízos no valor de 33 bilhões de dólares, ou 62% de todas as perdas seguradas contra inundações, secas e outras calamidades naturais.[6] Quando os governos começaram a reconhecer esse padrão, ficou clara a urgência de uma reação.

TECNOLOGIA, METEOROLOGIA E GERENCIAMENTO

Nas décadas de 1950 e 1960, os avanços tecnológicos no estudo da atmosfera foram acompanhados por uma crescente organização administrativa da observação do clima e da previsão do tempo em geral, e do controle e alerta de furacões em particular. O Serviço Meteorológico de Miami se tornou Centro Nacional de Furacões em 1955 e, em 1956, foi criado o Laboratório Nacional de Pesquisa de Furacões, após uma série deles ter atingido o nordeste dos Estados Unidos nos anos imediatamente precedentes. Em 1970, nasceu a Administração Oceânica e Atmosférica Nacional (National Oceanic and Atmospheric Administration, NOAA), e o Escritório de Meteorologia foi renomeado como Serviço Nacional de Meteorologia.[7] Em 1979, surgiu a primeira organização de assistência em situações de desastre. A Agência Federal de Gestão de Emergências (Federal Emergency Management Agency, Fema) se tornou então a principal agência a lidar com catástrofes. Todos esses passos implicaram um crescente reconhecimento do envolvimento direto do governo na previsão dos perigos naturais que tinham o potencial de causar danos catastróficos e na preparação para enfrentá-los.

Nenhum desses desenvolvimentos esteve livre da influência dos desafios e da ideologia da Guerra Fria, e isso também foi um problema. Nos Estados Unidos, já em 1950 a Agência de Defesa Civil assumiu o controle de potenciais catástrofes, naturais e outras, em especial um ataque atômico. Assim, a prontidão para enfrentar furacões e o impacto de outros fenômenos naturais estava com frequência subordinada a questões políticas, militares ou que hoje seriam chamadas "de segurança". A Fema, que mais tarde se tornou uma lixeira de inúmeras nomeações políticas de pessoas sem experiência na preparação de respostas a desastres naturais,[8] gastou muito mais em se equipar para ataques nucleares do que para desastres naturais, e seu fracasso abismal em responder de modo adequado ao furacão Hugo, em 1989, ou a várias ocorrências de seca, inundações e terremotos foi notório, em sua desconsideração com as vítimas, sobretudo as mais pobres. O que estava ficando claro nos Estados Unidos era uma crescente divisão política e ideológica entre os que viam as várias formas de ajuda após catástrofes como uma extensão das transformações políticas da década de 1930, e por isso uma responsabilidade essencial e um direito com que os cidadãos poderiam contar por serem parte da comunidade política, e aqueles que continuavam a considerar os riscos como responsabilidade individual, a ser mais bem atendida pela caridade comunitária, por meio das indústrias de seguro no mercado, ou como uma questão do governo local ou estadual.

Durante o pós-guerra, os avanços na previsão do tempo, combinados com a poderosa difusão do rádio e da televisão, criaram um interesse público cada vez maior nos informes sobre o tempo. No Atlântico Norte, a nomeação das tempestades, primeiro usando o código alfabético militar (Abel, Baker, Charlie etc.) com início em 1950, foi feminilizada com o uso de nomes de mulher em 1953, acompanhada das previsíveis metáforas jornalísticas e referências negativas a supostas características femininas. A prática teve grande repercussão popular e fez com que as tempestades fossem rastreadas com mais facilidade pela imprensa e pelo público.[9] Mais tarde, em 1979, o viés do gênero foi questionado e introduziu-se uma nova série alfabética que usava nomes tanto masculinos quanto femininos, de quatro línguas diferentes. A criação da escala Saffir-Simpson na década de 1970, classificando as tempestades segundo a força de seus ventos, também contribuiu para o crescente interesse público nesses eventos, ao facilitar, ao cidadão médio, que comparasse seu potencial destrutivo. Previsões do tempo começaram a ser apresentadas por celebridades, não só nos Estados Unidos como também em Porto Rico, na Jamaica e na Martinica. Em Miami e San Juan, jornais locais passaram a publicar suplementos especiais anuais sobre histórias e tradições ligadas a furacões, completadas com mapas que mostravam latitudes e longitudes, de modo que os leitores pudessem rastrear sua temporada.

Como haviam saído da Segunda Guerra Mundial como a potência predominante e tinham equipamento, material, organização militar e recursos financeiros para investir nesses programas, os Estados Unidos mostraram o caminho na região do Grande Caribe.[10] No entanto, houve vários programas amplos de colaboração, como a Pesquisa Atmosférica Global, que envolviam mais de sessenta nações e incluíam observações abrangentes e detalhadas sobre a atmosfera tropical. Em 1977, sob os auspícios da Organização Mundial de Meteorologia, pela primeira vez um Comitê de Furacões, criado no México e com cerca de trinta especialistas internacionais, pôs na ordem do dia a discussão de operações regionais.[11]

Contudo, nas primeiras décadas do pós-guerra, a maior parte da atenção na região caribenha foi dirigida aos desafios financeiros produzidos pelo fim do conflito e pela questão da governança e do status constitucional, que em muitos lugares significavam ou descolonização ou integração com as antigas metrópoles. O resultado foi uma considerável variação regional em termos da capacidade de enfrentar furacões e outras catástrofes e uma disparidade em recursos disponíveis para isso. As Antilhas Francesas se tornaram departamentos da França em 1948, e conquanto as diferenças com a metrópole em matéria de lei e de estilo nunca tenham desaparecido por completo, em termos de clima a Martinica, Guadalupe e Saint-Martin ficaram sob a jurisdição da francesa Associação Nacional de Meteorologia. Porto Rico permaneceu sob tutela americana, mas em 1948 seu povo pôde, pela primeira vez, eleger seu próprio governador, Luís Muñoz Marín; e em 1952 ele negociou com os Estados Unidos o status de Estado Livre Associado, ou Commonwealth. A ilha continuou a estar integrada no sistema do clima americano e participava ativamente de suas instituições. Cuba, com sua bem desenvolvida tradição meteorológica, manteve seu próprio serviço, assim como a República Dominicana, embora suas histórias políticas diferentes no final do século XX tenham produzido resultados bem diversos em termos da capacidade de seus governos de lidar com riscos naturais. Ambas, no entanto, buscaram se juntar a iniciativas regionais na previsão de furacões e na resposta a eles. Quanto às colônias britânicas, Jamaica (1962), Trinidad e Tobago (1962) e Barbados (1966) se tornaram independentes, enquanto outras optaram pela condição de associadas em 1967. Embora muitas das ilhas do Commonwealth tenham desenvolvido instituições locais para lidar com desastres naturais, elas fizeram tentativas de se juntar a outros Estados do Caribe para uma cooperação regional. Em 1984, o Projeto Pan-Caribenho para Desastres foi criado com ajuda da Organização das Nações Unidas para o Auxílio em Situações de Desastre e do governo do Canadá, dos Países Baixos e dos Estados Unidos. Mas uma organização mais independente, a Agência de Reação de Emergência em Desastres do Caribe (Caribbean Disaster Emergency Response Agency, CDERA), foi criada pela Comunidade do Caribe (Caricom) em 1991, depois dos danos causados pelo furacão Hugo em 1989. A nova organização visava a aprimorar a preparação para os furacões e reduzir danos e mortes, porém, com a escassez de recursos, seria difícil haver melhora durante a década de 1990, mesmo estando disponível alguma ajuda estrangeira. Em 2005, o nome da organização foi mudado para Agência de Gestão de Emergências em Desastres do Caribe (Caribbean Disaster Emergency Management Agency, CDEMA) e suas atividades aumentaram à medida que a agência amadurecia.[12]

Esses problemas de definição política, de status e de futuro nunca estiveram distantes do contexto global, que na década de 1950 evoluíra para as rivalidades ideológicas e políticas da Guerra Fria. As temporadas de furacões agora tinham trazido esses fenômenos para um novo contexto político que obrigava o governo a responder, com uma preocupação crescente com os impactos materiais e ideológicos.

Por fim, também é importante mencionar as mudanças demográficas que tiveram lugar em toda a região. A população das ilhas caribenhas quase que triplicou, passando de 15 milhões para 42 milhões entre 1945 e 2010, a maior parte (90%) vivendo nas Grandes Antilhas. As taxas de crescimento em Porto Rico, República Dominicana, Haiti e Jamaica foram impressionantes, mas também houve altas taxas de crescimento em algumas das ilhas pequenas. Altas densidades populacionais levaram à emigração em grande escala e à concentração em áreas urbanas.[13] Essas mudanças implicaram alterações no impacto das recorrentes tempestades tropicais. Elas também eram visíveis nas regiões limítrofes do Caribe: no México, onde a população cresceu de 28 milhões de habitantes em 1950 para 116 milhões em 2013, e na América Central, região também sujeita a furacões. Durante esse período, novas tecnologias de previsão e sistemas de comunicação melhores tenderam a diminuir o número de mortes devido a furacões, mas o crescimento urbano, a concentração da população e o desenvolvimento do turismo em áreas costeiras elevaram o nível de danos e perdas de propriedades.

CATÁSTROFES DA GUERRA FRIA: UM REFORMADOR E UMA REVOLUÇÃO

Porto Rico tinha passado por um período de reforma e reconstrução nos anos 1930, como uma extensão do New Deal. Durante esse tempo, novas forças políticas haviam surgido, entre elas o Partido Popular Democrático, ou Populares, progressista e pró-independência, liderado por Luis Muñoz Marín, educado nos Estados Unidos, filho de um eminente político e figura importante na legislatura da ilha nessa década. A presença de bases americanas fez de Porto Rico parte importante do esforço de guerra dos Estados Unidos na Segunda Guerra Mundial, e muitos porto-riquenhos serviram nas Forças Armadas, mas os sentimentos pró-independência e o nacionalismo continuaram fortes diante da persistente pobreza local. Objeções ao relacionamento de dependência suscitaram denúncias acadêmicas, inquietação trabalhista e atividade política. Não foi surpresa que artistas e poetas se apropriassem de metáforas relativas a furacões para descrever a vulnerabilidade de Porto Rico, assim como a tensão deste com os Estados Unidos. O poeta Luis Palés Matos viu na sensualidade da cultura africana na ilha uma arma e um símbolo da oposição a sua dependência.[14]

Rumor de vento e água...
a Ilha está dançando no mar
indo nessa direção e isso —
a agita, a agita
no furacão
[...]
para irritar Tio Sam.

Os Populares foram a princípio um partido favorável à independência, mas os objetivos de Muñoz Marín mudaram, e como líder do partido ele o levou à posição de defender mais autonomia e desenvolvimento em colaboração com os Estados Unidos. Em 1948, sob as instâncias de Muñoz Marín como presidente do Senado porto-riquenho, o governo lançou a Operação Bootstrap, um programa de reforma social e econômica que oferecia certo número de programas sociais, instituía um salário mínimo e visava a transformar a base social da ilha da agricultura para a indústria. No mesmo ano, os Estados Unidos asseguraram a Porto Rico o direito de eleger seu próprio governador, e os votantes elegeram Muñoz Marín. Poeta e intelectual com amplo retrospecto e experiência políticos, que chegara à maturidade política na época reformista e popular da década de 1930, ele foi, nas palavras do historiador Francisco Scarano, "um *caudillo* de massas e um estadista como poucos em sua época".[15] Reeleito três vezes, dominou a vida política porto-riquenha até decidir não concorrer de novo ao governo em 1964, e continuou ativo na década seguinte.

Ao assumir o cargo em 1949, Muñoz Marín iniciou um programa de mudanças legais, econômicas e sociais. Isso abrangia uma reforma constitucional e um plano de industrialização, assim como vários programas de bem-estar social, mas incluiu também o abandono de sua posição anterior de nacionalismo e independência. Em 1952, sob sua liderança, Porto Rico se declarou "Estado Livre Associado" ou Commonwealth, integrado de muitos modos com os Estados Unidos, mas claramente dependente deles e subordinado a eles. O partido pró-independência, tendo perdido as eleições, adotava agora ações mais radicais, entre elas vários tiroteios na ilha e um ataque ao Congresso dos Estados Unidos, o que levou Muñoz Marín e agências federais a impor rigorosas limitações à liberdade de expressão, prisões arbitrárias e uma repressão ativa. À medida que a Guerra Fria se intensificava, tanto as condições locais em Porto Rico quanto as preocupações ideológicas por parte dos americanos contribuíram para essas medidas repressivas. Nos Estados Unidos, havia quem quisesse conceder independência à ilha e simplesmente abandoná-la, por ser um investimento problemático e caro, mas Muñoz Marín pediu a aliados lá que impedissem tal movimento e fortalecessem o comprometimento de Washington com o desenvolvimento porto-riquenho.

Foi nesse contexto que o furacão Betsy atingiu Porto Rico em 12 agosto de 1956, dia de Santa Clara. Foi uma grande tempestade, a primeira a fustigar a ilha desde 1932, e, como a maioria dos mais destrutivos furacões porto-riquenhos, ele a atravessou de sudeste para noroeste. Já tinham circulado rumores de que devia haver um evento como esse no horizonte, uma vez que 1956 era ano eleitoral, e no passado os furacões com frequência haviam ocorrido em anos politicamente sensíveis.[16] Porto Rico, em meio a reformas progressistas, estava pronto em termos meteorológicos. O Escritório de Meteorologia tinha uma equipe afiada e uma boa direção; pela primeira vez havia aviões Hurricane Hunters disponíveis e já se usava o radar. Um professor de meteorologia da Universidade de Porto Rico, dr. Clay McDonnell, manteve o povo informado do progresso da tempestade pela televisão, que ali estava em seus primórdios, e o acentuado sotaque de seu espanhol não lhe diminuiu a popularidade. A "tempestade pública" tinha chegado à ilha.

A tempestade começou como uma pequena depressão do tipo Cabo Verde; atravessando o Atlântico, foi anunciada em Porto Rico primeiro em 10 de agosto, quando ainda se encontrava cerca de 1300 quilômetros a sudeste. Aproximava-se movendo-se a uma velocidade de mais de trinta quilômetros por hora e tinha 22 quilômetros de diâmetro. Atingiu a ilha com resultados desastrosos, matando dezesseis pessoas, ferindo 244, deixando muitas famílias sem lar e causando danos no valor de mais de 40 milhões de dólares. No todo, os vários departamentos do governo — a Defesa Civil, o Escritório de Meteorologia, a Cruz Vermelha e a Guarda Nacional — e os serviços de informação de rádio, imprensa e telefonia funcionaram bem, ou ao menos essa foi a mensagem que o governador procurou transmitir mais tarde à população.[17]

Muñoz Marín sabia como mobilizar um governo — e o fez. Ao que tudo indica, vendo como seu predecessor, o governador Beverley, tinha reagido à tempestade San Ciprián em 1932, ele de imediato percorreu as áreas afetadas e dois dias após a passagem do furacão se dirigiu ao país pelo rádio.[18] Mencionando as cenas de destruição e de desordem temporária, enfatizou seu orgulho pela capacidade de seus compatriotas para enfrentar a adversidade:

> Após estes dias, sinto mais uma vez que está justificado o orgulho que tenho de ser parte deste povo e de ser honrado com sua generosa confiança. Para mim é um prazer servir a um povo que sabe como cuidar de si mesmo, dignificar um povo que sabe como dignificar a si mesmo.

Descrevendo os desafios da falta de água, alimentos, eletricidade e moradia, Muñoz Marín enalteceu o empenho de reconstrução e recuperação. "Pobre povo, bom povo este, sem mais recursos do que os de sua vida diária", em que ninguém procurava ajuda e todos procuravam ajudar a si mesmos. Apenas os que não tinham como ajudar a si mesmos pediam ajuda, e ele lhes respondia de maneira positiva. "O governo se sente compelido a fazer isso não apenas como seu dever de governo democrático, mas devido à atitude desinteressada, ao esforço próprio e à bravura diante da adversidade que nosso povo está demonstrando." Era um discurso que evocava a antiga ênfase medieval nos "pobres merecedores" como os justos recipientes da assistência social, mas era também um argumento dirigido ao governo federal, como se Muñoz Marín estivesse tentando assegurar a Washington que a ilha podia cuidar de si mesma e não se tornaria para o governo federal um fardo ainda maior do que já era.[19] Foi convincente. Quatro dias mais tarde, o presidente Eisenhower declarou Porto Rico área de calamidade e destinou milhões de dólares para auxílio. Washington viu em Muñoz Marín um meio de garantir a estabilidade porto-riquenha e usá-lo como modelo de democracia para o resto da região.[20] Havia socorro a caminho.

Os meses que se seguiram à tempestade foram cheios de transtornos na recuperação e na administração da ajuda. Pedidos de auxílio alegando danos choviam em San Juan. Teodoro Moscoso, figura de proa no governo de Muñoz Marín, preparou um relatório que orientasse a resposta das autoridades, mas houve muitos problemas se antepondo ao governador. Um banqueiro de Aibonito se queixou de que sua cidade era o "patinho feio" e fora tratada como um órfão mesmo durante a tempestade, e que o prefeito e algumas pessoas de sua administração eram bêbados ou desonestos. O prefeito de Utuado escreveu uma longa carta relatando mais de mil casas danificadas e 2 milhões de dólares em perdas. Ali, os que tinham ficado sem teto não podiam alugar um imóvel, pois não havia casas disponíveis e, se houvesse, ninguém as alugaria a indigentes. Pior ainda, ele reclamou que o representante local da Cruz Vermelha havia politizado a concessão de ajuda e destruído a fé do povo naquela "nobre" instituição.[21]

A tradição de apelar diretamente ao governador após as catástrofes tinha continuado, e Muñoz Marín era populista o bastante para incentivar essa prática, embora o banqueiro Leoncio Rivera Rodríguez lhe tivesse escrito que muita gente suspeitava que ele não estava recebendo as cartas de cunho pessoal, e por isso não estava ciente dos problemas da recuperação.[22] Cidadãos mais pobres, no entanto, não desistiram e continuaram a escrever buscando sua intervenção pessoal na situação deles. Para uma mulher de Orocovis que tinha perdido a casa, Muñoz revelou qual era seu pensamento político, sob uma luz positiva e popular:

> Doña Rosa, [...] seu afeto por mim [a leva] a dizer que sou o pai dos pobres. Não penso assim. Sou mais um amigo e um companheiro seu no esforço que estamos fazendo, e que vamos continuar a fazer, para melhorar as condições na vida de nosso povo. Nesse esforço, seu amigo a saúda.[23]

As atividades de reconstrução após o Santa Clara se encaixavam bem no programa de melhorias de Muñoz Marín, e a declaração do presidente Eisenhower de que Porto Rico era uma zona de calamidade deu a sua administração uma oportunidade para enfatizar que os Estados Unidos continuariam a desempenhar um papel positivo no desenvolvimento da ilha como uma vitrine para a América Latina, que parecia estar ameaçada por tendências esquerdistas. A plataforma de 1956 do Partido Republicano prometia o apoio contínuo a Porto Rico em seu crescimento político e desenvolvimento econômico, "de acordo com a vontade de seu povo e o fundamental princípio da autodeterminação", e comemorava a queda do "regime comunista da Guatemala" e sua libertação de um suposto controle do Kremlin.

Os furacões desse período trouxeram tanto desafios quanto oportunidades políticas. A abordagem de Eisenhower com sua ênfase numa resposta aos desastres naturais implicava que o governo federal empreendesse uma ação limitada:

> O governo federal [...] deve ser tido sempre — quando for humanamente possível — como um parceiro, para participar de forma útil, mas assumindo o máximo da responsabilidade e a direção das operações na cena local [...] de modo que trabalhando todos juntos possamos, na verdadeira tradição americana, cuidar que algo seja feito sem renunciar a nenhum dos grandes valores sobre os quais esta nação foi fundada — nossos privilégios e direitos privados, sob a Constituição da América.[24]

O modo como esse princípio poderia orientar uma política nacional diante das preferências, interesses e obstruções locais constitui em tempos recentes grande parte do contexto da história da preparação para as catástrofes e da reação a elas.[25]

A temporada de furacões em 1963 passou relativamente despercebida nos Estados Unidos. Uma forte área costeira de alta pressão durante os meses de julho e agosto forçou a formação de tempestades no Atlântico e se deslocou para oeste, fez uma curva de volta para o oceano antes de alcançar a costa dos Estados Unidos, mas em setembro as condições mais ao sul deixaram a região caribenha mais suscetível à atividade ciclônica. Pela primeira vez em dois anos, um furacão de setembro, o Cindy, se precipitou na Louisiana e no Texas, matando três pessoas e causando danos em propriedades no valor de 12 milhões de dólares. Mas isso não se compara ao golpe que Haiti e Cuba receberam mais tarde, no mesmo mês, do furacão Flora, quando entre 7 mil e 8 mil pessoas morreram. Atrás apenas do grande furacão de 1780, o Flora se tornou o segundo mais letal na história da região.[26] Mas sua importância vai muito além da contagem das vítimas mortas e feridas e das propriedades e colheitas destruídas, porque em 1963 o Grande Caribe tinha sido arrastado por completo para a política e as manobras da Guerra Fria, e o impacto dessa tempestade revelou as dimensões políticas das catástrofes quanto às oportunidades que elas podiam criar. O sucesso da Revolução Cubana em 1959 e a mudança de Cuba em direção ao socialismo nos anos imediatamente posteriores foi um pano de fundo para o furacão Flora e para as respostas políticas e humanitárias a esse impacto.

O Flora foi primeiro avistado pelo satélite de observação em 26 de setembro, a 11,5 graus de latitude norte, mas só em 30 de setembro o avião Hurricane Hunter adentrou seu interior para fazer observações e colher medições barométricas. Sua posição era próxima à costa da América do Sul, algo incomum. O Escritório Meteorológico de San Juan expediu um alarme, mas a ilha de Tobago teve apenas duas horas para se preparar antes que o furacão, com ventos de até 140-160 quilômetros por hora, a fustigasse em 30 de setembro, o que resultou em dezessete mortes e 30 milhões de dólares em danos a plantações e propriedades. A adjacente Trinidad foi atingida por chuvas torrenciais e ventos que atingiram mais de 110 quilômetros por hora, mas as montanhas na costa setentrional ofereceram alguma proteção. A tempestade começou então a se curvar para o norte e atravessou o sul do Caribe. Em 3 de outubro, quando se aproximou da península meridional do Haiti, suas rajadas tinham atingido 320 quilômetros por hora e a pressão atmosférica havia caído para 701,04 milímetros de mercúrio (936 milibars). O furacão desferiu um golpe pesado na ilha. A chuva caiu sem parar durante três dias, chegando talvez a quase 2 mil milímetros. Os ventos, as inundações instantâneas e os vagalhões violentos causaram danos terríveis. Mais de 100 mil pessoas ficaram desabrigadas; as mortes foram estimadas em 5 mil e os prejuízos, entre 125 milhões e 180 milhões de dólares.

Quase nenhuma medida pré-tempestade tinha sido tomada para atenuar o golpe. O Haiti, naquele momento, estava sob o controle de François "Papa Doc" Duvalier, que fora eleito em 1957 e de imediato começara a instituir um regime de violência aleatória e uma ditadura brutal. Durante a tempestade, o comparsa de Duvalier e diretor da Cruz Vermelha Haitiana, dr. Jacques Fourcand, havia proibido qualquer transmissão de rádio com alerta de furacão, para "reduzir o pânico", decisão que resultou na falta de preparo e no afundamento ou destruição de muitos barcos pequenos.[27] O resultado foi um desastre de proporções tremendas. Logo começou a fluir ajuda dos Estados Unidos e de outras nações. O regime de Duvalier não foi abalado pela crise: menos de um ano após o Flora, Duvalier se proclamou presidente vitalício. Ele continuaria a eliminar de modo implacável toda oposição.

A brutalidade do regime de Duvalier era bem conhecida nos Estados Unidos. Contudo, em 1961 cerca de metade do orçamento do Haiti consistia na ajuda americana ao regime e às Forças Armadas haitianas. Um bando de brutamontes a serviço de Duvalier, os Tontons Macoutes, também era armado pelos Estados Unidos. A administração do presidente John F. Kennedy compreendeu os riscos de apoiar esse regime e viu a contradição que a pobreza, o analfabetismo e a violação dos direitos humanos no Haiti representavam para a política da Aliança para o Progresso em relação à região; mas o medo do comunismo, exacerbado pela Revolução Cubana, impediu qualquer tentativa de desestabilizar o regime de Duvalier.[28] Além disso, o assassinato de Trujillo na vizinha República Dominicana, em 1961, tinha deixado Washington temerosa de um aumento na instabilidade regional. Em janeiro de 1962, os Estados Unidos, ansiosos por expulsar Cuba da Organização dos Estados Americanos, fizeram o Haiti dar o voto decisivo em troca de uma promessa de ajuda e do reconhecimento tácito da legitimidade de Duvalier. Este, usando sua oposição ao comunismo como cobertura, suprimiu de maneira brutal toda resistência a seu regime, declarou-se candidato à reeleição e encenou uma eleição, manipulada, em 1961. Sua assunção à presidência vitalícia em 1964 foi feita com a objeção dos americanos. Apesar de haver nas administrações de Kennedy e Lyndon Johnson quem quisesse solapar seu regime, a obstinada aptidão de Duvalier e a brutal estabilidade que ele impôs lhe valeram o reconhecimento tácito e o apoio dos Estados Unidos.

O contraste entre a catástrofe do Haiti e a situação na vizinha República Dominicana foi impressionante. A República Dominicana tinha sido visitada pelo furacão Edith (26-27 de setembro), o qual, apesar de ser apenas uma tempestade de categoria 1 quando atingiu a ilha, causara grande destruição.[29] Os dominicanos escaparam do impacto pior do Flora, mas tiveram ventos moderados, chuvas torrenciais e uma severa inundação, além de quarenta mortes. Pontes foram destruídas, estradas ficaram intransitáveis e estimaram-se danos no valor de 60 milhões de dólares, incluindo cerca de 15% da colheita do cacau. Os programas de ajuda na área de Barahona foram ineficientes e corruptos, e residentes se queixaram de que roupas, remédios e comida enviados pela Cruz Vermelha estavam sendo roubados ou vendidos.[30] Mas toda a rota da tempestade tinha sido anunciada, e algumas medidas preventivas foram tomadas. Isso foi algo notável, já que naquele momento o país estava sob o controle de uma junta militar.

A junta assumira o poder em 25 de setembro de 1963, depondo o presidente, Juan Bosch. Eleito havia apenas sete meses, Bosch estava tentando implementar uma série de reformas liberais, que tinham incomodado os militares, a Igreja e poderosos interesses econômicos. Rumores sobre o envolvimento da CIA no golpe circulavam amplamente na imprensa. John Bartlow Martin, o embaixador dos Estados Unidos na época, negou tal envolvimento, embora revele em suas memórias que Washington achava que os problemas de Bosch haviam sido causados por ele mesmo e não se dispunha a fazer muita coisa para reforçar seu governo. Dois anos mais tarde, quando irrompeu um levante popular para trazer Bosch de volta do exílio, tropas dos Estados Unidos intervieram para impedir seu retorno.[31] Martin lembrou mais tarde que, na noite do golpe, as pesadas chuvas que precederam o Edith tinham inundado a capital e que não houvera multidão nas ruas para defender a presidência naquela noite, nem no dia seguinte, quando o furacão chegou. Ele mais tarde justificou a omissão dos americanos ao não dar apoio a Bosch alegando que os Estados Unidos não podiam defender um governo que seu próprio povo não queria apoiar, mas apontou a inclemência do clima como um fator daquela omissão.[32]

As diferenças entre as reações aos desastres naturais no Haiti e na República Dominicana, e entre seus resultados, não tinham nada de novo. De 1850 a 2007, a ilha que os dois países compartilham foi submetida a terremotos periódicos e 69 furacões. Os riscos continuaram a existir, e em 2010 o Haiti sofreu o choque de um terremoto de intensidade 7,7, que matou 314 mil pessoas.[33] O Haiti, com área menor, população mais densa e renda per capita mais baixa, era mais vulnerável aos efeitos de ciclones tropicais e terremotos, situação piorada pelo descaso do governo em relação a preparativos para enfrentar desastres e à mitigação de suas consequências, bem como pela escassez de recursos para investir em infraestrutura e reduzir a vulnerabilidade. O San Zenón tinha mostrado a Trujillo o poder transformador de uma catástrofe. Ele usou esse poder. Também houve rumores de que ele, supersticiosamente, passou a temer a temporada de furacões, havendo indícios de que, em certo momento de 1955, considerou por um breve período a fundação de um centro de pesquisas para controle e dispersão deles.[34] Além disso, interessou-se (admitidamente, por autointeresse) por certas políticas conservacionistas e vez ou outra falava em termos de proteção ambiental. Duvalier não dava atenção a esses detalhes, e aos governos subsequentes no Haiti, entre os quais o de seu filho, o ditador Jean-Claude Duvalier (no poder de 1971 a 1986), no enfrentamento dos riscos meteorológicos e geográficos que a localização do país implica, faltou ou a vontade ou os recursos para adotar as medidas adequadas para responder às ameaças.[35]

Depois de arrasar grande parte da península ao sul do Haiti, o Flora prosseguiu para o noroeste, alcançando a costa da província cubana de Oriente, entre Guantánamo e Santiago de Cuba, em 4 de outubro. Avançando com muita lentidão, ele despejou enormes quantidades de chuva na extremidade leste da ilha, entrando numa rota muito peculiar, afetada por uma zona de alta pressão sobre a costa leste dos Estados Unidos que enfraqueceu a força do seu avanço e o fez "derivar". Fazendo uma volta em cima de Santa Cruz, em 7-8 de outubro, a tempestade voltou a atravessar as mesmas regiões da província de Oriente, que tinha visitado em 5-6 de outubro. Durante cinco dias os ventos e as chuvas fustigaram a área até o Flora se movimentar, através das Bahamas. As quantidades de chuva que caíram em Cuba foram espetaculares, a maioria dos lugares registrando níveis entre mil e 2 mil milímetros para os cinco dias. Santiago registrou mais de 2500 milímetros, o maior volume de chuva já registrado num único evento no país. Os rios Salado, Bayamo, Cautillo e Contramestre transbordaram. Foi dito que o Cauto, o maior rio de Cuba, aumentou e, em certo ponto, chegou a ter oitenta quilômetros de largura, distância maior do que a da foz do Amazonas.[36] As províncias de Oriente e Camagüey arcaram com o maior impacto: a tempestade inundou milhares de acres, destruiu plantações e alagou ou varreu comunidades inteiras. A estranha volta que ela fez em sua rota, as torrentes de chuva e a devastação fizeram lembrar um evento mais antigo, o "furacão dos cinco dias" de 1910, outra tempestade de outubro proveniente do sul do Caribe que seguiu para o nordeste, como acontece com frequência. Esse furacão tinha castigado o oeste de Cuba, feito uma curva fechada e reatravessado Pinar del Río, destruído Casilda e Batabanó e rompido o *malecón* em Havana, que foi inundada. Matara pelo menos cem pessoas e talvez muito mais na zona rural, tendo sido a mais destrutiva tempestade de Cuba já registrada. Os danos causados pelo Flora foram maiores.

A Revolução Cubana havia deposto o governo de Fulgencio Batista em janeiro de 1959, e seu líder, Fidel Castro, estava consolidando seu regime e tomando um caminho socialista no início da década de 1960. Fidel tinha derrotado a força de invasão de exilados na baía dos Porcos (abril de 1961) e suportado o impasse entre a União Soviética e os Estados Unidos na Crise dos Mísseis (outubro de 1962), mas a solução desse confronto, sem muita participação cubana, representou para ele certo constrangimento.

O Flora chegou num momento auspicioso. Era o primeiro desastre natural enfrentado pelo atual governo e um desafio que Fidel teria de encarar com êxito para poder legitimar a nova ordem e sua liderança. A resposta de Cuba ao furacão foi acentuadamente diferente da de seus vizinhos. Todas as instituições do país foram mobilizadas para as medidas de ajuda — as milícias, o Exército e os comitês de defesa, assim como a Cruz Vermelha e a polícia. Os principais líderes da revolução tiveram uma atuação importante nessas iniciativas — não só Fidel Castro, que visitou as zonas afetadas, conversou com as vítimas e dirigiu as operações de um veículo anfíbio (ver figura 8.1), como também seu irmão Raúl e homens como Juan Almeida Bosque, um comandante revolucionário e companheiro de primeira hora de Fidel, que assumiu um papel de liderança na mobilização de ajuda. As memórias de Bosque quanto a esse evento, *Contra el agua y el viento* (1985), misturam suas observações testemunhais e comentários exortatórios com as costumeiras justificativas da revolução e condenações ao regime anterior e aos atuais inimigos de Cuba. O livro recebeu o prestigioso prêmio Casa de Las Américas de 1985, talvez mais por sua mensagem e pela carreira do autor do que por seus méritos literários, mas o texto às vezes capta a escala da catástrofe e as dimensões do desafio, com observações pessoais que evocam com vividez aqueles dias em outubro de 1963. Bosque usa o "tak, tak, tak" das pás do helicóptero como ritmo de fundo para os relatos de heroísmo, sacrifício e perda, e depois o compara com o *clavateo*, o som de batidas em pregos de quando ele e o pai pregavam as tábuas da casa que estavam construindo quando o furacão de 1944 se aproximou de Havana.[37] Aquela tempestade continuara viva na memória popular cubana e permanecia como ponto de referência para avaliar o impacto do Flora.

As ações de socorro foram impressionantes: helicópteros, caminhões, tanques e veículos anfíbios de desembarque traziam comida e suprimentos e ajudavam a remover milhares de pessoas. O número de evacuados foi estimado em

Figura 8.1. *Fidel Castro comanda as medidas tomadas em resposta ao furacão Flora.*

175 mil. Fotografias de Fidel usando capacete e de outros líderes abundavam na imprensa, assim como histórias de seu acesso pessoal às vítimas. A perda de 1200 pessoas foi bastante ruim, mas sem as medidas de ajuda os resultados poderiam ter sido muito piores. Durante toda a operação começou a tomar vulto um discurso explanatório que logo se tornou o cerne do que o Flora significava para a revolução e a maneira pela qual esse significado seria empregado a partir de então. No final de outubro, antes de se completar o cálculo dos danos e das mortes, Fidel fez um discurso construído sobre dois temas que acabaram dominando a história do Flora: um senso de comunidade e de propósito comum criado pela revolução e a capacidade desta para confrontar e superar desastres naturais. Comparando o heroísmo dos que trabalhavam no resgate das vítimas com o dos defensores da baía dos Porcos, ele afirmou que o sentimento de solidariedade que suas ações produziam justificaria por si mesmo a revolução.

> O que aconteceu ali foi o oposto do egoísmo, quando todo mundo só está interessado em salvar a própria pele e resolver seus próprios problemas. Ali todos ajudaram todos os outros [...]. Estavam numa batalha contra a natureza, e sua

determinação, coragem, estoicismo e calma — mesmo aqueles que tinham perdido tudo — foram impressionantes.

Essa era uma visão que, como já vimos, alguns viajantes caribenhos no século XVIII, como Moreau de Saint-Méry, ou funcionários coloniais, como o governador Lyon, de Barbados, teriam compartilhado. Observadores modernos também notaram em outras circunstâncias que um sentimento de solidariedade comunitária e de propósito comum costuma surgir das catástrofes.[38] Fidel, no entanto, viu essa atitude como resultado do caráter cubano e dos princípios da revolução.

Ele abordou então seu tema final, dessa vez evocando o desafio enfrentado por Bolívar no terremoto de Caracas, em 1812: "A revolução é uma força mais poderosa que a natureza. Furacões e coisas semelhantes nada são comparados com o que uma revolução pode fazer. A revolução tem forças muito maiores que a dos fenômenos naturais e cataclismos". Fidel prometeu construir barragens e reservatórios nos rios para poder tornar futuras chuvas torrenciais num benefício para a agricultura.

> Faremos alguma coisa para compensar os que sofreram perdas e para ajudar as famílias. Vamos travar uma verdadeira guerra contra a natureza; proteger nosso país contra essa miséria e essa dor; e transformar o que é agora um centro de desolação, devastação e morte num centro de riqueza incalculável para nosso país [...]. É isso que nossa resposta deve ser, uma resposta honrosa.[39]

Essas mesmas mensagens foram transmitidas num documentário de 22 minutos intitulado *Ciclón*, de autoria de Santiago Álvarez. Usando trechos de noticiários de TV, do Exército e do Instituto Cubano de Arte e Indústria Cinematográficas, com música, mas sem diálogo, esse filme poderoso, a primeira grande realização do cineasta, transmitia o horror da catástrofe e os esforços dos resgatadores. No filme, os helicópteros simbolizavam a capacidade da tecnologia para superar a natureza. O impactante e simples documentário em preto e branco de Álvarez se tornou uma espécie de *Triunfo da vontade*,* celebrando visualmente Fidel Castro e o regime.[40]

---

* Filme de Leni Riefenstahl, a cineasta predileta de Hitler, que exaltava a ascensão e as realizações do nazismo, inclusive suas cerimônias e desfiles espetaculares. (N. T.)

A campanha cubana de recuperação do Flora se configurou como um momento de transformação. Dois anos depois, Che Guevara, em sua famosa carta ao jornalista uruguaio Carlos Quijano, reconhecia o heroísmo e a solidariedade das pessoas durante o furacão e sustentava que "a necessidade de transformar isso numa prática diária é uma de nossas tarefas fundamentais".[41] Em outras palavras, o sentimento de comunidade produzido pela catástrofe natural deveria se tornar o espírito da vida cotidiana. O próprio Fidel voltou a esses mesmos temas em 1966, num longo discurso em Havana, proferido quando outro furacão ameaçava a ilha. Nesse pronunciamento, ele voltou a falar sobre o modelo de colaboração diante de um desastre natural. Num país em que predominava o fatalismo diante da natureza e onde no passado o termo "*ciclonear*" (sair de casa e beber) se tornara uma forma comum de descrever os preparativos para um furacão, Fidel agora lembrava a seus compatriotas que entre eles havia mais Dom Quixotes do que Sancho Panças, e que em 1868, no começo da Guerra dos Dez Anos contra a Espanha, na baía dos Porcos e no combate ao Flora, os cubanos tinham demonstrado as qualidades do sacrifício e da bravura, que seriam necessárias no futuro. O "novo homem", um novo espírito e a ação do governo conseguiam superar "as adversidades que a natureza impõe sobre nós". A resposta ao Flora tinha preparado o caminho:

> Se outro Flora passar sobre a província de Oriente, temos certeza de que o número de vítimas será incomparavelmente menor, pois se, naquela ocasião, graças a um esforço imenso, inumeráveis vidas foram salvas, desta vez, com antecipação de muitas horas, ninguém será deixado em lugares que possam ser alcançados pela água.

O discurso continuou nesse tom, enfatizando as medidas tomadas para diversificar a economia como forma de enfrentar as ameaças dos furacões e afirmando que nem desastres naturais nem bloqueios ou ataques iriam deter a revolução.[42]

Fidel tinha, de fato, ainda antes do Flora, começado a melhorar a infraestrutura da nação para enfrentar a ameaça ambiental. Graves secas de 1960 a 1962 levaram governo a criar o Instituto de Recursos Hidráulicos, em agosto de 1962. Ele explicou mais tarde: "Vocês sabem o que despertou nossa consciência para a questão hidráulica? Foram os dois últimos anos de seca". Suas atitudes quanto à recuperação após o furacão e, mais tarde, à responsabilidade do governo em face de desastres naturais têm de ser vistas no contexto político do momento. A reorganização política do país estava em pleno andamento quando ocorreu o Flora. O racionamento de comida tinha começado antes da devastação causada pela tempestade, mas esta e o embargo americano foram usados a seguir para justificar aquela medida. A revolução levara à aprovação de uma reforma agrária em 1959, que nacionalizou grandes propriedades e companhias, e em outubro de 1963 uma segunda reforma agrária nacionalizou outras 11 mil fazendas e passou mais terras para empresas estatais menos eficientes.[43]

Em 30 de outubro, Fidel fez um discurso na televisão que enfatizava a necessidade de austeridade, devido à catástrofe e ao assédio por parte dos americanos. Algumas de suas afirmações quanto aos Estados Unidos eram justificadas. A CIA continuava a realizar operações que traziam homens e material para Cuba, e esta tinha rechaçado um navio, o *Rex*, que a agência utilizava para suas operações. Segundo Fidel, as tentativas de usar a perturbação causada pelo furacão como cobertura para essas ações eram infames, e a Cruz Vermelha estava atuando como uma arma do Departamento de Estado dos Estados Unidos e não era confiável.[44] A CIA, por sua vez, fez um relato dos efeitos da tempestade, prevendo que a colheita da cana-de-açúcar iria sofrer e que Cuba precisaria de ajuda, mas haveria pouco descontentamento imediato durante a recuperação.[45] Na verdade, a colheita não sofreu muito, mas o Flora deteve o processo de diversificação da agricultura que visava mais do que a produção de açúcar, que fora um dos objetivos de Fidel.[46]

Enquanto isso, Fidel também tinha solicitado ao presidente Kennedy que suspendesse as restrições econômicas a Cuba, em virtude das condições emergenciais criadas pela tempestade. O *New York Times* escreveu que "não deveria haver lugar para a política diante de tanto sofrimento", e que os Estados Unidos deveriam assumir seu "dever humanitário" e oferecer ajuda através de "canais não oficiais" às vítimas tanto de Cuba quanto do Haiti, qualquer que fosse a natureza de seus governos. "Não estamos em litígio com o povo cubano. Isso vale para os haitianos também."[47] Como sabemos agora, foram abertos canais não oficiais entre Fidel e Kennedy sobre alguma forma de modus vivendi, mas eles foram abruptamente desfeitos com o assassinato do presidente americano em novembro de 1963.[48]

A resposta de Fidel Castro ao furacão Flora consolidou sua liderança em Cuba, mas também desanimou os cubanos no exílio que se opunham a ele, alguns dos quais até questionaram a eficácia de sua oposição. Em 23 de outubro, José Miró Cardona, figura de proa entre os oponentes de Castro no exílio, escreveu ao poeta cubano Pablo Le Riverend, em Miami:

> O Flora demonstrou (com tanto sofrimento e a que custo) que os atos de sabotagem em si mesmos, isolados e sem continuidade, e sem conexão com um plano militar adequado à situação, levarão as pessoas ao desespero, provocarão retaliação e adiarão o momento de libertação. Ninguém poderia causar esses danos com mais eficácia do que o Flora [...] e Fidel ainda está lá.[49]

A resposta cubana ao Flora passou a ser parte da mitologia da revolução e um modelo para as respostas do regime a futuros desastres naturais. Novas disposições da legislação, em 1966, 1976 e 1994, consolidaram o sistema de defesa civil de Cuba. Fidel assumiu o compromisso de evitar erros do passado e destinar recursos consideráveis a preparativos para tais eventos, mediante educação e mobilização popular. Os números cubanos que registram a redução de mortes em furacões são impressionantes. Entre 1996 e 2002, seis deles atingiram a ilha, causando perdas e danos a mais de 240 mil lares. Mais de 2,3 milhões de pessoas foram evacuadas durante essas tempestades e só se perderam dezesseis vidas.[50] Quando, em 1991, o furacão Michelle (categoria 4), a mais séria ameaça ciclônica a Cuba desde a grande tempestade de 1944, atingiu a ilha, houve apenas cinco mortos. Em 2005, o furacão Dennis, outra tempestade de categoria 4, destruiu 30 mil acres de bananeiras e deixou 2,5 milhões de cubanos sem eletricidade, mas com a evacuação de 1,5 milhão de pessoas feita pelo governo, ou seja, de 13% da população, a perda em vidas foi de dezesseis pessoas.[51] Esses resultados foram obtidos com a combinação de um plano de emergência nacional, mobilização organizacional, a exigência de treinamento anual de civis, exercícios de simulação (o programa Meteoro) e a ativa cooperação internacional do Instituto Cubano de Meteorologia, que também assumiu a responsabilidade por sinais de advertência em nível nacional. Medidas simples, como podar galhos de árvores, assegurar a estocagem de água, manter hospitais abertos e permitir que as pessoas evacuassem seus animais de estimação junto com elas, contribuíram, e continuam a contribuir, para o sucesso da resposta cubana. As expectativas na ilha se elevaram. O mau desempenho na resposta a um furacão em 1985 levou a referências sarcásticas ao departamento de *mentirologia*, e não meteorologia, e à demissão de seu diretor.

A política cubana de preparação para catástrofes e sua mitigação se tornou um modelo elogiado pelos Estados Unidos e pela Federação Internacional das Sociedades da Cruz Vermelha e do Crescente Vermelho, sobretudo devido ao fato de Cuba não ser um país rico e dispor de recursos limitados para investir nessas medidas.[52] Mas a celebração de sua façanha de reduzir as perdas de vidas não é isenta de críticas técnicas e ideológicas. Alguns observadores criticam a natureza da mobilização cubana, de cima para baixo, e a falta de influências locais no planejamento nacional, enquanto outros destacam as falhas no provimento de moradias adequadas, situação piorada com os danos sofridos em furacões. Alguns críticos simplesmente ficam incomodados com a prerrogativa do governo de requerer evacuações, impor restrições à ocupação de áreas consideradas de alto risco e exigir mobilizações não voluntárias durante o período de recuperação.[53] A troca da liberdade pela eficácia é considerada por alguns como sendo de custo demasiado elevado.

A posição de Cuba em questões ambientais em geral foi e permanece eclética no século XXI. A dificuldade de equilibrar desenvolvimento e crescimento econômico com preocupações ambientais continua a ser uma questão delicada. O dr. José Oro, ex-diretor-geral do Departamento de Recursos Naturais, observou em 1992: "Temos a produção industrial de Honduras e a poluição da Alemanha Oriental".[54] Mas em meados da década de 1990 Fidel estava ficando consciente de que a elevação dos oceanos, o aquecimento global e o aumento no tamanho e na frequência dos furacões tinham, todos eles, particular importância para nações insulares. Suas declarações adotavam cada vez mais uma retórica "verde", na qual ele criticava o conceito do crescimento perpétuo e pedia uma divisão mais equitativa da riqueza.[55] Enquanto isso, Cuba se tornara um modelo para muitas nações caribenhas, porque sua abordagem multidimensional e sua ênfase na preparação para catástrofes e na mitigação de seus efeitos tinham se mostrado eficazes.

AQUECIMENTO GLOBAL E O DEBATE SOBRE FURACÕES

Enquanto continua a haver intenso debate sobre as principais causas para isso, sabemos agora que existe muita variabilidade na frequência anual e na intensidade de tempestades tropicais no mundo. Os "meteorologistas históricos", como Andrés Poëy no século XIX e David Ludlum e José Carlos Millás no século XX, que vasculharam arquivos, diários de bordo e jornais antigos, reuniram grande quantidade de informações sobre tempestades desde a chegada de Colombo. De maneira intuitiva, eles compreenderam que a formação de um registro histórico desses fenômenos revelava modelos que podiam levar a uma previsão acurada, mas a utilidade e a precisão desses relatos e dessas descrições históricas eram com frequência questionáveis. Contudo, com a utilização do reconhecimento aéreo e da observação por satélite (que começou em 1966) e a criação de instituições como a NOAA, não só aumentou significativamente o número de dados registrados como também eles ficaram muito melhores, mais precisos e bem mais consistentes.[56] Assim, os meteorologistas podem falar com certa segurança sobre as características das grandes tempestades desde mais ou menos 1950 até o presente, e sobre os padrões de sua ocorrência, e talvez das causas, de sua variabilidade no decorrer do tempo.

Dos cerca de oitenta furacões ou tufões que se formam anualmente em todos os oceanos do mundo, o Atlântico produz cerca de dez tempestades tropicais, das quais, em média, seis se tornam furacões (assim definidos quando têm ventos constantes com mais de 119 quilômetros por hora). Há, no entanto, uma variabilidade anual considerável e períodos de maior ou menor atividade. Os períodos de meados da década de 1920 até meados da de 1930 e de meados da década de 1940 até meados da de 1960 foram de bastante atividade no Atlântico Norte, com muitas ocorrências nos Estados Unidos. A Flórida, como vimos, sofreu pesados impactos: Miami em 1926, Okeechobee em 1928 e as Keys em 1935. Só esse estado experimentou onze furacões de 1944 a 1950, com grandes perdas econômicas como consequência. Durante o período 1970-95, parece ter havido um declínio marcante no número deles no Atlântico Norte, com uma média de apenas 1,5 grande furacão (categoria 3 e acima) por ano, comparada com a de quatro por ano no período 1940-70.[57] Porém, a partir de 1995, o número de furacões no Atlântico, em especial os mais intensos, da categoria 3 para cima, aumentou de forma dramática. Houve dezesseis tempestades com essa classificação entre 1975 e 1989, mas 25 no período de 1990 a 2004; como demonstrou um estudo, a frequência de furacões não aumentou entre 1975 e 2005, mas a proporção dos que atingiam a categoria 4 ou 5 dobrou.[58]

Duas questões surgiram desses dados, uma meteorológica e uma histórica. Por que a variabilidade? Isso é apenas parte de um ciclo natural ou é atualmente o resultado da atividade humana? O pensamento científico moderno tem enfatizado que os furacões se tornam mais frequentes quando a temperatura do mar se eleva e o cisalhamento vertical do vento (vento de altitude mais alta) diminui. Durante ocorrências de El Niño, costuma haver no Atlântico tropical um aumento nos ventos estratosféricos, e esse cisalhamento mais forte do vento inibe a coluna de umidade que se eleva das águas aquecidas, o que impede que tempestades tropicais atinjam o status de furacão.

Alguns estudos sugerem que o recente aquecimento do Atlântico é parte de uma mudança no clima — o aquecimento global —, devido em primeiro lugar a emissões de carbono na atmosfera, isto é, à atividade humana. Outros, no entanto, indicam que há um aquecimento e um resfriamento periódicos (a Oscilação Multidecadal do Atlântico), que explica o atual aumento na frequência dos furacões, ou pelo menos lança uma dúvida quanto à natureza antropogênica do aquecimento global. Embora os oponentes da teoria do aquecimento global, que apoiam a teoria dos ciclos que ocorrem naturalmente, admitam que há muitas evidências do aumento no número e na intensidade dos furacões desde meados da década de 1990, eles afirmam que esses aumentos também aconteceram no passado, e que registros científicos precisos simplesmente não estão sendo feitos há um tempo suficiente para que se tire deles quaisquer conclusões sobre a causa das condições atuais.

De várias maneiras, esse debate é o produto do abandono, no século XIX, de explicações que consideravam o pecado humano e o fracasso moral como causa dos desastres naturais em favor de explicações naturais de fenômenos geofísicos e atmosféricos. Mas enquanto observadores no século XIX substituíam a ira divina pelas leis da natureza como a causa primária, ou no mínimo secundária, dos furacões, no final do século XX o entendimento da ecologia e do meio ambiente mais uma vez colocou as ações e as falhas humanas no cerne das explicações dos fenômenos naturais destrutivos.

Na década de 1980, os lados científicos dessa disputa estavam sendo claramente definidos.[59] Muitos dos que se apoiavam numa forte metodologia empírica e acreditavam que o fator humano no aquecimento global não era a causa original, como Christopher Landsea e Roger Pielke Jr., eram alunos de William Gray, um meteorologista da Universidade Estadual do Colorado. A partir da década de 1980, Gray ganhara notoriedade como um *savant* no que concernia a furacões devido a suas previsões anuais do número e do tipo de furacões que iriam ocorrer. No lado oposto estavam meteorologistas como Kerry Emanuel, do Instituto de Tecnologia de Massachusetts (MIT), que não tinha dúvidas quanto às causas antropogênicas do aquecimento global e seus efeitos nos ciclones tropicais. Essas diferenças levaram a um veemente, e às vezes indecoroso, debate entre meteorologistas, uma discussão, em seu cerne, sobre metodologias e sobre a utilidade relativa do raciocínio indutivo contra o dedutivo. Era uma discordância científica entre os que se baseavam na observação e sustentavam que os registros não existiam havia tempo suficiente nem eram completos o bastante para garantir qualquer conclusão sólida e aqueles que, usando modelos teóricos gerados em computador, tinham deduzido que feitos da ação humana haviam de fato alterado a atmosfera e aumentado os riscos de furacões.[60] No entanto, na década de 1990 a questão fora cada vez mais politizada, quando aqueles que não queriam nenhuma restrição ao uso de combustíveis fósseis e emissões de carbono apoiaram a posição de Gray, e os que nutriam a esperança de poder retardar ou eliminar os efeitos do aquecimento global fundamentaram seus argumentos no trabalho de Emanuel e de um número crescente de cientistas.[61]

Nessa batalha sobre a existência de um aquecimento global antropogênico, a frequência e a intensidade ciclônicas se tornaram um ponto focal, no qual os efeitos do aquecimento global pareciam ter um impacto imediato e facilmente percebido. Assim, quando o prejuízo devido a furacões chegou, só nos Estados Unidos, a 42 bilhões de dólares em 2004 e mais de 100 bilhões na comunidade atlântica em 2005, eles passaram a ser matéria de crescente interesse, público e político, assim como o centro de uma controvérsia científica.[62] Na esteira da catástrofe que foi o furacão Katrina em 2005, a controvérsia e as discordâncias se tornaram ainda mais importantes e mais públicas, à medida que trabalhos que competiam entre si discutiam sobre lacunas nos dados, técnicas estatísticas e interpretações de tudo isso.

Não só interesses políticos se aproveitaram de evidências científicas para sustentar suas posições como os próprios cientistas começaram a fazer sugestões políticas baseadas em suas descobertas. Num trabalho de cuidadosa argumentação em 2003, Roger Pielke Jr., Christopher Landsea e outros ponderavam que as evidências científicas não são capazes de substanciar o impacto relativo do aquecimento global nos furacões, porque os dados anteriores a

1850 são pontuais e incompletos, e porque num intervalo de tempo de apenas cinco séculos é difícil fazer declarações comparativas sobre condições geofísicas ou atmosféricas ao longo do milênio. Para os que sustentam que a perda de vidas e propriedades aumentou muito como resultado de megatempestades, Roger Pielke Jr. e seus associados apresentaram evidências demonstrando que, quando "normalizadas", ou ajustadas para incluir mudanças demográficas e inflação, as perdas em vidas e propriedades devido a furacões não exibiam um aumento significativo nas décadas recentes, e que a perda média por furacão entre 1900 e 1950 não foi, em termos estatísticos, menor do que entre 1951 e 2000. Esse argumento enfatiza que tanto mudanças no meio ambiente, como o aquecimento global, quanto mudanças na sociedade (demográficas, padrões de assentamento, migrações, códigos de construção etc.) afetam o impacto dos furacões. E que, dado o estado atual do conhecimento científico sobre esses fenômenos e sobre como eles são influenciados pela mudança climática, uma concentração nos aspectos "políticos, institucionais e intelectuais" — isto é, a limitação das densidades populacionais perto da costa marítima ou a imposição de rígidos códigos de construção — teria mais probabilidade de reduzir a vulnerabilidade a eles do que a esperança de reduzir sua frequência ou sua intensidade mediante uma política ligada a fontes de energia.[63] Embora essa posição esteja bem apresentada, dada a realidade da política americana no século XXI, os objetivos de acabar com a pobreza e impor limites ao crescimento da população parecem ter ainda menos probabilidade de ser alcançados do que as limitações ao uso de combustíveis fósseis. O debate científico acerca dessa questão foi exacerbado por um alinhamento de forças políticas com as duas posições: um lado comprometido com a expansão do uso de combustíveis fósseis e o crescimento industrial, com limitadas restrições ambientais e, portanto, em dúvida quanto às alegações de aquecimento global; e o outro lado ansioso pela descoberta de fontes alternativas de energia e pela imposição de códigos ambientais rígidos para retardar os níveis de poluição e o derretimento das calotas de gelo do Ártico e a elevação do nível do mar.

SOCIEDADES E TEMPESTADES NO FIM DO SÉCULO

Em termos históricos, a última década do século XX e as primeiras do XXI testemunharam uma profunda divergência política e ideológica quanto à melhor forma de lidar com o problema da mudança climática, no longo e no curto prazos. As perguntas se o aquecimento global existe e qual é a maneira mais adequada de lidar com ele suscitam questões concernentes à natureza do desenvolvimento econômico e à responsabilidade de governos no longo prazo. Mas também se apresentou uma posição quanto ao gerenciamento, no curto prazo, da preparação para catástrofes e da recuperação depois delas, que reverteu a tendência, que tinha crescido desde o fim do século XVIII, a um papel mais ativo assumido por governos nacionais no enfrentamento dessas catástrofes. Nos Estados Unidos, durante os 24 anos de 1969 a 1993, os democratas só controlaram a Casa Branca por quatro (presidente Jimmy Carter, 1977-81); ao longo desse período, a filosofia predominante quanto ao gerenciamento de catástrofes punha grande ênfase em organizações locais e regionais, e comunidades e grupos de filiação religiosa, com contratos com o governo para a execução dos serviços. O presidente Ronald Reagan resumiu de maneira jovial essa filosofia numa carta, em 1984, para um aluno de sétima série da Carolina do Sul que apelara diretamente ao presidente por ajuda federal quando sua mãe lhe disse que seu quarto era "uma catástrofe". Reagan respondeu que os fundos para isso eram escassos, que sua administração acreditava que muitas coisas poderiam ser mais bem-feitas por voluntários em nível local e que ele já tinha patrocinado uma Iniciativa do Setor Privado. A solicitação do menino parecia ser uma excelente candidata para esse tipo de ação e para o voluntariado.[64] O tom da carta do presidente era jocoso, mas o princípio a ela subjacente era sério. As mesmas estratégias também eram defendidas por várias agências governamentais e por organizações regionais e internacionais, como o Banco Mundial e a Organização dos Estados Americanos, da qual os Estados Unidos faziam parte.

No entanto, o que o período entre a década de 1970 e meados da de 1990 deixou claro foi que mesmo durante os eventos de El Niño, que proporcionavam épocas de baixa atividade ciclônica, ainda ocorriam furacões e eles às vezes eram capazes de adquirir grande intensidade, com efeitos fatais. Os furacões Camille (sul dos Estados Unidos, 1960), David (República Dominicana e Haiti, 1979), Gilbert (Jamaica, 1988) e Hugo (Porto Rico e Flórida, 1989) forneceram evidências desse fato. Essas tempestades obrigaram governos e sociedades a reagir, mas, se olhássemos esse período por uma grande-angular, teríamos a impressão de que a frequência menor de catástrofes provocadas por furacões durante o período coincidia com uma diminuição da preocupação do governo e com uma redução de apropriações fiscais para enfrentar sua ameaça potencial. Nos Estados Unidos, durante esses "anos de fratura", como o historiador Daniel Rodgers chamou o período, ocorreu um profundo debate sobre a natureza da sociedade e da responsabilidade e inclusão sociais. Em reação à "Grande Sociedade", a expansão de direitos civis e de disposições da assistência social da administração Johnson, e à crise econômica mundial em meados da década de 1970 desenvolveu-se uma vigorosa crítica aos dispêndios do governo com a "classe de baixo", dos pobres e desempregados, crítica que com frequência advertia sobre os riscos morais de criar dependências por meio da promoção de programas de assistência social.[65] Havia muito tempo que tal linguagem vinha sendo aplicada, de várias maneiras, com referência aos pobres e às vítimas de catástrofes. Mas as advertências e ressalvas ganharam vulto durante as décadas de 1970 e 1980, repercutindo em governos de todo o mundo inclinados a promover políticas econômicas voltadas para o mercado e neoliberais e, diante das calamidades, a devolver a responsabilidade para autoridades estaduais ou locais, instituições de caridade, igrejas ou para as próprias vítimas e suas comunidades. Os debates sobre essas questões nos Estados Unidos costumavam se refletir no modo como outras nações na região respondiam a desafios semelhantes e no modo como o país cooperava com essas nações ou lhes provia ajuda.

É claro que os contextos social, econômico e político sempre fizeram diferença no grau de vulnerabilidade a furacões e na natureza da resposta a eles. O Gilbert, que fustigou a Jamaica em 1988, é um exemplo disso. A tempestade pegou a ilha em meio a um período de turbulência, durante o qual ela buscava definir seu caráter político. A Jamaica era uma democracia parlamentar e o primeiro-ministro era o chefe de governo, embora o país continuasse a ser parte da Commonwealth Britânica, sendo o governante do Reino Unido seu chefe de Estado. Em 1972, Michael Manley, filho de um conhecido político e ex-premier jamaicano, tomou as rédeas do governo, melhorou as relações com a socialista Cuba, ajudou a estabelecer um mercado comum caribenho e instituiu uma série de reformas trabalhistas, fundiárias e econômicas. A oposição a ele, tanto por parte dos Estados Unidos, que temia uma guinada para a esquerda, como, dentro da Jamaica, por parte dos partidos mais conservadores, levou a muita violência durante sua bem-sucedida campanha pela reeleição, em 1976.

Em 1980, com seu programa em profundas dificuldades financeiras, Manley foi derrotado pelo mais conservador Edward Seaga, líder do Partido Trabalhista da Jamaica, um bem-sucedido homem de negócios e político, com reputação de eficiente administrador.[66] Seaga pôs em ação programas sociais e econômicos baseados em austeridade, privatização e diversificação da economia. Adotou também uma política exterior muito menos ameaçadora para os Estados Unidos. De fato, em 1981, ele foi o primeiro chefe de governo estrangeiro recebido em Washington após a eleição de Ronald Reagan como presidente e trabalhou com ele estreitamente depois disso. A economia da Jamaica, como a de muitos outros países da América Latina e do Caribe, tinha estagnado ou enfrentara dificuldades durante grande parte da década de 1970 e início da de 1980, porém de 1986 a 1989, sob a liderança de Seaga, cresceu 4,5% ao ano. O furacão Gilbert abreviou essa tendência, destruindo 70% da colheita do café e a maior parte da exportação de banana e de cacau naquele ano, e também grande parte dos gêneros alimentícios cultivados privadamente, dos quais os jamaicanos dependiam.

A tempestade percorreu com rapidez o Caribe e então atravessou toda a Jamaica de leste para oeste, antes de prosseguir e atingir a península de Yucatán e depois o estado mexicano de Nuevo León. Sobre o solo jamaicano a tempestade tinha sido séria, com rajadas de às vezes mais de duzentos quilômetros por hora, olho com 25 quilômetros de diâmetro e uma pressão que, em certo momento, caiu para 665,99 milímetros de mercúrio (888 milibars), a mais baixa já registrada no hemisfério ocidental até hoje.[67] A cidade de Kingston e seus 750 mil habitantes (a Jamaica tinha 2,3 milhões) sofreu um impacto direto; e os geógrafos David Baker e David Miller ressaltam que sua passagem se deu durante o dia, de modo que quase todos na ilha observaram sua travessia e os danos que ela provocou.[68] A tempestade despejou grande parte de suas chuvas no mar, mas na ilha a maior parte da chuva caiu depois que o vento já tinha desfolhado e erradicado grande número de árvores; a severa erosão e os deslizamentos de terra daí resultantes causaram quase 20 milhões de dólares em danos nas estradas. No todo, os prejuízos foram estimados em cerca de 1 bilhão de dólares, valor maior que o da receita anual do comércio exterior do país na época. Em 1980 havia sido criado o Departamento de Prontidão para Catástrofes e desde 1983 existia o Plano para Catástrofes, mas as dimensões da crise simplesmente se sobrepuseram a essas iniciativas.[69] Alguns lugares ficaram sem água potável, eletricidade, comunicação telefônica e moradias durante três meses. Mais de 400 mil pessoas tinham sido evacuadas durante a tempestade, e sua realocação se tornou uma carga para o governo. A colheita de banana foi totalmente arruinada, a do açúcar, reduzida em 17%, e suprimentos de alimentos foram perdidos. E os prejuízos não se restringiram só à agricultura. O turismo — já então uma importante indústria da ilha — também sofreu, com perdas em cerca de 80% dos hotéis na costa norte.

Especialistas em gerenciamento de catástrofes enfatizam que é muito mais eficaz despender dinheiro em preparação e mitigação antes de um furacão do que em assistência pós-catástrofe. Porém esse gasto com o risco de um desastre que pode ou não vir a acontecer é sempre uma aposta, e para países mais pobres costuma ser particularmente difícil investir recursos escassos em tal possibilidade. Essa situação econômica caracterizava muitas ilhas caribenhas, mas também se apresentou uma interpretação cultural para explicar a falta de preparação adequada para as tempestades.[70] O escritor Mark Kurlanksy sugeriu que os jamaicanos, como outros povos do Caribe, sempre foram grandes sobreviventes, mas não grandes planejadores. Como tradicionalmente não havia muita coisa que pudesse ser feita antes da chegada de um furacão, poucas providências eram tomadas nesse sentido. A maior parte das iniciativas e da imaginação concentrava-se na sobrevivência após a catástrofe, mas na verdade, como na maioria das nações caribenhas, era difícil para a Jamaica reservar fundos suficientes a fim de se preparar para uma situação crítica dessa magnitude. Em 1986 não havia um fundo de emergência em separado. Com efeito, só veio a ser criado um fundo em 1995, que em geral dispunha de recursos insuficientes. Em junho de 2013, o Departamento de Prontidão para Catástrofes relatou que seus fundos eram perigosamente inadequados.[71] Assim, a Jamaica, como outras ilhas, tendeu a se concentrar na ajuda no período pós-catástrofe, e não em mitigação antecipada e preparação.

Para a população da Jamaica em 1988, essa estratégia significava que o enfrentamento da catástrofe se tornara um desafio pessoal ou familiar para a sobrevivência (figura 8.2). O furacão foi logo personificado como "Gilbert" — que uma vítima qualificou como "o pior de todos, destruiu tudo e foi embora"[72] — e rapidamente se integrou à cultura popular. Foram lançados pelo menos dez discos com canções sobre ele, com estilo que variava do sugestivo e

Figura 8.2. *Sobreviventes jamaicanos buscam água após o furacão Gilbert*. (Fotografia em domínio público na Wikipedia Commons.)

cômico reggae "Gilbert, One Hellva Blow Job" até "What a Disaster", de Gregory Isaac. Segundo o jornal *Daily Gleaner*, o Gilbert tinha dado "a lição de que a riqueza e a pobreza têm uma causa comum quando se trata da natureza", mas a tempestade na verdade destacara as disparidades sociais e as desigualdades da sociedade jamaicana. O refrão de "Wild Gilbert", de Lloyd Lovindeer, canção que vendeu 30 mil discos, caçoava das antenas parabólicas que tinham voado dos telhados das casas dos ricos e aplaudia a pilhagem feita pelos jovens: "*Yuh see mi fridge, Gilbert gimme; yuh see my color TV, Gilbert gimme; Yuh see my new stereo, Gilbert gimme*" [Está vendo minha geladeira, Gilbert dá pra mim; está vendo minha TV em cores, Gilbert dá pra mim; está vendo meu novo som estéreo, Gilbert dá pra mim].[73] A letra de Lovindeer até retomava as velhas e problemáticas interpretações providencialistas, mas com um viés jamaicano. Um rastafári poderia celebrar a tempestade como sendo um castigo de Jah [Jeová] pelos pecados dos incréus, "*to tear off dem roof and bruk dem window*" [arrancando seus telhados e quebrando suas janelas], porém "Natty

Deadlocks"* não seria capaz de explicar por que sua cabana também havia perdido o telhado para Gilbert.[74] Um "Wild Gilbert" diferente, composto por Bananaman, dizia aos jamaicanos que "começar tudo de novo ia ser duro" e então destacava como eles tinham que se unir como nação para superar a catástrofe. Era o mesmo tema que Fidel Castro desenvolvera depois da passagem do furacão Flora; e, de fato, muitos estudos feitos após o desastre mostraram que a cooperação comunitária e a solidariedade haviam sido mais comuns do que o frequentemente temido colapso da ordem pública.[75]

Mas no processo de reconstrução houve, sim, colapso da ordem pública e depois corrupção e roubo generalizados, e observadores mais conservadores foram muito menos solidários com isso do que tinha sido a letra da canção de Lovindeer. Uma investigação oficial encomendada pelo governador-geral, que era o representante da rainha na ilha, não negou que as más condições de vida ou a pobreza e a violência locais eram causas do colapso social, mas atribuiu a verdadeira culpa à

> corrupção que se insinua em cada trama da conjuntura da nação, despedaçando seu tecido, como um fio apodrecido. Nossos cidadãos escorregam furtivamente pelo olho de um furacão que vai se esvaziando para furtar e roubar [...] como se fossem hordas de roedores [...] como abutres procurando o que levar de um cadáver.[76]

Era uma condenação da pilhagem e da ação política. O autor, o comissário Errington George Green, reclamou: "Organizamos manifestações e marchas em prol de toda causa, real ou imaginária, com o propósito de agarrar toda premissa de um negócio ainda não fechado, para esmagar, saquear e desaparecer com nosso ganho mal adquirido".

O furacão Gilbert influenciou a eleição seguinte. Por um momento, observadores como os que escreviam no *New York Times* pensaram que a tempestade e a capacidade de Seaga de distribuir ajuda às vítimas poderiam mudar a dinâmica da campanha e superar a crescente opinião pública negativa contra seus programas de austeridade e seu estilo insensível.[77] A economia tinha se

---

* Termo usado para designar um membro da comunidade rastafári. (N. T.)

recuperado, mas o desemprego ainda era de 20%, e em 1989 a popularidade de Seaga caíra. Manley ganhou a eleição e voltou ao cargo de primeiro-ministro, dessa vez com uma retórica e um programa muito menos radicais e mais amigáveis em relação aos Estados Unidos.

O Gilbert tinha sido uma grande tempestade num período de menor frequência de furacões, mas em meados da década de 1990 o nível da atividade deles começou de novo a aumentar. Entre 1995 e 1999 houve 65 tempestades que receberam nomes e 41 furacões, vinte deles acima da categoria 3.[78] Só o ano de 1999 produziu o extraordinário número de cinco furacões de categoria 4. Nações e povos por todo o Grande Caribe se viram diante de um risco potencial que nunca tinham experimentado, um desafio que jogou uma tremenda carga sobre governos e orçamentos e pôs em destaque as disparidades sociais e as diferenças ideológicas subjacentes nessas sociedades.

Uma das tempestades mais terríveis do período atingiu as periferias caribenhas da América Central. Essa era uma região propensa a sofrer desastres naturais devido a suas características geofísicas, sua localização e sua história. Suscetível a terremotos e atividade vulcânica, e, assim como o México, localizada entre o Caribe e o Pacífico oriental, havia muito tempo a América Central lutava para enfrentar esses desafios ambientais. Além disso, no século xx, Honduras, El Salvador e Nicarágua estavam entre as nações mais pobres da América Latina, e seus governos pouco se preocupavam com os efeitos ambientais da mineração, da pecuária e de formas de agricultura que levavam a desflorestamento, uso excessivo do solo, áreas sem vegetação, corte raso nas colheitas e erosão. Tudo isso aumentava a vulnerabilidade desses países a sérios danos com a passagem de furacões. Em acréscimo a essa vulnerabilidade, no fim do século xx houve uma história política que envolvia militarismo autoritário (El Salvador, Honduras, Guatemala) e ditadura personalista (Nicarágua); apenas a Costa Rica manteve em funcionamento uma democracia participativa.

Durante a década de 1980, a América Central tinha se tornado um importante campo de batalha na Guerra Fria. A administração Reagan patrocinou uma forte presença militar americana na região, sobretudo para se opor à Revolução Sandinista na Nicarágua, oferecendo financiamento e apoio aos "Contras", a resistência militar ao regime. Além disso, os Estados Unidos mantiveram uma política externa e de ajuda para isolar o governo sandinista e combatê-lo, e para conter a extensão de seus programas sociais e suas simpatias pela esquerda para o resto da região, e tudo isso configurou a história política centro-americana. Instabilidade política e décadas de guerra civil somavam-se a uma pobreza endêmica. Os caminhos do desenvolvimento e do crescimento — agricultura de exportação, *sweatshops** na indústria e urbanização —, que pareciam prover uma forma de escapar àquela pobreza, se apoiavam num desequilíbrio ecológico que tornou grande parte da América Central cada vez mais suscetível a perigos naturais.[79] Essa vulnerabilidade aumentou no período posterior a 1987, quando a paz começou a voltar na região.

O furacão Mitch, que ocorreu no final de outubro de 1998, foi o segundo mais mortal na história do Caribe. Em vários momentos, alcançou o status de categoria 5, com ventos de até 290 quilômetros por hora e pressão barométrica de 678,69 milímetros de mercúrio (905 milibars). Assim como o Flora em 1963, seu potencial destrutivo resultou não só da intensidade como também do seu percurso errático, movendo-se sobre terra firme ao longo da costa caribenha de Honduras em 29 de outubro, depois vagando sobre o istmo até voltar em direção ao leste, passando sobre a Guatemala, Belize e a península de Yucatán em 3 de novembro, antes de atingir a Flórida no dia 5, já como tempestade tropical. Na maior parte do tempo o Mitch esteve sobre a América Central, com ventos não especialmente perigosos, mas afetou quase toda a região e despejou enorme quantidade de chuva em Honduras e na Nicarágua. O olho da tempestade, na verdade, nunca passou sobre a Nicarágua, mas os efeitos da chuva foram devastadores. Em alguns lugares os índices pluviométricos igualaram o total esperado no ano inteiro. Por exemplo, em Postelga, na Nicarágua, perto da costa do Pacífico, caíram em outubro de 1998 mais de 2 mil milímetros de chuva, quando a média para esse mês durante os dez anos anteriores tinha sido de menos de quatrocentos milímetros.[80] A tempestade matou pelo menos 6 mil pessoas em Honduras e 3 mil na Nicarágua; a estimativa de mortos e desaparecidos nas áreas afetadas na América Central, Yucatán e Flórida chegou a 19 mil pessoas. A maioria das mortes foi causada por inundações e pelo deslizamento de encostas, e não pelo vento.

O Mitch deixou 2,5 milhões de pessoas sem teto e causou entre 6,5 bilhões e 8,5 bilhões de dólares em prejuízos.[81] Honduras teve danos em 60% de

---

* Termo atribuído a condições vis de trabalho como forma de aumentar a lucratividade do capital. (N. T.)

sua infraestrutura. A tempestade destruiu ou avariou 285 mil casas e afetou 81 cidades.[82] Na Nicarágua, as províncias do norte sofreram os piores efeitos, e em Chinandega houve uma "catástrofe dentro da catástrofe", quando as pesadas chuvas provocaram um tremendo deslizamento de terra nas encostas do vulcão Casita, matando 2500 pessoas nas cidades de El Porvenir e Rolando Rodríguez.[83] Por meses após a tempestade, partes de Honduras e da Nicarágua tiveram ameaças de doenças, falta de comida, deslocamento de populações e carência de material para a reconstrução. Só em Honduras um quarto das escolas públicas foi destruído e 25 mil crianças ficaram sem aula.[84]

Ao que tudo indica, o Mitch representava uma nova geração de supertempestades e foi tido por muitos como um precursor de catástrofes ainda por vir. Mas alguns meteorologistas, como mencionado pelo conservador Instituto Cato, acreditavam que os efeitos devastadores da tempestade não se deviam às suas características, e sim à natureza e à vulnerabilidade das sociedades pelas quais ela passara.[85] Em Honduras e na Nicarágua, a explicação para a destruição parecia estar em vulnerabilidades ecológicas. Áreas desflorestadas e zonas agrícolas onde não havia sido dada atenção a questões ambientais foram as que sofreram as maiores perdas de vidas e danos físicos; e a situação era ainda pior nas regiões caracterizadas pela pobreza rural, onde camponeses tinham perdido terras para a expansão de uma agricultura de exportação em grande escala que vinha ocorrendo desde a década de 1950. Em Honduras, em 1998, cerca de 60% da economia era controlada por interesses de Washington; na década de 1980, os Estados Unidos haviam se tornado o principal mercado e a fonte de empréstimos mais importante para o país, bem no momento em que a administração Reagan decidiu fazer de Honduras um modelo alternativo, assim como um bastião e posto avançado contra o governo sandinista, que em 1979 chegara ao poder na Nicarágua. A motivação para essa "Iniciativa da Bacia Caribenha" dos Estados Unidos seria a expansão econômica por meio de diversificação agrícola, investimento estrangeiro e doméstico e a promoção de uma série de "ajustes estruturais", que em essência eram aquilo que veio a ser chamado de política "neoliberal", que promovia a plena operação das forças do mercado, limitando todas as formas de intervenção governamental e a regulação da economia.[86] Essa foi, na verdade, a segunda etapa do neoliberalismo: não mais buscando caminhos nos quais uma economia *laissez-faire* poderia ser conduzida por um Estado forte, como na década de 1950, mas agora enfatizando a "liberdade" econômica, a ser atingida com desregulação, privatização e um mercado sem restrições.[87] Adotado como posição política e econômica por Ronald Reagan e, no Reino Unido, por Margaret Thatcher, a ênfase na redução dos gastos do governo e no envolvimento do mercado foi uma forma radical de individualismo e um ataque a várias formas de ação coletiva, ou "comunitária", que fossem associadas com qualquer gasto ou atividade governamental. Devido ao exemplo e à influência política dos Estados Unidos e outras economias ocidentais, essas ideias tiveram amplos impactos globais, entre eles a redução da capacidade de governos para responder a vários tipos de catástrofe.

À medida que a guerra dos Contras na Nicarágua ia arrefecendo no final da década de 1980 e o dinheiro americano que fluía para o país diminuía, a situação econômica de Honduras piorava. Um novo governo em 1989, seguindo um programa neoliberal, conseguiu empréstimos do Banco Mundial e do Fundo Monetário Internacional (FMI), e ambos apoiaram os ajustes estruturais da privatização, menos regulação do comércio e desvalorização da moeda. Na década de 1990, mesmo com uma taxa anual de crescimento de 3,2%, a economia não alcançou o ritmo de crescimento da população, de 3,3% ao ano.[88] Os serviços sociais e a renda declinaram e a desigualdade cresceu, a ponto de 70% dos hondurenhos viverem abaixo da linha de pobreza. Honduras tinha um dos mais baixos PIBs per capita de toda a América Latina, só um pouco abaixo do da vizinha Nicarágua.

A Nicarágua tinha passado por uma década turbulenta depois de 1979, quando os sandinistas chegaram à presidência e instituíram uma série de mudanças sociais e econômicas, acompanhadas de uma retórica socialista revolucionária. As reformas tentadas, a inquietação civil e a oposição de guerrilhas, financiadas em certa medida pela CIA, juntamente com um embargo americano ao comércio, contribuíram para um declínio econômico durante a década. Em 1990, uma população desgastada pela guerra achou que bastava e votou contra os sandinistas. Os anos seguintes foram de volta à austeridade, redução de programas sociais e contenção de gastos, realizadas com o apoio e a pressão do FMI e do Banco Mundial, mas não se fez muito progresso em direção à estabilidade econômica; secas, um tsunami e outros fenômenos naturais também criaram mais tensões na economia. De certa forma, apesar de suas histórias políticas diferentes, em 1998 Honduras e Nicarágua enfrentavam problemas econômicos semelhantes, desigualdade social e uma vulnerabilidade ambiental que as tornava particularmente suscetíveis a desastres naturais.[89] O furacão Mitch era a catástrofe que estava esperando acontecer.

As autoridades da Nicarágua e de Honduras não conseguiram reagir de modo adequado à advertência de que um furacão se aproximava. O presidente nicaraguense Arnoldo Alemán, ansioso por se diferenciar do governo anterior, primeiro se recusou a declarar estado de emergência e a montar uma grande operação de evacuação, medidas que, segundo ele, os sandinistas teriam tomado se estivessem no poder. Quando o Comitê de Emergência Nacional enfim declarou estado de emergência, em 30 de outubro, já era tarde demais. No estágio pós-catástrofe, houve reclamações de todos os lados: suborno e corrupção na distribuição de fundos e recursos, favoritismo dado a áreas controladas por membros do Partido Liberal, de Alemán, resposta negativa a apelos de prefeitos sandinistas, fisiologismo e incompetência. A Defesa Civil, existente desde 1972 e reforçada em 1992, deveria assumir papel de liderança, porém, durante a guerra civil e a luta com os Contras, ela havia se envolvido sobretudo com questões de segurança nacional e depois se enfraquecera com reduções e cortes de verbas. Conquanto a Igreja Católica, instituições de caridade e várias ONGs estivessem ativas dando assistência após a passagem do furacão, a coordenação e a cooperação entre elas eram deficientes.

Em Honduras, o governo estava simplesmente sobrecarregado. A Comissão Permanente de Contingências (Copeco) não tinha pessoal suficiente e era carente de helicópteros — tão carente, na verdade, que não pôde prestar socorro de emergência a certas regiões. A distribuição de assistência era lenta e insuficiente; quando o presidente Carlos Roberto Flores passou essa incumbência para as igrejas católicas e evangélicas, o serviço melhorou, mas continuou a haver problemas. De modo curioso, grande parte do processo de "ajuste estrutural" que enfraquecera governos centrais tinha coincidido e se encaixado com o desenvolvimento, rápido e cada vez maior, da gestão de catástrofes como um campo de estudo, e com o boom internacional de instituições e agências cuja atividade era administrar e direcionar operações de ajuda e reconstrução. Um conceito predominante na literatura produzida por essas instituições e que orientava suas ações era a ênfase na resposta comunitária, local, individual e privada como o meio mais eficiente de lidar com catástrofes. Porém essa ênfase diminuía o potencial do governo central de fazer frente à crise, coordenar programas ou planejar e reagir com eficácia em nível nacional.

No entanto, em Honduras, a abordagem descentralizada da resposta ao desastre não deixou de ser contestada. O país tinha uma longa tradição de governo centralizado e autoritário, que agora ressurgia com a crise. O presidente Flores declarou estado de emergência, interrompeu a legislatura e passou a governar por decreto. Em 3 de novembro, foram suspensos os direitos civis e impôs-se o toque de recolher. Um Plano de Reconstrução teve preparação centralizada, sem participação local ou externa, e foi criado um gabinete especial para implementá-lo. As obras de reconstrução seriam feitas mediante contratos, mas sem licitação, e muitos deles foram destinados a "compadres", amigos e membros das famílias da elite política. O presidente se opôs a solicitações de governos municipais para se envolverem no planejamento e receberem 5% do orçamento nacional, como estipulava a lei. Durante os dois anos seguintes, essa situação criou tensões entre o governo central e instituições da sociedade civil, assim como com doadores internacionais. Essas instituições e os doadores estavam tentando promover uma maior participação no governo e garantir não só a construção de prédios e estradas, mas também a reconstrução da sociedade civil. Sua crítica à corrupção e a pressão contínua sobre o poder central levaram mais tarde a melhorias e a um processo político mais aberto durante a reconstrução, porém a mudança foi incompleta e as correções de rumo, inadequadas.[90]

A comunidade mundial tinha reagido bem à catástrofe em Honduras, assegurando 9 bilhões de dólares para a reconstrução. Os Estados Unidos enviaram de imediato 300 milhões de dólares e prometeram mais 1 bilhão, e instituições como o Banco Mundial e o Banco Interamericano de Desenvolvimento também se comprometeram com a reconstrução, o alívio das dívidas e o crescimento. A primeira-dama, Hillary Clinton, e Tipper Gore, mulher do vice-presidente, fizeram uma visita de boa vontade à região para expressar a preocupação de Washington, e contingentes de militares americanos, com helicópteros e outros equipamentos, se envolveram por completo na campanha de ajuda, assim como equipes de mais uma dúzia de outras nações. Uma oferta cubana de auxílio foi recusada por Honduras por razões ideológicas.

Para algumas instituições, o Mitch ofereceu uma oportunidade de intensificar o processo de transformação neoliberal. O Banco Interamericano de Desenvolvimento, numa perspicaz avaliação dos efeitos do furacão na América Central, considerou-o um "chamado à ação para encontrar novos esquemas de desenvolvimento, de modo a reduzir a vulnerabilidade da sociedade a futuros fenômenos naturais e a fortalecer a democracia e as perspectivas de futuro desenvolvimento econômico". O banco propôs um alívio da dívida e fundos de ajuda contra a pobreza rural, além de celebrar o progresso já feito na "privatização de comunicações, empresas de energia elétrica, ferrovias, correios, portos e aeroportos estatais".[91] E instou por mais mudanças como essas. De muitas maneiras, a concepção ali subjacente era a de um empreendimento preliminar de "capitalismo de catástrofe", a utilização do choque provocado por situações calamitosas para desmontar a participação do Estado na economia e para implantar mudanças estruturais, na forma de um capitalismo *laissez-faire*.[92] Como disse o ministro do Exterior guatemalteco em 1999, "a destruição traz consigo uma oportunidade para investimentos estrangeiros".[93] O jornalista radical Alexander Cockburn e seu coautor Jeffrey St. Clair resumiram uma crítica ao processo e seu papel na criação daquela catástrofe em particular:

> Humanos causaram a catástrofe, assim como humanos se asseguraram de que os governos da Nicarágua e de Honduras fossem incapazes de responder a ela. Após uma década de "ajustes estruturais" impostos pelo Banco Mundial, pelo Fundo Monetário Internacional e pela Agência dos Estados Unidos para o Desenvolvimento Internacional [United States Agency for International Development, Usaid], esses governos são como conchas ocas, mutilados por cortes forçados.

Cockburn perguntava o que um governo poderia fazer quando não tinha dinheiro para gasolina para evacuar as pessoas, nem ônibus, nem vacinas, pouco pessoal, nenhuma capacidade de estocar água e alimentos. O governo não havia falhado, ele havia se atrofiado. "O governo de Honduras não pôs o país em estado de alerta. Ele simplesmente acalentou a esperança de que o furacão se afastasse. Depois do ajuste estrutural, isso era tudo que poderia fazer."[94] A natureza tinha providenciado os elementos para uma potencial catástrofe; as ações e decisões humanas a produziram.[95]

O furacão Mitch fora uma tragédia centro-americana, mas esse evento estava agora internacionalizado pelo papel de governos, organizações internacionais e agências não governamentais no financiamento da ajuda e da reconstrução, assim como em assistência humanitária. Ali, e em toda a região do Grande Caribe, os modelos, as estratégias, os interesses e a influência dos Estados Unidos na gestão de catástrofes estavam sempre presentes. Além disso, havia, também sempre presente, o perigo de reduzir a explicação do desastre a um acidente da natureza ou a um ato de Deus, e não ao resultado de políticas fracassadas, decisões equivocadas, cobiça, indiferença, ou coisa pior.

A FEMA E A POLÍTICA AMERICANA NA GESTÃO DE CATÁSTROFES

Como vimos, o governo dos Estados Unidos fora lentamente assumindo um papel mais direto no alívio das consequências de catástrofes desde os primeiros dias da república, quando se fizeram doações a indivíduos ou comunidades que tinham sofrido alguma perda ou passado por uma tragédia. Grande parte da mudança ocorrera na década de 1930, quando o presidente Roosevelt e os que o apoiavam viram, na transição da ajuda federal a vítimas de desastres para os programas sociais do New Deal, uma extensão das responsabilidades governamentais. A Lei de Controle de Inundações, de 1936, fora um passo importante no aumento do envolvimento federal nas respostas a catástrofes. Assim como a era pós-Segunda Guerra Mundial testemunhou avanços científicos e técnicos no estudo do clima em geral e dos furacões em particular, o mesmo período foi de uma ação cada vez maior do poder central no sentido de desempenhar um papel na assistência em caso de tempestades como um aspecto de sua política tanto doméstica quanto exterior. Apenas em 1950 a Lei de Ajuda em Caso de Catástrofes deu ao presidente o poder de declarar áreas de calamidade, permitindo a distribuição de auxílio e a mobilização de várias agências e recursos do governo para suprir as necessidades das vítimas. A legislação subsequente, que abrangia, por exemplo, a Lei Nacional de Seguro contra Inundações, de 1968, e a Lei de Ajuda em caso de Catástrofes, de 1974, buscou fazer com que o financiamento do auxílio federal dependesse da conformidade com códigos de construção civil, da contratação de seguro como cobertura e de medidas gerais para diminuir a vulnerabilidade.[96] O paradigma predominante na resposta americana a calamidades era que governos locais, estaduais e o federal assumissem a responsabilidade seguindo essa ordem, cada nível convocando o próximo apenas quando, com seus próprios recursos, fossem incapazes de uma ação adequada. A tensão entre essas duas visões da responsabilidade do governo, se de cima para baixo ou de baixo para cima, que já existia no país desde a época de Thomas Jefferson e Alexander Hamilton, se intensificou no final do século xx. Além disso, durante as décadas de 1950 e 1960, a preparação para catástrofes, a resposta a elas e seu gerenciamento com frequência combinavam perigos naturais com a ameaça de um ataque inimigo ou de uma guerra nuclear. Assim, conquanto as responsabilidades no caso de desastres fossem muitas vezes compartilhadas por várias instituições ou agências governamentais, em geral estavam sob o controle de Departamento de Defesa, cuja atenção costumava se fixar em questões militares.

Falhas de coordenação na resposta a eventos como o furacão Agnes, em 1972, e depois o derretimento da usina nuclear de Three Mile Island, em 1979, resultaram na criação da Fema pelo presidente Carter, como uma tentativa de melhorar a administração nacional e local de desastres. Essa mudança na estrutura da resposta governamental ocorreu mais ou menos no mesmo momento em que um novo campo de ação e de estudo — a gestão de catástrofes — surgia em áreas acadêmicas da sociologia, da psicologia, da geografia e da economia, assim como entre membros de agências não governamentais, organizações humanitárias e beneficentes de diversos países e várias organizações internacionais, como as Nações Unidas e o Banco Mundial. Gerenciar e lidar com catástrofes em termos técnicos e administrativos estava se tornando uma indústria. Paralelamente a esse desenvolvimento havia a crescente importância e profissionalização do Centro Nacional de Furacões e toda a organização da meteorologia nos Estados Unidos e em âmbito internacional.

Enquanto os Estados Unidos enfrentavam várias catástrofes nesses anos da segunda metade do século xx, de nevascas, inundações e tornados ao acidente atômico em Three Mile Island, os furacões eram um perigo natural recorrente. No decorrer dessa época, as tempestades eram visitantes bem conhecidas e frequentes no país. Embora estudos tivessem demonstrado que seu impacto a longo prazo na economia de uma grande nação como os Estados Unidos fosse insignificante, a difusão pela televisão e relatos sobre o clima fizeram com que catástrofes regionais se tornassem eventos que atraíam o interesse em escala nacional.[97] Além disso, a concentração das tempestades na região sudeste tendia a revelar as tensões raciais e políticas que dominavam a atenção do país na segunda metade do século, de certa forma dando prosseguimento aos temas sociais e econômicos que tinham dominado a história do Grande Caribe desde o século xvi.

Dois eventos da década de 1960 constituem bons exemplos disso (ver figura 9.1). O furacão Betsy (9 de setembro de 1965), uma grande tempestade que resultou em cinquenta mortos em Nova Orleans e rompeu um dos diques que protegiam a cidade, provocou o protesto de pessoas da numerosa população afro-americana local. Algumas delas acreditavam que o dique havia sido dinamitado no bairro de Lower Ninth Ward, onde 90% dos moradores eram negros, para salvar outros bairros predominantemente habitados por brancos.[98] A acusação tinha alguma razão de ser, pois durante as inundações do Mississippi em 1927 diques foram, de fato, dinamitados em paróquias mais pobres para aliviar as inundações em Nova Orleans.[99] O Betsy atingiu a Louisiana quando a Lei dos Direitos Civis, de 1964, estava sendo implementada. Essa legislação, projetada para acabar com a segregação em vários espaços e instituições públicos e para expandir essa concessão, tinha enfrentado uma acalorada retórica secessionista e boa dose de obstinada recalcitrância por parte de funcionários públicos. A visita do presidente Johnson à área e uma ação do Congresso para que medidas de auxílio fossem providenciadas com rapidez levaram funcionários locais a elogiar Washington pela ajuda que a cidade e o estado tinham recebido. Porém, durante o período de recuperação, os residentes afro-americanos de Nova Orleans continuaram suspeitando de que não haviam sido tratados com justiça. Quatro anos depois, o furacão Camille (17-20 de agosto de 1969) varreu o sudeste num grande arco, afetando os estados do Mississippi, Tennessee, Kentucky, Virgínia Ocidental e Virgínia. Tempestade de categoria 5 quando se abateu no litoral do Mississippi, seus ventos atingiram mais de trezentos quilômetros por hora, causando um vagalhão com mais de sete metros e produzindo cem tornados, derrubando casas e parques de trailers em seu caminho. Tornou-se uma depressão tropical e moveu-se para leste, atravessando as montanhas da Virgínia Ocidental e depois a Virgínia, para chegar ao Atlântico.[100] O historiador Mark Smith observou que, anos depois, as pessoas que tinham vivido em lugares onde o Camille passara não conseguiam ouvir o som de uma motosserra sem lembrar os meses em que haviam sido removidos os escombros com o uso dessa ferramenta. Os danos foram estimados na época em 1,4 bilhão de dólares (o equivalente a cerca de 9 bilhões em dólares de 2013), e cerca de 5 mil casas vieram abaixo ou ficaram muito danificadas. O Mississippi e a Virgínia foram particularmente atingidos, e nesta última 153 pessoas morreram em inundações.

A natureza da resposta local e federal nesses estados foi visivelmente influenciada pela revolução dos direitos civis ocorrida naqueles anos e pelas estratégias políticas dos partidos políticos nacionais. O recém-eleito presidente Richard Nixon, cuja "Estratégia do Sul" republicana de avançar devagar na legislação dos direitos civis lhe valera o apoio sulista, se encarregou do programa de ajuda, mobilizando o Departamento de Prontidão para Emergências para coordenar medidas militares e civis. Embora esse departamento fosse em geral eficaz, houve reclamações de afro-americanos de que políticas segregacionistas estavam determinando grande parte da prestação de socorro, assim como acontecera nas iniciativas para a evacuação antes da tempestade.

A interseção entre assistência pós-furacão, raça e política veio numa época em que as escolas do Mississippi se encontravam, ao menos em teoria, no processo de dessegregação. Elas deveriam estar integradas em agosto de 1969. A administração Nixon arrastava tal medida, mas Leon Panetta, assessor da Secretaria do Departamento de Saúde, Educação e Bem-Estar, junto com outros oficiais do departamento, insistiu na implementação da legislação e tentou associar a assistência federal diretamente ao cumprimento da Lei dos Direitos Civis, de 1964: sem integração, não haveria material ou fundos para a reconstrução das escolas.[101] Nixon, sob considerável pressão de aliados sulistas no Congresso, conseguira retardar o processo de integração, mas não quis impedir a dessegregação. Quase invariavelmente na recuperação pós-catástrofe houve queixas sobre a manutenção de diferenças raciais e de classe no recebimento de ajuda, e sobre as desvantagens dos pobres no direcionamento de doações ou empréstimos para ações de reparo ou reconstrução.

Os furacões Hugo (1989) e Andrew (1992) foram grandes tempestades que causaram consideráveis danos em propriedades e perdas de vidas. Cada uma delas foi, em sua época, a catástrofe mais custosa que ocorrera nos Estados Unidos até então, e mesmo quando corrigidas pela inflação ou "normalizadas" por ajustes referentes a população e crescimento econômico, permanecem entre as mais custosas a atingir o país. Classificado na categoria 4 quando se movia pelas ilhas de Sotavento e sobre Saint Croix, o Hugo ameaçava impactar diretamente San Juan com ventos de mais de 190 quilômetros por hora, mas ao passar pelo parque tropical sobre a montanha El Yunque mudou de direção, e a cidade em certa medida foi poupada. Por vários anos depois disso, velas votivas eram acesas em sinal de agradecimento por pessoas que visitavam

El Yunque. Não obstante, o Hugo deixou na ilha danos no valor de 1 bilhão de dólares. Seguiu então para noroeste, atingindo a costa da Carolina do Sul e provocando marés tempestuosas com mais de seis metros de Charleston a Myrtle Beach. Causou 21 mortes e um prejuízo de 7 bilhões de dólares, número devido, em parte, à inadequação dos códigos de construção civil, revelada pela tempestade. Em paralelo com queixas das áreas afetadas da Carolina do Sul quanto às ações lentas e ineficazes da Fema e da Cruz Vermelha para prover ajuda após a catástrofe, surgiu uma série de argumentos contrários que cresceria em popularidade nas décadas seguintes. Um *think tank* conservador enquadrou o problema de uma perspectiva libertária. Por que deveria o governo, qualquer governo, se envolver nisso?[102] Os contribuintes não afetados não tinham responsabilidade para com as pessoas que haviam sofrido perdas, e estas poderiam depender do mercado aberto de seguros para proteger seus interesses. Evacuações forçadas e toques de recolher eram restrições à liberdade. Leis contra a elevação de preços de produtos essenciais em seguida à tempestade levaram a uma escassez que o livre mercado teria evitado. Um mercado irrestrito e o direito à propriedade eram a melhor solução para todos. Os "inimigos profissionais da humanidade — os ambientalistas", que queriam limitar a construção nas praias e que tinham promovido leis estaduais para esse fim, precisavam ser detidos, e a Fema devia simplesmente ser abolida. Essa posição, sustentada pelo economista americano Murray Rothbard e seu Instituto Mises, um *think tank* conservador e libertário que promovia a economia antiestatista da "Escola Austríaca", era de certo modo uma versão extrema da visão neoliberal e tinha elementos que repercutiam na direita do espectro político americano. Rothbard deixava clara sua posição. Dizia que a ajuda pós-catástrofe era um aspecto do "Estado de bem-estar social".[103]

Apenas três anos depois, o furacão Andrew passou pelas Bahamas e atingiu Dade County, no sul da Flórida (24 de agosto de 1992), com ventos contínuos de mais de 230 quilômetros por hora e rajadas de mais de 270 quilômetros por hora. Embora relativamente pequeno em tamanho, seus ventos e uma pressão barométrica que caiu a 690,63 milímetros de mercúrio (922 milibars) causaram um vagalhão com mais de cinco metros e terríveis danos a comunidades ao sul de Miami antes de atravessar a Flórida, atingindo mais tarde equipamentos petrolíferos no Golfo e a costa da Louisiana e do Mississippi como um furacão de categoria 3. O pagamento de seguros chegou a 15 bilhões de dólares e os danos totais foram estimados em 26 bilhões. Houve tantas solicitações de ressarcimento que onze companhias de seguro faliram e a legislatura da Flórida teve de criar um fundo especial para dar aos residentes uma cobertura adequada. Mesmo hoje em dia, o Andrew continua a ser o quarto mais custoso furacão a ter atingido os Estados Unidos.[104]

De muitas maneiras, o Andrew foi transformador. Ele revelou fraquezas administrativas e de infraestrutura em todos os níveis. Tanto a resposta federal quanto a estadual foram falhas. Amarrado na papelada da burocracia, três dias após a tempestade ter ocorrido e depois de o governador da Flórida, o democrata Lawton Chiles, ter solicitado intervenção federal ao presidente republicano George H. W. Bush, o diretor de Operações de Emergência de Dade County ainda clamava publicamente: "Onde, diabos, está a cavalaria neste caso?". Cerca de 180 mil pessoas tinham ficado sem casa, e a Fema, sob a liderança de um diretor inexperiente, mostrava-se ineficaz e lenta para responder.[105] Um meteorologista declarou depois: "A Fema estava preparada para fazer absolutamente nada, e foi isso que ela fez durante dias".[106] Com o aumento da pressão local, o presidente Bush autorizou o envio de tropas para auxiliar nas medidas de socorro e sustar alguns saques que estavam ocorrendo no sul da Flórida. Mais tarde foram distribuídos 290 milhões de dólares de ajuda federal e gastos 746 milhões na reconstrução da infraestrutura, mas apesar dessa ação houve também muitas falhas em nível local. A indústria de seguros no sul da Flórida estava sobrecarregada e incapaz de satisfazer as mais de 600 mil solicitações de pagamento.[107] Os códigos de construção civil não tinham sido seguidos e fora permitida a edificação de muitos imóveis em terrenos baixos e em frente à praia, o que havia criado uma situação de vulnerabilidade de alto risco em muitas áreas.

Houve ramificações políticas. Embora nas eleições de 1992 o presidente Bush tivesse vencido de novo na Flórida por uma pequena margem e muitos funcionários do governo local houvessem retornado a seus cargos, em termos nacionais o fracasso da Fema e o desempenho sem brilho na resposta ao furacão Andrew contribuíram para a vitória do presidente William (Bill) Clinton e para as 31 cadeiras a mais do Partido Democrata da Câmara de Representantes. Clinton nomeou James Lee Witt, um homem experiente no gerenciamento de calamidades, como diretor da Fema e elevou esse cargo a nível de governo. Reconhecendo, como demonstravam muitos estudos, que um dólar gasto em mitigação e prontidão rende pelo menos quatro vezes esse valor em termos dos custos da recuperação, a Fema deu início ao Projeto Impacto, que visava a ajudar comunidades a se prepararem para catástrofes.[108]

Mas após a eleição de George W. Bush, em 2000, a Fema foi posta sob a liderança de Joe Allbaugh, ex-gerente de sua campanha, que desmantelou o projeto por ser "um programa superdimensionado de privilegiamento" e removeu da agência qualquer papel na adoção de medidas de prontidão. O orçamento da Fema já fora reduzido quando, após os ataques terroristas de 11 de setembro de 2001, ela ficou subordinada ao novo Departamento de Segurança Interna. As atividades de antiterrorismo passaram a ser seu foco primordial e suas ações de preparação para desastres naturais foram quase eliminadas; e sugeriu-se que suas funções deveriam ser menos políticas e mais eficientes se voltadas para o setor privado.[109]

Esse foi o remédio neoliberal, que considerava o mercado a melhor solução para os desafios da política pública, e ele chegou numa época em que os governos foram obrigados a enfrentar ao mesmo tempo riscos de diferentes tipos, os naturais e, cada vez mais, os criados pelo homem. O sociólogo alemão Ulrich Beck afirmava que a modernidade e a tecnologia não eliminaram os riscos, mas fizeram deles um aspecto central da existência cotidiana, a "sociedade de risco" do mundo contemporâneo. Contudo, Beck não dedicou muita atenção à questão de como uma sociedade poderia priorizar os vários riscos a que estava sujeita, ou como lidar com eles simultaneamente. Após 2001, os Estados Unidos, traumatizados e com ímpetos vingativos devido aos ataques terroristas em Nova York e no Pentágono, optaram por travar uma guerra contra o terror como resposta primordial aos riscos que enfrentavam. A decisão de se concentrar no terrorismo subordinou outros riscos em termos de orçamento e de objetivos políticos. O perigo imediato dos furacões recorrentes foi rebaixado, sobretudo em termos de projetos e respostas a longo prazo. Num âmbito ainda mais amplo, a possibilidade de aquecimento global como um perigo antropogênico, que se encaixava tão bem no esquema de Beck, foi ou ignorada ou simplesmente refutada por um grande segmento da direita política, e nem mesmo soluções baseadas no mercado eram politicamente factíveis de serem aplicadas.

Em 30 de agosto de 2005, um dia após o furacão Katrina ter destruído Nova Orleans naquele que se tornou o maior desastre natural na história da nação, o jornalista Eric Holdeman, nas páginas do *Washington Post*, mencionou o rebaixamento e a transformação da Fema e o perigo que isso tinha criado para o país. Havia sem dúvida a possibilidade de novos ataques terroristas, disse ele, mas furacões, tornados, terremotos, vulcões, tsunamis, inundações, tempestades de vento, incêndios e gripe estavam destinados a ser uma preocupação nacional numa periodicidade semanal ou diária. "Eles com certeza virão, mais cedo ou mais tarde, mesmo que estejamos, num grau desarrazoado, enfraquecendo nossa capacidade de lhes responder."[110]

9. Velhas tempestades num novo século

> *Não estávamos em guerra, mas todo dia era Iraque,*
> *fazendo-me atravessar minha cidade num barco*
> *como um país do Terceiro Mundo que não tem nenhuma esperança.*
>
> BJ Willis, sobrevivente do Katrina

> *If it keeps on raining, the levee's gonna break.*
> *Some people still sleepin', and some people wide awake.**
>
> Bob Dylan, "The Levee's Gonna Break"

O furacão Katrina, que atingiu os estados de Louisiana e Mississippi e inundou a cidade de Nova Orleans em 2005, não foi uma anomalia. A mais dispendiosa catástrofe ocorrida nos Estados Unidos (custo estimado entre 81 bilhões e 125 bilhões de dólares), causadora direta de 1833 mortes (a tempestade mais fatal desde o furacão de Okeechobee, em 1928), foi o resultado lógico de uma longa história de encontros entre preocupações com mudanças sociais e polí-

---

* "Se continuar chovendo, o dique vai se romper./ Algumas pessoas ainda dormem, e algumas pessoas estão bem despertas." (N. T.)

ticas e os desafios apresentados pelas condições geofísicas nas ilhas e na periferia continental do Grande Caribe. Os temas que compõem a narrativa da trágica passagem do Katrina são os mesmos que caracterizaram a história das grandes tempestades durante séculos: percepções e ações locais, ideologias e convicções políticas e religiosas, conceitos distintos quanto às responsabilidades do governo, conflitos de autoridade, solidariedade comunitária, divisões sociais e raciais, altruísmo e sacrifício, cobiça e corrupção.[1] Mas o Katrina também surgiu num momento em que novas preocupações quanto ao impacto das ações humanas no meio ambiente e quanto à intensidade e a frequência dos furacões eram objeto de debate científico e político. Nenhum furacão, ou suas consequências, na história do Grande Caribe recebeu tanta atenção, análise e investigação governamental quanto o Katrina. Nestas páginas de conclusão, meu objetivo não é repetir essas detalhadas investigações e estudos, mas situar o evento dentro da longa e ainda envolvente história do impacto dos furacões nos povos da região do Atlântico Norte. O Katrina também nos obriga a examinar a atual controvérsia quanto às condições ambientais que afetam a frequência e a intensidade dos furacões, e quanto às medidas sociais, econômicas e políticas mais adequadas para melhor enfrentá-los, bem como a suas causas climáticas subjacentes. "Katrina" se tornou um signo para tudo que é inatural nos desastres naturais.

Em termos históricos e sociais, Nova Orleans é talvez uma das mais "caribenhas" das cidades nas regiões periféricas da América do Norte, com uma história de confrontos imperiais e mudanças de soberania, fusões culturais e linguísticas e uma duradoura e significativa presença afro-americana. Tem estado também, desde sua fundação, sujeita ao perigo constante de inundações. O posto de comércio original, construído pelos franceses em 1718 num terreno levemente elevado entre o rio Mississippi e o lago Pontchartrain, sempre foi suscetível a enchentes, tanto do rio como de vagalhões no lago provocados por furacões. Os Estados Unidos compraram a Louisiana de Napoleão em 1803, e quando a navegação a vapor abriu o rio para o comércio Nova Orleans floresceu, apesar de suas vulnerabilidades ambientais. Antes de 1871, a cidade fora inundada 38 vezes, e os diques construídos a partir de Nova Orleans em direção ao norte, ao longo do rio até Baton Rouge, nunca foram suficientes para eliminar a ameaça. Na verdade, à medida que os diques rio acima ficavam mais altos e resistentes, os problemas rio abaixo pioravam. Mais tarde, em 1879, o

Congresso criou a Comissão do Rio Mississippi, para controlar tanto o comércio quanto o gerenciamento da água. Agora era o Corpo de Engenheiros do Exército, e não os governos locais ou indivíduos privados, que construía diques e barragens e cavava novos canais, e apesar de ter havido outra grande inundação em 1927 que matou quinhentas pessoas, as cheias diminuíram e foi construído um excelente sistema de drenagem.[2] A criação do Programa Nacional de Seguro contra Inundações (1968) e da Agência Federal de Gestão de Emergências (1979) marcou a centralização cada vez maior da resposta a catástrofes.

O crescimento da cidade e sua localização num terreno mal drenado, pantanoso e sujeito a inundações tanto do rio quanto do lago deram origem a um problema constante para a saúde pública, a engenharia civil e o gerenciamento da água. Um grande segmento da população vivia abaixo do nível do mar. Em condições normais, Nova Orleans já sobrevivia numa relação tensa com seu meio ambiente, mas era também particularmente vulnerável a furacões. A experiência do passado sugeria que eles sem dúvida viriam.[3] Dos 323 furacões que atingiram a região continental dos Estados Unidos entre 1851 e 2004, 49 atravessaram a Louisiana, e dezoito destes eram de categoria 3 ou acima. Isso deixava o estado em terceiro lugar, só atrás da Flórida e do Texas, entre os que mais provavelmente seriam atingidos por uma grande tempestade.[4] A tensão entre a vulnerabilidade ambiental e a ação governamental era visível quando a resposta primária cabia à paróquia ou ao governo local, ao estado ou a indivíduos privados, e houve também preocupação quando aumentou o papel do governo central.

Durante o final do século xx, a vulnerabilidade de Nova Orleans a tempestades também crescera devido a transformações ambientais e sociais. Os *wetlands** e pântanos na foz do Mississippi e a oeste da cidade, que tinham servido de amortecedores para vagalhões provocados por tempestades, haviam encolhido bastante devido à construção de canais, à drenagem feita para facilitar a navegação no rio e ao desenvolvimento energético na produção de petróleo. A busca de vantagens econômicas e de "progresso" estava por trás desses desenvolvimentos, e o Corpo de Engenheiros era em geral um participante disposto e ativo nos planos; consequências ecológicas, tais como a cres-

---

* Termo genérico para terrenos úmidos e alagados, brejos, mangues etc. (N. T.)

cente penetração de água salgada nos *wetlands* costeiros quando da construção ou alargamento de canais, foram ou ignoradas ou minimizadas.[5] Por volta do ano 2000, cerca de 25 mil acres de *wetlands* eram perdidos anualmente.

À medida que a ecologia regional mudava, mudava também a composição social da cidade. Em 1950, ela era 70% branca e 30% afro-americana; em 1980, a proporção tinha se alterado para 50% branca, 50% afro-americana; e em 2005, brancos, hispânicos e asiáticos juntos representavam 33%, e afro-americanos, 67% da população urbana.[6] Quando o Katrina atingiu Nova Orleans, cerca de um quarto da população estava vivendo abaixo da linha de pobreza, e a renda familiar média (30 711 dólares) era um terço mais baixa que a média nacional (46 242 dólares). Apesar da imagem promocional do Mardi Gras, do jazz e da vida no estilo "deixa rolarem os bons tempos", Nova Orleans era residencialmente segregada, dividida entre sua comunidade de negócios e o resto da população, que vivia em altos níveis de pobreza, crime, analfabetismo e desemprego. O fardo da questão racial era um grande peso sobre a cidade e o estado da Louisiana, o segundo mais pobre do país. Nova Orleans tinha uma grande população com poucos recursos que era excepcionalmente vulnerável a catástrofes.[7] Em suas áreas mais carentes, como o Lower Ninth Ward, os afro-americanos eram quatro vezes mais numerosos do que os brancos. Esse bairro foi a região mais devastada quando os diques romperam durante a passagem do Katrina.

O medo de um grande furacão em Nova Orleans existia havia muito tempo e foi discutido com frequência. Funcionários municipais, jornalistas e acadêmicos tinham feito advertências sobre o assunto nas últimas décadas do século XX, e o Betsy (1965) e o Camille (1969) (figura 9.1) haviam chegado perto o bastante para oferecer um aviso claro do perigo de um furacão atingir a cidade e da potencial inundação de um centro urbano geograficamente vulnerável com uma grande população de cidadãos pobres. A questão era tão grave que, no planejamento pós-Onze de Setembro feito por várias agências governamentais americanas, a Fema compilou uma lista de possíveis cenários de catástrofes que incluía a ocorrência de um furacão e inundações em Nova Orleans, a qual exigia planejamento e preparação. Para isso foi organizado, em 2004, um "exercício prático" chamado Furacão Pam, durante o qual foram elaborados vários planos de ação. Mas a falta de financiamento federal impediu a realização de um simpósio subsequente, que avaliaria as deficiências ou problemas que o exercício identificara, sendo o principal deles o fato de que um grande segmento da população, talvez 100 mil residentes, não tinha meios de desocupar suas casas em caso de necessidade. Discussões quanto à criação de grupos de igrejas que se responsabilizassem por essa evacuação não prosperaram, e não havia nenhum plano adequado para a remoção dessas pessoas quando o Katrina atingiu a cidade.

A temporada de furacões de 2005 quebrou recordes. Uma década antes, a temporada de 1995 tinha sido extraordinária, com suas dezenove tempestades que receberam nomes, o dobro da média por temporada. Onze delas se tornaram furacões e cinco atingiram o nível de categoria 5, porém muitas haviam ficado fora, a leste, no oceano Atlântico. O ano de 2005 foi diferente. Houve sete grandes tempestades e elas custaram muito caro à região: 3913 mortes e quase 160 bilhões de dólares de prejuízo. México, Flórida, Cuba, Bahamas e a costa americana do Golfo, do Alabama ao Texas, foram atingidos, alguns por mais de uma tempestade. Os furacões Rita e Wilma, ambos de categoria 5, atingiram o continente nos Estados Unidos, mas não causaram tanta destruição quanto o Katrina, que era apenas uma tempestade de categoria 3 quando fustigou a costa do Golfo.

O Katrina, a 11ª tempestade da temporada, se formou nas proximidades das Bahamas em meados de agosto. Ao nascer, já dava pequenos sinais de que seria uma das tempestades mais perigosas do ano. Ele atravessou o sul da Flórida (25 de agosto) como um furacão mínimo, mas logo ganhou força sobre o Golfo, alcançando a categoria 5. Sua pressão central, de 675 milímetros de mercúrio (902 milibars), foi a terceira mais baixa jamais registrada nos Estados Unidos.[8] Era uma tempestade que se movia devagar, porém "molhada", e, embora estimativas originais de sua rota situassem seu impacto no continente mais a leste na costa do Golfo, Nova Orleans teve alguns dias de alerta antes de sua chegada. Os meteorologistas e o Serviço de Meteorologia tinham feito seu trabalho.[9] O prefeito, Ray Nagin, havia tentado notificar a cidade e acionar planos de emergência — "Este negócio é pra valer" —, mas postergou uma evacuação compulsória de hospitais e hotéis, por não querer prejudicar a indústria turística e por estar relutante em criar futuros problemas legais com negócios e serviços que seriam afetados. Por fim, na noite de 27 de agosto, ordenou a evacuação. Apesar de sua demora, já houvera alertas de emergência da governadora, Kathleen Blanco, e do presidente, George W. Bush.

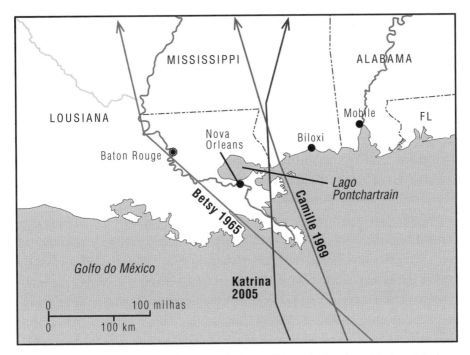

Figura 9.1. *A rota do furacão sobre Nova Orleans.* (Mapa de Santiago Muñoz Arbalaez, baseado em Cliff Duplechin em *World Watch Magazine*, set.-out. 2007.)

O Katrina chegou em terra, perto da foz do Mississippi, como um furacão de categoria 3 no final do dia 28, mas o vagalhão com dez metros de altura que provocou ao longo da costa dos estados do Mississippi, do Alabama e da Louisiana tinha dimensões de categoria 5. Os danos ao longo do litoral foram catastróficos. Nova Orleans foi devastada. Uma barragem no lago Pontchartrain não conseguiu conter o vagalhão, e em seguida alguns diques nos canais se romperam. Grandes setores da cidade, no final cerca de 80%, estavam submersos. Nova Orleans, com suas ruas inundadas, se tornara uma Atlântida crioula. Pessoas subiam nos telhados ou vadeavam as águas fétidas, misturadas com fluidos domésticos, destroços e lixo, que continuavam a subir. Essa foi a tempestade que Nova Orleans tinha temido havia séculos.

O golpe físico da tempestade foi pesado, mas a catástrofe estava apenas começando. Washington foi lenta na percepção da gravidade da situação, o prefeito não conseguira mobilizar todos os ônibus da cidade para retirar as pessoas, e a Fema, responsável pelo plano de ação em catástrofes, parecia desatenta, ineficaz ou incompetente. Os suprimentos de água e comida prometidos, definidos nos planos do exercício do furacão Pam, não haviam sido armazenados em quantidade suficiente nos portos de último recurso. A liderança da Fema tinha pouca experiência em ações de socorro em caso de catástrofes e suas operações estavam presas a uma burocracia que retardava ou interferia em procedimentos que dependiam de simples bom senso. Abundavam verdadeiras histórias de horror: médicos eram impedidos de ajudar as vítimas por não terem licença estadual; ônibus deixavam de ser mobilizados porque não possuíam ar-condicionado ou toalete; motoristas de ônibus não tinham permissão para trabalhar até que passassem pelo treinamento para lidar com casos de assédio sexual; a solicitação da governadora por ajuda nacional foi retardada em cinco dias porque não havia sido feita por escrito. Para piorar as coisas, a própria Fema fora subordinada ao Departamento de Segurança Interna e parte de sua verba havia sido remanejada para atividades de antiterrorismo. Seus objetivos políticos e de segurança tinham precedência sobre sua missão de responder a desastres naturais.[10] Apesar da tentativa da agência de proibir fotografias dos mortos e outras imagens negativas, a cobertura da televisão fez da tempestade uma questão pública, e a nação assistiu, horrorizada, a cenas de pessoas, a maioria negras, pedindo para ser resgatadas de cima de telhados ou de janelas de sótãos, vadeando ruas alagadas ou se agarrando a qualquer coisa que flutuasse (figura 9.2).

O pior de tudo foi a situação nos refúgios de último recurso, o Centro de Convenções e em especial o estádio Superdome, onde cerca de 25 mil pessoas tinham buscado abrigo. Nesses locais haviam sido feitos preparativos inadequados, e agora milhares de pessoas que não conseguiram deixar a cidade se amontoavam em condições insuportáveis, com pouca comida, água, instalações sanitárias e cuidados médicos. Parecia que o sistema de preparação para desastres e assistência tinha desmoronado por completo como resultado de má gestão, definições de autoridade não claras, comunicação deficiente e, em alguns casos, indiferença e incompetência. Especialmente irritantes durante a recuperação imediata foram as autocongratulações de burocratas pelas medidas de ajuda e a negação dos relatos de condições horríveis e de mortes como sendo "rumores".

Eleanor Thornton, que atravessou as ruas inundadas para chegar ao Cen-

Figura 9.2. *Sobrevivente do furacão Katrina com criança.* (United Press International, foto de Jeremy L. Grisham.)

tro de Convenções, testemunhou do lado de dentro as condições do local. Viu crianças com armas saqueadas do Wal-Mart aterrorizando pessoas que ali se refugiavam e disse que havia gente boa e gente má em cada situação, mas sua crítica mais veemente foi reservada ao governo:

> Eles nos tratam tão mal quanto se pode tratar seus camaradas seres humanos. Não me importa quem você é, qual é sua cor, de onde você é ou em que ambiente vive. Eu não trataria um cão dessa maneira. Os Estados Unidos explodem Bagdá e depois despejam comida em cima deles. (Meu irmão está servindo no Iraque.) Mas para nós eles não fazem isso. Só trouxeram comida para o Centro de Convenções cinco dias depois da tempestade. Eu adoraria saber como eles conseguem dormir à noite.[11]

Na verdade, cerca de 80% da população tinha sido evacuada, mas a maioria dos que ficaram e dos que estavam precisando desesperadamente de ajuda eram os pobres, os idosos e, sobretudo, os afro-americanos. Os planejadores sabiam que essas pessoas não tinham como deixar a cidade por conta própria, mas não havia nenhum plano para elas. As imagens de seu infortúnio e sua vulnerabilidade que apareciam todos os dias na cobertura da televisão levavam a cada casa uma mensagem de desigualdade social e racial como um tema que subjazia ao colapso da política pública.[12]

Muitos livros têm sido dedicados aos detalhes do fracasso nos preparativos e nas medidas de auxílio relacionados ao Katrina. Três aspectos ajudam a situar a tragédia no contexto da longa história de furacões na formação do Grande Caribe. O primeiro é a importância da localização. A capacidade de Nova Orleans para evacuar a maioria de seus cidadãos e para encontrar refúgio para eles em lugares tão distantes como Houston, Atlanta e Memphis demonstrou a grande vantagem que ilhas maiores ou territórios em terra sempre tiveram por ocasião desses eventos catastróficos. Uma ilha pequena como Barbados, Martinica ou Antígua em geral não contava com nenhuma área não afetada após a passagem de um grande furacão e, assim, tinha menos oportunidade de encontrar refúgio para sua população ou fontes acessíveis de alimento ou suprimentos depois dela. Ilhas grandes como Cuba ou Jamaica eram mais capazes de absorver os golpes internamente; e ainda maior era a capacidade do México ou dos Estados Unidos para fazê-lo. Muito da história do Katrina em Nova Orleans foi, por necessidade, uma história de diáspora.

A ordem ou desordem social é o segundo tema central na história do Katrina e integra a história dos furacões em geral. A possibilidade de uma ruptura da ordem social em seguida a um desastre natural e o desenvolvimento alternativo de comunidades solidárias influenciaram as ações das autoridades e do público em geral. Na Nova Orleans do Katrina em 2005, como em Barbados em 1831 ou Galveston em 1900, relatos e rumores de comportamento ilegal, pilhagem e desafio às autoridades se espalharam com rapidez, relatos que com frequência não só passaram a ser muito exagerados como também foram tingidos com imagens e sobretons racializados. Em Nova Orleans, cerca de um terço dos policiais tinha desertado de suas posições durante a tempestade, e outros, de comunidades vizinhas, de fato atiraram em vítimas que tentavam fugir a pé por uma ponte que ligava a cidade inundada a um subúrbio predominantemente branco. Relatos jornalísticos de tiros disparados contra helicópteros de resgate e de gangues de estupradores e assassinos no Superdome eram exagerados ou simplesmente inverídicos, e a imprensa pouco esforço fez para distinguir "pilhagem" de esforços para sobreviver por parte de pessoas carentes de água, leite, pão e papel higiênico.[13] Como sempre, as autoridades temiam, após um danoso furacão, uma ruptura da ordem social. Solicitaram presença militar, mas tanto no Mississippi quanto na Louisiana os governadores relutaram em ceder o controle da Guarda Nacional do estado para uma autoridade federal. A governadora Kathleen Blanco, da Louisiana, quis tropas federais para controlar o populacho hostil. Embora o secretário da Defesa, Donald Rumsfeld, tivesse intencionalmente adiado sua ativação, tropas do Exército regular, calejadas em batalhas, chegaram a Nova Orleans, mas só porque o oficial que as comandava, general Russel Honoré, ordenou-lhes que lembrassem que sua missão era socorrer as vítimas e ajudar na recuperação, e que baixassem as armas.[14]

Perdidas na exagerada narrativa de ruptura social havia histórias de solidariedade comunitária e de respostas humanitárias. Grupos de residentes rurais de terras e áreas pantanosas fora da cidade, a maioria deles brancos, apareceram em pequenos barcos para auxiliar nas mal preparadas medidas de resgate, formando o que mais tarde foi chamado de "flotilha *cajun*". Médicos, enfermeiras, mestres de obras e assistentes sociais de estados próximos e do resto do país ofereceram voluntariamente seus serviços. Governos estrangeiros se prontificaram a ajudar. A Polícia Montada do Canadá fez um trabalho extraordinário e até Fidel Castro, de Cuba, e Hugo Chávez, da Venezuela, estenderam ofertas de auxílio, as quais, é claro, foram recusadas. Contribuições voluntárias privadas choveram na Cruz Vermelha, uma instituição com seu próprio registro de fracassos nessa crise. Mesmo na ruptura da ordem no Superdome, a catástrofe não tinha reduzido as pessoas ao estado natural, todos contra todos, mas havia formado grupos de proteção e surgira um tipo de governo comunitário informal.[15] Quando enfim as tropas chegaram, esperando encontrar centenas de corpos, foram encontrados apenas seis, quatro deles de pessoas que tinham morrido de causas naturais e um de morte por suicídio. O que o pós-Katrina, como muitas outras situações pós-furacão, havia demonstrado era que as ações de autoajuda, das comunidades solidárias e da ação humanitária pelo menos igualavam em quantidade as de ruptura social, mesmo que os agentes da lei com frequência achassem isso difícil de aceitar.[16]

Os que eram evacuados experimentavam às vezes o que acreditavam ser um comportamento discriminatório ou deparavam com uma indiferença burocrática, mas outros se impressionavam com a generosidade e o cuidado com que eram tratados. BJ Willis, que tinha um passado *gangsta* de desespero em meio à pobreza e ao crime, expressou num rap: "Não estávamos em guerra, mas todo dia era Iraque/ fazendo-me atravessar minha cidade num barco/ como um país do Terceiro Mundo que não tem nenhuma esperança". Sua experiência do Katrina, as imagens que viu, de crianças e idosos morrendo e das tropas da Guarda Nacional seguindo a ordem de atirar para matar, queimavam em sua mente; porém a vivência positiva em Memphis, onde foi realocado, e as tentativas de sua família para sobreviver o levaram a tentar superar esse trauma buscando viver uma vida mais digna. "Tenho muita coisa pela frente para viver e não vou deixar nada disso me desencorajar."[17] No período de recuperação, residentes expressaram frustração por seu abandono e sarcasmo em seus apelos ao governo, gracejando — "Querem ligar para a Fema? O número é 1-800-HAHA" — ou vestindo camisetas pós-Katrina — "Fema = uma nova palavra de quatro letras com F", ou "Fema = Fix Everything, My Ass" [Conserta tudo, meu cu].[18]

O papel do governo nos desastres naturais é o terceiro tema na longa história dos furacões que o Katrina pôs em destaque. As falhas na resposta das autoridades contrastaram de forma gritante as posições ideológicas alternativas que se tinham desenvolvido desde a década de 1980 quanto à melhor maneira de as sociedades enfrentarem catástrofes. Já mencionamos as diferenças transnacionais no caso do furacão Mitch na América Central e do Gilbert na Jamaica. As diferenças de abordagem eram na realidade extensões de um amplo debate internacional sobre a natureza e os objetivos do próprio governo, mas, devido às crenças tradicionais profundamente arraigadas sobre a natureza limitada do governo nos Estados Unidos, e devido à influência do país no Grande Caribe e na economia mundial, a tragédia do Katrina parecia ser uma oportunidade única para avaliar os modelos de resposta governamentais que competiam entre si.

Explicações sobre a tempestade e críticas ao claro malogro do governo vieram de muitas direções. Alguns observadores sustentavam que a indiferença ou incompetência da Casa Branca de Bush era diretamente responsável pela situação, mas outros acreditavam que a explicação subjacente era que tanto as atenções quanto os recursos do país tinham sido desviados pelo trauma do ataque terrorista do Onze de Setembro e pela guerra no Iraque; o dinheiro agora era gasto nos preparativos para esses eventos incomuns, em vez de na muito mais comum ameaça de desastres naturais, como os furacões.[19] O orçamento para a manutenção dos diques sofrera graves cortes em 2005, e as tropas da Guarda Nacional se queixaram mais tarde de que seus melhores equipamentos tinham sido enviados para o Iraque e estavam indisponíveis para os trabalhos de resgate. No episódio do Katrina, os Estados Unidos tinham se mostrado carentes de recursos para lidar em seu próprio território com um risco natural recorrente. Contudo, muitas outras críticas sugeriam que a resposta governamental inadequada resultara do conceito de governo limitado, estruturado primordialmente por uma crença no capitalismo *laissez-faire* e pela dependência de soluções oriundas do mercado. A catástrofe estava na concepção de governo, não na execução de suas políticas. Sob administração republicana, o país tinha se tornado um "Estado não intervencionista",[20] com uma concepção muito reduzida do setor público. Isso implicava a ideia de que o abandono, por parte do governo, de seu papel primordial no bem-estar social, na educação e no alívio das consequências de desastres, e a concessão dessas responsabilidades, dentro de uma estrutura de mercado, a instituições privadas, indivíduos ou autoridades locais eram a principal causa da catástrofe do Katrina. Defensores dessa teoria puseram a culpa nas vítimas por sua própria situação deplorável. Bill O'Reilly, apresentador de um programa de entrevistas da TV, sugeriu que aqueles que não haviam sido evacuados eram dependentes químicos que não quiseram deixar seus fornecedores, enquanto o senador pela Pensilvânia Rick Santorum, mais tarde um esperançoso candidato republicano à presidência, disse a princípio que as pessoas que não tinham ido embora da cidade deveriam ser penalizadas de algum modo.[21] Um congressista da Louisiana, Robert Baker, de Baton Rouge, filho de um ministro metodista, viu um propósito divino na destruição: "Enfim limpamos as habitações sociais de Nova Orleans. Nós não podíamos fazê-lo, mas Deus fez".[22]

Do ponto de vista contrário, um grande número de estudos acadêmicos e comentários jornalísticos viu o Katrina como um "dilúvio neoliberal", e o processo de recuperação, que incluiu a demissão de 4 mil professores do ensino básico e a redução à metade das habitações sociais de iniciativa pública, como um excelente exemplo do "choque de capitalismo", o uso de uma catástrofe para empreender mudanças estruturais drásticas eliminando quaisquer constrangimentos à operação de uma economia de livre mercado.[23] Assim como o furacão tinha afetado de maneiras diferentes as populações com base em seu gênero, raça e renda, também a reconstrução da cidade tendia a ser mais rápida e mais vantajosa para os cidadãos mais ricos e mais brancos. Críticos liberais também ressaltaram que os custos econômicos e sociais do "saque corporativo" na forma de "capitalismo de compadrio", contratos sem licitação, subcontratações dispendiosas e arranjos por baixo do pano eram muito mais elevados do que os custos do saque de alimentos e produtos eletrônicos feito pelos pobres depois da tempestade.

O Katrina ofereceu uma lição, mas o modo como essa lição foi percebida dependeu muito da posição ideológica anterior de cada um. O economista liberal Paul Krugman, numa muito citada coluna de 2007 no *New York Times*, "Katrina All the Time" [Katrina o tempo todo], via na tempestade um exemplo revelador das falhas inerentes ao neoliberalismo e do abandono, por parte do governo, da ideia de bem público. Krugman advertiu que essa política seria o futuro da administração Bush. Por outro lado, alguns comentadores conservadores, como os economistas do Instituto Mises, viam o desamparo dos pobres da cidade simplesmente como evidência dos males e dependências criados pelo Estado de bem-estar social.[24] Outros ainda, sem qualquer consideração sobre os recentes cortes no orçamento e os recursos reduzidos, viam no fracasso do governo uma confirmação de que seu envolvimento em qualquer coisa estava destinado a ser falho. Economistas conservadores mais sérios e planejadores de política extraíram a lição de que as populações e nações mais ricas estavam mais bem capacitadas para enfrentar calamidades, de modo que um capitalismo desenfreado, direitos de propriedade sólidos e liberdades individuais constituíam o melhor seguro contra a recorrência dessas catástrofes. Apesar de a administração Bush, constrangida com seus malogros na resposta ao Katrina e debaixo de consideráveis críticas políticas, ter prometido grandes somas de dinheiro para a reconstrução de Nova Orleans, republicanos no Congresso logo responderam que os outros estados não eram responsáveis pelos problemas da Louisiana, ou que o financiamento da ajuda pós-catástrofe seria dispendioso demais para o governo e deveria ser deixado para o livre mercado.

De fato, a indústria de seguros logo aprendeu a se ajustar. Mais de 1 milhão de proprietários de casas seguradas pediram ressarcimento após o Katrina, e mais tarde as seguradoras pagaram mais de 40 bilhões de dólares, e o seguro federal contra inundações cobriu outros 15,7 bilhões. Após os furacões do final da década de 1990 e, depois, do Katrina, a indústria de seguros se deu conta de que estava muito exposta e que havia subestimado de maneira incorreta suas perdas potenciais. Tinha obtido grandes lucros nos anos de poucos furacões das décadas de 1970 e 1980, mas, num meio ambiente em mutação nos anos 1990, era uma indústria em dificuldades.[25] Um novo instrumento financeiro — títulos de catástrofe — surgiu, uma espécie de roleta baseada na previsão de calamidades. Enquanto o Katrina demonstrava ser uma lição cara, a indústria, agora dependente de informações científicas, acreditava cada vez mais que a mudança climática era real e que o risco de um desastre natural autorizava prêmios mais elevados. Ante as reclamações de clientes devido a esses preços e a relutância de algumas companhias em oferecer seguro contra catástrofes, governos estaduais intervieram para ajudar a subsidiar esse seguro, situação que ajudaria proprietários ricos que quisessem construir imóveis perto das praias, mas que estimularia esse risco distribuindo seu custo por toda a sociedade. Soluções de mercado para novos desafios ambientais tinham criado suas próprias charadas.

Uma resposta neoliberal dirigida ao mercado não é o único modelo possível para evitar ou se recuperar de um desastre natural. O fracasso dos Estados Unidos em responder de modo adequado ao desafio do Katrina pareceu estar num marcante contraste com o sucesso da socialista Cuba por ocasião do furacão Flora em 1963, e depois dele seu excelente resultado em termos de redução do número de mortes se tornou um modelo que muitas nações admiravam. Em 2004, durante o furacão Ivan, Cuba conseguiu evacuar cerca de 10% da sua população sem sofrer uma única morte.[26] No ano seguinte, o furacão Dennis, uma tempestade de categoria 4 e a mais séria desde o Flora, atingiu a ilha, destruindo ou danificando 120 mil casas e deixando 2,5 milhões de habitantes sem energia elétrica. Cerca de 1,5 milhão de pessoas, ou mais de 13% da população, foram removidas para lugar seguro e apenas dezesseis morreram devido a essa tempestade.[27] Esse impressionante feito na evacuação foi atribuído a políticas como a elaboração de listas de residentes idosos, doentes e incapacitados, providências para a evacuação de animais de estimação e a movimentação de médicos locais junto com o resto da população para que pudessem oferecer socorro. Fora acionado um plano consistente para integrar as iniciativas de muitas instituições, com claras definições de autoridade.

O contraste entre Cuba e os Estados Unidos era gritante, mas, se ampliarmos nossa perspectiva, fica claro que essa diferença não é simplesmente um resultado das diferenças entre capitalismo e socialismo. O Vietnã também é uma nação socialista, mas tem um registro relativamente ruim de mortes em furacões, enquanto o Japão, um país capitalista, tem um registro excelente, na verdade muito melhor que o dos Estados Unidos.[28] Uma relativa riqueza nacional aliada à capacidade de investir em mitigação preventiva e em preparação é sem dúvida importante, mas, como afirmou o sociólogo canadense Robert Brym, o fator decisivo não é a riqueza ou o fundamento ideológico da economia da nação, e sim "a vontade coletiva de assumir a responsabilidade de ajudar os camaradas cidadãos em necessidade, vontade que em geral é expressa na política do governo". Brym conclui: "Comparada com a de outros países, essa vontade coletiva é fraca nos Estados Unidos". Mas, na verdade, atitudes nacionais quanto à ajuda governamental em catástrofes e outros exercícios de responsabilidade social continuam profundamente divididas e contestadas com veemência nos Estados Unidos, e essas diferenças também influenciam as percepções conflitantes dos argumentos ecológicos e ambientais associados ao efeito do aquecimento global no futuro dos furacões.[29]

As nações menores do Caribe procuraram sua própria e possível resposta ao risco de catástrofes, considerando os perigos naturais, e em especial o crescente perigo da atividade dos furacões nas primeiras décadas no novo século, como uma ameaça particularmente desafiadora.[30] Uma estimativa aponta o número de mortes causadas por fenômenos naturais na América Latina em 4 724 502 no período 1991-2005. No caso específico do Caribe, faltam aos Pequenos Estados Insulares em Desenvolvimento (Small Island Developing States, Sids) os recursos dos Estados Unidos para responder a catástrofes, mas eles enfrentam os mesmos perigos. Bancos e instituições financeiras internacionais estudaram como oferecer estratégias para lidar com esses riscos. Um estudo feito pelo FMI em 2013 observou que o Caribe é uma das regiões mais propensas a catástrofes no mundo, tendo sofrido 187 desastres naturais nos sessenta anos anteriores.[31] Na Jamaica e nas Bahamas, a probabilidade de surgimento de um furacão em qualquer ano é de mais de 20%, e para grande parte do Caribe oriental a probabilidade é de mais de 10%. Dada a situação econômica nas ilhas e sua dependência da agricultura e do turismo, elas são particularmente vulneráveis a desastres naturais. O estudo do FMI previa que tais eventos iam reduzir as taxas de crescimento em 1%-5% e que seu fardo combinado com o débito no crescimento produziria uma espiral econômica descendente. A entidade sugeriu as medidas-padrão de redução de empréstimos para programas sociais, redução do setor público, redução da dívida e "reformas estruturais para aumentar o crescimento". Um objetivo principal aqui é "substituir a demanda ao setor público por demanda ao autofinanciamento do setor privado". O relatório não menciona a possibilidade de que essa solução neoliberal possa impactar a capacidade dessas nações insulares de responder aos riscos que as tornam tão vulneráveis, para começar.

O FURACÃO SANDY E O FUTURO

Em meio à controvérsia científica quanto ao efeito das mudanças climáticas na intensidade e na frequência das tempestades ciclônicas e aos debates ideológicos sobre a natureza e o papel do governo na preparação e proteção dos cidadãos em casos de calamidade, as velhas questões sobre as causas primárias dos furacões nunca desapareceram. Causas naturais, intervenção divina e erro humano ainda são parte do debate.

Como a temporada de furacões no Atlântico acontece todo ano entre junho e novembro, não é surpresa que a cada quatro anos exista a possibilidade de que uma ou mais dessas tempestades tenha efeito direto na eleição presidencial americana. Foi esse o caso em 2012, quando o furacão Sandy passou pelas Grandes Antilhas e atingiu Jamaica, Cuba, Haiti e República Dominicana, e depois seguiu para a costa leste dos Estados Unidos para fustigar Nova Jersey, Nova York e a costa da Nova Inglaterra. Com dimensões enormes, essa supertempestade tinha um diâmetro de quase 1800 quilômetros. O Sandy matou 286 pessoas e causou mais de 68 bilhões de dólares em prejuízos ao longo de sua rota desde Kingston, na Jamaica, até Québec, no Canadá. Furacão de categoria 2, com ventos de apenas 130 quilômetros por hora quando atingiu Nova Jersey, os danos que causou ainda fazem dele o segundo maior nos Estados Unidos, só atrás do Katrina em termos de perdas de propriedades e de infraestrutura. As imagens do presidente Barack Obama, democrata, e do governador de Nova Jersey, Chris Christie, republicano, caminhando pelas praias do estado e colaborando ativamente na recuperação e na resposta ao furacão se tornaram icônicas, num momento em que o impasse político era uma situação comum em Washington (figura 9.3). Na eleição realizada no mês seguinte, Obama venceu com grande margem. A popularidade de Christie nas pesquisas disparou depois, e em um ano ele já se apresentava como possível candidato à presidência, embora um subsequente escândalo envolvendo seus assessores, manipulação partidária dos fundos de ajuda após o furacão Sandy e um grande déficit do estado tenham diminuído em parte seu brilho em 2014. A cooperação entre Obama e Christie durante a calamidade não foi a única razão para a popularidade de ambos, mas a maioria dos observadores concordou, e algumas pesquisas confirmaram, que ela foi, sem dúvida, um fator importante na reeleição de Obama e na imagem favorável de Christie detectada pelas pesquisas. Foi uma demonstração de que o governo pode de fato ajudar em tempos de crise — ou ao menos, como afirmou provocativamente Paul Krugman, quando as autoridades não tratam o governo com desprezo.[32]

Embora as grandes controvérsias quanto aos desastres naturais estejam centradas agora na ciência e nas ideologias políticas, os furacões Katrina e Sandy ainda suscitam interpretações ligadas à Providência, em geral, mas nem sempre, por parte de líderes religiosos ou comunidades de crentes. Não surpreende que ministros evangélicos tenham visto o Katrina como um castigo pela permissividade sexual em Nova Orleans, pelos direitos concedidos aos

Figura 9.3. *O presidente Obama e o governador Christie depois da passagem do furacão Sandy.* (Reuters, foto de Larry Downing.)

gays, pelo aborto e por vários outros pecados, mas até o prefeito, Ray Nagin, disse na campanha pela reeleição que Deus tinha punido a cidade pela guerra no Iraque e, mais tarde, afirmou num discurso que Deus queria que Nova Orleans fosse afro-americana.[33]

O furacão Sandy, vindo na véspera de uma eleição presidencial, poderia ter também suscitado interpretações ligadas à Providência, mas as vozes dos que sempre viam a mão de Deus em tais eventos e até supunham saber qual era Sua vontade e a causa dessa insatisfação específica ficaram, nesse caso, reticentes; na verdade, o silêncio da direita evangélica era ensurdecedor. Alguns quiseram usar a tempestade para justificar sua oposição particular ao aborto, ou ao casamento gay, ou ao controle de armas, porém, exceto o popular evangelista Pat Robertson, que viu nela um projeto dos céus para manter o candidato republicano Mitt Romney, um mórmon, fora da Casa Branca, a maioria dos líderes evangélicos se manteve calada quanto à intenção divina ao desencadeá-la. Considerando o saldo positivo da maneira como Obama lidou com o Sandy em termos de resultados eleitorais, nenhum dos ministros evangélicos mais populares se dispôs a apresentar a interpretação de que Deus tinha enviado o furacão para demonstrar que a contínua difamação de Obama era injusta, ou que a oposição a sua política de ajudar os desfavorecidos da sociedade era contrária aos ensinamentos cristãos. Essas interpretações de sinais teriam sido possíveis, porém o providencialismo foi usado, como em geral tinha sido, para apoiar convicções políticas existentes, e não como catalisador de novas interpretações ou mudanças de opinião.

Mas enquanto Obama e Christie tinham lucrado politicamente com seu empenho em dar assistência às vítimas da tempestade, as questões políticas e científicas subjacentes que os furacões evocam continuavam em debate. Como deveria ser enfrentado o perigo dos fenômenos naturais? Até que ponto os governos eram responsáveis por oferecer proteção ou alívio em caso de calamidades? Em que medida estavam ocorrendo mudanças climáticas e, se estivessem ocorrendo, o que precisava ser feito para diminuir seu impacto no meio ambiente e nas sociedades? O Sandy era um exemplo da complexa e às vezes contraditória relação entre essas questões. O governador Christie buscou ardentemente ajuda federal para a recuperação de seu estado após o furacão e foi criticado por políticos de seu partido por essa abordagem de "grande governo" e pela dependência de Washington. Mas quanto ao problema do aquecimento global e seus possíveis efeitos no risco de desastres naturais, ele era, e no momento em que este livro está sendo escrito ainda é, tão cético quanto seus colegas republicanos e em várias ocasiões expressou suas dúvidas quanto às mudanças climáticas, ou pelo menos enfatizou que essas questões arcanas são para ele menos importantes do que a solução de problemas imediatos.[34]

Porém, considerar tudo isso uma questão de palavras contra fatos é fácil demais. Durante a passagem do Sandy, a Corporação de Trânsito de Nova Jersey, apesar de ter pronto um plano de emergência para levar seus trens para lugares elevados no caso de um furacão, não o seguiu, deixando-os em pradarias mais baixas, onde a tempestade causou a perda de um quarto do material rodante e danos no valor de mais de 150 milhões de dólares. O governador Christie e funcionários da Corporação de Trânsito acreditavam que seus cálculos antes da intempérie, baseados na experiência passada, tinham sido corretos, e explicaram esse erro de cálculo como consequência da severidade do evento, que ninguém poderia ter previsto. Mas a Autoridade de Transporte Metropolitano (Metropolitan Transportation Authority, MTA) de Nova York, ao enfrentar o mesmo problema, sofreu menos perdas e se recuperou muito mais rápido. Em Nova York, o governador Andrew Cuomo e a MTA, como resultado de tempestades e problemas anteriores, acreditavam que se as mudanças climáticas eram mesmo uma realidade, o passado não seria mais um guia confiável para o futuro. Cuomo e a MTA haviam levado a sério esse novo risco. Numa entrevista coletiva em 30 de outubro, um dia após o Sandy ter atingido a região, o governador declarou:

> As mudanças climáticas são uma realidade. Condições climáticas extremas são uma realidade. É uma realidade o fato de que somos vulneráveis, e se é para fazer nosso trabalho como funcionários eleitos, teremos de fazer as modificações necessárias para não incorrer nesse tipo de dano.[35]

Também ele evitou a questão politicamente muito carregada do que causava as mudanças climáticas e do que deveria ser feito quanto a isso.

Contudo, nesse caso específico, aceitar a possibilidade de que tais mudanças eram uma realidade produziu um saldo positivo para Nova York, enquanto as dúvidas e a ambivalência de Christie com relação ao tema e as dúvidas dos funcionários do trânsito que ele mencionou resultaram em catástrofe para a vizinha Nova Jersey. Um relatório da Agência Federal de Transporte e um relatório interno de Nova Jersey em 2001 tinham alertado para as consequências catastróficas de um vagalhão causado por furacão, e o Serviço Nacional de Meteorologia fizera projeções antecipadas advertindo que o Sandy era uma grande tempestade. Pelo menos 24 horas antes de Nova Jersey ser atingida, o Serviço de Meteorologia previu um vagalhão estimado em cinco metros, mas os funcionários locais deram pouca atenção a essa possibilidade, e o resultado foi um desastre nos transportes.

O Sandy forneceu evidências de que as soluções práticas e as respostas aos riscos de fenômenos naturais como furacões não podiam estar separadas das controvérsias científicas e dos debates políticos que as rodeavam, e que um líder ou uma nação que tente fazê-lo aumentará a vulnerabilidade a todos esses riscos. O fato de o financiamento da Fema ter sido tão reduzido, a ponto de os mapas da linha costeira que mostravam possíveis áreas de inundação em Nova York e Nova Jersey antes da passagem do Sandy estarem com uma defasagem de quinze ou vinte anos, revelou como a falta de atenção às questões mais amplas das mudanças climáticas contribuíram para criar a catástrofe.[36]

Em outubro de 2013, após ter sido reeleito governador de Nova Jersey, o discurso de vitória de Christie se referiu ao "espírito do furacão Sandy", o senso de comunidade e de cooperação que o evento tinha produzido, em termos muito parecidos com os usados por Fidel Castro nos dias que se seguiram ao Flora em 1963. No entanto, a experiência do líder cubano o deixara sensível aos desafios das mudanças ambientais e às vantagens políticas de uma forte ação governamental em resposta aos desastres naturais. Ainda não está claro se Christie, um republicano, que considerava concorrer à presidência em 2016, tinha aprendido a mesma lição, e se conseguiria fazer com que essa mensagem fosse atraente para os que o apoiavam e para seu partido político, cuja liderança continuava ou a negar as crescentes evidências científicas das mudanças climáticas antropogênicas, ou sugeria que, se de fato havia mudanças climáticas, o problema seria mais bem enfrentado, e a vulnerabilidade, reduzida com mais eficácia com mudanças nos padrões sociais do que tentando mudar o clima por meio da redução das emissões de carbono. Essa era a posição que alguns meteorologistas, como Pielke e Landsea, tinham defendido, e ela caía como uma luva numa posição ideológica que enfatizava um livre mercado irrestrito e o uso continuado de combustíveis fósseis.[37] Como as pessoas pobres e os países pobres sempre sofrem mais com os desastres naturais, eles alegavam que a melhor proteção contra a elevação do mar ou os "hiperfuracões" era eliminar a pobreza e elevar os níveis socioeconômicos. Quando, em maio de 2014, o senador Marco Rubio, da Flórida, representante de um estado considerado especialmente vulnerável à elevação do nível do mar e aos efeitos dos grandes furacões, questionou a prevalente opinião científica quanto às causas antropogênicas do aquecimento global e declarou que nada poderia ser feito para alterar as mudanças climáticas que não fosse, do ponto de vista econômico, prejudicial aos Estados Unidos, estava declarando em termos simples o esboço de uma posição ideológica que fora amplamente adotada desde a década de 1980, não apenas no país, mas também no Grande Caribe e no resto do mundo.[38] Na medida em que essa posição aumentava as vulnerabilidades ao enfraquecer o apoio financeiro para o setor público e investimentos em infraestrutura, ou ao diminuir ou desmantelar a autoridade central de estados nacionais ou organizações regionais, ela se tornou uma questão crucial no debate político. De certa forma, os furacões — e o modo como as sociedades lidam com eles — passaram a ser símbolos de duas visões de mundo que competem entre si.

Agora, a cada novo ano, quando em junho o mar começar a se aquecer e as estrelas da antiga constelação que os caraíbas chamavam de canoa da garça aparecerem de novo no céu da noite caribenha, os furacões vão retornar. Os povos do Atlântico Norte terão de enfrentar as tempestades e as antigas questões que elas suscitam: qual é a melhor maneira de neutralizar sua ameaça? Quem é o responsável por tal ação? E qual é o papel que Deus, a natureza e o gênero humano têm em suas origens e em seus efeitos? Neste novo século, essas antigas perguntas devem ser feitas e respondidas com mais urgência do que jamais foram.

Notas

PREFÁCIO [pp. 9-21]

1. Fernand Braudel, *The Mediterranean and the Mediterranean World in the Age of Philip II*. Nova York: Harper & Row, 1976, 2 v. O livro foi escrito quando Braudel era prisioneiro de guerra sem acesso a suas anotações, e publicado pela primeira vez em 1949. A primeira edição revista em francês saiu em 1966. Para uma visão alternativa da história do Mediterrâneo com ênfase na mudança ao longo do tempo e na atuação humana sobre as limitações geográficas, ver David Abulafia, *The Great Sea: A Human History of the Mediterranean* (Nova York: Oxford University Press, 2011), pp. xxv-xxviii.

2. Benjamín Vicuña Mackenna, *El clima de Chile: Ensayo histórico*. Buenos Aires: Francisco de Aguirre, 1970.

3. Neville A. T. Hall, *Slave Society in the Danish West Indies: St. Thomas, St. John and St. Croix*. Org. de Barry W. Higman. Mona, JAM: University of the West Indies Press, 1992, p. 1.

4. Visões gerais que forneceram resumos de informação meteorológica úteis são Roger A. Pielke, *The Hurricane* (Londres: Routledge, 1990); Paul V. Kislov, *Hurricanes Background, History and Bibliography* (Nova York: Nova Science Publishers, 2008); Patrick J. Fitzpatrick, *Natural Disasters Hurricanes: A Reference Handbook* (Santa Barbara, CA: ABC-Clio, 1999); Richard J. Murnane e Kam-biu Liu, *Hurricanes and Typhoons: Past, Present and Future* (Nova York: Columbia University Press, 2004); e James B. Elsner e A. Birol Kara, *Hurricanes of the North Atlantic: Climate and Society* (Nova York: Oxford University Press, 1999). Uma imensa quantidade de informações sobre tempestades passadas e atuais está agora disponível no site da Administração Oceânica e Atmosférica Nacional [National Oceanic and Atmospheric Administration (NOAA)] e seu Centro Nacional de Furacões. Ver <www.noa.gov/index e www.nhc.noaa.gov>. Muito im-

portante em termos históricos é a Atlantic Basin Hurricane Database (HURDAT), que reúne informações sobre tempestades históricas de 1850 até o século XX.

5. No campo da história ambiental, achei que foram especialmente úteis os ensaios de John McNeill, "Observations on the Nature and Culture Environmental History" (*History and Theory*, v. 42, n. 4, pp. 5-43, 2003) e José Augusto Pádua, "As bases teóricas da história ambiental" (*Estudos Avançados*, v. 24, n. 68, pp. 81-101, jan. 2010).

6. Um estudo-modelo do impacto das doenças na região é John Robert McNeill, *Mosquito Empires: Ecology and War in the Greater Caribean, 1620-1914* (Nova York: Cambridge University Press, 2010).

7. John Fowler, *A General Account of the Calamities Occasioned by the Late Tremendous Hurricanes and Earthquakes in the West India Islands, Foreign as Well as Domestic: With the Petitions to, and Resolutions of, the House of Commons, in Behalf of the Sufferers at Jamaica and Barbados: Also a List of the Committee Appointed to Manage the Subscriptions of the Benevolent Public, Towards Their Further Relief*. Londres: J. Stockdale and W. Richardson, 1781, p. i.

8. Comecei a desenvolver essa ideia primeiro em Stuart B. Schwartz, "Virginia and the Atlantic World", em *The Atlantic World and Virginia, 1550-1624*, org. de Peter C. Muncall (Williamsburg, VA: Omohundro Institute of Early American History and Culture, 2004), pp. 558-70. Para visões mais gerais do conceito de história do Atlântico, ver Jack P. Greene e Philip D. Morgan (Orgs.), *Atlantic History: A Critical Appraisal* (Oxford: Oxford University Press, 2009).

9. O início da Era Moderna é tratado em Bernard Baylin, *Atlantic History: Concept and Contours* (Cambridge, MA: Harvard University Press, 2005). Dois importantes textos sobre a história do Atlântico terminam essencialmente em 1900: ver Douglas R. Egerton, *The Atlantic World: A History, 1400-1888* (Wheeling, IL: Harlan Davidson, 2007) e Thomas Benjamin, *The Atlantic World: Europeans, Africans, Indians and Their Shared History, 1400-1900* (Cambridge: Cambridge University Press, 2009); John K. Thornton, *A Cultural History of the Atlantic World, 1250-1820* (Cambridge: Cambridge University Press, 2012) termina no início do século XIX. Um ensaio sobre a Irlanda e a teologia da libertação no século XX está incluído em Jorge Cañizares-Esguerra e Erik R. Seenan, *The Atlantic in Global History, 1500-2000* (Upper Saddle River, NJ: Pearson Prentice Hall, 2007).

10. Sobre o impacto nas Bermudas e seus efeitos, ver Ivor van Heerden e Mike Bryan, *The Storm: What Went Wrong and Why during Hurricane Katrina: The Inside Story from One Louisiana Scientist* (Nova York: Viking, 2006), pp. 18-9.

11. Jill S. M. Coleman e Steven A. LaVoie, "Paleotempestology: Reconstructing Atlantic Tropical Cyclone Tracks in the Pre-HURDAT Era". In: Shih-Yu Simon Wang, *Modern Climatology*. [S.l.]: InTech, 2012. Disponível em: < www.intechopen.com/books/modern-climatology/paleo-tempestology-reconstructing-atlantic-tropical-cyclone-tracks-un-the-pre-hurdal-era>. Acesso em: 22 abr. 2021.

12. Ver, por exemplo, James W. Wiley e Joseph M. Wunderle, "The Effects of Hurricanes on Birds with Special Reference to Caribbean Islands" (*Bird Conservation International*, v. 3, n. 4, pp. 319-49, 1993); Emery R. Boose, Mayra I. Serrano e David R. Foster, "Landscape and Regional Impacts of Hurricanes in Puerto Rico" (*Ecological Monographs*, v. 74, n. 2, pp. 335-52, maio 2004).

13. Leituras barométricas da pressão atmosférica são comumente apresentadas em milibars (métricas) ou em polegadas, ou milímetros de mercúrio. No nível do mar a pressão é de 1013

milibars, ou 759,97 milímetros, ou 29,92 polegadas. A pressão mais baixa (excluindo tornados) foi de 870 milibars, ou 652,78 milímetros.

14. A escala de Fujita, que prevê os efeitos da velocidade do vento dos tornados em prédios, foi usada às vezes nas descrições de danos causados por furacões.

15. Pitirim Aleksandrovi Sorokin, *Man and Society in Calamity: The Effects of War, Revolution, Famine, Pestillence upon Human Mind, Behavior, Social Organization and Cultural Life*. Westport, CT: Greenwood, 1968. Uma grande tradição no estudo das catástrofes pelas ciências sociais se desenvolveu em livros extraordinários, como Karl Erikson, *Everything in Its Path: Destruction of Community in the Buffalo Creek Flood* (Nova York: Simon and Schuster, 1976); Michael Barkun, *Disaster and the Millenium* (Syracuse, NY: Syracuse University Press, 1986); Barbara Bode, *No Bells to Toll: Destruction and Creation in the Andes* (Nova York: Scribner, 1989); Eric L. Jones, *The European Miracle: Environments, Economics, and Geopolitics in the History of Europe and Asia*, 2. ed. (Cambridge: Cambridge University Press, 1987) e Theodore Steinberg, *Acts of God: The Unnatural History of Natural Disaster in America* (Nova York: Oxford University Press, 2000); estas estão entre as obras que achei particularmente úteis quando concebi o projeto.

16. Matthew Mulcahy, *Hurricanes and Society in the British Greater Caribbean, 1624-1783*. Baltimore: Johns Hopkins University Press, 2006; Charles F. Walker, *Shaky Colonialism: The 1746 Earthquake-Tsunami in Lima, Peru, and Its Long Aftermath*. Durham, NC: Duke University Press, 2008; Geoffrey Parker, *Global Crisis: War, Climate Change and Catastrophe in the Seventeenth Century*. New Haven: Yale University Press, 2013; Louis A. Pérez, *Winds of Change: Hurricanes and the Transformation or Nineteenth Century Cuba*. Chapel Hill: University of North Carolina Press, 2001; Sherry Johnson, *Climate and Catastrophe in Cuba and the Atlantic World in the Age of Revolution*. Chapel Hill: University of North Carolina Press, 2011; Erik Larson, *Isaac's Storm: A Man, a Time, and the Deadliest Hurricane in History*. Nova York: Crown, 1999; Raymond Arsenault, "The Public Storm: Hurricanes and the State in Twentieth-Century America". In: Wendy Gamber, Michael Grossberg e Hendrik Hartog (Orgs.), *American Public Life and the Historical Imagination*. Notre-Dame, IN: University of Notre Dame Press, 2003, pp. 262-92; Ulrich Beck, *Risk Society: Towards a New Modernity*. Londres: Sage, 1992.

1. TEMPESTADES E DEUSES NUM MAR ESPANHOL [pp. 29-61]

1. Omar Ruiz Gordillo, "Fundaciones urbanas en México: La Veracruz en el siglo XVI". *Revista Altepetl. Geografía Histórica, Social y Estudios Regionales*, n. 5/6, 2012. Disponível em: <www.uv.mx/altpel/No5/anteriores/alt02/arts/funcaiones%20urbanas.pdf>. Acesso em: 22 abr. 2021.

2. AGI, Patronato 181. Sobre o papel de Veracruz no sistema mercantil espanhol, ver Pierre Chaunu, "Veracruz en la segunda mitad del siglo XVI y primera mitad del siglo XVII" (*Historia Mexicana*, v. 9, n. 4, pp. 521-57, 1960).

3. Virginia García Acosta, Juan Manuel Pérez Zevallos e América Molina del Villar, *Desastres agrícolas en México: Catálogo Histórico*. Cidade do México: Centro de Investigaciones y Estudios Superiores em Antrolopogía Social; Fondo de Cultura Económica, 2003, pp. 108-9.

4. Essa cronologia completa é apresentada em François Walter, *Catastrophes: Une histoire culturelle, XVIe-XXIe siècles* (Paris: Seuil, 2008).

5. Monica Juneja e Franz Mauelshagen, "Disasters and Pre-industrial Societies Historiographic Trends and Comparative Perspectives". *Medieval History Journal*, v. 10, n. 1/2, pp. 1-31, out. 2007.

6. François Walter, "Pour une Histoire culturelle des risques naturels". In: François Walter, Bernardino Fantini e Pascal Delvaux (Orgs.), *Les Cultures du risque: XVI*^{e}*-XXI*^{e} *siècles*. Genebra: Presses d'Histoire Suisse, 2006, pp. 6-28; Jean Delumeau, *Rassurer et protéger: Le sentiment de sécurité dans l'Ocident d'autrefois*. Paris: Fayard, 1989, pp. 179-210.

7. Virginia García Acosta, Juan Manuel Pérez Zevallos e América Molina del Villar, *Desastres agrícolas en México*, op. cit., pp. 1, 109.

8. Ver Héctor Cuevas Fernández e Mário Navarrete Hernández, "Los hurracanes en la época prehispánica y en el siglo XVI", em Adalberto Tejeda Martínez e Carlos Welsh Rodríguez (Orgs.), *Inundaciones 2005 en el estado Veracruz* (Xalapa: Universidad Veracruzana, 2006), pp. 39-49. Ver também Herman W. Konrad, "Fallout of the Wars of the Chacs: The Impact of Hurricanes and Implications for Prehispanic Quintana Roo Maya Processes", em Marc Thompson, Maria Teresa Garcia e Françoise J. Kense (Orgs.), *Status, Structure, and Stratification: Current Archaeological Reconstructions: Proceedings of the Sixteenth Annual Conference* (Calgary, AB: University of Calgary, Archaeologic Association, 1985), pp. 321-30.

9. Román Piña Chán e Patricia Castillo Peña, *Tajín: La ciudad del dios Huracán*. Cidade do México: Fondo de Cultura Económica, 1999, p. 46.

10. Herman W. Konrad, "Fallout or the Wars of the Chacs", op. cit., p. 334. Sobre os furacões de Yucatán nos séculos XIX e XX, ver Emery R. Boose et al., "Geographical and Historical Variation in Hurricanes across the Yucatan Peninsula", em Arturo Goméz-Pompa et al. (Orgs.), *The Lowland Maya Area: Three Millenia at the Human-Wildland Interface* (Binghamton, NY: Food Products, 2003), pp. 495-516.

11. Sobre a complicada história do diário de Colombo, ver Robert H. Fuson, *The Log of Christopher Columbus* (Camden, ME: International Marine, 1991), pp. 1-13. A edição e tradução de Fuson, como todas as outras, depende de um resumo editado feito pelo padre Bartolomé de Las Casas em algum momento entre 1527 e 1539, baseado numa cópia do original. Uma ligação com a língua dos caraíbas é sugerida por Douglas Taylor, "Spanish Huracán and Its Congeners" (*International Journal of American Linguistics*, v. 22, pp. 275-6, 1956).

12. Sebastián de Covarrubias, *Tesoro de la lengua castellana, o española*. Org. de Martín de Riquer. Barcelona: S. A. Horta, 1943, p. 706. Creio que essa entrada é um dos acréscimos de Benito Remigo Noydens à edição de 1674.

13. Irving Rouse, *The Tainos: Rise and Decline of the People Who Greeted Columbus*. New Haven, CT: Yale University Press, 1992.

14. Fernando Ortiz, *El huracán, su mitología y sus símbolos*. Cidade do México: Fondo de Cultura Económica, 1947.

15. O bispo de Santo Domingo observou em 1531 que "nesses meses os caraíbas provavelmente virão [para Porto Rico] porque há mais vantagens do que nos outros meses" ("*suelen venir los caribes por haber mas bonanzas que en otros meses del año*"). Ver AGI, Santo Domingo (SD), 93, seção 1, doc. 2.

16. Sebastián Robiou Lamarche, *Caribes: Creencias y rituales*. San Juan: Punto y Coma, 2009, pp. 182-92.

17. Ibid., p. 190. Ver Jacques Bouton, *Relation de l'establissement des François depuis l'an 1635: En l'isle de la Martinique, l'une des Antilles d'Amérique. Des moeurs des sauvages, de la situation, & des autres singularitez de l'isle* (Paris: Sebastien Cramoisy, 1640).

18. A escala Saffir-Simpson tem sido usada desde 1973 para distinguir a intensidade dos furacões no hemisfério ocidental. Ele usa cinco categorias de velocidade do vento: 1 (74-95 mph), 2 (96-110 mph), 3 (111-129 mph), 4 (130-156 mph) e 5 (157+ mph).

19. Antonio de Herrera Tordesillas, *Descripción de las Indias occidentales*. Madri: [s.n.], 1601, década 1, livro 2, cap. 15.

20. O relato original aparece em Bartolomé de Las Casas, *Historia de las Indias*, org. de Lewis Hanke (Cidade do México: Fondo de Cultura Económica, 1951). Foi analisado em termos meteorológicos por David McWiliams Ludlum, *Early American Hurricanes, 1482-1870* (Boston: American Meteorological Society, 1963), pp. 6-7. Também é discutido em termos culturais por Peter Hulme, *Colonial Encounters: Europe and the Native Caribbean, 1492-1797* (Nova York: Methuen, 1986), pp. 94-5.

21. Craig Martin, "Experience of the New World and Aristotelian Revisions of the Earth's Climates during the Renaissance". *History of Meteorology*, v. 3, pp. 1-15, 2006.

22. John H. Elliot, *The Old World and the New 1492-1650*. Cambridge: Cambridge University Press, 1970; Jorge Cañizares-Esguerra, "New World, New Stars: Patriotic Astrology and the Invention of Indian and Creole Bodies in Colonial Spanish America, 1600-1650". *American Historical Review*, v. 104, n. 1, pp. 33-68, fev. 1999; Anthony Grafton, *New Worlds, Ancient Texts: The Power of Tradition and the Shock of Discovery*. Cambridge, MA: Harvard University Press, 1992.

23. Martín Gelabertó Vilagrán, "Tempestades y conjuros de las fuerzas naturales: Aspectos magico-religiosos de la cultura en la Alta Edad Moderna". *Pedralbes: Revista d'Historia Moderna*, v. 9, pp. 193-9, 1989. Uma excelente análise do diálogo entre cultura erudita e popular na compreensão dos cometas é apresentada em Sara Schechner, *Comets, Popular Culture, and the Birth of Modern Cosmology* (Princeton, NJ: Princeton University Press, 1997). Ver também Jorge Cañizares-Esguerra, *Puritan Conquistadors: Iberianizing the Atlantic, 1550-1700* (Stanford, CA: Stanford University Press, 2006), pp. 120-77.

24. Essa observação foi feita por Antonello Gerbi, *Nature in the New World: From Christopher Columbus to Gonzalo Fernandez de Oviedo* (Pittsburgh: University of Pittsburgh Press, 1985), pp. 121-3. Gerbi observa que não se pediu que as expedições de Yañez Pinzon (1501), Ojeda (1505), Velázquez (1518) e Magalhães (1519) apresentassem relatórios. Sobre uma relativa e mais geral falta de curiosidade europeia, ver John H. Elliot, *The Old World and the New 1492-1650*, op. cit.

25. Rómulo D. Carbia, *La crónica oficial de las Indias ocidentales*. La Plata: República Argentina, 1934. Citado em Antonello Gerbi, *Nature in the New World*, op. cit., p. 120.

26. James Scott, *Seeing Like a State: How Certain Schemes to Improve the Human Condition Have Failed*. New Haven: Yale University Press, 1998.

27. Não entrei aqui na questão de fazer desse conhecimento propriedade exclusiva da Espanha. Esse tema foi abordado por vários autores. Ver, por exemplo, Alison Sandman, "Controlling Knowledge: Navigation, Cartography, and Secrecy in the Early Modern Spanish Atlantic", em James Delbourgo e Nicholas Dew (Orgs.), *Science and Empire in the Atlantic World* (Nova York: Routledge, 2008), pp. 31-52. Um bom exemplo específico do efeito de restringir informações

úteis foi a proibição da publicação de *Itinerario de navegación de los mares y tierras occidentales* (1575), de Juan Escalante de Mendoza, devido a sua descrição específica das melhores rotas de navegação para as Índias [Ocidentais]. Apesar da proibição, circulou amplamente em forma de manuscrito. Contém uma seção sobre furacões.

28. O aspecto utilitário da reunião do conhecimento da ciência espanhola no período é enfatizado por Antonio Barrera-Osorio, *Experiencing Nature: The Spanish American Empire and the Early Scientific Revolution* (Austin: University of Texas Press, 2006). Para uma discussão geral do desenvolvimento da cosmografia espanhola, ver María M. Portuondo, *Secret Science: Spanish Cosmography and the New World* (Chicago: University of Chicago Press, 2009).

29. A obra de Enciso aparece também em edições de 1530 e 1546. Ver a discussão em Antonello Gerbi, *Nature in the New World*, op. cit.

30. Pérez de Oliva discute os primeiros furacões, mas não emprega essa palavra, utilizando, em vez disso, *torbellino*, termo da experiência europeia: Fernán Pérez de Oliva, *Historia de la invención de las Indias*, org. de José Juan Arrom (Cidade do México: Siglo Veintiuno, 1991).

31. Bartolomé de Las Casas, *Historia de las Indias*, op. cit., cap. 69, "De las más terribles tormentas que se cree haber en todos los mares del mundo son las que por estos mares destas islas y tierra firme suele hacer".

32. Gonzalo Fernández de Oviedo y Valdés, *De la natural hystoria de las Indias*. Toledo: Remon de Petras, 1526. A primeira parte da *Historia general* foi publicada em 1535; a segunda parte foi concluída em 1541, mas só publicada em 1557.

33. Id., *Historia general*, v. 1, pp. 168-9; v. 3, p. 10; v. 6, p. 3.

34. Id., *Natural History of the West Indies*. Chapel Hill: University of North Carolina Press, 1959; id., *Sumario de la natural historia de las Indias*. Cidade do México: Fondo de Cultura Económica, 1950, p. 130.

35. Aparece em Gonzalo Fernández de Oviedo y Valdés, *Natural History*, op. cit.; Bartolomé de Las Casas, *Historia de las Indias*, op. cit.; e Tomás López Medel, *De los tres elementos: Tratado sobre la naturaleza y el hombre del Nuevo Mundo*, org. de Berta Ares Queija (Madri: Alianza, 1990).

36. Francisco del Paso y Troncoso e Silvio Arturo Zavala, *Epistolario de Nueva España, 1505-1818*. Cidade do México: J. Porrúa e Hijos, 1939, pp. 36-40.

37. Acompanho aqui o importante trabalho feito por Martín Gelabertó Vilagrán em "Tempestades y conjuros de las fuerzas naturales".

38. Gonzalo Fernández de Oviedo y Valdés, *Natural History of the West Indies*, op. cit., p. 37.

39. Diego de Landa, *Relación de las cosas de Yucatán*. 7. ed. Org. de Héctor Pérez Martínez. Cidade do México: P. Robredo, 1938, cap. 10, p. 23. Meus agradecimentos a Matthew Restall por essa tradução.

40. "*las cosas que están por venir y sabéis, señor, que solo Dios nuestro Señor las sabe, y no las puede saber ninguna criatura, si no es quien su Divina bondad las revela*." Ver Juan de Escalante de Mendoza, *Itinerario de los mares y tierras occidentales 1575* (Madri: Museo Naval, 1985), p. 140.

41. Estranhamente, a obra de 1590 do jesuíta José de Acosta, embora muito influenciada por ideias clássicas de meteorologia e geografia, não faz menção a furacões. Acosta se baseou nas ideias de Aristóteles de que ventos são exalações da umidade da terra para explicar os ventos do Novo Mundo. Ver José de Acosta, *Natural and Moral History of the Indies*, org. de Jane E. Mangan, trad. de Frances López-Morillas (Durham, NC: Duke University Press, 2002).

42. A historiadora Berta Ares acredita que provavelmente foi quando Juan de Ovando tornou-se *visitador* do Conselho das Índias e começou a reunir informações geográficas que López Medel preparou seu manuscrito. Em sua obra, havia pouco espaço para monstruosidades ou maravilhas, e ele enfatizou a natureza "racional" do Novo Mundo. Para ele, o "homem natural" estava mais próximo de Deus e os índios estavam nessa categoria. Ver Tomás López Medel, *De los tres elementos*, op. cit., pp. xxxii-xxxiii.

43. *"concurso y contraste de diversos y contrarios vientos."*

44. Por exemplo, sobre o impacto dos furacões em Yucatán, ver Herman W. Konrad, "Caribbean Tropical Storms: Ecological Implications for Pre-Hispanic and Contemporary Maya Subsistence on the Yucatan Peninsula" (*Revista de la Universidad Autónoma de Yucatán*, v. 18, n. 224, pp. 99-126, 2003) e Virgina García Acosta, "Hurracanes y/o desastres en Yucatán" (*Revista de la Universidad Autónoma de Yucatán*, v. 17, n. 223, pp. 3-15, 2002).

45. Tomás López Medel, *De los tres elementos*, op. cit., p. 33.

46. Particularmente úteis quanto a essas questões na Espanha são Martín Gelabertó Vilagrán, "Astrología, religión y pronóstico en el Renacimiento" (*Historia y Vida*, n. 305, pp. 68-75, ago. 1993) e "Supersticiones y augurios climáticos en la España de la Edad Moderna" (*Historia y Vida*, n. 296, pp. 23-8, nov. 1996). De grande importância é seu *La palabra del predicador: Contrarreforma y superstición en Cataluña (siglos XVII y XVIII)* (dissertação, Universidade de Barcelona, 2003), publicada como Martí Gelabertó, *La palabra del predicador: Contrarreforma y superstición en Cataluña, siglos XVII-XVIII* (Lleida: Milenio, 2005).

47. Ernest Germana, "Astrology, Religion and Politics in Counter-Reformation Rome". In: Stephen Pumfrey, Paolo L. Rossi e Maurice Slawinski (Orgs.), *Science, Culture, and Popular Belief in Renaissance Europe*. Manchester: Manchester University Press, 1991, p. 249.

48. Carmen Gonzalo de Andrés, "La predicción del tiempo en el Siglo de Oro español". *Revista del Aficionado a la Meteorología*, [s.d.]. Disponível em: <www.tiempo.com/ram/167/la-predició-del-tiempo-em-el-siglo-de-oro-español-s-xvi-xvii>. Acesso em: 22 abr. 2021.

49. Julio Ismael Martínez Betancourt, "Predicciones climáticas y el conocimiento popular tradicional del campesinato cubano". *Cautauro: Revista Cubana de Antropología*, v. 12, n. 22, pp. 121-30, 2010; Vicente Cubilla, "'Las cabañuelas' y la Estación de Climatología Agrícola". *Revista INRA*, n. 5, pp. 60-3, 1961.

50. Delno C. West e August King (Orgs.), *The "Libro de las Profecías" of Christopher Columbus*. Gainesville: University of Florida Press, 1991, pp. 106-7.

51. A declaração é extraída da carta prefacial de Colombo a Fernando e Isabel em seu livro de profecias. Ver ibid., p. 107.

52. Franz Mauelshagen, "Disaster and Political Culture in Germany since 1500". In: Christof Mauch e Christian Pfister (Orgs.), *Natural Disasters, Cultural Responses: Case Studies toward a Global Environmental History*. Lanham, MD: Lexington, 2009, p. 60.

53. Refiro-me aqui ao argumento de Jean Delumeau, *Sin and Fear: The Emergence of a Western Guilt Culture, 13th-18th Centuries* (Nova York: St. Martin's, 1990).

54. Bartolomé de Las Casas, *Apologética historia sumaria*. In: _____, *Obras completas*. Org. de Vidal Abril Castelló. Madri: Alianza, 1992, v. 6-8.

55. AGI, SD maço 2.

56. *Relación verdadera, en que se dà quenta del horrible Hurracán que sobrevino à la Isla, y Puerto de Santo Domingo de los Españoles el dia quinze de agosto de 1680*. Madri: Lucas Antonio de Bedmar, 1681.

57. Ver Alain Corbin, *Village Bells: Sound and Meaning in the Ninteenth-Century French Countryside* (Nova York: Columbia University Press, 1998).

58. Ver Teodoro Vidal, *El control de la naturaleza: Mediante la palabra en la tradición puertorriqueña* (San Juan: Alba, 2008), pp. 17-25.

59. Ibid.

60. Fernando Ortiz, *El huracán, su mitología y sus símbolos*, op. cit., p. 54. No século XVII o padre Labat, como muitos de seus comentadores contemporâneos, acreditava que o trovão dissipava o vento, mas mudou de opinião após o furacão que experimentou em 1695.

61. Por exemplo, frei Iñigo Abbad reportou que o céu ameaçador sobre a cidade de Aguada, na costa noroeste de Porto Rico, em 1772, levou a população a buscar a mercê divina com dois dias de súplicas públicas na ermida de Nossa Senhora de Espinal. Ver Rafael W. Ramírez de Arellano, "Los huracanes de Puerto Rico" (*Boletín de La Universidad de Puerto Rico*, v. 3, n. 2, p. 21, dez. 1932). Em Cuba, os sobreviventes do furacão San Evaristo, de 1837, relembraram muitos anos depois suas preces, promessas e a remoção das imagens de santos das igrejas para pedir a "clemência do céu". Ver José Martínez Fortún y Foyo, *Anales y efemérides de San Juan de los Remedios*, v. 1, parte 1 (1492-1849), entrada para 1837. Esse texto está disponível na íntegra em <www.cubangenclub.org/clist.php?nm=76>.

62. Damián López de Hero (Org.), *Sínodo de San Juan de Puerto Rico de 1645*. Madri: Centro de Estudios Históricos del CSIC, 1985, p. 73.

63. Minha sogra, Divina Arroyo de Jordán, informou-me que em Cabo Rojo, quando ela era menina, na década de 1920, sua avó falou na queima de palmeiras abençoadas como defesa contra tempestades. O uso de cinzas para desenhar cruzes nas casas, com a mesma finalidade, é recontado por Fernando Ortiz, *El huracán, su mitología y sus símbolos*, op. cit., p. 79.

64. "*San Lorenzo, San Lorenzo, amarra el perro y suelta el viento.*" Teodoro Vidal, *El control de la naturaleza*, op. cit., p. 41.

65. O termo *cordonazo* ("vergastada") é usado para furacões na costa do Pacífico no México. A mais antiga edificação espanhola nas Américas é a "*casa de cordon*", situada em Santo Domingo. A partir de 1503, serviu como residência para Francisco de Garay, um apoiador de Colombo que mais tarde se tornou governador da Jamaica. A corda com nó franciscano que adorna sua entrada era elemento decorativo comum na arquitetura gótica isabelina do século XV na Espanha, mas sua presença nessa edificação nunca foi explicada a contento. Como a cidade passou por três furacões durante o período de sua construção, é possível que sua presença seja uma proteção simbólica.

66. Extraí esse material de Fernando Ortiz, *El huracán, su mitología y sus símbolos*, op. cit., pp. 78-81.

67. "*Santa Barbara, doncella, líbranos de rayos y centellas, como libraste a Jonás del vientre de la ballena.*" "*San Isidro, labrador, quita el agua y pon el sol.*" Teodoro Vidal, *El control de la naturaleza*, op. cit., pp. 31, 56. Vidal dá excelentes exemplos colhidos de informantes idosos da área rural de Porto Rico.

68. Francisco Moscoso, *Juicio al gobernador: Episodios coloniales de Puerto Rico, 1550*. San Juan: Universidad de Puerto Rico; Decanato de Estudios Graduados e Investigación; Publicaciones Puertorriqueñas, 1998, p. 134.

69. A obra é citada e discutida em Peter Hulme, *Colonial Encounters*, op. cit., pp. 100-1. Ver também Peter Hulme, "Hurricanes in the Caribbees: The Constitution of the Discourse of English Colonialism", em Francis Barker e Jay Bernstein (Orgs.), *1642: Literature and Power in the Seventeenth Century: Proceedings of the Essex Conference on the Sociology of Literature, July 1980* (Colchester: University of Essex, 1981), pp. 55-83.

70. Moreau de Jonnès, *Histoire physique des Antilles Françaises* (Paris, 1822), como citado em Rafael W. Ramírez de Arellano, "Los huracanes de Puerto Rico", op. cit., pp. 9-10.

71. "Captain Langford's Observations on His Own Experience upon Hurricanes and Their Prognostiks". *Philosophical Transactions of the Royal Society*, v. 20, p. 407, 1698. Citado em Matthew Mulcahy, *Hurricanes and Society in the British Greater Caribbean, 1624-1783*, op. cit., p. 51.

72. Iñigo Abbad y Lasierra, *Historia geográfica, civil y natural de la isla de San Juan Bautista de Puerto Rico*. 3. ed. San Juan: Ediciones de la Universidad de Puerto Rico, 1970, p. 530.

73. Jean-Baptiste Labat, *Nouveau Voyage aux isles de l'Amerique*. La Haye: P. Husson, 1724, pp. 165-6.

74. Rafael W. Ramírez de Arellano, "Los huracanes de Puerto Rico", op. cit., p. 10.

75. Tomás López Medel, *De los tres elementos*, op. cit., p. 32. Declarações semelhantes foram feitas por Desiderio Herrera y Cabrera, *Memoria sobre los huracanes en la isla de Cuba* (Havana: Barcina, 1847).

76. Crab Jack relatou: "Caranguejos são bichos muito esquisitos e os melhores barômetros jamais vistos. Onde houver uma tempestade chegando, eles vão para águas profundas e se enterram na lama, e não saem dali até a tempestade passar". Lisa Waller Rogers, *The Great Storm: The Hurricane Diary of J. T. King, Galveston, Texas, 1900* (Lubbock: Texas Tech University Press, 2001), pp. 30-2. Ver também David G. McComb, *Galveston: A History* (Austin: University of Texas Press, 1986), p. 123.

77. Fernando Ortiz, *El huracan, su mitología y sus símbolos*, op. cit., p. 54.

78. "*unas tormentas que llaman huracanes, las mayores que en el mar se conocen*." Juan López de Velasco, *Geografía y descripción universal de las Indias*. Madri: Fortanet, 1894, p. 60.

79. Ver também Juan Escalante de Mendoza, *Itinerario de navegación de los mares y tierras occidentales 1575*, op. cit.

80. A etimologia do termo foi examinada por Peter Hulme, *Colonial Encounters*, op. cit., pp. 101-2. Ver também Matthew Mulcahy, *Hurricanes and Society in the British Greater Caribbean, 1624-1783*, op. cit.

81. *Noticias de Madrid*, 1621-2.

82. Craig Martin, *Renaissance Meteorology: Pomponazzi to Descartes*. Baltimore: Johns Hopkins University Press, 2011, p. 26.

83. Um estudo do Caribe de 1982 a 1991 sugere que a passagem de uma célula de baixa pressão do olho de um furacão era seguida, em dez dias, de atividade sísmica num âmbito 1600 quilômetros da rota do furacão, e que a atividade sísmica aumenta nos meses de setembro e outubro, o que sugere que mudanças atmosféricas desencadeiam atividade sísmica. Ver Karen Fay O'Loughlin e James F. Lander, *Caribbean Tsunamis: A 500-Year History from 1498-1998*

(Dordrecht: Kluwer Academic, 2004), pp. 75-9. Uma relação semelhante, mas causada por tensão sísmica oriunda de movimentação de solos, foi sugerida em 2010 pelo geofísico Shimon Wdowinski, da Universidade de Miami. Ver <rsmas.miami.edu/users/swdowinski/highlights.html>.

84. "*tumulto de rigurosos truenos y relampagos con grandísimos terremotos de huracanes de ayre.*" Ver *Espantoso huracan que vino sobre la Villa de Çafra, que fue servido Dios* [...] *sucediese por nuestros grandes pecados, para que sea escarmiento a tantas maldades como cada dia cometemos contra su divina Magestad: dase cuenta de la grande ruyna que uvo de personas y haziendas, en este* [...] *terremoto 1624* (Sevilha: Juan de Cabrera, 1624).

85. Waldo Ross, *Nuestro imaginario cultural: Simbólica literaría hispanoamericana*. Barcelona: Anthropos, 1992, p. 117. Nem o termo *terremoto* nem a palavra *huracán* aparecem em Sebastián Covarrubias Orozco, *Tesoro de la lengua castellana, o española* (Madri: L. Sanchez, 1611).

86. Robert Hermann Schomburgk, *The History of Barbados*. Londres: Brown, Green and Longman, 1848, pp. 47-8.

87. Governador Dalling para lorde George Germaine, 12 jan. 1781, em John Fowler, *A General Account of the Calamities Occasioned by the Late Tremendous Hurricanes and Earthquakes in the West India Islands, Foreign as Well as Domestic*, op. cit., pp. 5-7. Ver Edward Long, *The History of Jamaica* (Londres: T. Lowndes, 1774).

88. Bryan Edwards, *The History, Civil and Commercial, of the British Colonies in the West Indies*. 5 v. Londres: T. Miller, 1819, v. 4, pp. 273-4.

89. Robert Hermann Schomburgk, *The History of Barbados*, op. cit., p. 37.

90. Geoffrey Parker, *Global Crisis*, op. cit., pp. 14-5.

91. Sherry Johnson, *Climate and Catastrophe in Cuba and the Atlantic World in the Age of Revolution*, op. cit., p. 4. O argumento de Johnson se baseia em grande medida em Joëlle L. Gergis e Anthony M. Fowler, "A History of ENSO Events Since A.D. 1525: Implications for Future Climate Change" (*Climate Change*, v. 92, n. 3/4, pp. 343-87, fev. 2009); e César N. Caviedes, "Five Hundred Years of Hurricanes in the Caribbean: Their Relationship with Global Climatic Variabilities" (*GeoJournal* v. 23, n. 4, pp. 301-10, 1 abr. 1991).

92. John Davy, *The West Indies, Before and since Slave Emancipation, Comprising the Windward and Leward Islands' Military Command*. Londres: W. & F. G. Cash, 1854, p. 213; John Poyntz, *The Present Prospect of the Famous and Fertile Island of Tobago: With a Description of the Situation, Growth, Fertility and Manufacture of the Said Island. To Which Is Added, Proposals for the Encouragement of All Those That Are Minded to Settle There*. Londres: G. Larkin, 1683. Embora os furacões sejam infrequentes nessa latitude, eles não são desconhecidos ali. Tobago sofreu pesados danos em 1847. Ver *Tobago Hurricane of 1847: Papers Relative to the Hurricane in Tobago Presented to Both Houses of Parliament by Command of Her Majesty Queen Victoria, on April 11, 1848* (Port of Spain: Government Printery, 1966).

93. AGI, SD 93, doc. 47 (10 out. 1600).

94. José Luis Sáez, "Una carta anua de la residencia de Santo Domingo (23 Octubre 1695)". *Archivum Historicum Societatis Iesu*, v. 62, n. 124, pp. 281-312, 1993.

95. Augustín Udías, "Earthquakes as God's Punishment in 17th and 18th-Century Spain". In: Martina Kölbl-Ebert (Org.), *Geology and Religion: A History of Harmony and Hostility*. Londres: Geological Society, 2009, pp. 41-8.

96. Bernard Lavalle, "Miedos terranales, angustias escatológicas y pánicos en tiempos de terremotos a comienzos del siglo XVII en el Perú". In: Pilar Gozalbo, Anne Steples e Valentina Torres Septién (Orgs.), *Una historia de los usos del miedo*. Cidade do México: Colegio de México; Universidad Iberoamericana, 2009, pp. 103-27; Charles F. Walker, *Shaky Colonialism*, op. cit.; Jaime Valenzuela Márquez, "El terremoto de 1647: Experiencia apocalíptica y representaciones religiosas en Santiago colonial". In: _____ (Org.), *Historias urbanas: Homenaje a Armando de Ramón*. Santiago: Ediciones Universidad Catolica de Chile, 2007, pp. 27-65.

97. Juan de Solórzano Pereira, *De indiarum iure*. Org. de C. Baciero et al. Madri: Consejo Superior de Investigaciones Científicas, 2001, pp. 159-65.

98. A expressão "cosmos moral" é de Bob Scribner. É citada e discutida em Alexandra Walsham, *Providence in Early Modern England* (Oxford: Oxford University Press, 1999).

99. AGN, Inquisición, v. 710, expediente 68, fls. 469-82. Meus agradecimentos a María Jordán Arroyo por esta referência.

100. Carla Rahn Philips, *Six Gallons for the King of Spain: Imperial Defense in the Early Seventeenth Century*. Baltimore: Johns Hopkins University Press, 1986, p. 161. A associação de Nossa Senhora de Monte Carmel com tempestades vem da história do profeta Elias, no Antigo Testamento, cuja vitória sobre os profetas de Baal no monte Carmel traz uma nuvem que põe fim a uma seca em Israel.

2. OCASIÕES MELANCÓLICAS: FURACÕES NUM MUNDO COLONIAL [pp. 62-99]

1. O relato em que Cabeza de Vaca menciona sua experiência com furacões e tempestades começa com o furacão que presenciou no porto de Trinidad, Cuba. A edição definitiva é de Rolena Adorno e Patrick Pautz, *Alvar Núñez Cabeza de Vaca: His Account, His Life, and the Expedition of Pánfilo de Narváez* (Lincoln: University of Nebraska Press, 1999).

2. Sobre os relatos confusos e contraditórios dos furacões de 1530 em Porto Rico, ver José Carlos Millás, *Hurricanes of the Caribbean and Adjacent Regions, 1492-1899* (Miami: Academy of the Arts and Sciences of the Americas, 1968), pp. 60-2.

3. Ver, por exemplo, William Stapleton para Lordes de Comércio, 16 jul. 1683, *Calendar of State Papers: Colonial (CSPC)*, v. 11 (1681-5), pp. 452-62. Disponível em: <www.british-history.ac.uk/report/aspx?compid=69878>. Acesso em: 22 abr. 2021.

4. *CSPC*, ago. 1612, v. 1 (1574-1660), p. 14. Disponível em: <www.british-history.ac.uk/report.aspx?compid=68941&strquery=>. Acesso em: 22 abr. 2021.

5. John T. McGrath, *The French in Early Florida: In the Eye of the Hurricane*. Gainesville: University Press of Florida, 2000, pp. 20-1.

6. José Carlos Millás, *Hurricanes of the Caribbean and Adjacent Regions, 1492-1899*, op. cit., pp. 130-1.

7. Ver, por exemplo, o relato do bacharel Hurtado sobre o furacão de 1552 em Santo Domingo, que "queimou" todas as árvores e colheitas e acabou com o comércio da ilha. AGI, SD 49, seção 23, n. 145, impresso em Genaro Rodríguez Morel, *Cartas de la real audiencia de Santo Domingo (1547-1575)* (Santo Domingo: Archivo General de la Nación, 2011), p. 189.

8. Carla Rahn Phillips, *Six Galleons for the King of Spain: Imperial Defense in the Early Seventeenth Century*. Baltimore: Johns Hopkins University Press, 1986, pp. 11-3. Descrições do sistema de frota transatlântica são fornecidas por Alfredo Castillero Calvo, "La carrera, el monopolio y las ferias del trópico", em *Historia general de América Latina* (Madri: Trotta; Paris: Unesco, 1999), v. 3, pp. 75-124; Murdo MacLeod, "Spain and America: The Atlantic Trade, 1492-1720)", em Leslie Bethell (Org.), *The Cambridge History of Latin America* (Cambridge: Cambridge University Press, 1984), v. 1, pp. 341-88.

9. Levi Marrero, *Cuba: Economia y sociedad* (*CES*), v. 2, p. 149.

10. Ver Oscar Cruz Barney, *El combate a la piratería en Indias, 1555-1700* (Cidade do México: Oxford University Press, 1999).

11. Antonio Domínguez Ortiz, *Política y hacienda de Felipe IV*. Madri: Derecho Financiero, 1960.

12. Alejandro de la Fuente, César García del Pino e Bernardo Iglesias Delgado, "Havana and the Fleet System: Trade and Growth in the Periphery of the Spanish Empire, 1550-1610". *Colonial Latin America Review*, v. 5, n. 1, pp. 95-115, 1996. Ver também Alejandro de la Fuente, *Havana and the Atlantic in the Sixteenth Century* (Chapel Hill: University of North Carolina Press, 2008), pp. 51-81.

13. AGI, SD 49, seção xvi, n. 97, impresso em Genaro Rodríguez Morel, *Cartas de la real audiencia de Santo Domingo (1547-1575)*, op. cit., pp. 448-9.

14. Levi Marrero, *CES*, v. 3, p. 246.

15. AGI, maço 179 v.

16. AGI, Santo Domingo, maço 173, fls. 1161-4, citado em *EPR*, v. 3, pp. 212-3. O bispo Padilla declarou que "somente aqueles de nós que o viram podem compreender sua gravidade". Ver AGI, SD 173, fl. 1127.

17. Iñigo Abbad y Lasierra, *Historia geográfica, civil y natural de la isla de San Juan Bautista de Puerto Rico*, op. cit. Citado em Fernando Ortiz, *El huracán, su mitología y sus símbolos*, op. cit., p. 6; Edward Long, *The History of Jamaica*, op. cit., p. 63; Robert Schomburgk alegou mais tarde que se o furacão fosse uma dádiva divina, dado o terror por ele causado, era "um remédio agudo e aflitivo". Ver Robert Hermann Schomburgk, *The History of Barbados*, op. cit., p. 45.

18. Médéric Louis Elie Moreau de Saint-Méry, *A Topographical and Political Description of the Spanish Part of Saint-Domingo: Containing, General Observations on the Climate, Population, and Productions, on the Character and Manners of the Inhabitants, with an Account of the Several Branches of the Government: To Which Is Prefixed, a New, Correct, and Elegant Map of the Whole Island*. Filadélfia: [s.n.], 1796, v. 1, p. 30. 2 v.

19. Hilary McDonald Beckles, "The 'Hub of Empire': The Caribbean and Britains in the Seventeenth Century". In: *The Oxford History of the British Empire*. Org. de William Roger Louis et al. Oxford: Oxford University Press, 1998, v. 1, pp. 218-40.

20. Barry W. Higman, *A Concise History of the Caribbean*. Nova York: Cambridge University Press 2011, pp. 118-20; John Horace Parry e Philip Manderson Sherlock, *A Short History of the West Indies*. Londres: Macmillan, 1968, pp. 55-80.

21. O cardeal duque de Richelieu, Armand Jean du Plessis (1585-1642), serviu como principal ministro da França. Foi sucedido pelo cardeal Jules Mazarin (1602-61).

22. Essa história é contada em detalhes em Philip P. Boucher, *France and the American Tropics to 1700: Tropics of Discontent?* (Baltimore: Johns Hopkins University Press, 2008), pp. 66-87. Ver também Michel Devèze, *Antilles, Guyanes, la mer de Caraïbes, de 1492 à 1789* (Paris: SEDES 1977), v. 2, pp. 224-46.

23. A menos que observado em contrário, usei os termos "Leeward" [Sotavento] e "Windward" [Barlavento] como são comumente usados em inglês, com base nas divisões administrativas britânicas. O uso dos termos pode ser confuso. Geograficamente, primeiro os espanhóis e depois os outros europeus dividiram as Pequenas Antilhas em dois grupos de ilhas: a cadeia meridional estendendo-se das Ilhas Virgens ao sul de Trinidad, que foram chamadas de "Islands to the Windward", "Islas de Barlavento" ou "Iles au Vent", e as ilhas de Margarita para o oeste de Aruba ao longo da costa sul-americana, que foram chamadas "Islands to the Leeward", "Islas de Sotavento" ou "Iles sous le Vent". O grupo de Barlavento, diretamente afetado pelos ventos do nordeste, tendia a ser mais úmido; o grupo de Sotavento, mais árido. Os britânicos, no entanto, dividiam suas ilhas nas Antilhas meridionais em duas unidades administrativas: as ilhas de Guadalupe para o norte, que chamavam de ilhas de Sotavento, e de Martinica para o sul, que chamavam de ilhas de Barlavento. Dominica, situada entre Guadalupe e Martinica, estava a princípio no grupo de Sotavento, mas em 1940 se tornou parte do grupo de Barlavento. Administrativamente, Barbados e Trinidad e Tobago não eram parte das ilhas de Barlavento britânicas. A divisão administrativa britânica é hoje usada num sentido geográfico para agrupar as ilhas. Ver a discussão sobre o tema em Helmut Blume, *The Caribbean Islands* (Londres: Longman, 1974), pp. 5-6.

24. Anne Pérotin-Dumon, "French, English, and Dutch in the Lesser Antilles: From Privateering to Plantin (1550-1650)". In: Pieter C. Emmer et al. (Orgs.), *General History of the Caribbean*. Londres: Macmillan Caribbean; Unesco, 1997, v. 2, pp. 114-59.

25. Wim Klooster, "Other Netherlands Beyond the Sea". In: Christine Daniels e Michael V. Kennedy (Orgs.), *Negotiated Empires: Centers and Peripheries in the Americas, 1500-1820*. Nova York: Routledge, 2002, pp. 171-91; Linda M. Rupert, *Creolization and Contraband: Curaçao in the Early Modern Atlantic World*. Athens: University of Georgia Press, 2012.

26. J. Franklin Jameson, "St. Eustatius in the American Revolution". *American Historical Review*, v. 8, n. 4, pp. 683-78. jul. 1903.

27. O livro de Hall fornece excelentes estudos sobre a sociedade escravista nas ilhas dinamarquesas.

28. David Eltis, *The Rise of African Slavery in the Americas*. Cambridge: Cambridge University Press, 2000, p. 24. Ver também Ignacio Pérez Tostado, "Desarrollo político y económico de las Antillas británicas, siglos XV-XVIII", em Consuelo Naranjo Orovio, Ana Crespo Solana e María Dolores González-Ripoll Navarro (Orgs.), *Historia de las Antillas* (Madri: Consejo Superior de Investigaciones Científicas; Doce Calles, 2009), pp. 185-214.

29. Philip P. Boucher, *France and the American Tropics to 1700*, op. cit., pp. 20-1.

30. Lucien René Abénon, "Ouragans et cyclones à la Guadeloupe au XVIIIe siècle: Le problème alimentaire". In: Alain Yacou (Org.), *Les Catastrophes naturelles aux Antilles: D'une soufrière à une autre*. Paris: Karthala, 1999, pp. 163-71.

31. François Roger Robert, 1. fev. 1700. ANOM [Archive National d'Outre-Mer (Aix-en-Provence)], col. C8A, 12 F 87.

32. Charles Mesnier, controlador da Marinha na Martinica, 23 set. 1713. ANOM, col. C8A, 19F, 485.

33. Matthew Mulcahy, *Hurricanes and Society in the British Greater Caribbean, 1624-1783*, op. cit., pp. 10-34.

34. Joannes de Laet, *Nieuvve wereldt, ofte, Beschrijvingle van West-Indien wt veelderhande schriften ende aen-teckeninghen van verscheyden natien*. Leiden: Isaack Elzevist, 1625.

35. Dierick Ruiter, *Toortse der Zee-vaert: Om te beseylen de custen geleghen bezuyden den Tropicus Cancri, als Brasilien, West-Indien, Guinea, en Angola, etc.* Vlissingen: Marten Abrahamsz van der Nolck, 1623, p. 156.

36. ZAM Middelburg, 1580.1 State Publications, 1590-1695, *Vrydom voor degene die met hare Persoonen Huysgesinnen en Gevolgh near SURINAME gaen* (Liberdade para as pessoas que vão para o Suriname sozinhas, ou com suas famílias e comitiva). Argumentos semelhantes foram feitos para promover Tobago, Trinidad e até, por um período, Barbados.

37. Gerhard Brandt, *Het leven en bedryf van den Heere Michiel de Ruiter...* Amsterdam: Wolfgang, Waasberge, Boom, Van Someren en Goethals, 1687.

38. Labat, *Nouveau Voyage aux isles de l'Amerique*, op. cit., pp. 165-6. Ver Jean-Pierre Sainton e Raymond Boutin (Orgs.), *Histoire et civilisation de La Caraïbe: Guadeloupe, Martinique, Petites Antilles: La construction des societés antillaises des origines au temps présent, structures et dynamiques* (Paris: Maisonneuve et Larose, 2004), v. 1, pp. 41-2.

39. Guillaume Thomas François Raynal, *Histoire philosophique et politique des établissements et du commerce des européens dans les deux Indes*. Dublin: [s.n.], 1776, v. 5, pp. 24-8.

40. Gabriel Debien, *Lettres de colons*. Laval: Madiot, 1965, pp. 56, 64.

41. Ibid., p. 234.

42. William Smith, *A Natural History of Nevis, and the Rest of the English Leeward Charibee Islands in America*. Londres: J. Bentham, 1745, p. 243.

43. William Beckford, *A Descriptive Account of the Island of Jamaica: With Remarks upon the Cultivation of the Sugar-cane, Throughout the Different Seasons of the Year, and Chiefly Considered in a Picturesque Point of View; Also Observations and Reflections upon What Would Probably Be the Consequences of an Abolition of the Slave-trade, and of Emancipation of the Slaves*. Londres: T. and J. Egerton, 1790, p. 355.

44. NAGB, CO, 156/52. Governador Payne para o conde de Hillsborough, 5 set. 1772.

45. Ver, por exemplo, Henry Laurens, *The Papers of Henry Laurens*, org. de Philip M. Hamer et al. (Columbia: University of South Carolina Press, 1968), v. 1.

46. Richard Pares, "The London Sugar Market 1740-1769". *Economic History Review*, v. 9, n. 2, pp. 254-70, especialmente p. 264, 1956.

47. Governador Atkins para Lordes de Comércio, 4 e 14 jul. 1676, CSP, Índias Ocidentais 9, fls. 419-25/Gabinete Colonial 1/37, n. 22.

48. Vice-governador Stede para Lordes de Comércio, 18 set. 1687, *NAGB*, CO 1/68, n. 53.

49. William Dickson, *Letters on Slavery... to Which Are Added Addresses to the Whites, and to the Free Negroes of Barbados*. Londres: [s.n.], 1789, p. 40; George Frere, *A Short History of Barbados, from Its First Discovery and Settlement, to the End of the Year 1767*. Londres: J. Dodsley, 1768, p. 33. John Robert Ward, "The British West Indies in the Age of Abolition, 1748-1815", em *The Oxford History of the British Empire*, org. de Peter Marshall (Oxford: Oxford University Press,

1998), v. 2, *The Eighteenth Century*, quadro 19.2, p. 433, afirma que Barbados tinha 50 mil brancos e 70 mil escravos na década de 1670, mas Russell R. Menard, *Sweet Negotiations* (Charlottesville: University of Virginia Press, 2006), p. 25 menciona números mais baixos, de 22 400 brancos e 40 400 escravos em 1670.

50. Natalie Zacek, *Settler Society in the English Leeward Islands, 1670-1776*. Nova York: Cambridge University Press, 2010, p. 20.

51. Marco Meniketti, "Sugar Mills, Technology, and Environmental Change: A Case Study of Colonial Agro-Industrial Development in the Caribbean". *IA: The Journal of the Society for Industrial Archeology*, v. 32, n. 1, pp. 53-80, jan. 2006.

52. Tony Williams, *Hurricane of Independence: The Untold Story of the Deadly Storm at the Deciding Moments of the American Revolution*. Naperville, IL: Sourcebooks, 2008, pp. 68-9. Ver também Rhys Isaac, *London Carter's Uneasy Kingdom: Revolution and Rebellion on a Virginia Plantation* (Oxford: Oxford University Press, 2004).

53. Anônimo, *An Account of the Late Dreadful Hurricane, Which Happened on the 31st of August, 1772. Also the Damage Done on That Day in the Islands of St. Christopher and Nevis, Attempeted to be Ascertained. By the Editor*. Basse-Terre: Thomas Howe, 1772.

54. Lowell J. Ragatz, *The Fall of the Planter Class in the British Caribbean, 1763-1833: A Study in Social and Economic History* (Nova York: Century, 1928), pp. 18-21, apresenta uma visão geralmente negativa da vida religiosa nas Índias Ocidentais Britânicas.

55. Ibid., pp. 20-1.

56. Anônimo, *An Account of the Late Deadful Hurricane, Which Happened on the 31st of August, 1772*, op. cit., p. 1.

57. Bohun, por exemplo, acreditava que a Jamaica, Cuba e Hispaniola não eram afetadas por furacões.

58. Matthew Mulcahy, *Hurricanes and Society in the British Greater Caribbean, 1624-1783*, op. cit.

59. *Cartas del Cabildo de la Ciudad de Santo Domingo en el siglo XVII*. CCSD, XVII (27 out. 1630), p. 300.

60. AHMCH (Archivo Historico del Museo de la Ciudad de la Habana), *Acuerdos* do cabildo de Havana. Os anos 1550-78 foram publicados como *Actas capitulares del Ayuntamiento de la Habana*, v. 1584-1599. Havana: Município de la Habana, 1937. Ver também Levi Marrero, *CES*, v. 2, pp. 109-11.

61. Levi Marrero, *CES*, v. 3, p. 246.

62. Ver, por exemplo, a requisição de fundos para reparar uma muralha danificada por um furacão de 1551 em Porto Rico, in *Catalogo de cartas y peticiones del cabildo de San Juan (CCPCSJ)*, doc. 29 (1551).

63. Rafael W. Ramírez de Arellano, "Los huracanes de Puerto Rico", op. cit., pp. 12-3.

64. AGI, SD 2280, livro 1, fls. 77-78v. Ao mesmo tempo, Blas de Villasanti recebeu um período de dois anos de isenção do pagamento de dívidas devido aos danos que três furacões causaram em seu engenho de açúcar (*ingenio*). Ver AGI, SD 2280, livro 1, fl. 76v-77v.

65. "*De su voluntad no han de pagar blanca en su vida.*" AGI, SD 49, seção xvi, n. 97. In: Genaro Rodríguez Morel, *Cartas de la real audiencia de Santo Domingo (1547-1575)*, op. cit., pp. 448-9. Em 1552 o conselho reclamou novamente quanto às perdas causadas pelo furacão. Ver CCSD XVI (5 dez. 1551), v. 1, pp. 221-5.

66. AGI, SD maço 164, n. 8 (1534).

67. Alvaro Huerga, *Ataques de los caribes a Puerto Rico en el siglo XVI*. San Juan: Academia Puertorriqueña de la Historia; Centro de Estudios Avanzados de Puerto Rico y el Caribe; Fundación Puertorriqueña de las Humanidades, 2006, pp. 82-3.

68. CCSD XVI, cabildo ao rei Carlos I, 22 jun. 1555, pp. 233-36.

69. Ibid.

70. CCSD XVIII (20 ago. 1592), p. 193.

71. AGI, Santo Domingo maço 184 (nov. 1615).

72. CCPCSJ, doc. 180 (12 nov. 1615), doc. 182 (7 mar. 1616).

73. Redução no *almojarifazgo, diezmo, and chancellería*. Ver CCPCSJ, doc. 194 (25 set. 1625). Ver também Enriqueta Vila Vilar, *Historia de Puero Rico (1600-1650)* (Sevilha: Escuela de Estudios Hispano-Americanos, 1974), pp. 38-40.

74. "*que todo cuanta falta se desculpa con la tormenta y viene a ser tormenta para mí porque en virtud de este me falta de los diezmos.*" Salvador Arana Soto, *Historia de nuestras calamidades*. San Juan: [s.n.], 1968, p. 100.

75. Memorial do bispo de San Juan para a Audiencia de Santo Domingo: EPR, 3, 113n.

76. Juan Luis Vives, *Tratado del socorro de los pobres*. Valência: Hijo de F. Vives Mora, 1942. O papel do Estado no bem-estar social é discutido em Domingo de Soto, *Deliberación en la causa de los pobres (1545)* (Madri: Instituto de Estudios Políticos, 1965). Ver a discussão geral em Robert Jütte, *Poverty and Deviance in Early Modern Europe* (Cambridge: Cambridge University Press, 1994).

77. Sobre o desenvolvimento em geral da responsabilidade real e respostas à calamidade na França, ver Jean Delumeau e Yves Lequin (Orgs.), *Les Malheurs des temps: Histoire des fléaux et des calamités en France* (Paris: Larousse, 1987).

78. ANOM, col. A25, F259 n. 185 (30 mar. 1741); n. 66 (9 nov. 1728).

79. ANOM, *Ordonnance* (18 ago. 1766), col. C8A 68F 57; ANOM, col. C8B 12 n. 205.

80. Rainha ao governador Parke, 4 set. 1708, *CSPC*, v. 24, n. 127, p. 91.

81. Governador Stapleton para Lordes de Comércio, 13 fev. 1684, *CSPC*, v. 1; Comerciantes de Névis, 9 nov. 1708, *CSPC*, v. 24, n. 187, pp. 140-1; Conselho de Comércio para o governador Parke, 25 nov. 1708, *CSPC*, v. 24, n. 209, pp. 153-5.

82. Jonathan Mercantini, "The Great Carolina Hurricane of 1952". *South Carolina Historical Magazine*, v. 103, n. 4, pp. 351-65, 2002. Sobre o incêndio de 1740 em Charleston, ver Matthew Mulcahy, "The 'Great Fire' of 1740 and the Politics of Disaster Relief in Colonial Charleston" (*South Carolina Historical Magazine*, v. 99, n. 1, pp. 135-57, abr. 1998).

83. Jonathan I. Israel, *The Dutch Republic: Its Rise, Greatness and Fall, 1477-1806*. Oxford: Clarendon Press, 1995, pp. 353-60.

84. Santo Eustáquio também sofreu muitos danos. Uma carta de L. J. Benners and Son (7 out. 1772) relatava: "No momento vê-se tristeza e infortúnio entre os cidadãos". ZAM, Middelburgsche Commercie Compagnie, correspondência n. 57, Santo Eustáquio 1746-73.

85. Solicitação de George Hassell e outros, NAH, Índias Ocidentais, n. 1.05.06 (inventário n. 1151). Saba, embora fosse uma ilha holandesa na época, tinha sido propriedade tanto da França quanto da Inglaterra. Sua população branca era predominantemente britânica. A petição foi escrita em inglês e a maioria dos signatários tinha sobrenomes ingleses.

86. Governador Willem Hendrik Rink e Conselho, Sint Maartin (21 ago. 1792), NAH, Santo Eustáquio, Sint Maarten, Saba, n. 1.05.13.01 (inventário n. 295).

87. H. Th. Rolandus, em carta ao editor de *Algemeen Handelsblad* (Amsterdam, 13 dez. 1898) em resposta ao furacão que tinha atingido Curaçao, sugeriu a criação de um fundo nacional e pediu apoio, mas o fundo aparentemente não foi criado naquela época.

88. Bryan Edwards, *The History, Civil and Commercial, of the British Colonies in the West Indies*, op. cit., v. 2, p. 303.

89. Médéric Louis Elie Moreau de Saint-Méry, *A Topographical and Political Description of the Spanish Part of Saint-Domingo*, op. cit., pp. 31-2.

3. GUERRA, REFORMA E CATÁSTROFE [pp. 100-40]

1. John Robert McNeill, *Mosquito Empires*, op. cit., pp. 18-20.

2. José Carlos Millás, *Hurricanes of the Caribbean and Adjacent Regions, 1492-1899*, op. cit., p. 176.

3. Uma "combinação lamacenta de Paris e Veneza": Shannon Lee Dawdy, *Building the Devil's Empire: French Colonial New Orleans* (Chicago: University of Chicago Press, 2008), p. 82.

4. Jefferson T. Dillman, *From Paradise to Tropics: Landscape in the British West Indies to 1800*. Arlington: University of Texas, 2011, p. 257. PorQuest/UMI (AAT 3495001). Tese (Doutorado em História).

5. Reinaldo Funes Monzote, *From Rainforest to Cane Field in Cuba: An Environmet History since 1492*. Chapel Hill: University of North Carolina Press, 2008, pp. 20-45. Ver também Manuel Moreno Fraginals, *El ingenio: Complejo económico social cubano del azúcar* (Havana: Editorial de Ciencias Sociales, 1978), v. 1, pp. 157-66.

6. Armand Nicolas, *Histoire de la Martinique*. Paris: L'Harmattan, 1996, v. 1, p. 115.

7. William Beckford, *A Descriptive Account os the Island of Jamaica*, op. cit., v. 1, pp. x-xi.

8. Mulcahy apresenta evidências de que contemporâneos nas Índias Ocidentais acreditavam que o desflorestamento melhorava as condições de saúde e abria áreas para uma limpeza por meio dos ventos. Matthew Mulcahy, *Hurricanes and Society in the British Greater Caribbean, 1624-1783*, op. cit., pp. 27-8.

9. Ver a discussão no capítulo "Climate, Conservation and Carib Resistance: The British and the Forests of the Eastern Caribbean, 1760-1800", em Richard Grove, *Green Imperialism: Colonial Expansion, Tropical Island Edens, and the Origins of Environmentalism, 1600-1860* (Cambridge: Cambridge University Press, 1995), pp. 264-305.

10. John J. McCusker e Russell R. Menard (Orgs.), *The Economy of British America, 1607-1789*. Chapel Hill: University of North Carolina Press, 1985, pp. 153-4.

11. John Robert McNeill, *Mosquito Empires*, op. cit., pp. 129-33; Karen Fay O'Loughlin e James F. Lander, *Caribbean Tsunamis: A 500-Year History from 1498-1998*. Dordrecht: Kluwer Academic, 2003.

12. Steve Pincus e James Robinson, "Wars and State-Making Reconsidered: The Rise of the Interventionist State". Não publicado, 2012; Charles Tilly, *Coertion, Capital, and European States, AD 990-1992*. Cambridge, MA: Blackwell, 1992.

13. Allan J. Kuethe e Kenneth J. Andrien, *War and Reform in the Eighteenth-Century Spanish Atlantic World, 1713-1796*. Cambridge: Cambridge University Press, 2014.

14. Para a história em geral, minhas fontes são Jan Golinski, *British Weather and the Climate of Enlightenment* (Chicago: University of Chicago Press, 2007), pp. 80-91; Vladimir Janković, *Reading the Skies: A Cultural History of English Weather, 1650-1820* (Chicago: University of Chicago Press, 2001). Ver também Michael Chenoweth et al., "A Pioneer in Tropical Meteorology: William Sharpe's Barbados Weather Journal, April-August 1680" (*Bulletin of the American Meteorological Society*, v. 88, n. 12, pp. 1957-64, dez. 2007).

15. Michael Chevoneth et al., "A Pioneer em Tropical Meteorology", op. cit., p. 1963.

16. Jean-Baptiste Thibault de Chanvalon, *Voyage a la Martinique: Contenant diverses observations sur la physique, l'histoire naturelle, l'agriculture, les moeurs, & les usages de cette isle, faites en 1751 & dans les années suivantes: Lu à l'Académie Royale des Sciences de Paris en 1761*. Paris: J. B. Bauche, 1763, p. 135.

17. Ver a discussão em James E. McClellan, *Colonialism and Science: Saint Domingue in the Old Regime* (Chicago: University of Chicago Press, 2010), pp. 166-7.

18. Christian Georg Andreas Oldendorp, *Oldendorp's History of the Mission of the Evangelical Brethren on the Caribbean Islands of St. Thomas, St. Croix, and St. John*. Org. de Johann Jakob Bosart. Trad. de Arnold R. Highfield e Vladimir Barac. Ann Arbor: Karoma, 1987, pp. 41-9.

19. Nancy Díaz-Argüelles García, "El Observatorio Físico-Meteorológico de la Habana". *Anuario — Centro de Estudios de Historia y Organización de la Ciencia*, n. 1, pp. 218-47, 1988. Ver também as observações sobre clima em Alexander von Humboldt, *Ensayo político sobre la isla de Cuba*, org. de Miguel Angel Puig-Samper, Consuelo Naranjo Orovio e Armando García González (Madri: Doce Calles, 1998), pp. 149-65. Essa edição também fornece um útil resumo das origens iluministas da ciência em Cuba (pp. 47-57).

20. Jean-Baptiste Thibault de Chanvalon, *Voyage a la Martinique*, op. cit., p. 94. Para uma crítica das ideias pró-escravismo e racistas no pensamento iluminista, ver Louis Sala-Molins, *Les Misères des lumières: Sans la raison, l'outrage* (Paris: Homnisphères, 2008); Laurent Estève, *Montesquieu, Rousseau, Diderot: Du genre humain au bois d'ébène: Les silences du droit naturel* (Paris: Unesco, 2002). Essas tendências intelectuais acompanham o pensamento político de escravos e pessoas não brancas livres em Laurent Dubois, "An Enslaved Enlightenment: Rethinking the Intelectual History of the French Atlantic" (*Social History*, v. 31, n. 1, pp. 1-14, 2006).

21. Trevor G. Burnard, *Mastery, Tyranny, and Desire: Thomas Thistlewood and His Slaves in the Anglo-Jamaican World*. Chapel Hill: University of North Carolina Press, 2004, pp. 101-36; Michael Chenoweth, *The 18th Century Climate of Jamaica Derived from the Journals of Thomas Thistlewood, 1750-1786*. Filadélfia: American Philosophical Society, 2003.

22. Para o desenvolvimento de uma ideologia pró-escravismo, ver Gordon K. Lewis, *Main Currents in Caribbean Thought: The Historical Evolution of Caribbean Society in Its Ideological Aspects, 1492-1900* (Baltimore: Johns Hopkins University Press, 1983), pp. 94-170.

23. A expressão é citada em Eric L. Jones, *The European Miracle*, op. cit., p. xix.

24. Governador Russell para Lordes de Comércio, 24 out. 1694, CSPC, v. 14, n. 446, p. 385.

25. Ver Sherry Johnson, *Climate and Catastrophe in Cuba and the Atlantic World in the Age of Revolution*, op. cit., pp. 72-3.

26. Pierre J. Pannet, *Report on the Execrable Conspiracy Carried Out by the Amina Negroes on the Danish Island of St. Jan in America, 1733*. Org. de Aimery Caron e Arnold R. Highfield. Christiansted: Antilles, 1984.

27. RC (Rigsarkivet [Arquivos Nacionais Dinamarqueses], *Generalguvernementet 1716-1882*. *Plakatbøger* [Governo-Geral 1716-1882, notícias públicas] (2 set. 1772). Medidas semelhantes foram tomadas pelo governador em St. Croix após um furacão em 1785, quando a destruição de terrenos destinados à provisão para escravos levou o governo a abolir todos os impostos na importação de alimentos (27 ago. 1785).

28. Anônimo, *An Account of the Late Dreadful Hurricane Which Happened in the 31st of August, 1772*, op. cit.

29. Ibid., p. 2.

30. Ibid., p. 15.

31. Ibid., p. 40.

32. Ibid., pp. 50-1.

33. Levi Marrero, *CES*, v. 8, p. 107.

34. Elias Regnault, *Histoire des Antilles et des colonies françaises, espagnoles, anglaises, danoises et suédoises*. Paris: Firmin Didot Frères, 1849, p. 33.

35. Iñigo Abbad y Lasierra, *Historia geográfica, civil y natural de la isla de San Juan Bautista de Puerto Rico*, op. cit., como citado por Fernando Ortiz, *El huracán, su mitología y sus símbolos*, op. cit., p. 61. Guillaume Thomas François Raynal, *Historie philosophique et politique des établissements et du commerce des européens dans les deux Indes*. Amsterdam: Berry, 1772, v. 5, pp. 24-8. Para uma observação inglesa semelhante, ver a declaração de Edward Long: "Furacões, embora possam ser destrutivos em alguns aspectos, fertilizam a terra, purificam a atmosfera de emanações nocivas e trazem consigo um período de abundância". Edward Long, *The History of Jamaica*, op. cit., v. 3, p. 622.

36. AGI, SD 2417, n. 129. Ver também AHN (Archivo Historico Nacional [Madri]). Ultramar 1067, exp. 56 (25 set. 1815). Há controvérsia quanto às datas dos furacões de 1815 e 1816. Ver Luis A. Salivia, *Historia de los temporales de Puerto Rico y las Antillas, 1492 a 1970*, 2. ed. (San Juan: Edil, 1972), pp. 147-51. Creio que AGI, SD 2417 n. 129 confima que houve furacões em 30 de agosto de 1815 e 19 de fevereiro de 1816.

37. Arturo Morales Carrión, *Puerto Rico y la lucha por la hegemonía en El Caribe: Colonialismo y contrabando, siglos XVI-XVIII*. San Juan: Centro de Investigaciones Históricas, Editorial de la Universidad de Puerto Rico, 1995, pp. 93-154; Fernando Picó, *Historia de Puerto Rico*. Río Piedras: Huracán, 1986, pp. 98-114; Francisco A. Scarano, *Puerto Rico: Cinco siglos de historia*. San Juan: McGraw-Hill, 1993, pp. 167-96.

38. Acta (22 out. 1738), Aída R. Caro-Costas e Viola Vidal de Rodríguez (Orgs.), *Actas del Cabildo de San Juan Bautista de Puerto Rico* (San Juan: Municipio de San Juan, 1949), n. 95, pp. 143-5. Ver a discussão em Luis E. González Vales, "El Cabildo de San Juan Bautista de Puerto Rico en el siglo XVIII y la defensa de los derechos de los vecinos" (*Revista Chilena de Historia del Derecho*, v. 16, pp. 205-18, 1990).

39. Acta (22 out., 1738), Aída R. Caro-Costas e Viola Vidal de Rodríguez (Orgs.), *Actas del Cabildo de San Juan Bautista de Puerto Rico*, op. cit., n. 95, p. 44.

40. Ibid.

41. Acta (16 jan. 1739), Aída R. Caro-Costas e Viola Vidal de Rodríguez (Orgs.), *Actas del Cabildo de San Juan Bautista de Puerto Rico*, op. cit., pp. 151-2.

42. Rafael W. Ramírez de Arellano, "Los huracanes de Puerto Rico", op. cit., pp. 18-9.

43. Um relato clássico é Enrique Florescano, *Precios del maíz y crisis agrícolas en México (1708-1810): Ensayo sobre el movimiento de los precios y sus consecuencias económicas y sociales* (Cidade do México: El Colegio de México, 1969). Ver também a evidência em Virginia García Acosta, Juan Pérez Zevallos e Molina del Villar, *Desastres agrícolas en México*, op. cit., pp. 317-71.

44. Sherry Johnson, *Climate and Catastrophe in Cuba and the Atlantic World in the Age of Revolution*, op. cit., pp. 2-3. Para uma cronologia alternativa da Pequena Era do Gelo, ver Brian M. Fagan, *The Little Ice Age: How Climate Made History, 1300-1850* (Nova York: Basic, 2000).

45. AGI, maço 1136 (16 out. 1768); AGI, maço 1137, Negocios de Habana.

46. Um excelente e detalhado exame dessas tempestades e seus efeitos está em Sherry Johnson, *Climate and Catastrophe in Cuba and the Atlantic World in the Age of Revolution*, op. cit., pp. 110-22.

47. Matthew Mulcahy, *Hurricanes and Society in the British Greater Caribbean, 1624-1783*, op. cit., pp. 141-64.

48. John Frederic Schlegel, *A Short Account of the Effects of the Late Hurricane in the West Indies: As Far as Relates to the Missions of the Brethren in the Islands of St. Croix and St. Christopher.* [S.l.]: [s.n.], 1785, p. 3.

49. Matthew Mulcahy, "The 'Great Fire' of 1740 and the Politics of Disaster Relief in Colonial Charleston", op. cit., pp. 135-57. Subscrições de caridade pela London Society of West India Merchants feitas após vários incêndios em cidades das Índias Ocidentais são listadas em Lowell J. Ragatz, *The Fall of the Planter Class in the British Caribbean, 1763-1833*, op. cit., p. 15.

50. Governador Ulrick Wilhelm Röepstorff para a Coroa, 2 set. 1772, RC, Generalguvernementet 1716-1882, Plakatbøger, Vestindiske Regering (St. Croix, 27 ago. 1785).

51. Anne Pérotin-Dumon, *Être Patriote sous les Tropiques: La Guadeloupe, la colonisation et la révolution (1789-1794)*. Basse-Terre: Société d'Histoire de la Guadeloupe, 1985, p. 39.

52. Grégory Quenet. *Les Tremblements de terre en France aux XVIIe et XVIIIe siècles: La naissance d'un risque*. Seyssel: Champ Vallon, 2005, pp. 228-50.

53. Ibid.

54. Ibid. Ver também René Favier, "La Monarchie d'Ancien Régime et l'indemnisation des catastrophes naturelles à la fin du XVIII siècle", em René Favier (Org.), *Les Pouvoirs publics face aux risques naturels dans l'histoire* (Grenoble: CNRS; Maison de Sciences de l'Homme-Alpes, 2002), pp. 71-104.

55. René Favier. "La Monarchie d'Ancien Régime et l'indemnisation des catastrophes naturelles à la fin du XVIII siècle", op. cit., p. 72.

56. ANOM, col. C8A 19F 420; ANOM, col. C8A 19F, 485.

57. James S. Pritchard, *In Search of Empire: The French in the Americas, 1670-1730*. Cambridge: Cambridge University Press, 2004, p. 79.

58. Anne Pérotin-Dumon, *La Ville aus iles, la ville dans l'île: Basse-Terre et Pointe-à-Pitre, Guadeloupe, 1650-1820*. Paris: Karthala, 2000, p. 153.

59. Lucien René Abénon, "Ouragans et cyclones à la Guadeloupe au XVIIIe siècle", op. cit., pp. 168-71.

60. William Beckford, *A Descriptive Account of the Island of Jamaica*, op. cit., p. 90.

61. Baseei essa visão geral em José Carlos Millás, *Hurricanes of the Caribbean and Adjacent Regions, 1492-1899*, op. cit., pp. 253-60; David McWilliams Ludlum, *Early American Hurricanes, 1482-1870*, op. cit., pp. 70-2. Ver também Edward N. Rappaport e José Fernandez-Partagás, "History of the Deadliest Atlantic Tropical Cyclones since the Discovery of the New World", em Henry F. Diaz e Roger S. Pulwarty (Orgs.), *Hurricanes: Climate and Socioeconomic Impacts* (Nova York: Springer, 1997), pp. 93-108.

62. A carta é citada em David McWiliams Ludlum, *Early American Hurricanes, 1482-1870*, op. cit., p. 69.

63. Ibid., p. 70. Publicado originalmente em *The Gentleman's Magazine*, v. 50, pp. 621-3, 1780; *Annual Register*, pp. 292-8, 1780.

64. Matthew Mulcahy, *Hurricanes and Society in the British Greater Caribbean, 1624-1783*, op. cit., pp. 108-14.

65. "Relation de l'Ouragan du 10 octubre 1780 par William Matthew Burt", ANOM, col. C8B 15 N 44.

66. NAH, Santo Eustáquio, Sint Maarten e Saba, 1.05.13.01 número de inventário 550, Memorial, diário, livro-razão e correspondência enviada por Beaujon e Filho, 1780-7. Millás relata a pesada perda de vidas e navios em Santo Eustáquio, mas a carta de Beaujon, datada de 13 de novembro 1780, conclui: "Em resumo, escreve alguém, não se ouve nada a não ser catástrofes, acidentes e danos, causados por esse incrível furacão. Como Deus foi bom conosco nessa pequena rocha, e quanto Lhe devemos em nossos corações! Devagar os produtos começam a chegar de novo e a navegação começa a acontecer [...]". José Carlos Millás, *Hurricanes of the Caribbean and Adjacent Regions, 1492-1800*, op. cit., p. 257.

67. Carta enviada de Santo Eustáquio, 20 out. 1780, publicada em John Fowler, *A General Account of the Calamities Occasioned by the Late Tremendous Hurricanes and Earthquakes in the West India Islands, Foreign as Well as Domestic*, op. cit., pp. 71-3.

68. O ataque a Santo Eustáquio resultou num escândalo, pois o almirante George Rodney e o comandante militar general George Vaughn foram acusados de se aproveitar do saque da ilha. Uma expedição conjunta holandesa-francesa retomou a ilha em 1781. Ver Franklin Jameson, "St. Eustatius in the American Revolution" (*American Historical Review*, v. 8, n. 4, pp. 683-708, jul. 1903).

69. Ver Cipriano de Utera, *Santo Domingo: Dilucidaciones históricas, I-II* (Santo Domingo: Secretaría de Estado de Educación, Bellas Artes y Cultos, 1995), v. 1, p. 432; Luis A. Salivia, *Historia de los temporales de Puerto Rico y las Antillas, 1492 a 1970*, op. cit., pp. 113-5.

70. Suplemento à *Royal Gazette* (7-14 out. 1780). Simon Taylor, proprietário de plantation jamaicano, escreveu a Chaloner Arcedeckne (14 dez. 1786) que estava plantando inhame e mandioca para evitar a dependência de bananas, mas reclamava que as tempestades eram tão frequentes que era impossível formar um estoque mesmo dessas culturas mais resistentes. No ano seguinte (1 maio 1787), ele se queixou de que a fruta-pão que tinha trazido do Pacífico provavelmente não sobreviveria aos furacões. Excertos dessa correspondência estão disponíveis em <blog.soton.ac.uk/slaveryandrevolution>.

71. Governador Dallin para lorde George Germain, 20 out. 1780, Jamaica Archives, 1B/5/18.

72. Bryan Edwards, *The History, Civil and Commercial, of the British Colonies in the West Indies*, op. cit., pp. 234-5.

73. David Beck Ryden, *Producing a Peculiar Commodity: Jamaican Sugar Production, Slave Life and Planter Profits on the Eve of Abolition, 1750-1807*. Minneapolis: University of Minnesota, 1999, pp. 193-9. Tese (Doutorado em História).

74. O relacionamento problemático dos plantadores com o governo imperial e sua relativa perda de influência após a perda das colônias continentais são observados em Trevor Burnard, "Harvest Years? Reconfigurations of Empire in Jamaica, 1756-1807" (*Journal of Imperial and Commonwealth History*, v. 40, n. 4, pp. 533-55, 2012).

75. John Fowler, *A General Account of the Calamities Occasioned by the Late Tremendous Hurricanes and Earthquakes in the West India Islands, Foreign as Well as Domestic*, op. cit.

76. ANOM, col. C8A 79 F 10. No final de dezembro de 1780, o intendente Peynier relatou que 1600 barris de farinha e 1200 de carne salgada tinham sido distribuídos às três ilhas, metade disso como dádiva e o resto a ser pago em julho seguinte. Ver ANOM, col. C8A 79 F 173.

77. Félix Renouard Sainte-Croix, *Statistique de la Martinique*. Paris: [s.n.], 1822, v. 1, pp. 96, 120-1.

78. ANOM, col. C8B 15 N66.

79. AGI, maço 1127 Negociado de la Habana. Petição para reconstruir a cadeia e a prefeitura com dinheiro de impostos e para isentar o clero de pagamento de impostos foi rejeitada.

80. Sherry Johnson, *Climate and Catastrophe in Cuba and the Atlantic World in the Age of Revolution*, op. cit., pp. 150-3.

81. David McWiliams Ludlum, *Early American Hurricanes, 1482-1870*, op. cit., p. 68; Gilbert C. Din e John E. Harkins, *The New Orleans Cabildo: Colonial Louisiana's First City Government, 1769-1803*. Baton Rouge: Louisiana State University Press, 1996, p. 95.

82. Por exemplo, *Actas del Cabildo de San Juan Bautista de Puerto Rico* (20 jun. 1783), n. 1273); AGI, SD 2304 (20 set. 1784); AGI, SD 2305 (6 set. 1785); AGI, SD 2308 (24 ago. 1786).

83. AGI, SD 2308 (26 abr. 1788).

84. Thomas Thistlewood vendeu sua parte a um guarda-livros por cerca de 140 libras esterlinas. Ver Trevor G. Burnard, *Mastery, Tyranny, and Desire*, op. cit., p. 65.

85. Detalhes dessas reclamações são apresentados em Kamau Braithwaite, *The Development of Creole Society in Jamaica, 1770-1820* (Kingston, JAM: Ian Randle, 2006, pp. 149-50.

86. Um excelente resumo das petições e dos problemas que elas provocaram está em Matthew Mulcahy, *Hurricanes and Society in the British Greater Caribbean, 1624-1783*, op. cit., pp. 180-8.

87. Uma discussão completa aparece em Melanie J. Newton, *The Children of Africa in the Colonies: Free People of Color in Barbados in the Age of Emancipation* (Baton Rouge: Louisiana State University Press, 2008), pp. 95-6.

88. A melhor análise da relação dos furacões com a escravidão é Matthew Mulcahy, *Hurricanes and Society in the British Greater Caribbean, 1624-1783*, op. cit., pp. 97-105. Mulcahy também destilou essa informação em Matthew Mulcahy, "Hurricanes, Slavery, and Social Disorder in the British Greater Caribbean", em III Conferência Bienal Allen Morris sobre a História da Flórida e do Mundo Atlântico, 2003, Tallahassee.

89. Ver Andrew Jackson O'Shaughnessy, *An Empire Divided: The American Revolution and the British Caribbean* (Filadélfia: University of Pennsylvania Press, 2000).

90. Richard B. Sheridan, "The Crisis of Slave Subsistence in the British West Indies during and after the American Revolution". *William and Mary Quarterly*, 3ª série, v. 33, n. 4, pp. 615-41, out. 1976.

91. Andrew Jackson O'Shaughnessy, *An Empire Divided*, op. cit., p. 173.

92. Trevor G. Burnard, *Mastery, Tyranny, and Desire*, op. cit., p. 5.

93. William Beckford, *A Descriptive Account of the Island of Jamaica*, op. cit., v. 1, pp. 115, 138-40.

94. Matthew Mulcahy, *Hurricanes and Society in the British Greater Caribbean, 1624-1783*, op. cit., pp. 107-15.

95. Robert E. Luster, *The Amelioration of the Slaves in the British Empire, 1790-1833*. Nova York: P. Lang, 1995, pp. 3-4. O historiador William Beckford, que viveu na Jamaica durante quinze anos, foi um importante defensor da melhora como o caminho mais adequado no caso dos escravos. Seu *A Descriptive Account of the Island of Jamaica*, op. cit., foi na verdade escrito quando ele era prisioneiro por ter enviado um pagamento a um amigo que sofrera grandes perdas no furacão de 1780.

96. Hector McNeill, *Observations in the Treatment of the Negroes, in the Island of Jamica Including Some Account of Their Temper and Character: With Remarks on the Importation of Slaves from the Coast of Africa in a Letter to a Physician in England*. Londres: G. G. J. and J. Robinson, 1788, pp. 38-9.

97. Ibid., pp. 39-40.

98. William Dickson, *Letters on Slavery*, op. cit., pp. 96, 162.

99. A história parece ter se originado como um registro para janeiro de 1816 em Matthew G. Lewis, *Journal of a West India Proprietor, Kept during a Residence in the Island of Jamaica* (Londres: John Murray, 1834). Foi expandido em Theodora Elizabeth Lynch, *The Wonders of the West Indies* (Londres: Seeley, Jackson, & Halliday, 1856).

100. John Fowler, *A General Account of the Calamities Occasioned by the Late Tremendous Hurricanes and Earthquakes in the West India Islands, Foreign as Well as Domestic*, op. cit., pp. i-ii. Ver Richard B. Sheridan, "The Formation of Caribbean Plantation Society, 1689-1748", em *The Oxford History of the British Empire*, org. de William Roger Louis et al. (Oxford: Oxford University Press, 1998), v. 2, pp. 404-5.

101. Particularmente interessante nesse aspecto é a descrição dos brancos da dinamarquesa Saint Thomas, feita por Johan Lorentz Carstens na década de 1740, em que todas as usuais características negativas atribuídas aos crioulos das colônias britânicas também aparecem. Ver Johan Lorentz Carstens e Arnold R. Highfield, *J. L. Carstens' St. Thomas in Early Danish Times: A General Description of All the Danish American or West Indian Islands* (St. Croix: Virgin Islands Humanities Council, 1997), pp. 54-7.

102. Michel-René Hilliard d'Auberteuil, *Considerations sur l'état present de la colonie française de Saint-Domingue*. Paris: Grangé, 1776). Ver Doris Lorraine Garraway, *The Libertine Colony: Creolization in the Early French Caribbean* (Durham, NC: Duke University Press, 2005), pp. 28-9. Madeleine Dobie, *Trading Places: Colonization and Slavery in Eighteenth-century French Culture*. Ithaca, NY: Cornell University Press, 2010, pp. 222-3; Pierre Pluchon e Lucien-René Abénon,

Histoire des Antilles et de la Guyane. Toulouse: Privat, 1982, pp. 215-8. Sobre a pena cáustica de Hilliar d'Auberteuil e suas ideias curiosas a respeito de engenharia racial, ver William Max Nelson, "Making Men: Enlightenment Ideas of Racial Engineering" (*American Historical Review*, v. 115, n. 5, pp. 1364-94, 2010).

103. Charles Leslie, *New History of Jamaica*. Dublin: Oliver Nelson, 1741, pp. 40-1.

104. BL YU Thistlewood Papers, Diary, 1780, caixa 6.

105. Trevor G. Burnard, *Mastery, Tyranny, and Desire*, op. cit., pp. 65-6. Excelente discussão sobre a mentalidade do plantador é apresentada em Andrew Jackson O'Shaughnessy, *An Empire Divided*, op. cit., pp. 3-33.

106. Jean-Baptiste Leblond, *Voyage aux Antilles et a l'Amérique Meridionale*. Paris: A. Bertand, 1813, pp. 60-1.

4. CALAMIDADES, ESCRAVIDÃO, COMUNIDADE E REVOLUÇÃO [pp. 141-75]

1. David Patrick Geggus, "Slavery, War, and Revolution in the Greater Caribbean, 1789-1815". In: David Patrick Geggus e David Barry Gaspar (Orgs.), *A Turbulent Time: The French Revolution and the Greater Caribbean*. Bloomington: Indiana University Press, 1997, pp. 1-51. Uma excelente visão geral das mudanças políticas e sociais no período é apresentada em Barry W. Higman, *A Concise History of the Caribbean*, op. cit., pp. 141-58.

2. Jill S. M. Coleman e Steven A. LaVoie, "Paleotempestology", op. cit.

3. Roger A. Pielke Jr. e Christopher N. Landsea, "La Niña, El Niño and Atlantic Hurricanes Damages in the United States". *Bulletin of the American Meteorological Society*, v. 80, n. 10, pp. 2027-33, out. 1999.

4. Richard H. Grove, "The Great El Niño of 1789-93 and Its Global Consequences Reconstructing an Extreme Climate Event in World Environmental History". *Medieval History Journal*, v. 10, n. 1/2, pp. 75-98, out. 2007.

5. Brian M. Fagan, *The Little Ice Age*, op. cit., pp. 167-80.

6. Considerável detalhamento desses debates é apresentado por Matthew Mulcahy, *Hurricanes and Society in the British Greater Caribbean, 1624-1783*, op. cit., pp. 176-88.

7. O documento completo está publicado em Sidney Daney de Marcillac, *Histoire de la Martinique depuis la colonisation jusqu'en 1815* (Fort-Royal: E. Ruelle, 1846), v. 4, pp. 42-7.

8. General de divisão Claude Charles de Marillac, visconde de Damas, 16 ago. 1788, ANOM, col. C8A 88 F 99.

9. ANOM, Guadalupe 2/87, Correspondência sobre o furacão de 1825. Ver também Félix-Hilaire Fortuné, *Cyclones et autres cataclysmes aux Antilles* (Fort-de-France: La Masure, 1986).

10. Hugh Thomas, *Cuba: The Pursuit of Freedom*. Nova York: Harper & Row, 1971, pp. 72-92; Franklin W. Knight, *Slave Society in Cuba during the Nineteenth Century*. Madison: University of Wisconsin Press, 1970, pp. 3-25; Louis A. Pérez, *Winds of Change*, op. cit., pp. 38-43.

11. Manuel Moreno Fraginals, *El ingenio*, op. cit., v. 3, p. 43.

12. Ramírez de Arellano não faz menção ao furacão de agosto de 1793, que atingiu Saint Thomas e Santo Eustáquio, mas provavelmente causou também considerável dano em Porto Rico. Rafael W. Ramírez de Arellano, "Los huracanes de Puerto Rico", op. cit. Em 26 de agosto o

cabildo de San Juan discutiu a escassez de farinha e a "grande necessidade que pode resultar depois de as bananas que foram derrubadas no furacão terem sido comidas". Ver ACCSJ, 26 ago. 1793, n. 1609.

13. Francisco A. Scarano, *Puerto Rico*, op. cit., pp. 382-7.

14. Sherry Johnson, *Climate and Catastrophe in Cuba and the Atlantic World in the Age of Revolution*, op. cit., pp. 168-75. Johnson desenvolveu essa história em detalhe em Sherry Johnson, "El Niño and Environmental Crisis: Reinterpreting American Rebellions in the 1790s", em III Conferência Bienal Allen Morris, 2004, Tallahassee.

15. "*Enfrente tenemos las ricas y bellas islas españolas que nunca serán más que enemigas.*" Bolívar para Santander, 23 dez. 1823, citado em José Luciano Franco, *La batalla por el dominio del caribe y el Golfo de Mexico* (Havana: Instituto de Historia, Academia de Ciencias, 1964), p. 320.

16. AHN, Ultramar 2007, n. 2 (22 out. 1824).

17. AGPR (Archivo General de Puerto Rico), Governo espanhol, caixa 185 (circular de jul. 1825). A *cuerda* equivale a 0,97 acre.

18. "Estado que manifiesta los estragos sufridos en la isla [...] la noche del 26 al 27 de julio de 1825", AGR, FGEPR, assuntos políticos e civis, caixa 185.

19. AGPR, Governo espanhol, assuntos políticos e civis, caixa 185, circular n. 123, 124. Ver também Rafael W. Ramírez de Arellano, "Los huracanes de Puerto Rico", op. cit., pp. 26-7.

20. AGPR, Governo espanhol, assuntos políticos e civis, caixa 185 (8 nov. 1825).

21. AGPR, Governo espanhol, caixa 185 (5 ago. 1825).

22. Congresso dos Estados Unidos da América, *Abridgment of the Debates of Congress from 1789 to 1856: Nov. 7, 1808-March 3, 1813*. Nova York: D. Appleton, 1857, v. 4: *Relief for Caracas*, pp. 531-2. Sobre a questão geral das relações dos Estados Unidos com os movimentos de independência na América Latina, ver Caitlin Fitz, "The Hemispheric Dimension of Early U. S. Nationalism: The War of 1812 and Spanish American Independence" (*Journal of American History*) (a sair).

23. Michele Landis Dauber, "The Real Third Rail of American Politics". In: Austin Sarat e Javier Lezaun (Orgs.), *Catastrophes: Law, Politics and the Humanitarian Impulse*. Amherst: University of Massachusetts Press, 2009, pp. 60-82. Ver também Jack M. Balkin, "Disaster Relief and the Constitution: A History of 'Strict Construction'" (Balkinization, 31 ago. 2005). Disponível em: <balkin.blogspot.com/2005/08/disaster-relief-and-constitution.html>. Acesso em: 22 abr. 2021.

24. Robert L. Paquette e Stanley L. Engerman, "Crisscrossing Empires: Ships, Sailors, and Resistance in the Lesser Antilles in the Eighteenth Century". In: Id., *The Lesser Antilles in the Age of European Expansion*. Gainesville: University Press of Florida, 1996, pp. 128-43. Sobre a busca espanhola por liberdade de consciência nas colônias inglesas, ver Stuart B. Schwartz, *All Can Be Saved: Religious Tolerance and Salvation in the Iberian Atlantic World* (New Haven: Yale University Press, 2008), pp. 225-34.

25. ANOM, col. C8B 15 N 44.

26. AHN, Ultramar 1067, exp. 56.

27. AGPR, Governo espanhol, municipalidades, Fajardo, caixa 450.

28. Sherry Johnson, *Climate and Catastrophe in Cuba and the Atlantic World in the Age of Revolution*, op. cit., p. 150.

29. As pistolas podem ser vistas em Paul Paloux, *Le Marquis de Bouillé: Un soldat entre deux mondes* (Brioude: Almanach de Brioude, 1977), p. 167. A história tem notável semelhança com o relato, feito por Benjamin Franklin, do *Elizabeth* saído da Jamaica, levado por uma tempestade a buscar refúgio em Havana em 1746, que se rendeu, com sua carga e seu capitão. O governador de Cuba se recusou a receber como presa um navio que fora buscar asilo de uma tempestade, dizendo: "Nós, embora inimigos, somos homens e como tal estamos ligados pelas leis da humanidade para dar ajuda aos homens que a pedirem de nós". O incidente é discutido em Michael J. Drexler, "Hurricanes and Revolutions", em Martin Brückner (Org.), *Early American Cartographies* (Chapel Hill: University of North Carolina Press, 2011), pp. 441-66. A história de Bouillé circulou amplamente e foi às vezes comparada com as ações de um oficial britânico que aprisionou um barco com marinheiros franceses que sobreviveram à perda de seu navio num furacão. Ver George Stewart, *Progress of Glasgow: A Sketch of the Commercial and Industrial Increase of the City during the Last Century* (Glasgow: J. Baird, 1883), pp. 85-7.

30. De John Poyer, *History of Barbados* (Londres: J. Mawman, 1808), p. 454. Citado em *Account of the Fatal Hurricane, by Which Barbados Suffered in August 1831* (Bridgetown: Samuel Hyde, 1831), p. 7.

31. AGPR, Governo espanhol, caixa 185 (26 fev. 1826).

32. Anne-Marie Mercier-Faivre e Chantal Thomas (Orgs.), *L'Invention de la catastrophe au XVIII siècle*. Genebra: Droz, 2008, pp. 7-15.

33. Jorge Cañizares-Esguerra, *Puritan Conquistadors*, op. cit., p. 126.

34. François Walter, "Pour une Histoire culturelle des risques naturels", op. cit. Diferentemente de Walter, Cañizares-Esguerra enfatiza as similaridades entre as concepções católica e protestante da natureza e da intervenção da Providência. Jorge Cañizares-Esguerra, *Puritan Conquistadors*, op. cit., pp. 144-7. Ver também Kathleen Murphy, "Prodigies and Portents: Providentialism in the Eighteenth-Century Chesapeake" (*Maryland Historical Magazine*, v. 97, n. 4, pp. 397-421, jan. 2002).

35. Bryan Edwards, *The History, Civil and Commercial, of the British Colonies in the West Indies*, op. cit., p. 82.

36. "The Advantages of Religion to Societies". In: John Tillotson, *The Works of the Most Reverend Dr. John Tillotson*. Edimburgo: W. Ruddiman, 1772, pp. 35-6.

37. Jonathan Israel enfatiza que no século XVIII a explicação mais aceita para a origem divina das catástrofes era que algumas eram mensagens de Deus e algumas não. Jonathan I. Israel, *Democratic Enlightenment: Philosophy, Revolution, and Human Rights 1750-1790*. Nova York: Oxford University Press, 2010, pp. 40-54. Acreditava-se que um Deus irado lançava comumente um aviso, como o nascimento de monstros, antes de causar destruição. Ver David D. Hall, *Worlds of Wonder, Days of Judgement: Popular Religious Belief in Early New England* (Nova York: Knopf, 1989), pp. 76-8.

38. Matthew Mulcahy, *Hurricanes and Society in the British Greater Caribbean, 1624-1783*, op. cit., p. 48. O tema também é desenvolvido em Nicholas M. Beasley, *Christian Ritual and the Creation of the British Slave Societies, 1650-1740* (Athens: University of Georgia Press, 2009), p. 49. A tradição inglesa da prática do jejum em ocasiões importantes é abordada em Kenneth

Steele, *The English Atlantic, 1675-1740: An Exploration of Communication and Community* (Nova York: Oxford University Press, 1986). Steele fornece bibliografia adicional sobre esse tema.

39. Davy, *The West Indies, Before and since Slave Emancipation, Comprising the Windward and Leward Islands' Military Command*, op. cit., p. 277.

40. NAH, Santo Eustáquio, Sint Maarten en Saba, 1.05.13.01, 13 jul. 1749.

41. Ibid., 11 jul. 1793, n. 295. Registro de placas, publicações, notificações e editos.

42. *Gazette Officiale de la Guadeloupe*, 31 jul. 1825, p. 42.

43. Waldemar Christian Westergaard, *The Danish West Indies under Company Rule (1671-1754) with a Suplementary Chapter 1755-1917*. Nova York: Macmillan, 1917, p. 6. C. G. A. Oldendorp, o missionário morávio, relatou no século XVIII que o dia de arrependimento e prece era na verdade 25 de julho, e não 25 de junho. Ver Christian Georg Andreas Oldendorp, *Oldendorp's History of the Mission of the Evangelical Brethren on the Caribbean Islands of St. Thomas, St. Croix, and St. John*, op. cit., p. 45.

44. Citado em Waldemar Christian Westergaard, *The Danish West Indies under Company Rule (1671-1754) with a Suplementary Chapter 1755-1917*, op. cit., p. 6.

45. François Walter, "Pour une Histoire culturelle des risques naturels", op. cit.

46. Benjamin Cohen Carillon em diferentes momentos da década de 1840 serviu como líder da congregação judaica na Jamaica, assim como de Saint Thomas. Judah M. Cohen, *Through the Sands of Time: A History of the Jewish Community of St. Thomas, U. S. Virgin Islands*. Hanover, NH: Brandeis University Press, 2004, pp. 57-8.

47. AGPR, Carta de Francisco Valderrama, 16 abr. 1812, Fundo Geral, Assuntos políticos e civis, Cônsules Santo Domingo, 1796-1858, caixa 34 (16 abr. 1812).

48. Pablo Rodríguez, "1812: El terremoto que interrumpió una revolución". In: Pilar Gonzalbo, Anne Staples e Valentina Torres Septién (Orgs.), *Una historia de los usos del mied*. Cidade do México: Colegio de México; Universidad Iberoamericana, 2009, pp. 247-73. Acompanhei seu argumento atentamente. Ver também a grande contribuição de Rogelio Altez, *El desastre de 1812 en Venezuela: Sismos, vulnerabilidades y una patria no tan boba* (Caracas: Fundación Empresas Polar, 2006).

49. James Ramsay, *Essay on the Treatment and Conversions of African Slaves in the British Sugar Colonies*. Londres: James Phillips, 1784. Ver também Frank Wesley Pittman, "Fetishism, Witchcraft, and Christianity among the Slaves" (*Journal of Negro History*, v. 11, n. 4, pp. 650-68, 1926). Fernando Ortiz, *El huracán, su mitología y sus símbolos*, op. cit., pp. 78-80.

50. Edward Bartlett Rugemer, *The Problem of Emancipation: The Caribbean Roots of the American Civil War*. Baton Rouge: Louisiana State University Press, 2008, pp. 17-66. Uma visão geral é encontrada em Franklin W. Knight, "The Disintegration of the Caribbean Slave Systems, 1772-1886", em Franklin W. Knight e Barry W. Higman (Orgs.), *General History of the Caribbean* (Londres: Macmillan Caribbean; Unesco, 1997), v. 3, pp. 322-45.

51. Robert L. Paquette, Stanley L. Engerman e David Barry Gaspar, "Ameliorating Slavery: The Leeward Islands Slave Act of 1798". In: *The Lesser Antilles in the Age of European Expansion*. Gainesville: University Press of Florida, 1996, pp. 241-58.

52. Michael Craton, *Sinews of Empire: A Short History of British Slavery*. Nova York: Anchor, 1974, p. 266. Eric Williams, *Capitalism and Slavery* (1944) foi o clássico argumento de que o ataque à escravidão foi realizado por humanitários e capitalistas num esforço conjunto. Ainda

se debate essa questão. Ver o excelente resumo dos pontos principais em disputa em Dale Tomich, "Econocide? From Abolition to Emancipation in the British and French Caribbean", em Stephan Palmié e Fancisco A. Scarano, *The Caribbean: A History of the Region and Its People* (Chicago: University of Chicago Press, 2011), pp. 303-26.

53. Claude Levy, "Barbados: The Last Years of Slavery 1823-1833". *Journal of Negro History*, v. 44, n. 4, pp. 308-45, out. 1959.

54. Robert Hermann Schombrugk, *The History of Barbados*, op. cit., p. 434.

55. Frederic William Naylor Bayley, *Four Years' Residence in the West Indies, in the Years 1826, 1827, 1828, 1829*. Londres: W. Kidd, 1831, p. 696.

56. *Account of the Fatal Hurricane, by Which Barbados Suffered in August 1831*, op. cit., p. 29.

57. Simon D. Smith, "Storm, Hazard and Slavery: The Impact of the 1831 Great Caribbean Hurricane on St. Vincent". *Environment and History*, v. 18, n. 1, pp. 97-123, fev. 2002; *Account of the Fatal Hurricane by Which Barbados Suffered in August 1831*, op. cit.

58. David McWilliams Ludlum, *Early American Hurricanes, 1482-1870*, op. cit., pp. 140-3.

59. Charles Shephard, *An Historical Account of the Island of Saint Vincent*. Londres: W. Nicol, 1831, p. 211. Citado em Lowell J. Ragatz, *The Fall of the Planter Class in the British Caribbean, 1763-1833*, op. cit., p. 375.

60. John Robert Ward, *British West Indian Slavery, 1750-1834: The Process of Amelioration*. Oxford: Oxford University Press, 1988; Robert E. Luster, *The Amelioration of the Slaves in the British Empire, 1790-1833*.

61. Citado em Simon D. Smith, "Storm Hazard and Slavery", op. cit., p. 113.

62. Biblioteca da Universidade Princeton, Papers of Bearded Hall Estate, 1740-1831, caixa 1, pasta 18.

63. Robert Hermann Schomburgk, *The History of Barbados*, op. cit., p. 479; Claude Levy, *Emancipation, Sugar, and Federalism; Barbados and the West Indies, 1833-1876*. Gainesville: University Press of Florida, 1980, pp. 25-33.

64. Lowell J. Ragatz, *The Fall of the Planter Class in the British Caribbean, 1763-1833*, op. cit., p. 408.

65. *Account of the Fatal Hurricane, by Which Barbados Suffered in August 1831*, op. cit., pp. 66-7.

66. Ibid., p. 77.

67. Ibid., pp. 116-21.

68. Ibid., p. 120.

69. Robert Hermann Schomburgk, *The History of Barbados*, op. cit., p. 440. A quantia de 100 mil libras esterlinas foi aprovada na Câmara dos Comuns em 29 de fevereiro de 1832 para Barbados, São Vicente e Santa Lúcia. O dinheiro a princípio seria direcionado aos indigentes. Surgiu a seguir uma controvérsia quando parte dos fundos foi destinada à reconstrução de igrejas em ruínas. Em 1835, muitas das propriedades danificadas e engenhos de açúcar tinham sido reconstruídos, com a ajuda de boas colheitas de cana-de-açúcar em 1832 e 1833. Em 1835, os comissários designados destinaram os fundos restantes para ressarcir proprietários que haviam perdido escravos no furacão de 1831, não estando, portanto, habilitados a receber compensação por eles como resultado da emancipação de 1834.

70. Esta e as citações subsequentes do discurso do governador se encontram em Robert Hermann Schomburgk, *The History of Barbados*, op. cit., pp. 442-3. Ver também *Account of the Fatal Hurricane by Which Barbados Suffered in August 1831*, op. cit., pp. 142-3, 146.

71. Michael Barkun, *Disaster and Millenium*, op. cit., p. 163.

72. Resumos da mensagem do governador e da resposta da assembleia estão em Robert Hermann Schomburgk, *The History of Barbados*, op. cit., pp. 443-4. Ver também Claude Levy, "Barbados", op. cit., pp. 323-7.

73. O. Nigel Bolland, "The Politics of Freedom in the British Caribbean". In: Frank McGlynn e Seymour Drescher (Orgs.), *The Meaning of Freedom: Economics, Politics and Culture after Slavery*. Pittsburgh: University of Pittsburgh Press, 1992, pp. 113-46.

74. David McWilliams Ludlum, *Early American Hurricanes, 1482-1870*, op. cit., pp. 140-1; Id., "The Espy-Redfield Dispute". *Weatherwise*, v. 22, n. 6, pp. 224-61, 1969.

75. Id., *Early American Hurricanes, 1492-1870*, op. cit.; Patrick J. Fitzpatrick, *Natural Disasters: Hurricanes — A Reference Handbook*. Santa Barbara, CA: ABC-CLIO, 1999, pp. 117-8. Um excelente resumo desses avanços em meteorologia está em Bob Sheets e Jack Williams, *Hurricane Watch: Forecasting the Deadliest Storms on Earth* (Nova York: Vintage, 2001). Eu o usei como base de meu resumo. Ver também Chris Mooney, *Storm World: Hurricanes, Politics, and the Battle over Global Warming* (Orlando, FL: Harcourt, 2007), pp. 15-30.

76. Sigo a explicação de Bob Sheets e Jack Williams, *Hurricane Watch*, op. cit., pp. 38-9.

77. Biblioteca Sterling, Universidade Yale, Manuscritos meteorológicos William Redfield, caixa 2.

78. Kenneth George Beauchamp, *History of Telegraphy*. Londres: Institution of Electrical Engineers, 2001, pp. 51-7.

79. Jorma Ahvenainen, *The History of the Caribbean Telegraphs before the First World War* (Helsinque: Suomalainen Tiedeakatemia, 1996), pp. 200-1, enfatiza que até o fim da Primeira Guerra Mundial as companhias de telégrafo a cabo quase quebraram, mesmo no Caribe.

80. *Account of the Fatal Hurricane by Which Barbados Suffered in August 1831*, op. cit., p. 146.

81. Um resumo do trabalho do observatório no Colegio de Belén é apresentado em Walter M. Drum, *The Pioneer Forecasters of Hurricanes* (Havana: Observatório de Belén, 1905). Ver também Mercedes Valero González, "El Observatorio del Colegio de Belén en el siglo XIX", em *Anuario — Centro de Estudios de Historia y Organización de la Ciencia*, op. cit., pp. 200-17; Díaz-Argüeles García, "El Observatorio Físico-Meteorológico de La Habana", op. cit. Sobre o interesse dos jesuítas em astronomia e meteorologia em geral, ver Agustín Udías Vallina, *Searching the Heavens and the Earth: The History of Jesuit Observatories* (Dordrecht: Kluwer Academic, 2003).

5. LIBERDADE, SOBERANIA E CATÁSTROFES [pp. 176-222]

1. Esse resumo se baseia em Stanley L. Engerman e Herbert Klein, "The Transition from Slave to Free Labor: Notes on a Comparative Economic Model", em Manuel Moreno Fraginals, Frank Moya Pons e Stanley L. Engerman (Orgs.), *Between Slavery and Free Labor: The Spanish-Spoken Caribbean in the Nineteenth Century* (Baltimore: Johns Hopkins University Press, 1985), pp. 255-69. Não mencionei aqui o processo nas áreas das Índias Ocidentais Britânicas fora da

rota normal do furacão, em particular Trinidad e a Guiana Britânica. Essas duas áreas tinham expandido o setor do açúcar antes da década de 1830, mas, apesar dos esforços para obrigar escravos emancipados a continuarem trabalhando, a disponibilidade de terras tornou isso impossível. O resultado foi uma queda na produção até a década de 1870, quando a importação de trabalhadores contratados, em especial da Índia, permitiu uma considerável recuperação da economia de plantation.

2. James L. Dietz, *Economic History of Puerto Rico: Institutional Change and Capitalist Development*. Princeton, NJ: Princeton University Press, 1986, p. 19.

3. Ibid.

4. Francisco A. Scarano, "Azúcar y esclavitud en Puerto Rico: La formación de la economía de haciendas en Ponce, 1815-1849". In: Andrés Ramos Mattei (Org.), *Azúcar y esclavitud*. San Juan: University of Puerto Rico, 1982, pp. 13-52; Id., *Sugar and Slavery in Puerto Rico: The Plantation Economy of Ponce, 1800-1850*. Madison: University of Wisconsin Press, 1984; Luis A. Figueroa, *Sugar, Slavery, and Freedom in Nineteenth-Century Puerto Rico*. Chapel Hill: University of North Carolina Press, 2005.

5. A reclamação de "*falta de brazos*" era constante no século XIX. A partir da década de 1830, houve uma série de leis destinadas a obrigar camponeses e trabalhadores rurais livres a um acordo de trabalho. A mais famosa delas foi a lei de 1849, que exigia carteiras de trabalho, mas era na verdade parte de uma continuada política de trabalho compulsório. Ver Gervasio Luis García, "Economia y trabajo en el Puerto Rico del siglo XIX" (*Historia Mexicana*, v. 38, n. 4, pp. 855-78, abr. 1989); e Fernando Picó, *Libertad y servidumbre en el Puerto Rico del siglo XIX* (Río Piedras: Huracán, 1982).

6. Louis A. Pérez, *Winds of Change*, op. cit., pp. 39-55. Estou seguindo nessa seção o excelente e detalhado estudo de Pérez dos furacões de 1844 e 1846 e seus efeitos. Além disso, uma fonte importante é *Huracán de 1846: Reseña de sus estragos en la isla de Cuba* (Havana: Oficina del Faro Industrial, 1846). Esse trabalho é um compêndio de material e relatos publicados no periódico *El Faro Industrial*.

7. Luis Martínez Fernández, "Political Change in the Spanish Caribbean during the United States Civil War and Its Aftermath, 1861-1878". *Caribbean Studies*, v. 27, n. 1/2, pp. 37-64, jan. 1994.

8. Christopher Schmidt-Nowara, "National Economy and Atlantic Slavery: Protectionism and Resistance to Abolitionism in Spain and the Antilles, 1854-1874". *Hispanic American Historical Review*, v. 78, n. 4, pp. 603-29, nov. 1998.

9. Ver José Fernández-Partagás, "Impact on Hurricane History of a Revised Lowest Pressure at Havana (Cuba) during the October 11, 1846 Hurricane" (não publicado, 1993). Disponível em: <www.aoml.noaa.gov/hrd/Landsea/Partagas/impacthurrhist.pdf>. Acesso em: 22 abr. 2021.

10. Louis A. Pérez, *Winds of Change*, op. cit., p. 73.

11. "*Consagrase pues con nuevo ánimo, con más brios á reparar las desgracias y empuñar nuevamente el arado para obligar á la madre comun á darnos com mano pródiga lo que nos robó la furiosa tempestad, es lo que dicta la prudencia, el único partido que en este momento nos queda.*" A carta completa foi republicada em Rafael W. Ramírez de Arellano, "Los huracanes de Puerto Rico", op. cit., pp. 29-33. O autor declara que a carta está em sua coleção privada.

12. Ibid.

13. Mariano Esteban de Vega, "La asistencia liberal en la España de la Restauración". *Revista de la Historia de la Economía y de la Empresa*, n. 4, pp. 49-61, 2010.

14. *Huracán de 1846*, op. cit., p. 71. Em 1851, o governo espanhol suspendeu o jornal, publicado desde 1842, devido a um discurso anexionista do então editor John Thrasher.

15. "*Nuestras autoridades superiores tomaron las medidas que el caso exijia*", em ibid., p. 12. Ver também a discussão e as fontes citadas em Pérez, *Winds of Change*, op. cit., pp. 112-22.

16. Louis A. Pérez, *Winds of Change*, op. cit., p. 138.

17. James Patterson Smith, "The Liberals, Race and Political Reform in the British West Indies, 1866-1874". *Journal of Negro History*, v. 79, n. 2, pp. 131-46, abr. 1994.

18. Ibid., p. 141.

19. Ver a discussão em Bonham C. Richardson, *Economy and Environment in the Caribbean: Barbados and the Windwards in the Late 1800s* (Gainesville: University Press of Florida, 1997), pp. 1-20.

20. Citado por Bridget Brereton, *An Introduction to the History of Trinidad and Tobago* (Oxford: Heinemann, 1996), p. 27. Para uma "história oficial" geral, ver Henry Iles Woodcock, *A History of Tobago* (impresso para o autor, 1867).

21. Curiosamente, o vice-governador Graeme acreditava que a ilha nunca tinha sido visitada por um furacão. Ele relatou a mesma coisa em sua carta de 14 de outubro de 1847 para o governador em Trinidad. Ver *Tobago Hurricane of 1847*, op. cit., p. 3.

22. Bridget Brereton, "Family Strategies, Gender and the Shift to Wage Labour in the British Caribbean". In: Bridget Brereton e Kevin A. Yelvington (Orgs.), *The Colonial Caribbean in Transition: Essays on Post-Emancipation Social and Cultural History*. Gainesville: University Press of Florida, 1999, p. 87.

23. Ibid., pp. 14-5. "*An act for the summary punishment of persons detected in stealing or pilfering Goods, Lumber, & Co., exposed or scattered by the late Hurricane.*"

24. Henry Iles Woodcock, *A History of Tobago*, op. cit., pp. 110-3. Woodcock observa que apenas cerca de 20 mil libras esterlinas foram efetivamente emprestadas e que os pagamentos foram adiados em duas ocasiões, em parte devido à depressão econômica nas colônias.

25. Woodcock celebrou a "energia e perseverança" de "indivíduos de todas as classes" na restauração da prosperidade juntamente com a imediata liberalidade do governo. Ibid., p. 109.

26. Stanley L. Engerman e Herbert Klein, "The Transition from Slave to Free Labor", op. cit., p. 266.

27. Tirei essas informações de três estudos sobre a fome da batata na Irlanda. Ver John Kelley, *The Graves Are Walking: The Great Famine and the Saga of the Irish People* (Nova York: Henry Holt, 2012); Cormac Ó Gráda, Richard Paping e Eric Vanhaute (Orgs.), *When the Potato Failed: Causes and Effects of the Last European Subsistence Crisis, 1845-1850* (Turnhout: Brepols, 2007); e Clarán Ó Murchadha, *The Great Famine: Ireland's Agony, 1845-52* (Londres: Continuum International, 2011).

28. *Report on the Bahama's Hurricane of October 1866: With a Description of the City of Nassau, N. P.* Nassau: E. C. Moseley, 1868, p. 9.

29. Declaração pública (9 nov. 1866), publicado em ibid., p. 29.

30. Arthur Rumboldt para o governador Hill, de Antígua (12 nov. 1867), republicado em *St. Thomae Tiende* (4 dez. 1867), republicado em Roy A. Watlington e Shirley H. Lincoln, *Disaster*

and Disruption in 1867: Hurricane, Earthquake, and Tsunami in the Danish West Indies (Saint Thomas: Eastern Caribbean Center; University of the Virgin Islands, 1997), pp. 23-5.

31. Terencia K. Joseph, "The Storm Before the Calm: The 1898 Hurricane and Official Responses, Saint Lucia". In: Conferência Anual da Associação de Historiadores Caribenhos, 2011, San Juan. Esse trabalho se baseia em grande medida numa leitura minuciosa do jornal *The Voice*, de Santa Lúcia. Agradeço à prof. Joseph por sua permissão para citá-lo, bem como as fontes nele mencionadas.

32. Ibid., p. 20. Joseph cita Peter Adrien, *Metayage, Capitalism and Peasant Development in St. Lucia, 1840-1947* (Mona, JAM: Consortium Graduate School of Social Sciences; University of the West Indies, 1996), p. 37. Adrien aponta quase uma triplicação de bens alodiais camponeses entre 1853 e 1896.

33. *The Voice*, 8 dez. 1898, citado em Terencia K. Joseph, "The Storm Before the Calm", op. cit., p. 20. Sobre as condições geralmente de depressão da economia nas ilhas de Barlavento nessa época, ver Bonham C. Richardson, *Economy and Environment in the Caribbean*, op. cit., pp. 50-67.

34. Esse breve resumo é tirado de Gert Oostindle e Inge Klinkers, *Decolonising the Caribbean: Dutch Policies in a Comparative Perspective* (Amsterdam: Amsterdam University Press, 2003), pp. 29-32, 57-62.

35. Hans Jordaan e To van der Lee, "The Hurricane of 1819". In: Henry E. Coomars, Michael A. Newton e Maritza Coomans-Eustatia (Orgs.), *Building Up the Future from the Past: Studies on the Architecture and Historic Monuments in the Dutch Caribbean*. Zutphen: Wlaburg Pers, 1900, pp. 99-108.

36. Ibid., pp. 104-5.

37. Guadalupe: 1809 (três furacões), 1821, 1824, 1825, 1833, 1846, 1865, 1888, 1889, 1893, 1899. Martinica: 1804, 1806, 1809, 1816, 1817, 1825 (3), 1834, 1837, 1846, 1855, 1872, 1875, 1891, bem como uma série de tempestades tropicais, 1883, 1886, 1888, 1889, 1894, 1896.

38. Henri Monet, *La Martinique*. Paris: A. Savine, 1892, p. 12. Para sua lista de furacões na Martinica, ver pp. 205-40.

39. Ibid., p. 373.

40. "Relativo a la subscripción voluntaria", AGPR, Fundo Municipal, San Juan, maço 34, exp. 8; AHMP (Archivo Municipal de Ponce), S-282, exp. 3.

41. *St. Thomae Tiende*, 7 dez. 1867; fatura extra no orçamento da municipalidade de St. Croix em despachos consulares dos Estados Unidos, Saint Thomas, 1868.

42. Anna Brickhouse, "'L'Ouragan de Flammes': New Orleans and Transamerican Catastrophe 1866/2005". *American Quarterly*, v. 59, n. 4, pp. 1097-127, 2007.

43. As declarações no *New York Times*, 8 abr. 1866, p. 5, são semelhantes às do diário de uma testemunha inglesa. O relato do *Times*, no entanto, diferentemente do de Burgess, deixa de mencionar a presença do presidente do Haiti e seus ministros nas ruas durante o incêndio, ou a posterior atitude positiva dos sobreviventes. Não houve evidência de um suposto incêndio criminoso, e outros relatos sugeriram que o fogo começou num teatro. Ver George Burgess, *Last Journal of the Rt. Rev. George D. D., Bishop of Maine, from December 27, 1865, to April 20, 1866* (Boston: E. P. Dutton, 1866), entrada para os dias 19 e 20 de março de 1866.

44. John Bassett Moore, "Doc. 551". In: *A Digest of International Law: 56th Congress, House of Representatives*. Washington, DC: Government Printing Office 1906), v. 1, pp. 601-10. O estudo clássico sobre a posterior venda das ilhas para os Estados Unidos é Charles Callan Tansil, *The Purchase of the Danish West Indies* (Baltimore: Johns Hopkins University Press, 1932). Ver também Erik Overgaard Pedersen, *The Attempted Sale of the Danish West Indies to the United States of America, 1865-1870* (Frankfurt: Haag & Herchen, 1997). Pelo visto, Seward também estava preocupado com a possibilidade de os dinamarqueses venderem as ilhas para a Áustria, para serem incluídas no trono do imperador Maximiliano, no México. Alvdan Koht, "The Origin of Seward's Plan to Purchase the Danish West Indies". *American Historical Review*, v. 50, n. 4, pp. 762-7. jul. 1945.

45. USNA, Despachos consulares, Saint Thomas, almirante Porter ao secretário de Estado William Seward (31 out. 1867), rolo 8, v. 8. Ver também o relatório do cônsul A. B. Simmons ao secretário de Estado Seward, na mesma data.

46. Gordon K. Lewis, "An Introductory Note to the Study of the Virgin Islands". *Caribbean Studies*, v. 8, n. 2, pp. 5-21, jul. 1968.

47. *St. Tomae Tiende*, editorial, 14 dez. 1867, republicado junto com a Ordem Real de 18 jan. 1832 em Roy A. Watlington e Shirley H. Lincoln, *Disaster and Disruption in 1867*, op. cit., pp. 109-10.

48. James Parton, *The Danish Islands: Are We Bound in Honor to Pay for Them?* Boston: Fiels, Osgood, 1869.

49. Bret Harte, "St. Thomas: A Geographical Survey". In: *The Heathen Chinee: Poems and Parodies*. Londres: Richard Edward King, 1888.

50. Relatos de furacões de 1867 não incluem esse temporal, mas extensas evidências documentais demonstram que essa deve ter sido uma tempestade de grandes dimensões que precedeu o furacão de San Narciso, de 29 de outubro de 1867. Muitos relatos para prefeituras se encontram em AGPR, Obras Públicas 159.

51. AGPR, Obras Públicas 159, cartas 17 set. e 17 out. 1867.

52. Carlos de Rojas para o inspetor-geral de Obras Públicas, 24 out. 1867. AGPR, Obras Públicas 159.

53. O escudo equivalia a meio peso. Suas moedas circulavam na Espanha nas décadas de 1850 e 1860 como parte da reforma monetária, mas circulavam menos em Cuba e em Porto Rico. Rafael W. Ramírez de Arellano, "Los hurricanes de Puerto Rico", op. cit., p. 37. O governador exigia relatórios de cada distrito. O relatório do distrito de Isabela é um bom exemplo. Do montante de perdas de 110 373 escudos, colheitas no campo totalizavam 54 568 e produtos como açúcar, rum, melaço e algodão, 44 794. Ver AGPR, Fundo Documental Municipal, Isabela, caixa 109, exp. 1684; exp. 1868 fornece a lista de perdas em cada bairro, feita pelos próprios proprietários.

54. AGPR, FMSJ, maço 34, exp. 11, "Relación de los edificios que sufrieron deterioros con motivo de los temblores de 1967". Exp. 9 e 10 incluem discussões do conselho municipal de San Juan em resposta às catástrofes, que revelam a preocupação com a possibilidade de doenças infecciosas, em razão dos muitos corpos não sepultados após a tempestade e os terremotos (25 nov. 1867). Sugeriu-se também que navios provenientes de Saint Thomas fossem cuidadosamente examinados e talvez postos em quarentena.

55. AHN, Ultramar 379, exp. 10 (10 out. 1867).

56. AHN, Ultramar 379, exp. 10 (20 out. 1867): "*podian llevar a esta pacifica y tranquila sociedad hasta el bordo de principios en que jamas se ha visto ni en que VE puede consenter que nunca se encuentre*".

57. "*malestar general data de antiguo*", José Lianhes para o Governo Superior Civil (nov. 1867). AHN, Ultramar, maço 379, exp. 10.

58. Ibid.

59. "*la mayoria de los habitantes crea en la imoralidad de una Administración mirada como estrangera y enemiga.*" AHN, Ultramar 379, Miguel de Campos para Ingen, encarregado do Negociado de Obras Públicas do Ministério de Ultramar (9 abr. 1868).

60. Louis van Housel, "An Earthquake Experience". *Scribner's Monthly*, n. 15 (1878), excerto em Roy A. Watlington e Shirley H. Lincoln, *Disaster and Disruption in 1867*, op. cit., pp. 41-62. Van Housel observa que "um pequeno militar espanhol, cujo nome, lamento dizer, não consigo lembrar, merece menção especial". Ele depois descreve suas ações no resgate de afogados.

61. Vicente Fontán y Mera, *La memorable noche de San Narciso y los temblores de tierra*. San Juan: Imprenta del Comercio, 1868, p. 40.

62. AGPR, Obras Públicas 159, relatório não assinado, Lares, 14 nov. 1867: "*De ahí la ruina de muchos, la disanimación de otros y el terror y espanto de todos*".

63. Laird W. Bergad, "Toward Puerto Rico's Grito de Lares: Coffee, Social Stratification, and Class Conflicts, 1828-1868". *Hispanic American Historical Review*, v. 60, n. 4, pp. 617-42, nov. 1980.

64. Para o contexto geral da rebelião de Lares, ver Olga Jiménez de Wagenheim, *Puerto Rico's Revolt for Independence: El grito de Lares* (Boulder: Westview, 1985); e Francisco Moscoso, *La Revolución puertorriqueña de 1868: El grito de Lares* (Porto Rico: Instituto de Cultura Puertorriqueña, 2003).

65. Francisco Moscoso, *Classes, revolución y libertad: Estudios sobre el Grito de Lares de 1868*. Río Piedras: Edil, 2006.

66. Ibid., pp. 45-6.

67. José Pérez Moris e Luis Cueto y González Quijano, *Historia de la insurección de Lares*. Barcelona: Narciso Ramírez, 1872, p. 298.

68. BNM, ms. 20128, "Proclama de Betances a los puertorriqueños", pp. 109-10.

69. Pérez Moris e Cueto y González Quijano, *Historia de la insurección de Lares*, op. cit., pp. 74-6.

70. Ibid., pp. 50, 56.

71. "*Todavía tiembla la isla y se estremece Puerto Rico de ver a sus hjos insensibles a la servindumbre.*" Betances para Pedro Lovera, Santo Domingo, 18 abr. 1868, em Félix Ojeda Reyes e Paul Estrada (Orgs.), *Ramón Emetrio Betances: Obras completas*, v. 5: *Escritos políticos: Correspondencia relativa a Puerto Rico* (no prelo).

72. *New York Times*, p. 5, 23 nov. 1868.

73. César N. Caviedes, "Five Hundred Years of Hurricanes in the Caribbean", op. cit.

74. Louis A. Pérez, *Winds of Change*, op. cit., p. 134.

75. AGPR, Governo espanhol, assuntos políticos e civis, maço 118 (10 dez. 1967).

76. "*tantas y tantas calamidades públicas.*" *Memoria en que se da cuenta de los trabajos de la Junta General de Socorros para Cuba y Filipinas*. Madri: Manuel Tello, 1884, p. 5.

77. AGPR, Obras Públicas, maço 159, "Relación de las suscripciones de los empleados de la Inspección General de Obras Públicas". As contribuições iam de 44 a doze escudos.

78. *El huracán de Vuelta-Abajo: Curiosa recopilación de todo lo que más notable ha publicado la prensa con motivo de aquella tremenda catástrofe*. Havana: La Idea, 1882, p. 16.

79. AGPR, Fundo Municipal, San Juan 34, exp. 9 (9 nov. 1867).

80. AHMP, S-282, exp. 2.

81. AGPR, Fundo Municipal, Manatí, maço 62, registro 1754.

82. AHMC, Calamidades, caixa 13, exp. 3.

83. AHMP, S-282, exp. 5.

84. *El huracán de Vuelta-Abajo*, op. cit., p. 7.

85. Ibid.

86. Vicente Fontán y Mera, *La memorable noche de San Narciso y los temblores de tierra*, op. cit., pp. 47-8.

87. *El huracán de Vuelta-Abajo*, op. cit., pp. 18-9; AGPR, Obras Públicas 159 (11 out. 1867).

88. *El huracán de Vuelta-Abajo*, op. cit., p. 7.

89. Ibid.

90. Manuel Fernandez de Castro, *Estudio sobre los huracanes ocurridos en la isla de Cuba durante el mes de octubre de 1870*. Madri: Lapuente, 1871, p. 48. "*Ni los torrentas de agua que han derramado sobre Cuba los huracanes de 1870 han bastado para lavar la sangre que la inunda ni apagar el incendio que la devora.*"

91. José Carlos Millás y Hernández, "Genesis y marcha de los huracanes antillanos". In: Robert Simpson Woodward (Org.), *Astronomy, Meteorology, and Seismology: Proceedings of the Second Pan-American Scientific Congress*. Washington, DC: Government Printing Office, 1917, pp. 42-55.

92. Esse trabalho foi primeiramente publicado no ano anterior nos *Annales Hydrographiques*. Os trabalhos de Andrés Poëy estão hoje localizados no Museo Montané, na Faculdade de Biologia da Universidade de Havana.

93. AHN, Ultramar 374, exp. 4. Seu tratado "Descripción del huracán de 13 de septiembre de 1876" está disponível on-line no Portal de Archivos Españoles, PARES.

94. Raymond Arsenault, "The Public Storm: Hurricanes and the State in Twentieth-Century America". In: Wendy Gamber, Michael Grossberg e Hendrik Hartog (Orgs.), *American Public Life and the Historical Imagination*. Notre-Dame, IN: University of Notre Dame Press, 2003, pp. 267-8.

95. Yrj Kauklainen, "Shrinking the World: Improvements in the Speed of Information Transmission, *c.* 1820-1870". *European Review of Economic History*, v. 5, n. 1, pp. 1-28, 2001.

96. John A. Britton, "International Communication and International Crisis in Latin America, 1867-1881". *The Latin Americanist*, v. 52, n. 1, pp. 131-54, 2008.

97. Num ensaio de 1952 intitulado "Presencia de la naturaleza", Alejo Carpentier critica a famosa referência de Goethe a uma "natureza amável" que na Europa é "dominada e apaziguada" pelo homem, lembrando a ele e a nós que a "América ainda vive sob o signo telúrico das grandes tempestades e das grandes inundações". Ver Alejo Carpentier, *Letra y solfa: Literatura,*

poética, Selección de crónicas de Alejo Carpentier (Havana: Letras Cubanas, 2001). Republicado em Jorge Ángel Pérez (Org.), *La danza del huracán* (Havana: Letras Cubanas, 2002), pp. 9-10. Sobre a questão da tecnologia, do colonialismo e do controle da natureza, existe extensa literatura: para uma introdução, ver Michael Adas, *Machines as the Measure of Men: Science, Technology, and Ideologies of Western Dominance* (Ithaca, NY: Cornell University Press, 1989); e Stuart George McCook, *States of Nature: Science, Agriculture and Environment in the Spanish Caribbean, 1760-1940* (Austin: University of Texas Press, 2002).

98. *El huracán de Vuelta-Abajo*, op. cit., p. 16.

99. Walter, "Pour une Histoire culturelle des risques naturels", op. cit., pp. 1-18.

100. Esse aspecto é belamente tratado na resenha de Mack Holt sobre Jean Delumeau, *Reasurer et protéger: Le sentiment de sécurité dans l'Occident d'autrefois* (*Journal of Social History*, v. 24, n. 4, pp. 951-3, jul. 1991).

101. Pincus e Robinson alegam que no final do século XVIII, mais de 30% dos gastos estatais britânicos eram destinados a várias formas de melhora social. Steve Pincus e James Robinson, "Wars and State-Making Reconsidered: The Rise of the Interventionist State", op. cit.

102. François Lebrun, "La Protection du monarque (1660-1800)". In: Jean Delumeau e Yves Lequin (Orgs.), *Les Malheurs des temps: Histoire des fléaux et calamites en France*. Paris: Larousse, 1987, pp. 321-2.

103. Essa questão é tratada de maneira convincente em Jonathan Levy, "Risk as We Know It". *Chronicle of Higher Education*, 10 set. 2012. Disponível em: <chronicle.com/article/Risk-as-We-Know-It/134148/>. Acesso em: 22 abr. 2021.

104. Há uma extensa e instigante literatura sobre o surgimento da "Sociedade de Risco", na qual a ciência e a tecnologia em si mesmas se tornaram a maior ameaça de catástrofe desde meados do século XX. O ponto de partida é Ulrich Beck, *Risk Society: Towards a New Modernity* (Londres: Sage, 1992). Ver a crítica em Jean Baptiste Fressoz, "Beck Back in the 19th Century: Towards a Genealogy or Risk Society" (*History and Technology*, v. 23, n. 4, pp. 333-50, dez. 2007). Uma abordagem paralela foi feita por François Ewald, *Histoire de l'État providence: Les origines de la solidarité* (Paris: Grasset, 1996). O uso do conceito para descrever o início dos tempos modernos é feito por vários colaboradores a François Walter, Bernardino Fantini e Pascal Delvaux (Orgs.), *Les Cultures du risque: XVIe-XXIe siècles* (Genebra: Presses d'Histoire Suisse, 2006). Ver também Jonathan Levy, *Freaks of Fortune: The Emerging World of Capitalism and Risk in America* (Cambridge, MA: Harvard University Press, 2012).

6. NATUREZA E POLÍTICA NA VIRADA DO SÉCULO [pp. 223-57]

1. Paul N. Edward, "Meteorology as Infrastructural Globalism". *Osiris*, v. 21, n. 1, pp. 229-50, 2006. Ver também Frederik Nebeker, *Calculating the Weather: Meteorology in the 20th Century* (San Diego: Academic, 1995), pp. 11-5.

2. John Malcolm Walker, *History of the Meteorological Office*. Cambridge: Cambridge University Press, 2012, pp. 3-8.

3. Serviço Nacional do Clima da Administração Oceânica e Atmosférica Nacional (NOAA), "Evolution of the National Weather Service". Disponível em: <www.nws.noaa.gov/pa/history/timeline.php>. Acesso em: 22 abr. 2021.

4. Raymond Arsenault, "The Public Storm", op. cit., pp. 267-9.

5. James Francis Warren, "Scientific Superman: Father José Algué, Jesuit Meteorology in the Philippines under American Rule". In: Alfred W. McCoy e Francisco A. Scarano (Orgs.), *The Colonial Crucible Empire in the Making of the Modern American State*. Madison: University of Wisconsin Press, 2009, pp. 508-22.

6. Frederik Nebeker, *Calculating the Weather*, op. cit., pp. 1-3.

7. Ibid., p. 269. Ver também David Longshore, *Encyclopedia of Hurricanes, Typhoons, and Cylones* (Nova York: Facts on File, 1998), pp. 409-10.

8. Extraído de um artigo meu anterior e das extensas fontes lá citadas: Stuart B. Schwartz, "The Hurricane of San Ciriaco: Disaster, Politics, and Society in Puerto Rico, 1899-1901" (*Hispanic American Historical Review*, v. 72, n. 3, pp. 303-34, ago. 1992).

9. Sobre as condições em Ponce durante a tempestade, temos as observações do dr. Ashford, que estava alocado na cidade em 1899. Ver Bailey K. Ashford, *A Soldier in Science: The Autobiography of Bailey K. Ashford, Colonel M. C., U. S. A.* (San Juan: Editorial de la Universidad de Puerto Rico, 1998), p. 39.

10. Informação da HURDAT apresentada em <www.aoml.noaa.gov/hrd/hurdat>. A tempestade se tornou um furacão em 5 de agosto, e durante sua ocorrência este foi rebaixado para tempestade tropical e depois novamente elevado ao status de furacão.

11. AHMP, Calamidades, caixa S-282, exp. 2. Nos dias que se seguiram imediatamente à tempestade, ela não foi referida como o furacão de San Ciriaco, e sim como o "ciclone de 8 de agosto". Ver Luis Salivia, *Historia de los temporales de Puerto Rico y las Antillas, 1492 a 1970*, op. cit., pp. 255-77.

12. "Ponce Wrecked by Hurricane" [Ponce destruída por furacão]. *New York Times*, 12 ago. 1899.

13. José López Peláez e sua mulher eram bisavós do juiz José A. Cabranes, do Tribunal de Apelações dos Estados Unidos, Segundo Circuito, que gentilmente me forneceu essa anedota familiar. Correspondência pessoal, 23 jun. 2012.

14. Salivia conta 3369 mortes, ou 2183 a mais do que o total de todos os furacões anteriores registrados na ilha. A taxa de mortalidade foi de 43,2/1000, enquanto nos anos precedentes tinha sido de 29,7/1000. Luis Salivia, *Historia de los temporales de Puerto Rico y Las Antillas, 1492-1970*, op. cit., p. 255. Ver também *Report of the Military Governor*, n. 4088, p. 219.

15. Ver, por exemplo, Vicente Toledo Rohena, "El recuerdo devastador de San Ciriaco" no suplemento "Hurricanes y seguridad", *El vocero, 10 de julho 2000*, S5.

16. O notável produto da realização desse inventário pode ser visto em obras como Henry K. Carroll, *Report on the Island of Puerto Rico*, Departamento do Tesouro, doc. 2118 (Washington, DC: Government Printing Office, 1899); Departamento de Guerra, *Report on the Census of Porto Rico, 1899* (Washington, DC: Government Printing Office, 1900); *Puerto Rico al tomar posesión de ella los Estados Unidos* (San Juan: Imprenta de "La Correspondencia", 1899).

17. Uma visão geral breve, mas abrangente, é provida em Luis Martínez-Fernández, "Puerto Rico in the Whirlwind of 1898: Conflict, Continuity, and Change" (*OAH Magazine of History*, v. 12, n. 3, pp. 24-9, abr. 1998).

18. A mulher de Van Hoff, Lavinia, foi nomeada chefe da Woman's Relief Society, que distribuía roupas por toda a ilha. Davis sempre a mencionou de modo positivo em seus relatos. Ver

Report of the Military Governor of Porto Rico, 56ª Legislatura, 2ª sessão, H. doc. n. 4088, pp. 759-61.

19. Ibid., pp. 45-53.

20. Por exemplo, AGPR, Fundo Documental Municipal, Fajardo, caixa 282. Para um relato completo, ver "Estadistica de los daños causados por el huracán del 8 de agosto de 1899", em Ramón Aráez y Fernando, *Historia del ciclón del día de San Ciriaco* (San Juan: Heraldo Español, 1905), p. 340.

21. Após a ocupação pelos Estados Unidos, o governo americano estabeleceu uma taxa de câmbio em que o peso de Porto Rico equivalia a 60% do dólar americano, taxa considerada consideravelmente mais baixa do que a histórica paridade entre as duas moedas. Alegou-se que isso foi feito para promover as exportações de Porto Rico para o mercado dos Estados Unidos, mas também teve o efeito de baixar o preço das terras na ilha, o que a tornou mais barata para investidores americanos. Agradeço ao professor Francisco Scarano por essa informação.

22. *Boletín Mensal de Puerto Rico*, n. 61, p. 1, set. 1899.

23. Carmen Centeno-Añeses, "Huellas de San Ciriaco en la literatura puertorriqueña de comienzos de siglo". In: Raquel Rosario Rivera (Org.), *La llegada del cíclope: Percepciones de San Ciriaco a cien años de su visita*. San Juan: Fundación Puertorriqueña de las Humanidades, 2000, pp. 90-7.

24. Na década de 1890, uma jovem geração de escritores que não eram da elite surgiu com o crescimento do jornalismo e com o desenvolvimento do movimento trabalhista. A tempestade de San Ciriaco aparece como elemento importante em Eladio Ayala Moura, *El hijo de Carmen, o, Aventuras de un obrero novela original* (Ponce: Pasarell, 1909); José Elías Levis Bernard, *Estercolero* (San Juan: La Editorial Universidad de Puerto Rico, 2008); Id., *Mancha de lodo, novela* (Mayaguez: El Progreso, 1903); e Matías González García, *Gestación, novela de caráter social y económico* (San Juan: [s.n.], 1938).

25. AGPR, Fundo Documental Municipal, San Juan, maço 34, exp. 28; AGPR, Fundo Fortaleza, 1899, caixa 28, exp. 5125.

26. *El Diario de Puerto Rico*, p. 2, 9 ago. 1900.

27. "Report of the Governor", *2nd Annual Report (May 1, 1901-July 1, 1902)* (Washington, DC, 1902); AGPR, Fundo Documental Municipal, Lares, *Actas del ayuntamiento*, 12 ago., 23 out., 13 nov. 1899, caixa 45, pp. 112-4.

28. *New York Times*, p. 2, 12 ago. 1899.

29. Ibid., pp. 1-2. O apelo direto do secretário de Estado Root aos governadores dos Estados Unidos por ajuda a Porto Rico é relatado no *New York Times*, p. 5, 15 ago. 1899.

30. "Help for Puerto Ricans". *New York Times*, p. 3, 11 ago. 1899.

31. Peter Steven Gannon, *The Ideology of Americanization in Puerto Rico, 1898-1909: Conquest and Disestablishment*. Nova York: Universidade de Nova York, 1979. Tese (Doutorado em História); Edward J. Barbusse, *The United States in Puerto Rico, 1898-1900*. Chapel Hill: University of North Carolina Press, 1966, pp. 103-5.

32. Ver, por exemplo, *New York Times*, 11, 12 e 15 ago. 1899.

33. Ver, por exemplo, Cathy Duke, "The Ideas of Race: The Cultural Impact of American Intervention in Cuba, 1898-1912", em Blanca Silvestrini (Org.), *Politics, Society and Culture in the Caribbean: Selected Papers of the XIV Conference of Caribbean Historians* (Río Piedras: Universidad de Puerto Rico, 1982), pp. 85-110.

34. Francisco A. Scarano, "The Jíbaro Masquerade and the Subaltern Politics of Creole Identity Formation in Puerto Rico, 1745-1823". *American Historical Review*, v. 101, n. 5, pp. 1398-1431, dez. 1996; Lilian Guerra, *Popular Expression and National Identity in Puerto Rico: The Struggle for Self, Community, and Nation*. Gainesville: University Press of Florida, 1998, pp. 53-5.

35. *Report of the Military Governor*, n. 4088, p. 775; Steven Gannon, *The Ideology of Americanization in Puerto Rico, 1898-1909*, op. cit., pp. 150-6; María Dolores Luque de Sánchez, *La ocupación norteamericana y la Ley Foraker: La opinión publica Puertorriqueña, 1898-1904*. Río Piedras: Editorial Universitaria, Universidad de Puerto Rico, 1977, pp. 90-3.

36. Van Hoff para Davis (sem data, mas provavelmente em final de ago. 1899), republicada em *Report of the Military Governor*, n. 1088, p. 780. A expressão "filosofia da assistência social" é de Julian Go, *American Empire and the Politics of Meaning: Elite Political Culture in the Philippines and Puerto Rico during U. S. Colonialism* (Durham, NC: Duke University Press, 2088, p. 25).

37. Teresita Martínez de Carrera, "The Attitudes of Influential Groups of Colonial Society toward Rural Working Population in Nineteenth-Century Puerto Rico, 1860-73". *Journal of Caribbean History*, v. 12, pp. 35-54, 1979; Francisco A. Scarano, "The Jíbaro Masquerade and the Subaltern Politics of Creole Identity Formation in Puerto Rico, 1745-1823", op. cit., pp. 1420-5.

38. Testemunho do general Davis, *Hearings before the Committee on Pacific Islands and Puerto Rico* (Projeto de Lei do Senado 22 640, 56ª Legislatura, 1ª sessão, doc. do Senado 147, n. 3851), pp. 30-2.

39. *Report of the Military Governor*, n. 4188, p. 192.

40. Uma excelente visão geral da economia cafeeira está em Francisco A. Scarano, *Puerto Rico*, op. cit., pp. 460-76.

41. Swift para a Junta de Caridade, 18 set. 1899, *Report of the Military Governor*, n. 4088, p. 720.

42. Major Cruse para major Van Hoff, 18 jul. 1900, *Report of the Military Governor*, n. 4088, pp. 709-12.

43. Julian Go, *American Empire and the Politics of Meaning*, op. cit., pp. 55-92.

44. AGPR, Fundo Fortaleza, caixa 28 (28 ago. 1899).

45. As observações estão citadas no ensaio editorial em José Elías Levis Bernard, *Estercolero*, op. cit., pp. 137-51. Jornalista e artista de Aguadilla, de contexto francês judaico, José Elías Levis Bernard tinha publicado seu primeiro romance, *El estercolero*, em 1899, mas após o furacão ele o reescreveu e publicou *Estercolero* em 1901, fazendo da catástrofe um elemento central no livro e dedicando-o às viúvas e aos órfãos dos pobres criados pela tempestade. Há duas excelentes edições modernas. Ver José Elías Levis Bernard e Estelle Irizarry, *Las novelas: El estercolero (1899); Estercolero (1901)* (San Juan: Puerto, 2008) e a acima citada, organizada por Carmen Centeno Añeses, José Elías Levis Bernard, *Estercolero* (San Juan: La Editorial de la Universidad de Puerto Rico, 2008).

46. A declaração é do jornalista liberal Manuel Fernández Juncos, como citado em Irene Fernández Aponte, "*La dislocalización poblacional y el éxodo migratorio como resultado del huracán de San Ciriaco*", em Raquel Rosario Rivera (Org.), *La llegada del cíclope* , op. cit., pp. 113-2.

47. *Diario de la Marina* (Havana) como citado no *New York Times*, p. 4, 15 ago. 1899.

48. Henry J. Nichols, "Fact and Fancy about the Hookworm". *Medical Record*, n. 80, pp. 322-4, 1911. Ver também Ileana M. Rodríguez-Silva, *Silencing Race: Disentangling Blackness, Colonialism, and National Identities in Puerto Rico* (Nova York: Palgrave Macmillan, 2012), pp. 206-7. Considerável detalhamento das condições no hospital de campanha após o furacão é fornecido em Bailey K. Ashford, *A Soldier in Science*, op. cit.

49. Ver Mariola Espinosa, "A Fever for Empire: U. S. Disease Erradication in Cuba as Colonial Public Health", em Alfred W. McCoy e Francisco A. Scarano (Orgs.), *The Colonial Crucible Empire in the Making of the Modern American State* (Madison: University of Wisconsin Press, 2009), pp. 288-96.

50. "Pro patria". *El Diario de Puerto Rico*, 3 abr. 1900.

51. *El Diario de Puerto Rico*, 19 maio 1900.

52. Stuart B. Schwartz, "The Hurricane of San Ciriaco", op. cit., pp. 328-33, discute a crítica e oferece uma análise quantitativa da distribuição regional dos fundos para ajuda.

53. *La Nueva Bandera* (Mayagüez), citado em *El Diario de Puerto Rico*, 16 maio 1900.

54. Esta *canción* "La invasion Yanqui" aparece em Maria Cedilla de Martínez, *La poesía popular en Puerto Rico* (San Juan: Sociedad Histórica de Puerto Rico, 1999), p. 322. É citada e discutida em José G. Amador, *"Redeeming the Tropics": Public Health and National Identity in Cuba, Puerto Rico, and Brazil, 1890-1940* (Ann Arbor: Universidade de Michigan, 2008), pp. 112-5, tese de doutorado em História.

55. "*El Americano dijo que venía por salvarnos;/ pero asina me parece que lo que dijo fué en vano./ Aunque manda coloradas y galletas pa el ciclón/ se quedan con lo major los que el mantengo reparten,/ y asina para outra parte tendremos que dir rodando.*"

56. "Document 14". In: *Industrial and Other Conditions of the Island of Puerto Rico, and the Form of Government Which Should Be Adopted for It: Hearings before the Committee on Pacific Islands and Puerto Rico of the United States Senate on Senate Bill 2264, to Provide a Government for the Island of Puerto Rico, and for Other Purposes.* Washington, DC: Government Printing Office, 1900, p. 34.

57. Ibid., depoimento de Henry Oxnard, pp. 150-3.

58. Ibid., depoimento de Herbert Myric, pp. 164-5.

59. John D. Cox, *Storm Watchers: The Turbulent History of Weather Prediction from Franklin's Kite to El Niño*. Hoboken, NJ: Wiley, 2002, pp. 120-2.

60. David G. McComb, *Galveston*, op. cit., pp. 29-30, 120-2.

61. Neil Frank, "The Great Galveston Disaster of 1900". In: Robert H. Simpson, Richard A. Anthes e Michael Garstang (Orgs.), *Hurricane! Coping with Disaster: Progress and Challenges since Galveston, 1900*. Washington, DC: American Geophysical Union, 2003, pp. 129-40. Uma excelente discussão sobre os aspectos meteorológicos da tempestade de Galveston é apresentada em Kerry A. Emanuel, *Divine Wind: The History and Science of Hurricanes* (Oxford: Oxford University Press, 2005), pp. 83-92.

62. A tempestade de Miami de 1926 foi estimada em 157 bilhões de dólares e o Katrina, de Nova Orleans, em 81 bilhões.

63. Casey Edward Greene e Shelly Henley Kelly, *Through a Night of Horrors: Voices from the 1900 Galveston Storm*. College Station: Texas A&M University Press, 2000, p. 133.

64. Ibid.

65. Erik Larson, *Isaac's Storm*, op. cit., pp. 104-8.

66. Raymond Arsenault, "The Public Storm", op. cit., p. 270.

67. Casey Edward Greene e Shelly Henley Kelly, *Through a Night of Horrors*, op. cit., pp. 75-93.

68. Henry Cohen II, *Kindler of Souls: Rabbi Henry Cohen of Texas*. Austin: University of Texas

Press, 2007. Sobre Kirwin, ver relatos em Clarence Ousley, *Galveston in Nineteen Hundred: The Authorized and Official Record of the Proud City of the Southwest as It Was before and after the Hurricane of September 8, and a Logical Forecast of Its Future* (Atlanta: W. C. Chase, 1900).

69. Michele Landis Dauber, "Let Me Next Time Be 'Tried by Fire': Disaster Relief and the Origins of the American Welfare State 1789-1874". *Northwestern University Law Review*, v. 92, pp. 967-1034, 1997-8.

70. Id., *The Sympathetic State*. Stanford Public Law Working Paper n. 77, 2004, pp. 5-6.

71. Id., "Let Me Next Time Be 'Tried by Fire'", op. cit., pp. 981-3.

72. Clara Barton, *The Red Cross ins Peace and War*. Washington, DC: American Historical Press, 1899, p. 198.

73. Bill Marscher e Fran Marscher, *The Great Sea Island Storm of 1893*. Macon, GA: Mercer University Press, 2004.

74. Elizabeth Hayes Turner, "Clara Barton and the Formation of Public Policy in Galveston". In: *Philanthropy and the City: A Historical Overview*. Nova York: Rockefeller Archive Center; Russell Sage Foundation, 2000.

75. John Coulter (Org.), *The Complete Story of the Galveston Horror*. Chicago: E. E. Sprague, 1900, pp. 133-216.

76. Ibid., pp. 216-8.

77. Elizabeth Hayes Turner, "Clara Bolton and the Formation of Public Policy in Galveston", op. cit., p. 11. Turner fornece considerável evidência extraída de jornais de Galveston, como o *Daily News* e o *News*. Ver também Melanie Gilbert, *Race and the Media in Natural Disasters: The Media's Portrayal of African Americans in the Galveston Storm of 1900 and in Hurricane Katrina*, Trabalho de pesquisa 211 (Southern Illinois University, 1 maio 2011). Disponível em: <opensiuc.lib.siu.edu/gs_rp/211>. Acesso em: 22 abr. 2021.

78. A natureza espetacular da erupção em Martinica deu origem a um grande número de estudos populares e acadêmicos. Ver Solange Contour, *Saint-Pierre, Martinique* (Paris: Editions Caribéennes, 1989), 2 v.; William A. Garesché, *The Complete Story of the Martinique and St. Vincent Horrors* (Chicago: Monarch, 1902); Angelo Heilprin, *Mont Pelée and the Tragedy of Martinique: A Study of the Great Catastrophes of 1902, with Observations and Experiences in the Field* (Filadélfia: J. B. Lippincoat, 1902); Alwyn Scarth, *La Catastrophe: The Eruption of Mount Pelée, the Worst Vulcanic Eruption of the Twentieth Century* (Oxford: Oxford University Press, 2002); e Ernest Zebrowski, *The Last Days of St. Pierre: The Volcanic Disaster That Claimed Thirty Thousand Lives* (New Brunswick, NJ: Rutgers University Press, 2002).

79. William A. Garesché, *The Complete Story of the Martinique and St. Vincent Horrors*, op. cit., pp. 118-20.

80. Disponível em: <www.icl-fi.org/print/english/wv/953/martinique.htm>. Acesso em: 22 abr. 2021.

7. MEMÓRIAS DE CATÁSTROFES NUMA DÉCADA DE TEMPESTADES [pp. 258-304]

1. César N. Caviedes, "Five Hundred Years of Hurricanes in the Caribbean", op. cit., pp. 304-8.

2. Um esboço sucinto desse período no Caribe é apresentado por O. Nigel Bolland, "Labor Protest, Rebellions and the Rise of Nationalism during Depression and War", em Stephan Palmié e Francisco A. Scarano (Orgs.), *The Caribbean: A History of the Region and Its Peoples* (Chicago: University of Chicago Press, 2011), pp. 459-74.

3. NLJ, ms. 931.

4. JA. 1B/5/77/208 Gov. Ransford Slater's Log.

5. Wayne Neely, *Great Bahamian Hurricanes of 1926: The Story or Three of the Greatest Hurricanes to Ever Affect the Bahamas*. Bloomington, IN: iUniverse, 2009, pp. 86-8.

6. Ibid., pp. 81-93. A letra da canção vem de "Mammy Don't Want No Peas, No Rice", de Blind Blake.

7. Michael Craton e Gail Saunders, *Islanders in the Stream: A History of the Bahamian People*. Athens: University of Georgia Press, 1992, v. 2, pp. 237-42.

8. O historiador bahamense Wayne Neely escreveu vários livros sobre os furacões nas Bahamas em geral e sobre tempestades individuais que, embora um tanto repetitivos, oferecem muito material valioso sobre as condições locais. Ver, por exemplo, Wayne Neely, *Great Bahamian Hurricanes of 1926*; Id., *The Great Bahamas Hurricane of 1929* (Nassau: Media, 2005).

9. Bonham C. Richardson, *Economy and Environment in the Caribbean*, op. cit., pp. 18-67.

10. Michael Craton e Gail Saunders, *Islanders in the Stream*, op. cit., pp. 268-76.

11. Anne S. Macpherson, *From Colony to Nation: Women Activists and the Gendering of Politics in Belize, 1912-1982*. Lincoln: University of Nebraska Press, 2007, pp. 115-20.

12. Bridget Brereton e Kevin A. Yelvington, *The Colonial Caribbean in Transition: Essays on Post-Emancipation Social and Cultural History*. Gainesville: University Press of Florida, 1999, pp. 10-5; O. Nigel Bolland, *On the March: Labour Rebellions in the British Caribbean, 1934-39*. Kingston, JAM: Ian Randle, 1995; Id., *Colonialism and Resistance in Belize: Essays in Historical Sociology*. Kingston, JAM: University of the West Indies Press, 2003.

13. Publiquei parte do material dos próximos parágrafos com parte de Stuart B. Schwartz, "Hurricanes and the Shaping of Circum-Caribbean Societies" (*Florida Historical Quarterly*, v. 83, n. 4, pp. 381-409, abr. 2005).

14. Horace A. Towner, *Twenty-ninth Annual Report of the Governor of Porto Rico*. Washington, DC: Government Printing Office, 1930, pp. 1-3.

15. Porto Rico mudou para os tipos BH 10-12 e SC 12-4 porque tinham um teor mais alto de sacarose e eram mais resistentes a doenças. No final da década de 1920, cerca de 80% da cana-de-açúcar de Porto Rico era dessas variedades. Os cubanos continuaram a usar a variedade *cristalina*, menos frágil. "Testimony of Carlos Chardón, Commissioner of Agriculture". In: *Relief of Porto Rico: Joint Hearings before the Committee on Territories and Insular Possessions, United States Senate and the Committee on Insular Affairs, House of Representatives, Seventieth Congress, 2nd Session on S. J. Res. 172 and H. J. Res. 333, a Bill for the Relief of Porto Rico, December 10 and 11, 1928*. Washington, DC: Government Printing Office, 1929, p. 64.

16. Thomas Reynolds, *American Red Cross Disaster Services, 1930-47*. Nova York: Universidade Columbia,1954. Tese (Doutorado em História); Jonathan C. Bergman, *The Shape of Disaster and the Universe of Relief: A Social History of Disaster Relief and The "Hurricane of 38", Suffolk County, Long Island, Nova York, 1938-41*. Buffalo: Universidade do Estado de Nova York, 2008, pp. 35-6. Tese (Doutorado em História).

17. James L. Dietz, *Economic History of Puerto Rico*, op. cit., pp. 90-1.

18. Bayonet Diaz para o governador de Porto Rico, 25 set. 1928, AGPR, Obras Públicas, maço 166. Muita informação também é fornecida em Emilio del Toro, *Final Report of the Insular Executive Committee of Supervision and Relief* (San Juan: [s.n.], 1929) e em *Report on Damage by the Storm of September 13, 1928: Island of Puerto Rico* (San Juan: [s.n.], 1928). Esses relatos foram feitos por avaliadores do Federal Land Bank of Baltimore, filial de Porto Rico.

19. Guillermo Esteves para o governador, 15 out. 1928, AGPR, Obras Públicas, maços 166 e 207.

20. Guillermo Esteves para o Comitê Constitutivo da Cruz Vermelha, 31 out. 1928, AGPR, Obras Públicas, maços 160 e 166.

21. Bingham era ex-professor em Yale e "descobridor" de Machu Picchu.

22. Uma excelente resenha dessas discussões e debates se encontra em Ronald Fernandez, *The Disenchanted Island: Puerto Rico and the United States in the Twentieth Century* (Westport, CT: Praeger, 1996), pp. 98-101.

23. Carmen Chiesa de Pérez, "El huracán de San Felipe". *El Mundo*, p. 4, 16 set. 1990.

24. "Great Miami Hurricane of 1926". Disponível em: <srh.noaa.gov/mfl/?n=miamihurricane1926>. Acesso em: 22 abr. 2021.

25. Um excelente resumo do impacto do furacão na Flórida durante o período de seu rápido desenvolvimento nas décadas de 1920 e 1930 é apresentado em Theodore Steinberg, *Acts of God*, op. cit., pp. 48-68.

26. Raymond Arsenault, "The Public Storm", op. cit., p. 272.

27. Deborah Sharp, "Storm's Path Remains Scarred after Seventy-Five Years". *USA Today*, p. 4A, 5 set. 2003.

28. Steinberg apresenta uma resenha desses fatos baseado em jornais e periódicos da época. Theodore Steinberg, *Acts of God*, op. cit., pp. 55-60. Ver também Lawrence E. Will, *Okeechobee Hurricane and the Hoover Dike* (St. Petersburg, FL: Great Outdoors, 1961); e Robert Mykle, *Killer' Cane: The Deadly Hurricane of 1928* (Nova York: Cooper Square, 2002), pp. 5-10. Um excelente uso de entrevistas e declarações de sobreviventes é feito por Eliot Kleinberg, *Black Cloud: The Great Florida Hurricane of 1928* (Nova York: Carroll & Graf, 2003).

29. Theodore Steinberg, *Acts of God*, op. cit., pp. 54-61. Ver também Lawrence E. Will, *Okeechobee and the Hoover Dike*, op. cit.

30. American National Red Cross, *The West Indies Hurricane Disaster, September, 1928: Official Report of Relief Work in Porto Rico, the Virgin Islands and Florida*. Washington, DC: The American National Red Cross, 1928; Stuart B. Schwartz, "Hurricanes and the Shaping of Circum-Caribbean Societies", op. cit., pp. 407-9.

31. Antoine Prost e Jay Winter, *René Cassin and Human Rights: From the Great War to the Universal Declaration*. Cambridge: Cambridge University Press, 2013, pp. 157-60. Meus agradecimentos a Jay Winter por permitir que eu visse as provas do livro antes da publicação.

32. Emilio Rodríguez Demorizi, *Cronología de Trujillo*. Ciudad Trujillo: Impressora Dominicana, 1955, v. 1, pp. 28-45; Fernando A. Infante, *La era de Trujillo: Cronología histórica, 1930-1961*. Santo Domingo: Collado, 2007, pp. 48-53.

33. Como em Cuba e em Porto Rico, na República Dominicana é tradição dar aos furacões o nome do santo do dia em que ocorrem. Mas os dominicanos têm também o costume de no-

meá-los de acordo com indivíduos a eles associados, em geral por causa de algum infortúnio ou milagre: o furacão de Magdalena, em 1921; o furacão do padre Ruiz (que estava sendo sepultado na catedral quando o furacão começou), em 1834; o furacão de Lilís (apelido do general Hereaux, que governava o país naquela época), em 1894.

34. Vetilio Alfau Durán, "Los principales huracanes habidos en Santo Domingo". In: Aristides Incháustegui e Blanca Delgado Malagón (Orgs.), *Vetilio Alfau Durán en el Listín diario: Escritos*. Santo Domingo: Secretaría de Estado de Educación, Bellas Artes y Cultos, 1994, pp. 15-25.

35. O papel do furacão San Zenón na consolidação do regime de Trujillo foi tema de vários estudos modernos excelentes. Uma visão geral sucinta é apresentada em Frank Moya Pons, *El ciclón de San Zenón y la "pátria nueva": Reconstrucción de una ciudad como resconstrucción nacional* (Santo Domingo: Academia Dominicana de la Historia, 2007). Os efeitos sociais e culturais do programa pós-tempestade de Trujillo são enfatizados em Lauren Derby, *The Dictator's Seduction: Politics and the Popular Imagination in the Era of Trujillo* (Durham, NC: Duke University Press, 2009), pp. 66-108. Os aspectos diplomáticos em relação aos Estados Unidos são cobertos em Eric Roorda, *The Dictator Next Door: The Good Neighbor Policy and the Trujillo Regime in the Dominican Republic, 1930-1945* (Durham, NC: Duke University Press, 1998), pp. 55-62. O impacto literário e os usos do furacão San Zenón são analisados em Mark D. Anderson, *Disaster Writing: The Cultural Politics of Catastrophe in Latin America* (Charlottesville: University of Virginia Press, 2011), pp. 29-55. Para o um tanto semelhante uso político de desastres naturais, ver Marc Allan Healey, *The Ruins of the New Argentina: Peronism and the Remaking of San Juan After the 1944 Earthquake* (Durham, NC: Duke University Press, 2011).

36. Fernando A. Infante, *La era de Trujillo*, op. cit., p. 59.

37. Ramón Lugo Lovatón, *Escombros: Huracán del 1930*. Ciudad Trujillo: Ed. del Caribe, 1955. O livro é uma coleção de artigos publicados originalmente durante a recuperação dos efeitos do furacão.

38. Rafael Leónidas Trujillo Molina, *Discursos, mensajes y proclamas*. Santiago, RD: El Diario, 1946, pp. 22-3.

39. Fernando A. Infante, *La era de Trujillo*, op. cit., p. 58.

40. "*La nueva bestia de las leyendas y invenciones llegó a la ciudad, y la sembró entera de semillas del pánico.*" Ramón Lugo Lovatón, *Escombros*, op. cit., p. 93.

41. "*toda tragedia es a la vez sepulcro y cuna, meta y partida, descanso y sendero.*" Ibid., p. 13.

42. Eric Roorda, *The Dictator Nex Door*, op. cit., pp. 56-8. Rooda discute as tensões entre o corpo diplomático, que não confiava em Trujillo e suspeitava dele, e os oficiais navais e fuzileiros, que o apoiavam. A requisição de Trujillo a Watson foi tratada como uma oportunidade para a embaixada ter alguma alavancagem com o novo governo.

43. Após sua queda, em 1933, Machado foi protegido por Trujillo, que se recusou a extraditá-lo para Cuba por razões humanitárias. Machado se mudou mais tarde para os Estados Unidos. Ver sua carta de agradecimento a Trujillo de 16 de janeiro 1934 em Gerardo Machado Papers, University of Miami Libraries.

44. Aristides Fiallo Cabral, *Memoria del Secretario de Estado de Sanidad, 1930* (Santo Domingo, 1931), pp. 5-6.

45. Lauren Derby, *The Dictator's Solution*, op. cit., pp. 80-1.

46. Ibid.

47. Curro Pérez para Vidal, 1 out. 1930, AGNRD, Fundo Político, maço D351, exp. 5.

48. AGNRD, Presidência, 1.15, LD 620 (Calendário político de Trujillo, 1930-40).

49. AGNRD, Presidência, 1.25 LD, 620. Arcebispo de Santo Domingo para Rafael Vidal, 30 set. 1930.

50. Lauren Derby, *The Dictator's Solution*, op. cit., pp. 80-8. Derby se concentra na reconstrução da cidade e nas implicações sociais do projeto.

51. Rafael Leónidas Trujillo Molina, *Discursos, mensajes y proclamas*, op. cit., pp. 67-72.

52. Fulgencio Batista (1933-44, 1952-9), Jorge Ubico (1931-49), Anastasio Somoza (1934-56), Lázaro Cárdenas (1934-40), Getúlio Vargas (1930-45, 1951-4). Ver Eric Paul Roorda, "Genocide Next Door: The Good Neighbor Policy, the Trujillo Regime, and the Haitian Massacre of 1937" (*Diplomatic History*, v. 20, n. 3, pp. 301-19, 1996). A crise econômica pós-1920 produziu também outras respostas, como o governo da Frente Popular Francesa e, de alguma forma, o regime de Vichy, que o sucedeu. Ver Philip Nord, *France's New Deal* (Princeton, NJ: Princeton University Press, 2010, pp. 19-39).

53. As temporadas com múltiplos furacões de categoria 5 (com ventos de mais de 250 quilômetros por hora) foram 1932, 1933, 1960, 1961, 2005 e 2007.

54. César N. Caviedes, "Five Hundred Years of Hurricanes in the Caribbean", op. cit., pp. 301-30.

55. José Carlos Millás, *Memoria del huracán de Camaguey de 1932*. Havana: Seoane y Fernández, 1933, p. 6.

56. Em 2005, Santa Cruz del Sur foi atingida por outra tempestade de categoria 5, mas não se perderam vidas. Isso foi comemorado por Raúl Castro como evidência da eficácia do governo socialista em lidar com catástrofes naturais, e seu irmão Fidel Castro escreveu: "Uma forte e enérgica Defesa Civil protege nossa população e lhe oferece mais segurança contra catástrofes do que fazem os Estados Unidos". "Destaca Raúl Castro preservación de vidas durante huracán". *La Crónica de Hoy*, 17 fev. 1013. Disponível em: <www.cronica.com.mx/notas2008/397131.html>. Acesso em: 22 abr. 2021; Fidel Castro, *Reflexiones de Fidel*. Havana: Oficina de Publicaciones del Consejo de Estado, 2007, v. 8, p. 69.

57. Michelle Landis Dauber, "Fate, Responsibility and 'Natural' Disaster Relief: Narrating the American Welfare State". *Law and Society Review*, v. 33, pp. 257-318, 1999; Id., "The Real Third Rail of American Politics", op. cit. Sobre o New Deal em Porto Rico, ver Manuel R. Rodríguez, *A New Deal for the Tropics: Puerto Rico during the Depression Era, 1932-1935* (Princeton, NJ: Markus Wiener, 2010).

58. Apresento considerável detalhamento em Schwartz, "The Hurricane of San Ciriaco", op. cit., pp. 327-34.

59. Foster Rhea Dulles, *The American Red Cross: A History*. Nova York: Harper & Brothers, 1950.

60. *Boletín administrativo n. 323. Proclama del gobernador de Puerto Rico* (24 set. 1928), AGPR, Obras Públicas 166. As atividades da Cruz Vermelha no furacão de San Felipe foram resumidas em American National Red Cross, *The West Indies Hurricane Disaster, September, 1928*, op. cit.

61. Horace A. Towner, *Twenty-ninth Annual Report of the Governor of Porto Rico*, op. cit., pp. 3-4.

62. Os trabalhos de John R. Beverley estão arquivados no Briscoe Center for American History, na Universidade do Texas (Austin).

63. AGPR, "Tropical Storms and Hurricane Insurance", Of. Gov., caixa 1846, 27/15. Ver também "A Plan for the Protection of the Agriculture of Puerto Rico", relatório de S. M. Thomson preparado para o Comitê Interdepartamental de Porto Rico.

64. AGPR, Of. Gov., caixa 1845; Departamento de Guerra para o governador de Porto Rico, 14 out. 1932.

65. Frank Antonsanti para o governador Beverley, 22 nov. 1932, AGPR, Of. Gov., caixa 1845.

66. AGPR, Of. Gov., caixa 1845, set. 1932. (Essa carta do governador Beverley foi escrita em papel timbrado da Puerto Rican American Tobacco Company.)

67. Horace A. Towner para o governador Beverley, 4 out. 1932, AGPR, Of. Gov. 27/6.

68. AGPR, Of. Gov., caixa 1845.

69. AGPR, Of. Gov. 27/2.

70. AGPR, Of. Gov. 27/6.

71. Vivas Valdivieso para o governador Beverley, 15 set. 1928, AHMP, caixa S-282, Arquivos de jornal, *El Aguila de Puerto Rico*, 15 set. 1928.

72. AGPR, Of. Gov. 255.2 27/6.

73. AGPR, Of. Gov. 255.2, 29 set. 1932.

74. Victor S. Clark e Brookings Institution, *Porto Rico and Its Problems*. Washington, DC: Brookings Institution, 1930, p. xxi.

75. M. Moure de Carmona para o governador, out. 1932, AGPR, Of. Gov., caixa 1845.

76. AGPR, Of. Gov. 1845, Asunción Cruz para o governador Beverley, Caguas, 14 out. 1932.

77. J. P. Santana para o governador Beverley, sem data (1932), AGPR, Of. Gov., caixa 1845.

78. Essa carta, juntamente com a correspondência relacionada, se encontra em AGPR, Of. Gov., caixas 1845 e 1846.

79. Gordon K. Lewis, *Puerto Rico: Freedom and Power in the Caribbean*. Nova York: Monthly Review Press, 1963, pp. 68-87.

80. Michelle Landis Dauber, *The Sympathetic State*, op. cit., pp. 185-224. Dauber faz uma análise quantitativa das cartas enviadas a Eleanor Roosevelt.

81. Adi Ophir, "The Two-State Solution: Providence and Catastrophe". *Journal of Homeland Security and Emergency Management*, v. 4, n. 1, pp. 1-44, 21 mar. 2007.

82. Estou usando a expressão aqui apenas para me referir à crescente reação do Estado a catástrofes naturais e outras emergências, e não no sentido sugerido por Ophir de que o Estado catastrófico, que governa por medidas de exceção e pela necessidade de fazer discriminação entre seus habitantes, é, com efeito, o Estado totalitário. Ver ibid., pp. 25-6.

83. Por exemplo, Michelle Landis Dauber: "Fate, Responsibility and 'Natural' Disaster Relief", op. cit.; Id., "The Real Third Rail of American Politics", op. cit.; Id., *The Sympathetic State*, op. cit.

84. Id., "The Real Third Rail of American Politics", op. cit., p. 65. Opositores do envolvimento federal em ajuda após catástrofes sempre alegaram que essas medidas ficavam fora da responsabilidade constitucional do governo federal e que exceções não estritamente "ajudam" e não deveriam constituir um precedente.

85. Leland R. Johnson et al., *Situation Desperate: U. S. Army Engineer Disaster Relief Operations, Origins to 1950*. Alexandria, VA: Office of History, U. S. Army Corps of Engineers, 2011, pp. 17-8.

86. Michelle Landis Dauber, "Fate, Responsibility and 'Natural' Disaster Relief", op. cit., p. 273.

87. Por exemplo, David B. Woolner e Harry L. Henderson, *FDR and the Environment* (Nova York: Palgrave Macmillan, 2005); e Neil M. Maher, *Nature's New Deal: The Civilian Conservation Corps and the Roots of the American Environmental Movement* (Oxford: Oxford University Press, 2008).

88. Baseei minha discussão em parte da extensa literatura sobre essa tempestade. Ver Thomas Neil Knowles, *Category 5: The 1935 Labor Day Hurricane* (Gainesville: University Press of Florida, 2009); John M. Williams e Iver W. Duedall, *Florida Hurricanes and Tropical Storms 1871-2001* (Gainesville: University of Florida Press, 2002); Willie Drye, *Storm of the Century: The Labor Day Hurricane of 1935* (Washington, DC: National Geographic Society, 2002); Les Standiford e Henry Morrison Flagler, *Last Train to Paradise: Henry Flagler and the Spectacular Rise and Fall of the Railroad that Crossed the Ocean* (Nova York: Crown, 2002); e Gary Dean Best, *FDR and the Bonus Marchers, 1933-35* (Westport, CT: Praeger, 1992). Usei também Kerry A. Emanuel, *Divine Wind*, op. cit. Para um esboço conciso dos eventos, recorri a Theodore Steinberg, *Acts of God*, op. cit., pp. 48-65. Para um detalhamento útil, ver Jerry Wilkerson, "The Florida Keys Memorial" (*Keys Historeum*, 2 ago. 2013), disponível em: <keyshistory.org/hurrmemorial.html>. Um excelente uso das investigações da catástrofe pelo governo é feito em Seiler Christine Kay, *The Veteran Killer: The Florida Emergency Relief Administration and the Labor Day Hurricane of 1935* (Tallahassee: Universidade do Estado da Flórida, 2003), tese (Doutorado em História).

89. Thomas Hibben, engenheiro-chefe da Fera, usou essa expressão. Citado em Seiler Christine Kay, *The Veteran Killer*, op. cit.

90. *Florida Hurricane Disaster: Hearings before the Committee on World War Veterans' Legislation, House of Representatives, Seventy-fourth Congress, Second Session, on H. R. 9486, a Bill for the Relief of Widows, Children and Dependent Parents of World War Veterans Who Died as the Result of the Florida Hurricane at Windley Island and Matecumbe Keys, September 2, 1935*. Washington, DC: Government Printing Office, 1936.

91. David S. Heidler e Jeanne T. Heidler apresentam uma análise detalhada e bem crítica de como esse artigo é compatível com a biografia de Hemingway e como ele reflete sua inconsistência e percepções políticas um tanto confusas. Ver David S. Heidler e Jeanne T. Heidler, "'You're Dead Now, Brother': Hemingway and the 1935 Labor Day Hurricane" (David S. and Jeanne T. Heidler — American Historians, 1 set. 2010), disponível em: <djheidler.com/~djheid5/Blog/~%281%29~Hurricane.htm>.

92. O depoimento do coronel Ijam aparece em *Florida Hurricane Disaster*, op. cit., pp. 375-87.

93. Jerry Wilkerson, "The Florida Keys Memorial", op. cit.

8. TEMPESTADES PÚBLICAS, AÇÃO COMUNITÁRIA E LUTO PRIVADO [pp. 305-53]

1. "1944 — Great Atlantic Hurricane". Hurricane: Science and Society, [s.d.]. Disponível em: <www.hurricanescience.org/history/storms/1940s/GreatAtlantic/>. Acesso em: 22 abr. 2021.

2. Bob Sheets e Jack Williams, *Hurricane Watch*, op. cit., pp. 125-42. Vários desses importan-

tes cientistas e estudantes de furacões como o próprio Bob Sheets e o historiador David Ludlum tiveram treinamento militar durante ou após a Segunda Guerra Mundial.

3. Capítulo 5 ("The 1950s") de Bob Sheets e Jack Williams, *Hurricane Watch*, op. cit., apresenta uma útil e detalhada narrativa dos avanços científicos, tecnológicos e institucionais do período pós-guerra. Ver também a útil narrativa resumida em Raymond Arsenault, "The Public Storm", op. cit., pp. 275-83.

4. James Fleming trata das questões científicas e éticas gerais suscitadas pela manipulação do clima. Ver James Rodger Fleming, *Fixing the Sky: The Checkered History of Weather and Climate Control* (Nova York: Columbia University Press, 2010).

5. Fleming apresenta também a longa história das tentativas humanas de modificar o meio ambiente e a costumeira desconsideração com as implicações morais ou consequências físicas inesperadas.

6. Stanley A. Chagnon, "Factors Affecting Temporal Fluctuations in Damaging Storm Activity in the United States Based on Insurance Loss Data". *Meteorological Applications*, v. 6, n. 1, pp. 1-10, 1999; Roger Pielke Jr., Joel Gratz, Christopher Landsea et al., "Normalized Hurricane Damage in the United States, 1900-2005". *Natural Hazards Review*, v. 9, n. 1, pp. 29-42, 2008.

7. Baseei-me aqui em Patrick J. Fitzpatrick, *Natural Disasters*, op. cit., pp. 71-96.

8. Theodore Steinberg, *Acts of God*, op. cit., pp. 185-97.

9. A prática de nomear as tempestades varia de acordo com a região do mundo. Atualmente o Atlântico usa seis listas com 21 nomes masculinos e femininos que se repetem a cada seis anos. Nomes de tempestades particularmente memoráveis são às vezes retirados e substituídos. Se houver mais de 21 tempestades no mesmo ano, são usadas letras do alfabeto grego.

10. Muitos voos de caça a furacões foram feitos com aviões da Segunda Guerra Mundial, como o B-29, que estavam disponíveis para conversão para fins civis na década de 1950.

11. A Organização Meteorológica Internacional foi fundada em 1873. Ver Félix-Hilaire Fortuné, *Cyclones et autres cataclysmes aux Antilles*, op. cit.

12. O estudo-chave dessa organização é Denise P. Thompson, *Building Effectiveness in Multi-State Disaster Management Systems: The Case of the Caribbean Disaster and Emergency Response Agency* (State College: Universidade do Estado da Pensilvânia, 2010), tese (Doutorado em Administração Pública). Ver também <www.cderma.org> e "Caribbean Disaster Emergency Management Agency" (Wikipedia, [s.d.]), disponível em: <en.wikipedia.org/w/index,.php/title=Caribbean_Disaster_Emergency_Management_Agency%oldid=565071598>.

13. Barry W. Higman, *A Concise History of the Caribbean*, op. cit., pp. 275-9.

14. Luis Palés Matos, "La plena de menéalo", republicado em *La Revista de Centro de Estudios Avanzados de Puerto Rico y el Caribe*, v. 2, pp. 81-2, 1986.

Bochinche de viento y agua…
Sobre el mar
Está la Antilla bailando
— de aquí payá, de ayá pacá
Menéalo, menéalo
En el huracán
[…]
¡Pará que rabie el Tío Sam!

15. Francisco A. Scarano, *Puerto Rico*, op. cit., p. 779.

16. Edwin Miner Solá, *Historia de los huracanes en Puerto Rico*. San Juan: First Book, 1995, pp. 40-2.

17. Luis Salivia, *Historia de los temporales*, op. cit., pp. 321-30. Segui estreitamente seu relato.

18. Um documento ("Resumen de los datos...") existente nos arquivos do FMM, seção V, série 16, datado de 13 setembro de 1956 (dia seguinte ao furacão), resume relatos nos jornais *La Democracia* e *El Mundo* sobre a resposta do governo à tempestade de 1932.

19. "Mensaje radial del governador de ELA", 14 ago. 1956, FMM, seção V, série 16, subseção 29.

20. A. W. Maldonado, *Luis Muñoz Marín: Puerto Rico's Democratic Revolution*. San Juan: Editorial Universidad de Puerto Rico, 2006, p. 335.

21. Ermelindo Santiago para Luis Muñoz Marín, FMM, seção V, série 16, subseção 29.

22. FFM, seção V, série 16, subseção 29, Rivera Rodríguez para Muñoz Marín, 15 ago. 1956.

23. Ibid., Muñoz Marín para Rosa Rodrigues Rivera, 14 set. 1956.

24. Dwight D. Eisenhower, "Remarks on Drought and Other Natural Disasters: McConnell Air Force Base, Wichita, Kansas". Ed. de John T. Wooley e Gerhardt Peters. The American Presidency Project, 15 jan. 1957. Disponível em: <www.presidency.ucsb.edu/wc/?pid=10823#axzz2hCN1AmZM>. Acesso em: 22 abr. 2021.

25. Rudolph Homère Victor, "Cette Nuit là les portes del'enfer s'etaient en'ouvertes". Mr. Météo: Toutes les Infos Météos, 31 maio 2013. Disponível em: <mrmeteo.info.site/2013/05/31/cette-nuit-la-les-portes-de-lenfer-setaient-entrouvertes/>. Acesso em: 22 abr. 2021.

26. Gordon E. Dunn, "The Hurricane Season of 1963". *Monthly Weather Review*, v. 92, n. 3, pp. 128-37, 1965.

27. Laurent Dubois, *Haiti: The Aftershocks of History*. Nova York: Metropolitan, 2012, pp. 335-50.

28. Ibid., pp. 335-6.

29. O furacão Edith causou considerável dano em Santa Lúcia e Dominica, e na Martinica matou dez pessoas, feriu cinquenta e causou 40 milhões de dólares em danos. A tempestade enfraqueceu sobre as Pequenas Antilhas antes de chegar a Santo Domingo. Ver Gordon E. Dunn, "The Hurricane Season of 1963", op. cit.

30. "*nunca se repartieron ni nadie las há visto.*" AGNRD, Fundo Presidencial 13 288, 20 157-28.

31. Existe um excelente ensaio político desse período de autoria do embaixador dos Estados Unidos. Ver John Bartlow Martin, *Overtaken by Events: The Dominican Crisis from the Fall of Trujillo to the Civil War* (Nova York: Doubleday, 1966), especialmente pp. 546-90.

32. Ibid., p. 585.

33. Christian Webersik e Christian Klose, "Environmental Change and Political Instability in Haiti and the Dominican Republic: Explaining the Divide". In: Workshop CSCW — "Environmental Factors of Civil War", 6-7 dez. 2010, Oslo. Disponível em: <file.no/files/projects/workinggroup/webersik_CSCW_WG_3_workshop_dec10.pdf>. Acesso em: 22 abr. 2021.

34. O boato sobre Trujillo ter medo de furacões é observado em John Bartlow Martin, *Overtaken vy Events*, op. cit., p. 585. Trujillo esteve em contato com Joseph O'Brien, um engenheiro de Nova York, fundador da New York Waterway Research Society, que queria criar o Franklin Science Center. O'Brien tinha a teoria de que a energia em furacões e a energia elétrica e magnética desenvolvida pela Terra estavam relacionadas e que a preocupação com variáveis de pressão

do ar era equivocada. Seu interesse real era a criação de um canal da Costa Leste até os Grandes Lagos e do Lago Superior à baía de Hudson, mas ele também buscou o apoio financeiro de Trujillo para o estudo dos furacões. Ver O'Brien para Trujillo, 14 set. 1955, AGNRD, Fundo Presidencial, caixa 13 288, 10 157-28.

35. Denis Watson, "Menaces hydrométéorologiques et risques géophysiques en Haiti. *Revue de la Societé Haitienne d'Histoire, de Géographie et de Géologie*, n. 241/244, pp. 31-66, 2011. O Haiti sofreu pelo menos vinte grandes desastres naturais no século xx. O artigo de Denis se concentra em eventos da última década, mas suas observações também são aplicáveis ao século anterior.

36. Osviel Castro Medel, "Ciclón Flora en Cuba: El lazo mortal". Palabras sin Fronteras, 4 out. 2010. Disponível em: <osvielcastro.wordpress.com/2010/10/04/ciclon-flora-en-cuba-el-lazo-mortal-i/>. Acesso em: 22 abr. 2021.

37. Juan Almeida Bosque, *Contra el agua y el viento*. Havana: Verde Olivo, 2002, pp. 24-5.

38. Ver Rebecca Solnit, *A Paradise Built in Hell: The Extraordinary Communities That Arise in Disasters* (Nova York: Viking, 2009).

39. Julio García Luis, "Hurricane Flora (October 4, 1963)". In: _____ (Org.), *Cuban Revolution Reader: A Documentary History of 40 Key Moments of the Cuban Revolution*. Melbourne: Ocean Press, 2001, pp. 129-33. Ver também o importante discurso de Castro "Informe sobre el paso del ciclón Flora por las provincias de Camagüey y Oriente por la cadena Nacional de Radio y Televisión (21 oct. 1963)", em *Obra Revolucionaria*, n. 27, pp. 7-25, 1963.

40. Michael Chanan, *Cuban Cinema*. Minneapolis: University of Minnesota Press, 2004, p. 22.

41. Ernesto Che Guevara, "Socialism and Man in Cuba". In: Ernesto Che Guevara, Karl Marx e Friedrich Engels, *Manifesto: Three Classic Essays on How to Change the World*. Melbourne: Ocean, 2005.

42. Fidel Castro, "Discurso pronunciado en la conmemoración del VI aniversario de los CDR" (Plaza de la Revolución, Havana, 28 set. 1966). Disponível em: <www.cuba.cu/gobierno/discursos/1966/esp/f280966e.html>. Acesso em: 22 abr. 2021.

43. Ver Fidel Castro, "Discurso en el acto por la conmemoración del Instituto Nacional de Recursos Hidráulicos", 10 ago. 1963 (*Obra Revolucionaria*, n. 21, pp. 29-40, 1963). Hugh Thomas, *Cuba*, op. cit., p. 1479.

44. Maurice Halperin, *The Rise and Decline of Fidel Castro: An Essay in Contemporary History*. Berkeley: University of California Press, 1972, pp. 285-6.

45. "The Effects of Hurricane Flora on Cuba". Special National Intelligence Estimate, 85-3-63 (15 nov. 1963), Biblioteca Presidencial LBJ, caixa NLJ 94-29, doc. 5.

46. A produção cubana de açúcar de fato aumentou entre 1962 e 1965. Os números, em milhares de toneladas, são: 1962, 51,6; 1963, 52,6; 1964, 60,1; 1965, 65,1. Hugh Thomas, *Cuba*, op. cit., apêndice 3, pp. 1560-64. Sobre os efeitos do Flora na política agrícola em Cuba, ver Amelia Estrada, "'Y Vino Dos Veces', Hurricane Flora and Revolutionary Cuba at the Crossroads". In: Encontro Anual da Associação Histórica Americana, 2002, San Francisco.

47. "Cuba, Haiti, and Flora", editorial, *New York Times*, 8 out. 1963.

48. O presidente Kennedy insistiu em que os contatos fossem mantidos em segredo. Uma lista de documentos relevantes sobre o início de um diálogo entre Cuba e os Estados Unidos sobre a melhora das relações pode ser encontrado em National Security Archive, George Washington University, disponível em: <www2.gwu.edu/ñsarchiv/index.html>.

49. Miró Cardona para Pablo Le-Riverend, San Juan, 23 out. 1963, Cuban Heritage Collection, University of Miami Libraries, caixa 26, pasta 2. (Meus agradecimentos a Michael Bustamante por sua referência.)

50. Martha Thompson e Izaskun Gaviria, *Cuban Weathering the Storm: Lessons in Risk Reduction from Cuba*. Boston: Oxfam America, 2004), pp. 8-9. Ver também José Carlos Lezcano, "Aspectos esenciales sobre la mitigación de los desastres naturales en Cuba", em *Cuba in Transition* (Miami: Association for the Study of the Cuban Economy, 1995), v. 5, pp. 399-406; e José Alvarez, *The Potential Correlation between Natural Disasters and Cuba's Agricultural Performance* (Gainesville: Department of Food and Resource Economics, Florida Cooperative Extension Service, University of Florida, 2004), disponível em: <edis.ifas.ufl.edu/fe490>.

51. Robert Brym, *Sociology as a Life or Death Issue*. Toronto: Pearson, 2008, p. 67.

52. Essa crítica aparece em Holly Sims e Kevin Vogelmann, "Popular Mobilization and Disaster Management in Cuba" (*Public Administration and Development*, v. 22, n. 5, pp. 389-400, 2002). Ver também Martha Thompson e Izaskun Gaviria, *Cuba Weathering the Storm*, op. cit.

53. Keyser e Smith apresentam uma visão positiva do sistema de mitigação de catástrofes em Cuba, enquanto B. E. Aguirre reconhece o sucesso de Cuba na preparação para catástrofes, mas critica sua falha na reconstrução pós-catástrofe. Ver Jonathan Keyser e Wayne Smith, *Disaster Relief Management in Cuba* (Center for International Policy, 18 maio 2009), disponível em: <www.ciponline.org/research/html/disaster-relief-management-in-cuba>; e Benigno E. Aguirre, "Cuba's Disaster Management Model: Should It Be Emulated?" (*International Journal of Mass Emergencies and Disasters*, v. 23, n. 3, pp. 55-71, 2005). Muito da crítica de Aguirre parece se focar na natureza do sistema político de Cuba como tal e na "longa ditadura política do sr. Castro". Ver também Sergio Díaz-Briquets, "The Enduring Cuban Housing Crisis: The Impact of Hurricanes", em *Cuba in Transition: Papers and Proceedings of the Nineteenth Annual Meeting of the Association for the Study of the Cuban Economy* (*ASCE*) (Miami: Association for the Study of the Cuban Economy, 2009, pp. 429-41, disponível em: <www.ascecuba.org/publications/proceedings/volume19/>).

54. Citado em Sergio Díaz-Briquets e Jorge F. Pérez, *Conquering Nature: The Environment Legacy of Socialism in Cuba* (Pittsburgh, PA: University of Pittsburgh Press, 2000), pp. 1-23. Muito da crítica dos autores tem natureza política.

55. Ver, por exemplo, a entrevista dada por Castro em Barbados em 1994, em seguida à Conferência Global da ONU naquela ilha. Latin America Network Information Center, Castro Speech Data Base. Ver também *Fidel Castro: My Life*, org. de Ignacio Ramonet (Nova York: Scribner, 2008), pp. 355-6, 396-400.

56. Isso foi especialmente verdadeiro após a criação, pela NOAA, da Atlantic Basin Hurricane Database (HURDAT), que agora inclui dados de 1851 até o presente.

57. Johan Nyberg et al., "Low Atlantic Hurricane Activity in the 1970s and 1980s Compared to the Past 270 Years". *Nature*, v. 447, n. 7145, pp. 698-701, jun. 2007. Ver também "Hurricanes: The Greatest Storms on Earth", <earthobservatory.nasa.gov/Features/Hurricanes/hurricanes_3php>.

58. Roger A. Pielke Jr. et al., "Hurricanes and Global Warnings". *Bulletin of the American Meteorological Society*, v. 86, n. 11, pp. 1571-5, nov. 2005; Peter J. Webster et al., "Changes in Tropical Cyclone Number, Duration, and Intensity in a Warming Environment". *Science*, v. 309,

n. 5742, pp. 1844-6, 16 set. 2005. Ver também James Marshall Shepherd e Thomas Knutson, "The Current Debate on the Linkage between Global Warming and Hurricanes" (*Geography Compass*, v. 1, n. 1, pp. 1-24, 2007); e Thomas R. Knutson et al., "Tropical Cyclones and Climate Change" (*Nature Geoscience*, v. 3, n. 3, pp. 157-63, mar. 2010).

59. Chris Mooney, *Storm World*, op. cit.

60. A controvérsia sobre a climatologia do furacão foi habilmente apresentada em ibid.

61. Thomas R. Knutson et al., "Tropical Cyclones and Climate Change", op. cit.

62. James Marshall Shepherd e Thomas Knutson, "The Current Debate on the Linkage between Global Warming and Hurricanes", op. cit.

63. Roger A. Pielke Jr. et al., "Hurricane Vulnerability in Latin America and the Caribbean: Normalized Damage and Loss Potentials". *Natural Hazards Review*, v. 4, n. 3, pp. 101-14, 2003.

64. Ronald Reagan, *Reagan: A Life in Letters*. Org. de Martin Anderson, Annelise Anderson e Kiron K. Skinner. Nova York: Free Press, 2003, p. 664.

65. Daniel T. Rodgers, *Age of Fracture*. Cambridge, MA: Harvard University Press, 2011, pp. 180-202.

66. Mark Kurlansky, *A Continent of Islands: Searching for the Caribbean Destiny*. Reading, MA: Addison-Wesley, 1992.

67. David Barker e David Miller, "Hurricane Gilbert: Anthropomorphising a Natural Disaster". *Area*, v. 22, n. 2, pp. 107-16, 1 jun. 1990. O atual recorde de baixa pressão de 26,05 polegadas (882 milibars) é do furacão Wilma (2005).

68. Ibid., p. 108.

69. Kevin J. Grove, "From Emergency Management to Managing Emergence: A Genealogy of Disaster Management in Jamaica". *Annals of the Association of American Geographers*, v. 103, n. 3, pp. 570-88, 2013.

70. Banco Mundial e Nações Unidas, *Natural Hazards, Unatural Disaster: The Economics of Effective Prevention*. Washington, DC: Banco Mundial, 2010, pp. 16-8.

71. ODPEM, <www.odpem.org.jm/ArticleDetails/tabid/226>.

72. Sr. Needham, citado no *Daily Gleaner*, 18 set. 1988, excerto em David Barker e David Miller, "Hurricane Gilbert", op. cit., p. 114.

73. Mark Kurlansky, *A Continent of Islands*, op. cit., pp. 35-6.

74. A letra de "Wild Gilbert" está disponível em <www.elyrics.net/read/I/lloyd-lovindeer>.

75. Rebecca Solnit, *A Paradise Built in Hell*, op. cit., pp. 267-304.

76. JA, 1B/38/1/14, Errington George Green, comissário único, "Report of the Commission of Enquiry (27 fev. 1993)", cap. 1.

77. Laura Tanna, "On Development and Losing Elections". *Jamaica Gleaner Online*, 14 mar. 2010. Disponível em: <jamaica-gleaner.com/gleaner/20100314/arts/arts4.html>. Acesso em: 22 abr. 2021.

78. Walter J. Fraser, *Lowcountry Hurricanes: Three Centuries of Storms at Sea and Ashore*. Athens: University of Georgia Press, 2006, p. 247.

79. Uma excelente — embora crítica — visão global da política dos Estados Unidos nessa época é apresentada em Greg Grandin, *Empire's Workshop: Latin America, the United States, and the Rise of the New Imperialism* (Nova York: Owl, 2007).

80. Sébastien Hardy, "Risque naturel et vulnerabilité: Un analyse de la catastrophe de Posol-

tega (30 octobre 1998)". In: Joël Delhom e Alain Musset (Orgs.), *Nicaragua, dans l'oeil du cyclone*. Paris: Institut des Hates Études de l'Amérique Latine, 2000, pp. 41-52.

81. Roger A. Pielke Jr. et al., "Hurricane Vulnerability in Latin America", op. cit.

82. Manuel Torres, *Huracán Mitch, 1998-2003: Retrato social de una tragedia natural*. Tegucigalpa: Centro de Documentación de Honduras, 2004, p. 1.

83. Alain Musset, "Entre cyclones et tremblement de terre: Le Nicaragua face au risqué naturel". In: Joël Delhom e Alain Musset (Orgs.), *Nicaragua, dans l'oeil du cyclone*. Paris: Institut des Hautes Études de l'Amérique Latine, 2000, pp. 34-5.

84. Um excelente resumo dos efeitos do furacão Mitch com base em relatos da onu é Marisa Olivo Ensor e Bradley E. Ensor, "Hurricane Mitch: Root Causes and Responses to the Disaster", em Marisa Olivo Ensor (Org.), *The Legacy of Hurricane Mitch: Lessons from Post-Disaster Reconstruction in Honduras* (Tucson: University of Arizona Press, 2009), pp. 22-46.

85. O Instituto Cato, um *think tank* conservador, argumentou que essas alegações de "hiper-furacões" não tinham provas e eram alarmistas, resultado da "fofocagem da Casa Branca" na administração Clinton. Ver Patrick J. Michaels, "Mitch, That Sun of a Gun" (Cato Institute, 15 dez. 1998). Disponível em: <www.cato.org/publications/commentary/mitch-sun-gun>. Acesso em: 22 abr. 2021.

86. Marisa Olivo Ensor e Bradley E. Ensor, "Hurricane Mitch", op. cit., pp. 32-3, 42.

87. Daniel Steadman Jones, *Masters of the Universe: Hayek, Friedman and the Birth of Neoliberal Politics*. Princeton, nj: Princeton University Press, 2012, pp. 297-329.

88. Manuel Torres, *Huracán Mitch*, op. cit., pp. 27-30.

89. *Hurricane Mitch and Nicaragua*. Boulder, co: Natural Hazards Research and Applications Information Center, Institute of Behavioral Science, University of Colorado, [s.d.], pp. 2-6. Disponível em: <www.colorado.edu/hazards/publications/sp/sp38/part14.html>. Acesso em: 22 abr. 2021.

90. Vilma Elisa Fuentes, "Post-Disaster Reconstruction". In: Marisa Olivo Ensor (Org.), *The Legacy of Hurricane Mitch: Lessons from Post-disaster Reconstruction in Honduras*. Tucson: University of Arizona Press, 2009, pp. 100-28; Catherine Ambler, *The Distribution of Emergency Relief in Post Hurricane Mitch Nicaragua*. Williamstown: Williams College, 2003. Dissertação (Mestrado em Economia).

91. Consultative Group for the Reconstruction and Transformation of Central America, "Central America after Hurricane Mitch: The Challenge of Turning a Disaster into an Opportunity". [S.l.]: Inter-American Development Bank, [s.d.].

92. Naomi Klein, *The Shock Doctrine: The Rise of Disaster Capitalism*. Nova York: Henry Holt, 2007, p. 501.

93. Citado em ibid. A declaração foi feita numa reunião do Forum Econômico Mundial em 1999.

94. Alexander Cockburn e Jeffrey St. Clair, "The Politics of Hurricane Mitch". *Counterpunch*, 15 jun. 1999. Disponível em: <www.conterpunch.org/1999/06/15/the-politics-of-hurricane--mitch/>. Acesso em: 22 abr. 2021.

95. Esse é o argumento básico para Theodore Steinberg, *Acts of God*, op. cit., p. 201.

96. Bruce B. Clary, "The Evolution and Structure of Natural Hazard Policies". *Public Administration Review*, v. 45, pp. 20-8, 1985.

97. Sobre a redução do impacto do furacão no Produto Interno Bruto (PIB) dos Estados Unidos, ver Roger M. Vogel, "Natural Disaster and U. S. Economic Growth: 1952-2009" (*International Journal of Humanities and Social Science*, v. 1, n. 14, pp. 46-50, 2011); e Raymond Arsenault, "The Public Storm", op. cit., pp. 272-82. O impacto da catástrofe em nações que são pequenas ilhas tende a ser muito maior. Ver Asha Kambon, "Caribbean Small States, Vulnerability and Development" (*Caribbean Development Report*, v. 1, 2007). Disponível em: <https://repositorio.cepal.org/bitstream/handle/11362/3704/LCW249_en.pdf?sequence=1&isAllowed=y>. Acesso em: 22 abr. 2021.

98. Andy Horowitz, "Help: Hurricane Betsy and the Politics of Disaster in New Orleans, Lower Ninth Ward, 1965-1967". Não publicado, [s.d.].

99. John Barry, *Rising Tide: The Great Mississippi Flood of 1927 and How It Changed America*. Nova York: Simon and Schuster, 1997.

100. Os fatos básicos sobre a tempestade são relatados em Mark M. Smith, *Camille: 1969 Histories of a Hurricane* (Athens: University of Georgia Press, 2011), pp. 17-35.

101. Essa foi uma posição parecida com a adotada em 1867 pelo senador Charles Summer, que não queria que fossem enviados fundos federais a cidades alagadas ao longo do rio Mississippi até que a lealdade à União, por parte do Mississippi e outros estados do Sul, estivesse assegurada por sua adesão aos princípios republicanos, inclusive a franquia do voto e escolas públicas gratuitas para todos. Panetta era republicano naquela época. Tornou-se democrata em 1971, servindo mais tarde no Congresso.

102. Sobre os problemas no gerenciamento de catástrofes antes e depois do Hugo, ver Roy Popkin e Claire Rubin, *Disaster Recovery after Hurricane Hugo in South Carolina* (Washington, DC: Center for International Science, Thecnology, and Public Policy, George Washington University, 1990), disponível em: <www.colorado.edu/hazards/publications/wp/wp69.pdf>.

103. Murray Newton Rothbard, "Government and Hurricane Hugo: A Deadly Combination". In: _____, *Making Economic Sense*. Auburn, AL: Ludwig von Mises Institute, 1995. Disponível em: <www.mises.org/econsense/ch26.asp>. Acesso em: 22 abr. 2021.

104. Lynee McChristian, "Hurricane Andrew and Insurance: The Enduring Impact of an Historic Storm". Insurance Information Institute, ago. 2012. Disponível em: <www.insuringflorida.org/assets/docs/pdf/paper_HurricaneAndrew_final.pdf>. Acesso em: 22 abr. 2021.

105. A história do mau gerenciamento da Fema e a concentração de planos para tomar o governo em caso de ataque é detalhada em Christopher Cooper e Robert Block, *Disaster: Hurricane Katrina and the Failure of Homeland Security* (Nova York: Times, 2006), pp. 45-66.

106. Ivor van Heerden e Mike Bryan, *The Storm*, op. cit., pp. 138-40.

107. "Hurricane Andrew 20th Anniversary Is a Reminder to Prepare for Emergencies". *Federal Emergency Management Agency*, 22 ago. 2012. Disponível em: <www.fema.gov/news-release/2012/08/22/hurricane-andrew-20th-anniversary-reminder-prepare-emergencies>. Acesso em: 22 abr. 2021. Sobre o efeito do furacão Andrew na política local, ver David T. Twigg, *The Politics of Disaster: Tracking the Impact of Hurricane Andrew* (Gainesville: University Press of Florida, 2012).

108. James Surowiecki, "Disaster Economics". *The New Yorker*, 3 dez. 2012. Disponível em: <www.newyorker.com/talk/financial/2012/12/03/121203ta_talk_surowiecki>. Acesso em: 22 abr. 2021. As estimativas de economias são às vezes mais elevadas.

109. Ivor van Heerden e Mike Bryan, *The Storm*, op. cit., p. 139; Christopher Cooper e Robert Block, *Disaster*, op. cit., pp. 86-7. Um artigo crítico do uso político da ajuda após catástrofe através da Fema feito por dois economistas demonstrou que os presidentes Reagan, George H. W. Bush, Clinton e George W. Bush declararam mais situações de catástrofe em anos de eleição do que em qualquer outro ano de seu mandato. Os autores insinuaram as vantagens de o setor privado assumir a administração da ajuda pós-catástrofe. Thomas A. Garrett e Russell S. Sobel, "The Political Economy of FEMA Disaster Payments". *Economic Inquiry*, v. 41, n. 3, pp. 496-509, 2003.

110. Eric Holdeman, "Destroying FEMA". *Washington Post*, seção Opiniões, 30 ago. 2005. Disponível em: <www.washingtonpost.com/wp-dyn/content/article/2005/08/29/AR2005082901445.html>. Acesso em: 22 abr. 2021.

9. VELHAS TEMPESTADES NUM NOVO SÉCULO [pp. 354-74]

1. A literatura sobre o furacão Katrina é avassaladora. Uma busca com essa palavra-chave na base de dados da biblioteca da Universidade Yale mostra 1074 itens, excluindo a literatura em periódicos e artigos acadêmicos, sobretudo livros e relatos do governo. Descobri resenhas úteis em Christopher Cooper e Robert Block, *Disaster*, op. cit.; Ivor van Heerden e Mike Bryan, *The Storm*, op. cit.; Michael Eric Dyson, *Come Hell or High Water: Hurricane Katrina and the Color of Disaster* (Nova York: Basic Civitas, 2006); William R. Freudenburg et al., *Catastrophe in the Making: The Engineering of Katrina and the Disasters of Tomorrow* (Wahington, DC: Island Press; Shearwater, 2009); Ronald J. Daniels, Donald F. Kettl e Howard Kunreuther, *On Risk and Disaster: Lessons from Hurricane Katrina* (Filadélfia: University of Pennsylvania Press, 2006); e Robert J. Brym, "Hurricane Katrina and the Myth of Natural Disasters", em *Sociology as a Life or Death Issue* (Toronto: Pearson, 2008), pp. 53-80.

2. Roger D. Congleton, "The Story of Katrina: New Orleans and the Political Economy of Catastrophe". *Public Choice*, v. 127, n. 1, 2006. Disponível em: <papers.ssrn.com/abstract=908046>. Acesso em: 22 abr. 2021. Craig E. Colten, *An Unnatural Metropolis: Wrestling New Orleans from Nature*. Baton Rouge: Louisiana State University Press, 2005.

3. Craig E. Colten, *An Unnatural Metropolis*, op. cit., pp. 14-5.

4. NOAA Technological Memorandum NWS TPC-4, "The Deadliest, Costliest, and Most Intense United States Hurricanes from 1851-2004". Citado em Roger D. Congleton, *The Story of Katrina*, op. cit., p. 12.

5. Sobre os efeitos negativos do trabalho do Corpo de Engenheiros e programa de engenharia dos sistemas de água, ver William R. Freudenburg et. al., *Catastrophe in the Making*, op. cit., pp. 91-135.

6. Richard Campanella, "An Ethnic Geography of New Orleans". *Journal of American History*, v. 94, n. 3, pp. 104-15, dez. 2007.

7. Elizabeth Fussell, "Constructing New Orleans, Constructing Race: A Population History of New Orleans". *Journal of American History*, v. 94, n. 3, pp. 846-55, dez. 2007.

8. Ewen McCallum e Julian Heming, "Hurricane Katrina: An Environmental Perspective". *Philosophical Transactions of the Royal Society: Mathematical, Physical and Engineering Sciences*, v. 364, n. 1845, pp. 2099-15, 15 ago. 2006.

9. Ivor van Heerden e Mike Bryan, *The Storm*, op. cit., pp. 21-32.

10. Romain Huret, "L'Ouragan Katrina et l'État federal américain: Une hypothèse de recherche". *Nuevo Mundo Mundos Nuevos* (*Noveaux mondes mondes nouveaux*; *New World New Worlds*), 8 maio 2007. Disponível em: <nuevomundo.revue.org/3928>.

11. D'Ann R. Penner e Keith C. Ferdinand, *Overcoming Katrina: African American Voices from the Crescent City and Beyond*. Nova York: Palgrave Macmillan, 2009, p. 137.

12. William F. Shughart II, "Katrinanomics: The Politics and Economics of Disaster Relief". *Public Choice*, v. 127, n 1/2, pp. 31-53, abr. 2006. Shughart sustenta que a catástrofe do Katrina foi evidência da "dependência americana do setor público". Concorda em que houve falhas institucionais durante o furacão, mas argumenta que o governo é sempre ineficaz, que gastar em infraestrutura não impulsiona a economia e que o fato de FedEx e Wal-Mart terem feito um trabalho melhor do que a Fema ao enfrentar o desafio demonstra que a economia de livre mercado é a solução mais adequada para os desastres naturais. O autor chega a sugerir que a ajuda federal ou estadual para as vítimas para fins de reconstrução cria um "risco moral" de dependência que só estimula catástrofes piores no futuro. Declara também que não havia evidência de viés racial nas falhas das reações, e que impor padrões de salário mínimo no processo de reconstrução criava desvantagem para empreiteiros minoritários.

13. Roger D. Congleton, *The Story of Katrina*, op. cit., pp. 18-9; Erik Auf der Heide, "Common Misconceptions about Disasters: Panic, the 'Disaster Syndrome' and Looting". In: Margaret O'Leary (Org.), *The First 72 Hours: A Community Approach to Disaster Preparedness*. Nova York: iUniverse, 2004, pp. 340-80.

14. Michel Eric Dyson, *Come Hell or High Water*, op. cit., pp. 14-5. Ver Christopher Cooper e Robert Block, *Disaster*, op. cit., pp. 206-61; e Paul Krugman, "A Katrina Mystery Explained" (*New York Times Blog: The Conscience of a Liberal*, 17 maio 2009). Disponível em: <krugman.blogs.nytimes.com/2009/05/17/a-katrina-mystery-explained/>. Acesso em: 22 abr. 2021.

15. D'Ann R. Penner e Keith C. Ferdinand, *Overcoming Katrina*, op. cit.

16. Erik Auf der Heide, "Common Misconceptions about Disasters", op. cit.

17. D'Ann R. Penner e Keith C. Ferdinand, *Overcoming Katrina*, op. cit., pp. 204-10.

18. Maura Fitzgerald, *What Was Found: New Orleans after the Storm*, 2007. Projeto de classe feito na Universidade Yale e agora arquivado na Biblioteca Beinecke, da mesma universidade.

19. Eric Steiger, "L'Ouragan Katrina: Les leçons d'un échec: Les faiblesses du dispositif de sécurité intérieure des Etats-Unis". *La Revue Géopolitique*, 1 jan. 2008. Disponível em: <www.diploweb.com/L-ouragan-Katrina-les-lecons-d-un-.html>. Acesso em: 22 abr. 2021.

20. Essa expressão é empregada por Romain Huret, "La Fin d l'État Providence? Un bilan de la politique sociale de George W. Bush" (*Vingtième Siècle*, n. 97, pp. 105-16, jan. 2008). Ver também seu "L'Ouragan Katrina", op. cit.

21. Henry A. Giroux, "Reading Hurricane Katrina: Race, Class and the Biopolitics of Disposability". *College Literature*, v. 33, n. 3, pp. 171-96, jul. 2006. Santorum depois se retratou de suas observações.

22. *Huffington Post*, 12 set. 2005.

23. Naomi Klein, *The Shock Doctrine*, op. cit.

24. Ver Paul Krugman, "Katrina All the Time" (*New York Times*, seção Opinião, 31 ago. 2007), disponível em: <www.nytimes.com/2007/8/31/opinion/31krugman.html>; e Robert Tra-

cinski, "Katrina y el Estado de beneficencia" (*TIADaily.com*, 2 set. 2005), disponível em: <www.contra-mundum.org/castellano/tracinski/KatrEdoBenef.pdf>.

25. Michael Lewis, "In Nature's Casino". *New York Times*, 26 ago. 2007.

26. Vicki Bier, "Hurricane Katrina as Bureaucratic Disaster". In: Ronald J. Daniels, Donald F. Kettl e Howard Kunreuther (Orgs.), *On Risk and Disaster: Lessons from Hurricane Katrina*. Filadélfia: University of Pennsylvania Press, 2006, pp. 243-55; Robert Tracinski, "Katrina y el Estado de beneficencia", op. cit.

27. Robert J. Brym, "Hurricane Katrina and the Myth of Natural Disasters", op. cit.

28. Ibid., pp. 62-4. Brym apresenta dados de 1980-2000 que demonstram alta ou baixa vulnerabilidade a mortes causadas por furacão em 34 países com base em mortes em relação a população em risco. Durante esse período, Austrália, Nova Zelândia, Cuba, Japão, México e China tinham uma vulnerabilidade menor que a esperada, enquanto Vietnã, Bangladesh, Honduras, Nicarágua e Índia tinham mortes causadas por furacão mais altas do que o esperado. Os Estados Unidos tinham uma média de 222 mortes causadas por furacão por ano, enquanto o Japão (país com mais população exposta a esse risco) tinha 39. Cuba teve uma média de apenas três mortes por ano nesse período.

29. Ibid. Matthew Kahn sustenta que a riqueza é o elemento-chave para a redução de mortes e portanto, infere ele, mais desenvolvimento capitalista é a melhor proteção contra um aumento de desastres naturais devido ao aquecimento global. Matthew E. Kahn, "The Death Toll from Natural Disasters: The Role of Income, Geography and Institutions". *Review of Economics and Statistics*, v. 87, n. 2, pp. 271-84, maio 2005.

30. Asha Kambon, "Caribbean Small States, Vulnerability and Development", op. cit.

31. A definição do FMI para um desastre natural é que ele mata pelo menos dez pessoas e afeta pelo menos cem, ou que tenha sido declarado estado de emergência. Ver Fundo Monetário Internacional, *Caribbean Small States: Challenges of High Debt and Low Growth* (Washington, DC: Fundo Monetário Internacional, 2013).

32. Paul Krugman, "Sandy versus Katrina". *New York Times*, seção Opinião, 4 nov. 2012. Disponível em: <www.nytimes.com/2012/11/05/opinion/krugman-sandy-versus-katrina.html>. Acesso em: 22 abr. 2021.

33. Brett Martel, "Storms Payback from God". *Washington Post*, 17 jan. 2006.

34. Rebecca Leber, "Chris Christie Denies Climate Change Has Anything to Do with Hurricane Sandy". Think Progress, 21 maio 2013. Disponível em: <thinkprogress.org/climate/2013/05/21/2039811/christie-climate-change-sandy/>. Acesso em: 22 abr. 2021.

35. Patricia Levi, "Hurricane Sandy Climate Change: Andrew Cuomo Rightly Raises Global Warming Issue". *PolicyMic*, 2 nov. 2012. Disponível em: <www.policymic.com/articles/17930/hurricane-sandy-climate-change-andrew-cuomo-rightly-raises-global-warming-issue>. Acesso em: 22 abr. 2021.

36. Eleanor Randolph, "What if the Flood Maps Are Just Plain Wrong?". *New York Times*, 6 dez. 2013.

37. Roger A. Pielke Jr. et al., "Hurricane Vulnerability in Latin America", op. cit., p. 112.

38. Emmarie Huettiman, "Rubio on a Presidential Bid, and Climate Change". *New York Times*, 12 maio 2014.

Bibliografia das obras consultadas

OBRAS PUBLICADAS

"1944 — GREAT Atlantic Hurricane". Hurricane Science and Society, [s.d.]. Disponível em: <www.hurricanescience.org/history/storms/1940s/GreatAtlantic/>. Acesso em: 22 abr. 2021.

ABBAD Y LASIERRA, Iñigo. *Historia geográfica, civil y natural de la isla de San Juan Bautista de Puerto Rico*. 3. ed. San Juan: Ediciones de la Universidad de Puerto Rico, 1970.

_____. *Historia geográfica, civil y natural de la isla de San Juan Bautista de Puerto Rico*. Org. de José Julián de Acosta y Calbo e Gervasio García. San Juan: Doce Calles, 2002.

ABÉNON, Lucien-René. *La Guadeloupe de 1671 à 1759: Étude politique, économique et sociale*. Paris: L'Harmattan, 1987.

_____. "Ouragans et cyclones à la Guadeloupe au XVIIe siècle: Le problême alimentaire". In: YACOU, Alain (Org.). *Les Catastrophes naturelles aux Antilles: D'une soufrière à une autre*. Paris: Karthala, 1999. pp. 163-71.

ABULAFIA, David. *The Great Sea: A Human History of the Mediterranean*. Nova York: Oxford University Press, 2011.

ACCOUNT of the Fatal Hurricane, by Which Barbados Suffered in August 1831. Bridgetown: Samuel Hyde, 1831.

ACEVEDO VÁZQUEZ, Juan. "1899: Los cagüeños en San Ciriaco". *Caguas*, pp. 39-41, dez. 1999.

ACOSTA, José de. *Natural and Moral History of the Indies*. Org. de Jane E. Mangan. Trad. de Frances López-Morillas. Durham, NC: Duke University Press, 2002.

ACTAS Capitulares del Ayuntamiento de la Habana. Havana: Municipio de la Habana, 1937. v. 1584-99.

ADAS, Michael. *Machines as the Measure of Men: Science, Techonology, and Ideologies of Western Dominance*. Ithaca, NY: Cornell University Press, 1989.

ADORNO, Rolena; PAUTZ, Patrick Charles. *Alvar Núñez Cebeza de Vaca: His Account, His Life, and the Expedition of Pánfilo de Narváez*. Lincoln: University of Nebraska Press, 1999.

ADRIEN, Peter. *Metayage, Capitalism and Peasant Development in St. Lucia, 1840-1957*. Mona, JAM: Consortium Graduate School of Social Sciences; University Press of the West Indies, 1996.

AGUILERA, Jesús. "Los huracanes del Caribe (1875-1980)". *Tierra Firme*, v. 2, n. 7, pp. 2571-80, 1984.

AGUIRRE, Benigno E. "Cuba's Disaster Management Model: Should It Be Emulated?". *International Journal of Mass Emergencies and Disasters*, v. 23, n. 3, pp. 55-71, 2005.

AHVENAINEN, Jorma. *The History of the Caribbean Telegraphs Before the First World War*. Helsinque: Suomalainen Tiedeakatemia, 1996.

ALEGRÍA, Ricardo E. (Org.). *Documentos históricos de Puerto Rico*. San Juan: Centro de Estudios Avanzados de Puerto Rico y el Caribe, 2009. 5 v.

ALFAU DURÁN, Vetilio. "Los principals huracanes habidos en Santo Domingo". In: _____. *Vetilio Alfau Durán en el Listín diario: Escritos*. Org. de Aristides Incháustegui e Blanca Delgado Malagón. Santo Domingo: Secretaría de Estado de Educación, Bellas Artes y Cultos, 1994.

ALMEIDA BOSQUE, Juan. *Contra el agua y el viento*. Havana: Verde Olivo, 2002.

ALTEZ, Rogelio. *El desastre de 1812 en Venezuela: Sismos, vulnerabilidades y una pátria no tan boba*. Caracas: Fundación Empresas Polar, 2006.

_____. *Si la naturaleza se opone: Terremotos, historia y sociedad en Venezuela*. Caracas: Alfa, 2010.

ALVAREZ, José. *The Potential Correlation between Natural Disaters and Cuba's Agricultural Performance*. Gainesville: Department of Food and Resource Economics, Florida Cooperative Extension Service, University of Florida, 2004. Disponível em: <edis.ifas.ufl.edu/fe490>. Acesso em: 22 abr. 2021.

AMBLER, Catherine. *The Distribution of Emergency and Relief in Post Hurricane Mitch Nicaragua*. Williamstown, MA: William College, 2003. 80 pp. Dissertação (Mestrado em Economia).

AMERICAN NATIONAL RED CROSS. *The West Indies Hurricane Disaster, September, 1928: Official Report of Relief Work in Porto Rico, the Virgin Islands and Florida*. Washington, DC: The American National Red Cross, 1928.

ANDERSON, Mark D. *Disaster Writing: The Cultural Politics of Catastrophe in Latin America*. Charlottesville: University of Virginia Press, 2011.

ANDREWS, Kenneth R. *The Spanish Caribbean: Trade and Plunder, 1530-1630*. New Haven: Yale University Press, 1978.

ÁNGEL PÉREZ, Jorge (Org.). *La danza del huracán*. Havana: Letras Cubanas, 2002.

ANÔNIMO. *An Account of the Dreadful Hurricane, Which Happened on the 31st of August, 1772. Also the Damage Done on That Day in the Islands of St. Christopher and Nevis, Attempted to Be Ascertained. By the Editor*. Basse-Terre: Thomas Howe, 1772.

APONTE, Irene Fernández. "La dislocalización poblacional y el éxodo migratorio como resultado del huracán de San Ciriaco". In: RIVERA, Raquel Rosario (Org.). *La llegada del Cíclope: Percepciones de San Ciriaco a cien años de su visita*. San Juan: Fundación Puertorriqueña de las Humanidades, 2000. pp. 113-21.

ARÁEZ Y FERRANDO, Ramón. *Historia del ciclón del día de San Ciriaco*. San Juan: Heraldo Español, 1905.

ARANA SOTO, Salvador. *Historia de nuestras calamidades*. San Juan: [s.n.], 1968.

ARSENAULT, Raymond. "The Public Storm: Hurricanes and the State in Twentieth Century America". In: GAMBER, Wendy; GROSSBERG, Michael; HARTOG, Hendrik (Orgs.). *American Public Life and the Historical Imagination*. Notre-Dame, IN: University of Notre Dame Press, 2003. pp. 262-92.

ASHFORD, Bailey K. *A Soldier in Science: The Autobiography of Bailey K. Ashford, Colonel M. C., U. S. A.* San Juan: Editorial de la Universidad de Puerto Rico, 1998.

ASSELIN DE BEAUVILLE, Christian. "Les perturbations tropicales". In: YACOU, Alain. *Les Catastrophes naturelles aux Antilles: D'une soufrière à une autre*. Paris: Karthala, 1999. pp. 197-209.

AUF DER HEIDE, Erik. "Common Misconceptions about Disasters: Panic, the 'Disaster Syndrome' and Looting". In: O'LEARY, Margaret (Org.). *The First 72 Hours: A Community Approach to Disaster Preparedness*. Nova York: iUniverse, 2004. pp. 340-80.

AYALA MOURA, Eladio. *El hijo de Carmen, o Aventuras de un obrero — Novela original*. Ponce: Pasarell, 1909.

BACARDÍ Y MOREAU, Emilio. *Crónicas de Santiago de Cuba*. Barcelona: Carbonelli y Esteva, 1908.

BAILYN, Bernard. *Atlantic History: Concept and Contours*. Cambridge, MA: Harvard Univesity Press, 2005.

BALKIN, Jack M. "Disaster Relief and the Constitution: A History os 'Strict Construction'". Balkinization, 31 ago. 2005. Disponível em: <balkin.blogspot.com/2005/08/disaster-relief-and-
-constitution.html≥.

BANCO MUNDIAL; NAÇÕES UNIDAS. *Natural Hazards, Unnatural Disaster: The Economics of Effective Prevention*. Washington, DC: Banco Mundial, 2010.

BARKER, David; MILLER, David. "Hurricane Gilbert: Anthropomorphising a Natural Disaster". *Area*, v. 22, n. 2, pp. 107-16, 1 jun. 1990.

BARKUN, Michael. *Disaster and the Millenium*. Syracuse, NY: Syracuse University Press, 1986.

BARNES, Jay. *Florida's Hurricane History*. Chapel Hill: University of North Carolina Press, 1986.

BARRERA-OSORIO, Antonio. *Experiencing Nature: The Spanish American Empire and the Early Scientific Revolution*. Austin: University of Texas Press, 2006.

BARRY, John. *Rising Tide: The Great Mississippi Flood of 1927 and How It Changed America*. Nova York: Simon and Schuster, 1997.

BARTON, Clara. *The Red Cross in Peace and War*. Washington, DC: American Historical Press, 1899.

BAYLEY, Frederic William Naylor. *Four Years' Residence in the West Indies, in the Years 1826, 1827, 1828, 1829*. Londres: W. Kidd, 1831.

BEASLEY, Nicholas M. *Christian Ritual and the Creation of British Slave Societies, 1650-1780*. Athens: University of Georgia Press, 2009.

BEAUCHAMP, Kenneth George. *History of Telegraphy*. Londres: Institution of Electrical Engineers, 2001.

BECK, Ulrich. *Risk Society: Towards a New Modernity*. Londres: Sage, 1992.

BECKFORD, William. *A Descriptive Account of the Island of Jamaica: With Remarks upon the Cultivation of the Sugar-cane, Throughout the Different Seasons of the Year, and Chiefly Considered in a Picturesque Point of View; Also Observations and Reflections upon What Would Probably Be the Consequences of an Abolition of the Slave-trade, and of Emancipation of the Slaves. Londres: T. and. J. Egerton, 1790.

BECKLES, Hilary McDonald. "The 'Hub of Empire': The Caribbean and Britain in the Seventeenth Century". In: *The Oxford History of the British Empire*. Org. de Nicholas P. Canny. Oxford: Oxford University Press, 1998. v. 1: *The Origins of Empire: British Overseas Enterprise to the Close of the Seventeenth Century*. pp. 218-40.

BELL, Henry Hesketh Joudou. *Obeah: Witchcraft in the West Indies*. Londres: Sampson, Low, Marston, Searle e Rivington, 1889.

BENJAMIN, Thomas. *The Atlantic World: Europeans, Africans, Indians and Their Shared History, 1400-1900*. Cambridge: Cambridge University Press, 2009.

BERBUSSE, Edward Jr. *The United States in Puerto Rico, 1898-1900*. Chapel Hill: University of North Carolina Press, 1966.

BERGAD, Laird W. "Toward Puerto Rico's Grito de Lares: Coffee, Social Stratification, and Class Conflicts, 1828-1868". *Hispanic American Historical Review*, v. 60, n. 4, pp. 617-42, nov. 1980.

BEST, Gary Dean. *FDR and the Bonus Marchers, 1933-35*. Westport, CT: Praeger, 1992.

BETANCES, Ramón Emeterio. "Todavia tiembla la isla y se estremece Puerto Rico de ver a sus hijos insensibles a la servidumbre". Betances a Pedro Lovera (Santo Domingo, 18 abr. 1868). In: REYES, Félix Ojeda; ESTRADE, Paul (Orgs.). *Ramón Emeterio Betances: Obras completas*. v. 5: *Escritos políticos: Correspondencia relativa a Puerto Rico*. No prelo.

BIER, Vicki. "Hurricane Katrina as a Bureaucratic Nightmare". In: DANIELS, Ronald J.; KETL, Donald F.; KUNREUTHER, Howard (Orgs.). *On Risk and Disaster: Lessons from Hurricane Katrina*. Filadélfia: University of Pennsylvania Press, 2006. pp. 243-55.

BIXEL, Patricia Bellis; TURNER, Elizabeth Hayes. *Galveston and the 1900 Storm: Catastrophe and Catalyst*. Austin: University of Texas Press, 2000.

BLUME, Helmut. *The Caribbean Islands*. Londres: Longman, 1974.

BODE, Barbara. *No Bells to Toll Destruction and Creation in the Andes*. Nova York: Scribner, 1989.

BOLLAND, O. Nigel. "The Politics of Freedom in the British Caribbean". In: Frank MCGLYNN, Frank; DRESCHER, Seymour (Orgs.). *The Meaning of Freedom: Economics, Politics and Culture after Slavery*. Pittsburgh: University of Pittsburgh Press, 1992. pp. 113-46.

_____. *On the March: Labour Rebellions in the British Caribbean, 1934-39*. Kingston, JAM: Ian Randle, 1995.

_____. *Colonialism and Resistance in Belize: Essays in Historical Sociology*. Kingston, JAM: University of the West Indies Press, 2003.

_____. "Labor Protest, Rebellions and the Rise of Nationalism during Depression and War". In: PALMIÉ, Stephan; SCARANO, Francisco A. (Orgs.). *The Caribbean: A History of the Region and Its Peoples*. Chicago: University of Chicago Press, 2011. pp. 459-74.

BOOSE, Emery R.; FOSTER, David R.; PLOTKIN, Audrey Barker; HALL, Brian. "Geographical and Historical Variaton in Hurricanes across the Yucatán Peninsula". In: GÓMEZ-POMPA, Arturo et al. (Orgs.). *The Lowland Maya Area: Three Millennia at the Human-Wildland Interface*. Binghamton, NY: Food Products, 2003. pp. 495-516.

BOOSE, Emery R.; SERRANO, Mayra I.; FOSTER, David R. "Landscape and Regional Impacts of Hurricanes in Puerto Rico". *Ecological Monographs*, v. 74, n. 2, pp. 335-52, maio 2004.

BOOY, Theodoor de. "The Virgin Islands of the United States". *Geographical Review*, v. 4, n. 5, pp. 359-73, nov. 1917.

BOUCHER, Philip P. "The 'Frontier Era' of the French Caribbean, 1620s-1690s". In: DANIELS, Christine; KENNEDY, Michael V. (Orgs.). *Negotiated Empires: Centers and Peripheries in the Americas, 1500-1820*. Nova York: Routledge, 2002. pp. 207-34.

_____. *France and the American Tropics to 1700: Tropics of Discontent?* Baltimore: Johns Hopkins University Press, 2008.

BOUTON, Jacques. *Relation de l'establissement des François depuis l'an 1635: En l'isle de la Martinique, l'une des Antilles de l'Amérique. Des moeurs des sauvages, de la situation, & des autres singularitez de l'isle*. Paris: Sebastien Cramoisy, 1640.

BOUZA SUÁREZ, Alejandro. "Algunos hechos asociados al desarrollo de la beneficencia en Cuba hasta el siglo XVIII". *Revista Cubana de Salud Pública*, v. 26, n. 1, pp. 63-7, 2000.

BOWDEN, Martyn J. *Hurricane in Paradise: Perception and Reality of the Hurricane Hazard in the Virgin Islands*. Saint Thomas: Island Resources Foundation, 1974.

BRAITHWAITE, Kamau. *The Development of Creole Society in Jamaica, 1770-1820*. Kingston, JAM: Ian Randle, 2006.

BRANDT, Gerhard. *Het leven en bedryf van den Heere Michiel de Ruiter...* Amsterdam: Wolfgang, Waasberge, Boom, Van Someren en Goethals, 1687.

BRAUDEL, Fernand. *La Mediterranée et le monde méditerranéen à l'époque de Philippe II*. 2. ed. rev. e aum. Paris: A. Colin, 1966.

_____. *The Mediterranean and the Mediterranean World in the Age of Phillip II*: 2 vols. Nova York: Harper & Row, 1976.

BRERETON, Bridget. *An Introduction to the History of Trinidad and Tobago*. Oxford: Hainemann Educational, 1996.

_____. "Family Strategies, Gender and Shift to Wage Labour in the British Caribbean". In: BRERETON, Bridget; YELVINGTON, Kevin A. (Orgs.). *The Colonial Caribbean in Trasition: Essays on Postemancipation Social and Cultural History*. Gainesville: University Press of Florida, 1999. pp. 77-107.

BRERETON, Bridget; YELVINGTON, Kevin A. (Orgs.). *The Colonial Caribbean in Transition: Essays on Postemancipation Social and Cultural History*. Gainesville: University Press of Florida, 1999.

BRICKHOUSE, Anna. "'L'Ouragan de flammes' ('The Hurricane of Flames'): New Orleans and Transamerican Catastrophe, 1866/2005". *American Quarterly*, v. 59, n. 4, pp. 1097-127, 2007.

BRITTON, John A. "International Communications and International Crises in Latin America, 1867-1881". *The Latin Americanist*, v. 52, n. 1, pp. 131-54, 2008.

BRYM, Robert J. *Sociology As a Life or Death Issue*. Toronto: Pearson, 2008.

BURGESS, George. *Last Journal of the Rt. Rev. George Burgess, D. D. Bishop of Maine, from December 27, 1865, to April 20, 1866*. Boston: E. P. Dutton, 1866.

BURNARD, Trevor G. *Mastery, Tyranny, and Desire: Thomas Thistlewood and His Slaves in the Anglo-Jamaican World*. Chapel Hill: University of North Carolina Press, 2004.

_____. "Harvest Years? Reconfigurations of Empire in Jamaica, 1756-1807". *Journal of Imperial and Commonwealth History*, v. 40, n. 4, pp. 533-55, 2012.

BYRD, Aleksander X. *Captives and Voyagers: Black Migrants across the Eighteenth-Century British Atlantic World*. Baton Rouge: Louisiana State University Press, 2008.

CADILLA DE MARTÍNEZ, María. *La poesia popular en Puerto Rico*. San Juan: Sociedad Histórica de Puerto Rico, 1999.

CAMPANELLA, Richard. "An Ethnic Geography of New Orleans". *Journal of American History*, v. 94, n. 3, pp. 704-15, dez. 2007.

CAÑIZARES-ESGUERRA, Jorge. "New World, New Stars: Patriotic Astrology and the Invention of Indian and Creole Bodies in Colonial Spanish America, 1600-1650". *American Historical Review*, v. 104, n. 1, pp. 33-68, fev. 1999.

_____. "Iberian Science in the Renaissance: Ignored How Much Longer?". *Perspectives on Science*, v. 12, n. 1, pp. 86-124, mar. 2004.

_____. *Nature, Empire, and Nation: Explorations of the History of Science in the Iberian World*. Stanford, CA: Stanford University Press, 2006.

_____. *Puritan Conquistadors: Iberianizing the Atlantic, 1550-1700*. Stanford, CA: Stanford University Press, 2006.

CAÑIZARES-ESGUERRA, Jorge; SEEMAN, Erik R. (Orgs.). *The Atlantic in Global History, 1500-2000*. Upper Saddle River, NJ: Pearson Prentice Hall, 2007.

CARBIA, Rómulo D. *La crónica oficial de las Indias occidentales*. La Plata: República Argentina, 1934.

CÁRDENAS RUIZ, Manuel. *Crónicas francesas de los indios caribes*. Río Piedras: Editorial Universidad de Puerto Rico; Centro de Estudios Avanzados de Puerto Rico y el Caribe, 1951.

"CARIBBEAN Disaster Emergency Management Agency". Wikipedia, [s.d.]. Disponível em: <en.wikipedia.org/w/index.php?title=Caribbean_Disaster-Emergency_Management_Agency&oldid=565071598>. Acesso em: 22 abr. 2021.

CARO-COSTAS, Aída R.; VIDAL DE RODRÍGUEZ, Viola (Orgs.). *Actas del Cabildo de San Juan Bautista de Puerto Rico*. San Juan: Municipio de San Juan, 1949.

CARPENTIER, Alejo. *Letra y solfa: Literatura poética. Seleción de crónicas de Alejo Carpentier*. Havana: Letras Cubanas, 2001.

CARROLL, Henry K. *Report on the Island of Puerto Rico*. Washington, DC: Government Printing Office, 1899.

CARSTENS, Johan Lorentz; HIGHFIELD, Arnold R. *J. L. Carstens' St. Thomas in Early Danish Times: A General Description of All the Danish American or West Indian Islands*. St. Croix: Virgin Islands Humanities Council, 1997.

CASTILLERO CALVO, Alfredo. "La carrera, el monopolio y las ferias del trópico". In: CASTILLERO CALVO, Alfredo; KUETHE, Allan J. (Orgs.). *Historia General de America Latina*. Madri: Trotta; Unesco, 1999. v. 3, parte 1: *Consolidación del orden colonial*. pp. 75-124.

CASTRO, Fidel. "Discurso en el acto por la conmemoración del Instituto Nacional de Recursos Hidráulicos". *Obra Revolucionaria*, n. 21, pp. 29-40, 10 ago. 1963.

_____. "Discurso pronunciado en la conmemoración del VI aniversario de los CDR". Plaza de la Revolución, Havana, Cuba, 28 set. 1966. Disponível em: <www.cuba.cu/gobierno/discursos/1966/esp/f280966e.html>. Acesso em: 22 abr. 2021.

_____. *Reflexiones de Fidel*. Havana: Oficina de Publicaciones del Consejo de Estado, 2007. v. 8.

_____. *Fidel Castro: My Life*. Org. de Ignacio Ramonet. Nova York: Scribner, 2008.

CASTRO HERRERA, Guillermo; MOZOTE, Reinaldo Funes. *Naturaleza en declive: Miradas a la historia ambiental de America Latina y el Caribe*. Valencia: Centro Francisco Tomás y Valiente Uned Alzira-Valencia; Fundación Instituto de Historia Social, 2008.

CASTRO MEDEL, Osviel. "Ciclón Flora en Cuba: El lazo mortal". Palabras sin Fronteras, 4 out. 2010. Disponível em: <osvielcastro.wordpress.com/2010/10/04ciclon-flora-en-cuba-el-lazo-mortal-i/>. Acesso em: 22 abr. 2021.

CAVIEDES, César N. "Five Hundred Years of Hurricanes in the Caribbean: Their Relationship with Global Climatic Variabilities". Geojournal, v. 23, n. 4, pp. 301-10, abr. 1991.

CENTENO-AÑESES, Carmen. "Huellas de San Ciriaco en la literatura puertorriqueña de comienzos de siglo". In: RIVERA, Raquel Rosario (Org.). La llegada del Cíclope: Percepciones de San Ciriaco a cien años de su visita. San Juan: Fundación Puertorriqueña de las Humanidades, 2000. pp. 89-97.

CHAGNON, Stanley A. "Factors Affecting Temporal Fluctuacions in Damaging Storm Activity in the United States Based on Insurance Loss Data". Meteorological Applications, v. 6, n. 1, pp. 1-10, 1999.

CHANAN, Michael. Cuban Cinema. Minneapolis: University of Minnesota Press, 2004.

CHANVALON, Jean-Baptiste Thibault de. Voyage a la Martinique: Contenant diverses observations sur la physique, l'histoire naturelle, l'agriculture, les moeurs, & les usages de cette isle, faites en 1751 & dans les années suivantes: Lu à l'Académie Royale des Sciences de Paris en 1761. Paris: Cl. J. B. Bauche, 1763.

CHAUNU, Pierre. "Veracruz en la segunda mitad del siglo XVI y primera mitad del siglo XVII". Historia Mexicana, v. 9, n. 4, pp. 521-57, 1960.

CHE GUEVARA, Ernesto. "Socialism and Man in Cuba". In: CHE GUEVARA, Ernesto; LUXEMBURG, Rosa; MARX, Karl; ENGELS; Friedrich. Manifesto: Three Classic Essays on How to Change the World. Melbourne: Ocean, 2005.

CHENOWETH, Michael. The 18th Century Climate of Jamaica Derived from the Journals of Thomas Thistlewood, 1750-1786. Filadélfia: American Philosophical Society, 2003.

CHENOWETH, Michael et al. "A Pioneer in Tropical Meteorology: William Sharpe's Barbados Weather Journal, April-August 1680". Bulletin of the American Meteorological Society, v. 88, n. 12, pp. 1957-64, dez. 2007.

CLARK, Victor; BROOKINGS INSTITUTION. Porto Rico and Its Problems. Washington, DC: Brookings Institution, 1930.

CLARY, Bruce B. "The Evolution and Structure of Natural Hazard Policies". Public Administration Review, v. 45, pp. 20-8, jan. 1985.

CLINE, Isaac Monroe. Tropical Cyclones, Comprising an Exhaustive Study... of... Features Observed and Recorded in Sixteen Tropical Cyclones Which Have Moved in on Gulf and South Atlantic Coasts During the Twenty-Five Years, 1900 to 1924 Inclusive. Nova York: Macmillan, 1926.

COCKBURN, Alexander; ST. CLAIR, Jeffrey. "The Politics of Hurricane Mitch". Counterpunch, 15 jun. 1999. Disponível em: <www.counterpunch.org/1999/06/15/the-politics-of-hurricane-mitch/>. Acesso em: 22 abr. 2021.

COHEN, Judah M. Through the Sands of Time: A History of the Jewish Community of St. Thomas, U. S. Virgin Islands. Hanover, NH: Brandeis University Press, 2004.

COHEN II, Henry. Kindler of Souls: Rabbi Henry Cohen of Texas. Austin: University of Texas Press, 2007.

COLEMAN, Jill S. M.; LAVOIE, Steven A. "Paleotempestology: Reconstructing Atlantic Tropical Cyclone Tracks in the Pre-HURDAT Era". In: WANG, Shih-Yu Simon. Modern Climatology.

[S.l.]: InTech, 2012. Disponível em: <www.intechopen.com/bools/modern-climatology/paleotempestologyh-reconstructing-atlantic-tropical-cyclone-tracks-in-the-pre-jurdat-era>. Acesso em: 22 abr. 2021.

COLTEN, Craig E. *An Unatural Metropolis: Wresting New Orleans from Nature.* Baton Rouge: Louisiana State University Press, 2005.

CONGLETON, Roger D. "The Story of Katrina: New Orleans and the Political Economy of Catastrophe". *Public Choice*, v. 127, n. 1, 2006. Disponível em: <papers.ssrn.com/abstract=908046>. Acesso em: 22 abr. 2021.

CONSULTATIVE GROUP FOR THE RECONSTRUCTION AND TRANSFORMATION OF CENTRAL AMERICA. "Central America after Hurricane Mitch: The Challenge of Turning a Disaster into an Opportunity". [S.l.]: Inter-American Development Bank, [s.d.].

CONTOUR, Solange. *Saint-Pierre, Martinique.* Paris: Editions Caribéennes, 1989. 2 v.

COOPER, Christopher; BLOCK, Robert. *Disaster: Hurricane Katrina and the Failure of Homeland Security.* Nova York: Times, 2006.

CORBIN, Alain. *Village Bells: Sound and Meaning in the 19th-Century French Countryside.* Nova York: Columbia University Press, 1998.

COULTER, John (Org.). *The Complete Story of the Galveston Horror.* Chicago: E. E. Sprague, 1900.

COVARRUBIAS OROZCO, Sebastián de. *Tesoro de la lengua castellana, o española.* Madri: L. Sanchez, 1611.

_____. *Tesoro de la lengua castellana, o española.* Madri: Sanchez, 1873. Disponível em: <archive.org/details/tesorodelalenguacastellana00convauoft>. Acesso em: 22 abr. 2021.

_____. *Tesoro de la lengua castellana, o española.* Org. de Martín de Riquer. Barcelona: S. A. Horta, 1943.

COX, John D. *Storm Watchers: The Turbulent History of Weather Prediction from Franklin's Kite to El Niño.* Hoboken, NJ: Wiley, 2002.

CRABB, John. *A Poem upon the Late Storm and Hurricane with an Hymn. Dedicated to the Queen. By John Crabb, A. M. Late Fellow of Easter College in Oxford.* Londres: Rose, 1704.

CRATON, Michael; SAUNDERS, Gail. *Islanders in the Stream: A History of the Bahamian People.* Athens: University of Georgia Press, 1992. v. 2: *From the Ending of Slavery to the Twenty-First Century.*

CRUZ BARNEY, Oscar. *El combate a la piratería en Indias, 1555-1700.* Cidade do México: Oxford University Press Mexico, 1999.

CUBILLA, Vicente. "'Las cabañuelas' y la Estación de Climatología Agrícola". *Revista INRA*, n. 5, pp. 60-3, 1961.

CUEVAS FERNÁNDEZ, Héctor; HERNÁNDEZ, Mário Navarrete. "Los Huracanes en la época prehispánica y en siglo XVI". In: MARTÍNEZ, Adalberto Tejeda; RODRÍGUEZ, Carlos Welsh. *Inundaciones 2005 en el estado Veracruz.* Xalapa: Universidade Veracruzana, 2006. pp. 39-49.

DANEY DE MARCILLAC, Sidney. *Histoire de la Martinique, depuis la colonisation jusqu'en 1815.* Fort-Royal: E. Ruelle, 1846. v. 4.

DANIELS, Ronald J.; KETL, Donald F.; KUNREUTHER, Howard. *On Risk and Disaster: Lessons from Hurricane Katrina.* Filadélfia: University of Pennsylvania Press, 2006.

DAUBER, Michele Landis. "Let Me Next Time Be 'Tried by Fire': Disaster Relief and the Origins of the American Welfare State 1789-1874". *Northwestern University Law Review*, v. 92, pp. 967-1034, 1997-8.

DAUBER, Michele Landis. "Fate, Responsibility and 'Natural' Disaster Relief: Narrating the American Welfare State". *Law and Society Review*, v. 33, pp. 257-318, 1999.

_____. *The Sympathetic State*. Stanford Public Law Working Paper n. 77, jan. 2004. Disponível em: <papers.ssrn.com/sol3/papers.cfm?abstract_id=486245>. Acesso em: 22 abr. 2021.

_____. "The Real Third Rail of American Politics". In: SARAT, Austin; LEZAUN, Javier. *Catastrophe: Law, Politics, and the Humanitarian Impulse*. Amherst: University of Massachusetts Press, 2009. pp. 60-82.

DAVY, John. *The West Indies, Before and since Emancipation, Comprising the Windward and Leeward Islands' Military Command*. Londres: W. & F. G. Cash, 1854.

DAWDY, Shannon Lee. *Building the Devil's Empire: French Colonial New Orleans*. Chicago: University of Chicago Press, 2008.

DE LA FUENTE, Alejandro. *Havana and the Atlantic in the Sixteenth Century*. Chapel Hill: University of North Carolina Press, 2008.

DE LA FUENTE, Alejandro; GARCÍA DEL PINO, César; DELGADO, Bernardo Iglesias. "Havana and the Fleet System: Trade and Growth in the Periphery of the Spanish Empire, 1550-1610". *Colonial Latin American Review*, v. 5, n. 1, pp. 95-115, 1996.

DEBIEN, Gabriel. *Lettres de colons*. Laval: Madiot, 1965.

DELHOM, Joël; MUSSET, Alain (Orgs.). *Nicaragua dans l'oeil du cyclone*. Paris: Institut des Hautes Études de l'Amérique Latine, 2000.

DELUMEAU, Jean. *Rassurer et protéger: Le sentiment de sécurité dans l'Occident d'autrefois*. Paris: Fayard, 1989.

_____. *Sin and Fear: The Emergence of a Western Guilt Culture, 13th-18th Centuries*. Nova York: St. Martin's, 1990.

DELUMEAU, Jean; LEQUIN, Yves (Orgs.). *Les Malheurs des temps: Historie des fléaux et des calamités en France*. Paris: Larousse, 1987.

DENIS, Watson. "Menaces hydrométéorologiques et risques géophysiques en Haïti". *Revue de La Societé Haïtienne d'Histoire, de Géographie et de Géologie*, n. 241/244, pp. 31-66, 2011.

DERBY, Lauren. *The Dictator's Seduction: Politics and the Popular Imagination in the Era of Trujillo*. Durham, NC: Duke University Press, 2009.

"DESTACA Raúl Castro preservación de vidas durante huracán". *La Crónica de Hoy*, 17 fev. 2013. Disponível em: <www.cronica.com.mx/notas/2008/397131.html>. Acesso em: 22 abr. 2021.

DEVÈZE, Michel. *Antilles, Guyanes, la mer des Caraïbes, de 1492 à 1789*. Paris: SEDES, 1977. v. II: *Histoire générale*. (Regards sur l'histoire, 29).

DIAZ, Henry; PULWARTY, Roger (Orgs.). *Hurricanes: Climate and Socioeconomics Impacts*. Berlim: Springer, 1997.

DÍAZ-ARGÜELLES GARCÍA, Nancy. "El Observatorio Físico-Meteorológico de la Habana". *Anuario — Centro de Estudios de Historia y Organización de la Ciencia*, n. 1, pp. 218-47, 1988.

DÍAZ-BRIQUETS, Sergio. "The Enduring Cuban Housing Crisis: The Impact of Hurricanes". In: *Cuba in Transition: Papers and Proceedings of the Nineteenth Annual Meeting of the Association for the Study of the Cuban Economy* (ASCE). Miami: Association for the Study of the Cuban Economy, 2009. pp. 429-41. Disponível em: <www.ascecuba.org/publications/proceedings/volume19>. Acesso em: 22 abr. 2021.

DÍAZ-BRIQUETS, Sergio; PÉREZ-LÓPEZ, Jorge F. *Conquering Nature: The Environmental Legacy of Socialism in Cuba*. Pittsburgh, PA: University of Pittsburgh Press, 2000.

DÍAZ HERNÁNDEZ, Luis Edgardo. *Temblores y terremotos de Puerto Rico*. 3. ed. Ponce: L. E. Diaz, 1990.

DICKSON, William. *Letters on Slavery... to Which Are Added Addresses to the Whites, and to the Free Negroes of Barbadoes*. Londres: [s.n.], 1789.

DIETZ, James L. *Economic History of Puerto Rico: Institutional Change and Capitalist Development*. Princeton, NJ: Princeton University Press, 1986.

DIN, Gilbert C.; HARKINS, John E. *The New Orleans Cabildo: Colonial Louisiana's First City Government, 1769-1903*. Baton Rouge: Lousiana State University Press, 1996.

DOBIE, Madeleine. *Trading Places: Colonization and Slavery in Eighteenth-Century French Culture*. Ithaca, NY: Cornell University Press, 2010.

"DOCUMENT 14". In: *Industrial and Other Conditions of the Island of Puerto Rico, and the Form of Government Which Should Be Adopted for It: Hearings before the Committee on Pacific Islands and Puerto Rico of the United States on Senate Bill 2264, to Provide a Government for the Island of Puerto Rico, and for Other Purposes*. Washington, DC: Government Printing Office, 1900.

DOMÍNGUEZ ORTIZ, Antonio. *Política y Hacienda de Felipe IV*. Madri: Derecho Financiero, 1960.

DREXLER, Michael J. "Hurricanes and Revolutions". In: BRÜCKNER, Martin. *Early American Cartographes*. Chapel Hill: University of North Carolina Press, 2011. pp. 441-66.

DRUM, Walter M. *The Pioneer Forecasters of Hurricanes*. Havana: Observatory of Belén, 1905.

DRYE, Willie. *Storm of the Century: The Labor Day Hurricane of 1935*. Washington, DC: National Geographic Society, 2002.

DU TERTRE, Jean Baptiste. *Histoire générale des Antilles habités par les françois: Divisées en deux tomes, et enrichie de cartes & de figures*. Paris: Thomas Iolly, 1667.

DUBOIS, Laurent. "An Enslaved Enlightenment: Rethinking the Intelectual History of the French Atlantic". *Social History*, v. 31, n. 1, pp. 1-14, 2006.

_____. *Haiti: The Aftershocks of History*. Nova York: Metropolitan, 2012.

DUKE, Cathy. "The Idea of Race: The Cultural Impact of American Intervention in Cuba, 1898-1912". In: SILVESTRINI, Blanca (Org.). *Politics, Society, and Culture in Caribbean Historians*. San Juan: Universidad de Puerto Rico, 1983. pp. 85-110.

DULLES, Foster Rhea. *The American Red Cross: A History*. Nova York: Harper, 1950.

DUNN, Gordon E. "The Hurricane Season of 1963". *Monthly Weather Review*, v. 92, n. 3, pp. 128-37, 1965.

DYSON, Michael Eric. *Come Hell or High Water: Hurricane Katrina and the Color of Disaster*. Nova York: Basic Civitas, 2006.

EDWARDS, Bryan. *Thoughts on the Late Proceedings of Government, Respecting the Trade of the West Indies Islands with the United States of North America*. 2. ed. Londres: T. Cadell, 1784.

_____. *The History, Civil and Commercial, of the British Colonies in the West Indies*. Londres: T. Miller, 1819. 5 v.

EDWARDS, Paul N. "Meteorology as Infrastructural Globalism". *Osiris*, v. 21, n. 1, pp. 229-50, 2006.

EGERTON, Douglas R. *The Atlantic World: A History, 1400-1888*. Wheeling, IL: Harlan Davidson, 2007.

EISENHOWER, Dwight D. "Remarks on Drought and Other Natural Disasters. McConnell Air Force Base, Wichita, Kansas". Ed. de John T. Wooley e Gerhardt Peters. The American Presidency Project, 15 jan. 1957. Disponível em: <presidency.ucsb.edu/ws/?pid=10823#axzz2hCNIAmZM>. Acesso em: 22 abr. 2021.

EL HURACÁN de Vuelta-Abajo: Curiosa recopilación de todo lo que de más notable ha publicado la prensa con motivo de aquella tremenda catástrofe. Havana: La Idea, 1882.

ELLIOTT, John Huxtable. The Old World and the New 1492-1650. Cambridge: Cambridge University Press, 1970.

ELSNER, James B.; KARA, A. Birol. Hurricanes of the North Atlantic: Climate and Society. Nova York: Oxford University Press, 1999.

ELTIS, David. The Rise of African Slavery in the Americas. Cambridge: Cambridge University Press, 2000.

EMANUEL, Kerry A. Divine Wind: The History and Science of Hurricanes. Oxford: Oxford University Press, 2005.

ENGERMAN, Stanley L.; KLEIN, Herbert. "The Transition from Slave to Free Labor: Notes on a Comparative Economic Model". In: FRAGINALS, Manuel Moreno; PONS, Frank Moya; ENGERMAN, Stanley L. (Orgs.). Between Slavery and Free Labor: The Spanish-speaking Caribbean in the Nineteenth Century. Baltimore: Johns Hopkins University Press, 1985. pp. 255-69.

ENSOR, Marisa Olivo; ENSOR, Bradley E. "Hurricane Mitch: Root Causes and Responses to the Disaster". In: ENSOR, Marisa Olivo (Org.). The Legacy of Hurricane Mitch: Lessons from Post-Disaster Reconstruction in Honduras. Tucson: University of Arizona Press, 2009. pp. 22-46.

ERIKSON, Kai. Everything in Its Path: Destruction of Community in the Buffalo Creek Flood. Nova York: Simon and Schuster, 1976.

ESCALANTE DE MENDOZA, Juan de. Itinerario de navegación de los mares y tierras occidentales 1575. Madri: Museo Naval, 1985.

ESPANTOSO huracan que vino sobre la Villa de Çafra, que fue servido Dios... sucediesse por nuestros grandes pecados, para que sea escarmiento a tantas maldades como cada dia cometemos contra su divina Magestad: dase cuenta de la grande ruyna que uvo de personas y haziendas, en este... terremoto 1624. Sevilha: Juan de Cabrera, 1624.

ESPINOSA, Mariola. "A Fever for Empire: U. S. Disease Eradication in Cuba as Colonial Public Health". In: MCCOY, Alfred W.; SCARANO, Francisco A. (Orgs.). The Colonial Crucible Empire in the Making of the Modern American State. Madison: University of Wisconsin Press, 2009. pp. 288-96.

ESTÈVE, Laurent. Montesquieu, Rousseau, Diderot: Du genre humain au bois d'ébène: Les silences du droit naturel. Paris: Unesco, 2002.

EWALD, François. Histoire de l'État providence: Les origines de la solidarité. Paris: Gasset, 1996.

FAGAN, Brian M. The Little Ice Age: How Climate Made History, 1300-1850. Nova York: Basic, 2000.

FAVIER, René. "La Monarchie d'Ancien Régime et l'imdemnisation des catastrophes naturelles à la fin du XVIIIe siècle". In: _____ (Org.). Les Pouvoirs publics face aux risques naturels dans l'histoire. Grenoble: CNRS; Maison des Sciences de l'Homme-Alpes, 2002. pp. 71-104.

FERNANDEZ DE CASTRO, Manuel. Estudio sobre los huracanes ocurridos en la isla de Cuba durante el mes de octubre de 1870. Madri: Lapuente, 1871.

FERNÁNDEZ DE OVIEDO Y VALDÉS, Gonzalo. *De la natural hystoria de las Indias*. Toledo: Remon de Petras, 1526.

_____. *Sumario de la natural historia de las Indias*. Cidade do México: Fondo de Cultura Económica, 1950. (Cronistas de Indias, 13).

_____. *Natural History of the West Indies*. Chapel Hill: University of North Carolina Press, 1959. (North Carolina University Studies in the Romance Language and Literature, 32).

FERNANDEZ, Ronald. *The Disenchanted Island: Puerto Rico and the United States in the Twentieth Century*. Westport, CT: Praeger, 1996.

FIGUEROA, Luis A. *Sugar, Slavery and Freedom in the Nineteenth-Century Puerto Rico*. Chapel Hill: University of North Carolina Press, 2005.

FITZ, Caitlin. "The Hemispheric Dimension of Early U. S. Nationalism: The War of 1812 and Spanish American Independence". *Journal of American History*, v. 102, n. 2, pp. 356-79, 2015.

FITZPATRICK, Patrick J. *Natural Disasters: Hurricanes — A Reference Handbook*. Santa Barbara, CA: ABC-CLIO, 1999.

FLEMING, James Rodger. *Fixing the Sky: The Checkered History of Weather and Climate Control*. Nova York: Columbia University Press, 2010.

FLORESCANO, Enrique. *Precios del maíz y crisis agrícolas en México (1708-1810): Ensayo sobre el movimiento de los precios y sus consecuencias económicas y sociales*. Cidade do México: El Colegio de México, 1969. (Centro de Estudios Históricos, Nueva Serie, 4).

FLORIDA Hurricane Disaster. *Hearings before the Committee on World War Veteran's Legislation, House of Representatives, Seventy-fourth Congress, Second Session, on H. R. 9486, a Bill for the Relief of Widows, Children and Dependent Parents of World War Veterans Who Died as the Result of the Florida Hurricane at Windley Island and Matecumbe Keys, September 2, 1935*. Washington, DC: Government Printing Office, 1936.

FONTÁN Y MERA, Vicente. *La memorable noche de San Narciso y los temblores de tierra*. San Juan: Imprenta del Comercio, 1868.

FORTUNÉ, Félix-Hilaire. *Cyclones et autres cataclysmes aux Antilles*. Fort-de-France: La Masure, 1986.

FOWLER, John. *A General Account of the Calamities Occasioned by the Late Tremendous Hurricanes and Earthquakes in the West India Islands, Foreign as Well as Domestic: With the Petitions to, and Resolutions of, the House of Commons, in Behalf of the Sufferers at Jamaica and Barbados: Also a List of the Committee Appointed to Manage the Subscriptions of the Benevolent Public, towards Their Further Relief*. Londres: J. Stockdale; W. Richardson, 1781.

FRANCO, José Luciano. *La batalla por el dominio del Caribe y el Golfo de Mexico*. Havana: Instituto de Historia, Academia de Ciencias, 1964. 2 v.

FRANK, Neil. "The Great Galveston Disaster of 1900". In: SIMPSON, Robert H.; ANTHES, Richard A.; GARSTANG, Michael (Orgs.). *Hurricane! Coping with Disaster: Progress and Challenges since Galveston, 1900*. Washington, DC: American Geophysical Union, 2003. pp. 129-40.

FRASER, Walter J. *Lowcountry Hurricanes: Three Centuries of Storms at Sea and Ashore*. Athens: University of Georgia Press, 2006.

FRERE, George. *A Short History of Barbados, from Its First Discovery and Settlement, to the End of the Year 1767*. Londres: J. Dodsley, 1768.

FRESSOZ, Jean-Baptiste. "Beck Back in the 19th Century: Towards a Genealogy of Risk Society". *History and Technology*, v. 23, n. 4, pp. 333-50, dez. 2007.

FREUDENBURG, William R.; GRAMLING, Robert; LASKAM, Shirley Bradway; ERIKSON, Karl. *Catastrophe in the Making: The Engineering of Katrina and the Disasters of Tomorrow*. Washington, DC: Island Press; Shearwater, 2009.

FUENTES, Vilma Elisa. "Post-Disaster Reconstruction". In: ENSOR, Marisa Olivo (Org.). *The Legacy of Hurricane Mitch: Lessons from Post-Disaster Reconstruction in Honduras*. Tucson: University of Arizona Press, 2009. pp. 100-28.

FUNDO MONETÁRIO INTERNACIONAL. "Caribbean Small States: Challenges of High Debt and Low Growth". Washington, DC: Fundo Monetário International, 2013. Disponível em: <www.imf.org.external/no/pp/eng/2013/022013b.pdf>. Acesso em: 22 abr. 2021.

FUNES MONZOTE, Reinaldo. *From Rainforest to Cane Field in Cuba: An Environmental History since 1492*. Chapel Hill: University of North Carolina Press, 2008.

FUSON, Robert H. *The Log of Christopher Columbus*. Camden, ME: International Marine, 1991.

FUSSELL, Elizabeth. "Constructing New Orleans, Constructing Race: A Population History of New Orleans". *Journal of American History*, v. 94, n. 3, pp. 846-55, dez. 2007.

GARCÍA, Gervasio Luis. "Economia y trabajo en el Puerto Rico del siglo XIX". *Historia Mexicana*, v. 38, n. 4, pp. 855-78, abr. 1989.

GARCÍA ACOSTA, Virginia. "Huracanes y/o desastres en Yucatán". *Revista de la Universidade Autónoma de Yucatán*, v. 17, n. 223, pp. 3-15, 2002.

_____. "La perspectiva histórica en la antropología del riesgo y del desastre: Acercamientos metodológicos". *Relaciones: Estudios de Historia y Sociedad*, v. 25, n. 97, pp. 125-42, 2004.

GARCÍA ACOSTA, Virginia; ZEVALLOS, Juan Manuel Pérez; MOLINA DEL VILLAR, América. *Desastres agrícolas en México: Catálogo histórico*. Cidade do México: Centro de Investigaciones y Estudios Superiores en Antropología Social; Fondo de Cultura Económica, 2003.

GARCÍA LUIS, Julio. "Hurricane Flora (October 4, 1963)". In: _____ (Org.). *Cuban Revolution Reader: A Documentary History of 40 Key Moments of the Cuban Revolution*. Melbourne: Ocean, 2001. pp. 129-33.

GARESCHÉ, William A. *The Complete Story of the Martinique and St. Vincent Horrors*. Chicago: Monarch, 1902.

GARRAWAY, Doris Lorraine. *The Libertine Colony: Creolization in the Early French Caribbean*. Durham, NC: Duke University Press, 2005.

GARRETT, Thomas A.; SOBEL, Russell S. "The Political Economy of FEMA Disaster Payments". *Economic Inquiry*, v. 41, n. 3, pp. 496-509, 2003.

GEGGUS, David Patrick. "Slavery, War, and Revolution in the Greater Caribbean, 1789-1815". In: GEGGUS, David Patrick; GASPAR, David Barry (Orgs.). *A Turbulent Time: The French Revolution and the Greater Caribbean*. Bloomington: Indiana University Press, 1997. pp. 1-51.

GELABERTÓ, Martí. *La palabra del predicador: Contrarreforma y superstición en Cataluña, siglos XVII-XVIII*. Lleida: Milenio, 2005. (Colección Hispania, 17).

GERBI, Antonello. *Nature in the New World: From Christopher Columbus to Gonzalo Fernandez de Oviedo*. Pittsburgh, PA: University of Pittsburgh Press, 1985.

GERGIS, Joëlle L.; FOWLER, Anthony M. "A History of ENSO Events since A.D. 1525: Implications for Future Climate Change". *Climate Change*, v. 92, n. 3/4, pp. 343-87, fev. 2009.

GERMANA, Ernest. "Astrology, Religion and Politics in Counter Reformation Rome". In: PUNFREY, Stephen; ROSSI, Paolo L.; SLAWINSKI, Maurice (Orgs.). *Science, Culture, and Popular Belief in Renaissance Europe*. Manchester: Manchester University Press, 1991.

GIROUX, Henry A. "Reading Hurricane Katrina: Race, Class, and the Biopolitics of Disposability". *College Literature*, v. 33, n. 3, pp. 171-96, jul. 2006.

GLANTZ, Michael H. *Currents of Change: El Niño's Impact on Climate and Society*. Cambridge: Cambridge University Press, 1996.

GO, Julian. *American Empire and the Politics of Meaning: Elite Political Cultures in Philippines and Puerto Rico during U. S. Colonialism*. Durham, NC: Duke University Press, 2008.

GØBEL, Erik. *A Guide to Sources for the History of the Danish West Indies (U. S. Virgin Islands), 1671-1917*. Odense: University Press of Southern Denmark, 2002. (Studies in Danish Administrative History, 15).

GOLINSKI, Jan. *British Weather and the Climate of Enlightenment*. Chicago: University of Chicago Press, 2007.

GONZÁLEZ VALES, Luis E. "El Cabildo de San Juan Bautista de Puerto Rico en el siglo XVIII y la defensa de los derechos de los vecinos". *Revista Chilena de Historia del Derecho*, n. 16, pp. 205-18, 1990.

GONZALO DE ANDRÉS, Carmen. "La predicción del tiempo en el Siglo de Oro español (s. XVI--XVII)". *Revista del Aficionado a la Meteorología*, [s.d.]. Disponível em: <www.tiempo.com/ram/167/la-prediccion-del-tiempo-en-el-siglo-de-oro-español-s-xvi-xvii/>. Acesso em: 22 abr. 2021.

GOVEIA, Elsa V. *A Study on the Historiography of the British West Indies to the End of the Nineteenth Century*. Washington, DC: Howard University Press, 1980.

GRAFTON, Anthony. *New Worlds, Ancient Texts: The Power of Tradition and the Shock of Discovery*. Cambridge, MA: Harvard University Press, 1992.

GRANDIN, Greg. *Empire's Workshop: Latin America, the United States and the Rise of the New Imperialism*. Nova York: Owl, 2007.

"GREAT Miami Hurricane of 1926". National Weather Service, [s.d.]. Disponível em: <www.weather.gov/mfl/miami_hurricane>. Acesso em: 22 abr. 2021.

GREENE, Casey Edward; KELLY, Shelly Henley. *Through a Night of Horrors: Voices from the 1900 Galveston Storm*. College Station: Texas A&M University Press, 2000.

GREENE, Jack P.; MORGAN, Philip D. (Orgs.). *Atlantic History: A Critical Approach Appraisal*. Oxford: Oxford University Press, 2009. Disponível em: <search.ebscohost.com/login.aspx?direct=true&scpe=site&db=nlebk&db=nlabk&N=257648>. Acesso em: 22 abr. 2021.

GROVE, Kevin J. "From Emergency Management to Managing Emergence: A Genealogy of Disaster Management in Jamaica". *Annals of the Association of American Geographers*, v. 103, n. 3, pp. 570-88, 2013.

GROVE, Richard H. *Green Imperialism: Colonial Expansion, Tropical Island Edens, and the Origins of Environmentalism, 1600-1860*. Cambridge: Cambridge University Press, 1995.

_____. "The Great El Niño of 1789-93 and Its Global Consequences Reconstructing an Extreme Climate Event in World Environmental History". *Medieval History Journal*, v. 10, n. 1/2, pp. 75-98, out. 2007.

GUERRA, Lillian. *Popular Expression and National Identity in Puerto Rico: The Struggle for Self, Community, and Nation*. Gainesville: University Press of Florida, 1998.

HALL, David D. *Worlds of Wonder, Days of Judgement: Popular Religious Belief in Early New England*. Nova York: Knopf, 1989.

HALL, Neville. *Slave Society in the Danish West Indies: St. Thomas, St. John and St. Croix.* Baltimore: Johns Hopkins University Press, 1992.

_____. *Slave Society in the Danish West Indies: St. Thomas, St. John and St. Croix.* Org. de Barry W. Higman. Mona, JAM: University of the West Indies Press, 1992.

HALL SR., Richard; HALL JR., Richard (Orgs.). *Acts, Passed in the Island of Barbados. From 1643 to 1762, Inclusive: Carefully Revised, Innumerable Errors Corrected: And the Whole Compared and Examined, with the the Original Acts, in the Secretary's Office.* Londres: R. Hall, 1764.

HALPERIN, Maurice. *The Rise and Decline of Fidel Castro: An Essay in Contemporary History.* Berkeley: University of California Press, 1972.

HARDY, Sébastien. "Risque naturel el vulnérabilité: Un analyse de la catastrophe de Posoltega (30 octobre 1998)". In: DELHOM, Joël; MUSSET, Alain (Orgs.). *Nicaragua, dans l'oeil du cyclone.* Paris: Institut des Hautes Études de l'Amérique Latine, 2000. pp. 41-52.

HARTE, Bret. "St. Thomas: A Geographical Survey". In: _____. *The Heathen Chinee: Poems and Parodies.* Londres: Richard Edward King, 1888.

HEALEY, Mark Alan. *The Ruins of the New Argentina: Peronism and the Remaking of San Juan after the 1944 Earthquake.* Durham, NC: Duke University Press, 2011.

HEIDLER, David S.; HEIDLER, Jeanne T. "'You're Dead Now, Brother': Hemingway and the 1935 Labor Day Hurricane". David S. Heidler and Jeanne T. Heidler — American Historians, 1 set. 2010. Disponível em: <djheidler.com/~djheid5/Blog/~%281%29~Hurricane.htm>. Acesso em: 22 abr. 2021.

HEILPRIN, Angelo. *Mont Pelée and the Tragedy of Martinique: A Study of the Great Catastophes of 1902, with Observations and Experiences in the Field.* Filadélfia: J. B. Lippincott, 1903.

HENINGER, Simeon Kahn. *Handbook of Renaissance Meteorology, with Particular Reference to Elizabethan and Jacobean Literature.* Nova York: Greenwood, 1968.

HERRERA TORDESILLAS, Antonio de. *Descripción de las Indias occidentales.* Madri: [s.n.], 1601.

HERRERA Y CABRERA, Desiderio. *Memoria sobre los huracanes en la isla de Cuba.* Havana: Barcina, 1847.

HIGMAN, Barry William. *A Concise History of the Caribbean.* Nova York: Cambridge University Press, 2011.

HILLIARD D'AUBERTEUIL, Michel-René. *Considérations sur l'état présent de la colonie française de Saint-Domingue.* Paris: Grangé, 1776.

HOLDEMAN, Eric. "Destroying FEMA". *Washington Post,* 30 ago. 2005. Disponível em: <www.washingtonpost.com/wp-dyn/content/article/2005>. Acesso em: 22 abr. 2021.

HOLT, Mack P. "Review of *Rassurer et Protéger: Le Sentiment de sécurité dans l'Occident d'autrefois* por Jean Delumeau". *Journal of Social History,* v. 24, n. 4, pp. 851-3, jul. 1991.

HUETTIMAN, Emmarie. "Rubio on a Presidential Bid, and Climate Change". *The New York Times,* 12 maio 2014.

HUERGA, Alvaro. *Ataques de los caribes a Puerto Rico en siglo XVI.* San Juan: Academia Puertorriqueña de la Historia; Centro de Estudios Avanzados de Puerto Rico y el Caribe; Fundación Puertorriqueña de las Humanidades, 2006. (Historia Documental de Puerto Rico, 16).

HULME, Peter. "Hurricanes in the Caribbees: The Constitution of the Discourse of English Colonialism". In: BARKER, Francis; BERNSTEIN, Kay (Orgs.). *1642: Literature and Power in the Seventeenth Century: Proceedings of the Essex Conference on the Sociology of Literature, July 1980.* Colchester: University of Essex, 1981. pp. 55-83.

HULME, Peter. *Colonial Encounters: Europe and the Native Catibbeans, 1492-1797*. Nova York: Metuhen, 1986.

HUMBOLDT, Alexander von. *Ensayo político sobre la isla de Cuba*. Org. de Miguel Angel Puig-Samper, Consuelo Naranjo Orovio e Armando García González. Madri: Doce Calles, 1998.

HURACÁN de 1846: Reseña de sus estragos en la isla de Cuba. Havana: Oficina del Faro Industrial, 1846.

HURET, Romain. "L'Ouragan Katrina et l'État federal américain: Une hypothèse de recherche". *Nuevo Mundo Mundos Nuevos* (*Nouveaux mondes mondes noveaux*; *New World New Worlds*), 8 maio 2007.

_____. "La fin de l'État providence? Un bilan de la politique sociale de George W. Bush". *Vingtième Siècle*, n. 97, pp. 105-16, jan. 2008.

"HURRICANE Andrew 20th Anniversary Is a Reminder to Prepare for Emergencies". Federal Emergency Mangement Agency, 22 ago. 2012. Disponível em: <www.fema.gov/news-release/2012/08/22/hurricane-andrew-20th-anniversary-reminder-prepare-emergencies>. Acesso em: 22 abr. 2021.

HURRICANE Mitch and Nicaragua. Boulder, CO: Natural Hazards Research and Applications Information Center, Institute of Behavioral Science, University of Colorado, [s.d.]. (Special Publication, 38). Disponível em: <www.colorado.edu/hazards/publications/sp/sp38/part4.html>. Acesso em: 22 abr. 2021.

INFANTE, Fernando A. *La era de Trujillo: Cronología histórica, 1930-1961*. Santo Domingo: Collado, 2007.

INGRAM, Kenneth E. *Sources of Jamaican History 1655-1838: A Bibliography Survey with Particular References to Manuscript Sources*. Zug: Inter Documentation, 1976.

ISAAC, Rhys. *London Carter's Uneasy Kingdom: Revolution and Rebellion on a Virginia Plantation*. Oxford: Oxford University Press, 2004.

ISRAEL, Jonathan I. *The Dutch Republic: Its Rise, Greatness and Fall, 1477-1806*. Oxford: Clarendon Press, 1995.

_____. *Democratic Enlightenment: Philosophy, Revolution, and Human Rights 1750-1790*. Nova York: Oxford University Press, 2011.

JAMESON, J. Franklin. "St. Eustatius in the American Revolution". *American Historical Review*, v. 8, n. 4, pp. 638-708, jul. 1903.

JANKOVI, Vladimir. *Reading the Skies: A Cultural History of English Weather, 1650-1820*. Chicago: University of Chicago Press, 2001.

JENNINGS, Gary. *The Killer Storms: Hurricanes, Typhoons, and Tornadoes*. Filadélfia: Lippincott, 1970.

JOHNS, Alessa. *Dreadful Visitations: Confronting Natural Catastrophe in the Age of Enlightenment*. Nova York: Routledge, 1999.

JOHNSON, Leland R.; UNITED STATES ARMY AND CORPS OF ENGINEERS. *Situation Desperate: U. S. Army Engineer Disaster Relief Operations, Origins to 1950*. Alexandria, VA: Office of History, U. S. Army Corps of Engineers, 2011.

JOHNSON, Sherry. "Climate, Community, and Commerce among Florida, Cuba, and the Atlantic World, 1784-1800". *Florida Historical Quarterly*, v. 80, n. 4, pp. 455-82, abr. 2002.

JOHNSON, Sherry. "El Niño, Environmental Crisis, and the Emergence of Alternative Markets in the Hispanic Caribbean, 1760s-70s". *William and Mary Quarterly*, 3ª Série, v. 62, n. 3, pp. 365-410, jul. 2005.

_____. *Climate and Catastrophe in Cuba and the Atlantic World in the Age of Revolution*. Chapel Hill: University of North Carolina Press, 2011.

JONES, Eric L. *The European Miracle: Environments, Economies, and Geopolitics in the History of Europe and Asia*. 2. ed. Cambridge: Cambridge University Press, 1987.

JORDAAN, Han; VAN DER LEE, To. "The Hurricane of 1819". In: COOMANS, Henry E.; NEWTON, Michael A.; COOMANS-EUSTATIA, Maritza (Orgs.). *Building Up the Future from the Past: Studies on the Architecture and Historic Momuments in the Dutch Caribbean*. Zutphen: Walburg Pers, 1990. pp. 99-108.

JUNEJA, Monica; MAUELSHAGEN, Franz. "Disasters and Pre-industrial Societies Historiographic Trends and Comparative Perspectives". *Medieval History Journal*, v. 10, n. 1/2, pp. 1-31, out. 2007.

JÜTTE, Robert. *Poverty and Deviance in Early Modern Europe*. Cambridge: Cambridge University Press, 1994. (New Approaches to European History, 4).

KAHN, Matthew E. "The Death Toll from Natural Disasters: The Role of Income, Geography, and Institutions". *Review of Economic and Statistcs*, v. 87, n. 2, pp. 271-84, maio 2005.

KAMBON, Asha. "Caribbean Small States, Vulnerability and Development". *Caribbean Development Report*, v. 1, 2007. Disponível em: <https://repositorio.cepal.org/bitstream/handle/11362/3704/LCW249_en.pdf?sequence=1&isAllowed=y >. Acesso em: 22 abr. 2021.

KAUKAINEN, Yrj. "Shrinking the World: Improvements in the Speed of Information Transmission, c. 1820-1870". *European Review of Economic History*, v. 5, n. 1, pp. 1-28, 2001.

KELLEY, John. *The Graves Are Walking: The Great Famine and the Saga of the Irish People*. Nova York: Henry Holt, 2012.

KEYSER, Jonathan; SMITH, Wayne. *Disaster Relief Management in Cuba*. Center for International Policy, 18 maio 2009. Disponível em: <www.ciponline,org/research/html/disaster-relief--management-in-cuba>. Acesso em: 22 abr. 2021.

KISLOW, Paul V. *Hurricanes: Background, History and Bibliography*. Nova York: Nova Science, 2008.

KLEIN, Naomi. *The Shock Doctrine: The Rise of Disaster Capitalism*. Nova York: Henry Holt, 2007. [Ed. bras.: *A doutrina do choque: A ascensão do capitalismo de desastre*. Rio de Janeiro: Nova Fronteira, 2008.]

KLEINBERG, Eliot. *Black Cloud: The Great Florida Hurricane of 1928*. Nova York: Carroll & Graf, 2003.

KLOOSTER, Wim. "Other Netherlands beyond the Sea". In: DANIELS, Christine; KENNEDY, Michael V. (Orgs.). *Negotiated Empires: Centers and Peripheries in the Americas, 1500-1820*. Nova York: Routledge, 2002. pp. 171-91.

KNIGHT, Franklin W. *Slave Society in Cuba during the Nineteenth Century*. Madison: University of Wisconsin Press, 1970.

_____. "The Disintegration of the Caribbean Slave Systems, 1771-1886". In: _____ (Org.). *General History of the Caribbean*. Londres: Unesco, 1997. v. 3.

KNOWLES, Thomas Neil. *Category 5: The 1935 Labor Day Hurricane*. Gainesville: University Press of Florida, 2009.

KNUTSON, Thomas R. et al. "Tropical Cyclones and Climate Change". *Nature Geoscience*, v. 3, n. 3, pp. 157-63, mar. 2010.

KOHT, Halvdan. "The Origin of Seward's Plan to Purchase the Danish West Indies". *American Historical Review*, v. 50, n. 4, pp. 762-7, jul. 1945.

KONRAD, Herman W. "Fallout of the Wars of the Chacs: The Impact of Hurricanes and Implications for Prehispanic Quintana Roo Maya Processes". In: THOMPSON, Marc; GARCIA, Maria Teresa; KENSE, Françoise (Orgs.). *Status, Structure, and Stratification: Current Archaeological Reconstructions: Proceedings of the Sixteenth Annual Conference*. Calgary, AB: University of Calgary, Archaeological Association, 1985. pp. 321-30.

_____. "Caribbean Tropical Storms: Ecological Implications for Pre-Hispanic and Contemporary Maya Subsistence on the Yucatan Peninsula". *Revista de la Universidad Autónoma de Yucatán*, v. 18, n. 224, pp. 99-126, 2003.

KRUGMAN, Paul. "Katrina All the Time". *The New York Times*, 31 ago. 2007. Disponível em: <www.nytimes.com/2007/08/31/opinion/31krugman.html>. Acesso em: 22 abr. 2021.

_____. "A Katrina Mistery Explained". *New York Times Blog: The Conscience of a Liberal*, 17 maio 2009. Disponível em: <krugman.blogs.nytimes.com/2009/05/17/a-katrina-mystery--explained/>. Acesso em: 22 abr. 2021.

_____. "Sandy versus Katrina". *The New York Times*, 4 nov. 2012. Disponível em: <www.nytimes.com/2012/11/05/opinion/krugman-sandy-versus-katrina.html>. Acesso em: 22 abr. 2021.

KUETHE, Allan J.; ANDRIEN, Kenneth J. *War and Reform in the Eighteenth-Century Spanish Atlantic World, 1713-1796*. Cambridge: Cambridge University Press, 2014.

KURLANSKY, Mark. *A Continent of Islands: Searching for the Caribbean Destiny*. Reading, MA: Addison-Wesley, 1992.

LABAT, Jean-Baptiste. *Nouveau Voyage aux isles de l'Amerique*. La Haye: P. Husson, 1724.

LA CRUZ ROJA NACIONAL AMERICANA. *El ciclón que azotó a Puerto Rico: Septiembre 13 de 1928*. San Juan: La Cruz Roja Nacional Americana, 1929.

LAET, Joannes de. *Nieuvve wereldt, ofte, Beschrijvinghe van West-Indien wt veelderhande schriften ende aen-teeckeninghen van vershceyden natien*. Leiden: Isaack Elzeviet, 1625.

LANDA, Diego de. *Relación de las cosas de Yucatán*. 7. ed. Org. de Héctor Pérez Martínez. Cidade do México: P. Robredo, 1938.

LARSON, Erik. *Isaac's Storm: A Man, a Time, and the Deadliest Hurricane in History*. Nova York: Crown, 1999.

LAS CASAS, Bartolomé de. *Historia de las Indias*. Org. de Lewis Hanke. Cidade do México: Fondo de Cultura Económica, 1951.

_____. *Apologética historia sumaria*. In: _____. *Obras completas*. Org. de Vidal Abril Castelló. Madri: Alianza, 1992. v. 7.

LAURENS, Henry, *The Papers of Henry Laurens*. Org. de Philip M. Hamer et al. Columbia: University of South Carolina Press, 1968. v. 1.

LAVALLE, Bernard. "Miedos terrenales, angustias escatológicas y pánicos en tiempos de terremotos a comienzos del siglo XVII en el Perú". In: GONZALBO, Pilar; STAPLES, Anne; SEPTIÉN,

Valentina Torres (Orgs.). *Una historia de los usos del miedo*. Cidade do México: Colegio de México, Universidad Iberoamericana, 2009. pp. 103-27.

LEBER, Rebecca. "Chris Christie Denies Climate Change Has Anything To Do with Hurricane Sandy". ThinkProgress, 21 maio 2013. Disponível em: <thinkprogress.org/chris-christie-denies-climate-change-has-anything-to-do-with-hurricane-sandy-bc6df797463>. Acesso em: 22 abr. 2021.

LEBLOND, Jean-Baptiste. *Voyage aux Antilles, et a l'Amérique Méridionale*. Paris: A. Bertrand, 1813.

LEBRUN, François. "La protection du monarque (1660-1800)". In: DELUMEAU, Jean; LEQUIN, Yves (Orgs.). *Les Malheurs des temps: Histoire des fléaux et des calamités en France*. Paris: Larousse, 1987. pp. 321-66.

LÉGIER, Emile. *La Martinique et la Guadeloupe: Considérations économiques sur l'avenir et la culture de la canne, la production du sucre et du rhum et les cultures secondaires dans les Antilles françaises. Notes de voyage. Avec une carte des Antilles et plusieurs figures dans le texte*. Paris: Bureaux de la Sucrerie Indigène et Coloniale, 1905.

LESLIE, Charles. *A New History of Jamaica*. Dublin: Oliver Nelson, 1741.

LEVI, Patricia. "Hurricane Sandy Climate Change: Andrew Cuomo Rightly Raises Global Warming Issue". PolicyMic, 2 nov. 2012. Disponível em: <www.policymic.com/articles/17930/hurricane-sandy-climate-change-cuomo-rightly-rises-global-warming-issue>. Acesso em: 22 abr. 2021.

LEVIS BERNARD, José Elías. *Mancha de lodo: Novela*. Mayaguez: El Progreso, 1903.

_____. *Estercolero*. Org. de Carmen Centeno Añeses. San Juan: La Editorial Universidad de Puerto Rico, 2008.

LEVIS BERNARD, José Elías; IRIZARRY, Estelle. *Las novelas: El estercolero (1899); Estercolero (1901)*. San Juan: Puerto, 2008.

LEVY, Claude. "Barbados: The Last Years of Slavery 1823-1833". *Journal of Negro History*, v. 44, n. 4, pp. 308-45, out. 1959.

_____. *Emancipation: Sugar, and Federalism: Barbados and the West Indies, 1833-1876*. Gainesville: University Press of Florida, 1980.

LEVY, Jonathan. *Freaks of Fortune: The Emerging World of Capitalism and Risk in America*. Cambridge, MA: Harvard University Press, 2012.

_____. "Risk, as We Know It". *Chronicle of Higher Education*, 10 set. 2012. Disponível em: <chronicle.com/article/Risk-as-We-Know-It/134148>. Acesso em: 22 abr. 2021.

LEWIS, Gordon K. *Puerto Rico: Freedom and Power in the Caribbean*. Nova York: Monthly Review, 1963.

_____. "An Introductory Note to the Study of the Virgin Islands". *Caribbean Studies*, v. 8, n. 2, pp. 5-21, jul. 1968.

_____. *Main Currents in Caribbean Thought: The Historical Evolution of Caribbean Society in Its Ideological Aspects, 1492-1900*. Baltimore: Johns Hopkins University Press, 1983.

LEWIS, Michael. "In Nature's Casino". *The New York Times*, 26 ago. 2007.

LEWIS, Matthew G. *Journal of a West Indies Proprietor, Kept during a Residence in the Island of Jamaica*. Londres: John Murray, 1834.

LEZCANO, José Carlos. "Aspectos essenciales sobre la mitigación de los desastres naturales en Cuba". In: *Cuba in Transition: Papers and Proceedings of the Fifth Annual Meeting of the Association for the Study of the Cuban Economy* (Asce). Miami: Association for the Study of the Cuban Economy, 1995. pp. 399-406.

LOBDELL, Richard. "Economic Consequences of Hurricanes in the Caribbean". *Review of Latin American Studies*, v. 3, pp. 178-90, 1990.

LONG, Edward. *The History of Jamaica*. Londres: T. Lowndes, 1774.

LONGSHORE, David. *Encyclopedia of Hurricanes, Typhoons, and Cyclones*. Nova York: Facts on File, 1998.

LÓPEZ DE HARO, Damián (Org.). *Sínodo de San Juan de Puerto Rico de 1645*. Madri: Centro de Estudios Históricos del CSIC, 1986. (Sínodos Americanos, 4).

LÓPEZ DE VELASCO, Juan. *Geografía y descripción universal de las Indias*. Madri: Fortanet, 1894.

LÓPEZ MEDEL, Tomás. *De los tres elementos: Tratado sobre la naturaleza y el hombre del Nuevo Mundo*. Org. de Berta Ares Queija. Madri: Alianza, 1990. (El Libro de Bolsillo, 1503).

LUDLUM, David McWilliams. *Early American Hurricanes, 1492-1870*. Boston: American Meteorological Society, 1963. (The History of American Weather, 1).

_____. "The Espy-Redfield Dispute". *Weatherwise*, v. 22, n. 6, pp. 224-61, 1969.

LUGO LOVATÓN, Ramón. *Escombros: Huracán del 1930*. Santo Domingo: Ed. del Caribe, 1955.

LUQUE DE SÁNCHEZ, María Dolores. *La ocupación norteamericana y la Ley Foraker: La opinion publica puertorriqueña, 1898-1904*. Río Piedras: Editorial Universitaria, Universidad de Puerto Rico, 1977.

LUSTER, Robert E. *The Amelioration of the Slaves in the British Empire, 1790-1833*. Nova York: P. Lang, 1995.

LYNCH, Theodora Elizabeth. *The Wonders of the West Indies*. Londres: Seeley, Jackson & Halliday, 1856.

MACLEOD, Murdo. "Spain and America: The Atlantic Trade, 1492-1720". In: BETHELL, Leslie (Org.). *The Cambridge History of Latin America*. Cambridge: Cambridge University Press, 1984. v. 1. pp. 341-88.

MACNEILL, Hector. *Observations on the Treatment of the Negroes, in the Island of Jamaica Including Some Account of Their Temper and Character: With Remarks on the Importation of Slaves from the Coast of Africa: In a Letter to a Physician in England*. Londres: G. G. J. and J. Robinson, 1788.

MACPHERSON, Anne S. *From Colony to Nation: Women Activists and the Gendering of Politics in Belize, 1912-1982*. Lincoln: University of Nebraska Press, 2007.

MAHER, Neil M. *Nature's New Deal: The Civilian Conservation Corps and the Roots of the American Environmental Movement*. Oxford: Oxford University Press, 2007.

MALDONADO, A. W. *Luis Muñoz Marín: Puerto Rico's Democratic Revolution*. San Juan: Editorial Universidad de Puerto Rico, 2006.

MARRERO, Levi. *Cuba: Economia y sociedad*. Río Piedras: San Juan, 1972-92. 15 v.

MARSCHER, Bill; MARSCHER, Fran. *The Great Sea Island Storm of 1893*. Macon, GA: Mercer University Press, 2004.

MARTEL, Brett. "Storms Payback from God". *Washington Post*, 17 jan. 2006.

MARTIN, Craig. "Experience of the New World and Aristotelian Revisions of Earth's Climates during the Renaissance". *History of Meteorology*, v. 3, pp. 1-15, 2006.

MARTIN, Craig. *Renaissance Meteorology: Pomponazzi to Descartes*. Baltimore: Johns Hopkins University Press, 2011.

MARTIN, John Bartlow. *Overtaken by Events: The Dominican Crisis from the Fall of Trujillo to the Civil War*. Nova York: Doubleday, 1966.

MARTÍNEZ BETANCOURT, Julio Isamael. "Predicciones climáticas y el conocimiento popular tradicional del campesino cubano". *Cautauro: Revista Cubana de Antropología*, v. 12, n. 22, pp. 121-30, 2010.

MARTÍNEZ DE CARRERA, Teresita. "The Attitudes of Influential Groups of Colonial Society toward de Rural Working Population in Nineteenth-Century Puerto Rico, 1860-73". *Journal of Caribbean History*, v. 12, pp. 35-54, 1979.

MARTÍNEZ-FERNÁNDEZ, Luis. "Political Change in the Spanish Caribbean during the United States Civil War and Its Aftermath, 1861-1878". *Caribbean Studies*, v. 27, n. 1/2, pp. 37-64, jan. 1994.

_____. "Puerto Rico in the Whirlwind of 1898: Conflict, Continuity, and Change". *OAH Magazine of History*, v. 12, n. 3, pp. 24-9, abr. 1998.

MARTÍNEZ-FORTÚN Y FOYO, José Andrés. *Anales y efemerides de San Juan de los Remedios y su jurisdicción*. Havana: Pérez Sierra, 1930. v. 1, parte 1: *1492-1849*.

MATOS, Luis Pales. "La plena de meneálo". Reimpr. *La Revista de Centro de Estudios Avanzados de Puerto Rico y el Caribe*, v. 2, pp. 81-2, 1986.

MAUCH, Christof; PFISTER, Christian (Orgs.). *Natural Disasters, Cultural Responses: Case Studies toward a Global Environment History*. Lanham, MD: Lexington, 2009.

MAUELSHAGEN, Franz. "Disaster and Political Culture in Germany since 1500". In: MAUCH, Christof; PFISTER, Christian (Orgs.). *Natural Disasters, Cultural Responses: Cases Studies toward a Global Environmental History*. Lanham, MD: Lexington, 2009.

MCCALLUM, Ewen; HEMING, Julian. "Hurricane Katrina: An Environmental Perspective". *Philosophical Transactions of the Royal Society A: Mathematical, Physical and Engineering Sciences*, v. 364, n. 1845, pp. 2099-115, 5 ago. 2006.

MCCHRISTIAN, Lynee. "Hurricane Andrew and Insurance: The Enduring Impact of an Historic Storm". Insurance Information Institute, ago. 2012. Disponível em: <www.iii.org/sites/default/files/paper_HurricaneAndrew_final.pdf>. Acesso em: 22 abr. 2021.

MCCLELLAN, James E. *Colonialism and Science: Saint Domingue in the Old Regime*. Chicago: Univesity of Chicago Press, 2010.

MCCOMB, David G. *Galveston: A History*. Austin: University of Texas Press, 1986.

MCCOOK, Stuart George. *States of Nature: Science, Agriculture, and Environment in the Spanish Caribbean, 1760-1940*. Austin: University of Texas Press, 2002.

MCCUSKER, John J.; MENARD, Russell R. (Orgs.). *The Economy of British America, 1607-1789*. Chapel Hill: University of North Carolina Press, 1985.

MCGRATH, John T. *The French in Early Florida: In the Eye of the Hurricane*. Gainesville: University Press of Florida, 2000.

MCNEILL, John Robert. "Observations on the Nature and Culture of Environmental History". *History and Theory*, v. 42, n. 4, pp. 5-43, 2003.

_____. *Mosquito Empires: Ecology and War in the Greater Caribbean, 1620-1914*. Nova York: Cambridge University Press, 2010.

MEDRANO HERRERO, Pío. *Don Damián López de Haro y Don Diego de Torres y Vargas: Dos figuras del Puerto Rico Barroco*. San Juan: Plaza Mayor, 1999.

MEILINK-ROELOFSZ, Marie Antoinette P. "A Survey of Archives in the Netherlands Pertaining to the History ir the Netherlands Antilles". *West-Indische Gids*, v. 35, pp. 1-38, 1953.

MEMORIA en que se da cuenta de los trabajos de la Junta General de Socorros para Cuba y Filipinas. Madri: Manuel Tello, 1884.

MENIKETTI, Marco. "Sugar Mills, Technology, and Environmental Change: A Case Study of Colonial Agro-Industrial Development in the Caribbean". *IA: The Journal of the Society for Industrial Archeology*, v. 32, n. 1, pp. 53-80, jan. 2006.

MERCANTINI, Jonathan. "The Great Carolina Hurricane of 1952". *The South Carolina Historical Magazine*, v. 103, n. 4, pp. 353-65, 2002.

MERCIER-FAIVRE, Anne-Marie; THOMAS, Chantal (Orgs.). *L'Invention de la catastrophe au XVII siècle*. Genebra: Droz, 2008.

MICHAELS, Patrick J. "Mitch, That Sun of a Gun". Cato Institute, 15 dez. 1998. Disponível em: <www.cato.org/publications/commentary/mitch-sun-gun>. Acesso em: 22 abr. 2021.

MILLÁS, José Carlos. "Genesis y marcha de los hurricanes antillanos". In: WOODWARD, Robert Simpson (Org.). *Astronomy, Meteorology, and Seismology: Proceedings of the Second Pan-American Scientific Congress*. Washington, DC: Government Printing Office, 1917. pp. 42-55.

_____. *Memoria del huracán de Camagüey de 1932*. Havana: Soane y Fernández, 1933.

_____. *Hurricanes of the Caribbean and Adjacent Regions, 1492-1800*. Miami: Academy of the Arts and Sciences of the Americas, 1968.

MINER SOLÁ, Edwin. *Historia de los huracanes en Puerto Rico*. San Juan: First Book, 1995.

MONET, Henri. *La Martinique*. Paris: A. Savine, 1892.

MOONEY, Chris. *Storm World: Hurricanes, Politics, and the Battle over Global Warming*. Orlando, FL: Harcourt, 2007.

MOORE, John Basset. "Doc. 551". In: *A Digest of International Law: 56th Congress, House of Representatives*. Washington, DC: Government Printing Office, 1906. v. 1.

MORALES CARRIÓN, Arturo. *Puerto Rico and the Non Hispanic Caribbean: A Study in the Decline of Spanish Exclusivism*. 2. ed. Río Piedras: University of Puerto Rico, 1971.

_____. *Puerto Rico y la lucha por la hegemonia en el Caribe: Colonialismo y contrabando, siglos XVI-XVIII*. San Juan: Centro de Investigaciones Históricas, Editorial de la Universidad de Puerto Rico, 1995.

MOREAU DE SAINT-MÉRY, Médéric Louis Elie. *A Topographical and Political Description of the Spanish Part of Saint-Domingo: Containing, General Observations on the Climate, Population, and Productions, on the Character and Manners of the Inhabitants, with an Account of the Several Branches of the Government: To Which Is Prefixed, a New, Correct, and Elegant Map of the Whole Island*. Filadélfia: [s.n.], 1796.

MORENO FRAGINALS, Manuel. *El ingenio: Complejo económico social cubano del azúcar*. Havana: Editorial de Ciencias Sociales, 1978. 3 v.

MOSCOSO, Francisco. *Clases, revolución y libertad: Estudios sobre el Grito de Lares de 1868*. Río Piedras: Edil, 1998.

_____. *Juicio al gobernador: Episodios coloniales de Puerto Rico, 1550*. San Juan: Universidad de Puerto Rico; Decanato de Estudios Graduados e Investigación; Publicaciones Puertorriqueñas, 1998.

MOSCOSO, Francisco. *La Revolución puertorriqueña de 1868: El Grito de Lares*. San Juan: Instituto de Cultura Puertorriqueña, 2003.

MOYA PONS, Frank. *El ciclón de San Zenón y la "patria nueva": Reconstrucción de una ciudad como reconstrucción nacional*. Santo Domingo: Academia Dominicana de la Historia, 2007.

MULCAHY, Matthew. "The 'Great Fire' of 1740 and the Politics of Disaster Relief in Colonial Charleston". *South Carolina Historical Magazine*, v. 99, n. 2, pp. 137-57, abr. 1998.

_____. "A Tempestuous Spirit Called Hurricano: Hurricanes and Colonial Society in the British Greater Caribbean". In: BIEL, Steven (Org.). *American Disasters*. Nova York: New York University Press, 2001. pp. 11-38.

_____. "Urban Disasters and Imperial Relief in the British-Atlantic World, 1740-1780". In: MASSARD-GUILBAUDM, Geneviève; PLATT, Harold L.; SCHOTT, Dieter (Orgs.). *Cities and Catastrophes: Coping with Emergency in European History — Villes et catastrophes: Réactions face à l'urgence dans l'histoire européenne*. Frankfurt: P. Lang, 2002. pp. 105-22.

_____. *Hurricanes and Society in the British Greater Caribbean, 1624-1783*. Baltimore: Johns Hopkins University Press, 2006.

_____. "The Port Royal Earthquake and the World of Wonders in Seventeenth-Century Jamaica". *Early American Studies: An Interdisciplinary Journal*, v. 6, n. 2, pp. 391-421, 2008.

MURNANE, Richard J; LIU, Kam-biu. *Hurricanes and Typhoons: Past, Present, and Future*. Nova York: Columbia University Press, 2004.

MURPHY, Kathleen. "Prodigies and Portents: Providentialism in the Eighteenth-Century Chesapeake". *Maryland Historical Magazine*, v. 97, n. 4, pp. 397-421, jan. 2002.

MUSSET, Alain. "Entre Cyclones et tremblement de terre: Le Nicaragua face au risqué naturel". In: DELOM, Joël; MUSSET, Alain (Orgs.). *Nicaragua, dans l'oeil du cyclone*. Paris: Institut des Hautes Études de l'Amérique Latine, 2000. pp. 34-5.

MYKLE, Robert. *Killer 'Cane: The Deadly Hurricane of 1928*. Nova York: Cooper Square, 2002.

NEBEKER, Frederik. *Calculating the Weather: Meteorology in the 20th Century*. San Diego: Academic, 1995.

NEELY, Wayne. *The Great Bahamas Hurricane of 1929*. Nassau: Media Enterprises, 2005.

_____. *Great Bahamian Hurricanes of 1926: The Story of Three of the Greatest Hurricanes to Ever Affect the Bahamas*. Bloomington, IN: Universe, 2009.

NELSON, William Max. "Making Men: Enlightenment Ideas of Racial Engeneering". *American Historical Review*, v. 115, n. 5, pp. 1364-94, 2010.

NEWTON, Melanie J. *The Children of Africa in the Colonie: Free People of Color in Barbados in the Age of Emancipation*: Baton Rouge: Lousiana State University Press, 2008.

NICHOLS, Henry J. "Fact and Fancy about the Hookworm". *Medical Record*, n. 80, pp. 322-4, 1911.

NOAA — NATIONAL WEATHER SERVICE. "Evolution of the National Weather Service", [s.d.]. Disponível em: <www.nws.noaa.gov/pa/history/timeline.php>. Acesso em: 22 abr. 2021.

NORD, Philip. *France's New Deal*. Princeton, NJ: Princeton University Press, 2010.

NYBERG, Johan et al. "Low Atlantic Hurricane Activity in the 1970s and 1980s Compared to the Past 270 Years". *Nature*, v. 447, n. 7145, pp. 698-701, 7 jun. 2007.

Ó GRÁDA, Cormac; PAPING, Richard; VANHAUTE, Eric (Orgs.). *When the Potato Failed: Causes and Effects of the "Last" European Subsistence Crisis, 1845-1850*. Turnhout: Brepols, 2007.

o'loughlin, Karen Fay; lander, James F. *Caribbean Tsunamis: A 500-Year History from 1498-1998*. Dordrecht: kap, 2003.

ó murchadha, Clarán. *The Great Famine: Ireland's Agony, 1845-52*. Londres: Continuum, 2011.

o'shaughnessy, Andrew Jackson. *An Empire Divided: The American Revolution and the British Caribbean*. Filadélfia: University of Pennsylvania Press, 2000.

oldendorp, Christian Georg Andreas. *C. G. A. Oldendorp's History of the Mission of the Evangelical Brethren on the Caribbean Islands of St. Thomas, St. Croix, and St. John*. Org. de Johann Jakob Bossart. Trad. para o inglês de Arnold R. Highfield e Vladimir Barac. Ann Arbor: Karoma, 1987.

oliver-smith, Anthony. "Anthropological Research on Hazards and Disasters". *Annual Review of Anthropology*, v. 25, pp. 303-28, jan. 1996.

olson, Richard Stuart; drury, A. Cooper. "Un-therapeutic Communities: A Cross National Analysis of Post Disaster Political Unrest". *International Journal of Mass Emergencies and Disasters*, v. 15, n. 2, pp. 221-38, 1997.

olson, Richard Stuart; gawronski, Vincent T. "Disasters as Critical Junctures? Managua, Nicaragua, 1972 and Mexico City, 1985". *International Journal of Mass Emergencies and Disasters*, v. 21, n. 1, pp. 5-35, 2003.

oostindie, Gert; klinkers, Inge. *Decolonising the Caribbean: Dutch Policies in a Comparative Perspective*. Amsterdam: Amsterdam University Press, 2003.

ophir, Adi. "The Two-State Solution: Providence and Catastrophe". *Journal of Homeland Security and Emergency Management*, v. 4, n. 1, pp. 1-44, 21 mar. 2007.

ortiz fernández, Fernando. *El huracán, su mitología y sus símbolos*. Cidade do México: Fondo de Cultura Económica, 1947.

ousley, Clarence. *Galveston in Nineteenth Hundred: The Authorized and Official Record of the Proud City of the Southwest as It Was Before and After the Hurricane of September 8, and a Logical Forecast of Its Future*. Atlanta: W. C. Chase, 1900.

pádua, José Augusto. "As bases teóricas da história ambiental". *Estudos Avançados*, v. 24, n. 68, pp. 81-101, jan. 2010.

pagney, Françoise. "Trois Ouragans sur la Guadeloupe: Hugo (1989), Luis et Marilyn (1995) et l'activité touristique". In: yacou, Alain (Org.). *Les Catastrophes naturelles aux Antilles: D'une soufrère à une autre*. Paris: Karthala, 1999. pp. 184-96.

pannet, Pierre J. *Report on the Execrable Conspiracy Carried Out by the Amina Negroes on the Danish Island of St. Jan in America, 1733*. Org. de Aimery Caron e Arnold R. Highfield. Christiansted: Antilles,1984.

paquette, Robert L.; engerman, Stanley L. "Crisscrossing Empires: Ships, Sailors, and Resistance in the Lesser Antilles in the Eighteenth Century". In: _____; _____. *The Lesser Antilles in the Age of European Expansion*. Gainesville: University Press of Florida, 1996. pp. 128-43.

paquette, Robert L.; engerman, Stanley L.; gaspar, David Barry. "Ameliorating Slavery: The Leeward Islands Slave Act of 1798". In: *The Lesser Antilles in the Age of European Expansion*. Gainesville: University Press of Florida, 1996. pp. 241-58.

pares, Richard. "The London Sugar Market, 1740-1769". *Economic History Review*, v. 9, n. 2, pp. 254-70, 1956.

PARKER, Geoffrey. *Global Crisis: War, Climate Change and Catastrophe in the Seventeenth Century*. New Haven: Yale University Press, 2013.

PARRY, John Horace; SHERLOCK, Philip Manderson. *A Short History of the West Indies*. Londres: Macmillan, 1968.

PARTON, James. *The Danish Islands: Are We Bound in Honor to Pay for Them?* Boston: Fields, Osgood & Co., 1869.

PASO Y TRONCOSO, Francisco del; ZAVALA, Silvio Arturo. *Epistolario de la Nueva España, 1505-1818*. Cidade do México: J. Porrúa e Hijos, 1939.

PEDERSEN, Erik Overgaard. *The Attempted Sale of the Danish West Indies to the United States of America, 1865-1870*. Frankfurt: Haag & Herchen, 1997.

PENNER, D'Ann R.; FERDINAND, Keith C. *Overcoming Katrina: African American Voices from the Crescent City and Beyond*. Nova York: Palgrave Macmillan, 2009.

PÉREZ DE OLIVA, Fernán. *Historia de la invención de las Indias*. Org. de José Juan Arrom. Cidade do México: Siglo Veintiuno, 1991.

PÉREZ JR., Louis A. *Winds of Change: Hurricanes and the Transformation of Nineteenth Century Cuba*. Chapel Hill: University of North Carolina Press, 2001.

PÉREZ MORIS, José; QUIJANO, Luis Cueto y González. *Historia de la insurrección de Lares*. Barcelona: Narciso Ramírez, 1872.

PÉREZ TOSTADO, Ignacio. "Desarrollo politico y económico de Las Antillas Británicas, siglos XV-XVIII". In: OROVIO, Consuelo Naranjo; SOLANA, Ana Crespo; NAVARRO, María Dolores González-Ripoll (Orgs.). *Historia de las Antillas*. Madri: Consejo Superior de Investigaciones Científicas; Doce Calles, 2009. pp. 185-214.

PÉROTIN-DUMON, Anne. *Être Patriote sous les Tropiques: La Guadeloupe, la colonisation et la révolution (1789-1794)*. Basse-Terre: Societé d'Histoire de la Guadeloupe, 1985.

_____. "French, English, and Dutch in the Lesser Antilles: From Privateering to Planting (1550-1650)". In: EMMER, Pieter C.; CARRERA DAMAS, Germán; KNIGHT, Franklin W.; HIGMAN, Barry W. (Orgs.). *General History of the Caribbean*. Londres: Macmillan Caribbean; Unesco, 1997. v. 2. pp. 114-59.

_____. *La Ville aux iles, la ville dans l'ile: Basse-Terre et Point-à-Pitre, Guadeloupe, 1650-1820*. Paris: Karthala, 2000.

PERPIÑA Y PIBERNAT, Juan. *Sobre el ciclón del Glorioso San Ciriaco y compañeros mártires*. San Juan: A. Lynn e Hijos de Pérez Movis, 1899.

PFISTER, Christian; BRALZDIL, Rudolf; GLASER, Ruldiger (Orgs.). *Climatic Variability in Sixteenth-Century Europe and Its Social Dimension*. Dordrecht: KAP, 1999.

PHILLIPS, Carla Rahn. *Six Galleons for the King of Spain: Imperial Defense in the Early Seventeenth Century*. Baltimore: Johns Hopkins University Press, 1986.

PIALOUX, Paul. *Le Marquis de Bouillé: Un soldat entre deux mondes*. Brioude: Almanach de Brioude, 1977.

PICÓ, Fernando. *Libertad y servidumbre en el Puerto Rico*. Río Piedras: Huracán, 1982.

_____. *Historia general de Puerto Rico*. Río Piedras: Huracán, 1986.

PIELKE, Roger A. *The Hurricane*. Londres: Routledge, 1990.

PIELKE JR., Roger A.; GRATZ, Joel; LANDSEA, Christopher W.; COLLINS, Douglas; SAUNDERS, Mark A.; MUSULIN, Rade. "Normalized Hurricane Damages in the United States: 1900-2005". *Natural Hazards Review*, v. 9, n. 1, pp. 29-42, 2008.

PIELKE JR., Roger A.; LANDSEA, Christopher. "La Niña, El Niño and Atlantic Hurricane Damages in the United States". *Bulletin of the American Meteorological Society*, v. 80, n. 10, pp. 2027-33, out. 1999.

PIELKE JR., Roger A.; LANDSEA, Christopher; MAYFIELD, Max; LAVER, Jim; PASCH, Richard. "Hurricanes and Global Warming". *Bulletin of the American Meteorological Society*, v. 86, n. 11, pp. 1571-5, nov. 2005.

PIELKE JR., Roger A.; RUBIERA, Jose; LANDSEA, Christopher; FERNÁNDEZ, Mario; KLEIN, Roberta. "Hurricane Vulnerability in Latin America and the Caribbean: Normalized Damage and Loss Potentials". *Natural Hazards Review*, v. 4, n. 3, pp. 101-14, 2003.

PIÑA CHÁN, Román; CASTILLO PEÑA, Patricia. *Tajin: La ciudad del Dios Huracán*. Cidade do México: Fondo de Cultura Económica, 1999.

PITTMAN, Frank Wesley. "Fetishism, Witchcraft, and Christianity among the Slaves". *Journal of Negro History*, v. 11, n. 4, pp. 650-68, 1926.

PLUCHON, Pierre; ABÉNON, Lucien-René. *Histoire des Antilles et la Guyuane*. Toulouse: Privat, 1982.

POËY Y AGUIRRE, Andrés. *Bibliographie cyclonique: Catalogue comprenant 1008 ouvrages, brochures et écrits qui ont paru jusqu'a ce jour sur les ouragans et les tempêtes cycloniques*. Paris: Paul Dupont, 1866.

POPKIN, Roy; RUBIN, Claire. *Disaster Recovery after Hurricane Hugo in South Carolina*. Washington, DC: Center for International Science, Technology, and Public Policy, George Washington University, 1990. Disponível em: <www.colorado.edu/hazards/publicationswp/wp69.pdf>. Acesso em: 22 abr. 2021.

PORTUONDO, María M. *Secret Science: Spanish Cosmography and the New World*. Chicago: University of Chicago Press, 2009.

POYER, John. *History of Barbados*. Londres: J. Mawman, 1808.

POYNTZ, John. *The Present Prospect of the Famous and Fertile Island of Tobago: With a Description of the Situation, Growth, Fertility and Manufacture of the Said Island. To Which Is Added, Proposals for the Encouragement of All Those That Are Minded to Settle There*. Londres: G. Larkin, 1683.

PRITCHARD, James S. *In Search of Empire: The French in the Americas, 1670-1730*. Cambridge: Cambridge University Press, 2004.

PROST, Antoine; WINTER, Jay. *René Cassin and Human Rights: From the Great War to the Universal Declaration*. Cambridge: Cambridge University Press, 2013.

QUENET, Grégory. *Les Tremblements de terre en France aux XVII et XVIIIe siècles: La naissance d'un risque*. Seyssel: Champ Vallon, 2005.

RAGATZ, Lowell J. *The Fall of the Planter Class in the British Caribbean, 1763-1833: A Study in Social and Economic History*. Nova York: Century, 1928.

_____. *A Guide for the Study of British Caribbean History, 1763-1834, Including the Abolition and Emancipation Movements*. Washington, DC: Government Printing Office, 1932.

RAMÍREZ DE ARELLANO, Rafael W. "Los huracanes de Puerto Rico". *Boletin de La Universidad de Puerto Rico*, v. 3, n. 2, pp. 7-76, dez. 1932.

RAMSAY, James. *Essay on the Treatment and Conversions of African Slaves in the British Sugar Colonies*. Londres: James Phillips, 1784.

RAPPAPORT, Edward N.; FERNANDEZ-PARTAGÁS, José. "History of the Deadliest Atlantic Tropical Cyclones since the Discovery of the New World". In: DIAZ, Henry F.; PULWARTY, Roger S. (Orgs.). *Hurricanes: Climate and Socioeconomic Impacts*. Nova York: Springer, 1997. pp. 93-108.

RAYNAL, Guillaume Thomas François. *Histoire philosophique et politique des établissements et du commerce des européens dans les deux Indes*. Amsterdam: Berry, 1772.

_____. *Histoire philosophique et politique des établissements et du commerce des européens dans les deux Indes*. Trad. de J. Justamond. Dublin: [s.n.], 1776.

REAGAN, Ronald. *Reagan: A Life in Letters*. Org. de Martin Anderson, Annelise Anderson e Kiron K. Skinner. Nova York: Free Press, 2003.

REAL DÍAZ, José Joaquín; CABILDO DE SAN JUAN (PR); ARCHIVO GENERAL DE INDIAS. *Catálogo de las cartas y peticiones del Cabildo de San Juan Bautista de Puerto Rico en el Archivo General de Indias, siglos XVI-XVIII*. San Juan: Instituto de Cultura Puertorriqueña, 1968.

REGNAULT, Elias. *Histoire des Antilles et des colonies françaises, espagnoles, anglaises, denoises et suédoises*. Paris: Firmin Didot Frères, 1849.

REILLY, Benjamin. *Disaster and Human History: Case Studies in Nature, Society and Catastrophe*. Jefferson, NC: McFarland, 2009.

RELACIÓN verdadera, en que se dà quenta del horrible huracán que sobrevino à la isla, y Puerto de Santo Domingo de los Españoles el dia quinze de agosto de 1680. Madri: Lucas Antonio de Bedmar, 1681.

REPORT on the Bahamas' Hurricane of October 1866: With a Description of he City of Nassau, N. P. Nassau: E. C. Moseley, 1868.

RICHARDSON, Bonham C. *Economy and Environment in the Caribbean Barbados and the Winwards in the Late 1800s*. Gainesville: University Press of Florida, 1997. Disponível em: <search.ebscohost.com/login.aspx?direct=true%scope=site&db=nlabk%AN=54117>. Acesso em: 22 abr. 2021.

ROBIOU LAMARCHE, Sebastián. *Caribes: Carencias y rituales*. San Juan: Pino y Coma, 2009.

ROCHEFORT, Charles de. *Histoire naturelle et morale des Iles Antilles de l'Amérique. Enrichie d'un grand nombre de belles figures en taille douce, des places & de raretez les plus considerables, qui y sont décrites. Avec un vocabulaire caraïbe*. 2. ed. Rotterdam: A. Leers, 1665.

RODGERS, Daniel T. *Age of Fracture*. Cambridge, MA: Harvard University Press, 2011.

RODRÍGUEZ, Manuel R. *A New Deal for the Tropics: Puerto Rico during the Depression Era, 1932-1935*. Princeton, NJ: Markus Wiener, 2010.

RODRÍGUEZ, Pablo. "1812: El terremoto que interrumpió una revolución". In: GONZALBO, Pilar; STAPLES, Anne; SEPTIÉN, Valentina Torres (Orgs.). *Una historia de los usos del miedo*. Cidade do México: Universidad Iberoamericana, 2009. pp. 247-73.

RODRÍGUEZ DEMORIZI, Emilio. *Cronología de Trujillo*. Ciudad Trujillo: Impresora Dominicana, 1955. v. 1.

RODRÍGUEZ MOREL, Genaro. *Cartas del cabildo de la ciudad de Santo Domingo en el siglo XVIII*. Santo Domingo: Centro de Altos Estudios Humanísticos y del Idioma Español, 2007.

_____. *Cartas de la real audiencia de Santo Domingo (1547-1575)*. Santo Domingo: Archivo General de la Nación, 2011.

RODRÍGUEZ-RAMÍREZ, Mario Emilio. "Cronología clasificada de los ciclones que han azotado a la isla de Cuba desde 1800 hasta 1956". *Revista Cubana de Meteorología*, v. 2, n. 4, 1956.

RODRÍGUEZ-SILVA, Ileana M. *Silencing Race: Disentangling Blackness, Colonialism, and National Identities in Puerto Rico*. Nova York: Palgrave Macmillan, 2012.

ROGERS, Lisa Waller. *The Great Storm: The Hurricane Diary of J. T. King, Galveston, Texas, 1900*. Lubbock: Texas Tech University Press, 2001. (Lone Star Journals, 2).

ROORDA, Eric Paul. "Genocide, Next Door: The Good Neighbor Policy, the Trujillo Regime, and the Haitian Massacre of 1937". *Diplomatic History*, v. 20, n. 3, pp. 301-19, jul. 1996.

_____. *The Dictator Next Door: The Good Neighbor Policy and the Trujillo Regime in the Dominican Republic, 1930-1945*. Durham, NC: Duke University Press, 1998.

ROSARIO RIVERA, Raquel. *La llegada del cíclope: Percepciones de San Ciriaco a cien años de su visita*. San Juan: Fundación Puertorriqueña de las Humanidades, 2000.

ROSS, Waldo. *Nuestro imaginario cultural: Simbólica literaría hispanoamericana*. Barcelona: Anthropos, 1992. (Autores, Textos y Temas, 11).

ROTHBARD, Murray Newton. "Government and Hurricane Hugo: A Deadly Combination". In: _____. *Making Economic Sense*. Auburn, AL: Ludwig von Mises Institute, 1995. Disponível em: <www.mises.org/econsense/ch26asp>. Acesso em: 22 abr. 2021.

ROUSE, Irving. *The Tainos: Rise and Decline of the People Who Greeted Columbus*. New Haven: Yale University Press, 1992.

RUGEMER, Edward Bartlett. *The Problem of Emancipation: The Caribbean Roots of the American Civil War*. Baton Rouge: Louisiana University Press, 2008.

RUITER, Dierick. *Teorise der Zee-vaert: Om te beseylen de custen gheleghen bezuyden den Tropicus Cancri, als Brasilien, West-Indien, Guina, en Angola, etc*. Vlissingen: Marien Abrahamsz van der Nolck, 1623.

RUIZ GORDILLO, Javier Omar. "Fundaciones urbanas en México: La Veracruz en siglo XVI". *Altepetl. Revista de Geografía Histórica-Social y Estudios Regionales*, v. 5/6, 2012. Disponível em: <www.uv.mx/altpetl/No5/anteriores/alt02/arts/funcaiones%20urbanas.pdf>. Acesso em: 22 abr. 2021.

RUPERT, Linda Marguerite. *Creolization and Contraband: Curaçao in the Early Modern Atlantic World*. Athens: University of Georgia Press, 2012.

SÁEZ, José Luis. "Una carta anua de La residencia de Santo Domingo (23 octubre 1695)". *Archivum Historicum Societatis Iesu*, v. 62, n. 124, pp. 281-312, 1993.

SAINTE-CROIX, Félix Renouard. *Statistique de la Martinique*. Paris: [s.n.], 1822. v. 2.

SAINTON, Jean-Pierre; BOUTIN, Raymond (Orgs.). *Histoire et civilisation de La Caraïbe: Guadeloupe, Martinique, Petites Antilles: La construction ses sociétés antillaises des origines au temps présent, structures et dynamiques*. Paris: Maisonneuve et Larose, 2004. v. 1: *Le Temps de genèses: Des origines à 1685*.

SALA-MOLINS, Louis. *Les Misères des lumières: Sous la raison, l'outrage*. Paris: Homnisphères, 2008.

SALIVIA, Luis A. *Historia de los temporales de Puerto Rico y las Antillas, 1492 a 1970*. 2. ed. San Juan: Edil, 1972.

SANDMAN, Alison. "Controlling Knowledge: Navigation, Cartography, and Secrecy in the Early Modern Spanish Atlantic". In: DELBOURGO, James; DEW, Nicholas (Orgs.). *Science and Empire in the Atlantic World*. Nova York: Routledge, 2008. pp. 31-52.

SARASOLA, Simón. *Los huracanes en las Antillas*. 2. ed. Madri: B. del Amo, 1928.

SCARANO, Francisco A. "Azúcar y esclavitud en Puerto Rico: La formación de la economía de haciendas en Ponce, 1815-1849". In: MATTEI, Andrés Ramos (Org.). *Azúcar y esclavitud*. San Juan: University of Puerto Rico, 1982. pp. 13-52.

_____. *Sugar and Slavery in Puerto Rico: The Plantation Economy of Ponce, 1800-1850*. Madison: University of Wisconsin Press, 1984.

_____. *Puerto Rico: Cinco siglos de historia*. San Juan: McGraw-Hill, 1993.

_____. "The Jíbaro Masquerade and the Subaltern Politics of Creole Identity Formation in Puerto Rico, 1745-1823". *American Historical Review*, v. 101, n. 5, pp. 1398-431, dez. 1996.

SCARTH, Alwyn. *La Catastrophe: The Eruption of Mount Pelèe, the Worst Volcanic Eruption of the Twentieth Century*. Oxford: Oxford University Press, 2002.

SCATENA, Frederick N.; LARSEN, Matthew C. "Physical Aspects of Hurricane Hugo in Puerto Rico". *Biotropica*, v. 23, n. 4, pp. 317-23, dez. 1991.

SCHECHNER, Sara. *Comets, Popular Culture, and the Birth of Modern Cosmology*. Princeton, NJ: Pricenton University Press, 1997.

SCHLEGEL, John Frederic. *A Short Account of the Effects of the Late Hurricane in the West Indies: As Far as Relates to the Mission of the Brethren in the Islands of St. Croix and St. Christopher*. [S.l.]: [s.n.], 1785.

SCHMIDT-NOWARA, Christopher. "National Economy and Atlantic Slavery: Protectionism and Resistance to Abolitionism in Spain and the Antilles, 1854-1874". *Hispanic American Historical Review*, v. 78, n. 4, pp. 603-29, nov. 1998.

SCHOMBURGK, Robert Hermann. *The History of Barbados*. Londres: Brown, Green and Longmans, 1848.

SCHWARTZ, Stuart B. "The Hurricane of San Ciriaco: Disaster, Politics, and Society in Puerto Rico, 1899-1901". *Hispanic American Historical Review*, v. 72, n. 3, pp. 303-34, ago. 1992.

_____. "Virginia and the Atlantic World". In: MACNALL, Peter (Org.). *The Atlantic World and Virginia, 1550-1624*. Williamsburg, VA: Omohundro Intitute of Early American History and Culture, 2004. pp. 558-70.

_____. "Hurricanes and the Shaping of Circum-Caribbean Societies". *Florida Historical Quarterly*, v. 83, n. 4, pp. 381-409, abr. 2005.

_____. *All Can Be Saved: Religious Tolerance and Salvation in the Iberian Atlantic World*. New Haven: Yale University Press, 2008.

SHEETS, Bob; WILLIAMS, Jack. *Hurricane Watch: Forecasting the Deadliest Storms on Earth*. Nova York: Vintage, 2001.

SHEPHARD, Charles. *An Historical Account of the Island of Saint Vincent*. Londres: W. Nicol, 1831.

SHEPHERD, James Marshall; KNUTSON, Thomas: "The Current Debate on the Linkage between Global Warming and Hurricanes". *Geography Compass*, v. 1, n. 1, pp. 1-24, 2007.

SHERIDAN, Richard B. "The Crisis of Slave Subsistence in the British West Indies during and after the American Revolution". *William and Mary Quarterly*, 3ª série, v. 33, n. 4, pp. 615-41, out. 1976.

_____. "The Jamaican Slave Insurrection Scare of 1776 and the American Revolution". *Journal of Negro History*, v. 61, n. 3, pp. 290-308, jul. 1976.

SHERIDAN, Richard B. "The Formation of Caribbean Plantation Society, 1689-1748". In: *The Oxford History of the British Empire*. Org. de Peter James Marshall. Oxford: Oxford University Press, 1998. v. 2: *The Eighteenth Century*. pp. 394-414.

SHUGHART II, William F. "Katrinanomics: The Politics and Economics of Disaster Relief". *Public Choice*, v. 127, n. 1/2, pp. 31-53, abr. 2006.

SIMS, Holly; VOGELMANN, Kevin. "Popular Mobilization and Disaster Management in Cuba". *Public Administration and Development*, v. 22, n. 5, pp. 389-400, 2002.

SMITH, James Patterson. "The Liberals, Race, and Political Reform in the British West Indies, 1866-1874. "*Journal of Negro History*, v. 79, n. 2, pp. 131-46, abr. 1994.

SMITH, Mark M. *Camille, 1969: Histories of a Hurricane*. Athens: University of Georgia Press, 2001.

SMITH, Simon D. "Storm Hazard and Slavery: The Impact of the 1831 Great Caribbean Hurricane on St. Vincent". *Environment and History*, v. 18, n. 1, pp. 97-123, fev. 2012.

SMITH, William. *A Natural History of Nevis, and the Rest of the English Leeward Charibee Islands in America: With Many Other Observations on Nature and Art, Particularly, an Introduction to the Art of Decyphering in Eleven Letters from the Revd. Mr. Smith, Sometime Rector of St. John's at Nevis, and Now Rector of St. Mary's in Bedford, to the Revd. Mr. Mason, B. D. Woodwardian Professor, and Fellow of Trinity-College, in Cambridge*. Cambridge: J. Bentham, 1745.

SOLNIT, Rebecca. *A Paradise Built in Hell: The Extraordinary Communities That Arise in Disasters*. Nova York: Viking, 2009.

SOROKIN, Pitirim Aleksandrovič. *Man and Society in Calamity: The Effects of War, Revolution, Famine, Pestilence upon Human Mind, Behavior, Social Organization and Cultural Life*. Westport, CT: Greenwood, 1968.

SOTO, Domingo de. *Deliberación en la causa de los pobres (1545)*. Madri: Instituto de Estudios Políticos, 1965.

STANDIFORD, Les; FLAGLER, Henry Morrison. *Last Train to Paradise: Henry Flagler and the Spectacular Rise and Fall of the Railroad That Crossed the Ocean*. Nova York: Crown, 2002.

STEADMAN JONES, Daniel. *Masters of the Universe: Hayek, Friedman an the Birth of Neoliberal Politics*. Princeton, NJ: Princeton University Press, 2012.

STEELE, Ian Kenneth. *The English Atlantic: 1675-1740: An Exploration of Communication and Community*. Nova York: Oxford University Press, 1986.

STEIGER, Eric. "L'Ouragan Katrina: Les leçons d'un échec: Les faiblesses du dispositif de sécurité intérieure des Etats-Unis". *La Revue Géopolitique*, 1 jan. 2008. Disponível em: <www.diploweb.com/L-ouragan-Katrina-les-lecons-d-um.html>. Acesso em: 22 abr. 2021.

STEINBERG, Theodore. *Acts of God: The Unnatural History of Natural Disaster in America*. Nova York: Oxford University Press, 2000.

STEWART, George. *Progress of Glasgow: A Sketch of the Commercial and Industrial Increase of the City during the Last Century*. Glasgow: J. Baird, 1883.

SUROWIECKI, James. "Disaster Economics". *The New Yorker*, 3 dez. 1012. Disponível em: <www.newyorker.com/talk/financial/2012/12/03/121203ta_talk_surowiecki>. Acesso em: 22 abr. 2021.

TANNA, Laura. "On Development and Losing Elections". *Jamaica Gleaner Online*, 14 mar. 2010. Disponível em: <jamaica-gleaner.com/gleaner/201100314/arts/arts4.html>. Acesso em: 22 abr. 2021.

TANNEHILL, Ivan Ray. *Hurricanes, Their Nature and History, Particularly Those of the West Indies and the Southern Coasts of the United States*. Princeton, NJ: Princeton University Press, 1938.

TANSILL, Charles Callan. *The Purchase of the Danish West Indies*. Baltimore: Johns Hopkins University Press, 1932.

TAYLOR, Charles Edwin. *Leaflets from the Danish West Indies: Descriptive of the Social, Political, and Commercial Condition of These Islands*. Londres: Edição do autor, 1888.

TAYLOR, Douglas. "Spanish Huracán and Its Congeners". *International Journal of American Linguistics*, v. 22, pp. 275-6, 1956.

TÉFEL, Reinaldo Antonio et al. *El huracán que desnudó a Nicaragua*. Manágua: Foro Democrático, 1999. (Foro Democrático, 5).

"TESTIMONY of Carlos Chardón, Commissioner of Agriculture". In: *Relief of Puerto Rico: Joint Hearings before the Committee on Territories and Insular Possessions, United States Senate and the Committee on Insular Affairs, House of Representatives, Seventieth Congress, 2nd Session on S. J. Res. 172 and H. J. Res. 333, a Bill for the Relief of Porto Rico, December 10 and 11, 1928*. Washington, DC: Government Printing Office, 1929.

THOMAS, Hugh. *Cuba: The Pursuit of Freedom*. Nova York: Harper & Row, 1971.

THOMPSON, Martha; GAVIRIA, Izaksun. *Cuba Weathering the Storm: Lessons in Risk Reduction from Cuba*. Boston: Oxfam America, 2004.

THORNTON, John K. *A Cultural History of the Atlantic World, 1250-1820*. Cambridge: Cambridge University Press, 2012.

TILLOTSON, John. *The Works of the Most Reverend Dr. John Tilotson*. Edimburgo: W. Ruddiman, 1772.

TILLY, Charles. *Coercion, Capital, and European States, AD 990-1992*. Cambridge, MA: Blackwell, 1992.

TOBAGO *Hurricane of 1847: Papers Relative to the Hurricane in Tobago Presented to Both Houses of Parliament by Command of Her Majesty Queen Victoria, on April 11, 1848*. Port of Spain: Government Printery, 1966. (Historical Documents of Trinidad and Tobago, 3).

TOMICH, Dale. "Econocide? From Abolition to Emancipation in the British and French Caribbean". In: PALMIÉ, Stephan; SCARANO, Francisco (Orgs.). *The Caribbean: An Illustrated History*. Chicago: University of Chicago Press, 2011. pp. 303-16.

TORRES, Manuel. *Huracán Mitch, 1998-2003: Retrato social de una tragedia natural*. Tegucigalpa: Centro de Documentación de Honduras, 2004.

TOWNER, Horace A. *Twenty-ninth Annual Report of the Governor of Porto Rico*. Washington, DC: Government Printing Office, 1930.

TRACINSKI, Robert. "Katrina y el estado de beneficencia". TIADaily.com, 2 set. 2005. Disponível em: <www.contra-mundum.org/castellano/tracinski/Katr_EdoBenef.pdf>. Acesso em: 22 abr. 2021.

TRELLES, Carlos M. *Biblioteca científica cubana*. Matanzas: J. F. Oliver, 1918.

TRUJILLO MOLINA, Rafael Leónidas. *La nueva patria dominicana: Recopilación de discursos, mensajes y memorias del generalísimo Rafael Leónidas Trujillo Molina*. Santo Domingo: [s.n.], 1934.

_____. *Discursos, mensajes y proclamas*. Santiago de los Caballeros: El Diario, 1946.

TURNER, Elizabeth Hayes. "Clara Barton and the Formation of Public Policy in Galveston". In: *Philanthropy and the City: A Historical Overview*. Nova York: Rockefeller Archive Center; Russell Sage Foundation, 2000. Disponível em: <www.rockarch.org/publications/conferences/turner.pdf>. Acesso em: 22 abr. 2021.

TWIGG, David K. *The Politics of Disaster: Tracking the Impact of Hurricane Andrew*. Gainesville: University Press of Florida, 2012.

UDÍAS VALLINA, Augustín. *Searching the Heavens and the Earth: The History of Jesuit Observatories*. Dordrecht: KAP, 2003.

_____. "Earthquakes and God's Punishment in 17th and 18th-Century Spain". In: KÖBL-EBERT, Marina (Org.). *Geology and Religion: A History of Harmony and Hostility*. Londres: Geological Society, 2009. pp. 41-8. (Geological Society Special Publication, 310.)

UNITED STATES OF AMERICA, Congress. *Abridgement of the Debates of Congress, from 1789 to 1856: Nov. 7, 1808-March 3, 1813*. Nova York: D. Appleton, 1857. v. 4: *Relief for Caracas*.

UNITED STATES EARTHQUAKE INVESTIGATION COMMISSION. *Los terremotos de Puerto Rico de 1918, con descripción de terremotos anteriores*. Org. de Harry Fielding Reid e Stephen Taber. San Juan: Negociado de Materiales, Imprenta y Transporte, 1919.

UTRERA, Cipriano de. *Santo Domingo: Dilucidaciones históricas*. Santo Domingo: Secretaría de Estado de Educación, Bellas Artes y Cultos, 1995.

VALENZUELA MÁRQUEZ, Jaime. "El terremoto de 1647: Experiencia apocalíptica y representaciones religiosas en Santiago colonial". In: _____ (Org.). *Historias urbanas: Homenaje a Armando de Ramón*. Santiago: Ediciones Universidad Catolica de Chile, 2007. pp. 27-6.

VALERO GONZÁLEZ, Mercedes. "El Observatorio del Colegio de Belén en el siglo XIX". *Anuario — Centro de Estudios de Historia y Organización de la Ciencia*, n. 1, pp. 200-17, 1988.

VAN HEERDEN, Ivor; BRYAN, Mike. *The Storm: What Went Wrong and Why during Hurricane Katrina — The Inside Story from One Louisiana Scientist*. Nova York: Viking, 2006.

VEGA, Mariano Esteban de. "La asistencia liberal en la España de la Restauración". *Revista de la Historia de la Economía y de la Empresa*, n. 4, pp. 49-61, 2010.

VICTOR, Rudolph Homère. "Cette Nuit là les portes de l'enfer s'etaient entr'ouvertes". Mr. Météo: Toutes les Infos Météos, 31 maio 2013. Disponível em: <mrmeteo.info.site/2013/05/31/cette-nuit-les-portes-de-lenfer-setaient/entrouvertes/>. Acesso em: 22 abr. 2021.

VICUÑA MACKENNA, Benjamin. *El clima de Chile: Ensayo histórico*. Buenos Aires: Francisco de Aguirre, 1970.

VIDAL, Teodoro. *El control de la naturaleza: Mediante la palabra en la tradición puertorriqueña*. San Juan: Alba, 2008.

VILA VILAR, Enriqueta. *Historia de Puerto Rico (1600-1650)*. Sevilha: Escuela de Estudios Hispano-Americanos, 1974. (Publicaciones de la Escuela de Estudios Hispano-Americanos de Sevilla, 223).

VILAGRÁN, Martín Gelabertó. "Tempestades y conjuros de las fuerzas naturales: Aspectos magico-religiosos de la cultura en la alta Edad Moderna". *Pedralbes: Revista d'Historia Moderna*, n. 9, pp. 193-9, 1989.

_____. "Astrología, religión, y pronóstico en el Renacimiento". *Historia y Vida*, n. 305, pp. 68-75, ago. 1993.

_____. "Supersticiones y augurios climáticos en la España de la Edad Moderna". *Historia y Vida*, n. 296, pp. 23-8, nov. 1996.

VIÑES, Benito. *Investigaciones relativas a la circulación y traslación ciclónica en los huracanes de las Antillas.* Miami: Cubana, 1993. Ed. fac-similar.

VIVES, Juan Luis. *Tratado del socorro de los pobres.* València: Hijo de F. Vives Mora, 1942.

VOGEL, Roger M. "Natural Disaster and U. S. Economic Growth: 1952-2009". *International Journal of Humanities and Social Science,* v. 1, n. 14, pp. 46-50, 2011.

WAGENHEIM, Olga Jiménez de. *Puerto Rico's Revolt for Independence: El Grito de Lares.* Boulder, CO: Westview, 1985.

WALKER, Charles F. *Shaky Colonialism: The 1746 Earthquake-Tsunami in Lima, Peru, and Its Long Aftermath.* Durham, NC: Duke University Press, 2008.

WALKER, John Malcolm. *History of the Meteorological Office.* Cambridge: Cambridge University Press, 2012.

WALSHAM, Alexandra. *Providence in Early Modern England.* Oxford: Oxford University Press, 1999.

WALTER, François. "Pour une Histoire culturelle des risques naturels". In: WALTER, François; FANTINI, Bernardino; DELVAUX, Pascal (Orgs.). *Les Cultures du risque: XVIe-XXIe siècle.* Genebra: Presses d'Histoire Suisse, 2006. pp. 1-29. (Travaux d'Histoire Suisse, 3).

_____. *Catastrophes: Une histoire culturelle, XVIe-XXIe siècle.* Paris: Seuil, 2008.

WALTER, François; FANTINI, Bernardino; DELVAUX, Pascal (Orgs.). *Les Cultures du risque: XVIe--XXIe siècle.* Genebra: Presses d'Histoire Suisse, 2006.

WARD, John Robert. "The British West Indies in the Age of Abolition, 1748-1815". In: *The Oxford History of the British Empire.* Org. de Peter James Marshall. Oxford: Oxford University Press, 1958. v. 2: *The Eighteenth Century.* pp. 415-39.

_____. *British West Indian Slavery, 1750-1834: The Process of Amelioration.* Oxford: Oxford University Press, 1988.

WARREN, James Francis. "Scientific Superman: Father José Algué, Jesuit Meteorology in the Philippines under American Rule". In: MCCOY, Alfred W.; SCARANO, Francisco A. (Orgs.). *The Colonial Crucible Empire in the Making of the Modern American State.* Madison: University of Winconsin Press, 2009. pp. 508-22.

WATLINGTON, Roy A.; LINCOLN, Shirley H. *Disaster and Disruption in 1867: Hurricane, Earthquake, and Tsunami in the Danish West Indies.* Saint Thomas: Eastern Caribbean Center; University of Virgin Islands, 1997.

WATTS, David. *The West Indies: Patterns of Development, Culture, and Environmental Change since 1492.* Cambridge: Cambridge University Press, 1987. (Cambridge Studies in Historical Geography, 8).

WEBSTER, Peter J. et al. "Changes in Tropical Cyclone Number, Duration, and Intensity in a Warming Environment". *Science,* v. 309, n. 5742, pp. 1844-6, 16 set. 2005.

WEST, Delno C.; KLING, August (Orgs.). *The "Libro de las Profecías" of Christopher Columbus.* Gainesville: University of Florida Press, 1991.

WESTERGAARD, Waldemar Christian. *The Danish West Indies under Company Rule (1671-1754) with a Supplementary Chapter 1755-1917.* Nova York: Macmillan, 1917.

WILEY, James W.; WUNDERLE, Joseph W. "The Effects of Hurricanes on Birds, with Special Reference to Caribbean Islands". *Bird Conservation International,* v. 3, n. 4, pp. 219-49, 1993.

WILKERSON, Jerry. "The Florida Keys Memorial". Keys Historeum, 2 ago. 2013. Disponível em: <www.keyhistory.org/hurrmemorial.html>. Acesso em: 22 abr. 2021.

WILL, Lawrence E. *Okeechobee Hurricane and the Hoover Dike*. St. Petersburg, FL: Great Outdoors, 1961.

WILLIAMS, Eric. *Capitalism and Slavery*. Nova York: Russell & Russell, 1944.

WILLIAMS, John M.; DUEDALL, Iver D. *Florida Hurricanes and Tropical Storms, 1871-2001*. Gainesville: University of Florida Press, 2002.

WILLIAMS, Tony. *Hurricane of Independence: The Untold Story of the Deadly Storm in Deciding Moment of the American Revolution*. Naperville, IL: Sourcebooks, 2008.

WOODCOCK, Henry Iles. *A History of Tobago*. Impresso para o autor, 1867.

WOOLNER, David B.; HENDERSON, Harry L. *FDR and the Environment*. Nova York: Palgrave Macmillan, 2005.

WORSTER, Donald (Org.). *The Ends of the Earth: Perspectives on Modern Environmental History*. Cambridge: Cambridge University Press, 1988.

ZACEK, Natalie. *Settler Society in the English Leeward Islands, 1670-1776*. Nova York: Cambridge University Press, 2010.

ZEBROWSKI, Ernest. *The Last Days of St. Pierre: The Volcanic Disaster That Claimed Thirty Thousand Lives*. New Brunswick, NJ: Rutgers University Press, 2002.

TESES DE DOUTORADO E TRABALHOS NÃO PUBLICADOS

AMADOR, José G. *"Redeeming the Tropics": Public Health and National Identity in Cuba, Puerto Rico, and Brazil, 1890-1940*. Ann Arbor: Universidade de Michigan, 2008. 291 pp. Tese (Doutorado em História).

BERGMAN, Jonathan C. *The Shape of Disaster and Universe of Relief: A Social History of Disaster Relief and the "Hurricane of '38", Suffolk County, Long Island, Nova York, 1938-1941*. Buffalo: Universidade do Estado de Nova York, 2008. Tese (Doutorado em História).

CHAULEAU, Liliane. "Les Sources de l'histoire des Antilles françaises dans les archives: Leur repartition, leur intérèt pour la recherhé historique". In: XXVIII Conferência Internacional de Historiadores do Caribe, 1996, Bridgetown.

DILLMAN, Jefferson T. *From Paradise to Tropics: Landscape in the British West Indies to 1800*. Arlington: Universidade do Texas, 2011. ProQuest/UMI (AAT 3495001). Tese (Doutorado em História).

ESTRADA, Amelia. "'Y Vino Dos Veces': Hurricane Flora and Revolutionary Cuba at the Crossroads". In: Encontro Anual da Associação Histórica Americana, 3-6 jan. 2002, San Francisco.

GANNON, Peter Steven. *The Ideology of Americanization in Puerto Rico, 1898-1909: Conquest and Disestablishment*. Nova York: Universidade de Nova York, 1979. 510 pp. Tese (Doutorado em História).

GILBERT, Melanie. *Race and the Media in Natural Disasters: The Media's Portrayal of African Americans in the Galveston Storm of 1900 and in Hurricane Katrina*. Trabalho de pesquisa 211. Universidade do Sul de Illinois, 1 maio 2011. Disponível em: <opensiuc.siu.edu/do/search/?q=author_lname%3A%Gilbert%22%20author_fname%3A%22Melanie%22&start=0&context=585089>. Acesso em: 22 abr. 2021.

HOROWITZ, Andy. "Help: Hurricane Betsy and the Politics of Disaster in New Orleans' Lower Ninth Ward, 1965-1967". Não publicado.

JOHNSON, Sherry. "El Niño and Environmental Crisis: Reinterpreting American Rebellions in the 1790s". In: III Conferência Bienal Allen Morris, 2004, Tallahassee.

JOSEPH, Terencia K. "The Storm Before the Calm: The 1898 Hurricane and Official Responses, Saint Lucia". In: Conferência Anual da Associação de Historiadores Caribenhos, 2011, San Juan.

KAY, Seiler Christine. *The Veteran Killer: The Florida Emergency Relief Administration, and the Labor Day Hurricane of 1935*. Tallahassee: Universidade do Estado da Flórida, 2003. Tese (Doutorado em História).

MULCAHY, Matthew. "Hurricanes, Slavery, and Social Disorder in the British Greater Caribbean". In: III Conferência Bienal Allen Morris sobre a História da Flórida e do Mundo Atlântico, 2003, Tallahassee.

PARTAGÁS, José Fernández. "Impact on Hurricane History of a Revised Lowest Pressure at Havana (Cuba) during the October 11, 1846 Hurricane". 1993. Não publicado. Disponível em: <www.aoml.noaa.gov/hrd/Landsea/Partagas/impacthurrhist.pdf>. Acesso em: 22 abr. 2021.

PINCUS, Steve; ROBINSON, James. "Wars and State-Making Reconsidered: The Rise of the Interventionist State". 2012. Não publicado.

REYNOLDS, Thomas. *American Red Cross Disaster Services, 1930-47*. Nova York: Universidade Columbia, 1954. Tese (Doutorado em História).

RYDEN, David Beck. *Producing a Peculiar Commodity: Jamaican Sugar Production, Slave Life, and Planter Profits on the Eve of Abolition, 1750-1807*. Minneapolis: Universidade de Minnesota, 1999. Tese (Doutorado em História).

THOMPSON, Denise D. P. *Building Effectiveness in Multi-State Disaster Management Systems: The Case of the Caribbean Disaster and Emergency Response Agency*. State College: Universidade do Estado da Pensilvânia, 2010. Tese (Doutorado em Administração Pública).

VILAGRÁN, Martí Gelabertó. *La palabra del predicador: Contrarreforma y superstición en Cataluña (siglos XVII y XVIII)*. Barcelona: Universidade Autônoma de Barcelona, 2003. Tese (Doutorado em História).

WEBERSIK, Christian; KLOSE, Christian. "Environmental Change and Political Instability in Haiti and the Dominican Republic: Explaining the Divide". In: Workshop CSCW — "Environmental Factors of Civil War", 6-7 dez. 2010, Oslo.

Abreviações

ARQUIVOS

AGI	Archivo General de Indias (Sevilha)
AGPR	Archivo General de Puerto Rico
AGNRD	Archivo General de la Nación de la República Dominicana
AHN	Archivo Histórico Nacional (Madri)
AHMP	Archivo Municipal de Ponce
AHMCH	Archivo Histórico del Museo de la Ciudad de la Habana
AHMC	Archivo Histórico Municipal de Caguas
ANOM	Archive National d'Outre-Mer (Aix-en-Provence)
BNM	Biblioteca Nacional (Madri)
FMM	Fundación Luis Muñoz Marín (San Juan)
JA	Jamaica Archives (Spanish Town)
USNA	National Archives (Washington, D. C.)
NAGB	National Archives Great Britain
NAH	Nationaal Archief Den Haag (Haia)
NLJ	National Library of Jamaica (Kingston)
RC	Rigsarkivet (Copenhague)
ZAM	Zeeuws Archief (Middleburg)

PUBLICAÇÕES

CCSD *Cartas del Cabildo de la Ciudad de Santo Domingo en el siglo XVI*
CES   *Cuba: Economía y sociedad*
CSPC *Calendar of State Papers: Colonial*
EPR   *Episcopológio de Puerto Rico*

Índice remissivo

Abbad y Lasierra, Iñigo, 53, 71, 382-3, 386, 393
Academia de Ciências de Paris, 109
açúcar/ economia açucareira, 9, 59, 64, 68-9, 74-6, 78, 84-6, 88, 90-1, 96-7, 101-4, 108, 110, 121, 124, 127-30, 136, 144, 147-8, 163-4, 177-83, 185-9, 193-4, *196*, 202-3, 213, 229, 235-6, 238-9, 241-4, 259-61, 263-4, 266, 269-70, 276, 285, 290-2, 326, 336
Administração Oceânica e Atmosférica Nacional (National Oceanic and Atmospheric Administration, NOAA), 309, 329, 375
africanos, escravos *ver* escravos e escravatura
afro-americanos, 246, 251, 254, 272-3, 348-9, 355, 357, 362, 371
Agência de Gestão de Emergências em Desastres do Caribe (Caribbean Disaster Emergency Management Agency, CDEMA), 311
Agência de Reação de Emergência em Desastres do Caribe (CDERA, Caribbean Disaster Emergency Response Agency), 311
Agência Federal de Gestão de Emergências (Federal Emergency Management Agency, Fema), 299, 301, 309, 346-7, 350-3, 356-7, 360, 364, 373, 428-30
Agência Federal de Transporte (EUA), 372
Agostinho, Santo, 47
agricultura, 36, 47, 57, 64, 67, 75-7, 79, 91, 102-4, 107, 114-5, 140, 143, 146, 160, 178, 181, 191, 195-6, 202-4, 211, 224, 234, 241-2, 308, 313, 324, 326, 336, 339-41, 368; cultivo de raízes, 33, 46, 69, 71, 84, 116, 150, 240; de plantation, 11, 14, 17, 57, 75-7, 85, 146, 163-4, 168, 176-8, 191, 194-5, 199, 256, 395, 404; efeito do desflorestamento e do desenvolvimento da plantation, 103-4, 339, 391; insetos e pragas resultantes da destruição de colheitas, 70-1, 112; *ver também* açúcar; café; tabaco
Aguilar, Gerónimo de, 65
Alemán, Arnoldo, 343
Alemanha, 255-6, 284, 289, 304, 328
Algué, José, padre, 224, 411
Aliança para o Progresso, 319
Allbaugh, Joe, 352

Allen, Charles, 241
Alleyne, sir Reynold, 167
Almeida Bosque, Juan, 322, 424
Álvarez, Santiago, 324
América Central, 10, 34, 237, 312, 339-40, 364
América do Sul, 57-8, 147-8, 151, 194, 318
América Latina, 141, 303, 316, 335, 339, 342, 368, 386, 399
Ames, Azel, 243
Amour, François Claude *ver* Bouillé, marquês de
analfabetismo, 319, 357
Andrew, furacão (1992), 350-1, 428
Andros, ilha de: "Grande Furacão de Andros" (1929), 263
anemômetros, 217
Antigo Regime, 177
Antígua, 72, 82, 84-5, 96, 102, 113, 133, 143, 164, 177, 189, 246, 362, 405
Antilhas Holandesas, 98, 194
aquecimento global, 328, 330-3, 352, 368, 371, 374, 431; *ver também* mudanças climáticas
Argyll, duque de (Lord Rosebery), 255-6
Aristóteles, 40, 48, 55-6, 60, 380
Arsenault, Raymond, 21, 219, 249, 274, 377, 409, 411, 414, 417, 422, 428
Aruba, 74, 387
Ashford, Bailey K., 240, 411, 413
asiento (contrato para fornecer escravos ao Império Espanhol), 105
Associação Americana para o Avanço da Ciência, 172
Associação dos Trabalhadores e Desempregados (Honduras Britânica), 265
Associação Nacional de Meteorologia (França), 311
Astol, Eugenio, 241
astronomia, 47, 110, 403
ateísmo, 239
Atlântico Norte, 11, 14, 17, 39, 87, 106, 117, 119, 122, 124, 127, 142-3, 175, 177, 196, 198, 216, 218, 222, 225, 259, 262-3, 284, 310, 329, 355, 374
Ato de Consolidação (Jamaica, 1784), de punição para o tratamento sádico de escravos, 135
Autoridade de Transporte Metropolitano de Nova York, 372
autoritários, regimes, 284

Bahamas, 36, 38, 53, 63, 68, 76, 187, 191-2, 197, 258, 261-4, 267, 300, 321, 350, 358, 368; furacão de 1866, 187; "Grande Furacão de Andros" (1929), 263
Bahia (Brasil), revoltas escravas na, 161
Baker, David, 335
Baker, Robert, 365
balões meteorológicos, 307
Banco Interamericano de Desenvolvimento, 344
Banco Mundial, 342, 344-5, 347, 426
Barbados, 15-6, 58, 62, 67, 72, 76-7, 84-5, 102, 108, 111, 119, 124-5, 127-9, 131-2, 134-6, 144, 153-4, 161-7, 169, 171, 175, 177, 188, 193-4, 224, 276, 311, 324, 362; furacões de 1674 e 1675, 84-5; "grande furacão" de 1780, 132, 162; "grande furacão" de 1831, 162, 170
Bárbara, santa (protetora contra tempestades), 50-1, 282
Barlavento, ilhas de, 76, 101, 171, 188, 193, 246, 255, 387, 406
barômetros, 46, 54, 87, 107-10, 170, 181, 216, 218, 221, 246, 383
Barton, Clara, 251-2, 415
Base de Dados dos Furacões do Atlântico Norte (North Atlantic Hurricane Database, HURDAT), 218, 376, 411, 425
Batista, Fulgencio, 284, 322, 419
Bayonet Diaz, Natalio, 269, 417
Beck, Ulrich, 352, 377, 410
Beckford, William, 62, 84, 103, 124, 134, 388, 391, 395, 397
Belize, 76, 264, 340, 416
Belleza, La (fábrica de charutos cubanos), 212
Belvis, Segundo Ruiz, 180
Bencosme, Cipriano, 281

Benítez Castaño, Jesús, 291
Bermudas, 16, 66, 70, 72, 127, 164, 171, 262, 376
Betances, Ramón Emeterio, 180, 208-10, 220, 408
Betsy, furacão (1965), 314, 348
Beverley, James, 288, 290-1, 293, 315, 420
Bingham, Hiram, 271, 288, 417
Blanco, Kathleen, 358, 363
Bobadilla, Francisco de, 38-9
Bolívar, Simón, 148, 324
Bolsa de Valores de Nova York, quebra da (1929), 259
Bonaire, 74
Bosch, Juan, 320
Bouillé, marquês de, 129, 141, 153-4, 216, 400
Bouton, Jacques, 37, 379
Brandt, Gerhard, 81
Brasil, 9, 15, 17, 74, 97, 161, 179, 188, 237, 284
Braudel, Fernand, 9, 10-1, 16, 375
Brym, Robert, 368, 425, 429, 431
Burke, Edmund, 75
Bush, George H. W. (pai), 351, 429
Bush, George W. (filho), 305, 352, 429

cabañuelas (previsões do tempo na Espanha), 48
Cabeza de Vaca, Álvar Nuñez, 65, 385
cabildos (conselhos municipais cubanos), 88
"Cabo Verde", furacões do tipo, 226, 276, 314
Cabo Verde, ilhas de, 82, 124, 226
Cádiz, duque de, 212
café/ economia cafeeira, 76, 101, 103, 130, 147, 155, 177-8, 181-2, 202-3, 207-8, 226-7, 229-31, 234-5, 237-8, 242, 266, 269-71, 335
Calderón de la Barca, Pedro, 56
calusas (indígenas da Flórida), 33
Camille, furacão (1969), 348
campesinato, 177, 190, 194, 233, 240, 292, 381
Campos, Carmen, 293
Campos, Miguel de, 204-5, 408
Canadá, 78, 311, 369; Polícia Montada do, 363
"capitalismo de catástrofe", 345

"caraíba", uso do termo, 37
caraíbas (indígenas), 34, 36-7, 52, 64, 66, 70, 73, 79, 82, 90, 92, 163, 374, 378
Cárdenas, Lázaro, 284, 419
Caribbean Disaster Emergency Management Agency (CDEMA, Agência de Gestão de Emergências em Desastres do Caribe), 311
Caribbean Disaster Emergency Response Agency (CDERA, Agência de Reação de Emergência em Desastres do Caribe), 311
Caricom (Comunidade do Caribe), 311
Carillon, Benjamin Cohen, 158, 401
Carlos I, rei da Espanha, 33, 41, 390
Carlos II, rei da Inglaterra, 72
Carlos III, rei da Espanha, 106, 148
Carlos IV, rei da Espanha, 130, 148
Carolina do Sul (EUA), 95, 113, 251-2, 267, 300, 302, 350; furacão de Charleston (1752), 95
carrera de Indies (corrida das Índias), 69
Carstensen, Edward, 201
Carter, Jimmy, 333
Carter, Robert, 86
Carvajal, Leopoldo, 215
Casa de Las Américas, prêmio, 322
Cassin, René, 275, 417
Castro, Fidel, 305, 308, 322, 323-7, 338, 363, 373, 419, 424-5
Castro, Raúl, 419
catástrofes, gerenciamento de, 333, 336, 428
Centro Nacional de Furacões (EUA), 307, 309, 347, 375
Cercle des Philadelphes (associação científica no Caribe francês), 109
Césaire, Aimé, 259
Chaak (divindade maia), 34
Changó (orixá), 160
Chanvalon, Jean-Baptiste Mathieu Thibault de, 108-9, 392
Charleston, furacão de (1752), 95
charutos cubanos, fábricas de, 181, 212
Chávez, Hugo, 363
Chávez, Jerónimo de, 48

Chile, 10, 59, 375, 385
Chiles, Lawton, 351
Christie, Chris, 369-73, 431
Chronographia o repertorio de tiempos (Jerónimo de Chávez), 48
CIA (Central Intelligence Agency), 320, 326, 342
Ciclón (documentário cubano), 324
ciclones, 78, 137, 142, 162, 171, 225, 239, 320, 331, 411; tempestades ciclônicas, 11, 14, 16-8, 369; *ver também* furacões
ciclos climáticos, 57
Ciracolo, Giovanni, 274-5
Ciríaco, são, 231
Clark, Victor, 292
Clieu, Gabriel de, 122
Cline, Isaac, 245, 247
Cline, Joseph, 247
Clinton, Hillary, 344
Clinton, William (Bill), 351, 427, 429
Coavarrubias, Sebastián de, 35
Cochrane, Sir Thomas, 155
Cockburn, Alexander, 305, 345, 427
Cohen, Henry, 250, 414
Colbert, Jean-Baptiste, 73
Colegio de Belén (Havana), 175, 218, 224, 249, 403
Coll y Prat, Narciso, 159
Coll y Toste, Caetano, 230-1, 241
Colômbia, 17, 45
Colombo, Cristóvão, 19, 35, 38-41, 48, 57, 329, 378, 381-2
Colombo, Fernando, 39
colonialismo, 11, 110, 179, 233-4, 256, 410
comércio transatlântico, 44, 67; *flotas* espanholas (sistema de comboio) para, 30, 67
Comissão do rio Mississippi (EUA, 1879), 356
Comissão Porto-Riquenha de Ajuda, 288
Comitê de Furacões (México), 310
Companhia das Índias Ocidentais, 75, 97
comunidade, senso de, 79, 323, 373
Concílio de Trento (1551), 49
consulado (guilda mercantil espanhola), 105

Contreras, Hernando de, 91
Coolidge, Calvin, 299
cordonazo (furacões na costa do Pacífico no México), 382
Coriolis, Gustave-Gaspard, 16, 58, 173
Corporação de Trânsito de Nova Jersey, 372
Cortés, Hernán, 30
Costa Rica, 339
Coulter, John, 254
Covarrubias, Sebastian de, 378, 384
Crescente Vermelho, 328
Cromwell, Oliver, 72
Cruz Vermelha Americana, 251, 279, 288
Cruz Vermelha Internacional, 251; Federação Internacional das Sociedades da Cruz Vermelha e do Crescente Vermelho, 328
Cruz Vermelha Italiana, 274
Cuba, 21, 30, 33, 36, 48, 50-1, 60, 63-4, 68, 70, 76, 78, 88, 102-3, 105, 109, 118, 127-8, 130, 133, 146-50, 157, 160, 176-83, 185-6, 188-9, 192, 211-3, 215-7, 224, 226, 232, 237, 240, 246, 248, 252, 259-60, 262, 266, 277, 280, 284-6, 308, 311, 317-9, 321-2, 326-8, 334, 358, 362-3, 367-9; *cabildos* (conselhos municipais) de, 88; Changó (orixá das tempestades e dos relâmpagos), 160; *Ciclón* (documentário cubano), 324; Colegio de Belén (Havana), 175, 218, 224, 249, 403; consciência de Cuba do impacto "verde" nas nações insulares, 328; crenças *guajiro* (camponeses cubanos) sobre furacões, 50; escravos lucumis, 160; estação meteorológica de Havana, 248; fábricas de charuto em, 181, 212; furacão de 1692, 70; furacão de 1752, 113-4; furacão de 1768, 111; furacão de 1846, 182, 185, 212; furacão de 1932, 259-60, 285-6; furacão Flora (1963), 305, 317-27, 338, 340, 367, 373; furacão San Evaristo (1837), 382; furacão San Francisco de Asis (1844), 181-2, 185, 404; furacões de 1557 e 1588, 88; "grande furacão" de 1831, 160, 163; Instituto Cubano de Arte e Indústria Cinematográficas,

324; Instituto Cubano de Meteorologia, 327; Instituto de Recursos Hidráulicos, 325; juntas de socorro (Cuba espanhola), 185, 213; Observatório Nacional de Havana, 218, 221; Oyá (orixá dos ventos), 160; Revolta escrava de "La Escalera" (1844), 182; Revolução Cubana (1959), 318-9, 322; sínodo de Santiago de Cuba (1681), 60; sistema meteorológico hispano-cubano, 225; tradição meteorológica de, 311

Cunningham, James, 124

Cuomo, Andrew, 372

Curaçao, 16, 74, 81, 280, 387, 391

d'Anghiera, Pietro Martire, 41

d'Auberteuil, Hilliard, 139, 397-8

Dalling, John, 56, 128, 384

Dampier, William, 171

Dauber, Michele Landis, 296-7, 399, 415, 419-21

Davis, George, 223

De Ceul (governador da Martinica), 113

Decades (D'Anghiera), 41

Declaração Universal dos Direitos Humanos, 275

Demerara, 161-2, 164, 264

Departamento de Prontidão (Jamaica), 335-6

Descrição das Índias Ocidentais (Laet), 81

desflorestamento, 103-4, 339, 391

desigualdade social, 230, 337, 342, 362

deuses/ deidades: Chaak (divindade maia), 34; Changó (orixá das tempestades de dos relâmpagos), 160; de povos mesoamericanos, 34; Ehcatl (divindade nauatle), 34; Hurakán (divindade maia), 34; Oyá (orixá dos ventos), 160; Quetzalcoatl (divindade nauatle), 34; religiões mesoamericanas, 34; Tajín (divindade totonac), 30; Tlaloc (divindade nauatle), 34; *ver também* religião/ Providência divina

Dickson, Willian, 136-7, 388, 397

Dinamarca, 106, 120, 198, 201; colônias/ ilhas dinamarquesas, 75-6, 109, 111, 199, 387;

Índias Ocidentais Dinamarquesas, 75, 101, 120, 158, 193, 199, 202

direitos humanos, 160, 319

ditaduras e regimes autoritários, 275, 279, 284, 318, 339, 425

Doekscheer, Nicholas, 98

Dominica, 37, 52, 66, 70, 129, 135, 152, 267, 387, 423; *ver também* Hispaniola; República Dominicana; Santo Domingo

du Plessis, Armand Jean *ver* Richelieu, cardeal

Du Tertre, Jean Baptiste, padre, 53, 82

Duvalier, François "Papa Doc", 318-9, 321

Edith, furacão (1963), 319, 423

Edwards, Bryan, 56, 98, 103, 128, 156, 384, 391, 396, 400

Ehcatl (divindade nauatle), 34

Eisenhower, Dwight D., 307, 315-7, 423

El Salvador, 339

Emanuel, Kerry, 300, 331

epidemias, 13, 32, 58, 60, 96, 296

erupção vulcânica em Guadalupe (1799), 143

Escalante Alvarado, García de, 33

Escalante de Mendoza, Juan, 44, 69, 380, 383

escravos e escravatura, 9, 19, 64, 161, 178-9, 392; abolições/ abolicionismo, 135, 142, 161-2, 176, 178-80, 182, 186, 194, 208; *asiento* (contrato para fornecer escravos ao Império Espanhol), 105; Ato de Consolidação (Jamaica, 1784), de punição para o tratamento sádico de escravos, 135; comércio escravista, 64, 101, 110, 133, 135-7, 139, 142, 148, 160, 179-80, 182, 246; economia escravista, 110, 180; marronagem marítima, 152; Plato (escravo jamaicano), 138, 160; Revolta escrava de "La Escalera" (Cuba, 1844), 182; revoltas escravas, 58, 78, 90, 111-2, 133, 142, 161-2, 195, 197, 199; Revolução Haitiana (1791-1804), 141, 161, 197; *ver também* ex-escravos

Escritório de Meteorologia dos Estados Unidos, 225, 227, 245-6, 249

Espanha, 30, 38-40, 45, 47-8, 50, 54-5, 57, 59,

63-4, 66-9, 72, 79-80, 88, 90, 92-3, 101, 105-6, 117-8, 122, 128, 130-1, 135, 146, 148, 155, 159, 179-80, 184, 186, 199, 205, 208-12, 214-6, 220, 225, 228, 231-2, 237-9, 243, 246, 261, 266, 287, 325, 379, 381-2, 407; América Espanhola, 9, 120, 148, 150; *asiento* (contrato para fornecer escravos ao Império Espanhol), 105; *cabañuelas* (previsões do tempo na Espanha), 48; *cabildos* (conselhos municipais), 88; *carrera de Indies* (corrida das Índias), 69; *cédula de gracias* (decreto real) de Porto Rico, 147; colônias espanholas, 88, 100, 105, 119, 160, 178, 204, 211; *consulado* (guilda mercantil espanhola), 105; *flotas* espanholas (sistema de comboio) para comércio transatlântico, 30, 67; Império Espanhol, 64, 95, 105, 109, 147; Junta de Comércio (Casa de Contratacción), 45, 54, 105; Ley de Beneficencia (Lei de Caridade, 1822), 184; *mercedes* (concessões reais), 89; Real Compañia Gaditana (Espanha), 105; *refraneros* (livros com adágios), 47; tornado de Madrid (1622), 55

Espy, James Pollard, 172-3, 175, 217, 403
estação meteorológica de Havana, 248
Estado de bem-estar social, 14, 222, 287, 296-7, 350, 366
Estados Unidos: Associação Americana para o Avanço da Ciência, 172; Autoridade de Transporte Metropolitano de Nova York, 372; Centro Nacional de Furacões, 307, 309, 347, 375; CIA (Central Intelligence Agency), 320, 326, 342; Comissão do rio Mississippi (1879), 356; Corporação de Trânsito de Nova Jersey, 372; Cruz Vermelha Americana, 251, 279, 288; Dique Hoover (lago Okeechobee), 274; Escritório de Meteorologia dos Estados Unidos, 225, 227, 245-6, 249; "Estratégia do Sul" (governo Nixon), 349; Fema (Agência Federal de Gestão de Emergências/ Federal Emergency Management Agency), 299, 301, 309, 346-7, 350-3, 356-7, 360, 364, 373, 428-30; furacão Andrew (1992), 350-1, 428; furacão Betsy (1965), 348; furacão Camille (1969), 348; furacão de Charleston (1752), 95; furacão de Florida Keys (1935), 286, 299, 300, 302, 304; furacão de Galveston (Texas, 1900), 244-54, 267, 274, 300, 362; furacão de Indianola (Texas, 1875), 219, 244-5; furacão Hugo (1989), 309, 311; furacão Katrina (2005), 32, 305, 331, 352-70; furacão Pam ("exercício prático" dos EUA, 2004), 357, 360; furacão Sandy (2012), 369-73; Grande Depressão, 259, 264, 299; Guerra Civil nos Estados Unidos (1861-5), 151, 175, 179, 186, 191, 198, 224, 246, 251, 340; "Iniciativa da Bacia Caribenha" em Honduras, 341; Laboratório Nacional de Pesquisa de Furacões, 309; Lei de Ajuda em Caso de Catástrofes (1950), 346; Lei de Ajuda em caso de Catástrofes (1974), 346; Lei de Controle da Inundação do Mississippi (1928), 274; Lei dos Rios e dos Portos (1930), 274; Lei Nacional de Seguro contra Inundações (1968), 346, 356; Lei Orgânica (Lei Foraker, 1900), 243-4, 269; Lei Seca, 259, 261, 263-4; Lei Volstead (1919), 261; New Deal, 259, 284, 294-8, 304, 312, 346; NOAA (Administração Oceânica e Atmosférica Nacional/ National Oceanic and Atmospheric Administration), 309, 329, 375; Projeto Cirrus e Projeto Stormfury (programas de semeadura de tempestades), 307; projetos americanos de controle de furacões, 307; quebra da Bolsa de Valores de Nova York (1929), 259; Revolução Americana (1775-82), 106, 122, 127, 161; Serviço de Sinais do Exército dos Estados Unidos, 218-9; Serviço Meteorológico de Miami, 309; Serviço Nacional de Meteorologia, 309, 373; Smithsonian Institution, coleta de dados sobre o clima (1849), 224

Esteves, Guillermo, 270, 417
etnocentrismo, 187
Eucaristia, crença católica no poder da, 42, 46, 49-50
Europa, 40-1, 43, 47-8, 64, 68, 76, 92, 103, 139, 142-3, 162, 175, 185, 196, 199, 216, 219, 251, 264, 274, 276, 284, 297, 409
ex-escravos, 170, 177, 186, 188, 195-6, 198-9

Fayling, Lloyd R.D., 223, 249
Federação Internacional das Sociedades da Cruz Vermelha e do Crescente Vermelho, 328
Fema (Agência Federal de Gestão de Emergências/ Federal Emergency Management Agency), 299, 301, 309, 346-7, 350-3, 356-7, 360, 364, 373, 428-30
Fernández de Castro, Manuel, 176, 216
Fernández de Enciso, Martín, 41
Fernández de Oviedo, Gonzalo, 35, 41, 380
Fernando de Aragão, rei, 40
Ferrell, William, 173
Fiallo Cabral, Aristides, 280, 418
Filipe II, rei da Espanha, 48, 54
Filipinas, 212, 232, 243, 248, 256, 298, 409
Flagler, Henry, 299, 421
Flora, furacão (1963), 305, 317-27, 338, 340, 367, 373
Flores, Carlos Roberto, 343
Flórida, 33, 63, 66, 68, 76, 127-8, 225, 261-3, 265, 267, 272-4, 277, 299-301, 303, 340, 350-1, 356, 358, 374, 396, 417, 421; expedição de Pánfilo de Narváez à, 66
Florida Keys, furacão de (1935), 286, 299-300, 302, 304
flotas espanholas (sistema de comboio) para comércio transatlântico, 30, 67
fome, 13, 42, 58-9, 70-1, 77-8, 89, 91, 98, 104, 112-3, 116, 120-1, 128, 133, 143, 146, 190, 192, 207, 209, 226-7, 229-31, 233, 238, 267, 296-7, 405
Fontán y Mera, Vicente, 205-8, 215, 408-9

Fortier, Édouard, 221
Fourcand, Jacques, 318
Fowler, John, 13, 100, 139, 153, 376, 384, 395-7
França, 93-4, 101, 108, 120-1, 140, 143, 146, 163, 173, 180, 195, 217, 266, 311, 386, 390; Academia de Ciências de Paris, 109; Associação Nacional de Meteorologia, 311; Caribe francês, 109; Cercle des Philadelphes (associação científica no Caribe francês), 109; colônias francesas, 75, 78, 94, 146-7, 255; Estado como responsável de reagir a um *accident du ciel*, 122; *État-providence*, 14; ilhas francesas, 52-3, 74-5, 82-3, 103, 108, 117, 120-1, 133, 139, 145, 153; Índias Ocidentais Francesas, 74, 76; Lei de Acidentes no Trabalho (1898), 222; Revolução Francesa (1789-96), 99, 140, 141
Franklin, Benjamin, 108, 171, 400
Fundo Monetário Internacional (FMI), 342, 368, 431
furacões: Base de Dados dos Furacões do Atlântico Norte (North Atlantic Hurricane Database, HURDAT), 218, 376, 411, 425; Comitê de Furacões (México), 310; *cordonazo* (furacões na costa do Pacífico no México), 382; crenças *guajiro* (camponeses cubanos) sobre, 50; etimologia da palavra *huracán/ furacão*, 35; fases da lua e, 81; furacão "de Los Angeles" (1837), 183; furacão Andrew (1992), 350-1, 428; furacão Betsy (1965), 314, 348; furacão Camille (1969), 348; furacão de 1692 (Cuba), 70; furacão de 1752 (Cuba), 113-4; furacão de 1768 (Cuba), 111; furacão de 1772 (Porto Rico), 71; furacão de 1846 (Cuba), 182, 185, 212; furacão de 1866 (Bahamas), 187; furacão de 1932 (Cuba), 259-60, 285-6; furacão de Charleston (1752), 95; furacão de Florida Keys (1935), 286, 299-300, 302, 304; furacão de Galveston (Texas, 1900), 244-54, 267, 274, 300, 362; furacão de Indianola (Texas, 1875), 219, 244-5; furacão de Lord Wil-

477

loughby (1666), 67; furacão Edith (1963), 319, 423; furacão Flora (1963), 305, 317-27, 338, 340, 367, 373; furacão Gilbert (1988), 335, 337-8; furacão Hugo (1989), 309, 311; furacão Katrina (2005), 32, 305, 331, 352-70; furacão Mitch (1998), 305, 340-1, 343-5, 364; furacão Pam ("exercício prático" dos EUA, 2004), 357, 360; furacão San Evaristo (Cuba, 1837), 382; furacão San Ciriaco (1899), 226-8, 230, 234-5, 240, 242-4, 250-1, 259, 269, 287; furacão San Felipe (1876), 214, 218; furacão San Felipe (1928), 258, 266-9, 286-8, 297, 419; furacão San Francisco de Asis (1844, Cuba), 181-2, 185, 404; furacão San Narciso (1837), 203-5, 208-9, 215, 220, 407; furacão San Zenón (1930), 258, 275, 278-80, 282-3, 286, 291, 304, 320, 418; furacão Sandy (2012), 369-73; furacões de 1557 e 1588 (Cuba), 88; furacões de 1674 e 1675 (Barbados), 84-5; furacões de 1766 (Jamaica), 111; furacões de 1780, 122, 125, 129, 135, 139, 153; furacões do tipo Cabo Verde, 226, 276, 314; furacões nas Índias Ocidentais, 21, 218, 225; "Grande Furacão de Andros" (Bahamas, 1929), 263; "grande furacão" de 1780, 122, 132, 138-9, 153, 162, 317, 397; "grande furacão" de 1831 (leste do Caribe), 160-3, 170, 402; *huracán platanero* ("furacão de banana", termo usado em Porto Rico), 103; Hurricane Hunters (aviões), 314, 318; insetos e pragas resultantes da destruição de colheitas, 70-1, 112; *jívaros* (cães ferozes de Porto Rico) e, 66; Laboratório Nacional de Pesquisa de Furacões (EUA), 309; olho de furacão, 125, 191, 272, 306, 338, 383; projetos americanos de controle de furacões, 307; sinais de, 69; sinos de igrejas tocando por causa de, 50; "tempestades de água e de todos os ventos" (*tormentas de agua y todos los vientos*), 90; tufões (furacões no Pacífico), 171, 212, 306, 329

Galán Miranda, Francisco, 293-4
Galveston, furacão de (Texas, 1900), 244-54, 267, 274, 300, 362
García, Policarpo, 215
Garro y Bolívar, Antonio, 113
Geografia e descrição universal das Índias (López de Velasco), 54
George II, rei da Inglaterra, 96
George III, rei da Inglaterra, 120
Gerbi, Antonello, 41, 379-80
gerenciamento de catástrofes, 333, 336, 428
Gilbert, furacão (1988), 335-8
"Gilbert, One Hellva Blow Job" (canção), 337
Glen, James, 95
González Palacios, Santiago, 285
Gore, Tipper, 344
Graeme, Lawrence, 188-9, 405
Granada, ilha de, 58, 73, 78, 111, 126, 164, 170, 177, 188, 194
Grande Depressão (EUA), 259, 264, 299
Grandes Antilhas, 33-5, 64, 73, 146, 148, 312, 369
Grant, Ulysses S., 201
Gray, William, 330-1
Guadalupe, 37, 67, 73, 82-3, 94, 101, 121-2, 126, 131, 135, 143, 146, 177, 195, 197, 226, 262, 265, 267, 311, 387, 398, 406
guajiro (camponeses cubanos), crenças sobre furacões, 50
Guatemala, 41, 45, 284, 317, 339-40
Guerra Civil Americana (1861-5), 151, 175, 179, 186, 191, 198, 224, 246, 251, 340
Guerra da Crimeia (1853-6), 175
Guerra dos Sete Anos (1756-63), 106
Guerra Fria, 19, 309, 312, 314, 318, 339
Guerras Napoleônicas (1799-1815), 101, 106, 142, 161, 171
Guerrero, Gonzalo, 65
Guevara, Che, 325, 424
Guiana Britânica, 404

Haiti: Revolução Haitiana (1791-1804), 141,

161, 197; terremoto de 2010, 320; Tontons Macoutes (grupo armado haitiano), 319; violação dos direitos humanos no, 319
Halsey Jr., William ("Bull"), 306
Hamilton, Alexander, 86, 346
Hare, Robert, 173
Harris, Joel Chandler, 302
Harte, Bret, 202
Havana: estação meteorológica de, 248; Observatório Nacional de, 218, 221
Hemingway, Ernest, 301-2, 421
Higgs, Alphonso ("Blind Blake"), 263
Hispaniola, 30, 33, 46, 50, 63-4, 70, 73, 88, 91, 389; *ver também* Saint-Domingue
Historia natural (Fernández de Oviedo), 35
Hoff, John van, 229, 233, 237, 411, 413
Hoff, Lavinia, 411
Holanda, 75, 194; Companhia das Índias Ocidentais, 75, 97
Holdeman, Eric, 353
Honduras, 135, 264-5, 305, 328, 339-45, 427, 431; Associação dos Trabalhadores e Desempregados (Honduras Britânica), 265; furacão de 1931 (Honduras Britânica), 264; "Iniciativa da Bacia Caribenha", 341
Honoré, Russel, 363
Hoover, Herbert, 283
Hugo, furacão (1989), 309, 311
humanitarismo, 239, 243
huracán, etimologia da palavra, 35
huracán platanero ("furacão de banana"), termo usado em Porto Rico, 103
Hurakán (divindade maia), 34
hurakan (palavra do idioma taíno), 35
HURDAT (North Atlantic Hurricane Database/ Base de Dados dos Furacões do Atlântico Norte), 218, 376, 411, 425
Hurricane Hunters (aviões), 314, 318
Hurston, Zora Neale, 303
Hyde, Samuel, 166

Iglesias Pantín, Santiago, 241

Igreja anglicana, 86, 132
Igreja católica, 40, 45, 47, 57, 59-60, 92-3, 97, 106, 160, 184, 204, 212-3, 229, 276, 281-2, 293, 320, 343; Concílio de Trento (1551), 49; sínodo de San Juan (Porto Rico, 1645), 50, 59; sínodo de Santiago de Cuba (1681), 60; *ver também* religião/ Providência divina
Ijams, George, 304
Ilhas Virgens, 36, 75, 111-2, 176, 191, 193, 198, 200, 202-3, 267, 387
Iluminismo, 99, 106-7, 109
Império Britânico, 95, 141
Império Espanhol, 64, 95, 105, 109, 147
Indianola, furacão de (Texas, 1875), 219, 244-5
Índias Ocidentais, 41, 45, 54, 67, 75-6, 101, 104, 139, 160-1, 163, 187, 193, 199, 202
Índias Ocidentais Dinamarquesas, 75, 101, 120, 158, 193, 199, 202
Índias Ocidentais Francesas, 74, 76
Índico, oceano, 14, 172
indígenas, 11, 13, 30, 33, 35, 37, 40, 42, 46, 49, 51-3, 56, 66, 83-4, 86, 89-90, 92, 303; calusas (indígenas da Flórida), 33; caraíbas, 34, 36-7, 52, 64, 66, 70, 73, 79, 82, 90, 92, 163, 374, 378; *hurakan* (palavra do taíno), 35; maias, 30, 34-5, 63, 65; nauatles (indígenas mexicanos), 34; povos mesoamericanos, 34; taínos (indígenas das Grandes Antilhas), 34-8, 46, 65, 156; totonacs (indígenas mexicanos), 30, 34
ingenios (engenhos de açúcar), 64, 181
Inglaterra, 66, 78, 83-6, 94-6, 101-2, 105-8, 110, 117, 121, 131, 135, 139, 154, 164, 171, 174, 187, 189, 224, 255, 306, 369, 390; Câmara dos Comuns, 75, 95-6, 402; Câmara dos Lordes, 162; colônias inglesas, 72, 75, 79, 88, 94, 103, 118, 120, 133, 135, 139, 156, 164, 169, 187, 190-1, 311, 397, 399; Igreja anglicana, 86, 132; Império Britânico, 95, 141; Lei de Desenvolvimento Colonial e de Bem- -Estar (1940), 265; Lloyd's of London, 289;

Revolução Inglesa (1642-51), 72; Royal Society (Londres), 107-8
"Iniciativa da Bacia Caribenha" (Honduras), 341
Instituto Cato (*think tank* conservador), 341, 427
Instituto Cubano de Meteorologia, 327
Instituto de Recursos Hidráulicos (Cuba), 325
Instituto Mises (*think tank* conservador), 350, 366
iorubá, idioma (de escravos cubanos), 160
Isaac, Gregory, 337
Isabel de Castela, rainha, 40
Isabel II, rainha da Espanha, 212, 214, 220
Isidoro, santo, 51
Islamorada, memorial de (Florida Keys, 1937), 303-4

Jamaica, 33, 56, 58, 63, 70, 72, 84, 86, 101, 103, 107, 110-1, 119, 128-9, 131, 134-5, 138-9, 144, 153, 160-3, 177-8, 186, 197, 224-5, 255, 260-1, 264, 310-2, 333-6, 362, 364, 368-9; Ato de Consolidação (Jamaica, 1784), de punição para o tratamento sádico de escravos, 135; Departamento de Prontidão para Catástrofes, 335-6; furacão Gilbert (1988), 335-8; furacões de 1766, 111; "grande furacão" de 1780, 138; Plato (escravo jamaicano), 138, 160; Rebelião de Morant Bay (1865), 187; Rebelião de Tacky (1760), 134; revolta de escravos na (1816 e 1831), 162
jesuítas, 53, 59, 175, 218, 221, 224, 380, 403
jívaros (cães ferozes), 66
Johnson, Lyndon B., 319, 334, 348
Jonnès, Alexandre de Moreau de, 109
judeus e judaísmo, 49, 158, 166, 263; sinagoga de Saint Thomas, 158
Junta de Comércio (Casa de Contratacción, Espanha), 45, 54, 105

Katrina, furacão (2005), 32, 305, 331, 352-70
Kennedy, John F., 319, 326

Kirwin, James, 250, 254, 415
Krugman, Paul, 366, 370, 430-1

Labat, Jean-Baptiste, padre, 53, 82, 382-3, 388
Laboratório Nacional de Pesquisa de Furacões (EUA), 309
"La Escalera", revolta escrava de (Cuba, 1844), 182
Laet, Joannes de, 81, 388
La Follette Jr., Robert, 295, 297
La Habana, marquês de, 216
Landa, Diego de, 43, 380
Landsea, Christopher, 330-1, 373, 398, 404, 422
Las Casas, Bartolomé de, 29, 39, 41, 49, 378-81
Las Casas, Luis de, 148
Leblond, Jean-Baptiste, 140, 398
Lei de Acidentes no Trabalho (França, 1898), 222
Lei de Ajuda em Caso de Catástrofes (EUA, 1950), 346
Lei de Ajuda em caso de Catástrofes (EUA, 1974), 346
Lei de Controle da Inundação do Mississippi (EUA, 1928), 274
Lei de Desenvolvimento Colonial e de Bem-Estar (Inglaterra, 1940), 265
Lei dos Rios e dos Portos (EUA, 1930), 274
Lei Nacional de Seguro contra Inundações (EUA, 1968), 346, 356
Lei Orgânica (Lei Foraker, EUA, 1900), 243-4, 269
Lei Seca (EUA), 259-64
Lei Volstead (EUA, 1919), 261
Le-Riverend, Pablo, 327, 425
Levis, José Elías, 237, 412-3
Ley de Beneficencia (Lei de Caridade, Espanha, 1822), 184
Lianhes, José, 205, 208, 408
Liga das Nações, 274-5
Lloyd's of London, 289
Long, Edward, 71, 103, 384, 386, 393

López de Cerrato, Alonso, 69
López de Haro, Damian, 92
López de Velasco, Juan, 54-5
López Medel, Tomás, 45-6, 53-4, 380-1, 383
López Peláez, José, 228, 411
Lord Willoughby, furacão de (1666), 67
Louisiana, 76, 78, 106, 117, 122, 146-7, 317, 348, 350, 354-7, 359, 363, 365-6
Lovindeer, Lloyd, 337-8
lucumis, africanos, 160
Ludlum, David, 329, 379, 395-6, 402-3, 422
Lugo Lovatón, Ramón, 279, 418
Luís xiv, rei da França, 73, 121
Luís xv, rei da França, 94
Luxemburgo, Rosa, 223, 256
Lyon, sir James Frederick, 164-5, 167, 169, 175, 324

MacArthur, Douglas, 299
Machado, Gerardo, 280, 418
Macneill, Hector, 100, 135-6
Madrid, tornado de (1622), 55
maias, 30, 34-5, 63, 65
Manley, Michael, 334-5, 339
Manzaneda, Severino de, 88
Marie-Galante, ilha, 73, 94
Marín, Ramón Juliá, 230
marronagem marítima, 152
Martin, John Bartlow, 320, 423
Martinica, 13, 71, 73-4, 78, 82, 93-4, 98, 101, 103, 108, 113-4, 117, 121, 126, 129-30, 145-6, 153-4, 177, 195-6, 216, 221, 223, 255, 310-1, 362
Mayers, James, 164
Mazarin, cardeal, 73, 93, 386
McDonnell, Clay, 314
McKinley, William, 225, 231
meio ambiente, 10, 12, 17, 20, 54, 66, 79, 83, 87, 101, 104, 222, 330, 332, 355-6, 367, 371
Memorable noche de San Narciso, La (Fontán y Mera), 205
mercedes (concessões reais espanholas), 89

meteorologia: *cabañuelas* (previsões do tempo na Espanha), 48; Escritório de Meteorologia dos Estados Unidos, 225, 227, 245-6, 249; estação meteorológica de Havana, 248; Instituto Cubano de Meteorologia, 327; meteorologistas, 12, 17, 21, 56, 101, 170, 217, 246-7, 285, 329, 330-1, 341, 351, 358, 373; Organização Mundial de Meteorologia, 310; Serviço Nacional de Meteorologia (eua), 309, 373; sistema meteorológico hispano-cubano, 225
Meteorologica (Aristóteles), 40
México *ver* Nova Espanha; Veracruz
Miami, Serviço Meteorológico de, 309
Millás, José Carlos, 101, 285, 329, 385, 391, 395, 409, 419
Miller, David, 335, 426
Miró Cardona, José, 327
Mitch, furacão (1998), 305, 340-1, 343-5, 364
modificação do clima, tentativas de, 307
Montesquieu, Charles-Louis de Secondat, barão de, 108, 392
Montserrat, 58, 72-3, 85, 143, 189
Moore, Willis, 248
Moreda y Prieto, Francisco, 176
Morse, Samuel, 173
Moscoso, Teodoro, 316, 383, 408
Moyne, Lord, 265
muçulmanos, 49, 88
mudanças climáticas, 32, 332-3, 367, 369, 371-4; consciência de Cuba do impacto "verde" nas nações insulares, 328; debate sobre a natureza antropogênica das, 14, 257, 330-1, 352, 373-4; *ver também* aquecimento global
Mulcahy, Matthew, 21, 83, 87, 118, 144, 377, 383, 388-91, 394-8, 400
Muñoz Marín, Luís, 311-6, 423
Myrick, Herbert, 243

Nagin, Ray, 358, 371
Narváez, Pánfilo de, 66

nauatles (indígenas mexicanos), 34
negros *ver* afro-americanos; escravos e escravatura; ex-escravos
Névis, ilha de, 54, 58, 72, 83, 85, 87, 94-6, 101-2, 112-3, 157, 189, 390
New Deal (EUA), 259, 284, 294-8, 304, 312, 346
New Masses, The (revista), 301
New York Times, The (jornal), 197, 210, 231-2, 326, 338, 366
Nicarágua, 284, 305, 339-43, 345, 431
Niña, La (ciclo de resfriamento), 57, 117, 398
Niño, El (ciclo de aquecimento), 57, 117, 142, 211, 259, 285, 330, 333, 398-9, 414
Nixon, Richard, 349
NOAA (Administração Oceânica e Atmosférica Nacional/ National Oceanic and Atmospheric Administration), 309, 329, 375
North Atlantic Hurricane Database (HURDAT, Base de Dados dos Furacões do Atlântico Norte), 218, 376, 411, 425
Nossa Senhora de Carmen (protetora contra tempestades), 61
Nova Espanha (México), 29-30, 33, 45, 63, 67-8, 78, 118, 130; *ver também* Veracruz
Nova Granada (Colômbia), 45
Nova Orleans, 102, 130, 163, 197, 245, 252, 348, 352, 354-9, 362-3, 365-6, 370-1, 414; furacão Katrina (2005), 32, 305, 331, 352-70
Nova York: Autoridade de Transporte Metropolitano de, 372; quebra da Bolsa de Valores (1929), 259
Novo Mundo, 32, 39-43, 49, 59, 69, 88, 108, 219, 380-1

O'Donnell, Leopoldo, 213
O'Reilly, Bill, 365
Obama, Barack, 369-71
Observatório Nacional de Havana, 218, 221
"Oh, Furacão" (hino), 158
Oldendorp, Christian Georg Andreas, 109, 392, 401

ONU (Organização das Nações Unidas), 311, 347, 425, 427
Operação Bootstrap (Porto Rico), 313
Organização dos Estados Americanos, 319, 333
Organização Mundial de Meteorologia, 310
Oro, José, 328
Ortiz, Fernando, 36, 54, 378, 382-3, 386, 393, 401
Ovando, Nicolás de, 38
Oyá (orixá), 160

Pacífico, oceano, 14, 57, 67, 171, 173, 211, 224, 259, 285, 306, 339-40, 382, 395
Países Baixos, 74, 96, 98, 194, 311
Palés Matos, Luis, 313
Pam, furacão ("exercício prático" dos EUA, 2004), 357, 360
Panamá, 41-2, 65, 67-8
Pané, Ramón, frei, 35
Panetta, Leon, 349, 428
Parke, Daniel, 95
Parker, Faye Marie, 304
Pavía, Julián José, 208
Payne, Ralph, 84, 112-3, 388
Penier, M. de, 145
Pequenas Antilhas, 34, 36, 58, 63-4, 66, 77, 108, 125, 191, 200, 285, 387, 423
Pérez Moris, José, 209-10, 408
Perpiña y Pibernat, Juan, 239
Peru, 41, 59, 64, 67, 73, 89, 377
Peynier, marquês de, 129, 396
Piddington, Henry, 172, 217
Pielke Jr., Roger, 330-2, 398, 422, 425-7, 431
plantation *ver* agricultura de plantation
Plato (escravo jamaicano), 138, 160
Plínio, o Velho, 40
Poëy, Andrés, 217, 249, 329, 409
Poëy, Felipe, 217
Polícia Montada do Canadá, 363
Pombal, marquês de, 279
Popol vuh (mito de origem dos maias), 34

Porrata Doria, Luis, 228
Porter, David, 199
Porto Rico, 29, 33, 50-4, 63-4, 66, 71, 78, 90-2, 102-3, 105, 111, 114-5, 118, 122, 127, 130-1, 135, 146-50, 153, 155, 157, 159-60, 174, 176-81, 183, 186, 193, 197-9, 202-18, 220, 223, 226-9, 231-44, 248, 250-1, 258-60, 262, 266-71, 274, 277, 279, 286-92, 294-5, 297-8, 305, 310-6, 333; *cédula de gracias* (decreto real espanhol) de, 147; Comissão Porto-Riquenha de Ajuda, 288; furacão "de Los Angeles" (1837), 183; furacão Betsy (1965), 314; furacão de 1772, 71; furacão San Ciriaco (1899), 226-30, 234-5, 240, 242-4, 250-1, 259, 269, 287; furacão San Felipe (1876), 214, 218; furacão San Felipe (1928), 258, 266-9, 286-8, 297, 419; furacão San Narciso (1837), 203-5, 208-9, 215, 220, 407; *huracán platanero* (furacão de banana), uso do termo, 103; *jívaros* (cães ferozes) em, 66; Lei Moret de abolição da escravatura (1870), 210-1; Operação Bootstrap, 313; sínodo de San Juan (1645), 50, 59; tempestade Santa Ana (1825), 149
Poyntz, John, 58, 384
previsão do tempo: *cabañuelas* (previsões do tempo na Espanha), 48
Primeira Guerra Mundial, 259-60, 269, 274, 276, 299
Príncipe constante, El (Calderón de la Barca), 56
Projeto Cirrus (programa de semeadura de tempestades), 307
Projeto Pan-Caribenho para Desastres, 311
Projeto Stormfury (programa de semeadura de tempestades), 307
protestantes/ teologia protestante, 156-8, 239, 250, 400
Providência divina *ver* religião

Quetzalcoatl (divindade nauatle), 34
Quijano, Carlos, 325

Ramírez, Alejandro, 114, 147
Ramírez de Arellano, Rafael W., 382-3, 389, 394, 398-9, 404, 407
Ramsay, James, 160, 401
Rawling, Marjorie Kinnan, 303
Rawson, Rawson W., 191-2
Raynal, abade, 83, 114, 123, 388, 393
Reagan, Ronald, 333, 335, 339, 341-2, 426, 429
Real Compañia Gaditana (Espanha), 105
rebelião de Morant Bay (Jamaica, 1865), 187
rebelião de Tacky (Jamaica, 1760), 134
refraneros (livros espanhóis com adágios), 47
regimes autoritários, 284
Reid, William, 56, 171, 224
religião/ Providência divina, 20, 220, 256, 301; Bárbara, santa (protetora contra tempestades), 50-1, 282; deidades, 35, 160; "*le colère du ciel*", 220; linguagem da Providência, 220; Nossa Senhora de Carmen (protetora contra tempestades), 61; "obra do Diabo", 42; "Oh, Furacão" (hino), 158; poder da Eucaristia, 42, 46, 49-50; preces/ orações, 32, 40, 50, 86, 121, 157-8, 281, 382; protestantes/ teologia protestante, 156-8, 239, 250, 400; providencialismo cristão, 58; religiões de matriz africana, 160; *ver também* deuses/ deidades; Igreja católica
República Dominicana, 179, 186, 201, 203, 237-9, 275-7, 283-4, 290-1, 295, 304, 311-2, 319-20, 333, 369, 417; furacão Edith (1963), 319, 423; furacão San Zenón (1930), 258, 275, 278-83, 286, 291, 304, 320, 418; independência da (1844), 179; vacinação na, 280
revolta escrava de "La Escalera" (Cuba, 1844), 182
Revolução Americana (1775-82), 106, 122, 127, 161
Revolução Cubana (1959), 318-9, 322
Revolução Francesa (1789-96), 99, 140-1
Revolução Haitiana (1791-1804), 141, 161, 197

Revolução Inglesa (1642-51), 72
Richelieu, cardeal, 73, 93, 386
Rivera Rodríguez, Leoncio, 316, 423
Robert, François Roger, 78
Robertson, Pat, 371
Robertson, William, 108
Rochefort, Charles de, 82
Rodney, George, 127, 395
Rogers, Will, 290
Rojas, Carlos de, 204, 407
Romero, Bartolomé, padre, 30-2, 42
Romney, Lord, 112
Romney, Mitt, 371
Roosevelt, Franklin D., 284, 287, 295, 297-301, 304, 346
Roosevelt, Theodore, 232
Roosevelt Jr., Theodore, 279, 291
Root, Elihu, 232
Rosebery, Lord (duque de Argyll), 255-6
Rothbard, Murray, 350, 428
Rouadières, Madame, 83
Royal Society (Londres), 107-8
Rubio, Marco, 374
Rumbold, Sir Arthur, 176, 193
Rumsfeld, Donald, 363
"Run, Come See Jerusalem" (canção), 263
Ruyters, Dierick, 81

Saba (ilha), 74, 76, 97, 194
Saint-Barthélemy, 73, 76
Saint Croix, 75, 86, 109, 119, 158, 197, 199-201, 203, 349
Saint-Domingue (atual Haiti), 73-4, 83; *ver também* Hispaniola
Saint John, 75-6, 111, 155, 197, 199, 201
Saint-Martin, 73, 76, 311
Saint-Méry, Moreau de, 71, 98-9, 324, 386, 391
Saint Thomas, 75-6, 112, 131, 152-3, 158, 164, 180, 191, 197, 199-203, 206, 208, 210, 215, 220, 241, 397, 401, 406-7
Saldaña, E. J., 289, 293-4
San Ciriaco, furacão (1899), 226-8, 230, 234-5, 240, 242-4, 250-1, 259, 269, 287

San Evaristo, furacão (1837), 382
San Felipe, furacão (1876), 214, 218
San Felipe, furacão (1928), 258, 266-9, 286-8, 297, 419
San Francisco de Asis, furacão (1844), 181-2, 185, 404
San Juan de Ulúa, 30, 67
San Narciso, furacão (1837), 203-5, 208-9, 215, 220, 407
San Zenón, furacão (1930), 258, 275, 278-80, 282-3, 286, 291, 304, 320, 418
Sandy, furacão (2012), 369-73
Santa Cruz del Sur, 285, 419
Santa Lúcia, 56, 76, 102, 125-7, 145, 157, 177, 188, 193-4, 264
Santiago, Pedro de, 155
Santillana, Marqués de, 47
Santo Domingo, 38, 41-2, 45, 49, 58, 64, 69, 72, 88-90, 103, 108-9, 118, 127, 135, 146-8, 160, 186, 210, 276, 278, 280-3, 295, 378, 382, 384-6, 389-90, 395, 401, 408, 417-9, 423
Santo Eustáquio, 75, 121, 126-7, 152, 194, 390, 395, 398, 401
Santorum, Rick, 365, 430
São Cristóvão, 52, 58, 66, 72-3, 76, 82, 85-7, 95, 102, 111-4, 177, 226, 264-5
São Vicente, 48, 52, 76, 96, 125-6, 129, 143, 163-4, 170, 188, 193, 255
satélites, 307, 318, 329
Schomburgk, Robert Hermann, 56, 384, 386, 402-3
Seaga, Edward, 335, 338-9
Segunda Guerra Mundial, 265, 306, 310, 312, 346, 422
seguros, indústria de, 20, 350-1, 366-7
semeadura de tempestades, projetos de, 307
senso de comunidade, 79, 323, 373
Serviço de Sinais do Exército dos Estados Unidos, 218-9
Serviço Meteorológico de Miami, 309
Serviço Nacional de Meteorologia (EUA), 309, 373

Seward, William, 198-9, 202, 407
Shakespeare, William, 83
Sharpe, William, 108-9, 392
Shepard, Charles, 163
Sinagoga de Saint Thomas, 158
sínodo de San Juan (Porto Rico, 1645), 50, 59
sínodo de Santiago de Cuba (1681), 60
Smith, Mark, 348
Smithsonian Institution (EUA), 224
Solano, José, 128
Solano, tempestade de (1780), 128
Solórzano Pereira, Juan de, 59, 385
Somoza, Anastasio, 284, 419
Sotavento, arquipélago de, 75, 85, 97, 112-3, 124, 135, 161, 167, 194, 226, 262, 349, 387
St. Clair, Jeffrey, 305, 345, 427
St. Croix, 393
"St. Thomas: A Geographical Survey" (poema de Harte), 202
Stiles, Ezra, 108, 110
Stockman, William, 248-9
Suécia, 76
sufrágio universal, 264-5
Suma de geographia (Fernández de Enciso), 41
Suquiet, Eugene, 218
Suriname, 75, 81, 194, 197, 388
Swift, Eben, 236, 413

tabaco, 15, 64, 73, 76, 84, 86, 101, 105, 147, 178, 181-2, 203, 212, 238, 244, 290
taínos (indígenas das Grandes Antilhas), 34-8, 46, 65, 156
Tajín (divindade totonac), 30
Taylor, John, 52
tecnologia: anemômetros, 217; balões meteorológicos, 307; barômetros, 46, 54, 87, 107-10, 170, 181, 216, 218, 221, 246, 383; termômetros, 46, 107, 109-10, 216, 218; *ver também* meteorologia
telégrafo, 174-5, 205, 214, 219-20, 223-4, 403
Tempestade, A (Shakespeare), 83
termômetros, 46, 107, 109-10, 216, 218

terremotos, 11, 20, 32, 43, 55-6, 58-9, 83-4, 86, 96, 100, 104, 139, 142, 152, 190, 202-3, 205-6, 208-10, 220-1, 309, 320, 339, 353, 384-5, 407; terremoto de 1647 (Santiago do Chile), 59; terremoto de 1692 (Port Royal), 128; terremoto de 1746 (Lima), 21, 59; terremoto de 1755 (Lisboa), 59, 279; terremoto de 1812 (Caracas), 143, 210, 296, 324; terremoto de 1867 (Saint John e Saint Thomas), 197, 202; terremoto de 1906 (San Francisco), 267; terremoto de 2010 (Haiti), 320
Thatcher, Margaret, 342
Thistlewood, Thomas, 110, 134, 139, 392, 396, 398
Thomassin de Peynier, Louis *ver* Peynier, marquês de
Thornton, Eleanor, 360
Tierra Firme, 67-8; *ver também* Panamá
Tillotson, John, 157, 400
Tiros I (satélite meteorológico), 307
Tlaloc (divindade nauatle), 34
Tobago, 16, 58, 73, 76, 85, 187-90, 311, 318, 384, 387-8, 405
Tocha da marinhagem, A (Ruyters), 81
Tomás de Aquino, São, 40, 49
Tontons Macoutes (grupo armado haitiano), 319
tornado de Madri (1622), 55
Torre, Miguel de la, 149-50, 155
Torricelli, Evangelista, 107
Tortuga, 73
totonacs (indígenas mexicanos), 30, 34
Towner, Horace, 266, 271, 288, 290, 416, 419-20
tribos indígenas *ver* indígenas
Trinidad, 16, 76, 150, 152, 163-4, 181, 188, 197, 264-5, 311, 318, 385, 387-8, 404-5
Triunfo da vontade (filme), 324
Trujillo, María de los Angeles, 284
Trujillo, Rafael, 275-86, 295, 319-20, 417-9, 423-4

tufões (furacões no Pacífico), 171, 212, 306, 329

Ubico, Jorge, 284, 419
União Internacional de Ajuda, 275

Valldejulí Rodríguez, J., 291
Vargas, Getúlio, 284, 419
Vásquez, Horacio, 275
Vaughan, John, 124
Velasco, Luis de, 33
Venezuela, 16, 58, 74, 78, 141, 149, 161, 197, 280, 363, 401
Veracruz, 11, 29-30, 33-4, 42, 46, 67-8, 88, 245, 377-8; *ver também* Nova Espanha (México)
Veumont, Filipe de, 91
Victoria de las Tunas, marquesa de, 214

Vidal, Rafael, 281, 419
Vines, Benito, padre, 217-8
Vivas Valdivieso, Guillermo, 291, 420
Vives, Francisco Dionisio, 150

Wadsworth, Eliott, 283
Washington Post (jornal), 353
Watson, Tom, 279
Werder, E. J., 289
"What a Disaster" (canção), 337
Williams, Eric, 187, 401
Willis, BJ, 354
Willoughby, Francis, 67
Witt, James Lee, 351

Yucatán, península de, 30, 34, 43, 46, 63, 65, 135, 335, 340, 378, 380-1

ESTA OBRA FOI COMPOSTA EM MINION PELO ACQUA ESTÚDIO E IMPRESSA
PELA GEOGRÁFICA EM OFSETE SOBRE PAPEL PÓLEN SOFT DA SUZANO S.A.
PARA A EDITORA SCHWARCZ EM JULHO DE 2021

A marca FSC® é a garantia de que a madeira utilizada na fabricação do papel deste livro provém de florestas que foram gerenciadas de maneira ambientalmente correta, socialmente justa e economicamente viável, além de outras fontes de origem controlada.